长治年鉴

CHANGZHI YEARBOOK

2023

中共长治市委党史研究室
（长治市地方志研究室） 编

方志出版社
Publishing House of Local Records

图书在版编目（CIP）数据

长治年鉴 . 2023 / 中共长治市委党史研究室（长治市地方志研究室）编 . -- 北京 : 方志出版社 , 2023.12
ISBN 978-7-5144-6175-6

Ⅰ . ①长… Ⅱ . ①中… Ⅲ . ①长治 - 2023 - 年鉴
Ⅳ . ① Z522.53

中国国家版本馆 CIP 数据核字（2023）第 250435 号

责任编辑：顾　洁
责任校对：张玉霞
责任印制：梅中英
出 版 者：方志出版社
地　　址：北京市朝阳区潘家园东里 9 号（国家方志馆 4 层）
邮　　编：100021
网　　址：http://www.zgfzcb.cn
发　　行：方志出版社图书营销中心（010-67110500）
印　　刷：长治市票证印刷有限公司
开　　本：889 毫米 ×1194 毫米 1/16
印　　张：22.75
字　　数：900 千字
版　　次：2023 年 12 月第 1 版
印　　次：2023 年 12 月第 1 次印刷
定　　价：180.00 元

长治市地方志编纂委员会

名誉主任 | 陈耳东

主　　任 | 陈向阳

副 主 任 | 陈望远　吴小华　李　敏　孙刘琳　王志东　崔元斌　呼亚民
贺　鑫　杨保春　陈丙骞　桑利刚　张　剑　刘海峰

委　　员 | （排名不分先后）

王　克　王　敏　王　霖　王书文　王旭琴　王灵恩　王建强
王海宏　元海波　牛旭斌　牛志强　牛金生　毛晨霞　文小强
方晋斌　卢展中　申秀琴　史跃宏　史淑枝　冯丽华　司慧军
刘　忠　刘　莉　刘林松　刘博文　闫红花　安拴平　孙　伟
孙红斌　孙英泽　苏先忠　李　杰　李　炜　李　媛　李卫东
李子荣　李玉忠　李俊杰　李颖南　杨泽荣　宋书林　张　文
张　琼　张　斌　张文波　张兆祥　张庆宏　张阳平　张俊杰
张维斌　张登科　陈晓龙　武虹波　范文书　尚高明　罗　列
和建宏　赵文栋　段志岗　段林刚　段树新　段联刚　秦书伟
秦志云　贾文革　原文祥　柴　哲　柴建勋　徐计连　徐晨星
郭光灵　郭军只　郭思嘉　郭爱斌　梁存峰　韩洪泽　曾随正
谢　斌　路晓波　魏振东

长治市地方志编纂委员会办公室

主　任 | 刘海峰（兼）

副主任 | 党文滨　张爱厚

《长治年鉴》编审人员

主　　审｜孙刘琳

主　　编｜刘海峰

副 主 编｜党文滨　张爱厚

执行主编｜张爱厚

执行副主编｜尚竹英

责任编辑｜曾晋芳　闫国风　闫晓红　栗　茁　王姝杰　李杨涛

罗　艳　牛国芳　田慧慧　牛　琪　张司佳　沈南恺

张佳佳　陈　航　祁育慧　魏纯颖　牛　君

文字排版｜曾晋芳

彩页设计｜曾晋芳

编辑说明

一、《长治年鉴》是由中共长治市委、长治市人民政府组织，中共长治市委党史研究室（长治市地方志研究室）编纂的大型综合性地方年度资料性文献。《长治年鉴》编纂始于1986年，《长治年鉴（2023）》为第38部。

二、《长治年鉴》以马克思列宁主义、毛泽东思想、邓小平理论、“三个代表”重要思想、科学发展观、习近平新时代中国特色社会主义思想为指导，坚持辩证唯物主义和历史唯物主义的立场、观点、方法，存真求实，全面、客观、系统、真实地记载长治市自然、政治、经济、文化、社会和生态环境等各个领域的基本情况，反映年度重要事项与发展变化。

三、《长治年鉴（2023）》记录2022年1月1日至2022年12月31日期间长治市行政区划内的情况。特载内容除外。

四、《长治年鉴（2023）》分类编排，条目体记述。基本结构分为类目、分目、次分目、条目4个层次，以不同字体、字号及版式设计加以区分，条目标题均加【 】表示。该期年鉴共设类目30个，下设分目195个，次分目46个，条目1615个，表格16张，收录图片100幅。

五、《长治年鉴（2023）》的框架结构在保持相对稳定的基础上，作了适当调整。将“新闻广电”类目改为“大众传媒”，将“财政 税务”类目合并至“经济管理”，将党委类目下的巡察分目调整至纪委监委类目下。

六、《长治年鉴（2023）》中，数字用法、标点符号用法分别采用国家标准《出版物上数字用法》（GB/T 15835-2011）、《标点符号用法》（GB/T 15834-2011），计量单位采用国家技术监督局1993年12月发布的《量和单位》系列国家标准，个别如“亩”“公斤”等现实通行、公众认可者，遵从习惯。

七、《长治年鉴（2023）》采用的稿件及照片均由长治日报社、市各有关部门、驻市有关单位和县区史志部门提供并审核。经济和社会发展统计数据与市统计局公布的数据进行了核准，部分条目中的数据，因统计口径不同等原因，如与统计资料有出入，以当年统计资料为准。

八、《长治年鉴（2023）》卷首有总目和目录，卷末有按汉语拼音音序排列的索引，方便查阅和检索。

数字长治 2022

BRIEF FIGURES OF CHANGZHI

综合

地区生产总值 2804.8 亿元
第一产业增加值 97.1 亿元
第二产业增加值 1846.7 亿元
第三产业增加值 861 亿元
人均地区生产总值 89137 元
一般公共预算收入 310.5 亿元
一般公共预算支出 487.8 亿元
居民消费价格涨幅 2.3%
城镇新增就业 4.7 万人
转移农村劳动力 4.9 万人

农业

粮食种植面积 255.8 千公顷
粮食产量 124.2 万吨

金融

本外币各项存款余额 4349 亿元
各项贷款余额 2407 亿元
保费收入 78.7 亿元

工业和建筑业

规模以上工业企业 641 家
规模以上工业增加值增长 12.4%
规模以上工业企业实现营业收入 4714.8 亿元
规模以上工业实现利税 1095.8 亿元
规模以上工业实现利润 718.8 亿元
建筑业实现增加值 61.2 亿元

贸易

社会消费品零售总额 663.7 亿元
城镇消费品零售额 538.7 亿元
乡村消费品零售额 125.0 亿元
进出口总额 22205 万美元
进口额 2563 万美元
出口额 19642 万美元

固定资产投资

固定资产投资 948.4 亿元
第一产业投资 54.4 亿元
第二产业投资 465.5 亿元
第三产业投资 428.5 亿元
房地产开发投资 186.4 亿元

（太行山　郭维平　摄）

教育、科学技术

普通高等学校 6 所
中等职业学校 35 所
普通高中 50 所
初中 138 所
小学 455 所
专利授权量 5263 件
签订各类技术合同 507 项

人口

年末总人口 314.2 万人
出生人口 2.2 万人
人口出生率 7.07‰
死亡人口 2.8 万人
死亡率 8.79‰
人口自然增长率 -1.72‰
性别比（女 =100）为 104.06

城市建设、资源环境

城市交通运营车辆 1653 辆
出租汽车 2948 辆
大中型水库蓄水总量 2.71 亿立方米
总用水量 5.16 亿立方米

文化、卫生

广播、电视综合人口覆盖率 100%
有线电视用户 32 万户
医疗卫生机构 4140 个
病床位 19709 张
卫生技术人员 25360 人

交通、邮电

公路线路里程 12509.6 千米
高速公路里程 382.2 千米
民用汽车保有量 72.0 万辆
私人汽车 65.5 万辆
新注册汽车 3.3 万辆
邮政行业业务收入 8.12 亿元
互联网接入用户 114.1 万户

人民生活

城镇常住居民人均可支配收入 41113 元
农村常住居民人均可支配收入 19437 元
参加基本养老保险 234.9 万人
参加基本医疗保险 302.4 万人

（《长治市 2022 年国民经济和社会发展统计公报》）

长治全景航拍图　　李　宁　供图

1	3
2	4

❶ 长治市北寨十字路口（李　宁　供图）
❷ 黎城古城（司　敏　供图）
❸ 长治市体育公园（张国平　供图）
❹ 长治市老顶山森林公园（李　宁　供图）

长治市

城市夜景

1/2 3	❶	长治市壶关县欢乐太行谷夜景	（李　宁　供图）
	❷	长治市金威世纪城	（司　敏　供图）
	❸	长治市神农湖大桥夜景	（司　敏　供图）

1	3
2	4

❶ 2022 年 7 月，沁县国家谷子高粱产业技术服务体系“一县一业”试验示范基地（尚 华 供图）
❷ 2022 年 6 月，航拍下的上党区西火镇东庄村（尚 华 供图）
❸ 2022 年 7 月，航拍下的武乡县监漳镇下北漳村（尚 华 供图）
❹ 2022 年 4 月，屯留区太平农业机械服务专业合作社员工在上村镇西泼村旋耕土地（张 乐 供图）

1 2

❶ 2022 年 4 月，山西成功汽车制造有限公司新车驶下生产线 （张国平　供图）

❷ 2022 年 4 月，高科华烨 LED 封装项目暨华兴电子新车间竣工投产 （李　宁　供图）

1 2 3 4 5	❶	2022 年 11 月，山西潞安太阳能科技有限责任公司生产车间，光伏电池片下线	（张国平　供图）
	❷	2022 年 4 月，澳瑞特体育产业股份有限公司生产车间	（李　宁　供图）
	❸	2022 年 6 月，上党区雅瑞地毯车间	（司　敏　供图）
	❹	2022 年 1 月，潞安化工集团生产车间	（司　敏　供图）
	❺	2022 年 1 月，中德型材生产车间	（尚　华　供图）

夜间经济发展

2022 年，长治市印发《长治市促进夜经济发展实施方案》，推动夜间经济繁荣发展，促进城市消费升级。城隍庙广场、潞州区获评首届省级夜经济生活集聚区和夜经济试点城市。

❶ 2022 年 5 月，长治市潞州区城隍庙小吃街（崔宽义　供图）

❷ 2022 年 8 月，壶关县岭东村凤凰山庄景区灯光秀表演（司　敏　供图）

❸ 2022 年 6 月，长治市潞州区天空之城商圈（张　乐　供图）

长治国家高新区
天空之城
SKY CITY
文化创意园
CULTURALCREATIVEPARK
山西省
特色商业街

1	3	
2	4	5

❶ 2022 年，平顺县太行一号旅游公路　（张国平　供图）

❷ 2022 年 8 月，长治市漳泽湖国家湿地公园航拍图　（尚　华　供图）

❸ 2022 年 7 月，漳泽湖国家城市湿地公园荷花盛开　（尚　华　供图）

❹ 2022 年 4 月，黎城县乡村旅游综合项目　（张　乐　供图）

❺ 2022 年月，黎城县黄崖洞景区游客服务中心　（王利芳　供图）

1 | 2 | 3 / 4

❶ 2022 年，长治市推进海绵城市建设项目，图为雨污分流改造完工的太行北路（梁　晨　供图）

❷ 2022 年，长治市推进海绵城市建设项目，图为雨污分流改造完工的清华街主线（张国平　供图）

❸ 2022 年，太行北路进行雨污分流改造，图为雨污分流改造完工的西大街（孟文清　供图）

❹ 2022 年，安阳互通立交项目竣工通车（张　乐　供图）

总　目

（太行山日出　张国平　供图）

目 录

特 载

大事记

市情概貌

中国共产党长治市委员会

长治市人民代表大会

长治市人民政府

中国人民政治协商会议
长治市委员会

中国共产党长治市纪律检查委员会
长治市监察委员会

民主党派　工商联

群众团体

法　治

军 事

经济管理

金 融

开发区建设

农　业

水　利

商贸服务业

信息服务业

经贸合作

旅游业

交通运输

城乡建设　环境保护

教 育

科学技术

文　化

大众传媒

卫生健康

体　育

社会生活

应急管理

县区简介

人物　先进集体

附　录

索　引

特载

政府工作报告（节选）

——2023年3月29日在长治市第十五届人民代表大会第三次会议上

代市长　陈向阳

一、2022年工作回顾

2022年是党和国家历史上极为重要的一年，也是长治发展进程中具有里程碑意义的一年。一年来，在市委的坚强领导下，全市上下深入学习贯彻党的二十大精神，全面落实习近平总书记考察调研山西重要讲话重要指示精神，坚决贯彻党中央疫情要防住、经济要稳住、发展要安全的重要要求，按照省委、省政府总体部署，高效统筹疫情防控和经济社会发展，统筹发展和安全，砥砺奋进，真抓实干，推动全市经济社会发展取得新成效，高质量发展考核指标监测排名处于全省前列。

——综合实力显著提升。全市地区生产总值达到2804.8亿元、增长7.2%，总量、增速均位居全省第二。一般公共预算收入突破300亿元，达到310.5亿元、增长38.6%，增速创近15年之最。

——工业经济全省第一。全市规上工业增加值增长12.4%、全省第一。战略性新兴产业增长51.8%、全省第一；制造业增长23.7%，占工业比重26.8%，对二业增长贡献率达50.7%，制造业主导型经济发展步伐加快。

——能源保供坚定有力。全市煤炭产量1.71亿吨、增长8%，总量占全省的13%、全省第二。发电量增长18.9%，外送电量增长31.7%，非常规天然气产量增长22%。

——市场主体逆势增长。全市市场主体数量增长27.9%、净增6.9万户，总量达到32.6万户。新增涉税市场主体8.4万户，占比全省第一。以此为牵引营商环境进一步优化，连续三年考核全省优秀。

——创新发展跻身国家行列。成功入选国家创新型城市。新培育省级以上专精特新企业38户，总数达到133户。新增国家高新技术企业40户，总数达到264户。省级以上创新平台达到75家，成为全省重要区域创新中心和创新高地。

——海绵城市建设全国优秀。完成21条道路雨污分流改造，海绵化达标区域占到建成区三分之一。漳泽湖东岸生态修复与保护综合治理工程入围中国“全域海绵”典范项目案例。海绵城市建设绩效获全国A档评价（全国仅5个），被住建部、水利部、财政部三部委通报表扬。

——居民收入稳步增长。城镇居民人均可支配收入完成41113元、增长6%。农民人均可支配收入完成19437元、增长7.5%，增速全省第一。脱贫人口人均纯收入增长13.2%，脱贫攻坚成果持续巩固拓展。

一年来，主要做了以下八个方面工作：

（一）全力推动经济平稳增长。顶格执行国家和省稳经济一揽子政策措施，制定我市稳经济政策43条、接续政策26条、加快复工复产和促进服务业复苏措施36条，留抵退税、减税降费、缓税缓费91.4亿元，兑现各类奖励资金11.2亿元。发放各类消费券3.9亿元。突出投资拉动，全年累计实施项目2135个，争取上级项目资金77.9亿元，完成固投948.4亿元。出台促进投资奖励办法，引导本地民企投资转型项目，招商项目当年签约当年开工率91.9%，全省第一。

（二）加快推动产业转型升级。因老工业基地调整改造力度大、推进产业转型升级等工作成效突出，第五次获得国务院通报表扬。改造升级传统产业，建成4座智能化示范煤矿，16座省级绿色开采试点矿井，先进产能占比达到80%。焦化产业“上大关小”4座大焦炉建成投产。18个光伏、4个风电项目高效推进，新能源装机占比达到25.7%。培育壮大战略性新兴产业，增加4.5亿元产业转型发展基金，着力培育打造10条新兴产业链、24家“链主”企业，加快建设100个重点工业转型项目，振东制药被确定为全省现代医药产业链“链主”企业，平顺“上党中药材”入选首批省级重点专业镇。加快开发区改革创新，长子、黎城省级开发区获批设立，省级以上开发区达到13个，数量全省第一，实现县区全覆盖。“三个一批”签约开工率、开工投产率、投产达效率分别达到98.3%、60.2%、100%，综合排名全省第一。开发区工业增加值增长19.7%，转型主战场作用进一步凸显。

（三）持续推动服务业提质增效。扎实开展服务业提质增效十大行动，服务业增加值增长3.9%，增速全省第三。做优文旅业，出台奖励补贴办法，评选太行山居21家，新创建3A级景区6家，A级景区达到24家，太行一号旅游公路300公里主线贯通，我市“乡村记忆、历史研学”体验之旅入选全国乡村旅游精品线路。做强物流业，成立全国煤炭交易中心长治交易专区运营公司，开行中欧、中亚5趟国际联运货物列车，交通运输及仓储物流业营业收入增长12.9%、全省第一。做大金融业，出台加快金融业高质量发展实施意见，率先成立首贷续贷服务中心，建立小微企业和个体工商户无贷户“两张名单”推送机制，为5600多家企业办理首贷续贷162亿元，组建全省最大市级担保公司，担保总额达到36亿元、增长86.6%，受到省政府通报表扬。

（四）着力提升城市功能品质。实施城市更新行动，开工改造141个老旧小区、88条背街小巷，对11条市政道路和3条城际快速路开展架空线路集中整治，天晚集片区、长丰片区（一期）棚户区改造回迁安置全面完成，北寨、小常、上韩3个片区改造顺利推进。安阳互通建成通车，国道环线自由流收费正式运营，208国道全市域一级公路改造全线开工。调整理顺上党、潞城、屯留三个区的财政、规划和土地管理体制，“一城四区”同城化发展步伐加快。

（五）全面推进乡村振兴战略。坚决扛牢稳粮保供责任，全市粮食作物播种面积383.7万亩，粮食产量24.8亿斤，大豆玉米带状复合种植实现一季双收，粮食生产受到全省通报表扬，“菜篮子”市长负责制全省考核优秀。加快农业特优发展，新培育省级以上农业产业化龙头企业5家，新认证绿色有机农产品48个、“有机旱作·晋品”7个，全市农产品加工企业销售收入完成581.7亿元、增长36.6%，综合排名全省第一。建设“四好农村路”527.9公里，完成改厕3.8万座。成立全国首家市级农村集体经济发展协会，村级集体经济收入全部突破10万元，30万元以上村占比达到56%。乡村振兴示范创建经验做法在全省交流推广。

（六）强力推进生态环境保护。成功申报全国气候投融资试点城市。持续推进钢铁、焦化等行业节能减排，淘汰4座4.3米焦炉，重污染天气比例降至0.27%，大气环境综合指数稳居“2+26”城市前列。24个国省控断面水质优良率达到95.8%，较上年提高4.2个百分点，国控断面水质优良率稳定达到100%、全省第一。加快实施生态修复，高标准推进滨湖生态示范区建设，大力推进沁河源头生态修复治理，深入推进太行山、浊漳河流域生态保护修复，完成营造林23.2万亩、水土保持治理45.5万亩。坚决遏制“两高”项目盲目发展，有序实施碳达峰长治行动，万元GDP能耗降幅完成年度任务。

（七）大力推进民生事业发展。稳步推进省级区域医疗中心建设，全面实施中医药强市战略。义务教育“双减”成果受到教育部好评，基础教育改革经验入选全国典型案例。成立全国首家“退役军人就业创业税务服务站”，推动企业吸纳退役军人5226人。技能培训6万人，新增城镇就业4.67万人。基本养老保险、医疗保险参保覆盖率超过95%。城乡低保标准进一步提高。房屋产权登记确权颁证“清零行动”基本完成，25.15万套房屋登记领证。有效防范化解各类风险隐患，生产安全事故起数、死亡人数保持“双下降”态势。建立一站式多元矛盾纠纷解决机制，有效化解信访积案，社会大局和谐稳定，人民群众获得感、幸福感、安全感持续增强。

（八）不断加强政府自身建设。坚持以政治建设为统领，严格落实政府系统全面从严治党主体责任，扎实推进“清廉长治”建设。加快数字政府建设，在全省率先实现“互联网+不动产抵押登记”，率先上线“三晋通”县级服务模块，116个事项实现“云上”跨省通办，市县两级行政审批事项网办率达到99.3%。建立项目在线审批、监管平台和“7×24小时”电子政务超市，政府投资类、企业投资类项目审批时限分别压缩58%、68%。严格执行市人大及其常委会的决议决定，大力支持政协参政议政，办理人大代表建议257件、政协委员提案396件，办复率100%。健全完善抓落实工作机制，推动各项工作高效落实，行政效能和服务水平进一步提升。

过去一年，最令人难忘的是我们众志成城，成功应对多轮疫情冲击。转段之前我市没有发生规模性疫情，感染人数全省最少，有效保障了正常生产生活秩序，最大程度保护了人民生命安全和身体健康。疫情防控进入新阶段，我们认真落实国家、省各项部署要求，着力保健康、防重症，有序实施新冠病毒感染"乙类乙管"，确保顺利度过流行期，实现平稳转段。广大党员干部、医护人员、公安干警、基层工作者、志愿者挺在一线、冲锋在前，都付出了艰辛的劳动，作出了无私的奉献，让我们向他们致敬!

在肯定成绩的同时，我们也清醒地认识到，全市经济社会发展中还存在不少困难和问题。城市能级、发展活力、核心竞争力还不够强，制约高质量发展的结构性矛盾还比较突出，制造业、服务业发展亟须提档升级，农业质量效益还不高，创新链产业链资金链人才链深度融合还需加强。资源环境约束趋紧，基础设施建设仍存在短板。教育、医疗、养老、托育等公共服务供给能力仍不够强。安全生产基层基础还不够稳固，一些领域存在风险隐患不容忽视。营商环境还需持续优化，少数干部强力攻坚、精准施策的能力有待进一步增强。对此，我们要迎难而上，以更大力度认真加以解决。

二、2023年工作安排

2023年是全面贯彻落实党的二十大精神的开局之年，是实施"十四五"规划承上启下的关键之年，做好今年各项工作意义十分重大。今年政府工作的总体要求是：坚持以习近平新时代中国特色社会主义思想为指导，全面贯彻落实党的二十大精神，深入贯彻落实习近平总书记考察调研山西重要讲话重要指示精神，坚持稳中求进工作总基调，完整、准确、全面贯彻新发展理念，主动服务和融入新发展格局，着力推动高质量发展，更好统筹疫情防控和经济社会发展，更好统筹发展和安全，全面深化改革开放，有效防范化解重大风险，推动经济实现质的有效提升和量的合理增长，持续改善民生，促进社会和谐稳定，加快建设全国资源型城市转型升级示范区和现代化太行山水名城。

综合考虑各方面因素，今年经济社会发展的主要预期目标是：地区生产总值增长7%以上，固定资产投资增长9.5%，社会消费品零售总额增长8%，一般公共预算收入增长6%，城镇居民人均可支配收入增速与经济增长同步，农村居民人均可支配收入增速高于经济增长水平，城镇新增就业4.3万人，居民消费价格总水平涨幅控制在3%左右。各项约束性指标不折不扣完成省下达的目标任务。

围绕上述目标，重点抓好以下工作：

（一）坚持以制造业振兴为牵引，推动产业转型升级。聚焦质量变革、效率变革、动力变革，推动制造业高端化、智能化、绿色化发展，加快构建现代化产业体系。

大力推动传统优势产业绿色低碳发展。建设绿色制造体系，突出减污、降碳、安全、高效，改造升级工艺装备。煤炭产业建设3座智能化矿井、50处智能化采掘工作面，新增4座绿色开采矿井，先进产能达到80%以上。焦化产业全面完成节能、环保、安全"三改造"和干熄焦、余热发电"两运行"，推动4个"上大关小"项目建成投产，全部关停4.3米焦炉，先进产能达到90%以上。钢铁产业加快产能整合重组，推动千万吨绿色精品钢焦基地建设取得实质性进展。发展壮大废钢回收加工利用产业，新增产量120万吨以上。

大力推动战略性新兴产业融合集群发展。围绕十大新兴产业链，聚焦"链主""链核"企业，进一步延链补链强链。光伏产业以提升全产业链整体实力为重点，推动上游多晶硅、拉棒、切片环节产能释放，提高中下游电池组件市场竞争力，加快推进立新1万吨多晶硅、日盛达15GW光伏电池封装材料等13个项目建设。光电产业以打造衬底、外延材料、芯片设计制造、器件封测、产品应用产业链为重点，加大技术研发和市场推广力度，加快推进高科华烨新型显示器封装及外延芯片、华兴电子LED显示面板等10个项目建设。现代煤化工产业以推动煤炭向原料、材料、终端产品转变为重点，以高端化多元化低碳化发展为方向，加快推进龙星化工40万吨碳基新材料、霍家工业1万吨聚偏氟乙烯等40个项目建设。资源综合利用产业以固废协同处置、资源循环利用为重点，扩大新产品品种范围，提升利用率和附加值，加快推进余吾煤矸石资源化、聚和鑫废旧汽车拆解等53个项目建设。医药健康产业以发展制药原材料、医药研发、医药制造为重点，发挥振东制药全省现代医药产业链"链主"作用，增强创新能力，研发高附加值产品，加快推进百泰生物制药、修正平顺医药产业园等15个项目建设。高端装备制造产业以打造零部件、系统总成、智能装备为重点，持续提升产品应用市场占有率，加快推进壶关航天工业园、高新区智能装备制造产业园等87个项目建设。新材料产业以打造动力锂电池材料产业集群为重点，推动产业链配套和扩展应用，加快推进襄垣旭阳20万吨、山西瑞君10万吨锂电池负极材料等19个项目建设。

大力推动数字产业集聚创新发展。聚焦产业数字化、数字产业化，依托立讯精密、龙芯中科、凯松电子等龙头企业，大力培育电子信息制造、信创、大数据等数字产业。支持兵器集团207所建设特种计算机创新中心和科技成果转化中心，推动长治中关村信息谷创新基地建设，打造数字经济园区。推进智能工厂、智慧车间建设，开展“灯塔工厂”创建行动。完善数字基础设施，完成1787个5G基站建设，实现乡镇及以上区域5G信号连续覆盖，发展“5G+工业互联网”，确保数字经济规模增长15%以上。

（二）坚持以能源革命为引领，构建新型能源体系。围绕能源产业“五个一体化”，扎实推进能源革命综合改革试点，加快构建规模化的绿色低碳、安全高效的能源供应体系。

坚决完成保供任务。严格执行“煤八条”，坚持“两匹配一服从”原则，推动襄垣金星等5座基建矿建成投产、慈林山煤业等3座矿井产能核增，释放产能600万吨，积极推进4座煤矿资源接续配置，稳妥做好压煤村庄搬迁，在确保安全前提下，全力稳产增产，煤炭产量增长5%以上。

打造综合能源基地。稳妥推进煤电项目“上大压小”，推动赵庄2×66万千瓦电厂尽快复工，加快晋能2×135万千瓦电厂前期。完成煤电机组“三改联动”80万千瓦，逐步推进煤电由基荷型向保障型调节型电源转变。抓好长子、沁源抽水蓄能电站建设。推动非常规天然气增储上产。有序规划打造“综合能源岛”。大力发展光伏、风电、生物质能，新增新能源装机50万千瓦以上。围绕制氢、加氢、氢能装备、燃料电池、场景应用，全产业链推进氢能开发利用。

建立新能源消纳体系。抓好长子“风光水火储”多能互补和襄垣经开区“源网荷储”一体化两大试点。成立山西能源互联网产业研究院长治分院，运用“云大物移智链”技术对能源系统进行智能化、灵活性改造，积极做好市级“源网荷储”一体化示范顶层设计，争当能源领域数字化转型排头兵。

（三）坚持以文旅物流金融为重点，促进服务业质效提升。把恢复和扩大消费摆在优先位置，深入开展服务业提质增效十大行动，着力构建优质高效的服务业新体系。

加快复苏消费市场。围绕商超百货、住宿餐饮、汽车油品等重点领域，大力开展促消费系列活动，再发放一批电子消费券和“爱心消费券”。支持住房改善、新能源汽车、养老服务等消费，促进服务消费扩容提质。健全农村商贸设施和物流配送体系，畅通工业品下乡、农产品进城双向流通渠道，鼓励家电等大宗消费品以旧换新。积极推进诚信经营、放心消费，大力发展网络电商、数字消费、绿色消费等新型消费，不断激发消费新活力。

加快发展文旅业。围绕建设国际知名生态文化旅游目的地，充分发挥我市神话、古建、山水、红色、气候等方面的独特优势，大力发展红色游、乡村游、研学游、生态游等新业态。加快景区标准化建设，支持武乡县创建全国红色旅游融合发展试点县，推动黄崖洞、八路军太行纪念馆创建5A级景区，力争A级景区达到30家。加强完善旅游配套设施建设，新建太行一号旅游公路100公里，推进太行山大峡谷旅游轨道交通项目建设。推动文旅康养融合发展，抓好6家省级文旅康养示范区创建，新培育一批太行山居，着力打造精品民宿集群。加大宣传推介力度，开展中国天然氧吧、避暑旅游目的地等国家气候标志品牌创建，不断提升“山西长治·壮美太行”品牌知名度、美誉度和影响力。

加快发展物流业。积极申报国家物流枢纽承载城市。加快潞铁智慧物流园、华远国际陆港物流园建设，启动长治北、黎城水洋等物流园区改造。深化与清华大学能源互联网研究院、全国煤炭交易中心合作，加快一体化无水港和煤炭储备基地及交易专区建设，构建“交易+物流+供应链金融”商业模式。加快襄垣鸿达煤化、上党绿能物流等5条铁路专用线建设，同步做好公路物流通道改造提升，全面提高公铁衔接转换能力。发展壮大网络货运平台。加强物流业统计监测，促进物流业持续健康发展。

加快发展金融业。坚持政府、企业、金融机构三方协同发力，完善政银企合作机制，发挥市级担保公司、首贷续贷服务中心作用，发展普惠金融、绿色金融、消费金融，积极引进证券、风投、创投等机构，不断壮大金融业规模，贷款余额增长12%左右、全社会融资总量达到450亿元以上。支持金融领域机构改革，切实防范金融风险，不断优化金融生态环境，更好服务实体经济发展。

（四）坚持以农业农村现代化为目标，全面推进乡村振兴。

全力稳粮保供。严格落实耕地保护和粮食安全责任，建设高标准农田26万亩，新增和恢复水浇地6万亩。大豆种植10万亩、油料播种3.5万亩，确保粮食播种面积稳定在383.7万亩以上、粮食产量达到24.96亿斤。全面落实“菜篮子”市长负责制，蔬菜播种面积达到45万亩以上，生猪出栏量稳定在100万头以上。抓好农业生产社会化服务试点，农作物托管面积达到65%以上。推进黎城、长子万亩玉米制种基地建设。积极开展中水灌溉试点，抓好农业面源污染治理、化肥农药减量增效、畜禽粪污和秸秆综合利用，提高农产品质量安全水平。

发展特优农业。围绕培育壮大中药材、粮品、果蔬品、肉制品、酿品五大特色产业集群，重点实施52个农产品加工项目，打造30个农业产业联合体，推动一二三产融合发展。积极打造有机旱作农业品牌，发展冬播谷子试点6000亩，做好“土特产”文章，深入挖掘小米、党参等特色农产品生态价值、健康价值和文化价值，提高农产品附加值。加快推进山西（长治）中药材商贸平台建设运营，举办山西中药材交易大会，打造辐射全国的中药材集散交易、全产业链大数据科技交流平台，带动中药材种植面积达到150万亩以上。

加快乡村建设。开展全域乡村分类布局和规划设计，建设100个宜居宜业和美乡村。深入推进农村人居环境整治提升五年行动，实现农村危房改造动态清零，完成3.1万座农村户厕改造、76个村庄生活污水治理。新改建“四好农村路”300公里。加快推进城乡供水一体化，力争规模化工程服务人口达到40%以上。规范农村集体“三资”管理，巩固“清化收”成果，发展新型农村集体经济，集体经济收入超30万元的行政村达到60%以上。

做好巩固衔接。进一步健全完善防止返贫动态监测和帮扶机制，持续巩固提升“三保障”水平。全力做好脱贫人口就业增收，建设10个省级乡村特色产业帮扶基地，就业帮扶车间保持在260个以上，持续稳定光伏收益，脱贫劳动力外出务工10万人以上，坚决守住不发生规模性返贫底线。

（五）坚持以项目建设为支撑，集聚高质量发展动能。树牢大抓项目鲜明导向，加强项目谋划储备，做实做细“六张清单”，重点实施2115个项目，年度计划投资1504亿元，以高质量项目建设推动高质量发展。

打造开发区升级版。推动开发区赋权再升级，发挥“承诺制+标准地+全代办”改革集成效益，提升“一件事、一次办”“区内事、区内办”水平，建设开发区承接东部地区产业转移园区。滚动开展“三个一批”活动，新上工业项目原则上全部进开发区，确保开发区工业投资增长20%、规上工业增加值增长15%。

增强招商引资实效。深化与北京对口合作，促进更多项目落地实施。出台招商引资商务活动管理办法，探索招商部门“三化三制”改革，打造市场化、专业化招商队伍，加大长板招商、以商招商、集群招商、产业链招商力度，全面兑现促进投资奖励，力争引进1个50亿元以上项目、50个10亿元以上项目。

激发民间投资活力。坚持“两个毫不动摇”，严格落实国家、省、市进一步促进民间投资各项政策措施，在要素保障、政策落实、监管服务上一视同仁。构建亲清政商关系，真心实意为民营企业解难题、办实事，全力支持民营经济健康发展、高质量发展。推动政府和社会资本合作模式规范发展，放宽投资领域，加强项目推介，鼓励民间资本投资新兴产业、转型项目、重大基础设施。

加力基础设施投资。加快黎霍高速、208国道改扩建工程建设，扎实推进平安高速、黎陵高速、309国道改扩建等项目前期，积极推进长邯聊高铁、长治机场迁建等重大项目，力争沁源、武乡通用机场开工建设，构建便捷联通、立体多元的现代化综合交通网络。

强化要素服务保障。用好用足专项债券、政策性开发性金融工具等有利政策，加大项目和资金争取力度。完善项目推进机制，发挥好重点工程项目指挥部作用，落实好工作专班、领导包联、月调度、季观摩等推进措施，及时协调解决项目建设的各类问题，推动更多项目签约落地、开工建设、投产达效。

（六）坚持以科技创新为核心，加快建设国家创新型城市。

强化创新平台培育。支持企业、高校、科研院所联合共建技术创新平台，力争新培育1个省级以上重点实验室、20个市级以上科技创新平台。推进国家煤基合成油产品质量监督检验中心二期工程。实施科技创新研发投入攻坚行动，构建多元化科技投入体系，推动全社会研发经费投入持续增长。

强化创新主体培育。完善科技型中小企业培育库，继续实施高新技术企业倍增计划、专精特新提升行动，认定国家高新技术企业100家、省级以上专精特新企业20家。围绕十大新兴产业链，选树10家企业开展精准科技服务，推动产业链上中下游及大中小微企业协同创新。推动知识产权科技成果转化，激发市场主体创新活力。

强化人才引进培育。突出“人才+产业”“人才+项目”导向，发挥长治人才集团、人才发展基金作用，加大市场化招才引智力度。持续深化省校合作，创新柔性引才模式，深入实施“太行英才计划”，打造“晋心办”人才服务长治品牌，积极提供医疗保障、配偶就业、子女教育等便利服务，吸引更多人才来我市创新创业。推动职业教育整合优化、达标提档，促进校企合作、产教融合，培养更多应用型、技能型人才。统筹企业家“长清班”“复旦班”、长治技能大赛等各类人才培养机制，培育更多本土人才。

（七）坚持以改革开放为突破，不断激发发展活力动力。

打造良好营商环境。围绕“三无”“三可”要求，坚持对标一流，开展营商环境创新提升行动，持续深化“一枚印章管审批”“一业一证”等改革，加快实现“7×24小时”自助服务全覆盖，推出一批“企业全生命周期”服务标准套餐。加大助企纾困力度，推动稳经济政策顶格执行、精准落地，发挥各类奖补资金引导作用，实现惠企政策“免申即享”、奖补资金“一键直达”。

建设高标准市场体系。进一步放宽市场准入，全面落实国家负面清单制度，坚决破除隐性壁垒。完善现代物流、商品市场、智能市场、质量检测、储备体系、平台经济等市场基础设施，深化土地、资本、劳动力、技术、数据等要素市场化改革，健全各类市场要素确权、定价、交易机制。加强和创新市场监管，推进“双随机、一公开”监管常态化，完善“互联网+监管”。

深化重点领域改革。加快国资国企改革，持续深化“六定”改革，完成财通集团整合重组，组建水务投资公司，完善现代企业制度，激发企业活力。加快财税体制改革，积极培育地方税源，加强大事要事财政保障能力。防范化解政府债务风险，不断增强财政可持续发展能力。

提升对外开放水平。大力发展外向型经济，积极申建长治保税物流中心，推进跨境电商产业园、外贸产业基地建设，扩大优势产品出口规模，积极引进外向型制造业。继续做好中欧、中亚班列国际联运，更好融入“一带一路”。组织企业参加重点展会，线上线下开拓市场，新培育进出口企业10家，力争进出口总额增长5%以上。

（八）坚持以平台培育为抓手，推进市场主体量质齐升。

全力打造支持产业转型、承载企业集聚的各类平台，深入开展市场主体提升年活动，推动市场主体扩数量、提质量、增效益、优结构。着力培育专业镇。构建省市两级专业镇培育梯队，出台促进专业镇发展的政策措施，支持“上党中药材”省级专业镇建设，力争再新增1个省级专业镇、培育10个市级专业镇。积极发展楼宇经济。围绕发展信息、金融、建筑、电商、总部经济等聚集招引领军企业，积极构建“一楼一产业、一楼一特色”培育格局，提高楼宇产出效益。提升城市烟火气。顺应消费回暖和消费升级需求，合理规划布局、积极打造升级一批特色商业街、餐饮集聚区、夜经济街区，为夜经济发展创造条件。加快建设乡村e镇。推进电子商务体系与快递物流体系贯通发展，统筹建设县级公共仓储配送中心，推动乡村服务站点全覆盖，构建“产业+电商+配套”业态，建成运行10个乡村e镇。建设高水平双创平台。发挥智创城示范带动作用，推动现有双创平台提档升级，引进高水平运营团队，构建“创业苗圃+孵化器+加速器+产业园”双创全产业链培育体系。

（九）坚持以新型城镇化为方向，打造宜居韧性智慧城市。

优化空间布局。坚持规划引领，围绕“一城四区”一体化发展，聚焦推动产业、生态、城镇空间协调发展，优化完善《长治市空间发展战略规划》。推动“三区三线”划定成果落地，统筹各类空间开发保护需求，完成《长治市国土空间总体规划》编制。加快滨湖生态示范区建设，编制完成滨湖区城市设计“一张图”，严格漳泽湖周边管控，把滨湖区建设成现代化太行山水名城的战略支点。

加速城市建设。重点实施116个城建项目，总投资408亿元，年度完成投资134亿元。围绕完善城市路网，力争东外环快速通道主线完工，加快高新大道建设，打通威远门路南延、德化门街西延2条“断头路”，实施23条市政道路配套工程、27条城市道路维修提档、45条背街小巷硬化改造。围绕加快城市更新，开工建设北石槽、庄里、西南关城改安置项目，启动长丰片区棚户区改造二期工程，新改造老旧小区116个，对主城区7条主次干道及“三河一渠”沿线开展建筑外立面整治，改造城市供水管网20.9公里、燃气管网34.3公里。做好国家园林城市复查工作。完成“三馆”主体建设，力争早日投用。建设8座城市驿站（公共卫生间）。加快推进建筑垃圾处置中心、餐厨垃圾处置中心建设。围绕海绵城市建设，实施4条道路雨污分流改造工程，完成人民公园和城南生态苑海绵化改造，实施壁头河河道综合治理，整治消除城市内涝点。建设海绵城市展览馆及智慧管控平台，做好国家海绵城市示范市验收工作。围绕加强城市治理，持续开展主城区停车专项整治，推进“规、建、管、运”四位一体停车体系建设。推行城市“一张图”数字化管理和“一网统管”模式，提升城市智能化管理水平。

统筹城乡发展。加快推进以县城为重要载体的城镇化建设，充分发挥各县区比较优势，大力发展县域经济，推动产城融合。加快完善县城交通、物流、市政、水电气暖网、文化体育场馆等基础设施，提升县城承载力。不断提升教育、医疗、就业、住房等公共服务保障水平，更大范围集聚人口，加速就地城镇化。创新体制机制，推进县城基础设施向乡村延伸、公共服务向乡村覆盖，实现城乡融合发展。

（十）坚持以降碳减污扩绿为路径，着力建设美丽长治。

大力推动节能降碳。严格落实“双碳”“双控”目标要求，全面实施七大行业能效提升行动。扎实开展气候投融资试点，积极探索绿色金融模式，支持碳减排和煤炭清洁高效利用重大项目建设。巩固提升冬季清洁取暖成效，实施上党革命老区散煤清零工程。大力推动公转铁，持续优化绿色运输示范区建设，有效分流大型运输货车，降低柴油货车污染排放。

强力攻坚污染防治。坚持多污染物协同控制，推进空气质量持续改善，力争$PM_{2.5}$浓度降到每立方米35微克以下，空气质量优良天数比例达到75%以上，基本消除重污染天气。强化工业废水、城镇污水、饮用水水源、尾水湿地、入河排污口治理，全面消除县城建成区黑臭水体，国省控水质断面优良比例稳定在95%以上。抓好建设用地、农用地土壤污染风险管控。持续推进垃圾分类，力争实现全市域生活垃圾“全焚烧、零填埋”。

加强生态治理修复。围绕做好水的大文章，高标准编制现代水网规划，深入贯彻“四水四定”，统筹推进“五水综改”，加快实施一批重点水网工程，开工建设后湾水库供水工程，积极做好吴家庄水库前期工作。大力推进“一湖两河三泉”生态修复保护，扎实做好浊漳河南源、石子河、绛河等综合治理，完成水土保持治理45万亩。加快老顶山山体修复，强化废弃矿山生态修复治理，筑牢生态安全屏障。

（十一）坚持以提升民生福祉为根本，大力发展各项社会事业。深入践行以人民为中心的发展思想，坚持“三只三不”，全力落实好省政府17项民生政策、办好12件民生实事，补齐民生短板，共享发展成果。

全力促进就业增收。落实落细就业优先政策，持续开展就业创业十大专项行动，精准做好高校毕业生、农村劳动力、城镇就业困难人员、退役军人等群体就业服务工作。实现零工市场市县全覆盖，支持多渠道灵活就业。大力实施全民技能提升“长治行动”，开展职业技能培训4万人，不断壮大特色劳务品牌。

办好人民满意教育。巩固义务教育“双减”成果，调整优化市区学校布局，启动英华片区九年一贯制学校等12所中小学校建设，推动主城区义务教育扩容增位。建设改造寄宿制学校45所、公办幼儿园10所。深入实施高中教育质量振兴计划，稳步推进高考综合改革，每个县办好一所公办优质高中。加强师资力量建设，打造高素质教师队伍。支持高等院校发展，推进长治学院、长治医学院新校区建设。

加快建设健康长治。深入推进医药卫生体制改革，促进“三医”联动，推进分级诊疗，推动优质医疗资源扩容下沉、均衡布局。大力实施中医药强市战略。抓好省级区域医疗中心建设，加快市公共卫生中心、市中医研究所附属医院新院区建设，启动社会福利康宁医院建设。严格落实新冠病毒感染“乙类乙管”各项要求，提高公共卫生事件应对能力。开展公众急救技能培训，不断提高群众性应急救护能力。完善和落实生育支持政策。深入开展爱国卫生运动。发展体育事业，构建更高水平的全民健身公共服务体系，增强人民体质。

持续加强社会保障。深入推进全民参保计划，做好新就业形态从业人员参保扩面工作。全面落实企业职工基本养老保险全国统筹、工伤和失业保险省级统筹、职工医保普通门诊统筹。继续提高城乡低保和特困供养标准。积极推进殡葬改革，抓好公益性殡葬设施建设，推动新建市殡仪馆建成投用。积极应对人口老龄化，完善养老服务体系建设。做好社会救助，健全残疾人、孤儿、农村留守儿童关爱服务体系。强化未成年人保护。提升退役军人服务保障水平。

健全完善住房保障。坚持“房住不炒”定位，科学保障主城区住宅用地供应，支持刚性和改善性住房需求。统筹实施好保障性安居工程，探索长租房市场建设，进一步满足困难群众和新市民、青年人的住房需求。巩固房屋产权登记确权颁证“清零行动”成果。全面推行“房证同交”“地证同交”。继续开展整治规范房地产市场秩序三年行动，促进房地产市场平稳健康发展。

不断繁荣文化事业。培育和践行社会主义核心价值观，深化群众性精神文明创建活动，进一步推动新时代文明实践中心建设和志愿服务事业发展。实施国家公共文化示范区三年行动计划，抓好优秀传统文化创造性转化、创新性发展，持续推进“五个一批”群众文化惠民工程。提升非物质文化遗产和文物保护传承利用水平，加强革命文物展示利用，高标准规划建设上党特色文化数字主题公园、数字文保博物馆，让优秀传统文化不断焕发新的生命力。

（十二）坚持以安全稳定为基础，坚决守牢发展底线。深入贯彻总体国家安全观，统筹发展和安全，坚决防范化解各类风险隐患，以高水平安全保障高质量发展。

筑牢安全生产防线。严格落实“三管三必须”原则，压紧压实各方安全生产责任，持续深化煤矿、非煤矿山、危化、道路交通、建筑施工、消防、森林防火等重点领域安全治理，强化专家体检式精查，全面实施安全生产基础建设攻坚行动，提升本质安全水平。加快推进市应急救援基地建设，强化应急指挥体系和应急救援力量，完善预警信息发布和响应机制，有效应对处置事故灾害。

深化平安长治建设。加快完善立体化信息化治安防控体系，常态化开展扫黑除恶斗争，加大电信网络诈骗宣防打击整治力度，依法严厉打击和惩治各类违法犯罪活动。积极创建全国禁毒示范城市。严格食品药品安全监管，坚决守住“舌尖上的安全”。有效防范和处置公共安全事件。加强气象、地震、人防等工作，做好防灾减灾救灾工作，确保人民生命财产安全。

维护社会和谐稳定。坚持和发展新时代“枫桥经验”，健全共建共治共享的社会治理制度，完善城乡社区网格化治理，优化“一站式”矛盾纠纷调处解决机制，常态化化解信访积案和信访突出问题，解决好群众合理诉求。更好发挥工会、共青团、妇联等群团组织作用，大力发展妇女、儿童、老龄、残疾人和红十字等事业。扎实开展第五次全国经济普查。做好统计、外事、侨务、民族、宗教、科普、史志、档案等工作。支持国防和军队建设，深入开展国防教育、国防动员，扩大巩固社会化拥军成果，扎实做好全国双拥模范城考核验收工作。

三、全面加强政府自身建设

打铁必须自身硬，重任千钧唯担当。面对新时代、新征程、新使命，我们将自我加压、接续奋斗，以更大力度推进政府治理体系和治理能力现代化，加快建设人民满意的服务型政府。

（一）坚持政治引领，建设忠诚政府。坚定政治方向，牢记“国之大者”。坚决捍卫“两个确立”，忠诚践行“两个维护”，坚决做到“三个务必”，认真落实意识形态工作责任制，不断提高政治判断力、政治领悟力、政治执行力。坚持以新发展理念引领高质量发展，加强工作前瞻性思考、系统性谋划、整体性推进，确保党中央国务院、省委省政府和市委决策部署落地生根、开花结果。

（二）坚持解放思想，建设创新政府。突出“四敢”导向，坚持把先行先试、开拓创新的理念贯穿于工作落实全过程各环节，积极探索，大胆实践，充分调动一切积极因素，充分发挥人民群众首创精神，学习借鉴先进经验为我所用。大兴调查研究，围绕“12+N”重大课题，深入基层一线摸清情况、推动落实，在实践中不断研究新情况、探索新方法，总结新经验、解决新问题，以开拓进取新姿态开创高质量发展新局面。

（三）坚持依法行政，建设法治政府。自觉践行习近平法治思想，严格依照法定权限和程序行使权力、履行职责。做好行政立法工作，严格规范公正文明执法。严格执行人大及其常委会的决议决定，高质量办好人大代表建议、政协委员提案，依法接受人大监督，自觉接受政协监督，主动接受社会和舆论监督。广泛听取各民主党派、工商联、无党派人士和人民团体、社会各界人士意见建议。加强政务公开和政府信息公开，让权力在阳光下运行。

（四）坚持狠抓落实，建设担当政府。坚持把担当作为一种精神、一种责任、一种格局，勇于面对改革发展中的各种困难、挑战和考验，敢于承担转型升级、项目建设、改革创新等艰巨任务。持续强化狠抓落实、一抓到底的鲜明导向，不断提高抓落实的制度化、规范化、科学化水平。坚持正向激励和反向问责相结合，严格奖惩兑现，激励担当作为，大力营造敢担当、善担当的浓厚氛围。

（五）坚持挺纪在前，建设清廉政府。严格落实党风廉政建设“一岗双责”，大力整治庸政、懒政、怠政，不断提高一体推进“三不腐”能力和水平。严格执行中央八项规定精神，大力纠“四风”、树新风、优作风。严控“三公”经费，压减一般性支出。抓严抓实审计监督，强化政策跟踪、经济责任、政府投资、民生工程等重点领域审计，科学合理使用财政资金，以政府“紧日子”换取人民群众“好日子”。

（长治市人民政府网站）

长治市新时代太行革命老区振兴发展实施方案（节选）

一、总体要求

（一）指导思想。以习近平新时代中国特色社会主义思想为指导，全面贯彻党的十九大和十九届历次全会精神，深入贯彻习近平总书记考察调研山西重要讲话重要指示精神，坚持以人民为中心，立足新发展阶段，完整准确全面贯彻新发展理念，抢抓构建新发展格局机遇，弘扬太行精神，凝聚奋斗力量，把全方位推动高质量发展作为根本遵循，加快建设全国资源型城市转型升级示范区、现代化太行山水名城。

（二）主要目标。到2025年，我市基础设施和公共服务体系更加完善，绿色低碳产业体系基本构建，红色文化影响力进一步提升，生态环境质量根本好转，居民人均可支配收入高于全省平均水平。到2035年，与全省、全国同步基本实现社会主义现代化，特色优势产业规模不断壮大，高水平生态保护格局基本形成，红色文化影响力更加广泛深入，人民群众获得感、幸福感、安全感更加充实。

二、全面加强基础设施建设，打造现代化基础设施体系

（三）加强信息基础设施建设。以建设新型智慧长治为目标，持续实施电信普遍服务试点项目，实现行政村光纤宽带和4G网络基本全覆盖。全力推动5G网络、大数据、云计算、物联网、工业互联网、人工智能等新型基础设施建设。重点推进阿里云节点、5G基站及配套、全市域5G覆盖及宽带互联网接入等项目建设，实现全市（含乡镇）5G网络连续覆盖。开展工业互联网建设，建设基于数据标识、数据确权、数据凭证的国家工业互联网平台创新应用中心、长治工业互联网推广中心、5G区块链工业双碳数据创新中心。支持潞安化工集团、金烨集团、一运公司等企业开展5G联合创新中心，协同开展5G、大数据技术研究与行业融合和应用创新。鼓励襄垣县、长子县、沁县开展智慧县城建设，支持潞城数智互联产业园5G+智慧园区建设，支持行业部门开展智慧城市运行管理服务平台、智慧水利、智慧停车等信息化系统建设。

（四）完善现代综合交通运输网络。加快推进长邯聊高铁、太行山大峡谷轨道旅游项目前期工作，力争“十四五”期间开工建设。研究推进长邯聊西延（长治至临汾至延安高铁）、邯长铁路（长治北至悬钟）复线改造、太焦铁路（修文至长治北）复线改造、新交口至安泽（唐城）地方铁路、新交口至介休地方铁路、长治至安阳城际铁路等项目前期工作。加快推进黎霍高速公路建设，积极推进

平遥至安泽、黎城至陵川高速公路前期工作，研究推进晋冀界至沁源赤石桥、二广高速东阳至北义城改扩建等高速公路前期工作。完善各县区与干线公路、高速公路、县区与县区之间路网体系。提升普通干线公路网通达程度，围绕市区、县城两级重要节点，优化普通国省道路网结构，加快 208、341 国道改扩建工程建设和 309 国道改造前期工作。全面推进“四好农村路”建设，确保 30 户及以上人口规模自然村 100% 通硬化路。加快推进武乡、沁源通用机场前期工作，实施长治机场迁建，开展壶关、平顺、黎城等通用机场前期研究。深化运输结构调整，推进铁路专用线项目建设。结合干线铁路建设、高速公路建设及瓶颈路段扩能改造，构建多式联运大通道。加快推进长治市综合客运枢纽建设，建立集高速铁路、城市公交、中长途客运、旅游客运、定制客运、城乡客运等多功能为一体的综合客运枢纽体系。

（五）建设安全高效水利工程。加快吴家庄水库、倪庄水库工程前期工作，推进长治市后湾水库供水工程、长治市城乡供水一体化水网工程建设。实施骨干灌区现代化改造和末级渠系配套设施建设工程，推进一批旱作梯田、淤地坝、小流域治理等水保工程，加强水土流失综合治理。完善农田水利基础设施，推进中型骨干灌区改造和整县小型农田水利工程建设。因地制宜推广高效节水灌溉。完善主要河流防洪体系，开展重要河道土地确权，实施病险水库（水闸）除险加固和水库清淤扩容工程，加强重点山洪沟道防洪治理。

（六）构建清洁低能安全高效的能源体系。提升清洁能源供给水平。鼓励发展县域生物质热电联产、生物质成型燃料锅炉及生物天然气，鼓励发展固体成型燃料、纤维素燃料、生物质乙醇燃料。积极探索新能源开发利用与乡村振兴融合发展，创新“光伏 +”综合利用模式，探索开展光伏跨界融合新业态，实现光伏多场景应用，抓好长治市 210 万千瓦“新能源 +”融合发展基地建设。推进沁水盆地长治区块煤层气勘探开采和长治市天然气长输管道互联互通工程建设，实现全市县区全覆盖，到 2025 年，全市非常规天然气产量力争达到 8.8 亿立方米。推进氢能利用示范基地项目和长子、沁源等抽水蓄能项目建设。

构建绿色低碳消费体系。大力开发推广节能高效技术和产品，实现重点用能行业、设备节能标准全覆盖。认真落实《山西省重点行业能耗双控行动方案（2021—2025 年）》。完成省下达我市“十四五”能耗控制目标任务。持续推进冬季清洁取暖，提高清洁供暖比重。实施绿色交通行动，加快大宗货物运输结构调整，推进“公转铁”“散改集”，减少尾气排放及道路扬尘污染。加大绿色建筑推广力度，探索实施超低能耗示范项目，到 2025 年，全市绿色建筑占新建建筑面积比例达到 60%，新开工装配式建筑占新建建筑面积比例达到 18%。

推进能源革命技术创新。加快构建能源产业集群创新生态子系统，依托中科院山西煤化所、天津大学、太原理工大学等高校和科研机构，大力引进培育各类创新平台和研发机构，探索“项目孵化、中试放大、产业化应用”等一条龙服务保障运营模式，促进产学研用深度融合，推动科技成果快速转移转化。依托潞安化工、潞宝集团等龙头企业，开展煤基 PAO 基础油、煤基浆态床合成液体燃料、钴基费托全合成煤基化学品、己内酰胺纯化、高强高模碳纤维等关键技术研发攻关，提高企业核心竞争力。

深化能源体制改革和开放合作。加快推进襄垣经开区“源网荷储”一体化综合能源基地项目、分布式智能电网等项目建设，落实战略性新兴产业电价支持政策。创新绿色能源金融产品和服务，重点推进人民银行金融支持长子县清洁供暖试点，积极探索金融支持农村清洁供暖可持续发展新模式。加强与联合国能源开发署、世界银行、亚洲开发银行、德国国际合作组织等国际组织对接，建立常态化沟通机制，在产业转理升级、能源项目合作等方面共享成果，推动长治能源革命“借船出海”。继续深化与德国弗劳恩霍夫太阳能研究院、欧洲环境基金会能源项目战略合作，争取绿色金融支持。

三、聚力产业转型升级示范区建设，增强全市高质量发展动能

（七）全面改造提升传统产业。围绕建设全国资源型城市转型升级示范区，加快技术改造，促进优化升级，推动传统产业内涵集约发展。推进 13 座省级绿色开采试点煤矿和 3 座智能化示范矿井建设。推动千万吨绿色精品钢焦基地建设取得实质性进展。依托潞安化工、潞宝集团等骨干企业，加大技术创新力度，加快推进煤制油等一批煤化工深加工项目建设，发展调和油、润滑油、航空燃油等高端煤制油产品，推动煤化工产业高端化、多元化、低碳化发展，真正把资源优势转化为发展优势。以襄垣经济技术开发区和潞城经济技术开发区为核心，形成现代煤化工产业集聚区，打造国家现代煤化工创新示范基地。以煤化工制备原料为基础，加快发展合成塑料、合成纤维、橡胶树脂等高分子新材料，积极培育纺织、涂料、特种建材等材料终端应用产业，打造以精细化工为特色的化工新材料产业集群，重点推进潞州特色产业集聚区、潞宝碳基新材料特色产业集聚区、能源化工新材料中试基地建设。积极发展固废产业，重点围绕煤矸石的资源化综合利用，创建国家级工业资源综合利用基地，实施煤矸石治理、生物质能发电等项目，促进变废为宝、化害为利，建立技术先进、清洁安全、吸纳就业能力强的现代化大宗工业固体

废物综合利用产业。

（八）培育壮大新兴制造业。打造国家级 LBD 产业集群。以紫外 LED 和 IED 显示为两大产业支撑，依托中科潞安深紫外、高科华烨、福万达照明、新视界（长治）照明电器等企业，形成集蓝宝石衬底、LED 外延及芯片、LED 封装、背光模组、显示、照明灯具及电源驱动、照明工程等于一体的半导体 LED 产业链条。

发展特色现代装备制造产业集群。围绕循环经济发展需求，以能源装备、节能环保装备为重点，发展采煤装备、煤化工装备、风电装备、太阳能利用装备、电力装备。依托现有产业基础，积极承接产业转移，培育壮大新一代信息技术产业、智能装备、新能源汽车整车及零部件制造、航空零部件制造等产业集群。着力打造新材料产业集群。聚焦碳基新材料，加快碳纤维、煤基油、石墨烯产业化生产和市场化应用。聚焦新型金属材料，进一步扩大铝镁合金、汽车轻量化零部件生产规模，大力发展钕铁硼永磁、高温超导等材料产业。聚焦无机非金属材料，开发锂离子电池正负极材料、电解质材料和隔膜材料等关键材料，发展汽车动力电池产业，推动无机非金属材料、新能源汽车融合发展。

发展现代医药产业集群。依托振东、康宝和长治大健康产业研究院，促进医药产业发展，加快抗体药物、现代中药等产品的研发与生产，重点抓好康宝生物血液制品、振东抗肿瘤药物产业化、振东药酒药茶、元延特色原料药、正来潞党参口服液等项目，推进道地中药材基地建设。

（九）加快发展现代服务业。促进文旅深度融合发展。挖掘生态休闲文化、历史民俗文化、加快太行旅游板块建设，叫响“山西长治•壮美太行”品牌，将长治市打造成为太行旅游板块的核心区域。依托工业文化遗产打造文化创意产业载体；积极发展大健康产业。利用太行山区独特的自然资源、气候资源、人文资源、区位优势、产业基础等，促进康养产业与生态文化旅游、医疗医药等融合发展，引入社会资本培育健康养生和养老机构，努力把长治市打造成为中国北方地区有影响力的“太行水乡·康养之都”。围绕建设国家物流枢纽，优化物流产业发展布局，加快潞铁、华驰、轩阳物流园、晋东南（长治）陆港物流枢纽等项目建设。引导工业企业剥离物流业务，提高物流服务的社会化、专业化水平。促进生活性服务业升级。加大对受疫情影响较重的住宿餐饮、批发零售、交通物流等行业的支持力度，加快培育互联网医疗、远程办公、在线教育、电子商务等服务业新业态、新模式。

（十）做大做强特色优势农业。围绕粮食、蔬菜、食用菌、中药材、干鲜果、畜禽养殖、休闲农业与乡村旅游，扎实推进特色产业发展。重点培育沁县和武乡县有机小米产业、长子县和壶关县特色蔬菜产业、平顺县和黎城县道地中药材产业、潞城区、屯留区和襄垣县特色果蔬产业、沁源县生态养殖产业、潞州区和上党区城郊休闲观光农业。依托我市特色农产品资源优势，重点打造中药材、酿品、肉制品、粮品、果蔬食品、功能保健品等优势特色农产品加工产业集群。加快现代农业产业园建设，推进农产品加工向园区集聚，提升改造山西省太行山农产品物流园区，加速建设长治市食品科技园区。建设山西（长治）中药材商贸平台，打造集聚全省、辐射周边的产品集散中心和价格形成中心。培育主食糕品龙头企业，推动主食产业链、价值链、供应链的“三链协同”，打造长治市主食糕品产业示范市。加强长治有机旱作农业“半分耕”品牌建设，建立农产品品牌运营平台，叫响沁州黄小米、上党党参、山西药茶上党系列等区域公用品牌和产品品牌。推进农业生产标准化和农产品质量安全监管，全面提升农产品质量安全水平。到 2025 年，农产品加工业产值达 600 亿元。完善农产品电商服务体系，加快构建农村物流基础设施骨干网络。提升平顺太行电商小镇等电商进农村综合示范工程，培育农村电商强县、强镇。

（十一）全力打造一流创新生态。支持中小企业通过人才飞地、共建研发中心、技术人才入股等方式，加强与国内外著名高校、科研院所、大企业合作，组建小型研发机构，开展研发活动。到 2025 年底前，新增市级以上创新平台 15 个。高标准建设“山西智创城 NO.5”。积极引进高端技术、人才、项目等资源，推动产业链条上下游延伸、内外部对接，提升核心竞争力，构建“科技创新 + 成果转化 + 企业加速 + 园区承载 + 示范辐射 + 产业集聚”的全过程服务保障体系和高质量创新创业格局。到 2025 年，智创城内累计入驻企业 100 家以上，引入研发机构 30 家以上，推动科技成果转化应用 50 项以上，形成智能制造和信创产业集群，产值达到 50 亿元以上，带动就业 6000 人。充分发挥科技特派员、农业型科技企业的带动作用，打造一批支撑乡村创业、具备长治特色的星创天地。

（十二）积极融入重点国家战略。主动融入“一带一路”大商圈建设，加大“一带一路”沿线重点市场拓展力度。鼓励光伏光电、装备制造、现代煤化工、特色农产品等企业大力开拓国际市场，鼓励引导企业合理开展境外投资，支持龙头企业整合产业链上下游企业“组团出海”，推进产品、技术、品牌、标准全方位“走出去”，提升企业国际化经营能力。深度对接京津冀协同发展、长三角一体化发展、粤港澳大湾区建设、促进中部崛起和高质量发展等重大国家战略，积极融入中原城市群。着力抓好晋东南国家级承接产业转移示范区创建，抓好服务、跟紧配套，充分发挥以商招商、以企引企作用，吸引更多的东部地区企业到我市发展，开辟跨梯度承接产业转移的新途径。

四、大力传承红色文化，丰富太行精神时代内涵

（十三）繁荣发展红色文化。坚持社会主义核心价值体系，加强新时代爱国主义教育基地、社会主义核心价值观示范点建设。发挥太行干部学院作用，开展理想信念和党性教育，大力弘扬太行精神。围绕革命历史创作一批文艺作品，宣传推广《太行山上》等优秀作品。深入开展习近平新时代中国特色社会主义思想学习教育，加强党史、新中国史、改革开放史、社会主义发展史教育，组织实施"纪录小康工程"。全方位、多形式开展红色文化进校园活动，统筹推进大中小学思政课一体化建设，着力培育时代新人。组织青少年学生瞻仰革命遗址，参观红色旅游景点、革命博物馆和纪念馆，让红色基因、革命薪火代代相传。

（十四）加强革命文物保护利用。实施革命老区红色历史和革命文化研究工程，加强八路军太行纪念馆、长治黄崖洞兵工厂、武乡八路军总司令部等革命历史遗存和文物保护修缮。开展太行山、太岳山革命文物保护利用片区网上展示工程，提升八路军太行纪念馆、上党战役纪念馆、黎城黄崖洞兵工厂及潞城八路军军工部垂阳兵工厂等文物展馆布展水平。推动武乡创建省级革命文物保护利用示范区。建设上党战役纪念馆、北方大学旧址保护开发、山西省岳北革命烈士陵园（英雄广场）等项目，打造太行、太岳片区红色文物密集区重要文化地标。创新红色文化传承利用，挖掘研究红色文化资源，提炼精神标识，传递上党红色文化。提高革命文物整体宣传传播能力，打造音（音频）、影（视频）、图（照片）、文（文章）"四位一体"的文物故事讲述体系。实施"网上博物馆""网上纪念馆"计划，借助高科技手段，将革命文物转化为情境化、可视化的数字文化形态。加大对革命文物文创产品开发支持力度，形成一批具有文化影响力、市场竞争力的文创产品。

（十三）做优做强文化旅游产业。完善旅游基础配套服务设施。加快推进太行一号旅游公路、南太行旅游轨道交通等项目建设。完善和建设旅游集散中心、旅游公共交通、旅游直通车、自驾服务系统、自驾景观廊道、自行车骑行慢道、低空飞行旅游、步行绿道等旅游"慢游"交通网络。推进和完善旅游厕所、驿站、观景台、汽车露营地、道路交通旅游标识、低空飞行基地等系统配套设施。主动对接融入山西省智慧旅游系统，建设完善长治旅游智慧平台，逐步构建长治市全域智慧旅游系统，重点推进壶关太行山大峡谷等智慧景区建设。

创新文旅产业新业态。依托长治市红色文化、上古神话、上党文化、乡村非物质文化遗产等资源，开发深度体验项目。推进砖壁村、白杨坡村、岳家寨、大河村、南平头坞村、霞庄村、王家峪村、关家垴村、李峪村等一批乡村旅游示范点建设。开发研学知识游，推出地理研学、古建研学、红色研学、农业研学四大主题研学旅行线路。

培育文化旅游精品。围绕太行山水、太行精神、太行人家，打造以太行一号旅游公路为主轴的自驾观光度假旅游带和以郑太高铁为依托的文化休闲旅游带。打造中太行山国际旅游度假区（黎城）和太行峡谷度假区（壶关、平顺）等一批标志性旅游项目和王牌景区。整合红色旅游资源，做强八路军、上党战役和劳模文化三大红色旅游产品。以八路军文化园和八路军太行纪念馆为基础，加快推进"中国武乡·太行山八路军总部文化产业园"项目建设，打造全国红色文化旅游目的地。依托古建筑等历史遗迹及羿射九日、女娲补天、神农稼穑、精卫填海等文化传说，积极开发文化探源、民俗体验等文化旅游产品。积极推动黄崖洞创建5A级景区，力争2025年新增1个4A级景区。提升武乡八路军文化旅游节、沁县端午民俗文化节等文化旅游节活动内涵，打造1～2个国家级文化旅游活动品牌。

五、加强生态环境保护修复，筑牢太行生态屏障

（十六）提升生态系统质量和稳定性。开展生态保护与修复。持续开展太行山绿化工程。加快实施浊漳河、沁河、漳泽湖和辛安泉域、洪山泉域、霍泉泉域水生态修复。持续开展漳泽湖库区"清河"专项行动，提升湖区水环境功能，推动湖区水质达到优良水体标准。加强湿地保护修复。对集中连片、破碎化严重、功能退化的自然湿地进行修复和综合整治。重点推进长治市国家城市湿地公园、山西千泉湖国家湿地公园、山西精卫湖国家湿地公园等重点湿地公园的保护建设。加强林草生态保护修复。以太行山、太岳山生态保护为重点，开展大规模国土绿化行动，大力实施以天然林保护工程、重点防护林工程为主的国家级重点工程和以黄河和长江流域防护林屏障建设工程、环京津冀生态屏障区建设工程为主的省级重点工程，全面推行林长制。开展草原生态资源清查，科学划定并严守林草生态保护红线，加快退牧还草、退耕还草等工程建设。加强动植物保护，开展野生动物疫源疫病监测防控体系建设。

（十七）全力守护碧水蓝天净土。全面推进空气质量改善。继续调整优化产业结构，积极化解"工业围城"难题，持续实施重点行业超低排放改造。推进能源清洁利用，深化散煤治理，持续巩固实施冬季清洁取暖改造。积极调整运输结构，加快发展新能源车辆。强化城市环境综合整治，严禁露天焚烧秸秆、露天烧烤，禁燃禁放烟花爆竹。强化科学治污，制定$PM_{2.5}$和臭氧污染协同防控"一市一策"综合解决方案。持续改善水生态环境质量。严格落实《长治市辛安泉饮用水水源地保护条例》，加强长治市辛安泉饮用水源保护区规范化建设，加快建设应急水源、备用水源。完善污水处理系统，推进乡镇、农村生活污水治理。

积极推进市本级及各县区建成区海绵化改造，推进雨污分流和初期雨水治理。巩固黑臭水体整治成效，全面消除县级以上城市建成区黑臭水体。加强土壤环境质量保障。加大土壤污染治理力度，严控新增土壤污染，实施农用地土壤环境质量分类管理和建设用地土壤环境质量分级管理，加快推进受污染土壤治理与修复试点。有效控制农业面源污染，深化土壤和地下水污染风险防控。提高危险废弃物、医疗废弃物收集处置水平。加大固废堆场监管，强化危险废物源头管理。

（十八）完善生态文明体制机制。充分发挥市场作用，健全稳定投入机制。开展重点生态系统生态功能价值核算、保护治理成本核算等相关研究，掌握流域补偿基础数据，完善多元化补偿形式、补偿资金支付和管理办法。对重点区域、重点领域、重点行业、重点工作开展专项督察。全面实行排污许可制，构建以排污许可制为核心的固定污染源“一证式”监管体系，探索建立部门之间、市县之间大数据平台信息共享联通机制。强化科技创新能力建设，健全科技支撑机制。聚焦国家生态文明建设示范区、“绿水青山就是金山银山”实践创新基地、“无废城市”等开展重点宣传，讲好太行生态环境保护故事。改革完善环保信访投诉工作机制，进一步优化完善受理主体、流转程序、办理途径、办结标准、办结时限等要求。

（十九）全面推动绿色低碳发展。大力发展以低碳为特征的绿色产业，全面推行“生态 +”“+ 生态”发展新模式，推动传统产业绿色转型升级，形成以高科技产业和现代服务业为主的低碳产业体系。实施碳达峰碳中和行动。细化我市“十四五”能耗“双控”路线图，实施煤炭、电力等七大行业能效提升行动。稳妥处置全市“两高”项目，坚决遏制“两高”项目盲目发展。以发电、建材、钢铁、有色、石化、化工、造纸、民航等高排放行业为重点，推广应用先进工艺和低碳技术，提高能效，有效控制工业领域温室气体排放。推进造林绿化，加快退耕还林及重点防护林体系建设，增加森林碳汇。实施全面禁塑，杜绝白色污染。实施既有居住建筑节能改造，鼓励开展超低能耗建筑试点。加强公共交通、步行道、自行车道等低碳交通系统建设，推广节能和新能源汽车。

六、全面推进乡村振兴，塑造老区农业农村新风貌

（二十）实现巩固脱贫攻坚成果同乡村振兴有效衔接。健全防止返贫动态监测和帮扶机制。过渡期内严格落实责任、政策、帮扶、监管“四个不摘”要求，强化动态监测。加强易地扶贫搬迁后续扶持。健全集中安置社区（村）党组织，协助安置点社区提升治理能力。充分发挥领导联系帮、单位包村帮、干部驻村帮、企业结对帮、县际协作帮“五位一体”联动帮扶作用。支持引导经济强村、医院、学校、民营企业、科技工作者等单位和个人，积极参与乡村产业开发和帮扶济困活动。

巩固拓展脱贫攻坚成果。改进帮扶方式，采用生产奖补、劳务补助、以工代赈等机制及建立惠农超市积分等优惠政策，激发欠发达地区和农村低收入人口发展的内生动力。将脱贫人口就业技能培训的经验做法拓展到乡村振兴全民技能培训，实施高素质农民培训计划。实施农村创新创业带头人培训，提高农村专业人才服务巩固脱贫攻坚成果与乡村振兴的保障能力。推进农村生活设施便利化。提档升级农村交通设施，继续推进“四好农村路”建设，推进城乡客运一体化发展，实现全市城乡公共交通全覆盖。实施农村供水保障工程，加快农村电网改造，发展农村清洁能源，推进农村改灶与冬季清洁取暖改造。实施农村数字通信提升工程，推进光纤到村入户。继续做好农村危房改造动态保障工作。加强农村基层组织建设。常态化整顿软弱涣散农村基层党组织，深化农村“带头人”队伍优化提升集中行动，全面实施农村后备干部培养计划，推进实施农村干部学历提升工程，提高基层组织的组织力、凝聚力和战斗力。加强社会救助体系建设。深入开展农村特群体关爱、孤残儿童生活保障工作，建立健全老年、儿童、残疾人基本福利制度，积极引导社会力量参与社会救助，加强对困难退役军人和其他优抚对象的帮扶救助。

（二十一）加快实施新型城镇化战略。推进区域协同发展。突出特色定位，深化协同联动发展，推动形成高质量发展新优势。潞州区作为全市政治、经济、文化中心，要加快推进老城区、高新区、滨湖区三大组团建设，努力打造成为带动全市发展的中心引擎。上党区要打造装备制造、生物医药两大产业基地，建设具有特色的城市“后花园”。潞城区要创建产城融合示范区，成为向东对接京津冀的城市门户。屯留区要以煤基科技创新孵化为主，加快建设产城融合基地。长子县要建设晋东南物流基地、能源基地和特色文旅生态休闲区。壶关县要打造国家级全域旅游示范区和优质农产品供应基地。襄垣县要打造创新生态的示范区、文明智慧的品质城。平顺县要建设全国中药材基地、全省生态文化旅游示范区，打造“山水太行 • 诗画平顺”旅游品牌。黎城县要积极承接京津冀产业转移，大力发展新产业，打造能源革命东出太行桥头堡、中太行休闲旅游度假区。武乡县要充分发挥红色文化资源优势，打响红色旅游品牌，打造红色教育主阵地。沁县要依托水土资源建设绿色有机农产品生产加工基地。沁源县要着力发展文化旅游、生态康养等产业，建设国家生态文明示范县，打造绿色发展先行区。

推进更高水平新型城镇化建设。高质量推进大县城建设。积极推进县城城镇化补短板强弱项建设，推动农业

转移人口就地就近城镇化。围绕市政公用设施提档升级，推进水、电、气、热、物流配送等基础设施建设，实施老旧小区更新改造和县城智慧化改造。围绕产业培育设施提质增效，完善产业平台配套设施、冷链物流设施和农贸市场。加快推进城乡融合发展。加快农业转移人口市民化，完善财政转移支付和新增城镇建设用地规模与农业人口市民化挂钩政策，完善人才返乡入乡激励政策，引导工商资本下乡，建立健全有利于城乡基本公共服务普惠共享、城乡基础设施一体化发展的体制机制。

推进国家级海绵城市示范城市建设。开展海绵城市、排水防涝、防洪体系、地下空间等专项规划编制，深化长治市海绵城市建设系统化实施方案，推进海绵城市建设管理条例立法工作，补充完善海绵城市建设相关标准规范。建立海绵城市项目库，编制海绵城市年度建设任务并将其纳入年度城建计划。重点抓好海绵型生态水系建设、海绵型绿地系统建设、海绵型道路和广场建设以及海绵理小区和单位建设。

（二十二）实施乡村建设行动。持续推进农村人居环境整治。科学推进乡村规划，实现村庄规划编制全覆盖。合理划定各类空间管控边界，优化布局乡村生活空间，严格保护农业生产空间和乡村生态空间。全面开展农村人居环境整治提升五年行动。加快无害化公共卫生厕所和户用厕所建设。推进农村生活垃圾分类试点，推动城镇污水管网向村庄延伸覆盖，搞好农村厕所粪污和生活污水协同处理有机衔接。推进农业面源污染防治和农业废弃物资源化利用。开展农村房屋安全隐患排查整治，以农村自建经营房为重点，对排查发现存在安全隐患的房屋进行整治。因地制宜打造一批美丽乡村示范典型。

推进农村基本公共服务均等化。推进标准化乡镇卫生院建设，加强农村社会保障体系建设。增加优秀乡村文化产品和服务供给，丰富农村文化生活。加强气象灾害监测预警、防汛抗旱、防震减灾等防灾减灾工程建设，增强农村防灾减灾救灾能力。坚持就近就便原则，加快中学向县城有序集聚、小学向乡镇以上适度集中，推进义务教育办学模式改革，扩大优质教育资源供给，加快缩小校际、城乡、区域差距。加强乡村教师队伍建设，鼓励优质教育资源向农村地区和薄弱学校延伸。推进学前教育普及普惠安全优质发展。

持续补齐农村养老服务短板。实施敬老院提质升级工程。推动区域性养老中心和中心敬老院建设，实现生活条件改善、服务质量提升、特困人员满意。鼓励支持社会组织、农民协会、养老服务机构等参与农村老年人日间照料中心运行管理，重点扶持连锁运行的品牌化、连锁化农村养老服务机构。

七、建立对口合作机制，助推太行革命老区振兴发展

（二十三）合作推进“放管服”改革。与北京市全方位对接，加强两市在转变政府职能、分类推进事业单位改革、降低制度性交易成本等方面的经验交流，深化简政放权、放管结合、优化服务改革，提高政府和事业单位公共服务水平。加强营商环境综合改革，促进投资和贸易便利化、优化提升政府服务水平、推动建设工程项目加快落地、实施企业投资项目负面清单管理等方面的经验交流。交流改革试点经验，加快在我市复制推广，承担好企业投资项目承诺制审批和市场准入负面清单制度试点任务。

（二十四）促进太行革命老区红色文化传承。结合对口合作工作，深度挖掘红色资源，将我市以八路军历史文化为核心的红色资源作为坚定理想信念、加强党性修养的生动教材，积极支持北京市到我市开展干部教育培训和党建交流，大力弘扬传承太行精神。推动两地建立新闻出版、广播影视、媒体宣传等领域的对口合作关系，深化两市在广播影视、手机移动端、包装印刷等传统平台的深度合作，通过开展“文化＋旅游＋教育”的研学实践活动，打造红色旅游品牌和精品线路，培育北京与长治互为旅游客源地和旅游目的地，合作开展革命文物保护利用，共同促进红色旅游高质量发展，实现传承和弘扬红色基因的发展目标。

（二十五）全面巩固拓展脱贫攻坚成果。结合对口合作，积极支持易地扶贫搬迁后续扶持，加大消费帮扶支持力度。从巩固脱贫攻坚成果入手，首先是加强产业合作，联合建设产业园区，深化产业合作，帮助招商引资，推动劳动密集型产业落地，解决脱贫家庭人员就近就业。其次是加强市场合作，发挥北京市发达的市场资源和规模优势，通过在京举办各类产品博览会、品牌推介会、商品展销会、购物节等平台，帮助推销长治地区特色产品。并通过北京市在长治建立飞地经济，培育特色品牌，开发特色产品，提升产品知名度和市场竞争力。三是加强就业合作，在对口合作中，协同增强以就业为导向的工作力度，把增加就业作为主要抓手，帮助我市脱贫地区发展各类劳动密集型产业，吸纳主要监测对象和脱贫人口就地就业。面向首都北京精心打造“太行家政”劳务品牌，加强双方劳务合作，建立和完善劳务输出精准对接机制，通过向北京地区输出家政服务、养老护理、母婴护理等劳务人员，推动提高全市劳务输出组织化程度，实现转移就业。

（二十六）开展教育医疗等基本公共服务合作。借助北京优质教育资源优势，开展两地教育领域合作，建立互访交流制度。利用优质大中小学、教育行政学院、社会实践基地等，搭建长治师生赴外埠学习培训、参观交流平台。合作共建学科和联合培养学生，研究开展文化体验、培训、资源互通。推动双方职业院校交流合作，提高职业教育的

质量水平，共建一批学生实习实训基地和“双师型”教师培养基地，扎实推进技术研究和人才培养，为两市特色职业教育和学生就业打造交流平台，共同推进职业教育与就业深度融合。依托首都高水平医疗资源和先进管理经验，鼓励开展重点医院对口合作，从医院管理、科研教学、远程医疗、双向转诊、重点学科扶持等方面进行合作，双方在医疗、科研、教学、人才、信息、技术、管理等方面进行深度融合和资源共享，打造一批区域高水平临床诊疗中心和专科医疗中心，引进一批高层次医学人才，提高区域内高发疾病整体诊疗水平，有效减少患者异地就医。

（二十七）共同建设合作平台载体。结合推进晋东南国家级承接产业转移示范区建设，支持长治高新技术产业开发区与北京中关村国家自主创新示范区全面对接，建立战略合作关系，承接中关村电子信息、智能制造、平台园区管理等相关产业的转移。支持高新区、经开区与中关村相关国家级研发中心交流合作，在长治设立国家级研发机构分中心。开展县级层面交流合作，两市县（区）政府根据各自实际进行充分自主协商，在推动构建经济高质量发展体制机制、建设现代化经济体系、形成全面开放新格局、营造共建共治共享社会治理氛围等方面进行深度合作，推动两市经济社会协调发展。

八、加强组织领导，强化任务落实

（二十八）坚持党的集中统一领导。始终把党的领导贯穿到长治市新时代太行革命老区振兴发展的全过程和各领域。按照市统筹、县（区）抓落实的工作机制，围绕重点任务，建立目标和标准体系、任务和举措体系、政策和制度体系，实施项目化、清单化、方案化管理，推动各项任务落地落实。

（二十九）夯实要素保障。积极争取中央财政加大对我市太行革命老区转移支付和地方政府专项债券的倾斜支持力度，科学统筹使用，建立转移支付绩效评价制度，鼓励政策性金融机构结合职能定位和业务范围加大对革命老区支持力度，鼓励商业性金融机构以市场化方式积极参与革命老区振兴发展，支持符合条件的革命老区重点企业上市挂牌融资，加大革命老区重大项目用地保障，探索革命老区乡村产业发展用地政策，摸清全市革命老区低效用地存量底数，加大低效用地再开发力度，允许城乡建设用地增减挂钩节余指标按规定优先流转使用于革命老区项目建设。

（三十）强化任务落实。积极争取国家、省在制定支持革命老区巩固拓展脱贫攻坚成果、基础设施建设、生态环境保护修复、红色旅游等重点领域政策时向我市倾斜，优先推动全市革命老区交通、农业农村、水利、能源等重大基础设施建设项目纳入相关专项规划，在开展试点示范和安排资金补助时给予倾斜支持。大力弘扬太行精神，广泛凝聚正能量，表彰奖励正面典型，营造全社会支持参与革命老区振兴发展的良好氛围。

（长治市政府网站）

大事记

1月

5日 长治学院启用新版校徽、校歌。

6日 科技部发布《关于支持新一批城市开展创新型城市建设的通知》，支持25个城市开展创新型城市建设，长治市名列其中。

26日 长治市政府举行第四届法律顾问聘任仪式，聘请10位律师及法学专家担任市政府法律顾问。

同日 交通运输部、财政部、农业农村部、国家乡村振兴局联合印发通知，命名153个县（市、区）为“四好农村路”全国示范县，并对40个“四好农村路”建设市域突出单位予以通报表扬。长治市长子县获评“四好农村路”全国示范县。

2月

8日 长治市国道环线自由流收费试点工作座谈会在太原召开。长治市国道环线公路改扩建工程采用政府和社会资本合作（PPP）模式实施，2020年11月全线建成试通车。长治市进行收费模式的创新和尝试，提出建设开放式自由流收费试点，即在不设置传统物理隔离设施状态下，通过采用“ETC+车牌付技术、北斗系统应用、多种支付手段融合应用”方式，自动完成对自由行驶车辆进行收费。会上，长治市相关部门汇报自由流收费试点工作概况、收费标准研究报告，并征求省发展改革委、省财政厅、省交通厅、省司法厅、省公安厅等部门及相关专家意见建议。

13日 长治市政府与中国运载火箭技术研究院签订战略合作框架协。根据协议，双方将围绕高端装备制造能力建设、技术合作与产业发展、技术人才培养等方面开展合作。

14日至15日 山西省委书记林武到长治市平顺县、上党区、长子县、潞城区、襄垣县和长治高新区，进企业、入园区、下基层，就产业转型、低碳发展、项目建设、科技创新、基层治理等进行调研。

19日至22日 政协第十四届长治市委员会第一次会议召开。

20日至23日 长治市第十五届人民代表大会第一次会议召开。

26日 长治市与山西省同步举行开发区2022年第一次“三个一批”活动，集中签约、开工、投产一批重点项目。此次“三个一批”活动新签约项目34个，总投资124.7亿元，新开工项目36个，总投资84.5亿元，其中亿元以上项目14个，新投产项目40个，总投资38.9亿元。34个签约项目涵盖先进装备制造、生物医药、信创、新能源、新材料等多个新兴产业领域。

3月

1日起 长治市集中开展电动自行车实名登记上牌业务，首日共有2800余辆电动自行车成功领牌。此次电动自行车实名登记上牌业务集中办理期为3个月，全市共设237个（含各县区）注册上牌服务网点。

7日 长治市12个县区同步举行乡村振兴示范创建项目集中开工仪式，26个省级乡村振兴示范创建项目全部开工。26个项目中，乡村振兴示范村10个、乡村振兴旅游示范村3个、数字乡村建设示范村2个、特色产业示范基地11个，总投资近2亿元，将辐射带动全市12个县区24个乡镇41个村2万余人实现增收。当日，还同步启动市级乡村振兴示范创建项目工作，将在全市范围内打造乡村振兴示范村12个、乡村振兴旅游示范村10个、数字乡村建设示范村2个。

12日 2022年山西省省级重点工程项目名单公布，长治市高科华兴电子新建LED封装项目、金烨钢铁金属增材制造材料项目等40个重点项目入选，总投资689.2亿元。入选省级重点工程的40个项目，涉及产业、基础设施、社会民生三大领域，涵盖新装备、新材料、能源革命、城市更新等15个方面。其中，产业类项目28项，总投资398.3亿元；基础设施类项目9项，总投资273.8亿元；社会民生类项目3项，总投资17.1亿元。

25日 中央财政海绵城市建设示范补助资金2021年绩效评价结果公布，长治市海绵城市建设工作获评A档。

28日 长治市首批24张退役军人和其他优抚对象优待证在潞城区发放。长治市首批退役军人和其他优抚对象优待证是邮储银行长治分行特制的专属借记卡，持该卡可免除中国内地所有银行间跨行转账、ATM跨行取现手续费，享受邮储银行免息贷款等多项退役军人专属金融优惠服务。

3月 由长治市综合检验检测中心负责筹建的国家煤基合成油产品质量检验检测中心，以全项检测参数（28类产品156个参数）通过中国合格评定国家认可委员会和中国计量认证现场评审，成为全国首家获得煤基油产品国家检验检测资质的机构。该项目实施以来，市综合检验检测中心先后与中科院山西煤炭化学研究所、山西大学、太原理工大学、长治学院等科研院所、高校开展技术合作，成立博士工作站2个、标准化技术委员会2个，制定技术标准16个，申报科研项目15个，申请专利6个；与德国北德质量认证服务有限公司、天祥检验集团、瑞士通用公证行集团、必维英斯贝克以及国家石油化工产品质检中心（山东）等国内外权威检测机构实现检测结果互认，为推动煤基油产业发展和质量提升作出贡献。

3月 《长治市行政区划图》《长治市四区行政区划图》于3月正式出版使用，是长治市县乡村行政区划调整和重要运输线路开通后首次出版的地图，涵盖长治市四区八县、18个街道、32个乡和78个镇，涉及行政村2436个、居委会（社区）170个。

4月

1日 长治市煤炭稳产增供专题会议召开，对全市煤炭稳产增供相关工作作出部署。

20日 教育部公布全国义务教育优质均衡先行创建县（市、区、旗）名单，长治市长子县入选。

22日 市委副书记、市长陈耳东主持召开长治市助企纾困政策落实供需见面会。会上，市发展改革委介绍国家、省促进工业经济平稳增长和服务业困难行业恢复发展的有关政策及落实惠企政策工作机制建立和工作开展情况。市中小企业服务中心通报“小升规”和专精特新企业奖励兑现情况。首钢长钢、潞安太阳能等25家企业代表汇报企业和行业发展中存在的困难问题，并提出意见建议。市直相关部门负责人进行现场回复与解答。

26日 市委人才工作会议召开，会议对4名“长治市高质量发展优秀人才突出贡献特别奖”获得者、6名“长治市高质量发展优秀人才突出贡献奖”获得者进行表彰奖励，对16个“长治市高质量发展创新团队”进行奖励。

27日 长治市出台《关于加快推进金融业高质量发展的实施意见》，明确“十四五”时期金融业发展总体规划、发展目标和实现路径。

5月

6日 长治市金融工作会议召开。市金融办对市委、市政府出台的《关于加快推进金融业高质量发展的实施意见》进行解读，潞城区政府、人民银行长治市中心支行、银保监长治分局等8家单位进行发言；印发《关于2021年全市金融机构支持地方经济发展评价结果的通报》，为2021年优秀金融机构颁发奖牌，为2021年省股交中心“晋兴板”“展示板”挂牌企业进行授奖。

7日 长治市人才发展基金会成立大会暨第一届理事会第一次会议在市人才服务中心举行。

8日 长治市农村集体经济发展有限公司揭牌，是长治市首个市级农村集体经济市场化平台。

15日 全国妇联表彰997户全国五好家庭、200个全国家庭工作先进集体、198名全国家庭工作先进个人，997户全国最美家庭。长治市尹心妍家庭、岳海霞家庭获第十三届全国五好家庭，张丽芳家庭、王严伟家庭获2022年全国最美家庭，罗云娟获第十三届全国家庭工作先进个人。

17日 长治市委人才工作领导小组2022年第一次会议召开。会议审议《长治市高层次人才评定工作实施细则（试行）》《长治市高层次人才举荐办法（试行）》及《长治市关心关爱人才十条措施》等文件。

19日 长治市与俄罗斯图拉市发展友好城市关系意向签约仪式暨首次经贸交流会以视频形式举行。

23日 为贯彻落实省委、省政府关于促进服务业领域困难行业恢复发展决策部署，做好助企纾困工作，提振消费信心、激发市场活力、稳定消费预期、释放消费潜力，结合实际，长治市政府印发《2022年长治市数字消费券发放工作方案》，明确于5月27日启动12810万元数字消费券发放工作。此次数字消费券发放重点面向商超百货、家电、成品油、住宿餐饮、汽车等行业，新增“绿色节能产品”专用券。

25日 经山西省政府第141次常务会议研究决定，同意设立长子经济技术开发区、黎城经济技术开发区。至此，长治市省级以上开发区增加至13个。长子经济技术开发区位于丹朱镇和大堡头镇，规划总面积7.15平方千米，以绿色能源、现代物流为主导产业，延伸培育智能制造、绿色食品、生物医药、新材料等新兴产业；黎城经济技术开发区位于黎侯镇和西井乡，规划总面积17.17平方千米，重点发展新材料、新能源、钢铁焦化等产业。

6月

5日 由长治市澳瑞特体育产业股份有限公司研发制造的航天健身器材，搭载神舟十四号载人飞船与3名航天员一同进驻天和核心舱，为神舟十四号航天员乘组提供太空健身服务。

9日 国务院办公厅发布对2021年落实有关重大政策措施真抓实干成效明显地方予以督查激励的通报。长治市三项工作获点名表扬，并获资金政策等多项激励措施支持。三项工作分别为：长治市老工业基地调整改造力度大，支持传统产业改造、推进产业转型升级等工作成效突出；长治市环境治理工程项目推进快，重点区域大气、重点流域水环境质量提高明显；长治市屯留区高度重视重大决策部署督查落实工作，在创新优化督查落实方式方法、推动地区经济社会发展等方面成效明显。

10日 长治市思想政治工作研究会成立大会暨第一次会员代表大会召开。审议通过《长治市思想政治工作研究会章程》，选举产生市思想政治工作研究会第一届理事会会长、常务副会长、副会长、秘书长等，孙刘琳当选为第一届理事会会长。

同日 山西省农业农村厅公布2022年“山西美丽休闲乡村”名单，长治市潞城区翟店街道办事处寨上村、黎城县黄崖洞镇下赤峪村、长子县色头镇赵家庄村、壶关县石坡乡苇则水村入选。至此，长治市累计创建“山西美丽休闲乡村”15个，休闲农业和乡村旅游从业人数达27.5万人。

15日 山西省省级区域医疗中心建设工作推进会在长治市召开。

17日 山西省药品监督管理局第三检查分局揭牌仪式在长治市举行。省药监局第三检查分局驻长治市，监管区域为长治市、晋中市、晋城市，主要职责是在监管区域内监督实施药品、医疗器械和化妆品监督管理的法律法规和规章，承担监管区域内“两品一械”生产和药品批发、零售连锁总部、互联网第三方销售平台的日常监管、现场检查及应急处置工作。

21日 长治市首列国际联运货物列车开行。此条班列线路从位于长子县的长治陆港物流园区驶出，开往哈萨克斯坦和乌兹别克斯坦。

22日 长治市与山西省同步举行开发区2022年第二次“三个一批”活动，74个重点项目集中签约、开工、投产。此次“三个一批”活动中，新签约项目26个，新投产项目18个，新开工项目30个，涵盖半导体光电、光伏、先进装备制造、生物医药、新能源、新材料等多个新兴产业领域。

23日 长治市政府与中国能源建设股份有限公司举行合作洽谈，双方就加强“源网荷储”一体化项目合作进行对接交流。

同日 由中国铁建大桥工程局集团有限公司承建的黎霍高速公路首座特大桥——北底浊漳河特大桥左幅贯通。北底浊漳河特大桥位于长治市襄垣县岸底村村西南侧，桥梁全长1407.5米，上跨襄垣县北环匝道和法显大道，下穿太焦高铁，跨越北底浊漳河湿地公园。该桥采用分离式设计，桥梁按上下行分离的分幅设置，上部结构由“预制T梁+现浇箱梁”组成，全桥采用30米T梁130片、40米T梁230片、现浇箱梁3孔（90米）。下部结构为柱式墩、空心墩、轻型桥台、灌注桩基础。该大桥于2020年10月19日开工建设。

26日 国家医疗健康信息互联互通标准化测评组专家一行到长治市，对全民健康信息平台的数据资源标准化建设情况、互联互通标准化建设情况、互联互通应用效果等进行综合评审。全民健康信息平台和12个业务系统，行业内实现与87所医疗卫生机构、149所基层医疗卫生机构健康档案和诊疗信息的互联互通，行业外实现与政府、公安、医保、民政等部门的互通共享。实地查验后，测评组对长治市全民健康信息平台医疗健康信息互联互通应用效果给予高度评价，同意通过现场查验。

29日 中国移动“智矿通”产品发布暨潞安化工集团“智矿通”（高河能源）全国首发仪式在长治举行。“智矿通”由山西移动与潞安化工集团共同打造，为一个通过1张5G网络、1个“智矿通”App、1个生态应用圈和N个行业终端的共同组成的产品系统，可实现通信网络下井、安全关怀下井、管理能力下井、服务能力下井、产业生态下井的“五大场景应用”。

30日 山西省人力资源和社会保障厅到长治市，就根治拖欠农民工工资、社会保险费减免缓返等工作进行调研。

同日 长治市卫健委与长治医学院合作共建的长治医学院临床学院举行授牌仪式。

6月 长治市成立物业行业委员会，标志着长治市物业行业从以往单一的行业管理向社会基层治理重要组成部分转变。

6月　长治市有6个农产品通过“圳品”评价，分别是壶关县耕耘农业科技有限公司的鲜鸡蛋、潞城区福禄寿禽业有限公司的鸡蛋、山西聚生元土特产开发有限公司的沁州黄小米、长子县生贵大棚技术推广有限公司的西葫芦和甜椒、沁县爬山糙小米开发有限公司的沁州黄小米。

6月　经全国中小企业股份转让系统挂牌委员会审议通过，山西成功通用航空股份有限公司成为长治市唯一进入创新层的“新三板”公司，具备冲刺北交所实力。山西成功通用航空股份有限公司主营人工影响天气、大气物理探测、航拍航测、应急救援、森林灭火、驾驶执照培训、空中游览、体验飞行、公务机托管与地面服务代理等业务。

6月　中国工商银行长治分行成功为“高精特新”企业山西网信通科技股份有限公司发放贷款49万元，完成全市首笔“政采智贷”业务。“政采智贷”是省财政厅与人民银行太原中心支行共同合作，建立起的省级政府采购全流程线上智慧融资平台。

6月　长治市法治建设“一规划两方案”——《法治长治建设规划（2021—2025年）》《长治市法治政府建设实施方案（2021—2025年）》《长治市法治社会建设实施方案（2021—2025年）》相继印发实施。

6月　长治市出台《长治市关心关爱服务人才十条措施》，从开通人才服务专线、密切联系服务人才、推动人才政策及时落地、延长人才公寓租赁优惠期限、纾解人才企业用工困难、开展到长治人才温情服务、减免人才企业房税负担、强化人才企业金融支持、帮助人才企业解决实际困难、激励人才参与疫情防控10个方面，推出一系列措施，为各类人才和企业在长治市发展纾困帮扶。

7月

1日　长治市与山西省同步统一实施职工医保个人账户家庭共济功能，扩展个人账户的使用范围，惠及广大参保人员。实现家庭共济后，职工和退休人员的医保个人账户资金除供参保人用于本人看门诊、药店购药，或者住院时支付个人负担部分等外，经本人授权，其家庭成员可共济使用。

同日　山西省与全国同步启动青少年“游基地、学党史”活动，在全省掀起青少年游党史、国史教育基地学党史高潮，以游基地、学党史，受教育、见行动，迎接中共二十大胜利召开。启动仪式在长治市武乡八路军太行纪念馆门前广场举行。

同日　冀南银行博物馆在长治市正式建成开馆。该馆占地面积536平方米，展线650米，展出图片900余张，馆藏资料2369件。

3日　市委农村工作领导小组（市实施乡村振兴战略领导小组）召开2022年第2次会议，传达学习习近平总书记关于“三农”工作的重要论述，听取2022年各县区、各相关部门“三农”重点工作推进情况汇报，研究审议相关政策文件，部署下一阶段任务。会议审议并原则通过《市直有关部门贯彻落实市委农村工作会议及市委9号文件的实施方案（送审稿）》《2022年全面推进乡村振兴重点工作责任分工（送审稿）》《长治市农村人居环境整治提升五年行动方案（讨论稿）》。

15日　农业农村部发布2022年全国农业社会化服务典型60个，包括农业公司、农民专业合作社、家庭农场等各类服务主体。其中，黎城县晋福村农村集体经济组织入选，是全国唯一以农村集体经济组织入选的典型案例。

15日　长治工匠学院揭牌仪式在长治技师学院举行。该学院由市总工会、市人社局联合成立，依托长治技师学院建设，致力打造区域内高技能人才综合培训基地，承担工匠人才培育等任务。

21日　总投资约16亿元的元宇宙数字文化创意产业园——澳涞坞文化产业园在长治市壶关县启动。该项目由壶关县政府携手澳门澳涞坞集团、香港华鼎泰富投资集团合力打造，包括影视拍摄、短视频制作、写生基地、编剧创作、动漫游戏、文教产业、版权和软件开发服务等多元文化产业板块。该项目占地78万平方米，分五期建设，由中国广场、北京区、山西区、河北区、河南区、黄河区、中华之光浮雕园、中国名人雕塑园、国际美食街九大区域构成。

26日　第十七届山西省“杏花奖”评奖结果公布，长治市推荐的杂技表演节目《攀·登》榜上有名。

29日至31日　由市商务局、长治日报社联合市乡村振兴局、市文化和旅游局、市文联等部门单位谋划的长治市首届传统民俗文化节在长治万达广场举办，此次活动入驻商户50余家，吸引15.5万人次参加，万达广场销售收入达到同期的398%。

7月　在山西省发展乡村旅游推进乡村振兴专题培训班开班仪式上，山西省发布20条乡村旅游精品线路，长治市“乡村记忆 历史研学”体验之旅获得重点推介。“乡村记忆 历史研学”体验之旅行程路线为：西沟村—东坪村—龙门寺—白杨坡乡村记忆馆—岳家寨村（悬崖居民宿）。

7月　水利部运行管理司到长治市，就水库运行管理、安全度汛、水利项目建设等工作进行调研指导。先后到上党区北宋水库、武乡县关河水库、沁县南湖水库、襄垣县后湾水库、黎城县吴家庄水库等地，现场了解水库运行管理、大坝安全监测、小型水库运行管护体制机制、安全责任制落实、人员值班值守、防汛备汛应急准备等情况，并召开座谈会听取全市水库运行管理工作情况汇报。

8月

2日　长治市召开文物保护工作推进会。

3日　长治市与山西医科大学第一医院达成共建省级区域医疗中心合作意向并正式签约。

同日　农业农村部调研组到长治市就重点流域农业面源污染综合治理项目进行专题调研。调研组一行到沁县宇辰农业综合开发有限公司、家宁娜红色农林旅游开发有限公司等地，围绕农作物秸秆综合利用、黑膜储存池利用以及畜禽粪污收储运治理化利用等工作进行实地调研并座谈。

4日　生态环境部联合九部委印发《关于公布气候投融资试点名单的通知》，长治市入选全国首批23个气候投融资试点城市之一。试点工作启动后，长治市谋划重点投融资项目157个，总投资679.7亿元，优选出长子抽水蓄能电站、绿能物流有限公司铁路专用线、鸿达煤化有限公司低碳节能深度治理改造等10个项目重点推进，确保各项试点工作落地落实。

同日　市委副书记、市长陈耳东与申能集团总裁一行举行工作会谈，双方就进一步深化合作、推动氢能产业发展进行深入交流。

同日　长治市启动网络餐饮服务食品安全“食安封签”投放仪式，由美团、“饿了么”等网络餐饮服务第三方平台统一印制的400万枚“食安封签”，正式向其入网外卖餐饮服务企业投放。

同日　长治市建设交通强市工作推进会召开，部署交通强国示范城市创建工作。市委书记杨勤荣出席会议并讲话。会议对长治市《加快推进交通强市建设实施方案》作了说明，并通报全市“四好农村路”和太行一号旅游公路建设进展情况。

5日　中国轻工业联合会公布《第八届中国工艺美术大师名单》，全国共108人上榜。长治市推荐的候选人史延春上榜，成为长治首位获此荣誉的工艺美术创作者。

6日　由长治市住建局燃气热力事务中心、潞州区住建局联合举办的瓶装液化气末端配送专用三轮车启动仪式在市体育中心举行。当天首批130辆瓶装液化气配送专用三轮车正式“上岗”。

10日至11日　由山西省农业农村厅副厅长赵文志带队的调研组在长治市就“菜篮子”市长负责制工作开展调研。

11日　中国电建平顺县200万千瓦抽水蓄能项目预可研勘察启动仪式在平顺县阳高乡榔树园村举行。

22日　长治市出台《长治市重点产业链及产业链链长工作机制实施方案》。该方案明确提出，长治市将围绕10条重点产业链，建立“链长＋链主”的工作机制。10条重点产业链为钢材深加工、新能源汽车、高端装备制造、氢能、光伏、现代医药、光电（LED）、现代煤化工、动力锂电池、资源综合利用。

23日至25日　2022年全国塑料异型材及门窗行业年会在太原召开，会上，中德集团获评中国塑料行业2021年度异型材十强企业。中德集团成立于2001年，总部位于长治经济技术开发区，拥有塑钢型材、塑料管材、建筑铝型材和汽车轻量化零部件四大支柱产业，是国家级专精特新“小巨人”企业、全国塑料制品标准化技术委员会成员单位、中国塑协异型材及门窗制品专委会主任单位、中国塑协管道专委会理事单位，参与制定多项国家及行业标准。建有长治和成都两大生产基地，拥有国内领先挤出生产线220条，生产有铝塑复合、塑胶共挤、彩色覆膜、彩色通体等9大系列200余种产品，先后中标青藏铁路拉萨火车站项目和北京奥运自行车场馆建设项目，产品远销美洲、欧洲、东南亚和非洲等地。

30日　全国“人民满意的公务员”和“人民满意的公务员集体”表彰大会在北京举行，长治市壶关县公安局党委委员、鹅屋派出所所长申飞飞，潞州区常青街道党工委书记、四级调研员牛彦岗获全国“人民满意的公务员”称号，屯留区农业农村局获全国“人民满意的公务员集体”称号。

31日　住建部专家组到长治市，就海绵城市建设示范工作进行调研指导并召开座谈会。

8月　长治市红十字会完成“2022年山西省政府民生实事——在人流密集公共场所配置AED项目”应急救护培训，累计完成68个AED（自动体外除颤仪）配置点应急救护培训工作，培训持证人员5507人。

9月

5日　为进一步提高公共交通信息化服务水平，“长治公交通”App上线试运行。

同日　长治市与山西省同步举行开发区2022年第三次“三个一批”活动，85个重点项目集中签约、开工、投产。新签约项目28个，新投产项目27个，新开工项目30个，涵盖新能源、光伏、智慧物流、固废利用、现代农业、生物医药等领域。

6日　长治市农村集体经济发展协会成立，旨在建立政府、金融、企业、村集体经济组织等多方沟通桥梁，探索发展新型农村集体经济的新思路、新模式、新途径，推动全市农村集体经济高质量发展。

7日　长治市率先召开气候投融资试点工作启动会。出台《关于大力发展绿色金融支持长治市实现碳达峰碳中和目标的指导意见》，引导更多资金投向应对气候变化领域。

同日　全国工商联发布“2022中国民营企业500强”榜单，长治市山西潞宝集团和南烨实业集团有限公司入榜，分别列第264位和481位。

11日　在2022年世界跆拳道波兰公开赛上，长治市培养输送的运动员肖树楠夺得女子73公斤以下级铜牌。9月18日，在2022年世界跆拳道联盟斯洛文尼亚公开赛中，长治运动员肖树楠夺得女子73公斤以下级银牌。

13日至16日　北京市支援合作办组织工信、卫健、文旅、农业等10个部门到长治市进行考察调研，并召开北京市与长治市对口合作工作座谈会。其间，考察组一行到长治高新区、长治经开区及壶关县、黎城县、武乡县、沁县等地，实地考察城市建设管理、产业转型升级、企业创新发展、乡村振兴、文旅融合、教育医疗等情况。北京有关市属委办局还与长治市相关对口部门进行对接交流，探讨下一步合作思路与重点。

14日　山西省特色专业镇发展工作会议召开，会议公布首批10个省级重点专业镇，长治市平顺“上党中药材”入围。

20日　长治市疾控中心与长治医学院公共卫生与预防医学系合作共建协商座谈会召开，双方就资源共享、学科建设、人才培养等工作进行深入交流。

26日　2022山西民营企业100强发布会在太原召开，发布山西民企百强系列榜单，长治市有17家企业入选“2022山西省民营企业100强榜单”，分别为：山西潞宝集团、长治市南烨实业集团有限公司、山西沁新能源集团股份有限公司、山西金鼎潞宝能源科技有限公司、长治市兴宝钢铁有限责任公司、山西长信工业有限公司、山西通洲煤焦集团股份有限公司、山西成功投资集团有限公司、山西振东健康产业集团有限公司、山西南耀集团、金烨钢铁集团有限公司、长治市霍家工业有限公司、黎城太行钢铁有限公司、长治市宸旭盛业贸易有限公司、山西黄土坡煤业集团有限公司、山西长沁煤焦有限公司、山西康伟集团有限公司。

27日　市委副书记、市长陈耳东与三峡集团山西分公司总经理胡庆锋一行举行工作会谈，双方就进一步深化新能源领域合作进行沟通交流。

同日　山西省最美地质遗迹授牌仪式在省地质博物馆举行，全省共20处地质遗迹获得山西最美地质遗迹美誉。其中，长治市黎城黄崖洞嶂石岩地貌、平顺神龙湾天瀑峡和壶关八泉峡共3处地质遗迹上榜。

28日　安阳互通立交项目竣工通车，长北干线与襄垣城际连接线实现贯通，成为主城区向北拓展、对接联动山西中部城市群的重要交通廊道。该项目总投资3.2亿元，位于国道309线、长北干线与长襄连接线交会处，全长2380米。起点为合成路与长北干线衔接处，向北新建两条分离式隧道，经长治北收费站两侧下穿青兰高速、309国道，终点与襄垣城际连接线贯通，施工内容含道路、桥梁、隧道建设等。

30日　共青团长治市第十四届委员会第一次全体会议召开，选举产生共青团长治市第十四届委员会常委、书记、副书记。张兆祥当选为新一届团市委书记，王浩、张钰楠、胡鼎、王玺、申飞飞、申潞鹏当选为新一届团市委副书记。

10月

13日　农业农村部会同国家乡村振兴局联合印发文件，向社会推介38个第三批全国村级“文明乡风建设”典型案例，长治市沁县松村乡古台村入围。

15日　2022射击世锦赛暨巴黎奥运会资格赛在埃及开罗进行，由长治市体育运动学校输送的运动员刘锦尧获男子10米气手枪冠军，成为山西首个射击世锦赛个人冠军和山西省首个获得巴黎奥运会入场券的运动员。

19日　国家卫生健康委、全国老龄办发布《关于命名2022年全国示范性老年友好型社区的通知》，决定命名999个社区为2022年全国示范性老年友好型社区。长治市4个社区入选，分别为潞州区英雄南路街道解放西社区、襄垣县古韩镇大黄庄村、黎城县西仵镇西仵村、壶关县龙泉镇龙丽庄村。

20日　市委副书记、市长陈耳东与中国能建华中区域总部执行总经理李向东一行举行工作会谈，双方就进一步深化能源领域合作进行沟通交流。

22日　市委副书记、市长陈耳东与太原理工大学副校长、省能源互联网研究院首席科学家孙宏斌一行举行工作座谈，双方就进一步深化能源领域务实合作进行交流。

27日　2022年全国U18田径锦标赛落下帷幕，长治市体育运动学校共派出5名运动员代表山西省出征此次比赛，分别参加男子100米、200米、400米、400米栏、跳高和女子撑竿跳高6个项目。刘轩祯以53秒29的成绩获得男子U18组400米栏项目冠军，高俊杰以2米12的成绩获得男子U18组跳高项目亚军，两人均达到国家一级运动员标准。

11月

1日　省文化和旅游厅、省发展

和改革委员会发布第二批山西省省级旅游休闲街区名单，共有11家旅游休闲街区入选，长治市上党区振兴小镇上党印象步行街入围。

3日　平顺县政府与通化修正实业有限责任公司举行签约仪式，就修正平顺县医药产业园项目、新型健康社区项目投资建设签订合作框架协议。

9日　长治应急管理学院揭牌仪式在长治职业技术学院举行。

10日　农业农村部公布2022年畜禽养殖标准化示范场名单，长治市壶关县耕耘农业科技有限公司蛋鸡养殖场、长治县威杰禽业有限公司蛋鸡养殖场在列。

23日　长治市印发《长治市城市区域声环境功能区划分方案》。该方案对潞州区、上党区、屯留区和潞城区的建成区域声环境功能区进行划分，分别划出1类区、2类区、3类区、4类区，共涉及面积405.55平方千米。

30日　2022年全国空手道青少年锦标赛在浙江温州落幕，长治市运动员晋裕康获得青年男子组76公斤级冠军。

11月　长治市委城乡基层治理委员会成立，作为市委议事协调机构，承担统筹调度、机制研究、工作督办等职责。

11月　由《海外文摘》杂志社、《散文选刊》杂志社主办的2021年度中国散文年会奖在北京揭晓，长治作家李志斌散文《儿时的菜窖》获中国散文年会奖二等奖。

12月

5日　长治市出台《长治市促进投资奖励办法》，围绕引荐项目、调动投资决策人投资意愿，新建和加快引资到位、项目落地，促进财力增长等设置奖项。该奖励办法将于2023年1月5日起施行，有效期五年。

6日　长治市2022年度国家巩固拓展脱贫攻坚成果同乡村振兴有效衔接考核评估安排部署会召开，安排重点工作任务，查漏补缺，提升工作质效。

12日　沁源县“中国曲艺之乡”揭牌仪式以线上会议形式举行。中国曲艺家协会正式授予该县“中国曲艺之乡”称号。

20日　山西省企业联合会、山西省企业家协会第30次年会暨2022山西企业100强发布会举行。会上发布2022山西企业100强排行榜，长治市16家企业上榜。潞安化工集团以2195.9023亿元营业收入排名第二，并跻身世界500强企业。除潞安化工集团以外，山西潞宝集团、首钢长治钢铁有限公司、山西瑞赛格废弃资源综合利用有限公司、山西沁新能源集团股份有限公司、天脊煤化工集团股份有限公司、山西长信工业有限公司、山西通洲煤焦集团股份有限公司、山西成功投资集团有限公司、山西振东健康产业集团有限公司、山西南耀集团、金烨钢铁集团有限公司、长治市霍家工业有限公司、山西中德投资集团有限公司、山西潞安能化生产服务有限公司、山西航天清华装备有限责任公司榜上有名。

21日　省商务厅公示第三批“三晋老字号”拟认定名单，共有23个企业（品牌）上榜。其中，长治市有2个，分别为沁县晋味美食品有限责任公司，字号为“晋味美”；山西长治八义窑红绿彩陶瓷文化有限公司，字号为“八义陶瓷”。

23日　文化和旅游部办公厅发布《关于公布全国红色旅游融合发展试点单位名单的通知》，全国共10家单位入选，长治市武乡县位列其中。

12月　市招商中心与微电站（广东）投资控股有限公司进行对接洽谈，就在长治市投资30亿元的1吉瓦分散式微风发电项目达成初步合作共识。

12月　中国数学学会公示2022年全国中学生数学奥林匹克竞赛（决赛）获奖名单，长治二中高三556班学生王路阳获得银牌，这是长治市历史上数学奥林匹克竞赛获得的最好成绩。

2022年　文化和旅游部公示2022年度乡村文化和旅游带头人人员名单，山西省共17人上榜，长治市李建平、李志文获此荣誉。

（《长治日报》）

市情概貌

自然地理

【位置　面积】长治市位于山西省东南部，平均海拔1000米，地处太行山之巅，有“与天为党”之说，史称“上党”，宋代大文豪苏东坡曾在这里留下“上党从来天下脊”的美丽诗篇。长治市地处北纬35° 49′ ~37° 07′，东经111° 59′ ~113° 44′。东倚太行山，与河北、河南两省为邻，西屏太岳山，与临汾市接壤，南部与晋城市毗邻，北部与晋中市交界。东西长150千米，南北宽140千米，总面积为13955平方千米，占全省总面积的8.90%。市辖区面积2631.3平方千米。（编辑部）

【地质　地貌】长治市域主要由长治盆地及其周边山区两个截然不同的地貌单元组成。武乡—襄垣—潞城—壶关以东的中山区，主要为下古生界碳酸盐岩地层分布区；襄垣—长子县之间的长治盆地，主要为新生界松散堆积的红土、黄土分布区；武乡—沁县—屯留—长子一线以西的低中山区，主要为上古生界碎屑岩地层分布区；太古界变质岩、中元古界长城系石英砂岩及石炭系铁铝岩仅零星分布。地层出露总厚度约11500米。

长治市地处黄土高原东南缘，从全市整体地貌看，山峦起伏、地形复杂，总体呈盆地状。最高点为沁源县太岳山主峰之一，海拔2541米，最低点为平顺县浊漳河出境处，海拔标高380米，最大切割深度为2161米。长治市地貌大致可分为山地、丘陵、盆地、河谷4种类型。（编辑部）

【水源特征】长治市地跨海河、黄河两大流域。其中，海河流域面积11103平方千米，占79.9%；黄河流域面积2793平方千米，占20.1%。主要河流有海河流域的浊漳河、清漳河、卫河和黄河流域的沁河等。浊漳河是上党人民的母亲河，在长治市境内河长364.2千米，其南源、西源、北源三大支流及干流流经全市除沁源县以外的11个县市区，流域面积10035平方千米，占全市总面积的72.2%。沁河在长治市境内河长98千米，流域面积2283平方千米，占全市总面积的16.4%。全市流域面积在50平方千米以上的河流有97条，河流总长度2648.2千米。辛安泉是山西省第二大岩溶泉，水量丰沛，水质优良，是长治市重要的水源。2016年，长治市辛安泉水源地被水利部列入全国重要水源地名录。泉域面积10950平方千米，涵盖长治市除沁源县之外的11个县区，以及晋中市的榆社县。泉水出露于长治市潞城、黎城、平顺三县交界地带。（编辑部）

【水资源】长治市在山西省属于“相对富水区”，水利设施基础条件相对较好。根据全市第二次水资源评价，长治市水资源总量为19.07亿立方米，占全省水资源总量的15.4%；其中可利用量为9.76亿立方米，占总量的51.2%。在水资源总量中，地表水资源量16亿立方米，地下水资源量9.25亿立方米，地表水资源与地下水资源的重复计算量为6.18亿立方米。（崔艳宁）

【生物资源】长治市境内有陆生野生动物243种，其中兽类6目15科45种，国家一级保护动物2种：金钱豹、原麝；国家二级保护动物4种：石貂、青鼬、水獭、猕猴；省重点保护动物4种：刺猬、复齿鼯鼠、飞鼠、小麝鼩。鸟类16目40科177种，国家一级保护鸟类6种：黑鹳、金雕、大鸨、褐马鸡、黄嘴白鹭、秃鹫；

国家二级保护鸟类20种：白琵鹭、大天鹅、鸳鸯、蜂鹰、鸢、苍鹰、雀鹰、松雀鹰、大鵟、普通鵟、白尾鹞、游隼、灰背隼、燕隼、红脚隼、红隼、雕鸮，纵纹腹小鸮、长耳鸮、短耳鸮；省重点保护鸟类13种：苍鹭、池鹭、金眶鸻、鹮嘴鹬、普通夜鹰、星头啄木鸟、黑枕黄鹂、蓝翡翠、白顶溪鸲、黄脚三趾鹑、四声杜鹃、小杜鹃、红翅旋壁雀。爬行类3目7科15种；两栖类1目3科6种。

长治市植物资源以针阔混交林为主，夹杂有灌木和草本植物。沁源灵空山保存有二三百年的天然林群落。经济林木主要是木本粮油和水果林。国家和省重点保护野生植物有南方红豆杉、核桃楸、紫椴、刺五加、水曲柳、漆树、脱皮榆、刺楸、流苏树、党参和桔梗等20余种。（编辑部）

【矿产资源】 长治市矿产资源较为丰富，全市12个县（区）除沁县矿产资源较为贫乏外，其他县（区）都分布有各具特色和优势的矿产资源。主要有煤、铁、石灰岩、矿泉水等矿产资源，还有白云岩、硅石、石膏、铝土矿、硫铁矿、耐火黏土、高铝黏土、铁矾土、水泥黏土、砖瓦黏土、陶瓷黏土、紫砂陶土、花岗石、大理石、红石板、建筑砂、硅藻土、油页岩、含钾岩石、钾长石、低品位磷矿、蛇纹岩、钠长石、泥炭、麦饭石、白垩土、水晶、蛭石、石棉、石榴子石、重晶石、冰洲石和煤层气以及伴生的钛、镓、钴等，共40种。最具优势的矿产是煤炭、铁和石灰石，长治市是国家重点产煤市之一。（编辑部）

【气候条件】 长治地处北纬36°~37°之间的"黄金人居带"，冬无严寒、夏无酷暑，有"清凉之都，高山盆景"的美誉。（编辑部）

【旅游资源】 长治市旅游资源丰富，境内有太行山大峡谷、天脊山、通天峡等众多自然风景区，是八百里太行最壮美的一段，处处为景，四季可游，拥有国家AAAAA级景区——太行山八泉峡景区，国家AAAA级景区12个。主城区绿化覆盖率47.72%，东有50平方千米的老顶山国家森林公园，西有59平方千米的漳泽湖，内有20千米长的环城水系。（编辑部）

历史文化

【建置 沿革】 长治古称"上党"，是中华民族的发祥地之一。据沁源县花坡遗址考古证明，旧石器时代这里已经有人类繁衍生息。新石器时代中后期，仰韶文化、龙山文化在这里充分发育。禹分天下（中原地区）为九州，境内属冀州。殷商时为黎国，属冀州。春秋时赤狄人曾建潞子婴儿国，后并于晋国。战国时，韩首置上党郡，后归赵国，治所在长子。

秦统一六国后，实行郡县制，分天下为36郡，上党郡即为其中之一，辖区涵盖晋东南全部及晋中一部分。东汉沿用秦制，上党郡属并州。建安十八年（213），上党郡入冀州。

三国魏黄初元年（220），上党郡复归并州。西晋永兴元年（304），上党郡属前赵，建兴中（313—317）归后赵。后上党郡归西燕。东晋太和五年（370），苻坚灭燕，上党郡入后秦。太元十一年（386），慕容永称帝于长子，上党郡归之。北周建德七年（578），分上党郡置潞州（是为潞州建置之始），上党郡属焉。州得名，因潞子之国。

隋开皇三年（583），上党郡废，移潞州于壶关。大业元年（605），改潞州为上党郡，隶冀州。唐武德年间（618—627），改上党郡为潞州，并置都督府。开元十七年（729），以玄宗历试尝在潞州，置大都督府，并置上党郡。开元二十一年（733），潞州、上党郡属河东道。大历元年（766），置昭义军。五代后唐庄宗初，置潞州。梁末帝时（913—914），改为匡义军，岁余，唐灭梁，改为安义军。后晋（936—947），复为昭义军；后汉、后周（947—960）因之。

宋代，太平兴国初（976为元年），改昭义军为昭德军，后为潞州。元丰年间（1078—1085），为隆德府、大都督府、上党郡、昭义军，隶河东路。建中靖国元年（1101），昭义军改为威胜军。崇宁三年（1104），复为隆德府，后为昭德军。金代（1115—1234），潞州隶河东南路，天会六年（1128），置潞南辽沁观察处。

蒙元时期（1206—1368），潞州属晋宁路。初为隆德府（行都元帅府事）。蒙古窝阔台汗三年（1231），复为潞州，隶平阳路。

明洪武元年（1368），沿用元制。初，潞州隶行中书省布政使司；洪武二年（1369），隶山西中书省，九年（1376），隶布政司。嘉靖八年（1529）二月，升潞州为潞安府，设潞安兵备，分巡冀南道，治潞安。

清代，沿用明制，潞安府治今长治城。

中华民国元年（1912），实行省、道、县3级制，废潞安府，原潞安府所领各县均属冀宁道。同年4月，于今长治市置潞泽辽沁镇守使署；民国5年（1916）改为潞泽辽沁营务处。民国13年（1924），撤销营务处。民国19年（1930），撤销冀宁道，各县直隶山西省。民国26年（1937），山西省政府（阎锡山政权）置第三、第五专区。

抗日战争时期，中国共产党以太行、太岳山为依托，建立抗日根据地。

1945年10月8日，长治解放。当月中旬，长治市（县级）建立，隶太行四专区。1946年6月，长治市升格为地级市，直隶太行区。1950年3月，长治市改为长治工矿区（县级）。1952年3月，工矿区复为长治市，并恢复为地级市，由长治专区代管。1953年7月1日，长治市改由山西省直辖。1958年，长治专区改为晋东南专区，代管长治市。1971年，晋东南专区改为晋东南地区。1975年，长治市复由山西省直辖，设城、郊两区。1983年9月，长治市辖城、郊2个区和长治、潞城2个县。1985年5月，晋东南地区撤销，晋东南地区所辖平顺、壶关、黎城、屯留、长子、武乡、沁源、襄垣、沁县，划归长治市领属，长治市辖2个区11个县（市）。1992年11月，经山西省政府批准，长治高新技术产业开发区成立。1994年，潞城县正式撤县设市，隶属长治市管辖。2015年2月，长治高新技术产业开发区升级为国家高新技术产业开发区。2018年11月，长治市实施行政区划调整，撤销长治市城区、郊区，合并设立长治市潞州区，撤销长治县、潞城市、屯留县，设立长治市上党区、长治市潞城区、长治市屯留区。（编辑部）

【文化遗存】 长治是华夏文明的重要发祥地之一，始祖炎帝神农氏曾在这里“尝百草、得五谷、教民耕种”，开创农耕文明之先河。自秦置上党郡，已有2300多年的建城史，历朝历代为郡、州、府所在地，全国宋元之前的古建筑70%在山西，而山西的50%在长治，有清代以前的地面古建筑3580处，其中元代以前木结构建筑167处，居全国地级市之首。

长治是著名的革命老区，抗日战争时期八路军总部和中共中央北方局在长治长期驻扎，解放战争的第一仗、闻名中外的“上党战役”在此打响，朱德、彭德怀、刘伯承、邓小平等老一辈无产阶级革命家都曾在这里长期战斗和生活过。抗战期间，有12万人参加八路军，46万人随军参战，17万人为国捐躯，被誉为“八路军的故乡、子弟兵的摇篮”。中华人民共和国成立之后，涌现出全国著名劳模李顺达、一至十三届全国人大代表申纪兰等一批英雄模范人物。长治是“太行精神”的孕育之地。（编辑部）

【方言】 长治地处晋东南，淳朴的上党人民在这里辛勤耕作，繁衍生息，逐渐形成独有的生活习性和地方语言。从语种上看，长治方言属于汉语系、北方方言区；从历史上看，长治地区许多古汉语词汇仍在该地祖籍居民中沿用。

根据有无入声和古四声在方言的演变情况进行分区、分片，山西方言共分为6个区，长治方言属于东南区方言。本区方言声调的主要特点是：有入声；多数点古入声清声母字和全浊声母字今声调不同，即入声分阴阳；多数点古次浊入同全浊入；根据去声分不分阴阳、古入声次浊声母的归属和入声是否分阴阳，东南区方言分为长治、沁县和晋城3个片。长治片（包括潞州区、上党区、潞城区、平顺县、黎城县、壶关县、屯留区、长子县）去声分阴阳，古入声次浊声母字多数点归阴入。沁县片（包括沁源县、沁县、武乡县、襄垣县）去声不分阴阳，古入声除沁源一点不分阴阳外，其他点都分阴阳，次浊声母字归阴入。

长治话内部差别比较大。市区汉民和回民说话有差别，新派和老派说话有差别，市区说话和郊区说话也有差别。（编辑部）

行政区划 民族 人口

【行政区划】 2022年，长治市下辖4区8县，分别为潞州区、上党区、屯留区、潞城区、襄垣县、平顺县、黎城县、壶关县、长子县、武乡县、沁县、沁源县。有32个乡、78个镇、18个街道办事处，2436个行政村、170个社区。（庞　琪）

【民族】 长治市以汉族人口为主，少数民族中回族人数最多。根据第七次人口普查显示，长治市有3180884人，其中汉族人口为3154873人，占总人口的99.18%。回族人口为22839人。除回族外，其余民族人口分布均不足千人。（编辑部）

【人口】 2022年末，长治市总人口为314.2万人。出生人口2.2万人，人口出生率为7.07‰；死亡人口2.8万人，死亡率为8.79‰；自然增长率为-1.72‰。性别比（女=100）为104.06。（《长治市2022年国民经济和社会发展统计公报》

国民经济和社会发展

【综合经济】 2022年，长治市地区生产总值2804.8亿元，按不变价格计算，比上年增长7.2%。其中，第一产业增加值97.1亿元，增长5.7%，占地区生产总值的比重为3.5%；第二产业

表1　2022年长治市人口数及其构成一览表

指　　标	年末数（万人）	比重（%）
全市总人口	314.2	—
其中：城 镇	182.1	57.96
乡 村	132.1	42.04
其中：男 性	160.2	50.99
女 性	154.0	49.01

增加值1846.7亿元，增长9.7%，占地区生产总值的比重为65.8%；第三产业增加值861亿元，增长3.9%，占地区生产总值的比重为30.7%。人均地区生产总值89137元，按2022年平均汇率计算为13252美元。

全年全市一般公共预算收入310.5亿元，增长38.6%。税收收入249.7亿元，增长48.6%，其中国内增值税、企业所得税、个人所得税、资源税和城建税共计完成税收220.0亿元，增长59.7%。一般公共预算支出487.8亿元，增长25.6%。其中科学技术支出增长22.7%，社会保障和就业支出增长20.9%，卫生健康支出增长29.5%，文化旅游体育与传媒支出增长15.3%，节能环保支出增长14.8%。

居民消费价格比上年上涨2.3%，其中，食品烟酒价格上涨4.3%。商品零售价格上涨4.0%。

全年全市城镇新增就业4.7万人。转移农村劳动力4.9万人。

【农业】 2022年，长治市粮食种植面积255.8千公顷；油料种植面积2.3千公顷；棉花种植面积0.02千公顷。在粮食种植面积中，玉米种植面积214.9千公顷；小麦种植面积4.1千公顷。

全年粮食产量124.2万吨。其中，夏粮1.9万吨；秋粮122.3万吨。

【工业和建筑业】 2022年末，长治市规模以上工业企业641家。全年全市规模以上工业增加值增长12.4%。

规模以上工业企业原煤产量16989.9万吨，增长7.4%；发电量439.9亿千瓦时，增长18.9%；焦炭产量1653万吨，增长3.8%；钢材产量606万吨，下降0.9%。

规模以上工业企业实现营业收入4714.8亿元，增长18.8%。其中，煤炭工业实现营业收入2482.9亿元，增长17.7%；炼焦工业实现528.8亿元，增长14.6%；钢铁工业实现415.9亿元，下降8.0%；电力工业实现169.7亿元，增长61.3%；化学工业实现239.2亿元，增长19.8%；建材工业实现91亿元，增长3.1%；装备制造业实现171.6亿元，增长1.6%；医药工业实现25.8亿元，下降6.3%；食品工业实现50.8亿元，下降3.0%。

规模以上工业实现利税1095.8亿元，增长44.7%；实现利润718.8亿元，增长54.3%。

全年全市建筑业实现增加值61.2亿元，按不变价格计算，比上年增长0.2%。

【固定资产投资】 2022年，长治市固定资产投资948.4亿元，增长6.4%。其中，国有及国有控股投资392.8亿元，增长16.3%。分产业看，第一产业投资54.4亿元，增长10.1%；第二产业投资465.5亿元，增长21.2%；第三产业投资428.5亿元，下降6.5%。

全年全市固定资产投资施工项目1847个。其中，亿元以上项目408个，计划总投资2287.9亿元，完成投资523.4亿元。

全年房地产开发投资186.4亿元，下降14.2%。其中，住宅投资145.0亿元，下降17.8%。

【交通、邮电】 2022年末，长治市公路线路里程12509.6千米，其中高速公路382.2千米。

年末全市民用汽车保有量72万辆，其中私人汽车65.5万辆，2022年新注册汽车3.3万辆。

全年全市邮政行业业务收入累计完成8.1亿元。年末移动电话用户达到375.2万户，其中，4G移动电话用户达到197.8万户，5G移动电话用户达到125.2万户。全市互联网接入用户114.1万户，其中，新增互联网用户15.4万户。

【金融】 2022年末，长治市金融机构本外币各项存款余额4349亿元，比年初增加574亿元，比年初增长15.2%。各项贷款余额2407亿元，比年初增加200亿元，比年初增长9.1%。

全年全市保费收入78.7亿元，增长0.8%。其中，寿险业务保费收入45.6亿元，下降2.1%；健康和意外伤害险业务保费收入14.1亿元，下降0.6%；财产险业务保费收入1.2亿元，增长5.7%；车险业务保费收入14.1亿元，增长8.0%。全年支付各类赔款及给付23.6亿元，增长4.4%。其中，寿险业务保费赔付8.7亿元，增长30.2%；健康和意外伤害险业务保费赔付5.2亿元，下降6.3%；财产险业务保费赔付0.4亿元，增长2.3%；车险业务保费赔付7.9亿元，下降4.3%。

【教育和科学技术】 2022年末，长治市有普通高等学校6所；中等职业学校35所；普通高中50所；初中138所；小学455所。全年专利授权量为5263件。全年全市签订各类技术合同507项，技术合同成交总额30.6亿元。

【文化、卫生和体育】 2022年，长治市有广播电台12座，电视台13座，广播、电视综合人口覆盖率均达到100%，年末全市有线电视用户32万户，其中接收数字信号用户28万户。

年末全市有医疗卫生机构4140个，其中医院、卫生院248个，妇幼保健机构13个，疾病预防控制中心13个，卫生监督机构13个。病床位19709张，其中医院、卫生院18496张。卫生技术人员25360人，其中医生10058人，注册护士11265人，药剂人员1029人。乡镇卫生院145个，床位3243张，乡村医生和卫生技术人员5249人。

全年全市运动员在各类体育比赛中获得世界冠军2项，全国冠军4项，全省冠军10项。

【城市建设、资源】 2022年末，长治市城市交通运营车辆1653辆，其中市内公共汽车874辆。出租汽车2948辆，其中市内出租车2229辆。年末全市大中型水库蓄水总量2.71亿立方米。全年总用水量5.16亿立方米。其中，生活用水1.39亿立方米。

（《长治市2022年国民经济和社会发展统计公报》）

气候影响评价

【年度气候概况】 2022年度，长治市气候总体评价为：气温偏高，降水偏多，日照偏少。

气温：2022年（1—12月），长治市各县（区）平均气温介于9.0～11.5摄氏度，全市平均为10.7摄氏度，比历年偏高0.6摄氏度。除沁源偏低0.2摄氏度以外，其余各县（区）均偏高，偏高介于0.4～1.0摄氏度，尤其是潞城、上党偏高最多为1.0摄氏度。

降水：2022年（1—12月）全市平均降水量为569.2毫米，比历年偏多27.9毫米（5%）。各县（区）降水量介于457.7～661.3毫米之间，除沁县偏少86.8毫米（16%）、沁源偏少63.1毫米（11%）、平顺偏少14.9毫米（3%）以外，其余各县（区）均偏多，偏多介于3.2～109.1毫米（1%～20%），尤其是潞城全年降水量比历年偏多109.1毫米（20%）。

日照：2022年（1—12月），长治市平均日照时数为2267.2小时，比历年偏少86.6小时（4%）。除沁县偏多12.1小时（1%）、黎城偏多28.6小时（1%）、潞城偏多198.3小时（9%）以外，其余各县（区）均偏少，偏少介于5.9～315.4小时（0.3%～12%），尤其是壶关偏少315.4小时（12%）。

【四季气候概况】 2022年度，按四季（2021年12月—2022年11月）总体来说，长治市总的气候特征是气温偏高，降水明显偏多、日照明显偏少。全市平均无霜期为191天，各县（区）介于172～205天。

1. 冬季（2021年12月—2022年2月）

平均气温为–2.4摄氏度，比历年偏高0.6摄氏度。各县（区）季平均气温在–4.2～–1.4摄氏度之间，其中沁源比历年偏低0.2摄氏度，其余各县（区）均偏高，偏高介于0.2～1.1摄氏度。

平均降水量为14.5毫米，比历年偏少2.9毫米（17%）。各县（区）降水量介于8.9～19.2毫米，除武乡、屯留分别比历年偏多3.8毫米（25%）、0.2毫米（1%），其余各县（区）均比历年偏少，偏少介于0.8～6.9毫米（6%～39%），尤其是沁源冬季降水量比历年偏少6.9毫米（39%）。

平均日照时数为505.1小时，比历年偏少9.1小时（2%）。各县（区）日照时数介于457.5～542.1小时，除沁县、长子、黎城、潞城分别比历年偏多11.4小时（2%）、10.1小时（2%）、29.9小时（6%）、50.3小时（11%），其余各县（区）均偏少，偏少介于4.4～59.2小时（1%～11%），尤其是沁源偏少59.2小时（11%）。

2. 春季（2022年3—5月）

平均气温为12.2摄氏度，比历年偏高0.7摄氏度。各县（区）季平均气温介于10.3～13.0摄氏度，其中沁源比历年偏低0.3摄氏度，其余各县（区）均偏高，偏高介于0.5～1.1摄氏度，尤其是上党比历年偏高1.1摄氏度。

平均降水量为83.2毫米，比历年偏少6.1毫米（7%）。各县（区）降水量介于57.1～129.4毫米，除上党、襄垣、壶关分别比历年偏多31.6毫米（32%）、2.3毫米（3%）、3.6毫米（4%），其余各县（区）均偏少，偏少介于0.9～21.6毫米（1%～27%）。

平均日照时数为636.8小时，比历年偏少47.5小时（7%）。各县（区）日照时数介于579.5～680.7小时，除潞城比历年偏多24.7小时（4%），其余各县（区）均偏少，偏少介于15.4～116.0小时（2%～17%），尤其是襄垣偏少116.0小时（17%）。

3. 夏季（2022年6—8月）

平均气温为22.7摄氏度，比历年偏高0.9摄氏度。各县（区）季平均气温介于21.7～23.6摄氏度，各县（区）均偏高，偏高介于0.5～1.2摄氏度。

平均降水量为302.6毫米，比历年偏少15.5毫米（5%）。各县（区）

表2　2022年长治市各县区气候条件一览表

县　区	平均气温（摄氏度）	降水量（毫米）	日照数（小时）
全　市	10.7	569.2	2267.2
潞州区	—	—	—
上党区	11.3	580	2256.2
屯留区	11.3	588.6	2165.1
潞城区	11.2	645	2292.1
襄垣县	10.9	596.7	2079.1
平顺县	10.1	563.3	2339.5
黎城县	11.5	513.2	2214.5
壶关县	10.6	661.3	2365.5
长子县	10.7	562.4	2249.4
武乡县	10.4	571.9	2429.2
沁　县	10.4	457.7	2312.2
沁源县	9	520.8	2236.9

降水量介于241.6 ~ 356.0毫米，除武乡、屯留、潞城、壶关分别比历年偏多61.1毫米（21%）、45.7毫米（15%）、42.3毫米（14%）、12.9毫米（4%），其余各县（区）均偏少，偏少介于4.5 ~ 97.2毫米（2% ~ 29%），尤其是沁县夏季降水量比历年偏少97.2毫米（29%）。

平均日照时数为590.0小时，比历年偏少34.3小时（5%）。各县（区）日照时数介于544.2 ~ 640.1小时，除黎城、潞城分别比历年偏多5.7小时（1%）、51.7小时（9%），其余各县（区）均偏少，偏少介于6.1 ~ 121.4小时（1% ~ 17%），尤其是壶关偏少121.4小时（17%）。

4. 秋季（2022年9—11月）

平均气温为10.9摄氏度，比历年偏高1.0摄氏度。各县（区）季平均气温介于9.4 ~ 11.7摄氏度之间，各县（区）均偏高，偏高介于0.3 ~ 1.6摄氏度，尤其是潞城比历年偏高1.6摄氏度。

平均降水量为174.2毫米，比历年偏多57.8毫米（50%）。各县（区）降水量介于143.7 ~ 213.1毫米，各县（区）均偏多，偏多介于22.0 ~ 102.6毫米（16% ~ 93%），尤其是襄垣偏多102.6毫米（93%）。

平均日照时数为499.1小时，比历年偏少31.9小时（6%）。各县（区）日照时数介于461.9 ~ 532.8小时，除潞城比历年偏多17.4小时（4%），其余各县（区）均偏少，偏少介于8.5 ~ 67.8小时（2% ~ 12%），尤其是壶关偏少67.8小时（11%）。

【主要气候事件】 2022年，长治主要气候事件是大风、高温、暴雨、寒潮、冰雹、霜冻。

2022年1月12—13日，3月3—4、18—19日、26—27日，5月4—7、24—25日，6月13日，7月1—3日、5日、10日、25日，12月11—13日、16—17日、20—21日长治市部分县（区）出现大风天气。其中，7月25日平顺、壶关出现大于30米/秒的大风，极大风速分别达到34.8米/秒、33.4米/秒，壶关和上党极大风速超有记录以来代表站极值。

6月16—20日、23—26日长治市出现持续高温天气，7月8日部分县（区）出现高温天气。6月25日黎城最高气温达到38.2摄氏度，6月月平均气温介于21.9 ~ 24.8摄氏度，全市除沁源月平均气温排历史极值第二外，其他各县（区）均破历史极值。

6月9日、26日、29日、30日，8月5日、9日，9月9—11日，长治市出现局地暴雨。7月11—13日、15—16日、25日，8月7日、8日、12日，9月30日—10月2日，10月2—4日，长治市部分地区出现暴雨天气过程，部分站点达到大暴雨。其中8月8日沁县次村的最大小时降水量达到109.1毫米。9月30日到10月4日全市平均降水量135.1毫米，是历年同期的15倍以上，其中武乡、沁县、长子、襄垣、长子、平顺、潞城、上党累积降水量突破建站以来历史同期极值。

3月16—17日、11月10—13日、11月28—30日，受强冷空气影响，长治市出现寒潮天气。

6月8—10日、12—13日、17日、30日，7月1—2日、25日，强对流天气造成多个县（区）出现局地冰雹。3月23—24日、3月26—28日，受较强冷空气影响，气温下降，全市各县（区）均出现霜冻，对经济林果和早播作物造成不利影响。

【主要气候灾害】 2022年，长治市主要气象灾害是风雹、洪涝、低温冷冻等自然灾害，对工农业生产带来一些不利影响。12个县（区）共发生27次自然灾害，其中，风雹9次、洪涝14次、低温冷冻4次，使农作物（粮食、果业、蔬菜、药材等）大面积受灾，给农民的生活造成严重的损失，各类气象灾害造成直接经济损失16701.39万元。

总体来说，2022年长治市极端天气频发，虽暴雨等天气对秋收秋种产生一定程度的不利影响，但气候年景属于正常年景。

据长治市应急管理局统计，2022年，长治市12个县（区）共造成21.7万人受灾，紧急转移安置17人；农作物受灾面积2.65万公顷，绝收面积0.02万公顷；因灾死亡大牲畜2头（只）；造成直接经济损失16704.39万元（其中：房屋及居民家庭财产损失940.26万元、农林牧渔业损失14324.08万元、基础设施损失1040.05万元、公共服务损失1万元、其他损失396万元）。灾害具体情况如下。

1. 风雹

4月6日，长治市屯留区李高乡1个行政村遭受风雹灾害，最大风力6 ~ 8级，此次灾害共造成12人受灾，1户农房倒塌，3个蔬菜大棚被大风刮坏，造成直接经济损失约13万元。

4月11日，因受强对流天气影响，长治市沁源县王陶镇遭受风雹灾害，初步统计，受灾人口2人；一般房屋损坏房屋1间；造成直接经济损失约0.3万元。

5月23日，沁县普降中雨、雷电天气，导致灾害发生，此次灾害造成5人受灾，羊死亡7只（母羊被雷击），大约经济损失1.2万元。

5月30日，武乡县部分乡镇遭受风雹灾害，石北乡型庄村一座黄瓜大棚塑料布刮损严重，导致黄瓜产量减少，每日采摘量大约50公斤左右黄瓜，影响3个月产量，大约经济损失1万元，涉及1户6口人，受灾面积0.046公顷。

6月8—10日，武乡县、屯留区、长子县、壶关县、沁县、沁源县、襄垣县、潞州区先后发生风雹灾害，灾害造成农作物（玉米、高粱、尖椒等）严重受损，此次灾害共造成29571人受灾，农作物受灾面积达到6709.19公顷，绝收13.53公顷，一般损坏房屋6间，经济损失大约2723.49万元。

6月13日，沁源县、潞城区、襄垣县、沁县、潞州区先后受强对流天气影响，遭受风雹灾害，受灾农作物主要有玉米、辣椒等。经初步统计受灾人口537人，农作物受灾39.7公顷，绝收面积0.01公顷，一般损坏房屋8间，直接经济损失约30.43万元。

6月18日，武乡县发生强降雨天气，导致部分乡镇遭受风雹（冰雹）灾害，农作物（谷子、玉米）不同程度受灾，蟠龙镇本次受灾户247户1040人，农作物受灾136公顷，直接经济损失26.8万元。

7月4日，沁源县受强对流天气影响，中峪乡遭受风雹灾害，受灾农作物主要有玉米等。经初步统计受灾人口905人，农作物受灾面积41.93公顷，直接经济损失约44.74万元。

9月8日，长子县王峪中心受到冰雹灾害，农户的经济作物（烟叶）受到冰雹袭击，对群众的生产生活造成一定程度的影响和损失，受灾人口850人，无人员伤亡。农作物受灾66.6公顷，绝收52.3公顷，造成直接经济损失350万元。

2. 洪涝

6月27日，长治市潞城区部分地区因短时强降雨灾害导致辖区内几处房屋受损，造成1户人家共计4人受灾，此次灾害造成直接经济损失约2万元。

6月30日—7月2日，潞州区、平顺县、壶关县、潞城区部分地区因短时强降雨洪涝灾害导致农作物、房屋受损，造成12011人受灾，紧急转移安置10人，农作物受灾面积714.8公顷，绝收面积80.13公顷，严重损坏房屋4间，一般损坏房屋10间，造成直接经济损失约847.5万元。

7月4日，受强对流天气影响，襄垣县、潞城区、沁县、武乡县先后遭受洪涝灾害，经初步统计受灾人口483人，农作物受灾面积32.4公顷，农作物绝收面积2公顷，倒塌房屋2间，严重损坏房屋17间，一般损坏房屋9间，直接经济损失约94万元。

7月11日，由于连续降雨，武乡县、襄垣县、沁县部分乡镇受灾严重，受灾人口236人，农作物受灾面积约17.6公顷；一般损坏房屋15间，严重损坏2间，倒塌房屋3间，造成直接经济损失100.6万元。

7月17日，襄垣县、潞城区陆续有降雨天气，部分乡镇遭受洪涝灾害，襄垣县王桥镇、侯堡镇受灾较严重。此次灾害造成受灾人口22人，倒塌房屋1间，严重损坏房屋2间，一般损坏房屋7间;直接经济损失5.4万元。

7月25日，受强对流天气影响，壶关县、沁源县、屯留区、潞州区、黎城县、潞城区先后遭遇强降雨，导致洪涝灾害的发生，部分地区1小时降水量达到37.7毫米。此次灾害共造成117129人受灾，农作物受灾面积16929.54公顷，绝收面积52.67公顷。一般损坏房屋46间，严重损坏14间，倒塌房屋6间。直接经济损失共约9311.28万元。

7月27日，由于连续降雨，武乡县、襄垣县部分乡镇受灾严重，共造成9人受灾，严重损坏房屋1间，一般损坏房屋2间，造成经济损失1.4万元。

8月8—9日，武乡县、沁县、潞城区、襄垣县先后出现连续强降雨，部分乡镇受灾严重，受灾人口1215人，农作物受灾面积136.42公顷，倒塌房屋6间，严重损坏房屋2间，一般损坏房屋15间，直接经济损失约365.38万元。

8月13日，襄垣县、潞城区发生强降雨天气，部分乡镇受灾严重，共造成2474人受灾，农作物受灾面积296.9公顷，农作物绝收面积5公顷，倒塌房屋1间，严重损坏房屋69间，一般损坏143间，直接经济损失135.56万元。

8月19日，武乡县发生强降雨天气，贾豁乡受灾严重，共造成80人受灾，农作物受灾面积7.99公顷，一般损坏2间，严重损坏房屋1间，直接经济损失33.2万元。

8月24—25日，受降雨天气影响，潞城区、平顺县部分乡镇发生洪涝灾害，造成受灾人口224人，紧急转移安置8人，倒塌房屋1间，严重损坏5间，一般损坏房屋14间，造成直接经济损失230万元。

8月29日，潞城区部分地区因强降雨灾害导致几处房屋受损，造成5户人家共计9人受灾，1孔窑洞倒塌，1孔窑洞严重受损，6孔窑洞一般受损，此次灾害造成直接经济损失约7万元。

9月12日，潞城区部分地区因降雨灾害导致几处房屋受损，造成20人受灾，农作物受灾面积0.47公顷，倒塌房屋1间，一般受损房屋7间，9米多长的大门外主要道路坍塌，造成直接经济损失约22.05万元。

10月1—3日，受强降雨天气影响，大部分县区出现大到暴雨，平均降水量达50毫米以上，其中上党区、潞城区、壶关县、长子县、平顺县、襄垣县、黎城县、沁县、武乡县遭受洪涝灾害。致使农作物及房屋有不同程度的受灾，据统计，此次灾害有39794人受灾，紧急避险转移安置4人，农作物受灾面积1423.89公顷，绝收面积40.3公顷，倒塌房屋80间，严重损坏房屋107间，一般损坏房屋115间，造成直接经济损失2111.06万元。

3. 低温冷冻

3月20日，沁县普降中雪，降水量累计达4.4毫米以上，最低气温零下3摄氏度，造成5人受灾，大约经济损失 2 万元。沁县册村镇受灾人口 5 人，后沟村秦子雯养殖户一母牛生下双胞胎牛崽后因气温低被冻死，经济损失 2 万元。

4 月 30 日晚，武乡县遭受低温冷冻灾害，贾豁乡 7 个村梅杏严重受灾，受灾人口 207 人，受灾面积 64.4 公顷，因灾造成直接经济损失约 311 万元。

9 月 27 日，武乡县石北乡遭受霜冻天气，受灾人员下庄村一户四口人，辣椒受灾面积 6.7 公顷（100 亩），经济损失约 5 万元。

10 月 11 日，沁县，武乡县部分乡镇因低温冷冻灾害导致农作物受灾，造成 27 人受灾，农作物受灾 5.23 公顷，经济损失 24 万元。

【气候对各行业的专题影响评价】

对农业的影响。全市年平均降水量比历年偏多 5%，各县（区）年平均气温比历年偏高 6%，充沛的降水和适宜的气温有利于农作物的生长、发育和产量形成。全市各县（区）年平均日照时数比历年偏少 4%，部分县（区）3 月份、4 月份发生霜冻，夏季发生风雹，7 月、8 月、9 月、10 月发生洪涝等自然灾害，造成一定的经济损失，对农事活动产生不利影响。

对林业的影响。2022 年全市各县平均降水量比历年偏多，充足的降水降低森林火险气象等级、减轻森林防火压力。春季气温偏高、降水偏少、风力较大，风干物燥，森林火险气象等级偏高，极易引发森林火灾，给森林防火工作带来不利的影响；干燥天气还容易诱发病虫害，对林木越冬不利。

对人体健康的影响。2022 年长治市气温适中，降水偏多，总体对人体健康有利。1 月长治市气温特高、降水偏多、光照偏少，3 月乍暖还寒、气温波动幅度大、多大风天气，4 月降水大部偏少、光照偏少，10 月、11 月、12 月冷空气活动频繁，这几个月的气象条件易引发心脑血管疾病、关节炎、消化系统疾病、呼吸系统疾病以及感冒等，对人体健康不利。

对旅游业的影响。旅游业与气候条件密切相关。2022 年春季、秋季阳光明媚，温暖舒适，非常适宜外出旅游观光。

对交通的影响。大部分时间气象因子有利于交通运输。

对生态环境的影响。2022 年降水偏多，气温偏高，对生态环境有利。

对水资源的影响。自然降水是长治市水资源的主要来源，水库蓄水、地下水补充主要靠自然降水来完成，降水量的多少与水资源状况呈正相关。2022 年度长治市降水偏多，有利于水库蓄水和补充地下水。

对能源的影响。对煤炭、电力等能源生产影响不大。

对牧业的影响。年降水量偏多对牧业产生有利影响。（闫娜飞）

环境质量公报

【环境空气质量状况】

1. 市区环境空气质量

2022 年，长治市区环境空气质量有效监测天数为 365 天，优良（一、二级）天数为 284 天，优良率 77.8%，同比减少 5 天；重污染（五、六级）天数为 1 天，占有效监测天数的 0.27%，同比减少 5 天。

主要污染物二氧化硫、二氧化氮、可吸入颗粒物、一氧化碳年均浓度达二级标准，细颗粒物、臭氧年均浓度超二级标准。二氧化硫年均浓度为 12 微克 / 立方米，同比下降 14.3%；二氧化氮年均浓度为 27 微克 / 立方米，同比上升 3.8%；可吸入颗粒物（PM_{10}）年均浓度为 63 微克 / 立方米，同比下降 3.1%；一氧化碳年均浓度为 1.5 微克 / 立方米，同比下降 6.2%。细颗粒物（$PM_{2.5}$）年均浓度为 39 微克 / 立方米，同比上升 2.6%；臭氧年均浓度为 168 微克 / 立方米，同比上升 5.7%。

市区环境空气质量综合指数为 4.32，同比上升 0.7%。首要污染物为细颗粒物（$PM_{2.5}$），单项指数为 1.11。

2. 区县环境空气质量

2022 年，长治市 12 个区县环境空气质量优良（一、二级）天数范围在 253 ~ 322 天之间，平均为 291.2 天，同比增加 8.8 天；重污染（五、六级）天数范围在 1 ~ 3 天之间，平均为 1.6 天，同比减少 3.4 天。

12 个区县环境空气 6 项污染物中二氧化硫、二氧化氮、可吸入颗粒物、一氧化碳年均浓度达二级标准，细颗粒物、臭氧年均浓度超二级标准。二氧化硫年均浓度为 13 微克 / 立方米，同比下降 27.8%；二氧化氮年均浓度为 28 微克 / 立方米，同比上升 3.7%；可吸入颗粒物年均浓度为 68 微克 / 立方米，同比上升 1.5%；一氧化碳年均浓度为 1.6 微克 / 立方米，同比下降 5.9%；细颗粒物年均浓度为 36 微克 / 立方米，同比持平；臭氧年均浓度为 164 微克 / 立方米，同比上升 1.9%。

全市 12 个区县环境空气质量综合指数范围在 3.35 ~ 5.13 之间，按综合指数由小到大前三位为平顺县、沁源县、长子县。全市综合指数平均值为 4.33，同比下降 1.4%。首要污染物细颗粒物，单项指数为 1.03。

与上年同比，综合指数上升的区县为武乡县、平顺县、屯留区、上党区，其他区县均下降；按综合指数同比变化率由低到高的前三位为襄垣县、壶关县、黎城县，后三位为平顺县、屯留区、上党区。

3. 大气降水

2022 年，长治市大气降水 pH 年均值范围为 6.02 ~ 7.05，平均为 6.39，全年降雨量为 604.6 毫米，无酸雨出现。与上年相比，pH 年均值上升 0.08，降雨量减少 237.4 毫米。

4. 大气降尘

2022 年，长治市 14 个监测站点环境空气降尘量年均值范围在 2.8 ~ 6.1 吨 / 平方千米 • 月之间，平均值为 4.4 吨 / 平方千米 • 月，达到考核要求。

【地表水环境质量状况】 2022 年，长治市地表水监测国控断面 10 个，省控断面 14 个，市控断面 3 个，每月监测 1 次。

1. 国、省控断面水质

地表水 24 个国、省控监测断面中，符合Ⅰ ~ Ⅲ类水质的断面 23 个，占监测断面总数的 95.8%；符合Ⅳ类水质的断面 1 个（河口村桥），占比为 4.2%，无Ⅴ类、劣Ⅴ类水质断面。

与上年相比，水质有所好转的断面 2 个：亚晋桥、关河水库出口。有所恶化的断面 2 个：小峧、申村水库出口。其余断面水质无明显变化。

地表水国、省控断面主要污染指标为 COD、总磷，断面超标率均为 4.2%，超标断面为河口村桥。COD 年均浓度为 13 毫克 / 升，总磷年均浓度为 0.05 毫克 / 升，均达地表水Ⅲ类标准。与上年相比，COD 平均浓度下降 7.14%，总磷平均浓度下降 16.7%。

2. 市控断面水质

地表水市控断面陈村桥、暴马断面水质为Ⅳ类，针漳村断面水质为Ⅴ类。与上年相比，暴马断面水质有所恶化，针漳村、陈村桥断面水质无明显变化。

地表水市控断面主要污染指标为 COD、氨氮、总磷、BOD5，COD 断面超标率为 100%，其余 3 项指标断面超标率均为 33.3%。四项主要污染指标中，COD 平均浓度为 24 毫克 / 升、总磷平均浓度 0.23 毫克 / 升、氨氮平均浓度 0.831 毫克 / 升、BOD5 平均浓度 3.8 毫克 / 升，3 个断面平均浓度达Ⅳ类标准。

3. 地下水环境质量状况

2022 年，地下水共监测 26 眼井 39 个指标，全年监测 2 次。水质符合Ⅰ ~ Ⅲ类的监测井 24 眼，Ⅱ类占比 46.2%，Ⅲ类占比 46.2%；符合Ⅳ类的监测井 2 眼，占比 7.6%，分别为五龙川村、市云海肉联厂，超标项目均为总大肠菌群。

【城市集中式生活饮用水水源地水质状况】

1. 市级水源地

3 处市级集中式生活饮用水水源地每月常规监测一次，常规监测指标 39 项，全年进行一次 93 项指标全分析监测。3 处水源地水质指标年均浓度均达地下水Ⅱ类标准，达标率为 100%，93 项指标全分析结果均达标。

2 . 县级水源地

10 处县级饮用水水源地每半年监测一次，常规监测指标 39 项，全年进行一次 93 项指标全分析监测。水质符合Ⅰ ~ Ⅲ类水质的水源地 9 处，Ⅱ类占比 30%，Ⅲ类占比 60%，93 项指标全分析结果均达标；无Ⅳ类水质水源地；Ⅴ类水质点位 1 处：长子县大京水源地，占比 10%，主要超标指标为硫酸盐，超Ⅲ类标准值 0.6 倍。

【声环境质量状况】

1. 区域环境噪声

2022 年，长治市生态环境局对主城区 202 个网格的环境噪声昼间监测一次，监测结果表明：主城区区域环境噪声昼间平均等效声级为 52.1 分贝，较上年上升 0.4 分贝。区域环境噪声总体水平等级为“二级”，噪声状况为“较好”。区域环境噪声达标网格 196 个，达标率为 97.0%，同比上升 11.9 个百分点。

2. 道路交通噪声

2022 年，长治市生态环境局对主城区 14 条主要道路 72 个路段的道路交通噪声昼间监测一次（应测路段 73 个，实测 72 个，东大街实验中学路段因修路未监测），监测结果表明：主城区城市道路交通噪声昼间平均等效声级为 65.1 分贝，较上年上升 0.5 分贝。道路交通噪声强度等级为“一级”，噪声状况为“好”。 72 个路段昼间达标率均为 100%，同比无明显变化。

3. 功能区噪声

2022 年，长治市生态环境局对主城区 1 ~ 4 类功能区噪声（每类功能区 2 个测点，共 8 个测点）每季度监测 1 次，全年 4 次，每次昼夜 24 小时监测。监测结果表明：全年 1 ~ 4 类功能区噪声昼、夜各监测 32 个点次，达标率分别为 100%、96.9%。其中 1 类功能区昼间达标率 100%，夜间达标率 87.5%，2 ~ 4 类功能区昼间、

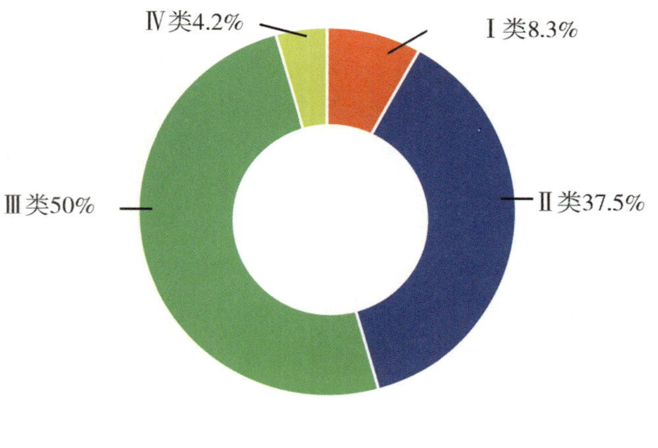

图 1　2022 年长治市地表水国、省控断面水质类别比例图

夜间达标率均为100%。

【农村环境质量】农村环境质量监测包括环境空气质量、饮用水水源地水质、地表水水质、农田灌溉水质、农村生活污水处理设施出水水质等监测。监测结果表明：2022年，长治市农村环境质量级别为良。其中农村环境空气质量级别为二级，空气质量类别为良，首要污染物为PM_{10}；饮用水源地水质年度达标率为85.3%；县域地表水年度水质类别为Ⅲ类，达标率为100%；农田灌溉水质达标率为100%；农村生活污水处理设施中运行率为67.8%，达标率为55.7%，主要污染物为氨氮、总氮、总磷。

全市农村环境状况指数为85。其中环境空气质量指数为82，饮用水水源地水质指数值为90，地表水水质指数值为75，农田灌溉水质指数为100，农村生活污水处理设施出水水质指数值为80。

与上年相比，农村环境质量无明显变化，农村环境状况指数无明显变化。

【挥发性有机物】2022年，长治市生态环境局对主城区环境空气中117种挥发性有机物（VOCs）进行自动监测，同时监测非甲烷总烃（NMHC）。监测点共检出挥发性有机物（VOCs）115种，包括烷烃类物质29种、烯烃类物质11种、炔烃类物质1种、芳香烃类物质17种、卤代烃类物质35种、OVOCs类物质21种、其他类物质1种。挥发性有机物（VOCs）月均浓度范围为18.035～47.066PPb，年均浓度为27.639PPb，11月检出浓度最高，平均浓度为47.066PPb。检出的115种VOCs因子中，浓度值从高到低的前五位分别为乙烷、乙炔、乙烯、丙烷、丙酮，年均浓度分别为4.930PPb、3.984PPb、3.001PPb、2.573PPb、1.677PPb。

非甲烷总烃（NMHC）月均浓度范围为248.1～389.4PPb，年均浓度为309.0PPb，12月检出浓度最高，平均浓度为389.4PPb。

（长治市人民政府网站）

水文状况分析

【降水量】2022年，长治市降水量589.3毫米，比2021年减少39.8%，比多年平均值偏多2.8%。全市年降水量最大为黎城县仟仵雨量站752毫米，最小为屯留区西上村雨量站411.7毫米。降水量的地区分布特征是：西部沁源县，东部黎城县山丘区一带为大于650毫米降水量高值区，长治市盆地区襄垣县，屯留区为不足600毫米的降水量低值区。降水量总的趋势是周边山区大于中间盆地。

【河川径流量】2022年，长治市天然河川年径流量10.9416亿立方米，较上年偏少53.0%，比多年平均偏少8.2%，相应频率为37.7%，属平水年。

【地下水】2022年末与2021年末相比，盆地各县（区）地下水位大部分呈下降趋势，下降值1.71米。稳定区面积31.8平方千米，平均变幅0.3米，占盆地面积的2.7%；下降区面积1137.2平方千米，平均下降1.75米，占盆地面积的97.3%。

【大中型水库蓄水量】2022年底，长治市11座大中型水库年末总蓄水2.7141亿立方米，比上年末减少0.2578亿立方米，其中漳泽水库蓄水1.2629亿立方米，比上年末减少0.1483亿立方米；后湾水库蓄水0.6292亿立方米，比上年末增加0.0010亿立方米；关河水库蓄水0.3718亿立方米，比上年末减少0.0056亿立方米。（牛　琼）

中国共产党长治市委员会

综　述

【概述】 2022年，中共长治市委高举习近平新时代中国特色社会主义思想伟大旗帜，全面贯彻落实中共十九大和十九届历次全会精神，围绕喜迎中共十大和学习宣传贯彻大会精神，按照中央“疫情要防住、经济要稳住、发展要安全”要求，团结带领全市党员干部群众，锐意进取、攻坚克难，统筹疫情防控和经济社会发展，加快建设全国资源型城市转型升级示范区和现代化太行山水名城，奋力开创长治高质量发展新局面。　（李　英）

【政治建设】 2022年，中共长治市委带头执行“第一议题”制度，深入学习贯彻习近平新时代中国特色社会主义思想，突出抓好习近平总书记考察调研山西重要指示精神学习贯彻，坚定捍卫“两个确立”，坚决做到“两个维护”。深入学习宣传贯彻中共二十大精神，市委中心组开展5次专题学习，市委宣讲团宣讲33场，出台《中共长治市委关于深入学习宣传贯彻党的二十大精神的实施方案》，明确13方面56条具体措施，确保中共二十大精神落实。制定《全面贯彻落实习近平总书记考察调研山西重要指示精神方案》《深入学习宣传贯彻党的二十大精神实施方案》等一系列行动方案，建立闭环落实工作机制，常态化开展督查考核，确保中央大政方针落实落地。全面加强党的领导，支持人大、政协依法履职，统筹抓好统一战线、民族宗教、党管武装和群团等各项工作。　（李　英）

【清廉长治建设】 2022年，中共长治市委以党的政治建设为统领，突出清廉主题、干部主体、制度主线，推动清廉长治、清廉机关建设取得更多制度性成果和更大治理成效。保持惩治腐败高压态势，深入开展开发区、医保、供销30多项专项整治，加大案件查办力度，坚持不懈纠治“四风”。全市纪检监察机关立案2944件、处分2915人，查处违反中央八项规定精神问题220起286人。深入推进以案促改、以案促治，紧盯权力运行风险点，针对性建立完善制度机制，规范权力运行。加强警示教育，召开全市领导干部警示教育大会，组织市四套班子成员和各县区委书记参观省党风廉政教育基地。　（李　英）

【基层治理】 2022年，中共长治市委推进抓党建促基层治理能力提升专项行动，推进128个乡镇（街道）“一支队伍管执法”，党建引领网格治理、社区物业党建联建成效明显，全市精准划分网格6909个，配备专兼职网格员7016人，业委会、物管会组建率达100%，503个无物业管理小区全部清零，全省党建引领社区物业服务能力提升现场会在长治市召开。成立市农村集体经济发展协会，受到农业农村部关注，村级集体经济年收入全部达到10万元以上。推进市域社会治理现代化试点工作，加快推进党群服务中心、综治中心等基层中心融合发展，开展“三中心”一体化建设，推行“一社区两辅警、一村一辅警”。加快建设法治长治，推进《长治市漳泽湖保护条例》等3部地方性法规立法。　（李　英）

【干部队伍】 2022年，中共长治市委牢固树立实干实绩用人导向，完成市人大、市政府、市政协换届工作，全市干部队伍结构持续优化。选树担当作为先进典型，对在疫情防控中表现突出的先进个人进行表彰，注重关心关爱基层干部，激励广大干部干事创业。实施干部专业化能力提升计划，加强新任职领导干部教育培训，抓好选调生招录和跟踪培养。选优配齐乡镇班子，累计招聘2442名大学生到村任职。选树362名先进典型，增强干部干事创业积极性。（李 英）

【产业转型】 2022年，中共长治市委牢固树立项目是第一支撑的鲜明导向，实施项目2135个，带动固定资产投资完成948.4亿元，引领产业加快转型。传统产业方面，全市原煤产量1.71亿吨，全省第二，增长8.2%，煤炭先进产能达到80%。焦炭产业"上大关小"基本完成，吨焦能耗达到先进水平。电力产业持续扩容提质，沁源、长子抽水蓄能电站有序推进，推进长子"风光火水储"多能互补和襄垣"源网荷储"一体化项目建设，全市新能源装机容量占比达到25.7%。新兴产业方面，确定光电、光伏、现代医药等10条重点产业链，建立链长工作机制，培育24家"链主"企业，振东集团被确定为全省现代医药产业链条"链主"企业。推动数字经济发展，谋划项目47个，各县区主城区、乡镇驻地实现5G网络覆盖，夯实数字经济发展基石。全市战略性新兴产业增加值增长51.8%、全省第一，对工业增长贡献率达39.4%，拉动工业增加值增长5.3个百分点。规上工业制造业增加值增长23.7%，制造业主导型经济发展步伐加快。服务业方面，落实国家、省促进服务业领域困难行业恢复发展措施，全市服务业增加值完成861亿元、增长3.9%，增速全省第三。加快发展金融、文旅、交通运输、物流等重点行业，组建全省规模最大的市级担保公司和首家首贷续贷服务中心，全市金融业增加值高于服务业3.1个百分点，仓储物流业营业收入增长12.9%、全省第一，被列为全省区域流通支点城市。发放数字消费券3.4亿元，带动消费10倍以上。农业方面，全年粮食产量14.8亿千克，建设高标准农田23.1万亩，大豆玉米带状复合种植收获全面完成。加快发展中药材、粮品、果蔬食品、肉制品、酿品等农业产业集群，新培育省级以上农业龙头企业12家。全市一产增加值完成97.1亿元、增长5.2%，增速全省第二。（李 英）

【改革开放】 2022年，中共长治市委围绕建设国家级承接产业转移示范区，主动走出去、引进来，推动一大批项目落地。加快打造开发区升级版，推动长子、黎城开发区获批省级开发区。开展3次"三个一批"活动，签约项目开工率、开工项目投产率排名全省第二，投产项目达效率排名全省第一。深入推进"承诺制+标准地+全代办"改革，实施承诺制项目213个，出让"标准地"63宗3842.2亩，完成领办代办服务事项392件。全市工业类开发区工业增加值增长19.7%，高于全省5.5个百分点。实质性推进对口合作。抢抓国家赋予的北京长治对口合作机遇，成立领导小组、工作专班，编制合作方案，投资15亿元的北京百泰生物、长治中关村科技园等合作项目已签约落地。精准开展招商引资。围绕重点产业集群精准招商，引进落地一大批项目，超额完成省定招商引资任务。出台《长治市促进投资奖励办法》，兑现招商引资奖励金3660万元，激发企业投资新建项目积极性。（李 英）

【创新发展】 2022年，中共长治市委坚持创新驱动，围绕建设国家创新型城市，安排科技创新资金5000万元，完成17项重大科技成果转化，国家高新技术企业达到262家，国家科技型中小企业达到274家，省级以上创新平台达到58家。引育人才，成立长治市人才集团，设立人才发展基金，突出"人才+项目"导向，为163名高端专家配备服务专员，与135所高校达成合作成果540余项，12个深化省校合作项目列入省级重点工程。稳定市场主体，全市新增退税、减税降费及缓税缓费88.27亿元，兑现一产高质量发展、"小升规"专精特新企业、新兴产业培育等各类资金12.7亿元，对641户规模以上工业企业常态化开展入企服务，确保98%以上企业不停工。全面开展"市场主体建设年"活动，平顺"上党中药材"入选首批省级重点专业镇名单，打造5个省级乡村e镇，全市市场主体达到32.6万户，净增6.9万户，净增长27.9%。优化营商环境。按照"三无""三可"要求，推动审批事项、审批环节、申报材料、审批时限、证明材料分别再压减31%、58%、48%、83%、78%，企业开办时限最快压缩至半个工作日，市县两级行政审批事项网办率达到99.3%。（李 英）

【城市建设】 2022年，中共长治市委实施城市更新行动，114个老旧小区改造加快推进，完成88条背街小巷改造、14条道路架空线整治，新建13处街头游园和景观绿地。系统化推进海绵城市建设，21项雨污分流改造工程完工，建设绩效获全国A档评价。提高城市精细管理水平，完成7条主干道沿街立面、门头牌匾整治，规范360余处马路市场。房屋产权确权颁证清零行动基本完成，25.21万套房屋登记领证。高质量建设滨湖生态示范区，7千米滨湖大道全线通车，环漳泽湖旅游公路全面贯通，北寨、小常、上韩3个片区改造及周边配套路网等基础设施建设加快推进。持续改善漳泽湖生态环境，漳泽湖水质由劣Ⅴ类提升为Ⅳ类，负氧离子含量达到主城区20倍，生物多样性得到有效保护和恢复。（李 英）

【多元交通】 2022年，长邯聊高铁列

入《国家“十四五”铁路发展规划》研究建设项目。加快建设黎霍高速，平安、黎陵高速分别纳入国高网、省高网。专班推进长治机场迁建工作。国道208线改扩建工程开工，推进国道309一级公路升级改造前期工作，国道环线公路“自由流”收费项目正式实施。安阳互通立交建成通车，东南外环快速通道改扩建、威远门路南延等市政道路加快建设。（李　英）

【城乡一体化】 2022年，长治市加快“一城四区”一体化发展，调整理顺上党、潞城、屯留三区财政、规划管理体制。着力建强县城载体，各县区开工城建项目206个，基础设施和公共服务进一步完善。持续完善农村水、电、气、暖、路等基础设施，完成“四好农村路”527.9千米。不断改善农村人居环境，高质量完成改厕任务3.1万座，垃圾分类及无害化处理、生活污水治理能力持续提升。同步提高城乡特困标准，提标后全市城乡低保平均标准居全省第三。（李　英）

【生态保护】 2022年，长治市纵深推进污染防治，基本消除重污染天气，$PM_{2.5}$下降至每立方39微克，空气质量综合指数居“2+26”城市前列，24个国、省控断面水质优良比例95.8%，其中10个国控断面全部优良，位居全省第一。有序实施碳达峰长治行动，坚决遏制“两高”项目盲目发展，入选国家首批气候投融资试点城市。完成营造林23.16万亩、四旁植树1399万株，黄河流域生态保护重点任务有效落实，河湖长制考核位居全省前列。因环境质量改善明显，长治市受到国务院通报表扬。（李　英）

【民生事业】 2022年，长治市严格落实稳岗就业政策，统筹做好高校毕业生、退役军人、农民工、残疾人等重点群体就业帮扶工作，率先建立市级“零工市场”，全市城镇新增就业4.67万人，超额完成全年任务。开展技能培训6万人次，新增技能人才3.3万人。持续巩固脱贫攻坚成果，有效衔接乡村振兴，全市脱贫人口人均纯收入达到12253元，增长13.2%，脱贫人口增收、乡村振兴示范创建、易地搬迁后续扶持、防返贫监测帮扶等重点任务取得新成效。新建体育路小学投入使用，启动实施10所中小学校新改扩建项目，新改扩建12所公办幼儿园，完成50所农村寄宿制学校提档升级。全市高考一本、二本B类以上达线率实现双提升，高中教育质量稳步提高。深入推进全国“双减”试点工作，深化基础教育改革，教育部两次予以肯定。持续深化县域医疗卫生一体化改革，医疗、医保、医药进入实质性联动阶段，医保支付方式改革、药品耗材集中带量采购、医保基金监管等工作有序开展。稳步推进省级区域医疗中心建设，在全省率先建成全民健康信息平台，区域医疗服务水平持续提升。基本养老保险、医疗保险参保覆盖率超过95%，居家社区机构相协调、医养康养相结合的养老服务体系日趋完善。与省委宣传部联合出品电影《申纪兰》，长子鼓书《最后一笔党费》入围全国第十九届群星奖决赛。承办第十二届中国曲艺牡丹奖全国曲艺大赛，潞安大鼓《儿的魂娘的心》获牡丹奖。深入实施“五个一批”群众文化惠民工程，全市人均体育场地面积位列全省第一。（李　英）

【安全稳定】 2022年，长治市推进安全生产专项整治三年行动，深入开展煤矿、非煤矿山、危险化学品、建筑施工、特种设备、燃气、消防、森林防火等领域安全隐患大排查大整治，强化煤矿驻矿监管力量和制度建设，在重要节点重点领域实施党政领导干部包安全责任制，全市生产安全事故起数和死亡人数分别下降17.6%和9.8%。推进治理重复信访、化解信访积案，中联办交办案件全部“清零”，信访工作进入全省第一方阵。严厉惩治各类犯罪，扫黑除恶、禁毒执法、打击电诈等多项工作走在全省前列。（李　英）

重要会议

【市委十二届二次全体会议暨市委经济工作会议】 2022年1月14日，中共长治市委十二届二次全体会议暨市委经济工作会议召开。出席这次全会的有市委委员49人，市委候补委员10人。市纪委常委和有关方面负责人列席会议。

全会由市委常委会主持。会议以习近平新时代中国特色社会主义思想为指导，深入学习贯彻党的十九届六中全会、中央经济工作会议、省第十二次党代表大会、省委十二届二次全会暨省委经济工作会议精神，讨论《中共长治市委常委会工作报告》，审议通过《中共长治市委全会工作规则》《中共长治市委十二届二次全体会议决议》，表决通过长治市推荐提名山西省出席中共二十大代表候选人推荐人选。市委书记杨勤荣对2022年全市经济工作作出部署。市委副书记、代市长陈耳东就2022年经济工作任务作出具体安排。

会议指出，做好2022年全市经济工作的总体要求是：高举习近平新时代中国特色社会主义思想伟大旗帜，按照省委全方位推动高质量发展的目标要求和工作矩阵，坚持以经济建设为中心，持续聚焦转型发展、安全稳定、民生保障和党的建设，加快建设全国资源型城市转型升级示范区、现代化太行山水名城，以优异成绩迎接中共二十大胜利召开。

会议提出2022年经济工作的十二个方面重点任务。一是改造提升传统产业。加大技改力度，提升质量效益，煤炭行业重点抓提升，焦化行业重点抓投产，钢铁行业重点抓整合，电力行业重点抓扩容，煤化工产业重点抓延伸，推动重点行业能效超过全省平均水平、迈向先进水平，实现内涵集约发展，持续推动传统产业率先转型。二是培育壮大新兴产业。大力培育龙头骨干“链主”企业、专精特新“链核”企业，积极引进上下游配套企业，推动半导体光电、光伏、医药健康、装备制造、信创、氢能、新材料、节能环保等新兴产业上规模、延链条、成集群。三是分类提升服务业。深入实施服务业提质增效十大行动，加快发展现代物流业，培育壮大商贸零售业，做优做强文旅产业，继续狠抓煤炭销售公司、网络货运平台、山西（长治）中药材商贸平台三大平台建设，推动生产性服务业和生活性服务业协同发展。四是提速提效项目建设。始终把项目建设作为经济工作的第一支撑，坚持每月调度、每季观摩，持续营造“看一看、比一比、想一想”浓厚氛围，精准谋划项目、大力招引项目、优质服务项目，开展营商环境优化对标提升行动，常态化开展入企服务，推动现有企业扩规提质，在建项目投产达效。五是打造开发区建设升级版。滚动开展“三个一批”活动，深化“承诺制+标准地+全代办”改革，纵深推进“三化三制”改革，强化开发区考核评价，不断提高开发区发展能级。六是实施市场主体倍增工程。全面开展“市场主体建设年”活动，强化政策支持、强化上规入统、强化双创引领，建立企业家常态化联系机制，支持民营经济增总量、扩规模、提质效，增加一批成长入规企业，培育一批专精特新企业，打造一批行业龙头企业。七是纵深推进改革创新。突出创新驱动，加快建设国家创新型城市。坚持“人才+项目”，持续深化省校合作。深化国企改革，持续增强国有企业可持续发展能力。创优金融生态，积极吸引各类金融机构入驻长治市。提升开放平台功能，着力建设外贸产业基地，加大进出口企业培育力度。八是全力建设现代化太行山水名城。进一步拉大城市框架、完善城市功能、提升城市品质，坚持用现代化理念规划、建设、管理城市，推动主城区提档升级，推进“一城四区”一体化发展，优化构建上党城镇群格局。编好长治市空间发展战略规划，统筹老城更新和滨湖新区“两城”建设，完善水路“两网”，规范停车、物业两项管理。九是全面推进乡村振兴。巩固脱贫攻坚成果，突出抓好稳粮保供，发展特色优质农业，加快建设农业产业集群，深化农业农村改革，扎实推进乡村建设，全面开展农村人居环境整治提升五年行动。十是持续改善生态环境。实施煤炭、电力等七大行业能效提升行动，深入打好蓝天、碧水、净土保卫战，开展大规模国土绿化行动，扎实推进生态修复治理。十一是不断增进民生福祉。民生投入只增不减、惠民力度只强不弱、惠民实事只多不少，积极扩大就业，提高教育质量，深化医疗改革，完善社保体系，切实解决群众急难愁盼。十二是守好安全稳定底线。统筹好发展和安全，增强风险意识，树牢底线思维，坚决维护政治安全，抓紧抓实安全生产，积极创新社会治理，常态抓好疫情防控，营造安全稳定发展环境。

会议要求，各级党委要加强和改善对经济工作的领导，做好经济领域重要工作的综合谋划、统筹协调、整体推进、督促落实。各级领导干部要提高政治站位，自觉站位全国战略大局、山西发展全局、全市中心工作思考谋划，努力以一域之发展为全域增光添彩。要做实工作矩阵，建立目标和标准体系、任务和举措体系、政策和制度体系，实施项目化、清单化、方案化管理，主动对标与长治市发展条件相近的先进地区，积极学习借鉴有益做法，力争全市各项工作进入全省第一方阵。要增强专业能力，善于用市场化理念推动发展，提高运用各种政策工具的能力水平，努力成为经济工作的行家里手。要强化考核运用，树立鲜明导向，关注在急难险重岗位、关键时间节点表现优异的干部，关注在招商引资、项目建设、改革攻坚、信访一线默默奉献的干部，关注实实在在为长治打基础、谋长远、抓机遇、争资金、跑项目的干部，关注把工作做到全省前列甚至在全国叫响的干部。强化考核结果兑现，对排在全市前列的，旗帜鲜明奖励、优先提拔任用，真正让有担当、有作为的干部有位置、有掌声；对工作全市靠后甚至给长治抹黑的，市委将坚决调整、严肃问责。

会议指出，2022年是中共二十大召开之年，是长治市全方位推动高质量发展、加快建设现代化太行山水名城的关键一年，全市各级各部门要紧盯全年目标、做实工作矩阵，建立目标和标准、任务和举措、政策和制度“三个体系”，构建起项目化实施、清单化管理、专班化推进的高效落实机制，多想“怎么办”，少说“不能办”，调动一切有利因素，确保圆满完成全年目标任务。要守好安全稳定底线红线，持续加强煤矿、化工、消防、森林防火等行业领域隐患排查治理，严防各类安全事故发生。要强化经济运行监测调度，提前谋划推进开发区“三个一批”项目建设活动，确保实现一季度“开门红”。要抓好节日期间民生保障，做好困难群众的走访慰问、帮扶救助工作，开展治理欠薪冬季专项行动，统筹安排煤电油气运等保障供应，做好节日期间的市场供应和物价稳定工作，确保人民群众欢乐祥和过节。要严格换届纪律，以良好的政治生态引领保障发展。要严格落实中央八项规定精神，领导干部以身作则，带头廉洁过节，严防“节日腐败”。

（长治市人民政府网）

【市委十二届三次全体会议】 中国共产党长治市第十二届委员会第三次全体会议，于 2022 年 11 月 11 日举行。出席这次全会的有市委委员 43 人，市委候补委员 10 人。有关方面负责人、市纪委常委、在长治的中共二十大基层代表和部分省、市党代会基层代表列席全会。

全会由市委常委会主持。全会审议通过《中共长治市委关于学习宣传贯彻党的二十大精神的实施方案》(简称《实施方案》)，讨论市委常委会工作报告。市委书记杨勤荣就《实施方案》向全会作说明，对学习宣传贯彻工作作出部署。

全会强调，“两个确立”是党在新时代取得的重大政治成果，是推动党和国家事业取得历史性成就、发生历史性变革的决定性因素。全市各级党组织和广大党员干部要深刻领悟“两个确立”的决定性意义，更加自觉地增强“四个意识”、坚定“四个自信”、做到“两个维护”，始终沿着习近平总书记指引的方向砥砺前行。全会强调，学习宣传贯彻中共二十大精神，既要整体把握、全面系统，又要突出重点、抓住关键。要把着力点聚焦到习近平总书记是党中央的核心、全党的核心，习近平新时代中国特色社会主义思想是党必须长期坚持的指导思想上；聚焦到中共十九大以来的重大成就和新时代 10 年的伟大变革上；聚焦到把握好马克思主义中国化时代化最新成果的世界观和方法论，坚持好、运用好贯穿其中的立场观点方法上；聚焦到中国式现代化在理论和实践的创新突破上；聚焦到贯彻落实中共二十大作出的重大决策部署上；聚焦到以习近平同志为核心的新一届中央领导集体是深受全党全国各族人民拥护和信赖的领导集体上；聚焦到习近平总书记是全党拥护、人民爱戴、当之无愧的党的领袖上。

全会指出，学习领会中共二十大精神，必须坚持全面准确，深入理解内涵，精准把握外延。要原原本本、逐字逐句学习中共二十大报告和党章，学习习近平总书记在中共二十届一中全会上的重要讲话精神。各级党委（党组）理论学习中心组要把学习中共二十大精神作为重点内容，制订系统学习计划，列出专题进行研讨。举办培训班、学习班，分期分批对党员干部进行系统培训。基层党组织要采取多种形式，组织广大党员干部认真学习中共二十大精神。市委党校（行政学院）、太行干部学院要把党的二十大精神作为学校思想政治教育和课堂教学的重要内容。

全会指出，宣传阐释好中共二十大精神，必须把好基调、把好导向，组织开展内容丰富、形式多样的宣传教育活动，做到家喻户晓、深入人心。抽调骨干力量组建宣讲团、宣讲小分队，紧密联系广大党员干部群众思想和工作实际，把中共二十大精神讲清楚、讲明白，让大家听得懂、能领会、可落实。坚持线上线下一体，宣传中共二十大的重大意义和作出的重大部署，宣传各县区各部门学习贯彻中共二十大精神的具体举措和实际行动，采取人民群众喜闻乐见的形式，使宣传报道更接地气、更动人心。加强理论研究阐释，增强学习宣传的理论深度、实践力度、情感温度。

全会指出，贯彻落实好中共二十大精神，必须把学习贯彻中共二十大精神与学习贯彻习近平总书记考察调研山西重要讲话重要指示精神结合起来，与学习贯彻省、市第十二次党代会精神结合起来，与正在做的事情结合起来，按照省委“十个更大”部署，对照省委对长治提出的“五个先行”和“三大任务”重要要求，把学习贯彻成效充分体现在高质量发展的新突破上，同步推动“两个转型”，加快建设全国资源型城市转型升级示范区；充分体现在文化建设的新步伐上，大力弘扬太行精神，凝聚奋进新征程的强大正能量；充分体现在生态文明的新进步上，推动山水林田湖草沙一体化保护和系统治理，加快绿色发展；充分体现在人民群众的新福祉上，不断实现人民对美好生活的向往；充分体现在全面从严治党的新成果上，持续构建风清气正政治生态。

全会强调，要紧密结合实际，一步一个脚印推动中共二十大确定的各项目标任务在长治落地见效。一要坚定不移推动产业转型，持续狠抓项目建设，改造提升煤焦冶电化等传统产业，培育壮大半导体光电、光伏、医药、新能源汽车等新兴产业，推动文化旅游、现代物流、金融等服务业提质增效，加快建设晋东南国家级承接产业转型示范区。二要坚定不移推动数字转型，精心培育数字产业，推动产业数字化，拓展数字化应用，破题数据价值化，打造全省数字经济创新发展高地。三要坚定不移推动能源革命，坚决扛起能源保供责任，提标改造煤电机组，大力发展新能源，构建新能源供给消纳体系，争当全省能源革命排头兵。四要坚定不移实施创新驱动，积极培育壮大创新主体，贯通产业链和创新链，精准引育各类优秀人才，加快建设国家创新型城市。五要坚定不移深化重点领域改革，着力打造开发区升级版，大力推动市场主体倍增，全面开展与北京市对口合作，持续创优营商环境，不断深化国企国资改革，激发发展活力动力。六要坚定不移加快建设现代化太行山水名城，进一步优化城市空间布局，高标准建设滨湖生态示范区，全面提升城市功能品质，加快重大基础设施建设，持续推进以县城为重要载体的城镇化建设。七要坚定不移推动乡村振兴，夯实粮食生产基础，实施种业振兴行动，发展乡村特色产业，壮大村级集体经济，巩固拓展脱贫攻坚成果同乡村振兴有效衔接，建设宜居宜业和美乡村。八要坚定不移发展民主法治，加强人民当家作主制度保障，全面发展协商民主，扎实推进法治长治建设，巩固和发展最广泛的爱国统一战线，加强国防动员和后备力量建设。九要坚定不移打造文化强市，牢牢掌握意识形态主动权，广泛践行社会主义核心价值观，加强文物保护管理和活化利用，繁荣发展文化事业和文化产业，使太行精神成为长治人民的精神符号。十要坚定不移增进民生福祉，慎终如始抓好常态化疫情防控，实施就业优先战略，加快建设教育强市，推进健康长治建设，提高社会保障水平，扎实推进共同富裕。十一要坚定不移加强生态建设，深入开展气候投融资试点，扎实推进环境污染防治，加强生态治理修复，实现绿色低碳发展。十二要坚定不移维护安全稳定，增强忧患意识，坚持底线思维，坚决维护政权安全、制度安全，毫不放松抓好安全生产，健全完善社会治理体系，建设更高水平的平安长治。十三要坚定不移全面从严治党，落实新时代党的建设总要求，全面加强党的领导，强化思想理论武装，打造高素质干部队伍，全面建强基层党组织，常态化推进作风建设，全面建设清廉长治。

全会强调，深入学习宣传贯彻中共二十大精神，是当前和今后一个时期的首要政治任务，必须加强统筹谋划，采取有力措施，不断把学习宣传贯彻引向深入。要着力压实领导责任。全市各级党组织要切实加强对学习宣传贯彻中共二十大精神的组织领导，按照党中央及省委、市委的统一部署，结合本县区本部门本单位实际，建立任务清单和工作台账，一项一项抓落实。主要负责同志要负总责，亲自安排部署、组织协调、推进落实。要着力提振精神状态。全市党员干部要牢记党的初心使命，保持“时时放心不下”的责任感，坚持正确的政绩观，把解放思想、实事求是、真抓实干、久久为功的要求体现到工作各方面全过程，扑下身子干、挺起脊梁扛，以新作风对标新要求，以新状态践行新使命。要着力完善落实机制。各县区各单位要围绕中共二十大提出的工作任务，进一步建立健全抓落实的工作机制，按照各自职责分工，坚决抓好贯彻落实。要把学习贯彻情况作为目标责任考核、干部选拔任用等方面的重要依据，完善贯彻落实情况督查问责机制，逐层传导压力。

（长治市人民政府网）

【常委会会议】 1月5日，市委常委会会议暨市委中心组学习会议召开，集体学习《关于新形势下党内政治生活的若干准则》；传达中央农村工作会议、全国农业农村厅局长会议精神和省委政法委工作专题会议精神，部署长治市贯彻落实工作；研究省委专项巡视整改工作；听取长治市工会第十三次代表大会筹备情况汇报，安排部署相关工作。

1月10日，市委常委会召开会议，集体学习《中国共产党纪律检查委员会工作条例》等纪检监察工作条例法规精神；研究2022年全市经济工作，决定召开市委十二届二次全会暨市委经济工作会议；审议《市委常委会工作规则（讨论稿）》《市委书记专题会议工作规则（讨论稿）》；研究市工商联（总商会）换届工作。

2月10日，市委常委会召开会议，深入学习习近平总书记考察调研山西重要指示精神并传达省委十二届三次全会精神；传达全国、全省宣传部长会议精神，研究长治市贯彻落实意见；听取2021年全市党风廉政建设和反腐败工作情况汇报，部署相关工作。

2月13日，市委常委会召开会议，深入学习贯彻习近平总书记考察调研山西重要指示精神和省委书记林武在省委十二届三次全会上的讲话精神；听取市人大常委会、市政府、市政协、市法院、市检察院党组2021年度工作汇报；讨论拟提请市十五届人大一次会议、市政协十四届一次会议审议的各项工作报告；审议通过《政协长治市委员会2022年度协商计划》《长治市“十四五”营商环境建设规划》；研究长治市人才工作。

2月14日至15日，省委书记林武到长治市调研结束后，市委书记杨勤荣第一时间主持召开市委常委会扩大会议，传达学习省委书记林武在长治市调研指示精神，研究贯彻落实意见，部署其他重点工作。

2月24日，市委常委会召开会议，传达学习习近平总书记关于信访工作的重要批示精神和全国、全省信访工作会议精神，传达平安中国建设表彰大会、中央政法工作会议及省委政法工作相关会议精神，研究长治市贯彻落实意见；研究部署长治市农村工作、人才工作、统战和民族宗教工作。

3月10日，市委常委会召开会议，安排学习贯彻近期习近平总书记重要讲话精神和省委相关部署要求；审议《中共长治市委常委会2022年工作要点（送审稿）》《长治市2022年政党协商计划（送审稿）》；安排部署其他重点工作。

4月2日，市委书记杨勤荣主持召开市委常委会会议暨市委中心组学习会议，传达学习习近平总书记关于基层党建工作的重要论述和对安全生产工作的重要指示精神；传达全国、全省组织部长会议精神和全省抓党建促基层治理能力提升动员暨培训会议精神，部署长治市贯彻落实工作；研究长治市全面建设清廉长治工作、禁毒工作等；审议通过《市委中心组2022年理论学习计划》《长治市十五届人大常委会立法规划（2022—2026年）》《长治市人大常委会2022年立法计划》《长治市滨湖区生态示范区建设方案》。

4月15日，市委常委会召开会议，传达学习习近平总书记考察海南时的重要讲话精神和对档案、保密等工作的重要批示精神；传达全国扫黑办第二次主任会议、省扫黑除恶斗争领导小组第一次会议、全省涉法涉诉信访积案评查化解专项行动动员会议、全省综治中心规范化建设提升年活动动员部署会议等精神，研究长治市贯彻落实工作；审议通过《关于加快推进金融业高质量发展的意见》；安排长治市巩固脱贫成果推进乡村振兴“五项重点百日攻坚”专项行动、十二届市委第二轮巡察工作。

4月21日，市委常委会扩大会暨全市经济运行和项目建设工作推进会召开，分析研判经济形势，部署经济社会发展重点工作。市委书记杨勤荣主持并讲话，强调要落实党中央及省委决策部署，锚定全年目标任务，保持昂扬奋进姿态，敢于担当作为，勇于争先进位，奋力夺取疫情防控和经济社会发展双胜利，以优异成绩迎接中共二十大胜利召开。

5月7日，市委常委会会议暨市委中心组学习会议召开，集体学习习近平总书记近期关于统筹疫情防控和经济社会发展的重要指示精神，关于党风廉政建设、廉洁文化建设的重要论述精神；学习中共中央办公厅、国务院办公厅《关于推进以县城为重要载体的城镇化建设的意见》；学习贯彻《信访工作条例》；研究部署长治市防疫情稳经济保安全以优异成绩迎接中共二十大胜利召开相关工作、巩固拓展脱贫攻坚成果同乡村振兴有效衔接考核评估反馈问题整改、加强和改进人大工作等；分析一季度意识形态领域形势，部署下一阶段工作。

5月16日，市委常委会召开扩大会议，传达贯彻省委十二届四次全会精神，全面落实省委关于防疫情、稳经济、保安全的重要要求，对高效统筹做好当前各项工作进行部署。就扎实推进抓党建促基层治理能力提升专项行动和清廉长治建设提出具体要求。

5月29日，市委常委会召开扩大会议，传达学习习近平总书记在庆祝中国共产主义青年团成立100周年大会上的重要讲话精神和省委关于疫情防控、安全生产、金融业发展、民营经济、稳就业等部署要求；深入学习全国稳住经济大盘电视电话会议精神，部署长治市落实工作；传达全国、全省政法工作系列会议精神，研究贯彻落实意见；审议通过《中共长治市委全面深化改革委员会2022年重点改革任务》《中共长治市委网络安全和信息化委员会2022年工作要点》和长治市《关于实施“太行英才计划”全方位推动高质量发展的行动方案（试行）》；研究长治市清廉长治建设、深化巡视巡察成果运用、教育系统安全稳定等工作。

7月20日，市委常委会召开扩大会议，传达学习习近平总书记在新疆考察时的重要讲话精神和《把中国文明历史研究引向深入，增强历史自觉坚定文化自信》重要文章精神；传达学习省委书记林武在全省文物保护工作调研座谈会上的讲话精神，安排长治市贯彻落实工作；传达全省“三位一体”法治建设试点座谈会和“三晋执行利剑”集中攻坚行动督导推进会精神，研究长治市落实意见；分析上半年全市经济形势，部署下半年经济工作；审议通过《长治市加快推进国家创新型城市建设的实施意见》《关于加快建设高水平新型研发机构的实施意见》。

8月30日，市委常委会召开会议，安排学习贯彻习近平总书记近期重要讲话精神和省委相关部署要求；传达学习中央统战工作会议和全国、全省市域社会治理现代化试点工作交流会精神，研究长治市贯彻落实工作；审议通过《中共长治市委关于贯彻落实中央、省委人大工作会议精神的实施意见及任务分解方案》《长治市漳河流域生态修复与保护条例（草案）》；研究长治市网络综合治理体系建设、持续巩固拓展脱贫攻坚成果同乡村振兴有效衔接、教育发展重点工作等。

9月8日，市委常委会召开会议，安排学习贯彻习近平总书记重要讲话精神和省委相关要求；研究安排长治市扎实推进常态化扫黑除恶斗争、推动畜牧业高质量发展、加强未成年人思想道德建设等工作。

9月20日，市委书记杨勤荣主持召开市委常委会扩大会议暨市安委会扩大会议，分析研判全市安全生产形势，安排部署下一步重点工作。会议强调，要按照党政同责、一岗双责、齐抓共管、失职追责要求，压紧压实各级党委政府属地管理责任、各有关部门监管责任、企业主体责任，形成紧密咬合的责任链条。要坚决贯彻国务院安委会安全生产十五条硬措施、山西省56条具体举措和长治市60条特别措施，开展安全生产专项整治三年行动和安全生产大检查大整治大提升行动，聚焦关键环节，强化源头治理，牢牢掌握安全生产主动权。突出抓好煤矿领域安全生产，统筹做好煤炭保供和安全生产，深入推进煤矿安全专项整治，深化煤矿瓦斯、水害等重大灾害治理，切实维护矿山安全生产秩序，坚决杜绝重特大事故发生。紧盯非煤矿山、尾矿库、危化品、建筑施工、城镇燃气、交通运输、消防、生态环保、旅游景区、特种设备、森林防火、秋汛等重点行业领域，深入开展安全生产大检查大整治大提升行动，全面开展地毯式风险隐患排查整治，坚决杜绝带病生产。要强化值班值守，严格执行领导干部带班，关键岗位24小时应急值班值守与外出报备、信息报告制度，严明工作纪律，细化各项应急处置预案，做到反应迅速、联络畅通。要精准跟进监督执纪，常态化开展明察暗访，依法对各类安全生产违法违规行为严厉打击惩治，对责任悬空、履职不到位、工作执行不力的一律依法依规顶格追责问责。

9月27日，市委常委会会议暨市委全面深化改革委员会会议召开，安排学习贯彻习近平总书记近期重要讲话精神和省委相关要求；传达学习中央、省委深改委有关会议精神，审议通过《进一步深化我市国有文艺院团改革工作方案（送审稿）》《长治市加强文物保护利用改革实施意见（送审稿）》；研究长治市市域社会治理现代化试点等工作。

10月29日，市委常委会召开扩大会议，传达学习习近平总书记在二十届中共中央政治局第一次集体学习时的重要讲话精神；学习贯彻省委十二届五次全体会议和省委书记林武在分组会议与长治市参会人员一起讨论审议会议文件时的讲话精神，安排部署长治市落实工作。

11月10日，市委常委会召开会议，深入学习习近平总书记在中央政治局第一次集体学习、瞻仰延安革命纪念地和在陕西延安、河南安阳考察时的重要讲话精神，安排长治市贯彻落实意见；听取前三季度全市经济、安全生产、社会稳定、生态环保、意识形态领域形势分析和长治市落实全面从严治党主体责任及反腐败工作情况汇报，研究部署下一步工作；讨论拟提请市委十二届三次全体会议审议的文件；研究长治市精神文明建设、抓党建促基层治理能力提升、年度目标责任考核等工作。

11月28日，市委常委会召开会议，学习习近平总书记关于疫情防控和安全生产工作的重要指示批示精神，安排长治市贯彻落实工作；传达学习中共中央办公厅《关于加强和改进新时代市县政协工作的意见》和省委办公厅《关于加强和改进新时代市县政协工作的实施意见》，审议通过《中共长治市委办公室关于加强和改进新时代市县政协工作的实施办法》；审议通过《长治市发展壮大新型村级集体经济专项规划》《长治市村级集体经济提质增效三年行动方案》；听取长治市落实食品安全“两个责任”和“扫黄打非”专项行动情况汇报；研究全市农业科技创新、林长制等工作。

12月5日，市委常委会召开会议，进一步深入学习中共二十大精神相关内容和省委书记林武在省管主要领导干部学习贯彻党的二十大精神专题研讨班开班式上的讲话精神，传达省委《关于坚决维护党中央集中统一领导的规定》，研究安排具体贯彻落实意见；听取市十五届人大二次会议筹备情况汇报。

12月9日，市委常委会召开扩大会议，传达学习贯彻习近平总书记在中央政治局会议分析研究2023年经济工作、研究部署党风廉政建设和反腐败工作时的重要讲话精神，学习贯彻国务院联防联控机制综合组关于进一步优化落实新冠肺炎疫情防控措施的通知精神和省委常委会扩大会议精神，进一步部署长治市优化疫情防控、加快复工复产、安全生产等重点工作。

12月24日，市委常委会召开扩大会议传达学习中央和省委经济工作会议精神，部署长治市贯彻落实工作。市委书记杨勤荣主持会议并讲话，市委副书记、市长陈耳东作传达。

12月30日，市委常委会召开扩大会议，进一步部署长治市深入学习宣传贯彻中共二十大精神相关工作；传达贯彻全省领导干部会议精神，传达中办、国办和省“两办”《关于做好2023年元旦春节期间有关工作的通知》，部署当前重点工作；审议通过《长治市海绵城市建设管理条例（送审稿）》《长治市深化国防动员体制改革工作方案》。

（长治市人民政府网）

组织工作

【概述】 截至2022年底，长治市党的各级地方委员会有13个，其中市级党委1个、县（区）党委12个。基层党组织11648个，其中党委485个、党总支459个、党支部10704个；有党员242183名，其中35岁及以下38568名，66岁及以上59385名；大学专科以上学历111582名，女党员61923名，农民党员92359名，中华人民共和国成立前入党的老党员306名（其中农村老党员和未享受离退休待遇的城镇老党员120名）。（崔　凯）

【理论武装】 2022年，中共长治市委组织部举办市管主要领导干部学习贯彻十九届六中全会精神研讨班，举办市管干部学习贯彻习近平新时代中国特色社会主义思想读书班3期、中青年干部专题培训班2期，培训处级干部180人、科级干部90人。举办市管主要领导干部学习贯彻十九届六中全会精神研讨班；组织开展“党的十九届六中全会网络培训专题”和“山西省第十二次党代会精神网络培训专题”学习，实现县处级以上干部教育培训全覆盖，提升党员干部的思想素质、政治素养、专业素能。全年共举办各类党员教育培训班1600余班次，培训党员6.4万余人。4月，中组部组织开展的第十六届全国党员教育电视片观摩交流活动中，由省委组织部牵头、长治市委组织部具体承担组织摄制的两部作品：典型事迹片《精神的力量——太行精神》、纪录片《长江支队》（与晋城市共同拍摄制作）均获一等奖，其中，《精神的力量——太行精神》被评为“五佳策划作品”。

（崔　凯）

【基层党建】 2022年，长治市持续压实党建责任，制定《中共长治市委党建工作领导小组2022年工作要点》《2022年全市基层党建工作重点任务清单》，推动任务落实。完成中共二十大代表推荐提名工作，全市11656个基层党组织、236885名党员参加民主推荐，党组织参加率100%，党员参加率99.71%。在全省率先成立市委城乡基层治理委员会，基本形成市委抓总、部门统筹、县区联动、乡村落实的基层治理机制。精细划分网格6909个，网格党组织实现全覆盖。分级分类培训基层干部13万人次，2512名村（社区）党组织书记完成星级化评定，“一村一名大学生”目标全面实现。推进“一支队伍管执法”，128个乡镇（街道）全部组建综合执法队。持续强化社区物业党建联建，物业行业党组织覆盖市县、无物业小区全面清零、小区业委会（物管会）组建率达到96%。组建长治市农村集体经济发展有限公司和农村集体经济发展协会，形成“政府+协会+平台+合作社+农户”工作架构，全面完成“清化收”（清资产、清资源、清合同，化解涉农矛盾纠纷、不良债务，收缴长期拖欠的村集体资源承包费）工作，全市村集体经济全部突破10万元，30万元以上的达到58.2%。在农村，集中整顿软弱涣散基层党组织105个。实施村级集体经济壮大提质行动，制定2022年度重点任务清单，协调市财政将专项扶持资金由每年1000万元增加到2000万元。推进7个红色美丽村庄试点建设，确定黎城县洪井镇北社村、武乡县蟠龙镇砖壁村为2022年中央试点。开展农村发展党员排查整顿。在城市，制定《城市社区网格党支部工作经费使用管理办法（试行）》，为每个社区网格党支部拨付经费2000元。全市2308个小区共组建党支部898个、3547个党小组，实现党组织全覆盖。加强社区工作者职业体系建设，配备社区工作者2404人，建设社区实训基地24个。出台《社区党组织书记星级化管理实施方案》，128个社区和864名社区工作者岗位等级绩效薪酬全部落实。出台《党建引领提升物业管理服务水平行动方案》《长治市业主大会和业主委员会指导规则》，推进无物业服务小区清零、物业服务企业党的组织和工作“两个覆盖”。开展新业态新就业群体“融治行动”（新业态新就业群体融入基层治理），1100余名新就业群体到社区报到备案并注册志愿者，参与疫情防控、助老帮扶等工作。抓实党员到社区报到工作，全市83393名党员到社区报到。（崔　凯）

【党员教育管理】 2022年，中共长治市委组织部制订《2022年全市党员教育培训计划》，举办各类党员教育培训班1600余班次，培训6.4万余人。做好党员教育电视片和党课视频的组织摄制工作。持续做好“三晋先锋”App长治板块，长治党建网、“上党先锋号”公众号等平台的日常更新维护以及党员教育示范基地创建、评审、管理工作。

（崔　凯）

【干部队伍建设】 2022年，长治市选举产生新一届市人大、政府、政协领导班子，完成省人大代表、省政协党员委员推荐提名及群团组织和高职高专院校党委换届工作。树牢担当实干用人导向，探索实践“听看查比评”五步工作法，健全完善常态化发现培养选拔优秀年轻干部机制，选优配强市直党政部门及相关单位领导班子，选拔一批优秀干部到领导岗位。继续做好政法队伍教育整顿工作，完成县区法检干部队伍调整配备。持续推动加强干部监督管理各项措施落地落实，制定乡镇党政正职备案流程及乡村干部借调管理、乡镇人员轮岗交流等制度，用足用好提醒、函询和诫勉，开展领导干部经济责任审计、选人用人专项检查，推荐选树担当作为方面表现突出干部，发挥公务员职务职级“双通道”优势。长治市2名个人、1个集体分别获评全国“人民满意的公务员”“人民满意的公务员集体”，受到党中央、国务院表彰。（崔　凯）

【人才工作】 2022年，长治市召开市委人才工作会议，表彰奖励4名“全市高质量发展优秀人才突出贡献特别奖”，6名“全市高质量发展优秀人才突出贡献奖”和16个“全市高质量发展创新团队”。构筑以“人财物网”为主导的人才工作模式，市县两级成立深化省校合作中心，新增人才工作者编制67个；组建长治市人才集团，形成全市人才统一政策、统一招聘、统一服务、统一管理的“四统一”工作格局；成立长治人才发展基金会，首期募集资金500万元；出台人才硬核政策，加大人才经费投入，全年市县两级共预算人才经费2.14亿元；建设省级以上人力资源产业园，建成产业互补、创新联动、人才集聚的多功能示范园区；推进人才安居工程建设，探索建立租赁住房、共有产权房等多种形式的人才安居服务体系；完善高层次人才和高技能人才发展工作联盟机制，建立深化省校合作专项考核机制，为全方位推动高质量发展提供坚实人才支撑。打造人才硬核政策，突出“人才+项目”导向，加大对企业和项目建设人才的政策支持力度。修订完善《长治市高层次人才评定实施细则》，制定出台《长治市高层次人才举荐办法》《长治市太行英才卡管理办法》《长治市高层次人才服务专员管理办法》等多项配套政策，不断优化人才发展环境。持续深化省校合作，主动与高校开展对接联系，全市对接合作高校149所，合作项目727个，有12个深化省校合作项目列入省级重点工程。在清华大学、北京大学等37所国内知名高校选聘42名长治籍优秀学子为首批高校联络员。在全省率先出台《深化省校合作、建设“12大基地”考核办法》。实行领导干部包联重点项目制度，市县党政主要领导干部包联深化省校合作重点项目94个，推进合作项目落地、投产、达效。持续推动人才引育，举办全国引进“千名硕博”人才云推介活动，连续发布两批《长治市面向全国引进“千名硕博”人才公告》，提供硕博人才岗位775个。完善人才服务举措，推行高层次人才服务专员制度，为全市163名高端专家人才配备服务专员。推出“太行精英卡”，建设“晋心办”太行英才智慧服务一体化平台，为高层次人才提供交通出行、医疗保健等全方位服务。设立“人才主办银行”，由山西省农村信用社联合社长治审计中心提供10亿元专项资金，向全市广大人才提供创新创业、技术成果转化等一揽子个性化、便捷化、定制化的金融服务。 （崔　凯）

宣传工作

【概述】 2022年，长治市宣传思想文化系统高举习近平新时代中国特色社会主义思想伟大旗帜，贯彻落实全国、全省宣传思想文化工作部署，围绕思想主轴、突出工作主线、聚焦时代主题，为全方位推动长治市高质量发展提供有力思想保证、舆论支持和精神动力。持续推动习近平新时代中国特色社会主义思想和党的创新理论在长治落地生根，全市12家单位获评首批省级“双一百”试点，4个宣讲先进典型受到省委宣传部表彰，4名宣讲骨干在全国社科普及基地讲解员大赛、山西省第二届理论宣讲大赛获奖项，获奖层次和数量全省领先；新闻短片等25次登上央视，10部外宣短片点击量破亿，创近十年新高；在全国县级融媒中心优秀作品大赛中，全省共有13部作品获奖，长治市占7部，其中2部获一等奖；全年新创作品122部（篇），历年来最多；新时代文明实践综合成绩位列全省第一，网信工作、出版管理、扫黄打非等多项工作列入全省第一方阵。 （王　宇）

【理论武装工作】 2022年，中共长治市委宣传部围绕学习宣传贯彻习近平新时代中国特色社会主义思想，服务市委中心组开展中共二十大精神、习近平总书记考察调研山西重要指示精神等专题学习36次，全面开展县处级以上理论学习中心组列席旁听97次，组织各级党员干部带头宣讲党的创新理论3000余场次，黎城县“一看二听三评四查五谈”列席旁听“五步法”，被省委宣传部推广。围绕中共二十大精神、新思想在山西等重大主题，开展宣讲7100余场次，创新开展“百名典型讲百场”等特色宣讲活动830场次，长子县“空中课堂”，推动党的创新理论“飞入寻常百姓家”；组织《习近平谈治国理政》第四卷等重大政治读物在各级党组织全面覆盖，举办“2022年长治市哲学社会科学普及周”110余项特色活动。撰写《脊立太行跃新阶》《长治市理论研究成果汇编》等理论作品，申报省级理论课题23个，4部理论成果在省社科研究、思政工作研究等优秀成果评奖中获奖项，遴选打造10家重点新型智库。 （王　宇）

【舆论引导】 2022年，长治市委宣传部创新宣传方式、宣传载体、宣传渠道、宣传机制，构筑“大宣传”格局。对外宣传再创新高，探索建立4项机制，全年外宣发稿6168篇，“学习强国”长治学习平台2篇稿件分别获得全国一等奖和三等奖。制定4个对内宣传相关方案，持续开设特色专栏，宣传中共二十大精神，上党区融媒体到北京参与中共二十大盛况报道，全省唯一；统筹开展防疫宣传，围绕中心工作召开35场新闻发布会。拓展县级融媒体，确保重大主题报道上下呼应、同频共振、形成声势，同时推动市级媒体融合。 （王　宇）

【思想道德建设】 2022年，市委宣传部坚持把社会主义核心价值观融入精神文明建设各方面全过程。探索成立思想政治工作研究会，压实40余个单位和部门5方面、35项具体责任，推动社会主义核心价值观在长治落地生根。提升红色资源管护水平，开展革命历史类纪念设施、遗址和爱国主义教育基地核查，保障革命历史类纪念设施、遗址和爱国主义教育基地规范运行，受到省委宣传部肯定。创新开展特色思政课“十进校园”活动，不断完善青少年理想信念教育齐抓共管机制。 （王　宇）

【文化事业产业发展】 2022年，市委宣传部坚持深挖长治厚重文化资源，推动文化高质量发展。长子鼓书《最后一笔党费》入围全国第十九届群星奖决赛展演，获全国“包公杯”精品节目，《一个孩子二十八个妈》获全国优秀新创剧目奖，上党梆子《背你回家》获全省首届“高峰之路”最佳剧本奖；2部作品获山西省群星奖；襄垣县秧歌现代剧《金鸡岭》获好评；壶关县原创歌曲《信仰》入选全省原创精品；沁源县获“中国曲艺之乡”称号，经验在全国交流。承办第十二届中国曲艺牡丹奖全国曲艺大赛，中共长治市委宣传部被中国曲协授予“突出贡献单位”，潞安大鼓《儿的魂娘的心》获牡丹奖节目奖；举办“喜迎二十大 奋进新征程”2022年山西省八音会大赛（线上直播活动），获市级第一名。实施“五个一批”群众文化惠民工程，累计开展活动2.89万余场。免费送戏下乡演出2125场，名列全省第一。扶持优秀文化企业，文化产业基地数量居全省第一。新增3个省级首批工美大师工作室。史延春被评为第八届全国工美大师，长治实现零的突破；“屯留道情”获评国家级非遗项目，武乡县被确定为全省唯一首批全国红色旅游融合发展试点。（王　宇）

2022年9月23日，市委宣传部开展长治市“新时代乡村阅读季”暨文化服务“种春风”主题阅读示范活动（王　宇　供图）

【新时代文明实践工作】 2022年，市委宣传部聚焦文明培育、文明实践、文明建设目标任务，探索文明实践方式，“三五工作法”在全省交流，9个县（区）考评进入全省前20，潞州区“无人管”小区全部“清零”，经验在全省推广；探索志愿服务形式，组建志愿服务队伍5000余支，开展实践活动3万余场，受益群众120万人次，推出特色服务项目100余个，30余个项目在全省形成品牌，沁县曲艺协会志愿服务队获评全省学雷锋志愿服务先进典型。探索移风易俗路径，推出“革除陈规陋习”等10项重点工作、35条举措。（王　宇）

【意识形态工作】 2022年，市委宣传部加强意识形态工作，建立监管体系，构建意识形态阵地网格化管理体系，对全市10类重点阵地进行检查，实行登记造册管理，层层签订风险防控责任书，2次召开工作推进会，总结试点经验，推广交流典型，推动意识形态阵地的科学化、规范化、精细化管理。完善督查机制，配合市委巡察工作，对24家单位开展意识形态工作专项检查；组织开展2022年度意识形态工作及网络综合治理体系建设专项督查，完善推动意识形态责任落实的工作倒逼机制，确保全市意识形态工作平稳向好。（王　宇）

【社科普及宣传】 2022年，市委讲师团（市新型智库中心）举办“2022年长治市哲学社会科学普及周”110余项线上线下科普惠民活动。命名33家市级社会科学普及宣传基地，征集评选2022年度全市社科普及重点活动优秀项目，及时布置参加省社科课题评审，《在高质量发展中促进共同富裕 努力实现第二个百年奋斗目标》等2篇文章申报省社科课题。组织参加首届全国各省市区社科普及基地讲解员大赛，获二等奖，为此次山西参赛选手获得的最高奖项。长治市博物馆、潞州区淮海社区、八路军总部北村旧址纪念馆、武乡县群众艺术馆、前方鲁迅艺术学校下北漳旧址、八路军总部砖壁旧址纪念馆、太岳军区司令部旧址（沁源县）等7家单位被命名为省级社会科学普及宣传基地；参加山西省第十二次社会科学研究优秀成果评奖，获优秀奖2个。（赵志华）

【新型智库建设】 2022年，市委讲师团（市新型智库中心）组织申报2022年度山西省智库研究选题，开展全市新型智库和省校合作基地新型智库基地调研摸底，推荐太行干部学院、市生态环境局等9家智库为省级新型智库。组织召开新型智库建设调研座谈会和工作推进会，建立完善工作专班和工作推进机制。（赵志华）

【思想政治工作研究会】 2022年6月10日，长治市思想政治工作研究会成立大会暨第一次会员代表大会召开。会议审议通过《长治市思想政治工作研究会章程》，选举产生市思想政治工作研究会第一届理事会会长、常务副会长、秘书长等。承办全省思想政治工作研究会理事调研活动，开展政工师评审工作，向省政研会推荐长治市实验中学等3个基层思想政治工作

优秀案例。参加2021年度山西省思想政治工作优秀研究成果评奖，获优秀奖2个。 （赵志华）

统一战线工作

【概述】 2022年，中共长治市委统战部深入贯彻习近平总书记关于做好新时代党的统一战线工作的重要思想、习近平总书记考察调研山西重要指示精神，全面贯彻落实中共十九大和十九届历次全会及中共二十大精神，贯彻落实中央、省委统战工作会议精神，抓好《中国共产党统一战线工作条例》落实和风险防范两项重点工作，开展“同心长治·聚力发展”系列行动，全市统一战线呈现出团结奋进、和谐稳定的良好局面。

2022年，中共长治市委常委会6次专题研究统战工作，召开市委民族工作暨全市宗教工作会议。市委书记多次对统战工作作出指示批示，出席与各民主党派市委会新一届领导班子座谈会、市工商业联合会（总商会）第十三次代表大会、青年企业家座谈会、宗教工作形势研判会，到少数民族聚居区调研、与各族群众座谈交流，定期走访看望党外代表人士、听取他们的意见建议，推动统战事业发展。市政府每季度召开全市民营企业家座谈会，协调解决统战领域实际困难。市委统战工作领导小组发挥牵头协调作用，印发《年度工作要点》《〈关于加强自由职业人员统战工作的实施意见〉责任分工方案》等文件，完善民营经济统战、港澳台海外统战等相关协调协作机制，推动把统战工作纳入全市督查检查考核工作计划。（李　亮）

【中共二十大精神学习宣传贯彻】 2022年，市委统战部组织全市统战干部和各领域统战成员集中收听收看中共二十大开幕会直播，在新闻媒体集中刊发统战干部、统战成员的感想体悟，迅速掀起学习宣传贯彻热潮。召开全市统一战线学习宣传贯彻中共二十大精神动员部署会议，对全市统一战线各个层次、各个领域学习宣传贯彻工作作出部署，教育引导统战干部和统战成员充分认识中共二十大的重大意义，夯实共同团结奋斗的思想政治基础。 （李　亮）

【《中国共产党统一战线工作条例》落实】 2022年，市委统战部把学习《中国共产党统一战线工作条例》（以下简称《条例》）与学习贯彻习近平总书记关于做好新时代党的统一战线工作的重要思想相结合，与学习领会中央和省市委关于统战工作决策部署相结合，推动《条例》全员覆盖、入脑入心。在“长治统战”等媒体平台开设“书记谈”“部长说”“党外人士学”等专栏，集中刊发党政领导干部、统战成员学用心得体会。市委中心组把《条例》作为年度学习重点内容，提高各级领导干部做好统战工作的能力；把统战工作和《条例》执行情况纳入领导班子、领导干部目标管理和考核体系，纳入政治巡察、监督执纪问责范围，压实各级党委履行做好统战工作的主体责任。发挥各级党委统一战线工作领导小组作用，完善民族宗教、民营经济统战、侨务等工作机制，形成领导小组议大事、各领域工作机制抓日常的工作格局。印发《关于做好统一战线防范化解风险隐患工作迎接中共二十大胜利召开的工作方案》，全面排查统战各领域风险点，确保统战领域安全稳定。 （李　亮）

【多党合作】 2022年，市委统战部开展“同心长治·建言献策”行动，紧扣市委重大部署和中心工作，组织各民主党派围绕产业发展、营商环境、城市建设、基础教育等考察调研，提出议案、提案、社情民意168条。制定实施《2022年政党协商计划》，开展党风廉政建设和反腐败工作情况通报会、政府工作报告征求意见座谈会等会议协商6次，征集党外人士意见建议150余条。落实《2022年民主党派市委会专题调研方案》，组织各民主党派围绕海绵城市建设、博物馆事业高质量发展等课题开展专题调研，形成6篇专题调研报告，为党委、政府提供决策参考。支持各民主党派开展乡村振兴民主监督工作，提出工作建议50余条。组织开展“深化政治交接”专题培训、“政策形势”民主党派大讲堂等活动28次，1000余人次参加。协助各民主党派建立内部监督委员会，推动党派加强自身建设。

（李　亮）

【民族宗教工作】 2022年，市委统战部开展“同心长治·增进和谐”行动，以铸牢中华民族共同体意识为主线，持续深化民族团结宣传、教育和创建。举办“民族团结”知识竞赛、书法展览、演讲比赛等13场次，3万人次参与。支持少数民族聚居村经济社会发展，争取上级资金300多万元，推进巩固脱贫攻坚成果与乡村振兴有效衔接。改善少数民族聚居区基础设施条件，为主城区少数民族散居区新建供热站5座、扩容换热站7座，新增供热面积105万平方米，惠及2.1万余名少数民族群众；改造营口街、凤凰嘴等背街小巷道路40余条。依法加强清真食品监管，换发300余家清真食品生产经营单位许可证，建立专门监督员队伍，维护少数民族群众的合法权益。 （李　亮）

【民营经济统战工作】 2022年，市委统战部开展“同心长治·服务转型”行动，健全民营经济统战工作协调机制，调整充实成员单位。市政府每季度召开全市民营企业家座谈会，为民营企业答疑解难、回应关切，推动政企沟通制度化常态化。组织市直有关部门成立调研组，开展送政策、送服务、防风险“两送一防”专项行动，帮助民营企业解决问题200余个。搭建“政银企”合作平台，组织举办“聚力高新技术企业倍增”政银企对接会，协调金融机构为全市30余家企业贷款8亿余元。实施《长治市民营经济代表人士培优计划》和年青一代“接力计划”，筹办为期两年的长治市新时代青年企业家创新发展高级研修班。开展最具潜力民企、准“独角兽”企业、“瞪羚”企业专题培训，助力民营企业“走出去”微讲堂、RCEP系列专题等线上培训，提升民营企业家能力素质。围绕实施市场主体倍增工程，制定《长治市市场主体倍增政策落实任务清单》和《长治市市场主体倍增要素服务保障落实任务清单》。推动市工商联与司法局建立工作协作机制，搭建民营企业法律服务平台，为80多个企业提供法律咨询200多次。完成市县工商联换届任务。

（李　亮）

【党外知识分子工作】 2022年，市委统战部开展“同心长治·聚力创新”行动，出台长治市《关于加强和改进新时代党外知识分子思想政治工作和无党派代表人士队伍建设的若干措施》，实施名师“双十”工程，组建十名“名师”队伍，面向全市党外知识分子举办培训会、报告会，增强思想引领实效性。在全市无党派人士和党外知识分子中开展“喜迎二十大、同心跟党走”主题教育，引导他们坚定听党话、跟党走的政治自觉。组织市属及驻市高校召开座谈会，推进高校统战工作示范点创建活动。做好无党派人士政治面貌认定工作，认定省级无党派人士55名、市级无党派人士133名、县级无党派人士453名。推进党外知识分子联谊会换届工作，筹备成立长治欧美同学会（长治留学人员联谊会）。

（李　亮）

【党外代表人士队伍建设】 2022年，市委统战部开展“同心长治·强基固本”行动，做好市级换届党外人士安排工作，加大党外干部的使用力度，全市有党外副厅级干部8名，党外处级干部71名，5名党派主委进入市级领导班子。市级人大代表中党外代表人士占比33.3%、政协委员中党外代表人士占比61.3%，各项比例均达到规定要求。完善市级党外代表人士信息库，录入党外代表人士474人。制定实施《市委统战部2022年培训计划》，累计培训统战干部和党外人士800多人次。

（李　亮）

【新的社会阶层人士统战工作】 2022年，市委统战部提升“同心长治·太行新力量”品牌效应，组织市新联会法律服务团13名律师成员与壶关县、襄垣县等县区39个行政村（社区）结对，开展基层法律知识公益服务。组建市新联会财税服务团到10个国家级专精特新“小巨人”企业开展点对点财税金融服务指导，帮助企业解决金融融资、税费减免等方面的问题。开展“凝聚新力量，筑梦新时代”主题教育，举办“凝聚新力量、喜迎二十大”自由职业人员工艺美术作品主题展，拍摄新的社会阶层人士统战工作掠影等微视频。制定《贯彻落实〈关于加强自由职业人员统战工作的实施意见〉责任分工方案》，召开市新联会工作交流会、网络人士座谈会、自由职业人员座谈会，组织开展系列专题调研。2022年，全市新的社会阶层人士捐款捐物20余万元助力全市疫情防控，撰写《关于尽快出台社会信用条例的议案》等意见建议30余条。

（李　亮）

【服务侨胞侨属】 2022年，市委统战部开展“同心长治·助力开放”行动，开展“暖侨惠侨”行动，为海外华侨提供疫情防控政策咨询，走访慰问100多名侨界困难群众，优化“华侨回国定居审批”“三侨生证明”等网上业务办理流程，提升为侨服务水平。组织侨界人士参与“亲情中华·云游三晋”“创业中华·云分享”等活动，凝聚侨心侨力。

（李　亮）

网信工作

【概述】 中共长治市委网络安全和信息化委员会办公室（简称市委网信办）负责统筹全市网络意识形态管理、网络安全管理和信息化工作。2022年2月长治市委网信办被中央网信办确定为地市级网信办应急指挥中心规范化建设全国示范单位。网络综合治理体系建设基本建成，7月在全省作经验交流。2022年，网评工作综合排名全省第二，被评为全国优秀网评工作集体。扶持各类正能量账号和应用，“长治政法”抖音号等3个账号被评为山西省首届“百佳新媒体账号”。围绕网信战线工作亮点、经验做法等，向省委网信办上报一批有特色、有深度、高质量的信息，全市网信信息工作名列全省第一。

（杜　仲）

【网络宣传引导】 2022年，市委网信办做好习近平总书记重要指示和习近平新时代中国特色社会主义思想网上宣传阐释，捍卫“两个确立”、做到“两个维护”的思想根基。开展学习宣传贯彻中共二十大网上宣传工作，组织“奋进新征程 建功新时代”“喜迎二十大”“非凡十年 奋‘晋’未来”“全面建设清廉山西”等重大主题网上宣传，网上宣传报道内容丰富、主题鲜明、隆重热烈。推出“山西：风荷十里在长治”“每一帧都能当壁纸！太行

山云海美如画”等一批优秀融媒体作品，被新华社、央视新闻客户端、人民网等中央主流媒体转发。（杜 仲）

【网络综合治理体系建设】2022年，市委网信办开展“清朗”系列专项行动，推进网络意识形态阵地网格化管理。投入建成网络应急指挥和举报中心物理场所，搭建网络应急管理指挥平台，组建专业应急值守队伍，提升应急处突和技术治网能力。（杜 仲）

【网络安全】2022年，市委网信办制定《长治市贯彻落实〈国家网络空间安全战略〉实施方案》《贯彻落实网络安全工作责任制实施办法评估细则》《网络安全工作责任制专项考核办法》，将网络安全工作责任制列为年度目标责任制专项工作考核指标。部署中共二十大、北京冬奥会等重大活动网络安全风险防范应对处置工作。组织开展2022年国家网络安全宣传周活动，与市公安局、市政府信息中心等部门联合开展网络安全应急演练，提升网络安全应急能力。（杜 仲）

政策研究

【全面深化改革工作】改革任务。2022年，中共长治市委全面深化改革委员会围绕全年改革任务，及早安排、科学谋划，对标对表省委改革部署，结合长治市实际情况和工作需要，制定年度改革要点。征求长治市委全面深化改革委员会领导及成员单位意见12条，吸取40多个市直部门建议，征集县区及群众意见建议，形成长治市创新“一城四区”体制机制建设、打造开发区建设升级版、推进能源结构转型升级等14项重点改革任务；长治市能源革命综合改革、长治市加快推进数字产业发展等16项改革试点。市委书记和市长抓深化教育综合改革、持续推进创新生态建设和人才强市战略、开展市场主体建设年活动、深化“承诺制＋标准地＋全代办”改革4项重大改革事项，12位市级分管领导牵头负责全部的14项改革任务。各县区党政主要负责人选定改革事项48项。12个县区和32家市直单位建立改革工作台账。

改革举措。2022年，中共长治市委全面深化改革委员会坚持“挂图作战”，完善改革任务动态督办机制。按计划、按目标、按进度、按要求推动改革工作。一张蓝图绘到底，每年向前迈几步，采用“五账工作法”（建账、对账、查账、报账、交账），确保改革工作高效联动。年初制定改革要点、建立改革台账是“建账”，与职能部门做好承担改革要点对接是“对账”，定期不定期对重点改革事项进行督促了解是“查账”，相关部门每季度第1个月的10日前，向市委改革办报送上季度进展为“报账”，年底梳理各项改革任务完成情况并向省委改革办和市委汇报改革事项完成情况是“交账”。通过年初建账、部门对账，随机查账，季度报账，年底交账，确保全市改革任务的协同推进，高效联动。为解决改革“最后一公里”的问题，由市委改革办牵头对12个县区开展专项督察，及时掌握推动重点改革任务落实落地。

改革成效。2022年，通过一系列务实有效的办法举措，长治市改革亮点在各领域竞相呈现：营商环境改革成效显著，受到山西省委省政府表彰；老工业城市和资源型城市产业转型升级示范区建设进展顺利，列为国家“十四五”时期重点支持项目；长治市被确定为义务教育阶段“双减”工作全国试点、教育部基础教育综合改革实验区；长治市入围国家创新型城市建设名单；滨湖区建设全面启动，形成中心带动、内外联动的区域协调发展新局面。一批牵引型原创型改革成形。

改革宣传。2022年，长治市开展优秀改革案例评选活动，开展“奏响改革最强音·聚力建设现代化太行山水名城——长治市全面深化改革优秀案例”征集评选活动，评选出全面深化改革优秀案例20个，展示经济发展、城乡统筹、城市建设、乡村振兴、社会治理、文化体制、民生改善、生态文明和党的建设等各个领域的体制机制创新和经验做法。在《长治日报》特刊上对20个优秀案例进行集中展示，相关经验做法被《中国改革报》《山西经济日报》关注报道。发挥《创新》杂志作为党刊载体和舆论引导主阵地作用，全年编辑出版12期，同全国250多家大中城市建立定期交流机制，成为长治市对外展示改革成果和政策学习交流的重要平台媒介。长治《创新》2022年度再次被全国城市党刊联席会评为“全国城市十佳党刊”。《长治改革信息》编发31期，被省委改革办《山西改革信息》采纳7期，信息工作连续多年名列全省前茅。（郭会义）

【转型综改】2022年，长治市国家资源型经济转型综合配套改革试验区工作委员会注重示范引领，开展试点探索。组织开展市县转型综改牵引性集成改革试点（屯留区构建现代乡村产业体系、黎城县深化人口小县机构改革试点）。市委书记部署研究，市综改办加强统筹协调从实施方案、年度任务清单、支持事项清单的具体目标原则、任务举措、组织保障等谋划推进入手，组织专业人员多次到屯留区、黎城县开展实地调研，召开专题座谈会，就市级支持事项清单召集长治市农业农村局、长治市财政局、长治市银保监局、长治市金融办等单位研究商榷；加强同省委改革办沟通对接，落实有关反馈意见，按时完成“一方案三清单”的编制工作，试点改革工作得到实质性推进。屯留区从集成要素保障优势、集成规模联营优势、集成特优品牌优势、集成先行试点优势入手，激发乡村产业内生动力，上榜全国农业社会化服务创新试点县名单，农业生产托管的“屯留模式”受到央视关注。黎城县《人口小县机构改革试点实施方案》《黎城县深化事业单位改革实施方案》制定实施，核减事业编制 716 人，人口小县机构改革目标基本实现。（郭会义）

【调查研究】 2022 年，中共长治市委政策研究室紧扣改革重点任务和市委中心工作，组织申报改革调研课题，形成重点调研报告 17 篇，推动深化改革与实践探索的相互结合、互为促进。就市县协同推进潞州区“一支队伍管执法”工作，组织座谈研讨、实地调研制定《关于潞州区镇(街道)“一支队伍管执法”市区协同改革的实施意见》。协助配合省委政研室开展学校思政课教育调研、文旅调研等有关事项，掌握全市思政教育和受疫情影响下旅游产业发展情况。深化省校合作，推荐智库合作示范基地 3 家，指导协助襄垣县同北京科技大学共建智库合作基地。（郭会义）

机构编制工作

【概述】 2022 年，中共长治市委机构编制委员会办公室（简称市委编办）紧扣机构编制全方位高质量发展，根据中心工作需要，开展黎城人口小县改革，深化乡镇综合执法改革，优化综合执法结构布局，规范管理事业单位法人登记及网上名称管理。（赵丽榕）

【黎城人口小县改革】 2022 年，长治市聚焦部门综合设置、压缩管理层级、优化事业单位布局、解决多头执法等重点，党建引领、方案抓总、制度跟进，一体推进黎城县党政部门、事业单位、行政执法体制改革和乡镇机构改革。改革后，黎城县党政部门由原 35 个精简为 22 个，事业单位精简为 40 个。（赵丽榕）

【乡镇综合执法改革】 2022 年，长治市 12 个县区 128 个乡镇（街道），综合行政执法队伍全部组建，执法事项清单全部公布，执法文书全部制定，执法经费、办公场所、通信设备、执法车辆和服装标识等全部落实到位，基层执法体制机制普遍建立，执法能力水平不断提升。在组建执法队伍方面，各乡镇综合执法队伍组建均全部到位并开展日常执法工作。各县区均按规定要求确定乡镇（街道）执法人员数量和名单，在编在岗、人员身份均全部审核完毕，全市共确定 1420 名乡镇执法人员。参加山西省统一公共法律知识考试，参考人员整体考试通过率达到 97.1%。在规范执法行为方面，各县区均制定并公布执法事项清单，并及时进行动态调整。乡镇（街道）行政执法文书、行政执法流程图均制定并融入执法程序中，行政执法责任、行政执法公示、行政执法全过程记录等 8 项制度均以红头文件正式印发。在提升执法能力方面，各县区聚焦提升乡镇（街道）执法人员法律素质、业务素质和应急处置能力等重点均按规定学时完成培训，并在培训举措、培训形式、培训应用方面丰富多样、各具特色。在健全协作机制方面，乡镇（街道）统一指挥协调工作机制和联合执法机制均构建，“乡镇吹哨、部门报到”效应逐渐彰显，基层日常巡查、处理、解决实际问题能力逐渐提升。在强化执法保障方面，各县区均落实基层综合执法所需经费并纳入政府预算安排，并做到专款专用。开展执法业务所需的办公场所、通信设备、执法车辆、服装标识等基本落实到位。（赵丽榕）

【综合执法结构布局】 2022 年，在生态环境领域，长治市各县区设立生态环境分局，作为市生态环境局派出机构，切实解决环境管理统筹难、机构队伍不规范等问题；在市场监管领域，将市商务执法大队、市粮食流通管理稽查队、潞州区商务执法大队和潞州区粮食流通管理稽查队整建制划入市市场监管综合行政执法队，人员转隶工作全部完成；在应急管理领域，贯彻落实上级改革精神，按照山西省委确定的编制配备标准，市级及 12 个县区安全生产监管执法队伍均完成增编工作。（赵丽榕）

【事业登记管理】 2022 年，市委编办持续提升事业单位登记管理服务能力，设立登记 13 家，法人变更登记 69 家，法人注销登记 48 家。按比例抽取 6 家市直事业单位，对其法人登记事项、年度报告等公示信息进行实地核查。优化监管机制，完善事业单位法人登记档案查阅申请条件、申请材料及查阅流程。每周定期在“长治事业单位在线”和“信用长治网站”进行公示，推动社会信用体系建设。（赵丽榕）

【网上名称管理】 2022 年，市委编办优化网上名称管理，集约规范网站标识审核。全年共注册中文域名 18 个，为市直部门中文域名续费 193 个。市直部门共有挂标自建网站 66 个，其中加挂党政机关标识的 33 个，加挂事业单位标识的 33 个；网站挂标率为 90.9%。受理网站标识内容变更 1 次。（赵丽榕）

老干部工作

【概述】 2022年，长治市有离退休干部41280人，其中离休干部443人，平均年龄92岁，退休干部40837人。市直单位共有离退休干部8965人，其中离休干部240人，退休干部8725人。全市离退休干部党员19359人，离退休干部党组织465个，市直行政事业单位离退休干部党组织133个。

（李书龙）

【离退休干部党建工作】 2022年，长治市委老干部局以示范党组织创建工作为重点，建立“随时申报、动态评估、定期督导、集中命名”的工作机制。对2022年新申报示范创建的135个离退休干部党组织进行调研评估，集中命名，并配发党性教育书籍和党建活动用品大礼包。全市离退休干部“示范党支部（总支）”数量达到227个，占离退休干部党组织总数的48.8%。创新离退休党组织示范培训，采取线上推送辅导和线下送学上门相结合的方式，通过引导老同志关注“离退休干部”“山西老干部”微信公众号组织收听收看网上专题报告会，为离退休干部党组织配发学习书籍等方式，引导广大离退休干部党员全面领会和准确把握中共二十大精神。（李书龙）

【离退休干部关怀】 2022年，长治市委老干部局落实山西省干部荣誉退休制度要求，结合长治市《关于做好干部退休工作的通知》精神，分层分级为200余名新退休干部，举办荣誉退休仪式70余场。“七一”前后，为市级老干部过政治生日，送去政治生日贺卡，与老干部一同重温入党初心，传递市委的关怀和温暖。国庆节、老年节之际，将走访慰问与“送学上门”相结合，为老干部送上慰问金和《习近平谈治国理政》第四卷等党性教育书籍。

（李书龙）

【离退休干部活动】 2022年，长治市委老干部局开展“建言二十大”和“我看中国特色社会主义新时代”调研活动，收集整理离退休干部意见建议150余条。围绕“礼赞新时代、喜迎二十大”主题，在线下举办全市离退休干部书画作品展，线上举办全市离退休干部摄影作品展，向全市离退休干部征集书法、绘画作品220幅，摄影作品110余件。动员组织全市200余名离退休干部参加省局“喜迎二十大 银龄心向党”全省离退休干部诗书画影作品大赛，遴选报送作品180幅，并对其中的优秀作品进行线上展出。深化“转型蹚新路 银辉添新彩”主题活动，组织开展老干部宣讲活动400余场，受众人数2万余人；开展守护绿色生态志愿服务46次，参与老干部1000余人；组织老干部、老专家开展义诊、农技服务等活动100余次，受益8000余人。全市共有5000余名离退休干部以不同方式参与助力基层治理；疫情防控期间，广大离退休干部党员通过社区报到、宣传政策、志愿服务等多种方式支持、参与疫情防控。同时在《长治日报》开设“退休不褪色 银龄心向党”专栏，宣传推广活动中涌现的先进典型和先进事迹。

（李书龙）

【离退休干部服务】 2022年，长治市委老干部局根据政策要求，及时为符合条件的离休干部提高医疗待遇、生活补贴和丧葬费标准。印发《关于进一步做好“一人一策”精准服务离休干部工作的通知》，建立责任落实到位、待遇落实到位、服务保障到位的“三到位”工作机制。加强疫情防控期间离退休干部医疗服务水平，为离休干部发放医疗服务卡，落实离休干部看病就医“五优先”（优先挂号、优先交费、优先检查、优先取药、优先就诊）待遇。健全离休干部困难帮扶机制，全年共帮扶500人次，累计发放救助金42万余元。采用视频和电话相结合等灵活多样的方式，对易地安置离休干部开展“云”慰问。秉持“融合助老”理念，依托民政部门社区居家养老服务网络建设，在政府南北院离退休干部集中居住地建成社区居家养老服务中心，为离退休干部搭建康养、学习、活动平台；协调市二院医养结合护理院建立分类动态服务模式，提供“诊疗康复＋长期照护”或“长期照护＋慢病管理”服务；协调社区依托幸福小院、党群服务中心、卫生服务站，提供多种居家养老服务模式。推动在城乡党群服务中心、群众文化活动中心设立老党员之家、老书记工作室，方便老同志就近开展学习，就近组织活动，就近得到关心照顾，就近发挥作用。市老年大学新增戒毒所分校；市老干部活动中心户外活动场所升级改造工程完工。加大“智慧助老”教育培训力度，在老年大学开设智能手机班、电脑班等9个智慧教学班次，帮助老干部学习掌握信息应用技能，享受信息化带来的便利。

（李书龙）

市直机关党的建设

【概述】 中共长治市直属机关工作委员会（以下简称市直工委）是市委的派出机构，正处级建制，下设办公室、组织部、宣传部、群工部（工会、团工委、统战部）、督查室5个职能科（室）和市直纪检监察工委（纪检监察室、案件审理室），统一领导市直机关各部门党的工作。2022年，市直工委所辖991个基层党组织，其中党委61个，党总支45个，党支部885个，党员共计17130名。其中，直属党委39个，党总支18个，党支部33个。（宋敬涛）

【政治建设】 2022年，市直工委按照市委要求，完成市直机关出席中共二十大代表候选人推荐提名工作；中共二十大召开后，组织宣讲团，深入基层开展示范宣讲，市直机关累计100余场，受众1万余人次；组织党员干部参加长治市学习贯彻中共二十大精神理论宣讲骨干培训班；统筹下拨党费320余万元，为基层党组织开展党员学习教育活动提供保障。为基层购买配发《习近平谈治国理政》第四卷、《党的二十大报告学习辅导百问》等学习资料，共计2万余册；举办基层党组织书记轮训班，分期分批对市直机关800余名基层党组织书记进行政治理论和党建业务培训；组织开展“学习贯彻党的二十大精神”线上知识答题，增强广大干部职工学习的主动性、有效性；“4·23”世界读书日，组织市直机关青年读书爱好者开展“读党史故事、诵红色经典”读书分享活动；开展“党课开讲啦”等活动，监督指导各基层党组织持续开展党课视频录制和党组织书记带头讲党课活动等工作；开展共产党员“亮身份、践承诺、当先锋”活动和创建“党员先锋号”活动，72个窗口和部门被授予“党员先锋号”，142名工作在一线的优秀党员被授予“党员先锋岗”称号。（宋敬涛）

【组织建设】 2022年，市直工委持续开展党支部建设提升行动。制定下发《党支部建设对照检查清单》和《党支部建设规范提升标准》，对市直机关党支部全面开展筛查和分析评价工作，并汇总形成“三账一报告”（先进党支部台账、一般党支部台账、后进党支部台账、分析评价报告）。

（宋敬涛）

【党建示范点创建】 2022年，市直工委指导各示范点党组织围绕党员阵地建设、党组织共联共建、清廉机关建设等内容，分类分重点开展创建。

（宋敬涛）

【模范机关建设】 2022年，市直工委制定下发《关于深入推进模范机关建设的通知》《模范机关建设重点工作》《模范机关建设测评指标体系（试行）》，加强对基层各单位模范机关建设督促指导，推动模范机关建设工作开展。（宋敬涛）

【党建品牌创建活动】 2022年，市直工委按照“一年示范引领、两年全面推进、三年擦亮品牌”的总体思路，指导创建市科技局（星火）、市妇联（太行巾帼红）等21个党建品牌。

（宋敬涛）

【党建创新典型案例征集评选活动】 2022年，市直工委从市直各基层党组织和各县区直工委申报的115个典型案例中，优选20余个优秀案例汇编成册，作为先进经验和创新做法进行推广交流。（宋敬涛）

【基层党组织工作】 2022年，市直工委向市检察院、市农业农村局等10个党建示范点创建单位统筹下拨专项党费110万元，用于支持工作开展；共下发《换届提醒卡》19个、调整组织设置55个，推动党组织隶属关系捋顺调整；向基层党组织下拨党建经费320余万元，用于支持各基层党组织开展党建工作。（宋敬涛）

【发展党员】 2022年，市直工委按照重点突出、有序发展的思路，坚持向基层一线和重点群体倾斜原则，其中，疫情防控一线发展41人，高级知识分子群体发展20人，空白班组2人。（宋敬涛）

【清廉机关建设】 2022年，市直工委作为清廉机关建设的第一责任单位，制定下发《清廉机关建设实施方案》《清廉机关建设任务清单》，推进全市清廉机关建设各项工作，开展“党风廉政宣教月”活动。在市县乡三级机关开展以“弘扬廉洁文化，创建活清廉机关”为主题的“党风廉政建设宣教月”活动；加强机关纪委建设。加强督促指导，截至年底，成立机关党委的单位全部都成立机关纪委，确保机关纪委工作正常开展。

（宋敬涛）

【案件审理】 2022年，市直工委开展案件审理工作，共审理案件44件涉及76人，下达《审理建议书》53份，其中，49人因违规违纪受到党纪政务处分，1人取消退休待遇，1人因群众身份已退休免予政务处分；组织拍摄《我是党员》系列宣传教育片，其中，《信仰的力量——我是党员秦海丽》在2022年长治市党员教育电视片观摩交流活动中被评为二等奖，《热血铸警魂》获公安部表彰。

（宋敬涛）

【统战课题申报】 2022年，市直工委组织开展2022年长治统一战线理论政策研究课题申报工作。（宋敬涛）

【市直机关干部职工健身活动】 2022年，市直工委举办市直机关“喜迎二十大 奋进新征程”为主题羽毛球比赛活动。（宋敬涛）

【“丹青歌盛世、翰墨颂清廉”书画展活动】 2022年，市直工委与市总工会、市文联举办“丹青歌盛世、翰墨颂清廉”书画展活动，组委会收到参赛作品530余件，共展出作品122件，参展的党员干部9000余人次，在市直机关营造出“学廉、崇廉、倡廉、践廉”氛围。（宋敬涛）

【志愿服务】2022年，市直工委在抗

击疫情斗争中，及时组建在职党员和入党积极分子组志愿服务队，在居住地社区一线开展志愿服务，参加志愿服务党员累计 8000 余人次。同时，工委统筹下拨党费 100 余万元，用于长治市医务人员援外疫情防控工作。

（宋敬涛）

党校教育

【教育培训】 2022 年，市委党校举办主体班次 7 期，培训 390 人（次）。其中，培训市管干部学习贯彻习近平新时代中国特色社会主义思想读书班 3 期 165 人，中青年干部培训班 2 期 87 人，市管主要领导干部学习贯彻党的十九届六中全会精神专题研讨班 1 期 92 人，各民主党派新成员培训班 1 期 47 人。同时开展社会培训，2022 年克服疫情影响，与市委组织部、纪委监委、政法委、统战部、宣传部、市教育局、乡村振兴局和吕梁市委党校等单位、部门联合举办专题培训班次 89 期（次），培训学员 12000 余人（次）。

（冯炜华）

【教学科研】 2022 年，市委党校推进教学、科研、决策咨询“三位一体”办学格局，增设决策咨询处，聚焦市委、市政府中心工作和决策部署以及经济社会热点难点问题，组建若干课题组，开展前瞻性研究，及时反映重要思想理论动态，提供有价值的决策咨询建议。在各类报刊发表理论文章 48 篇。其中，国家级 1 篇，省级 6 篇，市级 41 篇。出版专著 1 本。在全省党校（行政学院）系统第十一届科研基金优秀成果评奖活动中获 1 个一等奖、2 个三等奖；完成 2022—2023 年度全省党校（行政学院）系统课题、省社会主义学院招标课题申报和省党建研究会 2022 年课题申报工作。参加全省教学经验交流暨优秀教学研究成果活动，2 名教师交流材料分获二、三等奖。2022 年参加全省社会主义学院系统赛讲，选派的 2 名教师分获一、三等奖。参加全省党校系统教师赛讲，选派的 2 名教师分获一、二等奖。同时，和山西大学、长治学院 15 名博士联合筹备成立博士工作站开展重点课题研究，和市委组织部开展以党建引领促进基层治理课题研究，和市委宣传部合作开展太行精神课题研究；和统战部门合作开展习近平总书记关于加强和改进统一战线重要思想、佛教寺院经济的社会伦理等课题研究；和市政府办公室合作开展贯彻落实习近平总书记关于山西转型发展“蹚出一条新路”指示精神的长治实践、贯彻落实省第十二次党代会重大决策部署的长治实践等课题研究；和部分县区合作开展“两山理论”、转型发展、乡村振兴等课题研究，并探索和人大代表、政协委员联合调研，充分发挥党校理论优势，为全市经济和社会发展提供决策咨询。

（冯炜华）

【教育基地拓展】 2022 年，市委党校扎根长治，深入挖掘武乡八路军纪念馆、黎城黄崖洞兵工厂、冀南银行纪念馆、城区抗日五专署、刘伯承兵工厂、郊区八路军总部政治部旧址、红色长钢、屯留抗大一分校、沁县牺盟会纪念馆、沁源太岳军区司令部旧址等三要资源，和各县组织部门、县委党校联合打造红色教育基地，传承红色基因，赓续红色血脉，弘扬红色文化，打造具有全国影响力的红色讲堂、红色讲台、红色课程、红色队伍、红色智库，让红色成为党校最鲜艳的底色和最显著的标识。（冯炜华）

【基础设施改善】 2022 年，市委党校针对党校建校较久，设施较为陈旧的问题，与市管理局沟通协调，完成读书楼报告厅、车库入口顶棚、餐厅管道破损、教学楼消防等设施设备的维修工作，启动开工南教学楼、职工宿舍楼。完成校内小二楼室内、室外修缮，学员餐厅楼顶防水处理，读书楼房顶防水处理，校园铁艺围墙更换等基础设施建设。更换读书楼电梯，排除原老旧电梯运行存在的安全隐患，确保校园安全。投资 60 余万元，逐步更换行政科室老旧电脑，为教学一线教师配备笔记本电脑。和电信公司联合开发校园智慧党建系统，并探索校园智慧管理手机 App 系统，推进教学科研、学员管理、后勤服务、检疫防疫、安全保卫、文明创建、同步课堂、微信定位系统等。

（冯炜华）

党史（方志）工作

【市志编纂】《长治市志（1978—2010）》全书 500 余万字，在印刷阶段。

（祁育慧）

【党史著作】 2022 年，《中国共产党山西省长治市历史（1949—1978）》出版，全书 42.2 万字，记述长治党组织从 1949 年到 1978 年的历史。

（祁育慧）

【年鉴工作】 2022 年，长治市史志研究室以《中共长治年鉴》《长治年鉴》为契机推进史志融合工作，实行一人编两鉴、编辑分包责任制，总体进展平稳有序。《中共长治年鉴（2021）》送出版社审核并取得出版书号。《长治年鉴（2021）》完成编纂送审工作。

（祁育慧）

【县区史志鉴督促、指导】 2022 年，长治市史志研究室继续实行领导包联县区制度督导县区史志鉴工作，县（区）党史基本著作已出版：黎城县（一卷简本）（二卷）、武乡县（一卷简本）、长子县（一卷）；已送出版社：平顺县、潞城区、壶关县、城区、襄垣县、长子县（二卷）。长治市规划出版的

13 部县志完成印刷出版或在印刷厂印刷。年内完成各县区综合年鉴的审查验收工作。（祁育慧）

【期刊工作】 2022 年，《长治方志》双月刊）全年出版 6 期，全彩印刷，每期 9 万字。（祁育慧）

【党史宣传教育】 2022 年，长治市史志室传承红色基因，到长治十中开展“四史”“六进”活动；配合组织部、宣传部等部门和县区开展红色文化遗址调查认定、红色资源专项督查、提供党史方志咨询等工作。（祁育慧）

【方志馆、网站管理】 2022 年，长治市史志研究室加强长治市方志馆、市情网站管理。长治方志馆坚持每周免费对外开放，馆藏图书 10000 余册，全部完成目录数据录入工作。长治市情网站更名为长治党史地方志网，维护网站安全运行，发布、转载党史学习教育信息，及时上传电子书。（祁育慧）

【行业志、部门志】 2022 年，长治市史志研究室指导编纂部门志、行业志等。对《长治市扶贫开发志》进行审查验收，完成出版。对《长治市档案志》进行培训、初审。（祁育慧）

精神文明建设

【新时代文明实践中心建设】 2022 年，长治市 12 个县级中心、128 个乡镇（街道）所、2606 个村（社区）实现阵地和工作全覆盖，构筑起“遍布城乡、纵横交错、点面结合”的新时代文明实践阵地网络。长治市精神文明建设指导委员会办公室（简称市文明办）出台《关于进一步深化新时代文明实践中心（所、站）星级评定工作的通知》，在全省率先推行新时代文明实践中心（所、站）星级评定工作，推选评定四星级及以上中心（所、站）85 个，全市星级中心（所、站）达到 70% 以上。通过推动实施“五大行动”，组建文明实践志愿服务队伍 5000 余支，常态开展文明实践活动 1.8 万余场次，培育出长子县“头头是道”、潞城区“小院讲堂”等特色项目 200 余个。上党区《新时代文明实践插上“融媒”翅膀》成功入选全国宣传干部学院编写的《宣传思想文化工作案例选编》。（王　强）

【群众性精神文明创建】 2022 年，长治市精神文明建设指导委员会办公室创新推行文明城市建设双月调度、项目化推进、“街巷吹哨、部门报到”工作机制，优化实行闭环督导和联合督查，深入开展突出问题专项整改和“五项提升行动”，形成项目化常态化工作态势。开展文明村镇创建“回头看”，推荐长子县良坪村文明村镇创建案例被中国文明网刊播。实施“党建领航 星耀乡村”星级文明户创评工作，近 80 万农户参评，六星及以上文明户达 29 万余户，深化农村精神文明建设。动员各级文明单位参与疫情防控和文明风尚志愿服务，持续推动文明单位创建向非公领域延伸拓展，市级文明单位中非公占比达到 10% 以上。择优推荐省文明家庭 7 户，推荐襄垣县李旭红家庭参选“三晋最美家庭”，动态提请取消省级文明家庭 5 户，开展“文明家庭”分享会、家书家训阅读交流、“好家风好家训”宣讲等系列活动。推进文明校园提档升级，指导市实验小学等 3 所全国文明校园顺利通过年度复查，择优推荐省级文明校园 35 所，文明校园创建质量得到提升。2022 年，343 个村镇、732 个单位、166 所校园、100 户家庭获市文明委表彰。（王　强）

【未成年人思想道德建设】 2022 年，市文明办组织开展“红色基因代代传”“温暖长治行、一起向未来”雷锋月、“开学第一课”等未成年人主题道德教育实践活动，深化中国梦和社会主义核心价值观教育，引导未成年人“扣好人生第一粒扣子”。组织召开 2022 年度“新时代长治好少年”新闻发布暨表彰会，王旭兵等 25 名学生受到表彰。通过资源共享、结对帮扶、定期联谊等方式，组织全市 41 所省级文明校园、256 名教师志愿者参与开展结对共建帮扶活动。围绕“一宫一品”，举办乡村学校少年宫才艺大赛、文化艺术节、阅读滋润童心、红色经典诵读、劳动实践等课外活动，加强乡村学校少年宫建设。发挥“温暖之声”和心理咨询热线作用，为未成年人提供心理健康咨询和辅导，全年接处咨询 720 余人次。组织开展“长治市中高考考前心理辅导系列广播志愿服务”活动，参与互动的学生及家长达 1.9 万余人次。（王　强）

【道德典型学习宣传活动】 2022 年，市文明办贯彻落实《新时代公民道德建设实施纲要》，做好各级各类道德典型推选工作，全年培育推荐“中国好人”“山西好人”“山西道德模范候选人”22 名。调整全市道德模范宣讲团成员，20 名道德模范被新聘为宣讲团成员，开展道德典型基层宣讲 80 余场次。综合运用新闻报道、先进事迹报告会、公益广告、专题展板等形式，应用网络、两微一端等现代传播手段，扩大学习宣传道德模范的覆盖面和影响力。协调社会爱心人士捐助帮扶道德模范，邀请 30 余名道德典型代表参加市级重大活动，为 50 余名道德模范赠阅报刊，推动全社会树立好人好报、德者有得的鲜明价值导向。（王　强）

【新时代志愿服务事业】 2022 年，市文明办常态推进志愿服务活动。组织动员各级党政机关、企事业单位、广大志愿服务组织和志愿者开展理论宣讲、政策宣传、帮弱济困、邻里守望、普法援助等志愿服务活动，启动实施“温暖长治行·一起向未来”“3·5”学雷锋志愿服务活动月、“你好，二十大，奋进新征程”主题活动，开展“学雷锋志愿服务活动月”“志愿服务 情暖太行”宣传季服务活动。加强志愿服务工作宣传展示。组织召开志愿服务交流展示暨项目培训会，开展“志愿服务 情暖太行”宣传季活动。通过县区轮值展示、择优点评等方式推出“2022 志愿服务瞬间”10期，“长治志愿服务工作动态”10期。选树志愿服务先进典型，开展“五个一批”志愿服务先进典型宣传推选活动，评选出马雨昕等20名“最美志愿者”“小棉袄”等10个“最佳志愿服务组织”“妇女儿童成长学苑”等12个“最佳志愿服务项目”、潞州区东街街道长兴社区等5个“最美志愿服务社区”、马云波等15名“志愿服务先进工作者”。在全省志愿服务典型培育选树中，长治市5名个人、5个集体入选全省学雷锋志愿服务先进典型，1名个人、2个集体入选全国学雷锋志愿服务“四个100”先进典型山西省推选名单。（王　强）

【文明风尚倡导工作】 2022年，市文明办开展“我们的节日”主题活动，全年先后开展“文化传承、文明过节”“关爱健康、网络拜年”“2022·奋进·网上祭英烈”“绿色清明、文明祭扫”“品味端午、传承文明”“培养爱国情感、树立报国之志”“喜迎二十大、共度中秋节”等系列主题活动，增强广大青少年对传统文化的认知和认同。开展诚信缺失突出问题专项整治，广泛开展文明乘车、文明旅游、文明餐桌系列风尚行动，策划推介“文明城市代言人”，制作推广“文明长治”微信表情包。在全省率先创办市级媒体专刊《周一见》、电视专栏《共鉴文明》，常态阐述全市精神文明建设工作。（王　强）

长治市人民代表大会

综　述

【概述】 2022年，长治市人民代表大会及常务委员会共召开常委会会议9次，制定地方性法规3件，听取和审议"一府一委两院"专项工作报告17项，组织执法检查、视察和专题调研23次，依法任免国家机关工作人员78人（次），促进长治市经济社会发展和民主法治建设，为长治建设现代化太行山水名城作出积极贡献。（李晓冬）

【长治市人大常委会职责履行】 2022年，长治市人民代表大会及常务委员会完成市委交付的重大立法决策、重点改革项目、重要工作安排，听取审议预算执行、预算调整等报告，首次将高新区和经开区的预算纳入市本级预算，审查批准市本级决算、预算调整方案并做出决议决定，对"一府一委两院"部分专项报告作出审议意见，推动相关工作落实。依法任免地方国家机关工作人员，配合做好长治市选举的省十四届人大代表的推荐、考察、选举工作，确保市委重大部署、人事安排圆满实现。（李晓冬）

【市人大及其常委会组织构成】 2022年，长治市第十五届人民代表大会第一次会议应有代表361名，实有代表354名，其中潞州区72名、上党区32名、潞城区22名、屯留区27人、长子36名、壶关27名、平顺20名、黎城20名、武乡22名、襄垣27名、沁县19名、沁源20名、解放军10名。长治市人民代表大会设有法制委员会、财政经济委员会、社会建设委员会3个专门委员会。长治市人大常委会设有办公室、研究室、法制工作委员会、财政经济工作委员会、教育科学文化卫生工作委员会、农村工作委员会、环境与资源保护工作委员会、人事代表工作委员会、民族宗教侨务外事工作委员会、监察和司法工作委员会、信访办公室等11个正处级工作（办事）机构和人大代表联络中心1个副处级事业单位。（李晓冬）

重要会议

【长治市第十五届人民代表大会第一次会议】 2022年2月20日至23日，长治市第十五届人民代表大会第一次会议在长治召开。会议表决通过关于长治市人民政府工作报告的决议、关于长治市2021年国民经济和社会发展计划执行情况与2022年国民经济和社会发展计划的决议、关于长治市2021年全市和市本级预算执行情况与2022年全市和市本级预算的决议、关于长治市人大常委会工作报告的决议、关于长治市中级人民法院工作报告的决议、关于长治市人民检察院工作报告的决议。

会议选举吴小华为长治市第十五届人民代表大会常务委员会主任；选举陈耳东为长治市人民政府市长；选举王志东为长治市监察委员会主任；选举杨泽民为长治市中级人民法院院长；选举李峰为长治市人民检察院检察长；选举王耀、郭海英、于川、卢展明、秦军、王宇、郭晓泓为长治市第十五届人民代表大会常务委员会副主任；选举张利锋、张和平、贺鑫、朱静、秦书伟、秦苏良、邢张朋为长治市人民政府副市长；选举牛金生为长治市第十五届人民代表大会常务委员会秘书长。选举冯清为长治市第十五届人民代表大会法制委员会主任委员，申慧芳、史跃宏、苏蒲霞、杨帆、张彦俊、高伟歌为长治市第十五届人民代表大会法制委员会委员；选举刘红为长治市第十五届人民代表大会财

2022年2月20日，长治市第十五届人民代表大会第一次会议在滨湖文旅服务中心开幕（李晓冬　供图）

政经济委员会主任委员，史静莉、延庆余、李晓东、张静、陈小飞、秦海军为长治市第十五届人民代表大会财政经济委员会委员；选举李晓林为长治市第十五届人民代表大会社会建设委员会主任委员，王刚、冯丽华、刘佳佳、尚进平、曹江波、崔永明为长治市第十五届人民代表大会社会建设委员会委员；选举马国利、王霖、王旭琴、王秀蓉、王国志、王咏刚、毛晨霞、石树平、平小波、申晨芳、田毅青、史淑枝、冯清、冯绍波、光宇航、任国华、刘红、李晓林、李韶卿、宋红义、张文、张剑、张兆祥、孟保东、胡文庆、郭红芳、郭秀萍、郭思嘉、程田青、路国平、路晓波、暴世平为长治市第十五届人民代表大会常务委员会委员。

大会收到代表提出的议事原案5件，经议案审查委员会审查并报大会主席团决定，将其中2件立为议案，交由长治市人大常委会有关机构办理，其余3件转为建议。收到建议及议案转建议197件。（李晓冬）

【长治市第十五届人民代表大会第二次会议】2022年12月11日至12日，长治市第十五届人民代表大会第二次会议在长治召开。会议的主要议程是：选举长治市出席山西省第十四届人民代表大会代表。

会议表决通过大会选举办法；表决通过总监票人、监票人、总计票人名单，进行大会选举，选举产生长治市出席山西省第十四届人民代表大会代表46名：王志清、王维平、冯军、李凤岐、李君、苗伟、林武、薛荣、丁利军、马坚强、王飞、王书文、王灵恩、王建中、王晓燕、王晚萍、牛晓红、申晨芳、史淑枝、代秀莲、白素兰、朱治国、刘海斌、刘越、李朋霞、李晓东、杨军宏、杨保春、杨勤荣、吴小华、张宇飞、张国华、张铁光、陈耳东、陈虎斌、陈榆、赵宏卫、赵树芳、段尧刚、段峰、姚风仙、贾兰芳、靳宇婷、暴玉喜、冀丽花、魏超。（李晓冬）

【长治市十四届人大常委会会议】2022年，长治市十四届人大常委会举行3次常委会会议。

第五十一次会议。2022年1月10日，长治市十四届人大常委会举行第五十一次会议，会议补选省第十三届人民代表大会代表。会议通过选举办法；听取郭康锋做关于补选山西省第十三届人民代表大会代表议案的报告；杨保春作代表候选人有关情况的说明。会议选举冯军、苗伟、陈耳东为山西省第十三届人民代表大会代表。

第五十二次会议。2022年1月27日，长治市十四届人大常委会举行第五十二次会议。会议传达山西省第十三届人民代表大会第六次会议精神。会议听取牛金生所作的关于长治市第十四届人民代表大会第六次会议代表议案办理情况的报告、桑利刚所作的关于长治市第十四届人民代表大会第六次会议代表建议办理情况的报告；听取石建旺受主任会议委托所作的关于人事任职事项的提请报告；听取被提请人的供职报告。会议表决通过关于召开长治市第十五届人民代表大会第一次会议的决定；分别表决通过市人民政府、市中级人民法院、市人民检察院关于长治市第十四届人民代表大会第六次会议代表建议办理情况的报告；表决通过人事任免事项，郭康锋宣布任命决定并颁发任命书，新任职人员进行宪法宣誓。

第五十三次会议。2022 年 2 月 14 日，长治市十四届人大常委会举行第五十三次会议。会议听取王耀所作的关于长治市第十五届人民代表大会第一次会议筹备情况的报告；听取牛金生所作的关于代表资格审查情况的报告。

会议表决通过关于召开长治市第十五届人民代表大会第一次会议的决定；表决通过市人大常委会代表资格审查委员会关于代表资格审查情况的报告；表决通过长治市第十五届人民代表大会第一次会议主席团和秘书长建议名单、副秘书长建议名单、计划预算审查委员会建议名单、议案审查委员会建议名单、列席人员名单以及建议日程；表决通过市人大常委会工作报告。（李晓冬）

【长治市十五届人大常委会会议】2022 年，长治市十五届人大常委会举行 6 次常委会会议。

第一次会议。2022 年 4 月 18 日至 19 日，长治市十五届人大常委会举行第一次会议。会议听取市人民政府关于 2021 年度全市环境状况和环境保护目标完成情况的报告，关于 2021 年度市人大常委会审议意见办理落实情况的报告；听取市人大常委会主任会议关于市十五届人大常委会代表资格审查委员会组成人员任职的议案和市人大常委会内设机构人事任命事项的议案；听取市委副书记、市长陈耳东所作的人事任命事项的提请报告；听取市委常委、市纪委书记、市监察委员会主任王志东所作的人事免职事项的提请报告；听取市中级人民法院院长杨泽民所作的人事任命事项的提请报告。被提请人员做供职报告。会议表决通过人事任免事项，吴小华宣布任免决定并向新任职人员颁发任命书，新任职人员进行宪法宣誓。会议表决通过关于接受个别市十五届人大常委会委员辞职请求的决定。

第二次会议。2022 年 6 月 29 日，长治市十五届人大常委会举行第二次会议。会议听取市人民政府关于 2021 年长治市市本级财政决算和 2022 年前 5 个月全市预算执行情况的报告、关于 2021 年度市本级预算执行和其他财政收支的审计工作报告；听取市人大财政经济委员会关于 2021 年市本级财政决算草案的审查结果报告，听取市人民政府关于《长治市漳河流域生态修复与保护条例（草案）》的说明，听取市人大常委会农村工作委员会关于《长治市漳河流域生态修复与保护条例（草案）》研究意见的报告。会议听取市人大常委会主任会议关于市人大常委会内设机构人事任命事项的议案；听取市人民政府、市监察委员会、市中级人民法院、市人民检察院所作的人事任免事项的提请报告，被提请人员做供职报告。会议表决通过市人大常委会关于批准 2021 年市本级财政决算的决议和人事任免事项。吴小华宣布任免决定并向新任职人员颁发任命书。

第三次会议。2022 年 8 月 31 日至 9 月 1 日，长治市十五届人大常委会举行第三次会议。会议听取和审议市人民政府关于 2022 年 1—7 月份全市国民经济和社会发展计划执行情况的报告、市人民政府关于 2021 年度行政事业性国有资产管理情况的专项报告和 2022 年市本级预算调整方案（草案）的报告；听取市人大财政经济委员会关于 2022 年市本级预算调整方案的审查结果报告、市监察委员会关于依法正确行使职权、推进监察工作规范化法治化正规化情况的报告、市人大常委会执法检查组关于检查《中华人民共和国看守所条例》实施情况的报告、市人民政府关于《长治市漳泽湖保护条例（草案）》的说明、市人大常委会农村工作委员会关于《长治市漳泽湖保护条例（草案）》研究意见的报告、听取市人大法制委员会关于《长治市漳河流域生态修复与保护条例（草案）》审议结果的报告和修改意见的报告。会议表决通过市人大常委会关于批准 2022 年市本级预算调整方案的决议、关于市人大常委会城乡建设环境保护工作委员会更名为市人大常委会环境与资源保护工作委员会的决定；表决通过《长治市漳河流域生态修复与保护条例》。

第四次会议。2022 年 10 月 31 日至 11 月 1 日，长治市十五届人大常委会举行第四次会议。会议听取市人民政府关于旅游产业发展情况的报告；听取市人民政府推进实施中医药强市情况的报告；听取市人民政府关于 2022 年前 9 个月全市及市本级预算执行情况和市本级及高新区、经开区预算调整方案（草案）的报告；听取市人民政府关于《长治市海绵城市建设管理条例（草案）》的说明；听取市人大财政经济委员会关于 2022 年市本级及高新区、经开区预算调整方案（草案）的审查结果报告；听取关于全市法院创优营商环境工作情况的报告、检察机关开展法律监督工作情况的报告；听取市人大常委会执法检查组关于检查《中华人民共和国未成年人保护法》实施情况的报告；听取市人大法制委员会关于《长治市漳泽湖生态保护与修复条例（草案）》审议结果的报告；听取关于修改《长治市人民代表大会常务委员会议事规则》的决定（草案）的说明。会议听取市人民政府、市中级人民法院、市人民检察院所作的人事任免事项的提请报告，被提请人员作供职报告。会议决定接受贺鑫因工作需要辞去长治市人民政府副市长职务的请求，任命黄国珍为长治市人民政府副市长。会议表决通过关于召开长治市第十五届人民代表大会第二次会议的决定，关于批准2022年市本级及高新区、经开区预算调整方案的决议，关于修改《长治市人民代表大会常务委员会议事规则》的决定；表决通过相关专项工作报告；表决通过《长治市漳泽湖生态保护与修复条例》；表决通过人事任免。吴小华宣布任免决定并向新任职人员颁发任命书，新任职人员进行宪法宣誓。

第五次会议。2022年12月7日，长治市十五届人大常委会举行第五次会议。会议决定长治市第十五届人民代表大会第二次会议于12月11日召开。会议听取市人大常委会副主任、代表资格审查委员会主任委员王耀所作的关于长治市第十五届人民代表大会第二次会议筹备情况的报告、关于代表资格审查情况的报告；表决通过关于召开长治市第十五届人民代表大会第二次会议的决定；表决通过市人大常委会代表资格审查委员会关于代表资格审查情况的报告；表决通过长治市第十五届人民代表大会第二次会议主席团和秘书长建议名单、副秘书长建议名单和建议日程。

第六次会议。2022年12月30日，长治市十五届人大常委会举行第六次会议。会议听取市人民政府关于2021年度市本级预算执行和其他财政收支审计查出问题整改情况的报告；听取全市2022年巩固拓展脱贫攻坚成果同乡村振兴有效衔接工作情况的报告；听取市人大法制委员会关于《长治市海绵城市建设管理条例(草案)》审议结果的报告。会议表决通过《长治市海绵城市建设管理条例》。 （李晓冬）

监督工作

【经济发展监督】 2022年，长治市人大常委会聚焦落实国家关于完整、准确、全面贯彻新发展理念的部署，听取审议全市国民经济和社会发展计划执行情况报告，审查批准年度国民经济和社会发展计划，开展项目建设视察调研。围绕优化营商环境，对《山西省优化营商环境条例》贯彻实施情况进行执法检查，对地方政府债务管理情况开展专题调研，听取审议行政事业性国有资产管理情况报告。围绕助力建设现代化太行山水名城，开展"一城四区"一体化发展专项视察调研，开展《关于促进全市旅游业高质量发展的决定》贯彻落实情况专题调研，听取市政府旅游产业发展情况的专题报告。 （李晓冬）

【民生领域监督】 2022年，长治市人大常委会聚焦增进民生福祉，强化社会民生领域监督，开展全市高中教育质量提升行动情况专题调研，听取长治市推动中医药强市建设情况的报告，组织开展中医药强市等专题视察，开展非物质文化遗产专项调研，开展乡村振兴产业发展情况、农业生产托管服务条例贯彻情况专题调研，听取市政府关于全市乡村振兴和脱贫攻坚有效衔接情况的报告，推动农业全面提升、农村全面进步、农民全面发展。聚焦生态和环境保护，听取审议市政府关于上年度环境状况和环境保护目标任务完成情况报告，开展老顶山生态修复与环境整治、碳达峰碳中和工作情况专题调研。 （李晓冬）

【司法监督】 2022年，长治市人大

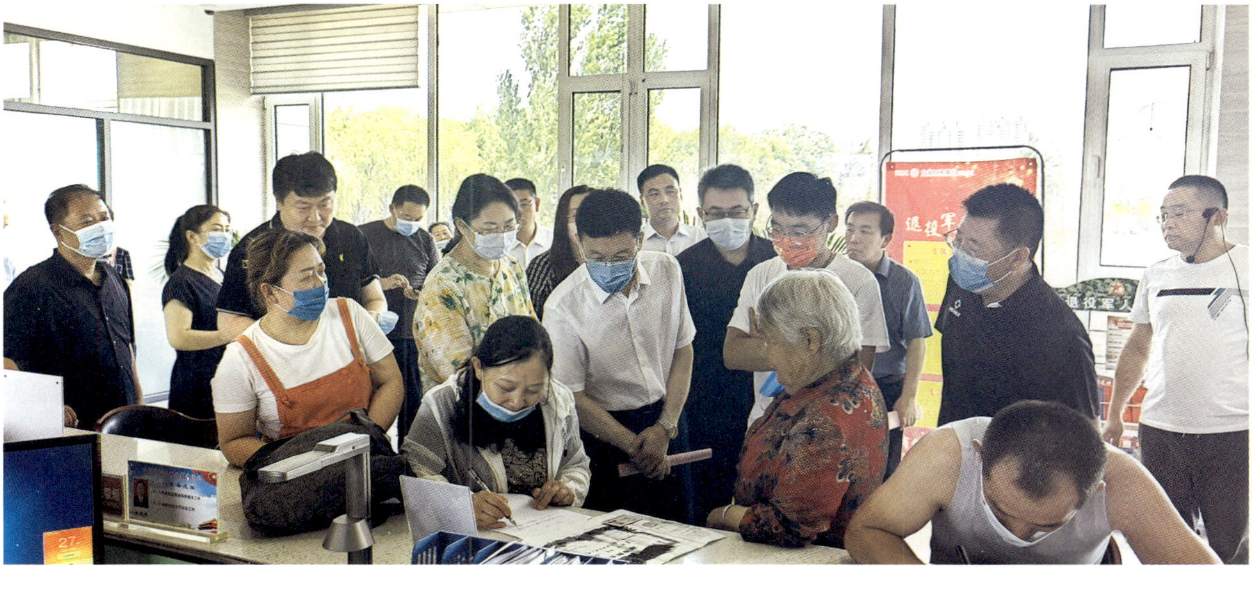

2022年6月20日至22日，市人大常委会副主任王耀带领执法检查组，对长治市襄垣县、潞州区贯彻实施《山西省优化营商环境条例》情况开展执法检查 （李晓冬 供图）

常委会聚焦保障社会公平正义，强化对“一府一委两院”的工作监督，首次听取和审议市监委关于依法正确行使职权、推进监察工作规范化法治化正规化情况的专项工作报告，提出促进长治市监察工作高质量发展的审议意见，听取全市法院优化营商环境情况的报告，听取检察院开展法律监督情况的报告，组织开展《中华人民共和国看守所条例》和《中华人民共和国未成年人保护法》执法检查、《山西省宗教事务条例》执法调研。受省人大委托，开展《山西省动物防疫条例》《山西省汾河保护条例》执法检查。落实中共中央、国务院印发《信访工作条例》，做好人大信访工作。

（李晓冬）

代表工作

【代表履职阵地建设】 2022年，长治市人大常委会密切常委会组成人员与人大代表、人大代表与人民群众之间的联系，完善常委会组成人员联系代表制度，39名组成人员常态化联系216名基层市人大代表；邀请36名新一届基层市人大代表列席年度常委会会议，组织160余人次市人大代表参加常委会组织的立法、视察调研、执法检查、各类征求意见座谈会等活动。

（李晓冬）

【代表联络站点建设】 2022年，长治市人大常委会制定《关于深化全市人大代表联络站工作的指导意见》，明确人大代表中的市级领导每季度一次深入人大代表联络站联系群众，全年70余人次市领导代表进站点，协调解决物业管理、集中供热、乡村道路改造、背街小巷改造等57个问题，带动全市五级人大代表进站入点，推动解决实际问题。2022年，全市各级代表进站点7736人次，开展活动2707次，接待群众12293人次，帮助协调解决问题3583个。

（李晓冬）

【代表服务和管理】 2022年，长治市人大常委会强化代表服务和管理，举行市十五届人大代表初任培训、常委会组成人员业务培训。持续开展“向申纪兰学习，做人民好代表”活动，选树一批基层人大代表，在市主流媒体广泛宣传，广大代表参与疫情防控、项目建设，推动复工复产，为推动长治市经济社会健康发展贡献代表力量。

（李晓冬）

【议案建议督办和办理】 2022年，长治市人大常委会完善代表议案建议办理、督办、反馈、落实工作机制，建立常委会分管副主任领衔督办、各工作委员会重点督办、人大代表全程督办制度，代表议案建议办理质量不断提升。市十五届人大一次会议以来的3件议案242件建议办理完毕，均已答复代表。由市人大常委会确定的13件重点建议，按照分工落实到政府分管副市长及相关部门，采取单项建议相关部门专项办，综合建议协调部门联合办，热点、难点建议吸收代表、人大、政府相关部门联合协商办的方法，推动解决一批突出问题，激发代表履职积极性，收到良好的社会效果。

（李晓冬）

人事任免

【长治市人大常委会工作机构人员任免】 2022年4月19日长治市第十五届人民代表大会常务委员会第一次会议任命：牛金生为长治市人大常委会办公室主任；宋红义为长治市人大常委会研究室主任；冯清为长治市人大常委会法制工作委员会主任；刘红为长治市人大常委会财政经济工作委员会主任；田毅青为长治市人大常委会教育科学文化卫生工作委员会主任；冯绍波为长治市人大常委会农村工作委员会主任；平小波为长治市人大常委会城乡建设环境保护工作委员会主任；任国华为长治市人大常委会人事代表工作委员会主任；李晓林为长治市人大常委会民族宗教侨务外事工作委员会主任；王秀蓉为长治市人大常委会监察和司法工作委员会主任；路国平为长治市人大常委会信访办公室主任；暴安宁为长治市人大常委会副秘书长、办公室副主任；李晓冬为长治市人大常委会副秘书长、办公室副主任；李红亮为长治市人大常委会研究室副主任；周建冬为长治市人大常委会法制工作委员会副主任；邓辉为长治市人大常委会财政经济工作委员会副主任；张潇月为长治市人大常委会教育科学文化卫生工作委员会副主任；张娟为长治市人大常委会农村工作委员会副主任；宋丽娟为长治市人大常委会城乡建设环境保护工作委员会副主任；杨波（女）为长治市人大常委会人事代表工作委员会副主任；杨波为长治市人大常委会民族宗教侨务外事工作委员会副主任；段艳勇为长治市人大常委会监察和司法工作委员会副主任。

2022年6月29日长治市第十五届人民代表大会常务委员会第二次会议任命：雷丽丽为长治市人大常委会信访办公室副主任。（李晓冬）

【长治市政府及工作部门人员任免】 2022年4月19日长治市第十五届人民代表大会常务委员会第一次会议决定任命：桑利刚为长治市政府秘书长、市政府办公室主任；王灵恩为长治市发展和改革委员会主任；尚高明为长治市教育局局长；王海宏为长治市科学技术局局长；方晋斌为长治市工业和信息化局（国资委）局长（主任）；秦书伟为长治市公安局局长；段志岗为长治市民政局局长；苏先忠为长治市司法局局长；张剑为长治市财政局局长；徐晨星为长治市人力资源和社会保障局局长；史跃宏为长治市生态环境局局长；张庆宏为长治市住房和城乡建设局局长；元海波为长治市城市管理局局长；王克为长治市交通运输局局长；郭爱斌为长治市水利局局长；秦志云为长治市农业农村局局长；王建强为长治市商务局局长；张琼为长治市文化和旅游局局长；王旭琴为长治市卫生健康委员会主任；孙伟为长治市退役军人事务局局长；张文波为长治市应急管理局局长；贾文革为长治市审计局局长；张登科为长治市政府外事办公室主任；宋书林为长治市市场监督管理局局长；和建宏为长治市统计局局长；郭军只为长治市医疗保障局局长；张斌为长治市行政审批服务管理局局长；段联刚为长治市信访局局长；孙红斌为长治市政府金融工作办公室主任；罗列为长治市乡村振兴局局长。

2022年6月29日长治市第十五届人民代表大会常务委员会第二次会议决定任命卢展中为长治市人民防空办公室主任。

2022年11月1日长治市第十五届人民代表大会常务委员会第四次会议决定任命：黄国珍为长治市人民政府副市长。决定接受：贺鑫因工作变动辞去长治市人民政府副市长职务的请求。（李晓冬）

【长治市监察委员会人员任免】2022年4月19日长治市第十五届人民代表大会常务委员会第一次会议免去：张文波的长治市监察委员会委员职务。

2022年6月29日长治市第十四届人民代表大会常务委员会第二次会议任命：郭红胜、李建伟、王彦峰为长治市监察委员会委员。（李晓冬）

【长治市中级人民法院人员任免】2022年1月27日长治市第十四届人民代表大会常务委员会第五十二次会议任命：杨泽民为长治市中级人民法院副院长、审判委员会委员、审判员；决定接受原占斌因工作变动辞去长治市中级人民法院院长职务的请求；杨泽民为长治市中级人民法院代理院长。

2022年4月19日长治市第十五届人民代表大会常务委员会第一次会议任命：刘博文为长治市中级人民法院审判员。

2022年6月29日长治市第十五届人民代表大会常务委员会第二次会议任命：王威、魏星为长治市中级人民法院审判员。

2022年11月1日长治市第十五届人民代表大会常务委员会第四次会议免去：郭庆菊的长治市中级人民法院行政审判庭庭长、审判员职务；孙锐的长治市中级人民法院申诉审查庭庭长、审判员职务；秦坤的长治市中级人民法院审判员职务；赵喜平的长治市中级人民法院审判员职务。（李晓冬）

【长治市人民检察院人员任免】2022年6月29日长治市第十五届人民代表大会常务委员会第二次会议任命：赵永祥、李蕾、焦婕、任睿斐为长治市人民检察院检察员；免去白建云的长治市人民检察院副检察长、检察委员会委员、检察员职务，郭建斌的长治市人民检察院检察委员会委员、检察员职务。

2022年11月1日长治市第十五届人民代表大会常务委员会第四次会议任命：武朝霞为长治市人民检察院检察委员会委员；免去陈优锋的长治市人民检察院检察委员会委员、检察员职务，王晓燕的长治市人民检察院检察委员会委员、检察员职务，郭红亮的长治市人民检察院检察委员会委员职务，张晓林的长治市人民检察院检察员职务。（李晓冬）

长治市人民政府

综 述

【经济发展概况】 2022年，长治市地区生产总值达到2804.8亿元、增长7.2%，总量、增速均居全省第二。一般公共预算收入突破300亿元，达到310.5亿元、增长38.6%，增速创近15年之最。规模以上工业增加值增长12.4%、全省第一。全市固定资产投资948.4亿元、增长6.4%。全市社会消费品零售总额663.7亿元、下降0.5%。城镇居民人均可支配收入完成41113元、增长6%。农民人均可支配收入完成19437元、增长7.5%，增速全省第一。脱贫人口人均纯收入增长13.2%，脱贫攻坚成果持续巩固拓展。

（李红超）

【产业转型】 2022年，长治市改造升级传统产业，建成4座智能化示范煤矿，16座省级绿色开采试点矿井，先进产能达到80%。焦化产业“上大关小”4座大焦炉建成投产。18个光伏、4个风电项目高效推进，新能源装机占比达到25.7%。培育壮大战略性新兴产业，设立4.5亿元产业转型发展基金，着力培育打造10条新兴产业产业链、24家“链主”企业，新兴产业增长51.8%、全省第一，对工业增长贡献率达39.4%。振东制药被确定为全省现代医药产业链“链主”企业。开发区工业增加值增长19.7%，转型主战场作用进一步凸显。因老工业基地调整改造力度大，支持传统产业改造、推进产业转型升级等工作成效突出，第五次获得国务院通报表扬。

（李红超）

【项目建设】 2022年，长治市坚持项目第一支撑，深入开展项目前期手续集中办理、项目观摩等活动，全年累计实施项目2135个，争取上级各类项目资金77.9亿元，完成固定资产投资948.4亿元，产业投资占比57.9%，全省第三。推进142个省市重点工程建设。制定出台促进投资奖励办法，本土企业同等享受招商引资优惠政策，兑现奖励资金3660万元。对接引进杭州聚合顺新材料、北京百泰生物等重大项目，“三个一批”签约开工率、开工投产率、投产达效率分别达到98.3%、60.2%、100%，综合排名全省第一。招商引资当年签约当年开工率91.9%，全省第一。

（李红超）

【改革创新】 2022年，长治市入选国家创新型城市。新培育省级以上专精特新企业38户，总数达到133户。新增国家高新技术企业40户，总数达到264户。省级以上创新平台达到75家，完成技术交易额30.6亿元，成立长治市人才集团，设立人才发展基金，与139所高校达成合作成果540余项，成为全省重要区域创新中心和创新高地。长子、黎城开发区获批设立，省级以上开发区达到13个，数量全省第一。安排资金5000万元支持创新平台建设和科技型企业培育，中科潞安、久安科技入选山西省新型研发机构名单。出台《关于加快推进金融业高质量发展的实施意见》，在全省率先成立首贷续贷服务中心，建立小微企业和个体工商户无贷户“两张名单”推送机制，为5600多家企业贷款162亿元，组建全省规模最大市级担保公司，担保总额达到36亿元、增长86.6%，受到省政府通报表扬。

（李红超）

【市场主体培育】 2022年，长治市开展市场主体建设年活动，出台营商环境创新提升工作方案和“五有套餐”配套办法实施方案，明确209条创新提升举措。企业开办时限最快压缩至半个工作日。建立7×24小时电子政务超市，在全省率先实现“互联网+不动产抵押登记”。全市市场主体数量增长27.9%、净增6.9万户，总量达到32.6万户。新增涉税市场主体8.4万户，占比全省第一。持续优化营商环境，连续三年考核全省优秀。平顺“上党中药材”被省政府命名为第一批省级重点专业镇，潞州区入选省级夜间经济试点。（李红超）

2022年3月15日，市长陈耳东（左5）在潞州区调研城建重点项目建设

（李红超 供图）

【城乡发展】 2022年，长治市实施城市更新行动，开工改造141个老旧小区、88条背街小巷，对11条市政道路和3条城际快速路开展架空线路集中整治，天晚集片区、长丰片区（一期）棚户区改造回迁安置全面完成，北寨、小常、上韩3个片区改造顺利推进，完成21条道路雨污分流改造，海绵化建设绩效获全国A档评价。安阳互通立交项目建成通车，东南外环快速通道改扩建、威远门路南延等市政道路工程加快实施。国道208改扩建全线开工，建设“四好农村路”527.9千米，10个县区实现城乡客运公交一体化运营。全市脱贫人口人均纯收入增长13.2%，平顺县代表全省接受国家脱贫攻坚衔接乡村振兴考核，长治市乡村振兴示范创建经验做法在全省交流推广。（李红超）

【生态保护】 2022年，长治市成功申报全国气候投融资试点城市，坚决遏制“两高”项目盲目发展，打赢打好蓝天、碧水、净土保卫战。持续推进钢铁、焦化等行业节能减排，淘汰4座43米焦炉，重污染天气比例降至0.27%，大气环境综合指数稳居“2+26”城市前列。24个国省控断面水质优良率达到95.8%，较上年提高4.2个百分点，国控断面水质优良率稳定达到100%、全省第一。加快实施生态修复，高标准推进滨湖生态示范区建设，推进沁河源头生态修复治理，推进太行山、浊漳河流域生态保护修复，完成营造林23.2万亩、水土保持治理45.5万亩。有序实施碳达峰长治行动，万元地区生产总值能耗降幅完成年度任务。（李红超）

【民生保障】 2022年，长治市民生支出占财政总支出的80%以上，全面完成省政府12件民生实事。义务教育“双减”成果受到教育部好评，基础教育改革经验入选全国典型案例。稳步推进省级区域医疗中心建设，全面实施中医药强市战略。在全省率先发放“免申即享”失业保险稳岗补贴。成立全国首家“退役军人就业创业税务服务站”。基本养老保险、医疗保险参保覆盖率超过95%。城乡低保标准进一步提高。房屋产权登记确权颁证“清零行动”基本完成。防范化解各类风险隐患，生产安全事故起数、死亡人数保持“双下降”态势。建立一站式多元矛盾纠纷解决机制，有效化解信访积案，群众获得感、幸福感、安全感持续增强。（李红超）

重要会议

【常务会议】 1月26日，市委副书记、代市长陈耳东主持召开市政府第132次常务（扩大）会议，传达学习省两会精神和省委书记林武参加长治代表团审议时的讲话精神，部署贯彻落实工作。

2月13日，市政府召开第133次常务会议，传达学习习近平总书记考察调研山西重要指示精神、省委十二届三次全体会议精神和全市领导干部会议精神，研究讨论《政府工作报告（讨论稿）》《长治市2021年国民经济和社会发展计划执行情况与2022年国民经济和社会发展计划草案的报告（送审稿）》《长治市2021年财政收支执行情况及2022年收支计划安排建议（送审稿）》。市委副书记、代市长陈耳东主持。

2月24日，市委副书记、市长陈耳东主持召开市政府第1次常务会议，讨论新一届市政府领导班子分工，对加强政府班子建设、推进工作落实、抓好当前重点工作进行部署。

3月21日，市委副书记、市长陈

耳东主持召开市政府第2次常务会议，深入学习习近平总书记在中央全面深化改革委员会第二十四次会议、中央党校（国家行政学院）中青年干部培训班开班式上的重要讲话精神，学习贯彻习近平总书记关于信访工作的重要指示精神及中办、国办《关于更加有效发挥统计监督职能作用的意见》，研究部署国家电投山西新能源产业示范基地建设、金融业高质量发展和信访等工作。会议原则通过国家电投山西新能源产业示范基地战略合作协议。原则通过《加快推进金融业高质量发展的意见》。

4月14日，市委副书记、市长陈耳东主持召开市政府第4次常务会议，学习贯彻习近平总书记关于安全生产工作重要讲话重要指示和全国安全生产电视电话会议精神，分析当前经济形势，安排统筹疫情防控和经济发展相关工作，贯彻落实清廉长治建设任务要求。会议原则通过《长治市推进信创产业实施方案》。会议传达贯彻全省政府债务管理工作座谈会精神，研究部署下一步工作。

4月28日，市委副书记、市长陈耳东主持召开市政府第6次常务会议，深入学习贯彻习近平总书记在海南考察时的重要讲话精神，在中央全面深化改革委员会第二十五次会议、中央财经委员会第十一次会议上的重要讲话精神，传达贯彻国务院第五次廉政工作会议精神，贯彻落实全省重点工程项目调度会议精神，部署“五一”期间安全生产工作。会议决定对2020年度符合招商引资奖励标准的5个项目、1名中介人进行奖励。会议原则通过《长治市“十四五”区域融合和对外开放新高地发展规划》。会议原则通过《支持第一产业高质量发展补充政策》。

5月20日，市委副书记、市长陈耳东主持召开市政府第7次常务会议，学习贯彻习近平总书记在中共中央政治局第三十八次集体学习时的重要讲话精神和4月29日中共中央政治局会议精神，传达贯彻中共山西省委十二届四次全体会议、全省巩固拓展脱贫攻坚成果同乡村振兴有效衔接考核评估反馈问题整改动员部署会精神，研究讨论长治市政务信息化项目建设、全民健身实施计划、数字消费券发放等工作。会议原则通过《长治市全民健身实施计划（2021—2025年）》。

6月8日，市委副书记、市长陈耳东主持召开市政府第8次常务会议，学习贯彻习近平总书记在中共中央政治局第三十九次集体学习时的重要讲话精神，传达学习中国共产党山西省代表会议、全省煤炭增产保供和产能新增工作电视电话会议精神，学习贯彻省委书记林武在《山西日报》刊发的《要“时时放心不下”》署名文章，贯彻落实全市领导干部警示教育大会精神，研究部署长治市稳定经济运行、重点产业链及产业链链长工作机制、稳就业保就业等工作。会议原则通过《长治市贯彻落实国家和省稳住经济一揽子政策措施的工作方案》《关于做好稳就业保就业若干工作措施》《长治市业主大会和业主委员会指导规则》。

6月29日，市委副书记、市长陈耳东主持召开市政府第9次常务会议，部署“爱心消费券”发放，研究推进部分城市道路、高速公路建设等工作。会议审议通过《长治市东南外环快速通道改扩建工程（太行东街—光明路）PPP项目实施方案》。

7月8日，市委副书记、市长陈耳东主持召开市政府第10次常务会议，深入学习贯彻习近平总书记在中共中央政治局第四十次集体学习、在中央全面深化改革委员会第二十六次会议及在四川、湖北考察时的重要讲话重要指示精神，学习贯彻落实省黄河流域生态保护和高质量发展工作领导小组全体会议、省科技创新大会精神，听取市政府重点工作中期盘点情况汇报，安排部署市政府下半年重点工作，研究北京长治对口支援合作、知识产权保护、食品安全、创新型城市建设、煤炭绿色开采等工作。

7月21日，市委副书记、市长陈耳东主持召开第11次常务会议，深入学习习近平总书记在新疆考察时的重要讲话精神，传达贯彻省委常委会会议、市长例会暨上半年全省经济形势分析会议、全省文物保护工作调研座谈会议精神，研究部署长治市下半年经济工作、生态保护、未成年人思想道德建设、统计等工作。会议原则通过《长治市“十四五”生态保护规划》《长治市“十四五”“两山七河一流域”生态保护和生态文明建设、生态经济发展规划》。

8月11日，市委副书记、市长陈耳东主持召开市政府第12次常务会议，传达学习习近平总书记在省部级主要领导干部专题研讨班、中央统战工作会议上的重要讲话精神，学习贯彻全省、全市贯彻落实中央八项规定精神专题警示教育大会精神，研究部署长治市巩固拓展脱贫攻坚成果同乡村振兴有效衔接、数字购房消费券发放、开放型经济发展等工作，并对政府系统廉政建设、安全生产等工作进行具体安排。会议审议通过《太原海关与长治市人民政府合作备忘录》。

8月23日，市委副书记、市长陈耳东主持召开市政府第13次常务会议，传达学习习近平总书记在辽宁考察时的重要讲话精神，贯彻落实省委书记林武在煤炭企业座谈会、晋阳湖·数字经济发展峰会上的讲话精神，省委副书记、省长蓝佛安在市场主体座谈会上的讲话精神，研究部署长治市部分县区水源保护区划分、黄河流域生态保护和高质量发展重点任务、制定漳泽湖保护条例等工作，并对抓好当前安全生产、疫情防控，做好国务院第九次大督查协调配合工作进行具体安排。

9月22日，市委副书记、市长陈耳东主持召开市政府第14次常务会议，深入学习贯彻习近平总书记在中央全面深化改革委员会第二十七次会议上的重要讲话精神，贯彻落实煤炭企业座谈会、全省信访工作会议、全省“四好农村路”和三个一号旅游公路高质量建设推进会议精神，部署长治市文物保护利用、国有文艺院团改革、国家A级旅游景区和太行山居创建奖励等工作。

10月24日，市委副书记、市长陈耳东主持召开市政府第15次常务会议，深入学习贯彻落实中共二十大精神，研究部署兑现促进外向型经济发展政策、推进个体工商户转型升级为企业、村级集体经济提质增效、海绵城市建设和5G融合发展等工作。会议原则通过《长治市村级集体经济提质增效三年行动方案（送审稿）》《长治市发展壮大新型村级集体经济专项规划（2022—2025年）》《长治市海绵城市建设管理条例（送审稿）》《长治市人民政府与中国移动通信集团山西有限公司5G“数智赋能”战略合作协议》。

11月19日，市委副书记、市长陈耳东主持召开市政府第16次常务会议，听取质量强市、药品安全、楼宇经济和促进投资等工作汇报，研究部署下一阶段重点工作。会议原则通过《长治市促进楼宇经济高质量发展扶持奖励办法（试行）》《长治市促进投资奖励办法》。（《长治日报》）

【专题会议】 2022年4月17日，市委副书记、市长陈耳东主持召开专题会议，研究推进政府投资项目建设工作，分析研判存在困难问题，部署下一步工作。陈耳东强调，政府投资项目是持续提升城市综合承载能力和公共服务水平强有力的保障。各相关部门要高度重视，切实提升抓好政府投资项目的思想站位，主动作为，规范管理，加快实施推进，进一步提高政府资金使用效率。要明确工作任务，进一步细化分解项目实施的各项工作任务，列出责任清单，明确责任分工，协同推进落实。要加快手续办理，集中开展前期手续办理攻坚行动，强化要素保障，确保项目前期快速推进。要加快建设进度，在统筹落实疫情防控和安全生产工作措施的前提下，科学组织施工，保障项目质量，主动靠前服务，帮助企业排忧解难，促进项目建设。要推进项目谋划和政策资金争取工作，聚焦国家政策导向、投资方向，谋划、储备、包装一批强基础、增功能、利长远的重大项目，形成工作量、实物量、投资量。要完善推进机制，压紧压实工作责任，加强项目调度督导，做好项目服务保障，推动项目加快开工、高效推进、达产增效，为长治市全方位推动高质量发展提供坚实支撑。

5月1日下午，市委副书记、市长陈耳东主持召开市政府专题会议，研究部署全面加强基础设施建设工作。他强调，要深入学习贯彻习近平总书记在中央财经委员会第十一次会议上的重要讲话和考察调研山西重要指示精神，落实全省重点工程项目调度会议精神，抓住国家适度超前开展基础设施建设的政策机遇，加紧谋划实施一批重大基础设施项目，为全方位推动高质量发展奠定坚实有力基础。会上，市发展改革委传达国家、省关于“十四五”重大基础设施项目建设有关部署要求，并汇报长治市“十四五”期间已经实施和计划实施的基础设施项目总体情况。市工信、能源、水利等22个市直相关部门及滨湖区建设指挥部汇报基础设施项目建设进展和谋划储备等情况。

8月4日，市政府召开专题工作会议，听取城建重点工程规划设计方案汇报，研究部署下一步工作。市委副书记、市长陈耳东出席并讲话。会议听取观音堂公园、“三馆”内外装修规划、老顶山冲沟及壁头河（老顶山至漳泽湖）综合治理、国道环线优化通行等城建重点工程规划设计方案汇报，就进一步优化规划设计、细化目标任务、加快建设进度进行深入研究。

12月5日，市委副书记、市长陈耳东主持召开会议，专题研究优化主城区部分中小学资源配置工作。陈耳东指出，各级各有关部门要切实提高对教育工作的认识，统筹资源、前瞻思考、系统规划，加快推进教育重点项目建设，不断改善教育硬件条件，全面优化教育资源布局，提高教育供给水平，着力补齐教育发展短板，促进全市教育资源均衡发展，全面提升教育质量。陈耳东强调，要统筹谋划，紧密衔接，将教育资源布局规划与经济社会发展和城市空间布局规划相结合，根据不同片区人口数量，充分考虑交通、安全等因素，科学合理布局教育等公共服务设施。要因地制宜，分类推进，树立现代化城市经营理念，对表对标国家中小学办学标准和新高考改革要求，因校因地确定建设方案，充分运用中央资金、金融服务等支持政策，科学核算项目建设成本，合理确定投资模式，分类分期有序推进。要立足长远、适度超前，用长远的眼光把握未来教育发展趋势和需求，探索学校资源配置规划“留白”制度，为未来城市发展预留弹性空间，坚决避免反复拆建改造造成资源浪费，确保经得起历史检验。要成立专班，高效推进，坚持全市“一盘棋”思想，压紧压实责任，加强协同联动，形成工作合力，推动工作落地落实，确保项目建设提质、提速、提效，为全市教育高质量发展打下坚实基础，努力办好人民满意的教育。（《长治日报》）

【稳经济重点工作推进会】 2022年6月9日，长治市稳经济重点工作推进会召开，贯彻落实全国、全省稳经济工作会议及全省煤炭增产保供和产能新增工作、重点产业链链长制工作会议精神，分析研判长治市当前经济形势，安排部署长治市稳经济重点工作。市委副书记、市长陈耳东出席并讲话。陈耳东从八个方面对下一步工作提出要求。一要快速直达，推动稳经济政策举措落地。统筹抓好国家、省、市出台的一系列助企纾困、稳经济政策，确保财政、税收、金融等各项政策精准直达、快速见效。二要统筹发力，做好煤炭增产保供和产能新增。扛起保障国家能源安全重大责任，加强生产调度、强化服务保障，做好产量核查、矿井建设、产能新增，在确保安全前提下稳产增产。三要全力以赴，加快推进重点项目建设。把稳投资作为稳经济的重中之重，项目谋划再加力，建设进度再加速，服务保障再加紧，招商引资再加强，以高质量项目建设推动全方位高质量发展。四要抢抓机遇，夯实重点产业链发展基础。围绕重点打造10条产业链、培育20家至30家“链主”企业目标，加大扶持力度、成立工作专班、深挖产业链高端价值，重点培育一批“链主”“链核”企业，做大做强产业链条。五要强化举措，加快消费市场回暖和服务业增长。加大力度促进消费回补，提振汽车等大宗消费，力促文旅业复苏，促进房地产市场健康发展，推动服务业新业态稳定发展。六要紧盯目标，确保完成市场主体倍增年度任务实施。聚焦需求牵引、“十大平台”、龙头企业延链强链补链、城市“烟火气”等，推动市场主体量质齐升。七要持之以恒，着力保障和改善民生。做好扩大就业、农业生产、居民增收、重要民生商品保供稳价工作。八要守牢底线，保障安全稳定。科学精准防疫情，抓好财政金融、产业链供应、房地产等方面风险防范化解，做好汛期隐患排查，贯彻国务院安全生产15条硬措施和长治市25条特别措施，确保全市社会大局和谐稳定。

（《长治日报》）

政府文件目录

长政发〔2022〕1～71号

1. 关于做好2022年安全生产工作的通知

3. 关于印发长治市“十四五”现代物流发展规划的通知

4. 关于印发长治市“十四五”新业态规划的通知

5. 关于印发长治市“十四五”现代服务业发展规划的通知

6. 关于印发长治市“十四五”粮食和物资储备规划的通知

10. 关于印发长治市“十四五”防震减灾规划的通知

12. 关于印发长治市“十四五”应急管理体系和本质安全能力建设规划的通知

13. 关于进一步巩固提升安全生产基础建设水平的实施意见

15. 关于印发长治市“十四五”文化和旅游发展规划的通知

16. 关于印发长治市“十四五”营商环境建设规划的通知

17. 关于印发长治市“十四五”人力资源和社会保障事业发展规划的通知

20. 关于印发长治市“十四五”高品质生活建设规划的通知

28. 关于调整市与县改区财政管理体制的通知

30. 关于印发长治市新装备产业、新材料产业和新产品“十四五”发展规划的通知

31. 关于印发长治市全民健身实施计划（2021—2025年）的通知

32. 关于印发长治市未来产业和战略性新兴产业“十四五”发展规划的通知

34. 长治市人民政府关于落实衔接省政府取消和下放一批行政审批事项的通知

35. 关于印发长治市“十四五”新技术规划的通知

36. 关于印发长治市“十四五”打造一流创新生态实施创新驱动、科教兴市、人才强市战略规划的通知

40. 关于规范“一枚印章管审批”划转事项的通知

43. 关于印发长治市“十四五”区域融合和对外开放新高地发展规划的通知

47. 关于印发长治市新时代太行革命老区振兴发展实施方案的通知

51. 关于印发长治市“证照分离”改革事项清单（2022版）的通知

56. 关于印发长治市“十四五”“两山七河一流域”生态保护和生态文明建设、生态经济发展规划的通知

64. 关于印发长治市贯彻实施《中华人民共和国行政处罚法》任务清单的通知

66. 关于印发长治市营商环境创新提升行动方案的通知

69. 关于印发长治市促进投资奖励办法的通知

71 关于印发长治市“十四五”卫生健康及公共卫生体系规划的通知

长政办发〔2022〕1～61号

1. 关于印发长治市深化医药卫生体制改革重点工作任务的通知

2. 关于印发长治市突发重大动物疫情应急预案的通知

4. 关于印发长治市网站管理办法的通知

5. 关于印发长治市校园安全事故应急预案的通知

6. 关于将主城区住宅物业管理市级有关权限下放至潞州区的通知

7. 关于印发长治市加强农村道路交通安全管理工作实施方案的通知

8. 关于组织开展化工园区认定有关工作的通知

9. 关于印发建立健全抓落实工作机制进一步提高执行力的实施细则的通知

11. 关于市长、副市长、秘书长工作分工的通知

12. 关于2022年《政府工作报告》目标任务分解的通知

13. 关于印发长治市农作物有害生物及农业外来有害生物入侵灾害应急预案的通知

14. 关于印发长治市“十四五”政府治理体系和治理能力现代化专项规划工作方案的通知

15. 关于部分市领导分工调整的通知

16. 关于印发长治市电动汽车充电基础设施专项规划（2021—2025）的通知

19. 关于印发长治市社会救助家庭经济状况核对办法的通知

20. 关于印发长治市工业资源综合利用基地工作方案的通知

21. 关于印发长治市支持第一产业高质量发展补充政策的通知

22. 关于印发《长治市进一步严厉打击非法违法开采矿产资源共同监管责任制规定》的通知

23. 关于印发长治市加强草原保护修复实施方案的通知

25. 关于印发长治市再生资源回收利用体系建设实施方案的通知

26. 关于印发长治市自然资源和生态环境领域市级与县（区）财政事权和支出责任划分改革方案的通知

27. 关于印发长治市加快5G融合应用实施方案的通知

28. 关于印发长治市高质量推进太行一号旅游公路建设工作方案的通知

29. 关于印发长治市政务信息化项目建设应用管理办法实施细则（试行）的通知

30. 关于公布2022年全市城乡居民最低生活保障标准和城乡特困人员供养标准的通知

31. 关于印发《长治市人工影响天气工作高质量发展的实施方案》的通知

32. 关于印发长治市开展科学绿化带实施方案的通知

34. 关于印发长治市自建房安全专项整治实施方案的通知

35. 关于印发长治市煤炭增产保供和产能新增工作方案的通知

36. 关于促进全市煤炭绿色开采的意见

37. 关于印发长治市加快推进交通强市建设实施方案的通知

38. 关于印发长治市促进房地产业良性循环和健康发展实施意见（试行）的通知

39. 关于印发长治市重点产业链及产业链链长工作机制实施方案的通知

40. 关于印发长治市科技计划项目管理办法长治市科研项目经费和科技活动经费管理办法的通知

41. 关于印发长治市促进养老托育服务健康发展实施方案的通知

42. 关于印发长治市促进夜经济发展实施方案的通知

43. 关于印发长治市2022年度国有建设用地供应计划和住宅用地供应计划的通知

44. 关于印发长治市创建A级景区和太行山居奖励补贴办法的通知

45. 关于印发长治市30万千瓦以下煤电机组分类处置实施方案的通知

46. 关于印发长治市防汛抗旱应急预案的通知

47. 关于印发长治市支持个体工商户转型升级的若干措施的通知

49. 关于市长、副市长、秘书长工作分工的通知

50. 关于印发长治市加快推进数字经济高质量发展实施方案的通知

51. 关于印发长治市“十四五”时期“一老一幼”整体解决方案的通知

52. 关于印发长治市实施建筑业提质行动若干措施的通知

53. 关于印发长治市“一城四区”规划编制和土地管理规定的通知

54. 关于全面实施行政许可事项清单管理的通知

55. 关于将长治市焦化行业压减过剩产能专项工作领导小组更名为长治市推动焦化行业高质量发展领导小组并调整工作职责等有关事项的通知

56. 关于对长治市加快推进企业上市挂牌10条措施部分内容进行修改的通知

58. 关于印发长治市火灾事故调查处理规定的通知

59. 关于印发长治市促进楼宇经济高质量发展扶持奖励办法（试行）的通知

60. 关于印发长治市大面积停电事件应急预案的通知

61. 关于印发长治市健全重特大疾病医疗保险和救助制度的实施细则的通知 （张　鸣）

政务服务

【概述】 2022年，长治市行政审批服务管理局以统筹推进市场主体倍增工程和营商环境创新提升行动为牵引，持续推进“一枚印章管审批”、政务信息化建设、公共资源交易和“互联网＋监管”等领域重点工作，打造“三无”“三可”营商环境，为推动高质量发展提供重要支撑。 （于　渊）

【营商环境优化】 2022年，长治市行政审批服务管理局牵头制定《2022年营商环境创新提升工作方案》，作为全市营商环境提升4.0版方案，形成涉及18项指标，包含37家单位209条举措的工作清单。印发《关于2022年度营商环境专项考核指标情况的通报》，明确考核目标、长治现状及提升要求，推动长治市营商环境持续优化提升。印发《长治市2022年营商

环境“五有套餐”配套办法实施方案》，共有工作任务60项，配套落实办法50条，细化创优营商环境工作矩阵，为营商环境全面提质增效打下基础。（于　渊）

【市场主体倍增工程】 2022年，长治市成立促进市场主体倍增工作专班，统筹推进市场主体倍增工程，专班日常工作由长治市行政审批服务管理局负责。全面统筹推进，牵头制定《长治市市场主体倍增工程工作方案》，建立《专报》《简报》和《快报》“三报机制”，累计印发专报9期，工作简报15期，工作快报13期；持续调查研究，深入基层开展专题调研，形成《“夜经济”发展现状及对策》《如何促进新业态新模式发展》等25篇调研报告，明确市场主体培育的方向；强化宣传引导，围绕金融财税、用地用能保障、科技创新、政务服务、行政执法5个方面召开6场新闻发布会，制作政策汇编及宣传动画，为市场主体答疑解惑。截至2022年底，全市市场主体总量325733户，较2021年底净增长69114户，净增率为26.93%。（于　渊）

【行政许可事项清单管理】 2022年，长治市行政审批服务管理局牵头制定《长治市人民政府办公室关于全面实行行政许可事项清单管理的通知》，公布《长治市行政许可事项清单(2022年版)》，包含332项行政许可事项，全市12个县区均编制公布完毕，初步建立统一编制、联合审核、动态管理、全面实施的行政许可事项清单管理机制。（于　渊）

【商事制度改革】 2022年，长治市行政审批服务管理局全面推行“承诺办、当日办、网上办”登记模式，出台全免费惠企大礼包，企业开办“一站式服务”，审批效率提升近80%。推动“证照分离”改革全覆盖，梳理更新市县涉改事项120项。2022年，四种改革方式总计办件量达到1.24万件，惠及企业1.09万户。全省率先推行“一照多址”登记便利化改革，实现一张营业执照、多个地址、多点经营，极大节省企业扩大经营成本。2022年先后有80家企业拿到新版“多址”营业执照。（于　渊）

【数字政府建设】 2022年，长治市行政审批服务管理局夯实完善数字政府管理机制体制，出台《长治市政务信息化项目建设应用管理办法实施细则》，规范信息化项目全流程管理，健全政务信息化建设长效管控机制。按照全省信息化建设“五个一”总体要求，对接各级各部门业务系统，整合市直部门业务系统和行业数据，建设一屏总览数据中台，实现城市运行态势感知、监测预警以及跨部门、跨层级的业务协同和融合指挥。创新提出“双感八通”政府治理理念，构建起大数据动态感知城市治理体系。（于　渊）

【“全代办”服务】 2022年，长治市行政审批服务管理局构建“三专三库三通一热线”的“3331”全代办模式。打造“三专”团队，包括252名银行柜员组成的“专办团队”，63名业内专家组成的“专家团队”，298名审批人员组成的“专员团队”，为项目打造全周期的服务办事体验。汇聚“三库”资源，依托“要素保障库”“政策法规库”“金融产品库”，为企业提供第一手的政策金融资讯。优化“三通”体系，通过“会议联通”“热线联通”“网微联通”，借助重点工程审批工作会、“12345”服务专席等多种渠道，为企业提供及时贴心服务。深化“12345”感知服务，“感知”企业事前对政策“不清楚”，事中对过程“不放心”，事后对发证“不注意”，通过证照延续提醒等多种途径，打造精细化服务新标杆。2022年，全市依托“3331”模式累计办理全代办事项2217件，服务企业1750余家。（于　渊）

【工程建设项目审批制度改革】 2022年，长治市行政审批服务管理局牵头制定《加强项目前期策划服务分类实施“拿地即开工”工作方案》，全面加强政府统一服务，制定14类审批流程图，项目平均建设周期缩减达4个月以上。出台《竣工联合验收工作细则》，设立联合验收综合窗口，实行“一套资料、并联审批、联合验收、一口出证”。推进工改系统全流程线上审批，网上受理项目数同比增长54.35%，办件总量增长77.09%。2022年，全市累计线上审批项目1568个，办件总量4590件，其中“拿地即开工”项目80个，并联审批484件，联合验收98件，各类项目平均审批用时同比缩减58.13%。建立重点工程推进会议制度和市县开发区三级视频调度会议制度，累计为60余个市级重点工程项目提供全流程服务。（于　渊）

【公共资源交易平台整合共享】 2022年，长治市公共资源交易中心营造“三不腐”工作氛围，打造清廉交易平台。持续推进远程异地评标，推广电子保函应用，推进农村集体产权进入平台交易。全面构建诚信交易体系建设，开展“一项一承诺”交易服务自评，全面完成公共资源交易平台与市场主体评价系统的对接。推动移动CA数字证书功能对接和交易服务标准化建设等工作，提升服务质效。2022年共完成各类公共资源交易项目1797项，成交金额292.4亿元。（于　渊）

【“12345”政务服务热线】 2022年，长治市12345政务热线服务中心建立“12345热线+”服务生态，先后推出“12345热线+供热服务”“12345热线+助考服务”“12345热线+公积金服务”“12345 热线 + 健康码申诉服务”“12345 热线 + 专家团队咨询服务”“12345 热线 + 证照提醒服务”等服务，为企业群众排忧解难。重点提升热线数据应用水平，每月编发运行情况月报，剖析典型案例，收集群众意见建议。每半月编发一期“民声‘数’递”，实时掌握热线运行情况，及时梳理诉求热点，推动问题协调解决。每周编制营商环境周报，统计分析营商环境领域的热点和难点问题，助力精准施策。2022 年受理工单 58.98 万件，办结满意率 99.46%。（于 澜）

信访工作

【概述】 2022 年，长治市信访形势总体平稳可控，持续向好，信访总量 9302 批次，占全省信访总量 6.05%。其中，走访 3044 批次，网上投诉 5339 件次，来信 919 件次。全市信访部门及时受理率、责任单位及时受理率、按期答复率分别为 100%、99.96%、100%，分别高于全省 0.02 个、0.08 个、0.17 个百分点。2022 年，长治市信访工作考核位列全省第三；长治市信访局、黎城县信访局、武乡县信访局获评全省信访先进集体；市信访局干部获评全省信访系统先进工作者 1 名、全国信访系统优秀办信员 1 名。（孔 谦）

【信访工作“三化”建设】 2022 年，长治市出台《长治市深入开展信访工作规范化建设指导意见（试行）》《长治市一站式多元解纷机制建设实施方案》，市、县两级全面实行接待场所标准化、接待流程规范化、矛盾化解多元化的“三化”建设，优化再造信访接待流程，整合信访、司法、法院、公安、综治等多部门力量，建立完善集信访调处、人民调解、仲裁服务、行政复议、速裁快审、法律服务、心理咨询等功能为一体的一站式多元解纷平台，实现信访服务中心、多元解纷中心、综治中心接待大厅的合署办公，群众诉求解决由“多部门”向“一扇门”转变、“多中心”向“一中心”集成，提升对各类矛盾纠纷的化解能力。（孔 谦）

【“访调对接”工作】 2022 年，长治市信访局在全市推动建立信访、司法访调对接工作联席会议制度，推动矛盾双方“事心双解、案结事了”。9 月 28 日至 29 日，全省访调对接工作培训班在长治市召开，省司法厅、省信访局、省人民调解协会主要领导和各地市司法、信访、调解协会相关负责人现场观摩市信访局、长子县、上党区、黎城县访调工作情况，长治市在会上做交流发言，《耐心调解，打开群众心结》的“访调对接”工作经验在《人民日报》刊登。（孔 谦）

【《信访工作条例》学习宣传】 2022 年，长治市制定《学习宣传贯彻落实〈信访工作条例〉“十二项活动”工作方案》，推进《信访工作条例》（以下简称《条例》）在信访工作实践中落地落实。市委常委会、市政府常务会分别召开会议学习《条例》，部署贯彻落实工作。全市 12 个县区党委常委会、政府常务会进行专题学习，各单位先后召开党委（党组）会议专题学习。培训全覆盖，举办学习贯彻《信访工作条例》暨信访工作规范化建设培训班，邀请省、市相关领导、专家和业务骨干授课，将宣讲学习《条例》作为党性教育内容纳入党校教学培训计划。宣传全覆盖，组织开展全市《条例》集中学习宣传活动。通过设置展板、发放宣传册、制作播放宣传视频、公众号访谈、现场讲解、接受群众咨询等方式，引导群众依法办事、循法信访。活动期间共发放宣传手册 108120 余份、接受群众咨询 7050 余人次、解答群众法律咨询 300 余起。长治市信访局组织制作的《我是谁》短片在国家信访局正能量作品创作大赛获优秀奖。（孔 谦）

【健全信访工作机制】 2022 年，长治市信访工作联席办健全信访情况日通报、重要信访事项短信及时推送制度（推送县区主要领导和分管领导）、网上信访情况周报、信访形势月通报、季分析等工作机制，为各级党委政府提供决策参考。加强信访事项日常督办调度。坚持每周对信访事项办理质量进行抽查检查和视频调度，特别是对重复信访事项全面梳理清单，精准交办至各县区和市直有关单位，成立工作专班，逐件落实“五包一”，做好信访化解工作，减少“信转访”“网转访”，提高信访事项办理质效，提升群众满意度和幸福感。（孔 谦）

【信访矛盾化解】 2022 年，中央信访工作联席会议办公室交办信访积案 883 件，长治市于 11 月 20 日全部化解“清零”。通过对信访事项受理、办理全流程规范情况定期抽查通报，对市县乡三级领导干部接访约访情况不定时抽查抽检，对重复信访事项进行高频次督办，对反复倒流的信访积案落实提级包案，对突出疑难问题进行视频调度和实地督导，对一些信访问题动态管理交办，多措并举以量的规范落实推进质的有效提升，统筹推动案件化解。（孔 谦）

外事及台港澳事务

【对外交流】 2022 年，长治市开展对外交流，力求讲好中国故事长治篇章。9 月 2 日晚，市委副书记、市长陈耳东会见阿根廷驻华大使牛望道、印度尼西亚驻华使馆公使兼副馆长狄诺一行，双方就开展合作进行交流，其间

2022年9月2日，长治市委副书记、市长陈耳东（中右一）会见阿根廷驻华大使牛望道（中左一）、印度尼西亚驻华使馆公使兼副馆长狄诺（左四）一行
（武　帅　供图）

2022年9月4日，古巴驻华大使卡洛斯·米格尔·佩雷拉（左七）一行在高新区百泰药业创新生物制品项目工地参观
（武　帅　供图）

牛望道参观长治三元煤业5G+智慧煤矿建设。9月4日，陈耳东会见古巴驻华大使卡洛斯·米格尔·佩雷拉一行，双方就百泰生物药业落户长治市及加强生物领域合作进行交流。9月1—9月3日，2022年太原能源低碳发展论坛在太原举办，长治市人民政府外事办公室（长治市人民政府台港澳事务办公室）（简称市外事办　市台港澳办）参与外宾接待保障工作，做好泰国、南非等国驻华大使的服务保障工作，主动向以色列、丹麦、摩尔多瓦等国外宾宣传推介长治市，涵养外事资源。1月8日，市外事办举办“迎冬奥、心连心”在长国际友人冰雪联谊等活动，在长外籍人员通过多种形式表达对北京冬奥会的期待和祝福。（武　帅）

【对外经贸项目合作】2022年，市外事办坚持在对外经贸合作上下功夫，在引进外资项目、扩大进出口额度等方面见成效。10月1日，作为中国和古巴合资的生物技术高新技术企业，百泰生物药业研发和产业化项目在高新区开工奠基。同时，古巴分子免疫学中心、百泰生物药业与长治市高新区三方签约共建研发中心，开展生物医药创新研发。5月19日，组织长治市与俄罗斯图拉市举行经贸交流视频连线会，双方共有20余家企业参会并进行互动交流，长治部分企业产品吸引俄方关注，期待进一步交流合作。推荐长治市企业申报入选外交部物资采购目录，沁州黄小米、八义窑彩瓷、长子麦秆画等开始供货。向企业宣传APEC商务旅行卡，协助有关企业办理申请及换卡手续，为企业人员出境提供便利服务。（武　帅）

【友城建设】2022年，市外事办坚持围绕全市中心大局，不断优化友城建设布局，持续强化项目合作支撑，推动长治市各领域对外交流合作。5月19日，长治市与俄罗斯图拉市签署《发展友好城市关系意向书》，陈耳东与图拉市市长米利亚耶夫·德米特里进行交流。10月中旬，市委副书记、市长陈耳东应邀以视频形式向光州广域市举办的中韩建交30周年纪念国际研讨会致辞。“悦动太行”旅游宣传片在韩国光州广域市市政广场、高铁站等人员密集区域滚动刊播，吸引大批光州广域市民关注。长治二院与韩国全南大学医院多次召开线上视频交流会议，双方加强学术交流，提高教学诊疗能力，服务患者群众。

（武　帅）

【涉外管理服务】2022年，市外事办持续加强涉外管理服务，安全有序稳妥开展各项涉外交流活动，严格落实请示报告制度，审慎安排对外交流内容，做好境外机构和公民安全防护工作。严格按照要求报批出访，共报批6人因公出国援非医疗人员。（武　帅）

【对台港澳交流合作】2022年，市台港澳办坚持以项目引进为抓手，深化对台各领域交流与合作。配合市高新区引进凯松电子科技产业园项目，总投资约25亿元，项目能够提升高端化成铝箔和储能材料的市场占有率。配合潞城区引进龙富达生态农业科技有限公司项目，总投资为3.3亿元，项目推动碳酸钙资源的深度综合利用。邀请项目投资方参加“三胞三属”联谊会以及各种联谊活动，倾听他们

的意见建议，协助解决好他们的工作生活问题。（武 帅）

机关事务管理

【概述】2022年，长治市直属机关事务管理局（简称市直机关事务管理局）先后获‘山西省机关事务工作先进集体”“山西省老干部工作先进集体”复审推荐；牵头全市182家党政机关建成节约型机关，牵头全市56家党政机关建成节水型单位；2021年度目标考核中党建工作、发展任务考核均为优秀；驻村帮扶工作队获评壶关县委县政府“驻村帮扶优秀单位”；全市机关事务工作处于全省第一方阵。（李 建）

【办公用房集中统管】2022年，市直机关事务管理局组织各县区机关事务管理部门对县级、乡级党政机关办公用房信息进行统计填报；加强对全市办公用房年度巡检考核工作；整合办公用房资源，将市社会保险中心等5个单位进行调整；组织全市12个县区和70家市直单位开展中共十八大以来违规兴建楼堂馆所和乱设乱用财政专户乱存乱放财政资金自查自纠工作；完善全市机关公有住房确权颁证清零工作，机关北院完成49户，南院完成108户，长治大酒店完成95户。（李 建）

【不动产集中统管】2022年，市直机关事务管理局办理完成市公安局、市水利局、长北运管处等16家市直单位的不动产转移登记工作；分别完成20家市直单位房地产平面图四邻签章和13家单位的四邻签章沟通协调工作；权籍调查原正大学校等5家市直单位宗地，出具房地产宗地图，完善不动产转移登记资料；成立市直机关不动产登记工作专班；调研17家市直单位闲置土地房产并提出建议，优化资产配置。（李 建）

【公务用车集中统管】2022年，市直机关事务管理局实行公务用车编制、经费统一管理。为市政管理中心、市农业综合行政执法队等10家单位的车辆重新核定编制；协调市财政局将公务用车购置费、参与集中统管的58家单位公务用车年度运行经费统一划转至市直机关事务管理局部门预算，提高公务用车服务保障效能；集中采购公务用车11辆，其中7座小型客车7辆、大型客车1辆、新能源汽车3辆，全年报废处置车辆37辆；签订框架协议采购程序，确定4家定点社会车辆租赁企业，2022年共有58家单位租赁社会车辆126次。（李 建）

【公共机构节能统管】2022年，市直机关事务管理局出台长治市《公共机构节能考核细则》等5项细则标准；组织完成垃圾分类示范单位遴选工作，市人民医院等3家单位被国管局评为垃圾分类示范单位，创建年度节约型机关182个，市行政审批局等56个行政事业单位被评为节水型机关；以公共机构节能宣传周、全国低碳日为契机，采取线上线下、点面结合的方式开展公共机构节能宣传周、世界水日等主题活动；开展节能督查工作。（李 建）

【政务接待统管】2022年，市直机关事务管理局严格落实中央八项规定和接待细则，提高政务接待规范化水平，全年共接待宾客312批5462人次；向对口单位宣传中央八项规定和接待细则，执行接待清单制度和“三单一函”接待程序，严格区分公务接待、商务接待和其他接待，切实压减不必要的公务接待活动和非公务接待；做好常态化疫情防控期间公务接待有关通风消杀、放置防疫用品等各项措施。（李 建）

【后勤服务保障】2022年，市直机关事务管理局全年保障各类大型会议300余次，开展消防、反恐演练10余次，协助潞州区公安分局处理上访事件90余起；精心做好集中办公区卫生保洁和绿化工作，全年共完成日常保洁约40.3万平方米，绿化养护达20万平方米；按期完成门面房租金减免工作，2022年共为276家租户减免租金402.38万元，接收市三中等单位移交的门面房18处，对闲置的17处门面房采取公开拍卖方式进行招租，签订合同236份，对长期欠缴租户通过法律手段，累计追回欠缴租金75.39万元，2022年收缴租金941.52万元。（李 建）

中国人民政治协商会议长治市委员会

综　述

【政协组织机构】 2022年，市政协工作机构设办公室和7个专委会：提案委员会、经济委员会、农村和农业委员会、人口资源环境委员会、教科卫体和民族宗教委员会、社会法制委员联络和港澳台侨外事委员会、文化文史和学习委员会。下设事业单位1个：研究中心。（刘清源）

【思想政治建设情况】 2022年，中国人民政治协商会议长治市委员会（简称市政协）坚持以习近平新时代中国特色社会主义思想为指导，深入学习宣传贯彻中共二十大精神，举办“喜迎二十大·同心向党”书画展和“政协文史资料”展，累计参观人数5000余人次；组织举办委员讲坛4期，邀请中央党校科社教研部副主任郭强等专家学者深入解读党的二十大精神，带动线上线下学习人数12000余人次。落实“第一议题”制度，把学习贯彻中共二十大精神与习近平总书记关于加强和改进人民政协工作的重要思想贯通起来理解、结合起来把握，深入学习宣传贯彻《中国共产党政治协商工作条例》和中央、省委政协工作会议精神，全年开展政协党组学习19次，专题学习42次，习近平新时代中国特色社会主义思想学习座谈小组学习32次，线上全程参加全国政协专题培训班和全省市县政协领导班子培训班学习，举办委员培训班2期。政协主席会议成员带头深入基层宣讲党的二十大精神，政协委员结合自身岗位职责深入界别群众开展宣讲，引导社会各界人士深刻领悟“两个确立”的决定性意义，增强“四个意识”、坚定“四个自信”、做到“两个维护”，确保政协事业沿着正确方向笃定前行。（刘清源）

【统一战线功能发挥】 2022年，市政协把“委员之家”作为凝聚委员共识的重要平台，建成市级“委员之家”26个，340余名委员全部纳入“委员之家”管理，依托“委员之家”，开展联系群众、团结联谊活动80余次。“委员之家”经验被《人民政协报》报道。坚持面向基层实现更深层次凝聚共识，出台指导意见，搭建融入式、共享式“有事来商量”平台1945个，开展委员进基层联系群众工作，委员参与协商议事600余次，解决“急难愁盼”事项200余件。结合委员专长，开展读书分享活动70余次，线上革命历史和优秀传统文化等专题讲座18场，参与委员和界别群众30000余人次。编印太行太岳党政军民学机构史料汇编，编辑出版《长治文史》6期6600余册，增设“太行山水”栏目。开展“文存入校、守根铸魂”活动，向200余所学校发放《长治历代文存》等文史资料200余套。（刘清源）

重要会议

【十四届一次会议】 2022年2月19日至22日，政协第十四届长治市委员会第一次会议召开。会议听取并审议许霞代表政协第十三届长治市委员会常务委员会作的工作报告和刘鹏飞受政协第十三届长市委员会常务委员会委托作的关于提案工作情况的报告；与会人员列席长治市第十五届人民代表大会第一次会议，听取并讨论政府工作报告及其他有关报告；会议以无记名投票的方式，选举李敏为中国人民政治协商会议第十四届长治市委员会主席，选举阎新平、王卫军、赵文栋、崔江华、张宏伟、张丽芳、邱建英为中国人民政治协商会议第十四届长治市委员会副主席，选举段林刚为中国人民政治协商会议第十四届长治市委员会秘书长，选举丁向东等54人为中国人民政治协商会议第十四届长治市委员会常务委员；会议审议通过市政协十三届五次会议政治决议、常委会工作报告决议和提案审查情况的报告。会议期间，市委，市人大常委会，市政府及军分区法检两院负责人到会祝贺。市委书记杨勤荣参加分组讨论听取委员意见，并在闭幕会上发表讲话。市委副书记、市长陈耳东出席会议并参加分组讨论，市委副书记、政法委书记丁利军，市人大常委会主任郭康锋出席会议。（刘清源）

【常务委员会议】 2022年2月14日，市政协召开十三届二十五次常委会会议，会议决定政协第十四届长治市委员会第一次会议于2月19日在长治召开。市政协主席许霞主持会议并讲话，副市长张和平应邀出席并就《政府工作报告（征求意见稿）》起草情况进行说明。会议审议通过十四届市政协界别设置、委员名额和人选名单；审议通过关于召开市政协十四届一次会议的决定；审议通过市政协常委会工作报告及报告人、市政协常委会提案工作报告及报告人；审议通过市政协十四届一次会议议程、日程、编组办法和各组召集人名单、编组名单等文件，为市政协十四届一次会议召开做好准备。会议书面审议市政协各专委会、研究中心工作总结。市政协党组书记李敏，市委常委、副市长张和平，市委常委、统战部部长、市政协党组副书记张志刚，市政协副主席杨江波、闫路平、刘鹏飞、焦吉林、王卫军、赵文栋、卢展明，市政协党组成员崔江华及市政协秘书长李义广出席。

2022年2月28日，市政协召开十四届一次常委会会议。市政协主席李敏主持并讲话。会议深入学习贯彻习近平总书记考察调研山西重要指示精神，传达学习省委书记林武在长治调研指示精神、省委“五个先行”和“三大任务”重要要求、市委工作部署和“五个表率”要求，并就抓好贯彻落实进行安排部署。会议审议通过《政协第十四届长治市委员会关于机构设置的决定》、人事事项及《政协长治市委员会常务委员会2022年工作要点》。市委常委、统战部部长、市政协党组副书记张志刚，市政协副主席阎新平、王卫军、赵文栋、崔江华、张宏伟、张丽芳、邱建英及秘书长段林刚参加。

2022年6月30日，市政协召开十四届二次常委会会议。会议审议通过《关于围绕全面推进乡村振兴 发展壮大乡村产业的建议》《政协长治市委员会关于反映社情民意信息工作的管理办法（试行）》。市政协主席李敏出席会议并讲话。市委常委、统战部部长、市政协党组副书记张志刚，副市长贺鑫，市政协副主席王卫军、赵文栋、崔江华、张宏伟、张丽芳、邱建英及秘书长段林刚参加。王卫军主持会议。

2022年8月26日，市政协召开十四届三次常委会会议。学习习近平总书记在省部级主要领导干部专题研讨班上的重要讲话；通报长治市实施创新驱动发展战略、加快建设创新型城市的情况；审议通过《关于实施创新驱动发展战略 加快建设创新型城市的建议》。市政协主席李敏出席并讲话。市委常委、统战部部长、市政协党组副书记张志刚，副市长朱静，市政协副主席王卫军、赵文栋、崔江华、张宏伟、张丽芳、邱建英及秘书长段林刚参加。

2022年12月9日，市政协召开十四届四次常委会会议。会议审议通过《关于提升产业链内生动力，努力推动我市新兴产业高质量发展的建议》。市政协主席李敏出席并讲话。市委常委、常务副市长张利锋，市委常委、统战部部长、市政协党组副书记张志刚，市政协副主席阎新平、王卫军、赵文栋、崔江华、张宏伟、张丽芳、邱建英及秘书长段林刚参加。崔江华主持会议。（刘清源）

议政协商

【专门协商机构作用发挥】 2022年，市政协围绕市委、市政府重大决策部署，落实年度协商计划，组织开展专题协商32次，视察调研54次，形成建议案、调研报告16个，提出意见建议120余条。召开专题议政性常委会3次，围绕新兴产业发展、培育龙头骨干“链主”企业和专精特新“链核”企业、助力长治市装备制造业发展等议政建言，提出新兴产业项目储备、创新主体扩量提质等建议35条，市委、市政府主要领导对相关建言成果作出批示。围绕长治市编制空间发展战略规划、统筹老城和滨湖新区建设对口协商，围绕建设国家级创新型城市专题调研，围绕长治市稳步实现“双碳”目标专题议政，围绕长治市争创国家级承接产业转移示范区工作专项视察，市委、市政府领导对部分协商成果作出批示。（刘清源）

【社情民意信息】 2022年，市政协聚焦党政要事、民生实事，全年征集社情民意信息3014篇，报送全国和省政协792篇，编印《社情民意》26期158篇，其中《引导各族各界不断铸牢中华民族共同体意识》《防范高山峡谷山区汛期山体滑坡等地质灾害》等28篇信息被全国政协采用，《建立国家级公益性中国共产党党史影像资料库的建设》等110篇信息被省政协采用，《加强与北京重点公立医院对口合作的建议》等4篇信息被市领导批示。征集委员提案520件，立案

417 件，全部办复，《关于设立中小企业专项纾困资金池的建议》等一大批高质量建议被提案办理部门采纳，并转化为具体工作举措。（刘清源）

【助力招商引资】 2022 年，市政协开展“我为全方位推动高质量发展做贡献”主题活动，制定助力招商引资工作实施方案，组建工作专班。围绕“建立一批关系、报送一批线索、邀请一批客户”，市县政协组织助力招商引资活动 240 余场，参与委员 1200 余人次，直接服务企业达 400 余家，促成 58 个项目签约 191 亿元，6 个项目纳入省政协助力招商引资项目名录，参加山西省承接珠三角产业转移合作对接会。设立金融委员工作室，启动金融专家服务团，开展“金融助企”活动。支持工商联在政协舞台发挥职能作用，搭建金融超市，畅通银企对接，8 家金融机构为 283 家民营企业发放贷款 11.7 亿元。市工商联《搭建金融超市 破解融资难题》评为全国工商联 2022 年度“创新中国”优秀案例。（刘清源）

【助推发展环境优化】 2022 年，市政协围绕“打造‘三无’‘三可’营商环境开展对口协商，助推全市市场主体增长。紧盯民生重点课题监督建言，就高中教育质量提升、“双减”政策落实、公共卫生服务能力建设等，组织委员多渠道听取各方呼声，助推惠民政策落地见效。聚焦重点项目建设、装备制造业发展等开展专项监督，赢得以点带面推动工作的良好效果。民主评议市交通运输局和医疗保障局，推进部门工作改进。主席会议成员下沉县区重点部位，专项检查找短板、协商对接交问题、现场督促抓整改，助推常态化疫情防控和文明城市创建。（刘清源）

专委会工作

【提案委员会】 2022 年，市政协委员、各参加单位和专门委员会共提出提案 520 件。其中，委员提案 419 件，集体提案 101 件。经审查，立案 417 件并全部办复。所提意见建议得到解决和列入计划逐步解决的 396 件，占 95%。其中，采纳落实的 264 件，列入计划逐步落实的 132 件。因政策或条件所限暂时难以落实、已作解释说明的 21 件，占 5%。修订《市政协重点提案遴选与督办办法》《长治市办理政协提案工作规程》，制定《市政协重点提案视察调研工作实施细则》《市政协提案办理协商工作细则》，进一步规范提案办理协商层次和协商频次。发挥提案高层次办理协商的示范引领作用，增强提案办理整体实效。市政府和市政协领导通过阅批、专题调研等督办形式推动长治市幼儿“入园难”、养老服务机构建设、电动车安全管控、农产品品牌战略推广等 32 件重点提案落地落实。（刘清源）

【经济委员会】 2022 年，市政协经济委共组织委员开展视察、调研、考察、座谈会等各项活动 10 余次，形成调研报告和建议案 5 份，组织委员向政协全会提交提案 40 余份、上报社情民意 100 余篇。开展“提升产业链内生动力，努力推动我市新兴产业高质量发展”常委会课题调研，相关建议得到采纳实施。开展助力招商引资工作，组建工作专班，组织助力招商引资活动 240 余场，参与委员 1170 余人次，直接服务企业 400 余家，促成 58 个项目对接，签约额 191 亿元，6 个项目纳为省政协助力招商引资项目。开展“金融助企”活动，设立金融委员工作室，启动金融专家服务团，与工商联共建金融超市，推动银企对接，8 家金融机构为 283 家企业发放贷款 11.7 亿元。聚焦社会民生热点问题，做好参政议政和调查研究工作，帮助企业、乡镇协调解决实际问题。（刘清源）

【农业和农村工作委员会】 2022 年，市政协农业和农村委员会围绕市委推动高质量发展和关于“三农”工作的决策部署，先后组织开展多次调研活动，其中“全面推进乡村振兴、发展壮大乡村产业”调研活动，采取 12 个县区同题调研、专家座谈等方式，最终形成调研报告并及时报送，市委、市政府有关领导作出批示。组织“加快农村水利基础设施建设，推进农业高质量发展”调研、农业农村现状调查，配合省政协开展“大力推进‘五大平台’建设，打造山西特优农业产业高质量发展新引擎”等调研活动，调研成果均被市委、市政府或各级相关单位采纳参考。围绕农村委界别特点和委员履职需要，不断健全体制机制、丰富协商形式、提高协商质量。提升提案和社情民意信息质量，引导委员针对全市“三农”工作中的重点、难点问题，深入开展调查研究，使提案和社情民意信息做到事实真、分析深、观点新、建议可行。不断完善协商平台，先后成立 2 个“委员之家”，推动政协协商与基层协商有效衔接。（刘清源）

【人口资源环境委员会】 2022 年，市政协人口资源环境委员会围绕统筹老城更新和滨湖区建设开展协商调研，就助力“双碳”目标实现召开专题议政会，相关部门、企业和委员探讨交流，建言献策。联系外地拓展调研，利用网络信息渠道，了解河南安阳、开封的“百城提质”工程以及在老城更新方面的先进经验和做法；学习河北、浙江两省在“双碳”方面的成功尝试。深入基层重点调研，到高新区、长子县相关企业实地调研，了解企业在“碳达峰”“碳中和”方面的工作情况；围绕老顶山生态保护开发、滨湖区产业规划、老城区更新改造等情况开展多次调研。不断深化协商成果，撰写调研报告，其中，“双碳”报告得到市委主要领导批示。强化委员服务管理，全提交111篇提案或社情民意信息，开展14次宣讲、参与18项公益活动、办理16件惠民实事。（刘清源）

【教科卫体和民族宗教委员会】 2022年，市政协教科卫体和民族宗教委员会积极助推长治市教育、科技、卫生、体育事业发展和促进民族宗教关系和谐稳定，围绕实施创新驱动发展战略，不断完善创新平台体系，建设创新型城市开展调研。通过实地调查、查阅资料、座谈交流、听取意见等方式，了解长治市建设创新型城市情况，分析存在的问题和不足，起草《关于实施创新驱动发展战略 加快建设创新型城市的建议》。就推进高中教育质量提升行动开展调研，总结全市高中教育工作的主要成效，分析归纳存在的问题短板，形成《关于推进我市高中教育质量提升的建议》。组织开展提升医药产业服务业水平专题调研和少数民族聚居村文化振兴专题调研，在深入调查研究的基础上，广泛征集有关部门及界别委员意见建议，形成调研报告上报至省政协。围绕医疗卫生体制改革，持续提升人民群众健康获得感，推进健康长治建设、党风廉政建设、政协委员提案办理反馈等工作，对市医疗保障局开展民主评议，并提出意见建议，推动长治市医疗保障工作高质量发展。（刘清源）

【社会法制委员联络和港澳台侨外事委员会】 2022年，市政协社会法制委员联络和港澳台侨外事委员会制定出台《政协长治市委员会“委员之家”建设工作实施办法(试行)》。出台《政协长治市委员会关于县区政协“有事来商量”平台建设运行的工作规程指导意见(试行)》，在12个县区建成政协“有事来商量”平台850个。起草《政协长治市委员会推进“书香政协”建设实施方案》，推进“书香政协”建设，初步形成线上线下协同推进、读书履职相互结合的格局。组织委员开展专题培训，开展“巾帼普法宣讲”“法援惠民生，送法进企业”等主题活动，提升委员履职能力。建立联系群众常态化纽带，制定出台《关于政协委员进基层联系群众工作实施方案》，223名市直委员下到村(社区)，主动收集反映群众意见建议。制定《政协委员履职评价办法(试行)》，完善委员网上履职评价平台，激励委员履职尽责主动性。围绕优化营商环境主题开展调研，形成《关于开展打造“三无三可”营商环境，促进市场主体倍增调研报告》。开展“创建国家级承接产业转移示范区”课题视察，并形成相关视察报告报送市委、市政府。（刘清源）

【文化文史和学习委员会】 2022年，市政协文化文史和学习委员会坚持围绕“发挥绿色、红色、古色等资源优势，助力我市文旅产业做优做强”开展对口协商课题调研，提交关于文旅发展方面的社情民意信息、提案20余篇，其中社情民意信息《关于建设我市上党战役纪念馆的建议》被选送全国政协。召开全市政协文史工作座谈会，举办“喜迎二十大·同心向党”书画作品展，增设政协文史资料展区，共展出260余幅优秀书画作品。发挥政协文史资料“存史、资政、团结、育人”的作用，开展“文存入校、守根铸魂”活动，编印6期《长治文史》双月刊杂志和《长治政协年鉴(2022)》。突出服务管理，提升委员履职能，采用线上、线下相结合的形式，组织开展百余次委员读书活动，在市政协组织开展的“走访民营企业家委员”“委员讲坛”“委员履职专题培训”“我为推动高质量发展作贡献”和委员进社区等活动中，调动委员履职积极性，提升履职能力和水平。（刘清源）

【研究中心】 2022年，市政协研究中心坚持把反映社情民意信息作为履职建言的重要载体和基础工作，全年征集社情民意信息3014篇，报送全国和省政协792篇，编印《社情民意》26期158篇。《引导各族各界不断铸牢中华民族共同体意识》等28篇信息被全国政协采用，《建议建立国家级公益性党史影像资料库》等110篇信息被省政协采用，《建议加强与北京重点公立医院对口合作》等信息被市领导批示转化。11月，在省政协信息工作表彰会上，潞州区政协被评为“反映社情民意信息工作先进单位”，4篇信息被评为“优秀社情民意信息”，1人被评为“反映社情民意信息工作先进个人”。（刘清源）

中国共产党长治市纪律检查委员会
长治市监察委员会

综　述

【中共长治市第十二届纪律检查委员会第二次全体会议】 2022年2月11日，中国共产党长治市第十二届纪律检查委员会第二次全体会议召开。市委书记杨勤荣出席会议并讲话。全会以习近平新时代中国特色社会主义思想为指导，全面贯彻中共十九届六中全会和十九届中央纪委六次全会精神，落实省纪委十二届二次全会和市委十二届二次全会部署要求，总结2021年纪检监察工作，部署2022年任务。全会审议通过王志东代表市纪委常委会所作的《把握运用党的百年奋斗历史经验 全方位推进新时代清廉长治建设 以优异成绩迎接党的二十大胜利召开》工作报告。（庞　博）

【政治教育】 长治市纪委监委始终把学深悟透力行习近平新时代中国特色社会主义思想作为长期政治任务，2022年市纪委常委会组织理论学习中心组集体学习19次。制定《关于深入学习宣传贯彻党的二十大精神的若干措施》，健全常委（扩大）会议领学、理论学习中心组研学、党支部比学等9项措施，举办学习贯彻党的二十大精神市纪委委员研讨班、领导干部学习班和青年干部读书班，分层分级组织集中学习研讨200余次。采用班子成员领题调研、组建专班专题调研等方式，选取10项重点课题开展调研，推动纪检监察干部从贯彻落实中共二十大精神的战略高度谋划和推进纪检监察工作。（庞　博）

【纪检监察体制改革】 2022年，长治市纪委监委坚持和加强党对纪检监察工作的领导，落实请示报告制度，自觉接受双重领导。优化内设机构设置，增设政治监督室、监督和审查调查技术室、第十一审查调查室，健全纪检监察工作运行机制。持续推进纪检监察工作规范化法治化正规化建设，开展市监委向同级人大常委会报告专项工作，自觉接受人大监督。推进小微权力"监督一点通"平台试点工作，建成集监督、公示、分析、预警等功能于一体的"三农"资金智慧监督大数据平台。组织召开监督工作座谈会，构建衔接顺畅、配合有效的大监督工作格局，全市纪检监察机关接受司法、审计等监督主体移送问题线索599件。开展案件质量评查和办案安全突出问题集中纠治，解决突出问题9273个。强化"室组"联动监督、"组组"协同监督和"室组地"联合办案，市纪委监委派驻（派出）机构共处置问题线索443件，立案123件、处分118人。（庞　博）

【纪检监察干部队伍建设】 2022年，长治市纪委监委狠抓专业能力提升，推进全员培训，加大专岗培训、定岗锻炼、跟班实训力度，常态化开展以案代训、以干代训，开展政治理论和业务知识培训12期、培训1472人次。探索开展市直部门主要负责人"走进纪委·宣讲政策"专题活动，创新组建专业化材料写作班子，综合运用自学、研学、导学等方式，推动纪检监察干部做到本职业务精、相关业务通、其他业务懂。树立"组织关心干部、干部关心工作"的鲜明导向，打通系统上下、系统内外、机关和派驻机构之间的选人用人渠道，调整交流科级以上干部242人次。严格内部监督管理，统筹指导县区单设纪检监察干部监督室，制定《办理纪检监察事项回避制度》，细化"三条禁令"具体内容，加大严管严治、自我净化力度，处分

2022年2月11日，中国共产党长治市第十二届纪律检查委员会第二次全体会议召开，市委书记杨勤荣（左7）出席会议并讲话
（庞　博　供图）

纪检监察干部5人次，组织处理21人次。（庞　博）

纪律监察

【政治监督】2022年，长治市纪委监委严明政治纪律和政治规矩，全市处分存在违反政治纪律行为的党员干部28人。紧盯地方政府隐形债务风险、统计造假不收手不收敛、矿山企业瞒报生产安全事故等问题加强监督执纪，建立疫情防控监督快查快处工作机制，完善“一单一图”和“1+4”工作台账，开展监督检查8455次，督促整改问题8050个。严把选人用人政治关、廉洁关，规范审慎回复党风廉政意见。制定《关于开展政治生态分析研判暨政治画像的工作方案》，探索运用“两上两下”工作法，以黎城县为试点，建立集信息采集、数据对比、智能分析、实时预警于一体的数据平台，推动政治监督更加具体、更可评估、更有成效。（庞　博）

【监督执纪】2022年，长治市纪委监委突出加强对“一把手”和领导班子的监督，协助市委制定《市委常委会成员加强对“一把手”和领导班子监督的责任清单》，明确市委常委会各成员对下级监督、同级监督、从严自律三大方面99条具体措施，打出“建制度、明责任、促落实”的组合拳。全市谈话函询乡科级以上领导干部1026人，处分476人，给予组织处理752人。把握政策策略，精准运用“四种形态”批评教育帮助和处理8668人次，其中运用第一、第二种形态处理占比为94.3%。用好问责利器，以精准规范问责促进履责担当，全市党内问责2个党组织、68人，监察问责69人。严格落实“三个区分开来”，全市查处诬告陷害案件2起，为21名受到不实举报的干部澄清正名。（庞　博）

【“三不腐”一体推进】2022年，长治市纪委监委紧盯“关键少数”，建立“周、旬、月”调度机制，综合运用提级办、交叉办、领办督办等多种方式，加大审查调查力度，全市纪检监察机关立案2944件、给予党纪政务处分2915人，市纪委监委立案审查调查县处级干部67人。深化以案促改、以案促建、以案促治，针对案件暴露出的漏洞和短板，深入剖析体制性、隐蔽性、普遍性问题，制发纪检监察建议文书140余份，督促有关部门加强教育、深化改革，健全制度、强化治理。开展常态化不想腐思想教育，建立审查调查与警示教育联动机制，制作警示教育片《酒杯下的贪腐》，整理编印《2020年以来省纪委监委查处曾经在长治任职的省管干部忏悔录汇编》《2021年以来长治市纪委监委查处市管干部严重违纪违法典型案例警示录》，组织全市各级开展同级同类警示教育800余场。（庞　博）

【纠治“四风”】2022年，长治市纪委监委继续纠治享乐主义、奢靡之风，紧盯重要节点、关键人群，对享乐奢靡之风露头就打，对隐形变异问题不断加压，对大吃大喝、铺张浪费等顶风违纪行为严肃惩治，全市查处享乐主义、奢靡之风问题169起233人，给予党纪政务处分226人。深入整治形式主义、官僚主义，聚焦党中央重大决策部署和省委、市委重大举措贯彻落实情况，重点整治做选择、搞变通、打折扣以及“一刀切”“层层加码”“文山会海”“督检考”过多过频等问题，针对突出问题开展明察暗访、交叉互查、专项检查，全市查处形式主义、官僚主义问题51起77人，给予党纪政务处分71人。健全完善节前通报曝光、节中监督检查、节后督促整改机制，全市公开通报违反中央八项规定精神典型案例31批79案108人。（庞　博）

【专项治理整治】2022年，长治市纪委监委推进农村集体“三资”管理贪腐问题、惠民惠农资金腐败问题、损害营商环境不正之风和腐败问题、市直单位关键岗位“中梗阻”问题、重大项目工程领域腐败问题等“1+4”专项整治，集中开展交叉监督检查。持续加大“三个一批”重点村社监督治理力度，第一阶段25个重点村社的信访举报问题全部清零，督促完成民生项目192个；第二阶段30个重点村社的信访举报问题全部化解，推动解决问题593个。统筹推进党员领导干部利用开发区资源谋取私利专项整治、乡村振兴领域腐败和作风问题监督检查、房屋产权登记确权颁证清零行动、打击“沙霸”“矿霸”深挖彻查涉黑涉恶腐败及其“保护伞”问题等29个专项治理整治，全市查处群众身边腐败和不正之风问题1185件，给予党纪政务处分1037人。（庞　博）

2022年，“清风廉韵润太行”戏曲文艺晚会现场（王　宇　供图）

【清廉长治建设】2022年，长治市纪委监委出台《全面建设清廉长治工作指导意见》，建立全面建设清廉长治评价指标体系，开展诺廉、示廉、践廉、述廉、评廉、用廉、崇廉“七廉一体”专项活动，全市党员干部开展诺廉示廉3万余人，各级党组织负责人带头讲廉政党课800余次，以“六型机关”创建为引领，推进清廉单元创建工作矩阵。强化宣传引导，举办“清风廉韵润太行”戏曲文艺晚会、“清廉长治·书画润心”书法美术作品展，拍摄制作10部清廉微视频，打造13条廉政教育主题旅游线路，开设《清廉长治在行动》栏目。（庞　博）

巡察工作

【概述】2022年，长治市纪委监委坚守政治站位，部署开展三轮巡察，对19个市直部门、2个开发区、5个县直部门、3个村级党组织开展常规巡察、提级巡察，促进文旅融合、乡村振兴、营商环境等领域的改革发展。聚焦农村集体“三资”管理重点难点问题，在全市部署开展“三资”管理专项巡察，推动解决基础底数不清、“三资”台账不实、制度机制欠缺等问题。创新工作机制，聘请第三方机构和相关专家协助巡察组开展工作，提高精准发现问题的能力。强化上下联动，深入11个县区开展巡察督导指导，提出参考建议277条，规范制度209项，推动形成以市带县、上下联动的巡察工作格局。（庞　博）

【十二届市委第一轮巡察】于2022年2月完成。此轮巡察共派出2个巡察组，对市文旅局等4个党组开展常规巡察。巡察期间，共发现问题46个，问题线索36件。（申小波）

【十二届市委第二轮巡察】于2022年4月21日至7月21日开展。此轮巡察共派出3个巡察组，采取常规巡察和专项巡察相结合的方式，分别对市住建局等6个市直单位党组织开展常规巡察、2开发区党工委开展专项巡察。巡察期间，共发现问题91个，问题线索145件。（申小波）

【十二届市委第三轮巡察】于2022年9月7日至12月底开展。此轮巡察共派出5个巡察组，对市人社局等9个市直单位党组织开展常规巡察、对壶关县纪委监委机关等5个县（区）级领导班子成员所在部门开展提级巡察。同时，对3个村级党组织开展“三资管理”专项巡察。巡察期间，共发现问题164个，问题线索96件。（申小波）

民主党派　工商联

中国国民党革命委员会长治市委员会

【概述】 2022年，中国国民党革命委员会长治市委员会（简称民革长治市委会）下设14个支部，分别为直属支部、直属二支部、长治学院支部、幼专支部、二中支部、中教支部、机电学院支部、医卫支部、潞州区支部、潞城区支部、上党区支部、襄垣县支部、沁县支部、壶关县支部。有党员283名，党员80%以上具有本科学历或中高级职称，其中研究生学历24人。担任省政协委员1人，市政协委员10人（市政协常务委员1人），市人大代表2人，县区人大代表5人（县区人大常务委员1人），县区政协委员38人（县区政协常务委员11人）。　（郭芸辉）

【换届选举】 2022年1月9日，民革长治市第七次代表大会在滨湖文旅中心召开，会议选举产生民革长治市第七届委员会，邢张朋当选为主任委员，吴锦秀、宋强、韩新莉、慎志东当选副主任委员，任命杨阳为秘书长。选举产生民革长治市第七届委员会内部监督委员会，委员分别为王新燕、牛建斌、石蕾、司玲玲、闫建英、陈忠奇、范晓玲、孟华、董永强、靳俊龙，靳俊龙当选主任，牛建斌、闫建英当选副主任。　（郭芸辉）

【思想政治建设】 2022年，民革长治市委会多次召开全委会、主委会、机关例会等，学习中共二十大精神、民革十四大精神，并为各支部订购《党的二十大报告》单行本。围绕“矢志不渝跟党走，携手奋进新时代”政治交接主题教育和“干实事、出实招、见实效，喜迎中共二十大、山西民革在行动”主题活动，组织长治市民革党员、长治中山书画院书画家参加民革中央、民革省委会、省市统战系统开展的各种征文、书画活动，在民革省委会“讲述，非凡十年”征文活动中，报送征文20余篇；在民革中央举办的“风雨同舟”和“香凝如故”书画展，省委统战部“百年统战同见证，凝心聚力谱新篇”文艺作品展，在民革省委会举办的“‘艺’起抗疫‘晋’在其中”主题网络书画展等活动中，创作各类书画作品20余幅，其中，长治民革党员牛贵斌《春曲》，郝彩红《春耕图》，石蕾《山川图》，胡栋《一起抗疫晋在其中》4幅作品获得线上展出。2022年12月，民革长治市委把近三年调研报告、集体提案、社情民意信息以及征文、书画作品编印成《参政议政集》一书。　（郭芸辉）

【参政议政】 2021年，民革长治市委会根据中共长治市委、市政府工作重点，制定“推进海绵示范城市建设”专题调研方案，并于2022年3月14日至15日请民革山西省委会专职副主委李润到长治指导，组织民革长治市委“推进海绵示范城市建设”专题议政会。2022年5月16日，民革长治市委委员到潞州区海绵城市建设各项目点进行考察调研，完成《关于推进我市海绵城市建设的调研报告》。此外还报送统战理论政策研究课题3篇、统一战线智库课题3篇。2022年两会期间，民革长治市委会共提交大会书面发言1篇、集体提案9篇，长治民革党员中的各级人大代表、政协委员共提交提案议案40余篇。其中集体提案《关于加强非遗项目活化利用，推动我市工艺美术产业创新发展的提案》《关于对加大我市农业生产扶持力度，稳定粮食播种面积的建议》被市政协列为重点提案，分别被长治市政协主席、副主席领衔督办。2022

2022年10月18日上午，民革长治市委会到壶关县集店镇岭东村开展乡村振兴民主监督工作（郭芸辉　供图）

年，民革长治市委制定《民革长治市委会参政议政“三个一”活动实施方案》，全年提交社情民意信息188篇，市政协采用8篇，上报省政协32篇，上报全国政协2篇，其中《关于建立省市县三级政府野生动物损毁农作物等价补偿机制的建议》被全国政协每日社情采用，《关于把学唱革命歌曲列入中小学思政课范畴的建议》《建议我省逐步开展农产品二维码的推广应用》被省政协采用，《建议在主城区实施路灯升级改造工程》被市委书记杨勤荣批示。在长治市政协反映社情民意信息采用情况通报中，民革长治市委在长治市6个民主党派、工商联中排名前列。（郭芸辉）

【组织建设】 2022年，民革长治市委会发展新党员11人。其中，壶关支部1人，潞州区支部3人，襄垣县支部1人，直属二支部2人，中教支部1人，直属支部2人，学院支部1人。民革特色8人，占新发展党员总数的72.7%；省级高层次人才4人，3名为研究生学历，1名为副教授职称。6月18日，民革长治市委举办社情民意信息培训会，组织市委委员、骨干党员参加；6月28日至30日，民革长治市委会组织新发展党员参加市委统战部举办的全市各民主党派新成员培训班。民革长治市委围绕全面建设清廉长治总体目标和部署要求，成立以主委为组长的领导组，制定并实施《民革长治市委会关于清廉机关建设的实施方案》，组织领导班子成员、机关干部学习《关于全面建设清廉长治的实施方案》和全市清廉机关建设工作会议精神，观看警示教育纪录片。7月11日，民革山西省委会表彰大会召开，民革长治市委会共获2个先进集体：上党区支部社会服务先进集体、民革长治市委机关建设先进集体；5个先进个人：潞城区支部党员尚文海获思想宣传先进个人，襄垣县支部党员屈毓华获参政议政先进个人，潞州区支部党员赵晨彦、陈娅妮获社会服务先进个人，民革长治市委会秘书长杨阳获机关建设先进个人。直属支部党员张学义获“全国五一劳动奖章”暨“三晋工匠”称号，成为长治市2022年度唯一获此殊荣的人才。（郭芸辉）

【社会服务】 2022年9月，民革长治市委会开展民革中央组织的“我为帮扶下一单”活动，购买纳雍县的农特产品。10月18日，长治市政府副市长、民革长治市委主委邢张朋带队到壶关县集店镇岭东村开展乡村振兴民主监督工作，实地查看岭东村村容村貌、凤凰山庄乡村旅游发展情况，了解村民就业，村集体产业运行及收入等，并围绕巩固拓展脱贫攻坚成果与乡村振兴有效衔接等问题与村支两委进行探讨。11月，为平顺县石城镇源头村贫困群众及困难党员组织爱心捐赠活动，捐款金额5万余元。民革长治市委会打造社会服务“博爱·牵手”品牌。潞州区支部组织党员购置平顺花椒等2000余元的农副产品，到壶关县店上镇为贫困学生捐赠“壹基金温暖包”20份，价值近8000元，支部还联合医卫支部、市二院、国药山西长治公司到平顺县石城镇源头村，开展医疗下乡义诊活动，服务当地群众200余人次，发放健康手册等宣传资料300余份，捐赠价值1000余元药品。沁县支部围绕防疫、助学、助残、学习中共二十大等，组织开展宣传演出、献爱心、慰问等系列活动。壶关县支部通过光彩事业促进会为壶关县疫情防控捐赠5000元。中教支部到启明星智障儿童托养中心开展慰问活动。机电学院支部全体党员参与河曲县土沟乡寨窊村农副产品土豆认购，党员刘爱叶、龙洁虹通过“飞蚂蚁”“水滴筹”等公益平台捐物捐款献爱心。（郭芸辉）

中国民主同盟长治市委员会

【概述】 中国民主同盟长治市组织创建于20世纪50年代。2022年，中国民主同盟长治市委员会（简称民盟长治市委会）下辖潞州区、机关2个总支，潞城支部、潞安支部、长治学院支部、长治医学院支部、长治职业技术学院支部、长治幼儿师范高等专科学校支部、长治卫校支部、农业支部、税务支部、医卫支部、市医院支部、文化支部12个支部，下设组织部、宣传部、参政议政部、社会服务部、办公室5个部（室），教育工作委员会、文化工作委员会、经济工作委员会、法制工作委员会、卫生健康工作委员会、青年工作委员会6个专委会。共有盟员479名。其中，副处级以上12人，中高级以上职称282人；大学本科学历以上387人；省人大代表2人、省政协委员1人，市人大代表3人、市政协委员25人，县区人大代表11人、县区政协委员43人。2022年，民盟长治市委会被民盟中央表彰为"基层组织建设先进集体"，被民盟山西省委会表彰为"先进集体"，被中共长治市委统战部表彰为"统战宣传工作先进单位"。（侯燕玲）

【换届选举】 2022年1月11日，民盟长治市第八次代表大会在长治宾馆召开，会议审议通过民盟长治市第七届委员会工作报告，选举产生民盟长治市第八届委员会，王卫军当选为主任委员，范连星、王俊、于美芳、马丽、张猛当选为副主任委员，任命侯燕玲为秘书长。选举产生民盟长治市第八届监督委员会，孙慧芳当选为主任，魏芳芝、侯燕玲当选为副主任，刘胜利、程杨玉、胡瑞华、梁晓灵、郭凌锋、杨雷当选为委员。（侯燕玲）

【思想政治建设】 2022年，民盟长治市委会开展"矢志不渝跟党走，携手奋进新时代"政治交接主题教育，组织盟员赴潞城区八路军总部北村旧址开展政治交接现场教育，引领广大盟员领悟"两个确立"的决定性意义。把学习宣传贯彻中共二十大精神作为首要政治任务，举办"迎接中共二十大、民盟十三大、醉美长治"手机摄影大赛，开展中共二十大精神线上培训、"献礼二十大，同心跟党走"经典诵读分享等活动，增进盟员对中国共产党领导和中国特色社会主义的政治认同、思想认同、理论认同、情感认同。挂牌成立第11个"盟员之家"，举办9期"向美而行"文化沙龙，累计6万余名（次）观众在线观看；在民盟长治市委会微信公众号开办"在线看画展"专栏，提升"长治民盟"品牌影响力；在公众号连载《老吴讲故事》，由原民盟长治市委会主委吴天昌主讲。（侯燕玲）

【参政议政】 2022年，民盟长治市委会做好统战信息、《零讯》、提案和反映社情民意信息工作，举办参政议政能力提升培训会，提升盟员参政议政能力。收集上报《零讯》和社情民意信息234篇，由市政协报送全国政协2篇，上报省政协8篇；上报盟省委87篇。上报山西省政协十三届一次会议提案18篇，上报长治市政协十四届一次会议提案21条，立案18条，议政大会发言1篇。《加强对煤制油项目的政策支持》《建议尽快将碳达峰碳中和基础知识纳入中小学教材》2件信息被省政协评为优秀社情民意信息。围绕《推进我市博物馆事业高质量发展》重点调研课题，深入市博物馆、潞州区、上党区、沁县进行调研，形成2万余字的调研报告，被评为全市民主党派调研成果第一名，获得"五连冠"。各支部、各专委会围绕教育改革、营商环境、文化强市、企业发展等主题开展调研座谈，形成多篇参政议政成果。组织申报2022年理论研究课题，上报民盟中央《民生论坛》论文1篇。（侯燕玲）

【组织建设】 2022年，民盟长治市委会实施"人才强盟"战略，更新盟员信息库，推进代表人士和后备干部队伍建设，推荐新盟员参加市委统战部民主党派新成员培训班。选拔推荐骨干盟员担任各级政协委员和人大代表，省人大代表2人，省政协委员1人；市人大代表3人、政协委员25人；县（区）人大代表10人、政协委员35人。市政协副主席、民盟长治市委会主委王卫军被中国民主同盟山西省

2022年1月8日，中国民主同盟长治市第八次代表大会在长治宾馆召开，大会选举产生民盟长治市委新一届领导班子　（侯燕玲　供图）

第十二次代表大会选举为副主委。对文化、教育、经济、法制工作委员会负责人进行调整，同时，根据盟员结构、岗位分布情况成立卫生健康工作委员会、青年工作委员会。召开基层支部工作考核述职评议会。对领导班子成员进行分工，调整各部室负责人，明确各部室的职能分工与合作，推动部室效能建设与各项工作目标任务相结合。（侯燕玲）

【社会服务】2022年，民盟长治市委会持续对口武乡县开展乡村振兴民主监督，深入蟠龙镇关家垴村和砖壁村进行实地调研，就充分发挥武乡革命老区红色资源优势推进乡村振兴提出建议。创新社会服务模式，延伸社会服务范围，将民盟人才智力优势向基层群众倾斜，依托界别和人才优势，开展“乡村振兴在行动”系列活动，开展下乡义诊6期，共有1000余名村民受惠。启动“民盟大讲堂进社区”活动，民盟长治市委会文化支部主委杨雷，分两批为太东街道219名网格员进行摄影培训。（侯燕玲）

2022年7月26日，民建长治市委会到潞城区八路军总部北村旧址，开展“矢志不渝跟党走、携手奋进新时代”政治交接主题教育暨清廉机关建设活动

（王　维　供图）

中国民主建国会长治市委员会

【概述】2022年，中国民主建国会长治市委员会（简称民建长治市委会）下设11个支部和5个专门委员会，有会员249名，其中副厅级1人、副处级3人、正科级11人、副科级5人；正高级职称3人、副高级职称17人、中级职称48人；博士研究生1人、硕士研究生16人、本科学历133人、大专学历87人；省政协委员1人，市人大代表3人、市政协委员11人（市政协常委1人），县区人大代表5人、县区政协委员21人（县区政协常委4人）。（王　维）

【换届选举】2022年1月6日，民建长治市第四次代表大会召开。会议审议通过郭海英所作的民建长治市第三届委员会工作报告，选举产生民建长治市第四届委员会，郭海英当选为主任委员，黄俊霞、于广、杨书旗当选为副主任委员，任命王维为秘书长。于广当选为内部监督委员会主任，裴少泽、石文杰当选为内部监督委员会副主任，宋文艳、毛晨燕、杨安平、郝炜、高嘉阳、闫枭腾当选为内部监督委员会委员。（王　维）

【思想政治建设】2022年，民建长治市委会认真学习贯彻习近平新时代中国特色社会主义思想、中共二十大精神、民建十二大精神、民建山西省十大精神，加强自身建设，开展“矢志不渝跟党走、携手奋进新时代”政治交接主题教育，制定实施方案。结合清廉机关建设，民建长治市委会先后组织专题学习并观看教育警示片，举办“矢志不渝跟党走、携手奋进新时代”政治交接主题教育朗读会，到潞城区八路军总部北村旧址开展政治交接主题教育暨清廉机关建设活动，组织会员集中参观市政协举办的“喜迎二十大 同心向党”书画作品展，到市博物馆开展参观文物、学历史、听故事活动；开展政治交接主题教育暨推动企业高质量发展交流座谈会；到冀南银行博物馆联合开展“矢志不渝跟党走、携手奋进新时代”政治交接主题教育现场教学活动；开展“清廉长治　书画润心”主题书法美术作品展；组织参加民建省委会“喜迎二十大、同心跟党走”主题征文活动，获优秀作品奖；组织全市会员参加省委统战部组织的统一战线知识竞赛，参加会员200多人。提升微信公众号的传播力和影响力，宣传工作统筹推进、重点突出。推送文章被山西民建微信公众号采用38篇，长治统战微信公众号采用13篇，民建中央优秀新闻作品1篇，宋文艳被民建中央授予2020—2021年度“优秀通讯员”称号。（王　维）

【组织建设】2022年，民建长治市委会召开主委会议6次，全委（扩大）会议6次。5月20日，民建长治市委会第四届委员会专门委员会成立，该届专委会设5个专门委员会。全年发展新会员9名，其中本科及硕士研究生学历6人，中级职称5人，平均年龄37.3岁，经济界别占比66.6%。推

荐8名会员参加市委统战部举办的全市各民主党派新成员培训班。组织女会员开展“庆三八传承非遗文化 堆叠锦绣生活”研学活动；组织老会员开展重阳节参观学习活动；开展“推动光伏入村，助力乡村振兴”活动；开展“歌颂母爱弘扬美德”母亲节活动；开展“粽叶飘香、情满民建”端午节活动；潞州区支部召开支部成立十周年座谈会并拍摄专题短片。（王　维）

【参政议政】 2022年，民建长治市委会报送提案47篇、社情民意信息65篇，其中，被市政协采用5篇并报省政协2篇，《关于进一步发展农村职业教育助力乡村振兴的提案》入选2022年度山西省政协100件好提案。先后深入牛寺乡西汤村、走马岭村、山西沁州黄小米（集团）有限公司进行实地调研，就如何扎实推动全县乡村振兴召开座谈会，与县乡村三级干部群众进行交流，助力沁县乡村振兴。按照市委统战部政党协商计划要求，在各相关县区政府、各部门、单位的协助下，民建长治市委会组成调研组，到沁源县、平顺县、壶关县、长子县、沁县等地进行实地调研，完成《壮大集体农村集体经济是乡村振兴工作的重要基础》《关于推进全市连翘产业高质量发展的建议》《发挥密切联系经济界特色在新时代统战工作中发挥更大民建作用》3篇调研报告。（王　维）

【社会服务】 2022年，民建长治市委会向马厂镇社区和农村捐赠价值12000元的防疫物资；开展疫情防控宣传志愿服务活动，向群众发放疫情防控资料600余份；向长治南高速口捐赠价值约5000元的物资。持续打造“思源行动”社会服务品牌，联合会员企业长治市尚宸珠宝有限公司继续到沁县中学开展“思源·同心助学”活动，向20名优秀困难大学生发放助学金7万元，活动开展五年累计发放助学金20.5万元。春节前，民建会员发挥自身特长，进社区、进农村，书写近千副春联；到市启明星智障儿童托管中心开展“学雷锋，送温暖、关爱智障儿童”志愿服务活动；在襄垣工作的民建会员走访慰问贫困家庭；到屯留区前苏村连续四年资助贫困大学生，到故驿学校进行“六一”慰问，送去价值约4000元文具用品；到壶关县石盆村开展“爱心购”助力乡村振兴活动；到平顺县东河村联合开展重阳节送温暖活动，送去价值近7000元慰问品。（王　维）

中国民主促进会长治市委员会

【概述】 2022年，中国民主促进会长治市委员会（简称民进长治市委会）下设23个支部，分别是小学一支部、职业技术学院支部、大中专一支部、中学一支部、市医院支部、和平医院支部、行政机关一支部、直属二支部、行政机关三支部、社会一支部、社会二支部、社会三支部、社会四支部、社会五支部、社会六支部、社会七支部、金融支部、书画研究支部、法学支部、潞州中学支部、文艺支部、中医药研究支部、二院支部，内设参政议政部、宣传部、组织部、社会服务部以及长治民进教育服务团、长治民进艺术团、长治民进医疗服务队、长治民进科技服务队、长治民进企业家联谊会、长治民进开明画院等。有会员482人，机关工作人员5人。会员中，副厅1人，正处2人，副处4人，正科12人，副科9人。副高级职称以上43人，中级职称183人，硕士研究生28人，博士研究生5人。有省人大代表2人，市人大常委1人，市政协常委3人，人大代表3人，市政协委员15人（其中民进界别7人）。（秦　艳）

【换届选举】 2022年1月8日，中国民主促进会长治市第六次代表大会在长治宾馆召开。会议审议通过中国民主促进会长治市第五届委员会工作报告，选举产生中国民主促进会长治市第六届委员会，史淑枝当选为主任委员，郭斌、秦艳、高雅、段爱军当选为副主任委员，马剑宏、晋瑞斌、赵旭鹏、刘越、解永红、邢志华、张莉、高杨军、丁林明、秦君当选为委员。任命秦艳为秘书长。会议表决通过中国民主促进会长治市第六届委员会内部监督委员会组成人员，秦艳任主任，赵旭鹏、秦君任副主任，董妍、赵永江、张华、王建岗、王香勤、王军卿任委员。（秦　艳）

【思想政治建设】 2022年，民进长治市委会坚持以习近平新时代中国特色社会主义思想和中共二十大精神为指导，深化政治引领、共识教育和以“矢志不渝跟党走、携手奋进新时代”为主题的政治交接主题教育，持续推进政治理论学习走实走深。强化政治学习，以深入学习习近平新时代中国特色社会主义思想为主题主线，认真学习领会中共二十大精神、《中国共产党政治协商工作条例》《中国共产党统一战线工作条例》和民进会章、会史等内容。加强理论研究，完成民进省委、市政协、市委统战部布置的课题任务，完成调研报告《民进长治市委乡村振兴民主监督工作报告》《关于更好发挥红色资源优势打造特色思政教育阵地》《民主党派社会服务工作在凝心聚力中的作用研究》等教育、文化、医疗、乡村振兴、民主监督等方面的课题调研任务。创新宣传工作渠道，做好民进信息化建设年创建工作。办好长治民进微信公众号，与“数字山西民进”平台、市委统战部微信平台融合对接，打造服务宣传前沿阵地。（秦　艳）

【组织建设】 2022年，民进长治市委

会通过设立“虚拟机关”，抽调教育界骨干会员，召开虚拟机关会议，参与会务工作助力机关建设。推动星级基层组织创建工作，中学一支部、小学一支部升级为五星级支部，市医院支部升级为四星级支部，二院支部升级为三星级支部。加强“学习型、规范型、服务型、务实型、创新型”机关建设，修订完善各类工作制度、规章制度，提升市委会机关信息化水平，推进无纸化办公。贯彻落实《各民主党派省委会关于加强内部监督工作座谈会纪要》，支持监委会开展监督工作，加强节假日等重点时间提醒监督，强化对基层组织监督，邀请监委会成员列席市委会班子述职和民主评议等重要会议，主动接受监督。（秦　艳）

【参政议政】2022 年，在长治市两会上，民进长治市委会围绕市委、市政府中心工作，聚焦生态环境、教育“双减”等工作建言献策，向大会提交 1 篇书面大会发言、16 篇集体提案、4 篇人大建议案、21 篇个人提案。其中 9 篇集体提案通过审核并被具体承办。开展调查研究，组织调研力量，选择重点课题，坚持实地调研、综合调研和专题调研相结合，深入长治各县区开展系列调查研究活动。围绕经济转型、教育、文化、医疗、卫生、城市建设、节能减排等重大问题，建言献策、反映社情民意。报送社情民意 87 篇，2 名会员被民进山西省委会评为信息工作先进个人。（秦　艳）

【社会服务】2022 年，民进长治市委会发挥界别优势和文艺团、开明画院、企联会的力量，坚持开展文化下乡、“春联万家”、教育扶贫、医疗下乡等活动。开展暖心“送教”、贴心“送文”、倾情“送医”活动。发起参与疫情防控倡议书，广大会员坚守防疫战线，捐款捐物，用实际行动汇聚同心抗疫合力。（秦　艳）

2022 年，民进长治市委会到黎城开展乡村振兴民主监督活动（秦　艳　供图）

中国农工民主党长治市委员会

【概述】2022 年，中国农工民主党长治市委员会（简称农工党长治市委会）下设潞州区支部、市直一支部、市直二支部、市直三支部、市直四支部、市直五支部、长治医学院支部、长治医学院附属和平医院支部、长治中医研究所支部、第八中学支部、第二中学支部 11 个支部。有党员 336 名，研究生以上学历 26 人，中高级以上职称 234 人，厅级以上 2 人，处级以上 7 人，科级以上 29 人，担任省政协委员 2 人，市政协委员 15 人（其中常委 3 人），县级人大代表、政协委员 15 人。（武　晟）

【换届选举】2022 年 1 月 7 日，农工党长治市第七次代表大会在长治市滨湖文旅服务中心召开。会议审议通过农工党长治市第六届委员会工作报告，选举产生农工党长治市第七届委员会，张丽芳当选为主任委员，赵云斌、李红岩、郝晓英、舒玉芬当选为副主任委员，张耀武、范民民、张爱红、韩文强、李文杰、张涛、韩鹏勇当选为委员。（武　晟）

【思想政治建设】2022 年，农工党长治市委会引领全市党员认真学习中共二十大精神、习近平总书记系列重要讲话精神以及统一战线方针政策，筑牢多党合作共同思想基础。1 月 22 日，农工党长治市委会召开七届二次全委（扩大）会议，学习传达中共长治市委十二届二次全会暨市委经济工作会议精神。2 月 27 日，召开专题学习会议，传达学习长治市两会精神和市委书记杨勤荣在各民主党派新一届领导班子座谈会上的讲话精神。3 月 31 日，召开“矢志不渝跟党走，携手奋进新时代”政治交接主题教育动员部署会，组织到平顺县双射泉村农工党党员实践教育基地开展教育活动。5 月 22 日，召开理论学习中心组（扩大）会议。5 月 29 日，举办“矢志不渝跟党走，携手奋进新时代”读书会。7 月 2 日，到黎城县黄崖洞革命纪念地开展“矢志不渝跟党走 携手奋进新时代”政治交接主题教育。7 月 17 日，举办第三期同心大讲堂，援鄂、援沪、援非党员李春雨、路清蒲、王锋、杨艳红作事迹宣讲。7 月 30 日，组织班子成员、机关干部到长治市博物馆参观“清廉

2022年1月7日，农工党长治市第七次代表大会在长治市滨湖文旅中心开幕

（武　晟　供图）

长治·书画润心”书法美术作品展。9月24日，举办“喜迎二十大，携手向未来”知识竞赛。10月11日，组织参观“喜迎二十大 同心向党”书画展。10月30日，召开学习宣传贯彻中共二十大精神动员部署会。

（武　晟）

【组织建设】 2022年，农工党长治市委会加强自身建设。1月8日，全省首个“党员实践教育基地”在长治市平顺县双射泉村揭牌。2月27日，农工党长治市委会召开2021年度新党员见面会。2月27日，农工党长治市委会召开2021年度基层组织负责人述职交流会。3月19日，农工党长治市第七届委员会专门工作委员会成立大会在长治宾馆召开。5月7日，农工党长治市第七届委员会内部监督委员会召开第一次全体会议。开展“星级基层组织创建”活动，2个支部获评五星级支部，4个支部获评四星级支部，全部支部达到三星级以上，3个支部获得农工党山西省委表彰。全年发展党员15名，其中研究生学历以上3人，正高级职称1人，中级职称5人。12月，农工党市委被农工党中央表彰为先进集体。（武　晟）

【参政议政】 2022年，农工党长治市委会向市两会提交的集体提案7篇全部立案，向农工党省委会、市政协提交社情民意90余篇，其中全国政协采用1篇《“农资忽悠团”伤农坑农应查处》，农工党中央采用4篇《关于加快我国丘陵山区农业机械化发展的建议》《关于加大对我国太行山一带高标准农田建设扶持力度的建议》《关于有效提升蓄水池防汛抗旱功能的建议》《“三秋”期间，农民生产面临的困难和建议》，省政协采用5篇，市政协采用4篇，农工党省委会采用29篇。（武　晟）

【调查研究】 2022年，农工党长治市委会围绕中心工作，聚焦群众急难愁盼的热点、难点问题，深入开展调查研究。5月20日，召开2022年调研课题研讨会。6月10日，到壶关县开展专题调研。7月25日至26日，围绕“空心村”乡村振兴和县级中医院发展等课题到屯留区、襄垣县开展专题调研。10月30日，到平顺县龙溪镇开展乡村振兴民主监督专题调研。形成《农村“空心化”对乡村振兴产业发展的制约和建议》《我省县级中医院发展的现在及建议》2篇调研报告，调研成果得到农工党省委和市委统战部的肯定，其中《农村“空心化”对乡村振兴产业发展的制约和建议》在省委会年终评比中荣获二等奖。完成《新时代参政党地方组织自身实践及优化研究——以农工党长治市委会为例》理论课题任务，获得全市统战理论研究优秀成果三等奖。（武　晟）

【社会服务】 2022年，农工党长治市委会发挥界别优势，打造助力乡村振兴义诊品牌活动。5月15日，在壶关县龙泉镇东黄野池村举行社会服务联系点揭牌仪式暨“助力乡村振兴”义诊活动。9月11日，联合市政协文史委到沁县石板上村、走马岭村开展“矢志不渝跟党走，携手奋进新时代”助力乡村振兴义诊活动。9月17日，农工党山西省委会、长治市委会在长治市潞州区仁禾医院联合举办“助力健康山西，农工党在行动”知识讲座。10月30日，组织党员专家到平顺县龙溪镇开展“助力乡村振兴”义诊活动。（武　晟）

九三学社长治市委员会

【概述】 2022年，九三学社长治市委员会（简称九三学社长治市委会）下属11个支社，分别是长治学院支社、长治医学院支社、长治医学院附属和平医院支社、长治医学院附属和济医院支社、市直一支社、市直二支社、市直三支社、市直四支社、医卫一支社、医卫二支社、教育支社。全市社员有277人，其中女社员145人，占比52.14%；具有高级技术职称98人，占比35.71%；硕士以上学历81人，占比28.93%。（刘羽飞）

【换届选举】 2022年1月13日，九三学社长治市第七次代表大会召开。大会选举产生九三学社长治市第七届委员会，邱建英当选为第七届委员会主任委员，李艳岩、徐云峰、宋丽华、牛晓红当选为副主任委员，会议任命秦晶为秘书长。表决产生九三学社长治市第七届委员会监督委员会，徐云峰兼任监督委员会主任，冀斌、李向东任副主任。（刘羽飞）

【思想政治学习】2022年，九三学社长治市委会召开七届一次、二次、三次、四次主委会议和七届一次、二次、三次全体（扩大）会议，组织领导班子成员、委员、支社主委学习中共二十大报告精神，学习《中国人民政治协商会议章程》《中国共产党统一战线工作条例》《中国新型政党制度》等统一战线、政党协商重大理论方针政策，提高市委班子和支社班子的思想政治素质。开展“矢志不渝跟党走、携手奋进新时代”政治交接主题教育。成立主题教育领导小组，制订全年活动方案，组织各类学习、诵读会、红色主题教育。（刘羽飞）

【参政议政】2022年，根据中共长治市委统战部专题调研工作安排，九三学社长治市委会召开主委会议，部署、策划调研课题和方案，全市各级社组织开展各种形式的调研，并提交调研报告。九三学社长治市委会到屯留区、高新区等地多次就“深化产教融合、加快职业教育发展”进行专题调研。并及时与相关部门召开座谈会，形成《关于深化产教融合推动我市职业教育高质量发展的调研报告》。在两会期间提交集体提案13篇，全部立案；全年共提交社情民意75篇，其中上报全国政协2篇，分别为《关于加强优质中药材出口管控的建议》《关于推进煤矿智能化穿戴设备研发的建议》，上报省政协7篇、市政协采用4篇。在九三学社山西省委全体会议上，九三学社长治市委会获得2021年度集体议政成果二等奖，社员邱建英、张章喜、胡文浩、曹燚获得2021年度个人议政成果贡献奖。（刘羽飞）

【组织建设】2022年，九三学社长治市委会发展社员10名，其中研究生4人。完善内设机构设置，换届后九三学社长治市委会成立两室四部六委，分别是办公室、思想理论研究室、组织部、宣传部、社会服务部、参政议政部、科技工作委员会、医卫工作委员会、文教工作委员会、青年工作委员会、艺术工作委员会、妇女工作委员会。落实领导班子联系基层制度，坚持开展宣传宣讲、参政议政课题调研、基层组织发展调研、基层社员慰问等，提升社务工作质量和水平。（刘羽飞）

2022年11月22日，九三学社长治市委会开展防疫物资捐赠活动

（刘羽飞　供图）

【社会服务】2022年，九三学社长治市委会开展社中央社会服务项目，将沁县松村镇青修村卫生所作为2022年度申报点项目，为青修村卫生室捐赠价值近3万元的基础医疗设备，九三学社社员、长治市潞锦工贸有限公司总经理王国志捐赠价值1万余元的防疫医疗物资。开展民主监督，到沁源县就乡村振兴开展专项民主监督调研，了解沁源县乡村振兴工作中的重点难点问题和政策实施过程中的薄弱环节，建言献策，推动政策落到实处。组织社内医疗专家到屯留区、上党区开展下乡义诊活动。号召社员参与疫情防控，到潞城区就疫情防控工作进行指导调研并开展疫情防控物资捐赠活动；九三学社长治市委会委员秦江波借助社会各界力量，发起爱心物资捐助活动，筹集方便面、牛奶等价值1.6万余元的生活保障物资，赴东街街道办事处和大辛庄街道办事处进行捐助。在和济医院远程医疗会诊中心开展“急救在您身边”知识培训活动。开展送法律下乡活动，与沁源县中峪乡等4个乡镇59个村举行“一村一法律顾问”签约仪式，开展《中华人民共和国民法典》进乡村法律宣讲活动。到黎城县西井镇彭庄小学开展爱心助学捐赠活动，并捐赠价值3000余元的文具。举办2期“九三讲坛”。（刘羽飞）

长治市工商业联合会（总商会）

【组织建设】2022年1月18日，长治市工商业联合会（总商会）（简称市工商联）第十三次代表大会召开，选举产生新一届执委169名，常委67名，主席1名，常务副主席1名，专职副主席3名，兼职副主席18名（兼职副会长17名）。2022年，长治市市县两级工商联会员合计12626个，其中企业会员5502个，团体会员202个，个人会员6922个。成立长治忻州商会，吸收长治市酒类协会、长治市餐饮协会加入市工商联，长治湖南、长治河北等4个商会按照程序进行换届。截至2022年底，长治工商联直属商（协）会有30家。其中，异地商会18个，行业协会12个。（张树静）

【教育培训】2022年，市工商联举办主题为“坚定理想信念，勇于责任担当”及“喜迎二十大，理想信念铸忠诚”、行政法、财税等专题培训；组织参加全国工商联、省工商联组织的线上线下培训10余次；收看中共二十大开幕会、召开会议动员部署、下发学习方案通知、下基层进行宣讲，学习宣传贯彻中共二十大精神。利用会议、入企调研等机会，通过微信舆情等工作群、《民企之声》、微信公众号等渠道，宣传党政方针、惠企政策、民营企业及民营经济人士的先进事迹等。（张树静）

【惠企政策落实】2022年，市工商联帮扶企业融资，与交通银行长治分行等多家银行合作，举办“聚力高新技术企业倍增”政银企对接会、专精特新企业融资对接会、“金融超市”对接会8次。全年为283家中小微民营企业和个体工商户发放贷款约11.7亿元。通过公众号、会议、微信等方式，宣传国家、省、市优惠政策，助推政策落地落实。（张树静）

【助力招商引资】2022年，市工商联发挥商（协）会资源丰富、联系广泛的作用，召开市商协会“助力招商引资 推进市场主体倍增”座谈会，举行“长治商会节”启动仪式，参加“2022年异地晋商组织联席会议暨招商引资项目发布会”，宣传长治招商优惠条件，助力招才引智，32家外地企业长治投资落地，总投资92.77亿元。（张树静）

【走访调研外地山西商会】2022年，市工商联走访调研2个外埠商会。9月，走访调研内蒙古山西商会，双方围绕商会的建设、管理、运营、发展以及服务会员等方面的问题进行广泛交流。11月，考察调研上海长治商会，通过座谈，了解上海长治商会突出党建引领，“小商会、大平台”，以评促建、规范管理的特色以及招商引资、投身光彩事业的工作亮点，并将上海长治商会工作情况与市工商联所属商协会进行分享，推动工作开展。（张树静）

【“万企兴万村”长治行动】2022年，市工商联与市乡村振兴局联合开展“万企兴万村”长治行动，联合印发《关于“万企兴万村”长治行动结对帮扶进行调整的通知》引导民营企业和商（协）会与帮扶村对接，通过以种养殖业、旅游等项目帮扶为主，以修缮道路、基础设施、提供就业、消费帮扶、捐资助学、公益事业等多种帮扶形式为辅开展帮扶工作。投入项目资金48.38亿元，通过慰问、消费帮扶、捐资助学、修路、捐赠等方式投入帮扶资金1719.81万元，提供培训1900人次，提供就业2276人；与银行合作，为民营企业发放支农项目贷款785万元，发放乡村贷3780万元。（张树静）

【营商环境优化】2022年，市工商联制定出台《长治市工商联关于进一步促进市场主体倍增工程工作方案》，成立煤焦行业协会、餐饮商会和酒类商会；长治市服装行业商会完成审批，待审批长治市建筑设备租赁商会。为外地商会子女解决入学问题40人，为外来企业家在长治子女就学持续提供优质服务，为51位贡献突出的优秀民营企业家办理“晋商服务卡”。与市委统战部先后举办两次全市民营企业家座谈会，解决民营企业家提出的33个问题。（张树静）

【参政议政】2022年，市工商联围绕“民营企业经济人士对国际国内与民营经济发展相关的热点”等6个方面内容，省、市、县三级工商联两次联合开展“大调研”活动，撰写上报《关于对年轻一代民营企业家教育引导》《潞材潞用情况分析研究》等6篇调研报告；向市政协提交社情民意59篇，上报省工商联139篇；组织民营企业网络填报《中国民营企业绿色低碳发展现状问卷调查》、申报6家“中国民营企业绿色发展优秀案例”，开展2021年度民营企业社会责任调研工作，上报11家“中国民营企业社会责任优秀案例”。（张树静）

【服务社会】2022年，市工商联引导民营经济代表人士参与光彩公益事业，回报社会。通过慈善、捐资助学、“扶贫济困日”、慰问等社会公益活动。全年捐款捐物3.2亿元；引导民营企业参与防汛救灾、灾后重建行动，长治市119个民营企业向受灾地区捐款捐物合计12974.22万元。（张树静）

群众团体

长治市总工会

【概述】 长治市总工会（简称市总工会）下辖12个县区总工会、1个高新区工会工作委员会。2022年，全市共有129个乡镇（街道）工会联合会，2688个村（社区）工会，98个500人以上工会联合会，5013个基层工会，覆盖单位13946个，工会会员611222名，农民工会员162010名。全市共有工会干部18360人，其中专职3016人，兼职15344人，社会化工会工作者36名。市总工会机关设11个部室（办公室、组织部、宣教部、经济技术部、劳保部、法律保障部、民管部、女工部、财务部、经费审查办公室、产业工会），下辖长治市职工活动中心、长治市总工会职工服务中心2个事业单位。2022年，市总工会全面贯彻落实习近平新时代中国特色社会主义思想，把迎接党的二十大胜利召开和学习宣传贯彻党的二十大精神作为全年工作重心，产业工人队伍建设改革、新就业形态群体建会入会、职工大病医疗互助、援疆工作、电子餐饮消费券发放等多项工作走在全省前列，获得全省工会系统2022年度维护劳动领域政治安全工作优秀考核等次。市总工会被中华全国总工会表彰为“市级工会财务工作先进单位”，被中央精神文明建设指导委员会表彰为“全国文明单位”。（王　彬）

2022年7月15日，长治工匠学院揭牌仪式　（王　彬　供图）

【产业工人队伍建设改革】 2022年，长治市产改协调小组重新调整，成员单位扩充至26个，市委常委会对产改工作进行专题研究部署。先后5次召开全市产业工人队伍建设改革工作推进会、部署会，推进工作落实。督导12个县区建立健全产改协调小组组织架构，确定36家产改示范单位。举办书画、摄影展、演讲比赛、线上知识竞赛、全市护士岗位技能选拔赛等专题活动；结合全市职工（劳模）创新工作室和职工创新工作岗评比活动，对产改工作进行调研督导；增列产改专项工作经费100万元，联合市人社局在长治技师学院成立长治工匠学院。开展全市产业工人队伍建设改革线上有奖知识竞答活动，参加人数3万多人。（王　彬）

【市总工会第十三次代表大会】 2022年2月，长治市工会第十三次代表大会召开，选举产生长治市总工会第

十三届委员会主席、常务副主席、副主席、常委。（王　彬）

【“五一”记功表扬】2022 年，市总工会举行全市“五一”记功表扬大会，对在经济社会发展和疫情防控工作中作出突出贡献的 10 个先进集体和 226 名个人予以记功表扬。（王　彬）

【中共二十大精神宣讲】2022 年，市总工会制定《关于全市工会深入学习宣传贯彻党的二十大精神的实施方案》，推动习近平新时代中国特色社会主义思想、中共二十大精神进企业、进车间、进班组，领导班子成员带队赴“双包”联系点开展宣讲活动，利用创新理论宣讲、示范性文体活动等形式，加强职工理论武装，引导职工听党话跟党走。长治技师学院工会、长治市第五中学校工会、长治市第十五中学校工会等 3 家基层工会党的创新理论宣讲站被授予“山西省教科文卫体工会首批工会党的创新理论宣讲站”。（王　彬）

【服务职工】2022 年，长治市各级工会新建爱心驿站 82 家，其中 6 家爱心驿站入选全国总工会“最美工会户外劳动者服务站点”、34 家通过省总工会“省政府民生实事项目”验收命名，34 家被省总工会命名为省级“工会爱心驿站”；疫情期间全市共建流动驿站 33 家，健康驿站 29 家；新建市级“妈咪小屋”20 家；命名市级党的创新理论宣讲站（点）20 个；选树推荐“全国职工书屋示范点”1 个、“省级职工书屋示范点”2 个，新建“市级职工书屋示范点”20 个；新建爱心托管班 3 个。在全省率先启动心理健康服务“一平台、一体系”建设，到全市重点建设工程和创新发展项目工地，开展慰问演出 12 场。（王　彬）

【就业援助】2022 年，市总工会开展

2022 年6 月24 日，长治市淘帮电子商务有限公司（美团外卖）工会成立

（王　彬　供图）

“‘工’创美好生活，‘职’达共同富裕，工会促就业”助企纾困线上线下招聘会，283 家招聘单位参加，提供就业岗位数 18580 个，入场求职达 4505 人次。（王　彬）

【职工医疗大病互助】2022 年，市总工会完成第十四期职工医疗大病互助活动，该期互助共计 1418 人次，发放补助金共计 7500149 元。（王　彬）

【民主管理】2022 年，市总工会指导 4558 家企事业单位结合实际制定或修改完善职代会、厂务公开制度的实施细则；起草下发《长治市企业工资集体协商实施办法》；推动全市 732 家国有集体企业和已建会的 100 人以上非公企业的民主管理工作纳入党建工作总体部署。（王　彬）

【普法宣传】2022 年，市总工会组织开展工会法宣传网上有奖答题活动，全市 50994 名职工参与；全市 2 部作品入选全国“尊法守法·携手筑梦”法治动漫微视频征集展播活动，在全国地级市入围作品数中排名第一。（王　彬）

【职工安全健康保障】2022 年，市总工会检查验收 10 家四星级煤矿井口安全工作站，指导基层工会建设 10 个安康工作服务站；开展以“查隐患、保平安、促发展”为主题的“随手拍”活动，开展《中华人民共和国职业病防治法》宣传周活动，组织安全生产知识竞赛答题活动；开展“安康杯”竞赛活动，全市共 2240 家企业、575200 名职工参加，并对 2021—2022 年度长治市“安康杯”竞赛活动中涌现出的先进集体和先进个人进行表彰奖励。（王　彬）

【组织建设】2022 年，市总工会推进新就业形态劳动者和小微企业职工集中入会建会工作，市县两级新建新就业形态劳动者工会 57 家，发展会员 10053 人，下拨新就业形态群体工会建会补助 88.5 万元，实现新就业群体工会组织建设全覆盖。新组建小微企业工会 345 家，发展会员

14934 名，下拨建会补助 96.5 万元。召开全市工会重点工作推进会，对“县级工会加强年”专项工作作出具体部署，累计下拨 728 万元补充县乡两级工会财力基础，解决县乡两级工会经费不足的问题。（王　彬）

【工会帮扶】 2022 年，市总工会助力小微企业健康发展，累计返还小微企业工会经费（筹备金）5490.46 万元，完成率 92.15%；发放电子餐饮消费券 4405.31 万元，惠及会员 15.08 万人，在全省通报中位居第三。下拨困难职工专项帮扶慰问资金 115.66 万元，下拨常态化送温暖资金 32.6365 万元。对受疫情影响生活遇到临时性困难的低收入职工、新就业形态劳动者等进行慰问并发放慰问金 15 万元，为在档困难职工家庭发放帮扶资金 115.66 万元。（王　彬）

【维护劳动领域政治安全】 2022 年，市总工会召开维护劳动领域政治安全工作专题会议，组织签订责任书，开展职工队伍风险隐患专项排查化解工作，全年共排查化解风险隐患 9 个。（王　彬）

【基层蹲点】 2022 年，市总工会制定《长治市工会系统机关干部赴基层蹲点活动工作方案》，成立 9 个蹲点服务组，安排蹲点干部 23 人，每月开展 2 ~ 3 天的集中蹲点活动。利用送温暖、送清凉、“三八”“六一”等慰问节点，介绍职工入会政策及会员福利等，到 23 个新就业形态企业开展关爱活动，了解职工需求，耐心解答问题，发放宣传资料 5000 余份，引导新就业形态劳动者加入工会组织。（王　彬）

【援疆工作】 2022 年，市总工会帮助对口援疆地区建立爱心驿站 16 个、妈咪小屋 7 个、职工书屋 9 个、心理咨询服务站点 5 个，慰问困难职工、伤残军人、劳动模范 1218 人次。（王　彬）

共青团长治市委

【概述】 2022 年，共青团长治市委（简称团市委）共有下级团组织 7196 个，其中团的领导机关 12 个，团委 339 个，团工委 46 个，团总支 161 个，团支部 5316 个，毕业生团组织 1316 个，待接转团支部 6 个。全市团员总数为 121567 名。长治市共有团的领导机关团干部 97 名，基层团干部 10909 名。2022 年，团市委获得国家“节约型机关”称号。（刘林健）

【学习贯彻中共二十大精神】 2022 年，长治市结合建团 100 周年，开展“喜迎二十大、永远跟党走、奋进新征程”主题实践活动，开展“青年大学习”“红领巾爱学习”网上主题团课、队课；举办青年马克思主义者培养工程培训班；举办“我的青春我的团”线上主题团日活动，38.8 万人线上观看；举办 9 场学习宣传贯彻习近平总书记庆祝建团 100 周年大会重要讲话精神宣讲会；组织开展“这十年 青年说（少年说）”讲述活动。开展“学习二十大、永远跟党走、奋进新征程”主题实践活动，深入学习贯彻中共二十大精神，组织开展学习研讨、理论测试、主题宣讲等活动。（刘林健）

【社会主义核心价值观主题教育】 2022 年，团市委组织开展入团入队仪式、十八岁成人礼等仪式教育活动，在重要时间节点开展清明祭英烈等实践活动，实施优秀校友进校园、青年志愿者进校园行动。（刘林健）

【网络新媒体工作】 2022 年，团市委严格落实党的意识形态工作责任制，开通“长治共青团”官方视频号，开辟“长治青年热议习近平总书记在庆祝中国共产主义青年团成立 100 周年大会上的重要讲话精神”“每日一学”“青春理想晋行时”等专栏，制作推出“清明祭英烈”“团团与你共成长”主题微视频、“百名青年话长治”主题推介片等新媒体产品，团属官方微信公众号、微信视频号、抖音号、微博号组成的团属新媒体矩阵逐渐形成。团市委官方微信公众号粉丝突破 20 万人。（刘林健）

【团员发展】 2022 年，团市委按照团省委分配发展团员指标，制定《关于 2022 年全市发展团员调控工作的通知》，统筹学校领域（初中、普通高中、中职、高校）和社会领域 5 个类别分配发展团员名额共 6567 个。（刘林健）

【“两红两优”表彰】 2022 年，团市委共推荐 23 个集体、24 名个人入选全国或省级“两红两优”表彰。其中共青团沁源县沁新集团团委获得“全国五四红旗团委”，长治市实验中学团委书记申宏峰获得“全国优秀共青团干部”，平顺县龙溪镇南坡村党支部书记、村委会主任王亚妮获得省级“五四奖章”，团长治市襄垣县委等 8 家获得省级“五四红旗团委”、国家税务总局壶关县税务局团支部等 14 家获得省级“五四红旗团支部”，王旭等 13 人获得省级“优秀共青团员”，元天福等 9 人获得省级“优秀团干部”称号。（刘林健）

【智慧团建】 2022 年，团市委引领全市各团支部团员开展“党的青年运动史”“学习习近平总书记在庆祝中国共产主义青年团成立 100 周年大会上的重要讲话精神”“新时代伟大成就”“学习党的二十大精神”专题教育活动，做好“学社衔接”“升学衔接”工作。全年“智慧团建”系统显示，团支部参与活跃度达 99%，覆盖团员

2022年4月29日，团市委在长治五中举办新团员集中入团仪式　（刘林健　供图）

9万余人。（刘林健）

【助力乡村振兴】 2022年，团市委实施“双争双兴”工程，开展电商培训、以购代捐、“青耘中国”直播助农等活动，组织开展平顺县、武乡县、沁县易地扶贫搬迁安置社区治理项目相关活动30余场，长治市承接的3个项目均获“优秀”评级。（刘林健）

【助力青年创新创业创优】2022年，团市委举办第八届“创青春”长治青年创新创业大赛，吸引112个项目、300多名青年创客参加，评出各类奖项32个。向清华大学、北京大学、浙江大学等37所高校的42名学子颁发“省校合作高校联络员”聘书，常态化联系在外学子709名。建立青年企业家常态化联系机制，市县两级青年企业家会员达600余名。制作53期“百名青年话长治”主题推介片，紧扣市委“在国家中部崛起战略中实现争先进位，全力打造现代化太行山水名城”的目标，全方位展示长治的人文、美景、文化。组织开展“团团盲盒季”活动，在天空之城、万达广场、长治东站等年轻人聚集的地方上线4台盲盒机，盲盒包括神话故里、太行山水、上党名吃、革命摇篮4个主题、16款书签，内含长治市在人才引进、招商引资、创业就业、减税降费方面的优惠政策，旨在加强青少年思想政治引领的同时宣传长治各类优惠政策，扫码领取盲盒1.3万余个，所得收益将全部捐赠给希望工程，用于资助困难学生。（刘林健）

【志愿服务】 2022年，团市委助力疫情防控，组建青年突击队296支，参与青年超50000人次，团市委副书记负责市疫情防控指挥部协调组工作；出台《青年志愿服务实施办法》，争取资金92万元；开展文明乘车服务，推动扫“两码”落地；组建突击队入驻关键卡口，进行抗原采样；牵头接送高校返乡学子，通过热线、服务站协调转运，共转运学子4万余名；组织专业人员应急处理异常码；推动各县区主动认领关键场站指挥职责。全市各级团组织开展“学雷锋”志愿服务活动104场，参与18053人次。开展“关爱河湖、保护母亲河”净滩行动等“美丽山西 青春行动”环保志愿服务12场，在全市种植树木2696株，参与青年3198人次。（刘林健）

【青少年平台建设】 2022年，团市委对全市100家“青年之家”实行编号管理、动态考核、社会监督。与长治医学院、山西机电职业技术学院、淮海工业集团、清华装备有限公司、山西三建集团5个非市属企业或高校签订青年工作合作协议。推动全市12个县区全部成立青年志愿者协会、青年企业家协会。（刘林健）

【就业婚恋实践平台搭建】 2022年，团市委举办“春风行动 一起向未来”大型线上招聘会，涉及招聘单位100

2022 年2 月11 日，团市委组织“双一流”高校长治籍大学生赴高新区部分企业参观学习　（刘林健　供图）

家，招聘岗位 422 个，累计参与人数逾 2 万人。开展“青春有约”婚恋交友活动，服务青年 800 余人。组织实施大学生“返家乡”社会实践活动，征集岗位 2163 个，2300 余名大学生上岗实践。举办长治青年创新创业大赛赛后培训班和农村创新创业暨直播电商青年人才培训班，惠及各类青年人才百余名。（刘林健）

【爱心帮扶】2022 年，团市委实施“圆梦微心愿”活动，累计开展 22 场，服务儿童 1838 人次。开展“七彩假期”暑期支教志愿活动，20 名在校大学生暑期分赴黎城县、沁县开展为期 17 天的暑期支教活动。对接省青少年发展基金会，为 14 名患重大病儿童申请每人 1 万元的专项爱心基金，为 5 名患有肾病儿童免费投保，为 7 名乡村教师免费提供心理健康辅导培训。（刘林健）

【“青”字号品牌】2022 年，团市委按照团省委统一部署要求，完成省级青年文明号复核 49 家，验收 10 家。推荐“全国青年岗位能手”1 名、“山西省青年岗位能手”6 名，推荐“全国青年安全示范岗”2 家。（刘林健）

【青少年违法犯罪预防】2022 年，团市委召开市青少年工作联席会议第三次全体（扩大）会议和市委平安建设领导小组预防青少年违法犯罪专项组会议。开展“共青团与人大代表、政协委员面对面”活动。发布《团团普法》等专栏文章 27 期。组织开展法治进校园、模拟法庭进校园等活动 30 余场。（刘林健）

【团市委换届】2022 年 9 月 28 日至 30 日，共青团长治市第十四次代表大会召开，选举产生共青团长治市第十四届委员会书记、副书记、常委、委员、候补委员。大会选举产生共青团长治市第十四届委员会，其中委员 35 名、候补委员 15 名。委员、候补委员中，团的专职干部 23 名，占 46%；基层和一线代表 27 名，占 54%；女性代表 24 名，占 48%；少数民族代表 2 名，占 4%；中共党员代表 48 名，占 96%；具有大学本科及以上文化程度 50 名，占 100%；平均年龄 33 岁。共青团长治市第十四届委员会第一次全体会议选举产生共青团长治市第十四届委员会常务委员 17 名。其中，书记 1 名、专职副书记 2 名、挂职副书记 1 名、兼职副书记 3 名。班子成员中，共青团系统的 3 名，占 43%；其他党政机关及企事业单位的 4 名，占 57%；基层一线的 4 名，占 57%。（刘林健）

【基层组织建设】2022 年，团市委推动长治市供销社、长治市人民医院、

市九中、市五中按期换届，指导成立长治东尚产业园区建设运营有限公司青年工作委员会、金融团工委、律师行业团工委。（刘林健）

【共青团改革】 2022年，团市委持续深化共青团改革，建立200余人、覆盖市县乡三级团组织的线上群组，评选高新区天空之城“两新”组织阵地建设项目、平顺县纪兰青年电商突击队项目为2022年度基层团组织优秀建设项目，并拨付资金11万元，推动团内资源共享、互利共赢。启动实施县域共青团基层组织改革，出台实施方案，在扩大团的组织覆盖面等方面持续发力。推进青联、学校共青团、少先队改革，发挥青联委员作用，实施“青联组织服务乡村”计划，建设青联“希望小屋”，开展公益下乡“四进四送”活动。在学校共青团开展市直学校共青团工作联展活动，在重大节日节点开展义务植树等活动。全市少先队组织开展“喜迎二十大，争做好队员”主题实践活动，线上推出5期红领巾健康成长“云”课堂六一专辑，61名少先队员、18个大队、30个中队获得2021年度山西省“红领巾奖章”四星章荣誉，在48个乡镇（街道）、村（社区）成立校外少先队组织或少工委，组织开展辅导员技能大赛、辅导员培训等活动。（刘林健）

长治市妇女联合会

【概述】 2022年，长治市妇女联合会（简称长治市妇联）有市级妇联1个，县（区）妇联12个，乡（镇、街道）妇联131个，村妇联2436个，社区妇联166个，团体会员单位72个。2022年，市、县机关、事业单位新建妇女组织78个，在新经济组织、新社会组织、新媒体行业中新建妇女组织138个。（陈　娟）

【中共二十大精神宣讲】 2022年，长治市妇联将学习宣传贯彻党的二十大精神作为首要政治任务。以开展“巾帼心向党 喜迎二十大”群众性主题宣传教育活动为契机，把正面宣传与舆论引导相结合，开展“奋斗新征程 建功新时代”“我奋斗·家国美”“强国复兴有我”等主题宣传活动87场次。开展“太行巾帼红”大宣讲，邀请中共二十大代表、各级妇联干部、先进模范人物、最美家庭代表等进企业、进农村、进机关、进校园、进社区、进网络进行宣传宣讲，通过短视频、故事分享会等形式开展宣讲620余场。（陈　娟）

【先进典型培树】 2022年，长治市妇联注重从基层一线、平凡岗位、群众身边选树实绩突出、群众公认的典型，并组织她们开展宣讲活动。发挥各级妇联所属媒体作用，运用视频展播等形式，宣传三八红旗手、巾帼建功标兵等先进典型85期，举办2022年长治市“最美军嫂”“最美警嫂”“最美拥军家庭”先进事迹报告会。（陈　娟）

【科技创新巾帼行动】 2022年，长治市妇联在微信公众号等平台宣传优秀女科技工作者先进事迹，增加女科技工作者的社会知名度。开设“巾帼科技助农直通车”线上公开课，为农村妇女提供农业技术指导。联合科协组织女科技工作者座谈会，推动产学研深度融合。联合市农业农村局、市科技局、市科协，选树长治市“巾帼科技之星”54名、“巾帼创业之星”31名、市级巾帼农业示范基地9个。（陈　娟）

【创业创新巾帼行动】 2022年，长治市妇联联合邮储银行长治分行实施“妇创贷”项目，共向159名妇女创业主体发放3052万元“妇创贷”贴息贷款。启动创业创新优秀女性进高校宣讲暨就业服务进高校活动。组织“春风送温暖 就业送真情”2022年网络专场招聘会，提供120余个工种共计1000余个岗位，吸引3000余名妇女群众参与。举办各类技能培训11期惠及妇女800余人，培训内容涉及直播带货、跨境电商、手工布艺、缝纫技能等方面，激发妇女创业创新活动，增强妇女增收致富能力。（陈　娟）

2022年11月18日，长治市妇联开展太行巾帼红大宣讲，中共二十大代表韩利萍（中）为基层妇女宣讲中共二十大精神（陈　娟　供图）

2022 年6 月8 日，长治市妇联举办“太行家政”就业推介会（陈　娟　供图）

【“太行家政”技能培训】 2022 年，长治市妇联继续做好“太行家政”劳务品牌，市级“太行家政”培训班培训 1835 人，完成率为 87.3%，其中脱贫人口 713 人，占比 38.86%。市、县妇联组织就业推介活动 25 场，达成就业意向 500 余人，向和平医院、和济医院、市医院输送护理人员 91 名。开展“太行家政”巾帼家政志愿服务进社区活动，扩大“太行家政”的社会影响力和服务面。（陈　娟）

【婚姻家庭矛盾纠纷排查化解】 2022 年，长治市妇联对重点家庭加大摸排力度，针对家暴、性侵、智障、精神疾病、困境妇女儿童等重点家庭和人群进行排查，摸排重点家庭 40025 户，涉及妇女儿童 59938 人。发现存在问题的家庭 112 户，涉及妇女儿童 120 人。排查过程中，对存在纠纷的家庭及时进行调解，阻止矛盾扩散升级。推广“五级管理四色预警闭环处置”工作法，将婚调工作纳入“全科网格”，网格员第一时间发现、报告和处置婚姻家庭矛盾。建设基层婚调示范点。市、县妇联全部成立婚姻家庭纠纷人民调解委员会，并全面入驻法院的矛盾纠纷多元调解平台，参与到法院涉及婚姻家庭、妇女儿童权益等案件的调解工作中，从源头上减少婚姻家庭纠纷的产生。全年排查婚姻家庭矛盾纠纷 95 件，调处矛盾 95 件，有效处置率 100%。（陈　娟）

【普法工作】 2022 年，长治市妇联推进“八五”普法工作，线上推出“法律云课堂”专栏 34 期。开展“三八”维权月、模拟法庭、专题讲座、会议座谈等普法宣传活动 100 余场，以案释法，现场普法，扩大宣传覆盖面及群众受益面。开展“女童保护”公益讲座 148 场。（陈　娟）

【关爱帮扶活动】 2022 年，长治市妇联筹集各级救助资金 155.7 万元、价值 100 万元的“李宁”服装，救助 6453 名困难妇女儿童。争取 2022 年“两癌”救助金 122 万元。争取山西省妇女儿童发展基金会“紫气东来”项目 4.5 万元救助金，救助 30 名贫困妇女儿童；争取“晋姐暖心”项目 5.5 万元，救助 55 名生活困难妇女；争取省妇联“晋姐暖心 与你同行”关爱女农民工项目资金 2 万元，对环卫、家政、司乘、快递、骑手等行业的 20 名女工进行帮扶；为 39 名特困妇女儿童发放 5.7 万元救助金；为未能获得全国妇联“两癌”救助金的 388 名贫困妇女发放价值 11 万余元的 388 条“暖心被”。开展“少年儿童心向党”留守困境儿童关心关爱服务活动 50 余场，捐赠价值 5 万余元的学习和生活用品，妇联干部走访慰问儿童 400 余名，结对帮扶留守孤困儿童 200 余名，志愿者参与活动人数达 500 余名。争取省妇联、省妇女儿童发展基金会物资“李宁”牌服装 224 箱，捐赠给困难妇女 5500 余人。开展女性健康保险产品捐赠活动，为全市 800 名低收入妇女捐赠每人 1 万元的女性“两癌”健康保险产品。争取省妇联、省民政厅儿童之家建设资金 300 万元。（陈　娟）

【家庭文明建设活动】 2022 年，长治市妇联常态化开展寻找“最美家庭”活动。全年推荐市级最美家庭 160 户，推荐全国最美家庭 2 户、全国五好家庭 2 户、全国家庭工作先进个人 1 人。推荐山西省绿色最美家庭 10 户，山西省文明家庭 3 户，山西省“最美拥军家庭”5 户。围绕清廉长治建设，推进清廉家风建设，将“清正廉洁家庭”纳入“最美家庭”寻找范围，培树清廉家风典型；线上开展“家风故事我来讲”“家规家训我来晒”“廉情寄语我来嘱”清廉家风作品征集活动；线下举办主题为“树清廉家风 创廉洁家庭 建廉洁长治”的“5·15”家庭日活动。（陈　娟）

【家庭教育指导服务】 2022 年，长治市妇联广泛宣传《中华人民共和国家庭教育促进法》，以“送法进万家 家教伴成长”为主题，开展家风家教宣传活动 36 场，3000 余名家长参与。开展“亲子共沐书香 强国复兴有我”主题家庭亲子阅读实践活动 20 余场，800 余名家长儿童参加。实施“我爱我家”家庭教育公益服务项目，举办主题宣讲、专题讲座、家庭教育公开课、家庭教育座谈会、研讨会、展播优秀家长科学教子故事等家庭教育宣传主题实践活动120余场，线下2500余名家长儿童参与，线上2.88万人次聆听收看。推进“新婚夫妇成长工程”，全年开展活动35场，服务新婚家庭630个，线上线下观看量超过45万人次。（陈　娟）

【健康服务】2022年，长治市妇联持续推进“健康与美丽同行”品牌项目，联合5家三甲医院，组织专家团队为妇女姐妹开展健康知识讲座80场。实施“健康长治 母亲行动”，举办线上健康讲座、健康知识微课堂14场，惠及妇女群众1000余人次。发挥家庭家教家风在基层社会治理中的重要作用，引导妇女带动家人参与村居治理，做好自身健康防护，筑牢疫情防控家庭和社区防线。（陈　娟）

【妇联组织建设】2022年，长治市妇联制定《贯彻落实全国、省妇联〈“十四五”时期深化妇联系统改革方案〉的实施方案》，健全完善上下贯通、执行有力的妇联组织体系和联系广泛、服务妇女的工作体系。结合抓党建促基层治理，制定《关于进一步加强抓党建促提升 深化拓展妇联组织有形覆盖和有效覆盖的意见》，把新业态、新就业群体妇女作为引领服务联系的重点领域，着力提升非公有制经济组织、社会组织、高校、民主党派等领域妇联组织和工作的覆盖率。指导市人大、市政研室、万达广场等9家机关企事业单位及社会组织成立妇联组织（或妇委会换届），到高校、民主党派、高新区就妇联组织建设进行调研指导。指导长治医学院于2022年11月25日召开妇女代表大会，成立长治市首个高校妇联。（陈　娟）

【服务品牌项目创建】2022年，长治市妇联落实基层妇联执委领办项目制度，持续实施“太行巾帼红”品牌项目，制定《关于实施“太行巾帼红”品牌开展长治市妇女儿童服务项目的方案》，细化完善“太行巾帼红”妇女儿童服务项目管理办法。丰富基层妇女之家、妇女微家活动内容，拓展妇联组织引领服务联系妇女的广度和深度。全年全市有26个单位和社会组织申报的19个项目为各县区、市直单位妇联组织提供服务236场，“我爱我家”家庭教育公益服务项目和“新婚夫妇成长工程”项目成为全国特色项目，入选全国妇联女性社会组织服务家庭类项目展示，是山西省仅有的2个入选项目。开展“家家幸福安康工程”，发挥家庭家教家风在社会治理中的重要作用。（陈　娟）

长治市文学艺术界联合会

【组织主题文艺实践】2022年，长治市文学艺术界联合会（简称市文联）对接沟通市纪委监委、市委宣传部、市政协等有关部门，承办“清廉长治·书画润心”书法美术作品展、“喜迎二十大 同心向党”书画展、“丹青歌盛世 翰墨颂清廉”市直机关干部职工书画展，累计观展人数2万人次；联合承办长治市首届传统民俗文化节曲艺、戏曲专场晚会，两场晚会以现场直播的方式在多个网络平台同步播出，累计观看人数达6万人次；组织举办“百花回报沃土 文艺扎根人民”——长治市首届文艺志愿服务活动启动式，“喜迎二十大 奋进新征程”民间艺术家协会剪纸作品展，太行之巅——长治市历年入围、入选国家级美术展览作品云端展，长治市第五届青年舞蹈精英展演，长治市第八届油画作品展等十场大型文艺活动。按照省委宣传部“喜迎二十大 全省同唱一首歌”要求，市文联组织合唱队伍，完成歌曲《领航》的演唱拍摄工作。（杜美茹）

【讲好长治故事】2022年，市文联、对接联系各团体会员，开展文艺作品征集活动，面向各县区、所属各文艺家协会，广泛征集优秀文学作品，讲述长治故事、传播长治声音、展示长治形象，献礼党的二十大；市美术家协会组织20多名会员，在上党区戏剧博物馆开展户外写生采风活动。市作家协会组织开展“走基层 看发展”采风活动，30多位作家走进山西中科潞安紫外广电科技有限公司，收集创作素材；并组织召开小说创作推进会，探讨小说创作艺术表现和潮流等问题；市文联发挥文联主阵地作用，《漳河文学》专刊刊登党的二十大精神有关征文，完成6期组稿工作；“长治文联”公众号平台，连续推出16期《人文长治》系列节目、10期《山西十大壮歌故事》。（杜美茹）

【文艺志愿服务】2022年，市文联筹备长治市文艺志愿者协会成立工作，壮大文艺志愿者队伍；开展“我们的中国梦——文化进万家”“乡村文化振兴”等群众性文化活动，持续开展“书法进校园”“戏曲进校园”文化惠民服务，市文联系统全面完成市县两级消防救援系统战略合作框架协议签署工作，长治市首届文艺志愿服务活动启动仪式在上党区桥沟村正式拉开帷幕；结合疫情防控要求，倡议各文艺家协会用文艺作品鼓舞斗志、抚慰人心，市舞蹈家协会“‘艺’心抗疫·与民共情”舞蹈线上展播。（杜美茹）

【文艺生态监管】2022年，市文联落实《中国文联关于大力推进文艺工作者职业道德建设和文艺界行风建设的意见》《中国文艺工作者职业道德公约（修订稿）》要求，严格执行《关于以长治市文联及各市级文艺家协会名义举办各类文艺活动的管理办法》规定，加强各类文艺活动审批监督管理与违法失德会员排查处理工作，强化文艺工作者职业道德建设和文艺行风建设。（杜美茹）

【意识形态阵地建设】 2022年，市文联强化风险意识和底线意识，开展“护航党的二十大、维护意识形态安全”专项行动与意识形态阵地“网格化”管理等工作，通过座谈调研、划分网格、明确责任、签署责任书等方式，掌握各文艺家协会具体情况；立足《漳河文学》杂志社、“长治文联”公众号，团结引导全市广大文艺工作者，弘扬太行精神，投身现实题材创作，讴歌党、讴歌祖国、讴歌人民，创作精品力作，弘扬社会新风正气。（杜美茹）

【文艺人才队伍培育】 2022年，市文联邀请著名文学评论家、太原师范学院文学院教授傅书华作《当代九种人文思潮述评》公益学术报告；组织市县区文联参加全国文联系统网络专题培训班，推荐12人参加山西省文联“文艺两新”骨干培训班学习，推荐4人参加省文联系统干部综合素质提升培训班学习；组织推荐18人加入省作协、8人加入省美协，推荐11人12部作品参评赵树理文学奖；作家王建和长篇小说《晨雾里的炊烟》出版；作家蒋殊新作《红星杨》以全国首场“舞台演播式”的形式发布；原创歌曲《魅力长治》上线；潞安大鼓《儿的魂娘的心》获得第十二届中国曲艺牡丹奖节目奖。（杜美茹）

长治市科学技术协会

【概述】 长治市科学技术协会（简称市科协），是市委领导下的群团组织，是党和政府联系科技工作者的桥梁和纽带，正处级建制。截至2022年底，长治市科学技术协会有业务主管的市级学会31个，县区科协12个，高新区科协1个，经开区科协1个，高校科协5个，园区科协2个，企业科协7个，乡镇（街道）科协130个，农村专业技术协会79个。在2022年长治市“全国科普日”活动中，长治市提升科学素质、助力乡村振兴科普成果展，襄垣县“全国科普日”暨第十九届“科普活动周”活动，武乡县“2022年防震减灾百场科普讲座”公益活动等被中国科协评为2022年全国科普日优秀活动；黎城县科协被评为全国科普日活动优秀组织单位。潞州区、潞城区、武乡县被中国科协认定为2021—2025年度第二批全国科普示范县(区)。（杜　卫）

【科技工作者评选与宣传】 2022年5月，市科协开展全国科技工作者日系列活动，走访慰问科技工作者代表12人，举办全市科技工作者代表座谈会，开展庆祝全国科技工作者日主题宣传活动。开展长治市学习宣传最美科技工作者遴选工作，选出马洪毅等30名2022年长治市“最美科技工作者”人选，其中程杨玉获得山西省最美科技工作者称号。参加山西省企业“创新达人”评选及宣讲活动，山西航天清华装备有限责任公司张志奇获“水控杯”2022年山西省企业“创新达人”。（杜　卫）

【科技创新】 2022年，市科协实施科创中国长治行动，持续推进高新区科创中国——山西试点园区建设工作。开展科技工作者状况调查活动，下发高新区试点园区建设经费20万元，组织高新区参加2022年山西省科协年会主场活动和“科创中国”项目推进会。组织参加“农行杯”第六届“三晋新农人”创业创新大赛，获创业组三等奖1项、创新组三等奖1项、优秀奖1项。（杜　卫）

【科普宣传】 2022年，市科协组织长治市全国科普日暨第十九届科普活动周活动，开展乡村振兴主题成果展、食品安全、防灾减灾、疫情防控等主题宣传，受益群众40万人次。开展常态化健康科普、疫情防控、应急科普活动，全年累计开展线上线下活动70余次，覆盖全市12个县区、累计受益群众60万人次。开展“科技活动周”“防灾减灾日”“食品安全宣传周”等全民性、社会性主题科普活动，累计发放宣传资料4万余册，受益群众达50万余人次。开展科技志愿服务工作，常态化组织开展科技志愿服务活动500余次。（杜　卫）

【科普阵地建设】 2022年，山西省科普示范县（市、区）创建工作培训推进会在长治市召开。全年全市认定市级科普教育基地11个、农村科普示范基地6个。创建平顺县麦丰农业示范站山西省科普惠农中心服务站1个。开展科普惠农“百站百项”服务，获评五星级科普惠农中心服务站2个、四星级2个、三星级2个。参加省科协第五批科普示范社区创建工作，长子县丹朱镇丹顺社区等4个社区被认定为省级科普示范社区。长治市生命科学馆科普教育基地等参加省科普教育基地联动活动，受益群众3万余人次。（杜　卫）

【全面科学素质提升】 2022年，市科协开展全民科学素质提升工程。发挥市全民科学素质工作领导小组办公室牵头职责，推进实施《长治市全民科学素质行动规划纲要实施方案（2021—2025年）》。举办第十一届长治市公众科学素质知识竞赛，30多万人参与线上科普知识答题活动，潞安职业技术学院代表队获得一等奖，上党区、长治学院代表队获得二等

2022年9月21日，由长治市全民科学素质工作领导小组主办，市科协、长治高新区管委会、市防震减灾中心联合承办“喜迎二十大，科普向未来”第十一届长治市公众科学素质知识竞赛　（杜　卫　供图）

奖，长子县、长治经开区、沁源县代表队获得三等奖。组织参加全省公众科学素质网络知识竞赛活动，参赛答题131343人、1315726人次，连续四年获优秀组织奖，连续3年位列全省前列。举办长治市青少年机器人竞赛展示交流活动。举办第36届长治市青少年科技创新大赛，部分优秀作品代表长治市继续参加“第36届山西省青少年科技创新大赛”，共获一等奖17项、二等奖19项、三等奖7项，其中潞州区惠丰小学和南村学校的2项优秀作品推荐参加“第36届全国青少年科技创新大赛”。参加第十七届宋庆龄少年儿童发明奖线上终评活动，潞州区南村学校获全国银牌1枚，铜牌1枚。　（杜　卫）

【科学技术交流】 2022年，市科协开展课题征集活动，《冬播谷子实验报告》等9篇入选长治市科协优秀课题。开展2022年优秀学术论文遴选活动，《矿用高强韧性和高精度锚杆钢的研发与生产》等150篇入选长治市科协优秀学术论文。开展“创新争先 自立自强 我为二十大建言献策”活动，《关于加强学校青少年生命教育和人生价值观教育的建议》等40篇入选长治市科协优秀科技工作者建议。市属学会举办各类学术交流活动15次。　（杜　卫）

长治市归国华侨联合会

【概述】 长治市归国华侨联合会（简称市侨联）成立于1981年12月，是由全市归侨侨眷组成的人民团体，是党和政府联系归侨侨眷和海外侨胞的桥梁和纽带。2022年，长治市有归侨侨眷、新华人华侨、海外留学生和留学归国人员3万余人，其眷属分布在美国、加拿大、意大利、澳大利亚、日本、韩国等世界各地。（王海亮）

【服务经济发展】 2022年，市侨联组织各县区开展新侨创新创业示范基地申报工作，培树东尚国际理想城文创园、新星国际教育、慈铭体检中心等一批具有示范引领作用的示范基地。坚持“以侨为桥”，密切关注海外侨社侨团、侨领侨商和科技文化界知名人士相互之间的交流与合作，主动开展招才引智、招商引资活动。先后赴长治市锦程汽车贸易集团有限公司、日盛达光伏有限公司等涉侨企业开展调研走访，详细了解企业生产经营情况，实地考察项目推进情况，与有关

部门、单位协调和解决实际困难，促进企业发展。（王海亮）

【维护侨益】2022年，市侨联开展“暖侨惠侨”行动，协助市侨办向困难老年归侨发放补助金。元旦、春节期间，市侨联组织开展“献爱心、送温暖”系列活动，全市侨联系统走访慰问困难侨界群众100余人，发放慰问金、慰问品等合计4万余元。贯彻落实省侨联的部署，协助发放“侨爱心·健康包”。加强涉侨法律法规宣传教育，在“12·4”国家宪法日和“宪法宣传周”等重要时间节点，组织侨界干部群众参与“‘宪’在‘晋’行时”网上答题活动，借助“长治市侨联”微信公众号平台转发宪法知识，提升广大侨界群众尊法学法守法用法的自觉性和主动性。印制《中华人民共和国归侨侨眷保护法》等宣传资料5000份，《侨法资料宣传手册》2000本。组织各县区侨联参加人民法院“网上调解平台”直播培训，推动侨联干部掌握平台操作方法，提高运用信息化手段化解矛盾纠纷的能力。（王海亮）

【海外联谊拓展】2022年，市侨联每逢节日向广大海外华人华侨、海外留学生发送电子贺卡，问候节日，传递乡情，拉近距离。中秋节，市侨联组织归侨侨眷参加“三胞三属”迎中秋联谊活动，温暖侨心。探索网络联谊渠道，通过归侨侨眷微信群、海外侨胞连心群、涉侨团体海联会等途径加强与海内外侨界代表人士的联系。2022年，市侨联与泰国泰中侨商会签约，成立市侨联海外工作泰国联络站，延长侨联工作手臂。组织各县区开展侨情调研，建立归侨侨眷、海外侨团、侨社、留学生信息库，为开展海内外联谊活动奠定基础。建立侨联干部与侨界代表人士“一对一”或“一对多”的结对联系工作机制，通过定期联系、定期沟通、定期问候，关心关注侨界代表人士的工作生活，及时了解解决困难归侨侨眷在工作和生活中遇到的困难和问题。（王海亮）

【参政议政】2022年，市侨联根据相关要求，推荐德才兼备、参政议政能力强的侨界政协委员初步人选。做好侨界政协委员的联系和服务工作，组织侨界政协委员参加市政协各项会议、调研及办好事等活动，多渠道、多层次、多形式地参政议政。组织政协侨界委员围绕长治市中心工作和侨界关注热点、难点问题开展专题调研，并协助将调研成果转化为提案、议案，真实反映侨界群众的意见、建议，代表侨界发声。（王海亮）

【文化宣传】2022年，市侨联以中华传统文化、三晋优秀文化为纽带，加强与海外侨社团的联系沟通。通过微信群及时推送侨刊乡讯，传递家乡好声音。开展群众文化活动。在传统节日，制作祝福视频，以文化慰藉乡愁暖侨心。组织参加“亲情中华·童心欢畅”观影活动，为广大侨界群众贡献一场难忘的温馨观影时刻。通过开展形式多样的文化活动，不断激发侨界群众的中华文化情结，促进国际传播，讲好中国故事。（王海亮）

【社会服务】2022年，在“六一”国际儿童节到来之际，市侨联法顾委到平顺县玉峡关镇玉峡关小学开展慰问活动，为孩子们送上节日祝福和节日礼物。高考期间，组织开展第四届“爱心送考·助力高考”活动，为考生提供贴心服务。面对严峻的疫情防控形势和艰巨的防控任务，全市各级侨联干部投身一线疫情防控工作，在防疫一线奉献侨联干部职工的责任与担当。（王海亮）

长治市残疾人联合会

【概述】截至2022年12月底，长治市有持证残疾人110649人，其中，视力残疾11536人，听力残疾11331人，言语残疾2943人，肢体残疾64043人，智力残疾9131人，精神残疾5915人，多重残疾5750人。重度一、二级残疾人47621人。武乡县特殊教育学校校长姜艳明获得“山西最美残疾人”称号。（秦雨欣）

【机构及组织】长治市残疾人联合会（简称市残联）成立于1989年，机关编制17名。2022年，长治市下辖的12个县（区）均建有残联组织，属参公群众团体建制，机构人员配备齐全；全市所有乡镇（街道）均配备乡镇（街道）残联残疾人专职委员1～2名；村（社区）残疾人协会组织实现全覆盖。（秦雨欣）

【残疾人体育、文化活动】2022年，在山西省第十二届残疾人运动会轮椅击剑和旱地冰壶项目中，长治市6名运动员获得轮椅击剑3枚金牌、3枚银牌、1枚铜牌，5名运动员获得全省旱地冰壶比赛第1名。长治市获得体育道德风尚奖。面向全市残疾人征集上报书法绘画摄影手工艺品四大类作品共104件，经长治市级初评上报90件，26件获奖。（秦雨欣）

【惠残社会保障政策落实】2022年，市残联协调有关部门，将三四级精神、智力残疾人全部纳入2023年生活补贴发放范围；重度残疾人实现单列低保，截至年底，全市符合保障条件的脱贫残疾人15199名，其中纳入农村低保12774人，纳入特困救助1592人，享受临时救助833人；未解除返贫风险残疾人符合条件的纳入农村低保

344人，纳入特困救助26人，享受临时救助71人，做到应保尽保、应助就助；为符合城乡居民基本养老保险代缴政策的44095名残疾人代缴基本养老保险，基本做到应代尽享；与长治市医疗保障局等部门联合印发《关于做好2022年城乡居民基本医疗保障工作的通知》，对二级及以上重度残疾人医保资助标准进行明确，确保医疗分类代缴政策精准落实；从未解除返贫的残疾人中优选确定帮扶对象438户；按照每人500元标准，对其中100名三年内未解除返贫风险的残疾人实施一次性普惠救助；探索出台《残疾儿童康复训练机构管理办法》，明确准入和退出标准，对全市残疾儿童康复训练定点机构实施动态化管理，通过加强管理，提升康复训练质量。（秦雨欣）

【志愿助残】 2022年，市残联累计开展上门服务、生活帮助、政策宣传等志愿助残活动98次。10月15日盲人节前后，为全市66家盲人按摩店、各县区盲协送去语音播报测温仪、口罩、消毒液等防疫物资，筹措防疫物资，为325户困难残疾人家庭送去应急防疫包。（秦雨欣）

【民生实事】 2022年，市残联联合有关部门印发《长治市2022年政府民生实事残疾预防重点干预和残疾儿童抢救性康复项目实施方案》，明确项目内容、救助标准和救助流程，加强项目宣传和业务指导。全年为240名0～6岁初筛阳性儿童进行复筛和残疾诊断，完成率131.87%；为5812名疑似残疾人进行残疾评定，完成率145.30%；为677名残疾儿童进行抢救性康复，完成率120.89%。民生实事总体任务4742例，共完成6729例，完成率达141.90%。（秦雨欣）

【残疾人康复服务】 截至2022年底，长治市有基本康复需求残疾人9794名，共为9535名残疾人提供康复服务，服务率97.36%；有辅助器具需求残疾人5556名，共提供辅具适配5506名，适配率99.10%，均超过了覆盖率85%以上的目标。此外，市残联还通过开展残疾人家庭医生签约、精神残疾人免费服药、7～8岁残疾儿童康复训练项目、假肢装配项目等项目，为全市2900余名有需求的残疾人提供康复服务，提升残疾人生活质量。（秦雨欣）

【残疾人托养】 2022年，市残联下拨中央、省资金120万元，筛选服务对象300人，采取政府购买第三方机构服务的形式，按照每人4000元标准，对处于就业年龄段的智力、精神及重度肢体残疾的残疾人开展家政、康复和心理疏导等服务。（秦雨欣）

【助残帮扶】 2022年，市残联分两批下达帮扶任务563名、省级资金337.8万元，按照每人6000元标准，对具有农村户籍的困难残疾人党员户、脱贫易返贫户、边缘易致贫户、低收入家庭等，进行种养及手工、康养、电子商务等产业帮扶，取得明显成效。（秦雨欣）

【农村残疾人实用技术培训】 2022年，市残联下达培训任务200名、中央资金30万元，按照每人1500元标准，对符合条件的农村困难残疾人开展实用技术培训，帮助他们掌握一技之长。（秦雨欣）

【残疾人助学】 2022年，市残联联合市教育局印发《开展辅具进校园工作的通知》，组织摸底排查，适配辅助器具。下达省彩票公益金助学资金37.5万元，按照每人5000元标准，共资助75名残疾人大学生和残疾人家庭大学生子女。结合未入学适龄残疾儿童少年情况调查结果，帮扶6名残疾儿童少年顺利入学，2人开展送教上门服务。（秦雨欣）

【两项补贴】 2022年，市残联建立残疾人“两项补贴”（困难残疾人生活补贴、重度残疾人护理补贴）动态调整机制，实现“提标扩面”，生活补贴提高到71元，发放3万余人；护理补贴提高到94元，发放4万余人。（秦雨欣）

【特殊困难残疾人家庭访视】 2022年，市残联走访探视全市60名困难残疾人，首次访视为残疾人送去价值3900元的慰问品，二次访视按照平均每人2000元标准、共12万元，帮助解决残疾人面临的生产生活困难和需求。（秦雨欣）

【市县残联换届】 2022年，市残联联合市委组织部印发《关于做好县乡残联换届工作的通知》，明确换届工作要求、原则及主要任务。截至12月底，全市129个乡镇级残联全部换届完成，9个县（区）残联换届完成。市级换届全面启动，将专职残疾人副理事长及兼挂职摸底人选报请组织部门。（秦雨欣）

【燃油补贴】 2022年，市残联按照每人每车260元的标准，对符合条件的280辆残疾人机动轮椅车发放燃油补贴7.28万元，并在入户回访的基础上进行电话抽查。（秦雨欣）

【无障碍改造】 2022年，长治市投入451.08万元，对797户困难残疾人家庭实施无障碍改造，其中，国家任务186户，省级自筹55户，市级自筹50户，县区自筹506户，深入开展摸底、入户设计等工作，全部改造完毕。（秦雨欣）

【残疾人权益保障】 2022年，市残

联结合全国助残日、“12·4”普法宣传日等时机，宣传残疾人的相关法律知识，增强残疾人依法维权意识。做好日常信访和重要节点残疾人信访工作，特别是党的二十大召开期间，建立了24小时值班和报告制度，做好信息预警和矛盾纠纷排查化解工作，全年接待来信来访187批（人）次，处理上级转办信访案件2起，完成法律救助22件。（秦雨欣）

【第三十二次全国助残日活动】2022年，市残联紧扣活动主题，多渠道宣传习近平总书记关于残疾人事业重要论述和长治市残疾人脱贫攻坚取得的成绩，以及残疾人就业创业及助残企业典型、惠残政策，开展全市残疾人就业专场招聘大会，通过“线上+线下”形式组织20余家企业现场进行就业咨询、求职登记等，线上直播关注达4000余人，现场应聘36人，签订就业协议22人。开展“残健融合、爱心助残”活动，市残疾儿童康复教育中心分别携手康园和健乐幼儿园，开展互动交流活动，并为残疾儿童赠送画笔、书包和玩具等物品。（秦雨欣）

长治市红十字会

【备灾救灾工作】2022年，长治市红十字会优化服务格局，以助力疫情防控为主攻方向，开展备灾救灾工作。全市红十字系统累计募集款物6587.22万元，市本级募集款物3284万元，到屯留区、长子县、平顺县、壶关县、沁源县、武乡县高速卡口慰问一线工作人员，向潞州区、上党区、潞城区等县区，以及教育、公安、交通、民政系统等防疫重点部门捐赠防疫物资，价值总计近370万元；为市医院、和平医院9家医院捐赠50台呼吸机价值近750万元。（董　峥）

【应急救护培训】2022年，长治市红十字会结合省政府民生实事AED项目，逐步健全应急救护培训长效机制。完成2022年省政府民生实事项目68台AED的安装和配置点人员的应急救护培训工作，在此基础上，市政府配套购置30台应急救护一体机，扩大AED覆盖面。培训持证救护员5507人。完成中国红十字基金会“滴滴应急救援项目”——红十字“救”在身边交通运输系统应急救护培训任务，培训初级救护员1007人。推进应急救护宣传工作，自主培训救护员460名，宣传普及1.6万余人。（董　峥）

【“博爱”系列救助活动】2022年，长治市红十字会开展博爱助困、助医、助学等“博爱系列”救助活动。“博爱送万家”救助活动中，为12个县区约1.2万个困难家庭送去春节温暖大礼包价值128.1万元，救助全市1127名大病、困难群众123.53万元。“博爱助学”活动中，在开学季广泛宣传发动爱心企业，通过红十字系统向潞州区、平顺县、沁县教育系统捐赠157.28万元用于助学和兴教。“博爱助医”活动中，争取中国红十字基金会大病儿童救助项目支持，救助23名白血病、先心病儿童65.5万元。助力乡村振兴活动中，主动联系爱心企业向平顺县、上党区捐赠500万元用于集中供暖、街道绿化。（董　峥）

【“博爱一日捐”活动】2022年，长治市红十字会继续开展“博爱一日捐”活动，全市募集善款866.78万元（其中定向585.46万元），市本级募集善款506.16万元（其中定向472.22万元）。“5·8人道公益日”期间，通过“互联网+众筹”，全市筹集资金59.55万元，得到中国红十字基金会在长治市开展大病儿童救助、安心街区、博爱家园项目支持。争取中国红十字基金会项目支持，筹建博爱家园安全社区和钢结构卫生站共计10个项目，共计240万元，辐射7个县区。（董　峥）

【无偿献血宣传动员】2022年，长治市红十字会推进无偿献血宣传动员工作。在“3·5”学雷锋纪念日、“6·14”世界献血者日，到企业、学

2022年9月20日，长治市红十字会在长治医学院五龙校区开展应急救护培训（董　峥　供图）

校开展无偿献血等宣传活动，全年参与无偿献血27817人次，累计献血50558个单位。尤其是疫情期间，广泛动员、组织爱心人士参与献血，缓解疫情期间“血荒”困局。长治市无偿献血成绩突出，被国家卫生健康委、中国红十字总会、中央军委后勤保障部卫生局授予“全国无偿献血先进地市”称号。（董　峥）

【造血干细胞捐献】 2022年，长治市红十字会做好造血干细胞捐献宣传，招募和动员工作，招募造血干细胞捐献志愿者410名，成功实施捐献达到8例。截至2022年底，全市造血干细胞捐献志愿者入库人数累计1.1万人，实施捐献累计52例。（董　峥）

【人体器官捐献】 2022年，长治市红十字会开展遗体和人体器官捐献宣传、服务工作，在“长治好人”器官捐献者霍清、王文才事迹的宣传引导下，全年完成公民逝世后器官捐献6例，捐献大器官20个，捐献眼角膜3例，捐献遗体4例，挽救20人生命。截至2022年底，全市累计登记人体器官捐献志愿者1.7万余人。（董　峥）

【基层组织和志愿服务】 截至2022年底，长治市有196个红十字基层组织，2个红十字冠名医疗机构，3所省级红十字示范校，252个团体会员单位，6462名个人会员，6155名青少年会员，志愿服务组织23个，注册志愿者1132名。开展“三献”（献血液、献造血干细胞、献人体器官组织）志愿服务、应急救护、助学助老助困、募集善款、文明创建等活动，尤其是常态化疫情防控中，长子县、平顺县、襄垣县等县区组织开展大面积消杀志愿服务，参与志愿者达7611人次，消杀面积187.2万平方米。全市志愿服务时长累计39434余小时。长治市人民医院、平顺县青阳镇政府被评为“全国红十字模范单位”，红十字会员李凯乐被评为中国红十字会“会员之星”，平顺县红十字赈济救援志愿者服务队入选全国学雷锋志愿服务“四个100”先进典型。在全市“五个一批”志愿服务先进典型评选中，1人获得最美志愿者，1人获得全市志愿服务先进工作者，2支志愿服务队获得全市最佳志愿服务组织。

（董　峥）

2022年11月11日，长治市第49例造血干细胞捐献者高彦斌（左三）在和平医院采集造血干细胞（董　峥　供图）

法 治

人大立法

【概述】 2022年，长治市人大常委会制定新一届人大常委会五年立法规划和年度立法计划，推进地方立法工作。建立健全立法咨询专家工作制度，加强与长治学院合作建立的地方立法研究咨询基地的建设，修订基层立法联系点工作规定，拓展基层人民群众参与地方立法的深度和广度，增强立法工作透明度，体现全过程人民民主。强化立法宣传工作，就上年度制定的《长治市国家湿地公园保护条例》《长治市农村自建房管理条例》等地方性法规的贯彻实施进行发布解读，推动地方性法规落地落实。落实备案审查制度，听取和审议上年度规范性文件备案审查工作情况的报告，建立规范性文件委托专家审查工作机制，完善《规范性文件备案审查管理办法》，加大规范性文件备案审查工作，维护国家法治统一。《长治市国家湿地公园保护条例》于2022年7月1日正式施行。 （李晓冬）

【《长治市漳泽湖生态保护与修复条例》】 2022年，长治市人大常委会坚持从“小切口、有特色”入手，把制定《长治市漳泽湖生态保护与修复条例》作为年度立法重点项目，采取简易体例，分别对政府及部门职责、规划与建设、保护与修复等进行规范，为推进漳泽湖的生态保护与修复，提供法治保障。 （李晓冬）

【《长治市海绵城市建设管理条例》】 长治市作为第一批全国系统化全域推进海绵城市建设的示范城市，2022年，市人大常委会从法治入手，制定《长治市海绵城市建设管理条例》，推动构建健康可持续的城市水系统，为资源型城市绿色转型探索经验、作出示范。 （李晓冬）

【《长治市漳河流域生态修复与保护条例》】 2022年，长治市人大常委会坚持生态优先绿色发展，制定出台《长治市漳河流域生态修复与保护条例》，突出生态修复与保护原则、生态水量、地下水资源及重点部位保护等内容，为漳河全流域生态保护和经济社会发展提供法治支撑。该条例由长治市第十五届人民代表大会常务委员会第三次会议于2022年9月1日通过，并由山西省第十三届人民代表大会常务委员会第三十八次会议于2022年12月9日批准。条例共6章52条，于2023年3月1日施行。 （李晓冬）

政法委　综治

【党的领导】 2022年，长治市政法机关把学习宣传贯彻习近平新时代中国特色社会主义思想和中共二十大精神作为重要政治任务，建立并落实“首要议题”学习制度，分期分批对全市政法领导干部进行专题培训。严格执行重大事项请示报告制度，向市委、市政府请示报告26次，市委常委会16次研究政法重点工作，每季度研判社会稳定形势。贯彻《中国共产党政法工作条例》和省委《贯彻落实〈中国共产党政法工作条例〉实施细则》，召开5次市委政法委员会研究重点工作，落实政治督察、综治督导、执法检查等制度，把党的领导贯穿政法工作各方面和全过程。 （牛艳琪）

【政治安全维护】 2022年，长治市落实重大决策社会稳定风险评估实施办法，组织专家对103个重大项目应评尽评；推行首席法律专家咨询制度，开展社会矛盾风险隐患大排查大起底

2022年2月16日，长治市打击电信网络诈骗犯罪宣传专项行动部署会召开

（牛艳琪 供图）

大化解行动，持续治理重复信访、化解信访积案，深入开展涉法涉诉信访积案评查化解专项行动，突出防范化解房地产等重点领域风险。

（牛艳琪）

【市域社会治理】 2022年，长治市坚持“德治四融入”，将红色基因融入市域社会治理全过程，工作做法在第六次全国市域社会治理现代化试点创新研讨班上作交流发言。创新推进信访服务中心、综治接待大厅、多元解纷中心一体化规范化建设，全省访调对接工作培训班在长治市举行；以抓党建促基层治理能力提升专项行动为契机，开展党建引领基层网格治理行动，同步开展综治中心规范化建设提升年活动，建立常态化护学机制，助力基层矛盾高效化解和社会治安联防联治。全面启动社会治安防控高等级响应勤务，严厉打击哄抬物价、妨碍公务等违法犯罪行为。

（牛艳琪）

【违法犯罪打击】 2022年，长治市推进信息网络、交通运输、工程建设、自然资源等四大行业整治取得明显成效，长治市扫黑除恶斗争领导小组及其办公室工作位列全省第一。落实打击、防范、治理各项措施，全市电诈案件多发频发态势得到有效遏制；每季度开展污水毒情检测，禁毒执法指数位列全省第一方阵，长治市被列为第二批全国禁毒示范创建城市。实行挂图作战，日跟踪、周通报，追赃挽损3600万余元，全市养老领域涉诈问题得到集中整治。

（牛艳琪）

【法治服务】 2022年，长治市委政法委出台政法机关服务保障高质量发展若干措施，建立政法单位联企服务机制，动员全市374名政法机关领导干部帮助企业解决难题140个。开展“三晋执行利剑”集中攻坚行动累计执行到位3.45亿元。严打侵害企业合法权益、扰乱市场经济秩序违法犯罪，查破阻工扰工案件42起，保障方舱医院、208国道建设等重点项目落地。深化简政放权，全省首家实施政务服务“跨省通办”；深化晋冀豫“三省八市”法学交流合作，召开第二届“太行法治论坛”，推出一批高质量智力成果。

（牛艳琪）

【政法领域改革】 2022年，长治市对危险驾驶罪判处免予刑事处罚及超期未判决的案件开展法律监督工作，在全市部署开展社区矫正专项执法检查，开展公安执法监督管理改革，执法司法公信力显著增强。持续深化以审判为中心的刑事诉讼制度改革，落实繁简分流、独任审理等规定，健全认罪认罚从宽制度，准确把握宽严相济刑事政策，实现公正与效率相统一。每月通报全市政法机关“206”系统（推进以审判为中心诉讼制度改革—上海刑事案件智能辅助办案系统）使用情况，约谈排名靠后的政法单位“一把手”，加强对刑事诉讼活动全流程法律监督。

（牛艳琪）

【法治长治建设】 2022年，长治市建立党政主要负责人推进法治建设“任务书”，对12个县区和83个市直单位法治建设情况进行督察，党政主要负责人年终述法机制建立。推动立法工作体制机制创新，建立行政立法联系点制度，推进年度立法计划实施。落实行政执法人员持证上岗和资格管理制度，新申领执法证考试通过率全省排名第一；襄垣县、长子县完成司法部行政执法协调监督工作体系建设试点。

（牛艳琪）

法治政府建设

【概述】 2022年，长治市委、市政府坚持以习近平新时代中国特色社会主义思想为指导，深入学习贯彻习近平法治思想，全面贯彻落实中共二十大精神，落实《法治政府建设实施纲要（2021—2025年）》，坚决落实党中央、国务院及省委、省政府关于法治政府建设的各项决策部署，推进依法行政各项工作，法治政府建设取得成效。

（长治市政府网站）

【法治建设责任履行】 2022年，长治市委把深入学习宣传贯彻习近平法治思想列为年度法治建设的首要任务，印发《关于贯彻落实习近平总书记在中央全面依法治国工作会议上的重要讲话精神任务清单》，市委书记杨勤荣主持召开市委常委会会议暨市委中心组学习会议，集体学习《习近平法治思想学习纲要》，研究法治工作12次，推动中共中央及省委法治建设决策部署落地落实。市政府履行法治政府建设主体责任，坚持依法决策、依法行政，市委副书记、市长陈耳东主持召开市政府常务会议，研究法治议题和重要涉法事项17次，谋划落实法治政府建设各项任务。市委依法治市委员会出台《长治市法治政府建设实施方案（2021—2025年）》，明确“十四五”时期全面推进法治政府建设的目标任务和措施要求。各级各部门建立健全习近平法治思想常态化学习机制，以系列举措推动法治政府建设取得成效。 （长治市政府网站）

【“放管服”改革】 2022年，长治市全面实行权责清单制度。及时调整并公布市直37个部门的4008项（5714小项）权力事项。率先实施“跨省通办”，与36个设区的市签署合作协议，与全国292个市县“云上”建立通办机制，100项事项实现跨省通办，通办事项数和合作地市数在山西省领先。深化“证照分离”改革，对涉及的120项事项进行调整，其中直接取消审批15项、审批改为备案9项、实行告知承诺41项、优化审批服务55项，全年四种改革方式总计办件量达12431件，惠及企业10851户。稳步推进市场主体倍增，全市市场主体达325733户，净增69114户，增长率26.93%。加强新型监管机制建设，全面实施“双随机、一公开”监管，系统抽查市场主体166批次4536户，跨部门抽查市场主体213批次2125户次；强化“互联网+监管”应用，在山西省“互联网+监管”系统中汇聚各类监管行为数据957599条，监管事项覆盖率65.31%，认领各类监管事项14582个，梳理行政检查类清单数据15062条，提升监管能力。

（长治市政府网站）

【依法行政制度体系建设】 2022年，长治市加强重要领域立法，制定《长治市漳河流域生态修复与保护条例》《长治市漳泽湖生态保护与修复条例》《长治市海绵城市建设管理条例》3部地方性法规。完善立法工作机制，依托高等院校、机关单位、基层站所、民营企业、律师事务所等，建立33个行政立法基层联系点，拓宽社会各方参与立法的途径。严格行政规范性文件制定监督管理，对涉及统计、计划生育、水能资源开发利用等领域的行政规范性文件进行全面清理，提升行政规范性文件法治化水平。强化依法决策，把行政机关负责人依法决策、遵守决策程序、建立法律顾问和合法性审核制度作为年度全面依法治市督察和市委法治建设专项考核的重要内容，推动各级行政机关负责人牢固树立依法决策意识。严格落实重大行政决策程序，注重发挥法律顾问和有关专家的把关作用，对市政府出台或实施的322件行政规范性文件和其他重要文件、合同协议、涉法事项，严格履行合法性审查和集体讨论决定程序。完善科学民主依法决策机制，及时制定公布年度重大行政决策事项目录，针对立法项目、国道环线自由流收费、一城四区出租车运价调整等，通过举办听证会、网络公开征求意见等形式，加大公众参与力度。

（长治市政府网站）

【行政执法工作体系建设】 2022年，长治市持续推进严格规范公正文明执法。全面完成司法部下达的行政执法协调监督工作体系建设试点任务，长子县、襄垣县依托司法行政机关挂牌成立人民政府行政执法协调监督局，形成“县乡联动、点面结合、室所合一”立体式全方位监督体系。推进乡镇（街道）“一支队伍管执法”改革，核定乡镇（街道）综合执法人员1429名，聚焦重点领域和薄弱环节开展“保安全 护民生”乡镇（街道）综合行政执法专项行动，以干代训，提升基层执法人员的能力和水平。加大重点领域执法力度，市场监管部门累计查办各类案件3100余件，公安部门打掉涉恶集团（团伙）5个、侦破电信网络诈骗案件371件、破获“盗抢骗”案件944件、破获涉毒刑事案件261件，维护社会秩序和群众合法利益。落实行政执法人员持证上岗和资格管理制度，依法依规清理执法资格人员1398人，新确认执法资格人员1017人。 （长治市政府网站）

【社会矛盾纠纷化解】 2022年，长治市推进一站式多元解纷机制建设，创新开展访调对接工作，市县两级信访服务中心、综治中心、一站式多元解纷中心融合办公，“访、调、裁、审、处”全链条化解矛盾纠纷，推动群众诉求解决由“多部门”向“一扇门”转变、由“多中心”向“一中心”集成。以访调对接工作为代表的一站式多元解纷机制得到《人民日报》的宣传点赞和省委政法委等部门肯定，全省访调对接工作培训会在长治市召开。推进人民调解工作，全市各级人民调解组织调处各类矛盾纠纷22262件，调解成功22182件，调解成功率99.6%。持续深化行政复议体制改革，在统一行政复议职能的基础上，完成机构设置、编制划转、专业人员配备工作，健全完善工作规则和流程，复议案件办理质量逐步提高。2022年全市受理行政复议案件224件，审结189件，直接纠错率21.16%。加强和规范行政应诉工作，全年审结的市政府应诉案件26件，市政府相关负责人出庭应诉率100%。（长治市政府网站）

【纪法协同衔接机制】 2022年，长治市健全完善纪法协同衔接机制。推动纪检监察与公安、检察、审判机关密切协作配合，建立完善案件质量保障、会商研究等12项机制，推进反腐败斗争。注重加强纪检监察与政法、审计、金融监管、法治监督等监督主体的协作配合，完善信息互通、工作协同、力量统筹、成果共享等工作机制，实现“政治监督”和“专业监督”同题共答、汇聚合力。（长治市政府网站）

【政府督查】 2022年，长治市围绕党中央、国务院及省委、省政府重大决策部署开展监督检查，注重运用“13710”信息化督办平台提高督查实效，全年开展涉及重点项目、工程质量、疫情防控、护林防火、重大舆情等专项督查50余次，制发督查专报29期、督查通报7期、督办通知书7期，省政府“13710”系统交办的180项事项中，办结168项，办结率93.33%。加大行政执法监督力度，选聘30名行政执法监督员，制发8份行政执法监督通知书、1份线索交办书、1份答复通知书，推动问题整改。（长治市政府网站）

【政务公开】 2022年，长治市深化重点领域信息公开，市级政府信息公开平台新增主动公开信息9897条，围绕重大建设项目、重点民生领域、土地征迁、稳岗就业、食品药品安全、价格收费、政府采购等重点领域公开信息2000余条，不断提升政府工作透明度。（长治市政府网站）

【政府守信践诺】 2022年，长治市各级政府履行法院生效裁判，市县政府及部门共收到一审法院责令履行的法院判决56件，市县政府及部门均按规定和程序依法提起上诉或依法履行法院生效判决。（长治市政府网站）

【数字政府建设】 2022年，长治市建成全市统一的政务云平台和大数据中心，打通信息孤岛。建成市政务信息共享整合平台，实现国、省、市、县四级数据共享。深化政务“全程网办”，持续推进各级行政审批事项网上办理，“全程网办”事项比例持续提高，长治市98.66%的市级行政许可事项和95.64%的县级行政许可事项实现“全程网办”。（长治市政府网站）

公　安

治安管理

【安保任务】 2022年，长治市公安机关将做好中共二十大安保维稳工作作为全年工作主线贯穿始终。强化组织领导，成立总指挥部。化解矛盾纠纷和信访突出问题，发挥长治市环京公安检查站“过滤网”作用，维护全市信访秩序。深化严打整治，持续保持对“黑拐枪”“盗抢骗”“黄赌毒”“食药环”、侵害妇女权益、养老诈骗等违法犯罪的严打高压态势。安保期间，全市各类刑事、治安案件发案率同比分别下降21.42%、28.83%，特别是严重暴力犯罪八类案件同比下降17.96%。强化公共安全管理，组织检查重点单位1651家，现场整改隐患130起，组织安保群防力量巡查油气管道491千米，电力设施管线668千米，确保“油电水气暖”等国计民生领域安全；联合交通、邮政管理局等部门对全市范围3000余家寄递物流企业开展安全检查，发现整改隐患127处。（吴韵　马贝贝）

【电信网络诈骗整治】 2022年，长治市公安机关侦破电信网络诈骗案件1940起，抓获1315人，止付涉案资金15亿余元，冻结涉案资金1.8亿余元，返还群众涉案资金2503万元；开通“反诈公交专线”，组建7个反诈宣传小分队开展反诈知识宣传活动。全市注册“国家反诈中心”App人数达134.6万人，注册“长治久安”防电诈小程序人数达82万人；2022年以来电诈案件立案数同比下降22.53%，因电诈犯罪造成财产损失同比下降46.43%。（吴韵　马贝贝）

【毒品违法犯罪治理】 2022年，长治市公安机关破获涉毒刑事案件393起，强制隔离戒毒182人，特别是5月后，相继破获公安部“2022-163”“2022-145”毒品目标案件、山西省“2022-4”等一批毒品目标案件，全市缉毒执法主要指标保持全省第一方阵。开展“八进”（进社区、进家庭、进学校、进乡村、进单位、进行业、进场所、进网络）等宣传活动260余次，播放各类禁毒宣传公益广告、信息、标语达300余万次，参与群众达百万人，禁毒宣传覆盖面逐步提升；组织全市学生代表山西省首次挺进全国青少年知识竞赛总决赛，取得全国二等奖的历史最好成绩。（吴韵　马贝贝）

【民生案件破案攻坚】 2022年，长治市公安机关破获“盗抢骗”案件1413起，抓获773人，起诉503人；破获养老诈骗案件277起，抓获168人，追赃挽损3600余万元。全市共破获涉拐案件17起，抓获23人，解救被拐人员14人。（吴韵　马贝贝）

【治安乱点排查整治】 2022年，长治市公安机关侦办涉枪涉爆刑事案件129起，移送起诉93人，查处涉危涉爆等行政案件712起，治安处罚587人；破获涉黄赌刑事案件285起，抓获240人；查处涉黄赌治安案件3709起，抓获1805人；办理犬证3449个，捕捉流浪犬、无主犬5107只。

（吴韵　马贝贝）

【执法规范化建设】 2022年，长治市依托公安执法全流程平台实现对公安机关执法行为过程信息全程记载、执法全过程可回溯管理、重大执法决定法制审核全覆盖，坚持执法质量月考评机制，坚持“周通报、月排名”考核；利用班前会、案件研讨会等有效载体，常态化组织广大民警认真学习；发挥公安督察“12389”投诉服务热线作用，安排专人接访，让公众知晓向公安机关投诉有人受理、提出疑问有人答复、与民警沟通交流顺畅、向公安机关递交材料渠道畅通，有效压缩违规请托说情、接触交往等违反“三个规定”行为发生和存在的空间。

（吴韵　马贝贝）

【基层基础建设】 2022年，长治市公安机关坚持和发扬新时代“枫桥经验”，从2021年开始在全市部署开展“枫桥式公安派出所”创建三年行动，坚持“重点突破，以点带面”，先后在全市选定49个派出所重点培育，共创建成功1个“国字号”、9个“省字号”枫桥所，开展“万名民警进万家”活动，走访机关、企业、社区、村庄、学校8000余家，群众8万余人次，共摸排各类矛盾纠纷5597起，化解5578起，化解率99.66%，严防发生民转刑、刑转命案事件，全市五年来未发生被省委政法委、省公安厅通报的“民转刑”命案。持续推动警力下沉，共下派474人（其中市局机关50人）充实到基层派出所工作，全市派出所警力占县级公安机关总警力达到44.41%以上，专（兼）职社区民警占派出所警力63.36%以上。全市派出所所长进乡镇（街道）党（工）委班子共117人，占全市乡（镇、街道）总数（128个）的91.41%；社区民警进社区（村）“两委”班子2605人。

（吴韵　马贝贝）

【案件查处】 2022年，长治市公安机关严打侵害企业合法权益、扰乱市场经济秩序违法犯罪，查破阻工扰工案件42起，保障208国道建设等重点项目落地；办理经济犯罪案件298起，挽回经济损失3830万元；破获食药环和知识产权领域刑事案件149起，抓获149人；侦办非法采矿案件8起。

（吴韵　马贝贝）

交通管理

【概述】 2022年，长治市公安局交警支队以“压事故、保安全、保畅通、利民生”为中心，推进事故预防“减量控大”（减少交通事故死亡总量，控制较大以上道路交通事故）工作，开展“飓风2022”交通秩序整治，夯实道路交通安全基础，优化城市道路交通环境，提升道路交通服务保障能力。全年全市发生适用一般程序处理道路交通事故1955起，同比减少710起，下降26.64%；死亡333人，减少5人，同比下降1.48%；受伤2038人，减少1081人，同比下降34.66%；直接经济损失349.44万元，减少134.47万元，同比下降27.79%。

2022年，长治市机动车保有量为753603辆，同比增长7.9%；机动车驾驶人保有量为987447人，同比增长5.68%。

（苗昌琦）

【道路交通秩序整治】 2022年，长治市交警部门查处交通违法案件1347135起，其中查处饮酒驾驶6336起，醉酒驾驶1380起，毒驾53起，疲劳驾驶1425起，涉牌涉证34798起，无证驾驶25510起。

（苗昌琦）

【交通隐患排查治理】 2022年，长治市“营转非”大客车、“两客一危”（从事旅游的包车、三类以上班线客车和运输危险化学品、烟花爆竹、民用爆炸物品的道路专用车辆）检验率、报废率和违法处理率均达到100%，注销吊销驾驶证1149人，约谈高风险

2022年夏，长治市公安局交警支队开展交通安全隐患排查（苗昌琦　供图）

道路运输企业150余家，排查整改各类道路交通安全隐患3840处，其中8处部级、2处省级、9处市级督办隐患全部整改到位。（苗昌琦）

【交通宣传教育】2022年，长治市2424个行政村设置交通安全宣传栏、警示提示牌、大喇叭，567所农村学校设置固定交通安全宣传教育提示栏，媒体刊发宣传稿件750篇，曝光重点交通违法及典型案例244条、事故多发路段23处、高风险运输企业88家。（苗昌琦）

【交通环境整治】2022年，长治市公安局交警支队打造长治境内309国道为省级交通安全文明示范路，牵头组织开展全市国省道交通安全专项整治工作，治理穿村过镇隐患399处，增设醒目村庄警告标志、注意行人50处，增设闪光警告信号灯、曝闪灯633处，增设路口警示桩8407个，完善限速标志227个，施划减速标线3.2万米，设置其他物理性减速设施233处，清理行道树木遮挡安全隐患455处。（苗昌琦）

【城市交通综合治理】2022年，长治市公安局交警支队协助12个县区完成小街巷文明交通综合治理283条，打造主城区8条严管街，完成市区68处重点路口路段，24处学校、医院周边道路交通组织优化。开展城市道路交通秩序整治，推动《长治市电动车管理条例》落实落地，共查处1065427起违法行为，其中，工程车各类违法行为3757起，电动自行车各类违法行为350840起（其中电动车未戴安全头盔违法行为18.8万起），乘坐人不系安全带159739起，主城区电动自行车头盔佩戴率平均达70%以上。（苗昌琦）

【农村交通安全管理】2022年，长治市公安局交警支队健全完善全市农村交通安全管理工作机制和责任体系，重点加强农用车违法载人专项整治、平交路口交通安全设施排查整治和交通安全宣传教育。全市农村平交路口增设信号灯244座，安装减速带464条，查处农用车违法载人14271起，处罚用工企业、包工队402个，设置"三轮车禁止载人"警示牌1811处，刷写相关警示标语3750多条。（苗昌琦）

【道路交通科技建设】2022年，长治市公安局交警支队投入608万元完成公安交通集成指挥平台二次升级改造，投入1700余万元保障交通科技设施和交通安全设施正常运转，指导各县区完成17处县级数字警务室建设，持续深化"情、指、勤、督"一体化警务机制应用，为完成党的二十大交通安保以及道路交通突发事件处置提供科技支撑。受理交通事故类有效警情2.65万起，指挥调度5942次，完成党的二十大等重大交通安保14次，对重点交通违法行为实现有效预警3.2万次，成功拦截车辆3.1万次，现场处罚车辆9626辆。（苗昌琦）

【道路交通服务】2022年，长治市公安局交警支队协同公安、交通、卫健等职能部门设立27处入市防疫检查站，落实货运车辆无接触入市闭环管理，确保货运物流链的安全畅通。推动《机动车登记规定》等新制定规章和私家车新车上牌免查验等12项便民利企措施在长治市落地实施，网上办理机动车业务14万余笔、驾驶证业务66万余笔，审核办理电子通行证11017份。（苗昌琦）

【执法规范化建设】2022年，长治市公安局交警支队持续深化改进执法"六项措施"（严重违法严查严处、一般违法首次警告、轻微违法不予处罚、常见违法先行提醒、严厉打击买分卖分、完善执法考评机制），开展交警顽症痼疾整治和非现场执法整治，集中清理酒后驾驶机动车逾期未处理类案件，强化案件审核、案卷考评等执法监督管理手段运用。发送违停提示信息88万余条，首违警告率同比上升43%，严重交通违法的查处率同比上升17.2%，轻微违法免罚率同比上升75%；共清理久挂未结酒驾案件1913起，审批通过交通技术监控59处，发现整改案件办理问题150余件，通过"12345"平台群众投诉举报交管执法问题同比下降56.4%。（苗昌琦）

户政　出入境管理

【民生服务】2022年，长治市公安机关坚持深化"放管服"改革，开通户籍类业务"全省通办"，6项公安证明事项"跨省通办"；推动37项审批事项入驻政务大厅，建设智能化警务专区，实现"大厅之外无审批"。（吴韵　马贝贝）

【户政管理】2022年，长治市户籍人口数3392737人，男性人口为1722625人，女性人口数为1670112人，总户数1192790户，城镇人口总数1379814人，全市流动人口总数148258人，申请办理居住证125694件。受理身份证252332件，受理异地身份证2532件。（吴韵　马贝贝）

【出入境管理】2022年，长治市公安局审批出国境证件1756证次，办理外国人停居留证件114证次。全市办理妨害国（边）境案件56起，办理非法入境、非法居留、非法就业人员案件共40起。（吴韵　马贝贝）

检　察

【概述】 2022年，长治市检察机关47项业务数据在山西省排名前三，民事检察、数字检察、侦查活动监督等多项工作全省排名前列，9个集体、7名个人受到最高人民检察院等部委表彰，7个集体、20名个人受到省级以上表彰，1件案例入选最高人民检察院典型案例，16人入选最高人民检察院、山西省人民检察院人才库。2022年，长治市检察机关批准逮捕各类刑事犯罪938件1236人，提起公诉2368件3068人。起诉杀人、抢劫、强奸等严重暴力犯罪69件76人；起诉侵犯公民人身权利、财产权利犯罪538件679人，危害公共安全犯罪874件887人；起诉"黄赌毒"违法犯罪447件639人；以危险驾驶、伪造公司印章、寻衅滋事犯罪提起公诉3件9人。（李奕燃）

【扫黑除恶斗争】 2022年，长治市检察机关起诉涉恶案件5件28人，完成省检察院交办的李某某恶势力犯罪集团案件的出庭公诉工作。落实市级检察院对涉黑涉恶案件统一把关制度，改变公安机关定性3件10人。参与信息网络、自然资源、交通运输、工程建设四大行业社会治理，制发检察建议10件。（李奕燃）

【反腐败斗争】 2022年，长治市检察机关协同完善监察执法与刑事司法衔接机制，共受理各级监委移送职务犯罪77人，起诉63人，其中厅局级1人、县处级12人。与监委等部门共同推进受贿行贿一起查，对4起行贿案件提起公诉，实现腐败问题的标本兼治。部署"司法工作人员职务犯罪侦查百日攻坚"行动，立案2件2人。（李奕燃）

【诉源治理】 2022年，长治市检察机关推进诉源治理，落实认罪认罚从宽制度和少捕慎诉慎押刑事司法政策，认罪认罚适用率90.21%，依法不批捕557人、不起诉1004人。组织对轻刑、老年人、患有严重疾病等人员开展羁押必要性审查354人，决定或建议变更强制措施71人。推进"七号检察建议""八号检察建议"的落地落实，与公安、邮政管理等部门会签《健全完善寄递渠道安全监管协作配合机制的意见》，实现寄递安全保障常态长效。联合公安、应急管理、消防等部门制发《长治市安全生产行政执法与刑事司法衔接工作实施细则》，合力护航安全生产。制发社会治理类检察建议183件，全部予以采纳，促进相关职能部门依法履职，助力法治长治建设。（李奕燃）

【法治营商环境建设】 2022年，长治市检察机关统筹打击犯罪与保护发展，依法起诉破坏社会主义市场经济秩序犯罪105件169人，其中起诉非法吸收公众存款、集资诈骗等涉众型犯罪21件33人。沁源县新型农村合作医疗管理中心资金被骗侦查活动监督案被最高人民检察院评为优秀侦查活动监督案例。在全市成立13个知识产权检察办公室或办案组，起诉侵犯知识产权犯罪7件17人。对刑事生效裁判财产刑的执行提出监督意见153件，被采纳153件。（李奕燃）

【民营企业服务保障】 2022年，长治市人民检察院出台《民企交流对话平台及派驻长治市工商业联合会检察联络室工作办法》，发布6个实施意见及10余项制度，搭建起服务保障民营企业发展的制度框架。会同工商联、相关执法部门共同构建第三方监督评估机制，对整改合格的4家企业，依法起诉1人，不起诉5人，助推民营企业依法经营、合规发展。（李奕燃）

【生态环境司法保护】 2022年，长治市检察机关发挥"河湖长＋检察长"制度优势，共立案办理河湖保护行政公益诉讼案件28件，督促清理河道内建筑垃圾、工业废弃物等45.3吨，清理河道10千米。潞城区人民检察院办理的郭某某等人涉嫌跨省非法倾倒危险废物污染环境案件，入选生态环境部第三批生态环境执法典型案例。加强区域合作，与河南省检察机关、水利部海河水利委员会漳河上游管理局等部门共同建立"红旗渠及其源头保护""浊漳河流域"协作机制，达到信息共享、联合办案。（李奕燃）

【民生领域检察监督】 2022年，长治市检察机关聚焦食品药品等民生领域，起诉制售有毒有害食品、假药劣药等犯罪11件23人。结合食品药品安全"四个最严"要求，办理食药领域公益诉讼案件44件。针对"毒豆芽"监管职责不明确情形，向长治市人民政府制发诉前检察建议，明确农业农村局和市场监督管理局监管职责，从根本上解决对"毒豆芽"安全监管问题存在的法律盲区。推进打击整治养老诈骗专项行动，起诉养老诈骗犯罪10件16人，开展"五个一"系列宣传，提升老年群体防诈能力。（李奕燃）

【信访检察诉讼】 2022年，长治市检察机关落实"群众信访件件有回复"制度，受理群众各类信访事项1141件，全部7日内程序性回复，3个月实体性答复523件，回复率和答复率均达100%。坚持和发展新时代"枫桥经验"，领导干部包案办理疑难复杂信访案件38件。对因案致贫、返贫的350名当事人，发放司法救助金257.8万元。依法保障弱势群体合法权益，办理支持起诉案件657件，帮助农民工追回工资100余万元。（李奕燃）

【未成年人司法保护】 2022年，长治

2022 年 8 月 31 日，“四季花”未检团队到长治市第六中学初一新生军训现场，为新生讲授法治第一课（李奕燃　供图）

市检察机关以“零容忍”态度打击侵害未成年人犯罪，依法起诉 44 人。着力建设现代化未成年人社会治理体系，制发督促监护令 149 份，帮助监护缺失的困境儿童指定监护人 9 件。推动市未成年人保护工作委员会建立有关密切接触未成年人行业从业人员入职查询的长效工作机制，核查 49224 人，调岗解聘处理 11 人，长治成为山西省首家全面落实《未成年人保护法》入职查询制度的地市。倡导“一校双聘”，“法治副校长＋法治辅导员”双重护卫；录制 10 个主题 12 节法治课堂，用“互联网＋校园网＋公益传播”模式实现宣传全覆盖，“四季花”未检品牌深入人心。长治市人民检察院监督落实犯罪记录封存制度维权案例、潞州区院临界预防助力罪错未成年人回归案例，被山西省人民检察院编入涉未十大典型案例。（李奕燃）

【检察队伍建设】 2022 年，长治市人民检察院构建教、学、练、战一体化教育培训机制，依托“检答网”、检察二部在线学院等平台，全覆盖、常态化开展业务培训。通过“一学一练”“五评五看”，发挥优秀人才“传帮带”作用。组织开展长治市检察机关 2022 年度刑事检察业务竞赛，以诉辩对抗等实战模式锻炼检验队伍。启动实施“551”人才选拔培养工程，在全市选拔培养精英检察官、骨干检察官助理。（李奕燃）

【基层文化建设】 2022 年，长治市人民检察院推动基层检察院“一院一品”“一院多品”品牌创建工作，壶关县院传承 38 年的“两把扫帚”精神、武乡县院“砥砺检察初心 守护红色热土”等品牌示范引领作用日益凸显。部署开展 8 个数字检察集中专项行动，运用大数据“智慧监督”破解监督难点。沁源县院的“水资源保护类案监督模型”获全国检察机关大数据法律监督模型二等奖。（李奕燃）

【检务公开】 2022 年，长治市人民检察院向市人大常委会专题报告法律监督专项工作，办理代表委员建议、提案 5 件。市县两级院邀请代表委员 300 余人次视察未成年人检察、公益诉讼检察、检察联络点等工作，参与案件公开审查。配合司法行政部门完成新一届 74 名人民监督员的选任，聘任全市首届听证员 66 名，对重大疑难复杂案件组织公开听证 417 件。通过 12309 网络平台发布案件程序性信息 4672 条，每季度在微信公众平台公布检察业务数据，保障人民群众对检察工作的知情权、监督权。（李奕燃）

法　院

【概述】 2022 年，长治市各级法院受理各类案件 48488 件，审执结 46147 件，结案率 95.17%；市中院受理各类案件 5496 件，审执结 5361 件，结案率 97.54%。全市法院有 12 个集体、14 名个人受到省级以上表彰。（徐青青）

【安保工作】 2022 年，长治市各级法院严惩渗透颠覆破坏、民族分裂、宗教极端等犯罪，审结利用邪教组织破坏法律实施等犯罪 2 案 47 人。开展社会矛盾风险隐患“大排查、大起底、大化解”行动和涉法涉诉信访积案评查化解专项行动，全市法院共排查涉诉信访案件 32 件，评查案件 70 件，受理来信 360 件次，来访 798 人次。（徐青青）

【刑事犯罪惩治】 2022 年，长治市各级法院依法严惩刑事犯罪，审结各类刑事案件 3191 件，判处罪犯 3487 人。开展“扫黑恶、治电诈、打盗窃、禁毒品、护民生”专项行动，审结涉黑涉恶案件 8 件 32 人，审结电信网络诈骗案件 197 件 403 人，审结盗窃案件 173 件 231 人，审结毒品犯罪案件 397 件 533 人，审结养老诈骗相关案件15件20人，维护群众生命健康和财产安全。依法严惩暴力犯罪，审结故意杀人、强奸、抢劫等案件160件239人。保持惩治腐败高压态势，审结贪污、贿赂等职务犯罪案件49件56人。办结减刑、假释案件181件，强化刑罚执行效果。（徐青青）

【诉源治理】2022年，长治市中院坚持和发展新时代“枫桥经验”，坚持把非诉讼纠纷解决机制挺在前面，开展“一站式多元解纷和诉讼服务体系建设深化年”活动，按照市委办公室、市政府办公室联合印发的《长治市一站式多元解纷机制建设实施方案》要求，推动市辖12个县（区）多元解纷中心均投入使用并实质化运行。潞城区、上党区法院在当地党委领导下，推动乡镇（街道）综治中心、司法所设立“多元解纷工作站”，在村级党群服务中心设立“多元解纷工作室”，打造市、县、乡、村四级多元解纷诉源治理体系。全市法院系统与347个基层治理组织在线对接，2333名基层治理人员、20个人民法庭入驻调解平台，诉前调解案件25806件，最大限度把矛盾纠纷化解在基层、解决在萌芽。（徐青青）

【营商环境司法服务】2022年，长治市中院出台《关于为全方位推动长治高质量发展提供有力司法服务和保障的意见》，切实为加快构建现代化产业体系提供司法服务保障。推进涉金融不良资产案件专项清收处置工作，依法审结金融借款、保险、民间借贷等金融类纠纷案件4415件。制定防范化解房地产领域风险工作意见，审结涉建筑工程、房地产领域纠纷案件788件，助力保交楼、保民生、保稳定。践行绿水青山就是金山银山理念，推进环境资源审判“三合一”工作机制，审结环境资源案件145件，同时在全市设立3个专门环境资源法庭，保障“美丽长治”建设。（徐青青）

【法治营商环境培育】2022年，长治市各级法院践行“法治是最好的营商环境”理念，审结各类涉企合同民商事纠纷案件9697件，发挥法治固根本、稳预期、利长远的保障作用。与市场监督管理局、高新区管委会联合设立长治市首家“知识产权保护示范基地”，助力推进国家创新型城市建设。深化知识产权审判“三合一”工作机制，审结知识产权案件120件。服务供给侧结构性改革，健全完善府院联动、管理人选任等破产审判配套机制，审理破产案件38件，推动“僵尸企业”及时出清。全市法院班子成员深入潞安化工、山西振东等重点企业304次，打通法企畅联“最后一公里”，将企业“需求清单”转化为法院的“履职清单”。（徐青青）

【行政案件审结】2022年，长治市各级法院审结行政诉讼案件683件。经法院协调后和解、撤诉102件，促进行政争议实质性化解。长治、晋城两府两院召开“合力推动营商环境法治化，提高司法执法公正感受度”行政审判座谈会，促进行政与司法良性互动。持续推进行政机关负责人出庭应诉制度，出庭率达95.81%，同比上升3.63%，“告官能见官”成为新常态。坚持“一个案例胜过一沓文件”，发布行政审判白皮书及十大典型案例，促进行政机关依法行政能力提升。（徐青青）

【民生司法保护】2022年，长治市各级法院准确贯彻实施《中华人民共和国民法典》，强化“小案件大民生”理念，妥善审理教育、医疗、育幼、社会保障等与群众生产生活密切相关的民事案件26560件。依法审结食品药品纠纷、交通事故人身损害赔偿等案件3213件，统一人身损害赔偿标准，消除城乡居民赔偿差异。深化家事审判方式改革，出台人身安全保护令的实施规范，审结婚姻家庭、继承、赡养等案件4975件。依法维护和谐劳动关系，审结劳动争议案件762件。持续开展送法进军营活动，维护国防利益和军人军属合法权益。（徐青青）

【诉讼服务】2022年，长治市各级法院完善以诉讼服务中心、移动微法院、“12368”诉服热线为核心的“厅网线巡”立体化诉讼服务体系，全面提升现代化诉讼服务水平。深化案件“当场立、自助立、网上立、就近立”改革，网上立案、跨域立案10546件，网上办理诉讼服务事项3万余项次，完成电子送达16.15万余次，让“数据多跑路，群众少跑腿”。市中院制定院党组“我为群众办实事”重点项目清单，依法缓、减、免交诉讼费73.77万元，司法救助410.79万元。（徐青青）

【案件执行】2022年，长治市各级法院深化执行源头治理、综合治理，执结案件14993件，标的额30.43亿元。聚焦“黑财清底”，执行到位涉黑恶财产2493.12万元，退赔被害人376.8万元。开展“三晋执行利剑”集中攻坚行动，执行完毕案件2683件，执行到位金额11.23亿元，其中执结涉党政机关执行案件44件，打造诚信长治良好品牌形象。联合信用惩戒体系让失信被执行人“一处失信、处处受限”，发布失信1462人次，向公安机关移送拒执罪4人，795名被执行人迫于压力履行到位3.25亿元。（徐青青）

【综合配套改革】2022年，长治市各级法院全面落实司法责任制，优化审判权力责任配置，85%以上人员向办案一线集中。深化法官员额制改革，遴选员额法官17名、递补6名，其中基层法院占比91.3%，实现人案科学配比。着力推进四级法院审级职能定位改革，推动基层法院重在准确查明事实、实质化解纠纷，中院重在二审有效终审、精准定分止争。实现刑事案件律师辩护全覆盖，适用认罪认罚案件2890件，不断健全刑事司法权力运行机制。深化民事诉讼程序繁简分流改革，探索要素式审判、示范性裁判，适用小额诉讼及简易程序审结案件21573件。（徐青青）

【审判监督】2022年，长治市中院开展"案件质效提升年"活动，制定《关于对发回重审、指令再审、提审、改判案件加强监督管理的实施细则（试行）》，定期召开案件质效分析推进会，一审服判息诉率达86.44%，同比上升5.24%。健全"四类案件"识别监管机制，累计纳入平台监管案件755件，确保放权不放任、用权受监督。市中院着力构建"类案强制检索初步过滤、专业法官会议凝聚共识、审判委员会讨论决定"的法律适用分歧解决机制，召开专业法官会议53次、审判委员会26次，研究讨论案件296件，促进全市法院裁判尺度统一。（徐青青）

【智慧法院建设】2022年，长治市中院推动司法工作与现代科技深度融合，推进电子卷宗随案同步生成和深度运用、庭审语音识别、类案智能推送等系统应用，着力构建全业务网上办理、全流程依法公开、全方位智能服务的智慧法院。完善在线诉讼服务，网上开庭8532次，线上调解2.58万余件，远程提讯2473件、移动执行1768件，确保疫情期间"司法不停摆、正义不止步"。强化司法公开，在互联网公开裁判文书5920份、流程信息30073条、直播庭审7717场次。（徐青青）

司法行政

【概述】2022年，长治市司法行政系统从立法、执法、司法、守法普法等各环节发力，统筹抓好全面依法治市工作，推进法治政府建设，做好维护社会稳定工作，持续提升公共法律服务水平，推动全面依法治市和司法行政工作高质量发展。2022年，长治市司法行政系统有7个集体、7名个人获得省部级以上表彰；全省访调对接现场会在长治市召开；司法部在长子、襄垣两县行政执法协调监督工作体系建设试点工作取得成功；"免费法律咨询和特殊群体法律援助惠民工程"超额完成任务；司法所远程视频会见工作以13439次的会见人数在全省11个市中名列第一；推进严格规范公正文明执法，全市通过新申领执法证公共法律知识考试1261人，通过率达96.41%，位居全省前列；社区矫正全年累计开展实时点名3万余次，考勤率、点名率稳居全省前列；省司法厅评定长治市一级人民调解员21名，定级人数位居全省第一。组织2183人次参加国家统一法律职业资格考试。（刘　剑）

【普法宣传】2022年，长治市司法局推动召开市委全面依法治市委员会守法普法协调小组工作会议，研究制定《长治市关于深入落实社会主义法治文化建设的实施方案》。建立国家机关普法责任提示机制和跟踪通报机制，对每个季度重点普法任务责任部门以督办提示函方式进行点对点督办，并对普法成效进行每月通报，推进"谁执法谁普法"普法责任制落实，2022年通报覆盖责任单位36个。强化普法队伍建设，成立市级"八五"普法讲师团，开展法治宣讲活动8场。开展分层次普法宣传，全市司法行政系统围绕领导干部、青少年、基层群众等重点普法人群，累计开展习近平法治思想、宪法、民法典、防范电信网络诈骗等法治宣传教育活动930余场次。推进全媒体法治传播体系建设，利用"长治普法"抖音短视频宣传平台发布普法宣传视频240余条，浏览量为600万余人次，通过"长治司法"微信公众号推送普法信息800余条，阅读量达20万余人次。（刘　剑）

【法治乡村建设】2022年，长治市开展民主法治示范村（社区）创建活动，新申报省级民主法治示范村（社区）36个，国家级民主法治示范村（社区）4个。实施"法律明白人"培养工程，村（社区）"法律明白人"覆盖率100%。推进法治阵地建设，全市村居（社区）法治文化阵地覆盖率100%，县级青少年法治宣传教育基地建成率100%，新推荐申报3个第五批省级法治宣传教育基地，牵头打造3个特色法治文化村。（刘　剑）

【法律援助】2022年，长治市司法局实施免费法律咨询和特殊群体法律援助惠民工程。全市累计免费解答群众法律咨询62606人次，满意度达100%，完成全年任务的156.51%；全市法律援助机构累计受理特殊群体法律援助案件2100件，办结1718件，超额完成全年任务（1468件），办结率达117.03%。（刘　剑）

【国资律师事务所改革】2022年，长治市司法局印发《关于推进国资律师事务所改革的实施方案》，组织召开改革推进会，通过"变更组织形式、依法依规注销"等方式，盘活律师资源，消除制约国资所发展的体制机制性障碍，截至年底，全市11家国资律师事务所中有8家完成改革任务。（刘　剑）

【司法鉴定】2022年，长治市司法局

2022 年9 月27 日，长治市司法局组织“八五”普法讲师团举办“预防校园欺凌与犯罪”讲座（刘 剑 供图）

制定出台《全市司法鉴定机构和司法鉴定人全面评查工作实施方案》并开展评查工作，提升鉴定人专业素质和能力。截至年底，全市司法鉴定检案量 3349 件。（刘 剑）

【公证“放管服”改革】 2022 年，长治市 7 家公证机构和 2 个办证点均能实现“跨省通办”。放宽公证执业区域，自 2021 年 2 月 1 日起，全市各公证机构的执业区域由设区市范围调整为山西全省行政区划范围，优化公证法律服务资源配置。（刘 剑）

【仲裁调解服务体系】 2022 年，长治市司法局推进体制机制改革优化，与相关部门共同建成多元化、法治化的非诉解决知识产权纠纷工作平台。全年受理案件 130 件，受案标的额 10 亿元，调解和解率达 62%，较 2021 年提高 16%。（刘 剑）

【行政审批】 2022 年，长治市司法局推行证明事项告知承诺制，严格执行首问负责、一次性告知和限时办结等制度，办理审批业务 492 项。（刘 剑）

【基层法律服务】 2022 年，长治市司法局引导基层法律服务工作者参与公共法律服务，鼓励基层法律服务所对弱势群体给予法律援助。基层法律服务工作者担任村居法律顾问，定期开展走访服务，为社区、村委依法办事，协调化解基层矛盾，全年共为所在的社区、村委提出合理化法律意见 860 余条，调解民事纠纷 2322 件，解答法律咨询 7200 余人次。（刘 剑）

【社区矫正与安置帮教】 2022 年，长治市司法局加强两类特殊人群监管。组织开展多轮社区矫正专项执法检查和问题整改“回头看”，严格执行分类管理、外出审批、谈话走访、信息化核查、考评奖惩、教育矫治等举措，推动全市社区矫正工作规范化、制度化建设。社区矫正对象在册 1038 人。做好刑满释放人员衔接管理，2022 年衔接安置帮教对象 2075 人，推进安置帮教基地建设，累计接受安置 380 余人，解决部分有意愿的安置帮教对象的就业问题，预防和减少重新犯罪。（刘 剑）

【“枫桥式”司法所创建】 2022 年，长治市司法局发挥示范引领作用，全市 20 家司法所达到创建标准。推进标准化司法所建设，争取党委、政府解决司法所人员不足等难题，为发挥好司法所在维护基层稳定方面的重要作用奠定基础。开展司法所工作人员整顿暨社区矫正工作突出问题专项整治行动，推动司法所规范化建设水平提高。（刘 剑）

军 事

军分区

【思想政治建设】 2022年，长治军分区以中共二十大为主线牵引，突出深刻领悟“两个确立”的决定性意义，不断深化创新理论武装。深入贯彻军委主席负责制，常态组织专题学习教育，抓好习近平主席指示批示落实督办，提升信息服务工作质量。推进政治整训常态化制度化落实，持续抓好政治能力训练。深化理论武装，落实党委理论学习中心组带机关学习，聚焦“忠诚维护核心、矢志奋斗强军”深化主题教育，巩固拓展党史学习教育成果，开展庆祝建军95周年等系列活动。重点抓好干部理论集训培训，开展重大理论问题研究，指导推动工作实践。坚持用习近平强军思想铸魂育人，开展多项教育实践活动，开展“喜迎二十大、奋进新征程”学习实践活动。常态组织政治教员岗位练兵比武，加强和改进民兵思想政治教育。（谷超杰）

【练兵备战】 2022年，长治军分区以建设打仗型国防动员为牵引，加强实训实备，推动练兵备战工作。围绕实战修案，开展支战援战现实课题研究，滚动修订师团两级现实应对方案计划，组织重要目标防卫防护作战问题研究，研究成果在《国防动员工作通讯》刊发。定期开展战备拉动和应急处突演练，推进指挥链、通信链建设，完成值班备勤和各类应急救援等任务。规范乡镇基层武装部、民兵分队各类战备方案，加强应急应战指挥演练，提升快速响应、快速转进、快速决策、快速处置能力。分类抓好首长机关、专武干部、民兵骨干军事训练，落实基干民兵基地化轮训，开展群众性练兵比武活动，抓好各类业务培训和集训比武。推动市县两级民兵训练基地建设进程，市本级完成项目地块控制性规划、建设用地规划许可等手续，总体进展顺利。（谷超杰）

【国防动员体系建设】 2022年，长治军分区深化党管武装，全面落实党委议军、工作述职、第一书记任职宣布等制度，组织长治市党政领导参加军地综合演练，集中过“八一”军事日，营造关心国防、支持国防、建设国防的浓厚氛围。完善后备力量建设体系，组织全市国防动员潜力数据调查。贯彻落实国务院、中央军委《民兵建设“十四五”规划》和省市民兵建设发展计划，先后召开民兵工作任务对接会、业务培训会、工作推进会，统一民兵体检政考、装备预征预储、基干民兵档案要素等标准，完善干部任免、政治教育、资料管理等制度。坚持以考促建，成立联合考评组，对全区民兵整组工作进行验收。（谷超杰）

【国防教育】 2022年，长治军分区发挥长治革命老区红色资源优势，深化国防教育实践创新，着力打造长治国防教育名片。组织召开全市“‘四位一体’红色旅游+国防教育”实践创新推进会议，参与承办四届全国国防教育竞技总决赛，形成较大影响。组织参选“2022感动山西国防动员新闻人物”评选，长子县北高庙烈士陵园原主任韩虎则当选。（谷超杰）

【双拥工作】 2022年，长治军分区会同市双拥办、市退役局开展各类双拥主题活动，协调地方相关部门落实好拥军优属各项政策规定，持续做好军人依法优先、退役军人安置、随军家属就业、军人子女入学等工作。持续巩固拓展脱贫攻坚成果，助力产业振兴、人才振兴、文化振兴、生态振兴

和组织振兴，开创参与衔接乡村振兴工作新局面。（谷超杰）

【后装保障工作】 2022年，长治军分区做好后装保障实战准备，抓好配套保障方案修订，优化各类保障力量编建。加强财经管理，强化预算执行管控，指导各单位全面纳入资金集中收付体系保障。加大物资采购监管力度，做好被装申领、油料保障等服务保障工作。加强武器装备管理，开展民兵装备仓库达标创优活动。统筹行业治理攻坚，推进资产累积性难题两年攻坚行动、干休所房地产擅自处置（经营性项目）整改、房地产纠纷解决等工作，推进解决历史遗留问题。（谷超杰）

【信息服务工作】 2022年，长治军分区关注大项工作任务的进展和完成情况，结合实际报送动态、研提建议，及时推送到军地相关平台，让各级更好地了解和掌握工作进展，并能与其他单位相互借鉴，互通有无，促进工作有序良性推进，信息服务工作稳居全省第一方阵。（谷超杰）

武警支队

【概述】 2022年，中国人民武装警察部队山西省总队长治支队（简称武警长治支队）以学习宣传贯彻党的二十大精神为抓手，深入学习《习近平谈治国理政》第四卷、《习近平论强军兴军（三）》等基本教材。开展书画、合唱、球类、棋牌等文体竞技，搭建迎春会、讲述会、联谊会、读书会等群众舞台，1人获得总队球类联赛单项冠军、1人获评演讲比赛三等奖、1人被评为“第十三届全国家庭工作先进个人”、2人被评为总队“六好”先进典型。先后投入5万元为基层配备竞技设备，投入320万元推进“书香军营”和6个中队荣誉墙建设，投入12.5万元升级学“习”角、军史廊、荣誉墙、“廉政”墙等建设。（罗艺才）

【练兵备战】 2022年，武警长治支队常态开展“学大纲、研大纲、用大纲”活动，试行军事训练课时追踪表和按纲施训周期运行表，开展训练安全管理、训练伤病预防、未爆弹药清理整治、训练场地规范整治“回头看”等活动，训练安全隐患清仓归零。全年完成联勤武装巡逻、警戒设卡、跨省押运和押解勤务等专项勤务。组织第二届军体运动会和7类培训集训轮训，1人取得武警部队作战目标保障考核第一名、总队预提警士综合排名第一、微课制作获评三等奖、13人在总队各类比武竞赛中取得良好成绩。（罗艺才）

【后勤保障】 2022年，武警长治支队完善物资储备。研学后装训练大纲，开展“保障尖兵创纪录”竞赛和专业兵复训培训，总队保障尖兵比武竞赛取得团体第二名，1人取得单项第一名并打破总队纪录。深化后勤重点行业领域整肃治理，推进资产累积性难题“两年攻坚行动”和可视化建设，鉴定审核3976件报废资产、涉及金额356万元，资产赋码管理完成率100%；抓好预算管理工作，落实周通报、月讲评、季分析制度，先后3次召开推进会，年度预算执行率达到95%。（罗艺才）

【专项巡察整改】 2022年，武警长治支队组织贯彻军委主席负责制专题教育，提升班子成员政治能力、理论素养和法治水平。修订《支队党委常委会议事决策规则》，落实武警部队联动专项巡察通报37个问题自查自纠和总队政治督查反馈46个问题纠治整改。创新“心事‘码’上说、急事‘码’上办、廉政‘码’上有”，聘请37名基层风气监督员，建立群众监督平台，常态开展节日作风督查。（罗艺才）

【第二届军人运动会】 2022年5月23日至24日，武警长治支队举行第二届军人运动会，旨在检验部队训练效果，推动军事训练转型落地生根。比赛设置刺杀对抗、手榴弹投掷、手枪快速射击、自动步枪快速射击、狙击步枪俯角射击、轻机枪越野射击、武器分解结合、400米障碍、4×400米处突着装接力跑和军事体育特级评定10个项目。其中，3个大队获得集体奖，20名官兵取得个人奖。（罗艺才）

【“带新促老”讲述会】 2022年3月8日，武警长治支队以“我们的故事”为主题，举办“带新促老”讲述会。官兵代表借助影音、舞蹈、话剧、小品等手段再现基层一线“带新促老”的生动故事、感人情怀和深厚友情。助力新兵融入新环境、适应新任务，顺利度过“第二适应期”。（罗艺才）

【建军95周年文艺会演】 2022年8月1日，武警长治支队以“忠诚维护核心、矢志奋斗强军”为主题，举行庆祝建军95周年文艺会演，通过歌曲、舞蹈、小品、朗诵、情景剧等多种艺术形式，展现支队官兵精武强能的卫士风采和良好的精神风貌。（罗艺才）

【“保障尖兵创纪录”竞赛活动】 2022年6月23日，武警长治支队举行“保障尖兵创纪录”活动，4个专业24个参赛队对武器分解结合、倒车击靶和战伤互救等6项内容展开对决。活动以实战需求构造战斗背景，模拟实战条件，检验支队后勤保障专业训练成效，提升官兵在实战条件下遂行后装保障能力。（罗艺才）

【“医师进军营”活动】 2022年8月19日，在“中国医师节”来临之际，武警长治支队卫生队邀请驻地医疗专家到驻地，围绕部队常见的训练损伤类型及常用的急救技能学习运动损伤的预防方法、早期处置、后期康复等知识，开展运动损伤及心肺复苏培训。使官兵掌握心肺复苏、窒息抢救等在日常训练、遂行任务中应对突发伤病的基础技能，提高官兵对急救技能的熟练度和规范性以及对运动损伤防护能力。 （罗艺才）

人民防空

【人防演练】 2022年，长治市人民防空办公室（简称长治市人防办）围绕“战时防空、平时服务、应急支援”使命任务，推进人民防空战备综合能力水平提升。组织开展“铸盾—2022”人防紧急疏散掩蔽演练。参演单位由市县两级人防办和上党区近30个单位和部门组成，参演人员300余人，车辆30余台。演练按照机动指挥所开设、紧急疏散掩蔽、消除空袭后果、结束人防行动四个训练课目流程展开。组织并参加2022“晋南四市”人防系统联演联训暨“长盾-2022”市、县两级人防指挥系统跨区拉动训练，提升市县两级人防干部队伍专业素质和快速反应能力。 （杨永刚）

【人防宣传教育】 2022年，长治市人防办利用安全生产月、法制宣传日、“9·18”防空警报试鸣日、国防教育日、防灾减灾日等时机，发放宣传单（册）、宣传品，开展防空防灾疏散演练。开展人防宣传“五进”（进学校、进机关、进媒体、进社区、进企业）活动，累计发放宣传单（册）4万余册，发送人防知识短信10万余条，受教育群众30万余人次。9月18日，在长治市潞州区组织开展学生疏散掩蔽演练活动，市、县两级人防依托报刊、广播、电视、网络、固定宣传点、流动宣传车等方式开展形式多样的宣传活动，取得良好的战备效益和社会效益。 （杨永刚）

【防空警报升级改造】 2022年，长治市人防办按照山西省人防办《关于推进人防警报发放控制设备和短波超短波通信网建设的通知》要求，持续推进人防警报升级改造工作。成立防空警报升级改造项目建设领导组，制定《长治市主城区防空警报升级改造项目实施方案》。至年底，改造项目全部安装投入使用，实现市、县两级预警信息发布平台互联互通。（杨永刚）

经济管理

综　述

【经济运行】 2022年，长治市发改委发挥经济运行分析联席会议办公室综合协调职责，对各项主要经济指标一旬一调度、一月一分析、一季一总结，先后召开16次全市经济运行分析调度会，研判经济形势，逐项分析指标、查找问题短板、明确工作举措，全市经济持续稳中向好、稳中有进。2022年，全市地区生产总值完成2804.8亿元，同比增长7.2%，总量和增速均排名全省第二，分别高于全国（3.0%）、全省（4.4%）4.2个和2.8个百分点。（刘　睿）

【助企纾困】 2022年，长治市委、市政府顶格落实国家和省稳经济一揽子政策措施，率先在全省出台长治市稳经济一揽子政策举措43条和接续政策26条、加快复工复产和服务业复苏行动方案36条，召开助企纾困政策落实供需见面会、新闻发布会，开设“助企纾困长治在行动”专栏，编印《助企纾困政策汇编》，推动各类政策精准落地。（刘　睿）

【项目建设】 2022年，长治市政府出台《长治市抓项目促投资稳增长实施方案》，建立健全项目推进机制，深入开展项目前期手续集中办理、项目集中开工、项目观摩等活动，推进项目建设。2022年，全市累计实施项目2135个，完成固定资产投资948.4亿元，增长6.4%。发挥重点项目总指挥部作用，加快推进142个省市重大项目实施，40个省级重点工程完成投资127亿元，完成率118.5%，排名全省第二。加大资金争取力度，全年共争取各类资金77.94亿元，其中，中央预算内投资及省级资金8.1亿元，地方政府专项债券54.67亿元。加快实施产业转型项目，全年共完成产业投资548.9亿元，占固定资产投资完成额的57.9%，排名全省第三。（刘　睿）

【转型升级示范区建设】 2022年，长治市聚焦建设国家资源型城市转型升级示范区，推动实施一批产业转型项目，夯实高质量发展产业基础。推进传统产业绿色低碳发展，建成4座智能化示范煤矿，16座煤矿被确定为省级绿色开采试点矿井，煤炭先进产能占比达到80%，潞宝、鸿达、通洲、潞安4座大焦炉建成投产，4.3米以下焦炉全部具备关闭条件，焦化先进产能占比达到84%。推进新兴产业成链集群发展，深入实施链长制，加快打造光伏、现代医药等10条产业链，振东药业被确定为全省现代医药产业链条“链主”企业，平顺“上党中药材”入选首批省级重点专业镇，高科华烨LED封装扩产、洋硕3万吨负极材料等一大批产业转型项目建成投产。发展数字经济，以新基建为重点加快实施47个数字经济重点项目，推动数字经济发展尽快实现突破。2022年6月，长治市因老工业基地调整改造力度大，支持传统产业改造、推进产业转型升级等工作成效突出，第五次受到国务院通报表扬。（刘　睿）

【双创基地打造】 截至2022年底，山西智创城NO.5入驻企业达99家，引进研发机构6家，对接产业化项目16个，累计带动就业5000余人。着力打造“龙头企业+孵化”的大中小企业融通型载体。全市各类双创载体发展到67家，清控创新基地被认定为国家级科技企业孵化器，积木空间新经济孵化基地升级为国家备案众创空间。（刘　睿）

【服务业提质增效】 2022年，长治

市出台《长治市推进服务业提质增效2022年行动计划》，持续推动服务业回暖复苏。全年全市服务业增加值完成861亿元，增长3.9%，排名全省第三，分别高于全国（2.3%）、全省（2.7%）1.6个和1.2个百分点。加快构建现代物流体系，编制完成《长治市物流枢纽城市建设课题研究报告》，成立全国煤炭交易中心长治交易专区，加快潞铁智慧物流产业园、晋东南（长治）陆港物流枢纽等物流园区建设。全市8个县、84个乡镇、1786个行政村实现农村寄递物流服务全覆盖。（刘　睿）

【“双碳”“双控”】2022年，长治市推进碳达峰、碳中和工作，加强能耗双控（能源消费强度和总量双控），推进能源、工业、交通运输、城乡建设等领域绿色低碳转型，实施煤炭、电力、钢铁等七大行业能效提升行动。遏制“两高”（高耗能、高排放）项目盲目发展，国家和省反馈的16个“两高”项目全部完成整改。贯彻落实黄河流域生态保护和高质量发展战略，制定出台《长治市黄河流域生态保护和高质量发展2022—2025年重点任务工作方案》，围绕水资源节约集约利用、水源涵养能力提升、水土保持、湿地保护和生态治理、环境污染系统治理等领域谋划实施项目。（刘　睿）

【能源革命综合改革试点】2022年，长治市制定《长治市能源革命综合改革试点2022年行动计划》和考核办法，建立月度调度机制，推进能源革命综合改革工作。发展新能源和可再生能源，新增新能源装机105.65万千瓦，新能源装机容量达到348.4万千瓦，占总装机的25.7%，比上年提高6.3个百分点。探索襄垣经开区源网荷储一体化、长子县风光水火储多能互补试点，推进沁源、长子等2个抽水蓄能项目前期工作。推进“新能源＋储能”试点示范，依托襄垣经济技术开发区增量配电网改革试点，加快推进襄垣锂离子电池＋超级电容混合储能和屯留鼎轮飞轮储能2个示范项目。

（刘　睿）

【京长对口合作】2022年，长治市抢抓与北京对口合作重大机遇，推进长治北京对口合作。出台《长治市推进与北京市对口合作工作方案》，推动双方开展互访调研，建立健全工作推进机制，共同起草完成《北京市与长治市对口合作实施方案（2022—2026年）》和《北京市与长治市对口合作2023年工作要点》。与北京市在科技创新与产业合作、公共服务、乡村振兴、文旅发展等4个方面取得16项初步合作意向。推进晋东南承接产业转移示范区建设，编制完成《晋东南承接产业转移示范区总体方案》。（刘　睿）

【社会信用体系建设】2022年，长治市贯彻实施《山西省社会信用条例》，加强信用信息归集、共享与公开，加大行政许可和行政处罚信息“双公示”工作力度，全年归集行政许可、行政处罚、行政检查、行政强制等信息18万条。推进公共信用评价结果应用，“信用长治”网站累计发布各类红黑名单信息4.2万条，在评先评优、行政审批、政府采购、招标投标等领域对守信主体实施激励，对失信主体实施信用惩戒。推进市场主体修复信用，审核办理614个市场主体提交的信用修复申请。（刘　睿）

【价格机制改革】2022年，长治市完善固体废物处理收费机制，规范幼儿园和民办义务教育收费管理，优化公交线路票制票价，调整一城四区巡游出租汽车运价，在全省率先出台气价电价联动机制。全年完成定价成本调查监审54项，涉及景区门票、幼儿园、停车场收费等行业，核减不应计入定价成本的费用6.1亿元，进一步规范了价格收费行为和市场价格秩序。长治市农产品成本调查工作被国家发展和改革委员会表彰为“2019—2021年度全国农产品成本调查工作先进集体”。（刘　睿）

【保供稳价】2022年，长治市发改委发挥疫情防控生活物资保障专班的牵头作用，做好生活物资储备、调运，保障疫情期间粮油、蔬菜等生活物资需求。完善价格调控部门协调联动机制，定期监测分析价格走势，预警预判供需形势，做好重要民生商品保供稳价。2022年居民消费价格上涨2.3%，保持在合理区间。（刘　睿）

【能源保供】2022年，长治市完成能源保供任务，全年煤炭产量达到1.71亿吨、增长8%，总量居全省第二。推动煤层气增储上产，2022年煤层气产量达到2.18亿立方米，增长22%，完成省定目标的109%。督促城燃企业足量签订供气合同，落实“政府3天、城燃企业5%”储气责任。落实冬季调峰保供资源储备，长子川东6万立方米储气调峰项目正式投运。连续五年实行采暖季供用气日报告制度，每日对煤炭、电力、天然气、供暖供热生产运行情况进行监测，常态化做好信息监测和舆情回应。（刘　睿）

【粮食安全】2022年，长治市做好涉粮专项巡视反馈问题整改，完成整改和阶段性完成整改25个，推进整改3个。抓好粮食仓储设施建设，开工建设沁源2.5万吨标准化储备仓、沁县粮食储备库、长治国家粮食储备库新建仓房、长子县和堃粮食储备仓等项目，提升储备能力。抓好粮食储备工作，加强政策性粮食储备日常监管，确保储备数量充足、质量良好、储存安全、管理规范。建立县级应急成品粮油储备，提升保障能力。（刘　睿）

自然资源管理

【耕地保护】 2022年，长治市逐级压实保护责任，建设项目严格落实占补平衡，保持打击各类违法违规占地高压态势，落实最严格的耕地保护制度，采取长牙齿的硬措施，遏制耕地“非农化”，严格管控“非粮化”。2022年，长治市耕地保有量任务549.36万亩、永久基本农田保护面积468.65万亩“应保尽保”，耕地资源实现数量、质量、生态“三位一体”保护。开展农村乱占耕地建房整治专项行动，“零容忍”遏制新增违法占地行为。长治市建立全市农村乱占耕地建房非住宅类试点工作组织领导、市级审核、执纪问责和统筹调度等四项工作机制，全市各级纪检部门全程参与监督，确保专项整治工作有序推进。全年列入整改台账的新增农村乱占耕地建房问题共计142宗，全市整改到位127宗，整改到位率89%。持续开展“大棚房”专项清理整治，推进违建别墅问题清查整治。（邵珠银）

【土地供应】 2022年，长治市供应土地499宗1300.55公顷，其中出让324宗848.70公顷，出让价款76.99亿元；市本级供应土地39宗175.16公顷，其中出让18宗91.23公顷，出让价款26.01亿元。全市共清理批而未供土地315.15公顷，处置闲置土地31.04公顷。（邵珠银）

【建设用地报批】 2022年，长治市规划和自然资源规局优化流程、提前介入、主动服务，全年上报省政府建设用地68批次706公顷，全部经省政府批复，完成办理省、市重点及专项重大建设用地项目手续118个。

（邵珠银）

【非法违法用地用矿惩治】 2020年以来，长治市涉及国家自然资源督察反馈问题1579个，整改到位1256个，整改率79.54%。2021年度扣除国家、省重点项目等违法占用耕地面积后，全市违法占用耕地比例为7.62%。2022年度扣除国家、省重点项目等违法占用耕地面积后，全市违法占用耕地比例为6.83%。开展严厉打击矿产资源违法行为专项行动，专项行动期间全市出动排查人员17964人次，车辆7186台次，对全市133个乡镇、2545个行政村进行全面排查，检查私挖滥采重点监控区360处、废弃（关闭）矿井1667个、持证矿山企业258座，对发现的废弃关闭矿井回落、警示标志缺失等185处问题，全部完成整改。

（邵珠银）

【非法违法采矿行为打击】 2022年，长治市规划和自然资源局坚持重点区域、重点矿山不间断巡查，建立完善《长治市进一步严厉打击非法违法开采矿产资源共同监管责任制规定》，从属地监管、行业监管、主体责任三个方面，明确县乡村三级和相关职能部门、矿山企业的监管职责，按照“多线并行、分级监控、网格管理”的模式，对全市1.39万平方千米土地明确3235名监管责任人，形成“政府主导、部门协同、群众广泛参与”的“人防”网络，布设实时视频监控探头145个，初步建成“重点区域全覆盖、智能识别实时预警、违法行为实时处置”的“技防”网络监管体系，为维护全市矿产资源开发秩序长期安全稳定提供保障。（邵珠银）

【营商环境优化】 2022年，长治市通过“行政审批三级联办在线服务平台”，受理各类行政审批事项共计290件。其中，市级许可事项218件，全部办结；省级许可事项72件，办结63件。为全面落实中央和省、市深化“放管服”改革及优化营商环境的各项工作要求，加快推进行政审批标准化、规范化、便利化，修编完成2022版《长治市规划和自然资源局行政审批服务指南》、编制完成《长治市规划和自然资源局市级自然资源行政审批“四清单一内容”资料》（申请事项清单、准入条件清单、资料要件清单、审查标准清单、会签科室及会签内容），并匹配制作操作简单，使用便捷的“一码通”微信公众号，放置政务大厅自然资源窗口，省自然资源厅专门发文《山西省自然资源厅关于印发自然资源行政审批省级“四清单”及推广长治市级“五清单”的通知》，推广长治经验（邵珠银）

【“标准地”改革】 2022年，长治市规划和自然资源局将“标准地”改革作为破解企业落地瓶颈、推动开发区建设的重要抓手和关键环节，政府主导、部门联动，重点先行、统筹推进，完善制度建设。截至年底，全市各开发区出让“标准地”64宗285.34公顷，成交价款110387.7万元，“标准地”出让宗数全省排名第二。（邵珠银）

【不动产登记】 2022年，长治市本级不动产登记和税务部门在公共服务中心共设置“不动产＋税务”一窗受理窗口6个，全年在“一窗受理”平台上共办理二手房转移登记业务4465件。创立“拉专网、分权限、减材料、不见面”的抵押模式，对合作银行进行授牌、签订合作协议，在银行端设立抵押登记办理点，将办公场所延伸至合作银行，实现群众、企业、银行办理不动产抵押登记全流程“一站式”办理，在全省率先实现“互联网＋不动产抵押登记”。推进“房证同交”“地证同交”改革，除沁源县、襄垣县2022年度无新开盘项目，沁县无供地项目外，所有县区实现“房证同交”“地证同交”。（邵珠银）

【矿产资源开发管理】 2022年，长

治市推进煤炭资源接续配置保障煤矿稳产保供，对符合要求的煤炭资源配置拟出让项目，及时组织核查、组件上报。截至年底，长治市规划和自然资源局完成省厅下发系统填报30宗，总面积733.77平方千米。开展矿产资源管理改革，通过前期勘测核查，初步建成市级发证采矿权出让项目库，拟纳入项目库63宗，涉及7个县区，6个矿种。（邵珠银）

【国土绿化行动】 2022年，长治市规划和自然资源局推进以太行山绿化为主的国家营造林工程和以黄河和黄河流域防护林屏障建设、环京津冀生态安全屏障建设工程为主的省级营造林工程建设，全面推进以实现宜林荒山基本绿化为主的国土绿化行动。2022年，省林业和草原局共下达长治市营造林任务23.16万亩，四旁植树1300万株，全部完成。（邵珠银）

【中央生态环境督查涉及问题整改】 2022年，长治市规划和自然资源局组织完成黎城县中央山自然保护区内古寺头铁矿整改市级验收；督促指导上党区加快编制“雄山—天下都城隍省级风景名胜区”总体规划，妥善处理风景名胜区与矿业权重叠等问题，截至年底完成总体规划大纲并申请省级评审；持续推进国电山西兴能有限公司太岳山风电场项目植被恢复整改，涉及633亩、240个斑块的整改任务全面完成，按程序申请销号。（邵珠银）

【房屋产权登记确权颁证清零行动】 自2021年6月起，长治市加强政策供给，优化服务举措，统筹推进清零行动各项工作落实，截至年底完成首次登记25.21万套，完成率100%，完成转移登记25.16万套，完成率99.8%，基本完成清零目标任务，完成比率全省排名靠前。（邵珠银）

【矿山生态修复】 2022年，长治市制定《长治市历史遗留矿山核查工作方案》并于6月完成省自然资源厅和自然资源部审核，全面摸清长治市历史遗留矿山底数。开展京津冀废弃露天矿山生态修复项目，项目共投资7741万元，修复图斑127个、面积314.33公顷，涉及长治市潞城区、潞州区、上党区、壶关县、平顺县5个县区，长治市规划和自然资源局于2022年10月15日完成终验。推进襄垣县重点区域历史遗留矿山生态修复项目，修复图斑18个、面积30.43公顷，项目投资751万元。为保障“十四五”期间国土空间生态保护修复工作顺利推进，制订长治市“十四五”历史遗留矿山生态修复行动计划。（邵珠银）

【国土空间修复治理】 2022年，长治市壶关县小山南村、长子县色头镇、平顺县常驮村、襄垣县侯堡镇4个省级农村土地综合整治试点项目经省自然资源厅批复进入施工招投标阶段。全年落实重点生态保护修复治理中央资金374.84万元。（邵珠银）

财　政

【概述】 2022年，长治市财政系统落实积极的财政政策，精预算、重管理，抓收入、提效益，优服务、强保障，惠企业、促发展、保民生等各方面工作。在疫情反复、经济下行、大规模退税减税降费政策实施等超预期因素影响下，财政部门系统深入挖掘非税收入潜力，统筹加大矿业权出让收益、国有资本经营预算收入等收缴。长治市财政局全年先后获得“山西省污染防治攻坚战先进集体”、中国政府采购奖年度创新奖、“政府采购法颁布20周年知识竞赛”优秀组织奖，全省会计监督检查、全省财政总决算工作第一，全省社会保险基金预算绩效管理工作二等奖等荣誉，此外，市县财政担保体系一体化运营改革取得积极成效，被省政府通报表扬。（桑　田）

【财政收入】 2022年，长治市一般公共预算收入完成310.49亿元，同比增长38.57%，增收86.43亿元，收入总量再创历史新高，增速创近15年之最，收入规模和同口径增幅排名全省第三。（桑　田）

【财政支出】 2022年，长治市一般公共预算支出累计执行491.96亿元，同比增长26.7%，增支103.69亿元，总量和增量均为较高。全市民生支出372.21亿元，同比增长29.29%。其中，社会保障支出64.9亿元，同比增长20.88%；教育事业支出63.4亿元，同比增长13.12%；卫生健康支出46.47亿元，同比增长29.52%；农林水事务支出44.17亿元，同比增长19.43%。优化支出结构，削减低效、无效资金，全年压减一般性支出2.42亿元，盘活存量资金86.99亿元，节省下的资金全部用于重点领域，保障各项基础事业稳步发展。市级财政统筹2.36亿元，支持巩固拓展脱贫攻坚成果与乡村振兴有效衔接。安排15.84亿元用于打赢大气污染防治攻坚战，助力全市环境质量居全省前列。（桑　田）

【减税降费】 2022年，长治市落实新的组合式税费支持政策91.38亿元。其中，留抵退税70.93亿元，新增减税降费12.21亿元，缓缴税费8.24亿元。全市为1740户企业发放失业保险稳岗补贴9337万元，直接减免1233户小微企业和个体工商户租金1066.87万元。

完善市对县级新兴产业奖补政策，全年兑现新兴产业奖补资金9.88亿元，助力县域经济高质量发展。发行专项债券54.67亿元，支持重点基础设施建设。发放各类消费券2.23亿元，加快促进消费回暖升级。加大政府采购支持中小企业力度，政府采购面向中小企业合同金额达到85%以上。完善融资担保补偿补贴机制，兑现市属政府性融资担保机构2021年度担保费补贴款312.71万元、风险补偿款274.6万元。健全股权投资体系，对投资长治市种子期、初创期科技创新企业的创业投资类企业，按照实际到账投资额的10%给予奖励。足额拨付188户中小企业奖励资金4950万元，用于“小升规”、专精特新、“规范化股改”“双创基地”奖励，助力企业增强发展活力和市场竞争力。（桑　田）

【风险防范化解】 2022年，长治市坚持把统筹发展和安全贯彻到财政工作始终，坚定不移守住风险底线，筑牢财政发展安全屏障。着力防范“三保”（保工资、保运转、保基本民生）风险，健全完善事前审核、事中监控和事后处置的工作机制，坚决兜牢基层“三保”底线，确保基层财政平稳运行。紧紧围绕牵头的高质量考核监测指标，建立台账，压实责任，强化预算“硬约束”、堵住“风险点”，积极防范化解各领域风险隐患，筑牢财政安全防线。严格监督检查，相继开展财经秩序专项整治、会计监督检查、预决算公开检查、“三公”经费等专项检查，规范财政资金使用。加强内控建设，建立事前防范、事中控制、事后监督和纠正的机制，形成覆盖各个管理层级的完整风险防控闭环管理。严控债务风险，建立政府债务风险协调预警机制，市县政府债务率均不超过120%警戒线，均无违法违规举债被问责情况。新增暂付款规模严格控制在一般公共预算和政府性基金支出总量的5%之内，全市消化存量暂付款9.21亿元，超额完成全年目标任务。（桑　田）

【财政改革】 2022年，长治市推行零基预算改革，打破支出固化格局，构建该保必保、应省尽省、讲求绩效的资金安排机制。财政预算一体化平台逐步完善，财政各项业务实现融会贯通。落实“三保”预算编制审核、预算执行监控、风险应急处置三项机制，切实兜牢“三保”底线，增强财政抗风险能力。推进市以下财政事权和支出责任划分改革，调整市与县改区“一城四区”财政管理体制，增强市级财力统筹能力。整合12家县级担保机构，完成全市融资担保体系一体化运营改革，银行授信达68亿元，成为全省规模最大的市级担保公司。成立市农村集体经济发展有限公司，以市场化需求为导向，实施一批效益好、质量高的项目，推进全市农村集体经济壮大提质、带动农民增收。加强财政资金直达机制常态化管理，实现惠企资金直达企业，确保各项惠企纾困政策直达基层，直接惠及市场主体。实行政府采购“承诺+信用管理”准入制度，修订政府采购负面清单，全市政府采购更加公平开放、竞争有序。财政结算审查限额标准提高至400万元，压实建设单位主体责任，加快财政资金支付进度。出台《市级政策和项目预算事前绩效评估管理暂行办法》，对拟新增且需市级财政资金安排超500万元以上项目和政策实施事前绩效评估，全年共评估项目124个，涉及资金158.62亿元。选择4个民生项目实施事前绩效再评估，涉及资金5.17亿元。出台《市级预算绩效管理结果应用暂行办法》，对3个财政重点绩效评价结果为“中”的项目进行预算压减或取消，推进绩效评价结果与预算资金安排有机结合。（桑　田）

税　务

【概述】 2022年，国家税务总局长治市税务局推进以数管税，强化税务监管、优化纳税服务，完成各项税收工作任务。全年全市税务系统共组织税费收入886.75亿元，同比增长58.50%，增收327.28亿元。其中，税收收入完成636.71亿元，同比增长50.98%，增收214.98亿元；非税收入完成116.83亿元，同比增长620.94%；社保费及职业年金收入完成133.21亿元，同比增长9.60%，税收规模和收入增幅均位居全省第三。中央和地方级收入均实现较快增长，地方级税收增收规模高于中央级税收。从收入级次上看，中央级税收完成259.40亿元，同比增长59.11%，增收96.36亿元；地方级税收完成377.31亿元，同比增长45.85%，增收118.62亿元，其中市县级税收完成249.82亿元，同比增长48.63%，增收81.74亿元。地方级税收对全市总税收增收贡献率达59.26%，高于中央级税收增收贡献率，其中市县级税收对全市总税收增收贡献率为39.24%。2022年获得“2016—2020年全国普法工作先进单位”“全国青少年普法教育先进集体”“全国工会户外劳动者驿站”“国家级节约型机关”等国家级荣誉4项，省部级荣誉20余项。（解　慧）

【税收优惠政策落实】 2022年，国家税务总局长治市税务局落实系列税费支持政策，制定“党委靠前、专班突击、全员压上、提前取胜”的总体工作思路，采取“加快推进”和“过程控制”方法，建立“专班、专项、专考”政策落实保障机制，“边退税、边筛查、边整改”的堵漏纠错机制，算好底数账、效应账、发展账“三本账”增动力激活力机制，全市税务系统落实新的组合式税费支持政策88.27亿元，其中，留抵退税70.93亿元，新增减税降费9.1亿元，缓缴税费8.24

表 3　2022 年长治市税收收入分级次、分税种完成及其他收入完成情况表

单位：万元

项　目		累　计			
		完成额	同比 ± 额	同比 ±%	比重（%）
各项收入合计	8867450	3272753	58.50		
税收收入	全市合计	6367073	2149834	50.98	
	一、分级次				
	1. 中央级	2593960	963630	59.11	40.74
	2. 地方级	3773113	1186204	45.85	59.26
	其中：市县级	2498228	817385	48.63	39.24
	二、分税种				
	1. 增值税	2481003	517804	26.38	38.98
	2. 消费税	63552	9183	16.89	1.00
	3. 企业所得税	1900145	1116963	142.62	29.84
	4. 个人所得税	168790	66734	65.39	2.65
	5. 资源税	1254347	414016	49.27	19.70
	6. 城镇土地使用税	32015	1928	6.41	0.50
	7. 城市维护建设税	150328	41486	38.12	2.36
	8. 印花税	43673	–7	–0.02	0.69
	9. 土地增值税	37070	–3422	–8.45	0.58
	10. 房产税	60931	18871	44.87	0.96
	11. 车船税	23843	2268	10.51	0.37
	12. 车辆购置税	45458	–14382	–24.03	0.71
	13. 烟叶税	291	3	1.04	0.00
	14. 耕地占用税	16448	–476	–2.81	0.26
	15. 契税	70604	–26871	–27.57	1.11
	16. 环境保护税	13995	90	5.70	0.22
	17. 其他税收（营业税）	4580	5646	–529.64	0.07
社保、非税及其他收入	一、社保及职业年金收入	1332123	116711	9.60	
	1. 社会保险费收入	1235061	92071	8.06	92.71
	2. 职业年金收入	83589	30463	57.34	6.27
	3. 补充保险费	13473	–5823	–30.18	1.01
	二、非税收入	1138828	1001488	729.20	
	1. 教育费附加收入	87832	21454	32.32	7.71
	2. 地方教育费附加	58556	14290	32.28	5.14
	3. 文化事业建设费收入	168	152	950.00	0.01
	4. 残疾人就业保障金收入	20489	5262	34.56	1.80
	5. 其他非税收入	971783	960330	8384.96	85.33
	三、其他收入	29426	4720	19.1	
	工会经费收入	29426	4720	19.10	100

亿元；尤其是实行“搭建模型、定期筛选、上门辅导、效应分析”的做法被中央电视台《朝闻天下》栏目专题报道；创建退役军人税收服务站，服务退役军人精准就业创业，受到省政府通报表扬，新华社、中央电视台等多家国家级媒体专题报道；出台服务全市稳住经济大盘八条举措，推出加快增值税留抵退税、精准减免税款、提振汽车消费、深化税银合作等一系列措施。（解　慧）

【以数管税战略实施】 2022 年，国家税务总局长治市税务局以落实中共中央办公厅、国务院办公厅《关于进一步深化税收征管改革的意见》为主线，以数据应用为牵引，以数字化和智能化为支撑，以“四精”合成落地为主攻方向，实施以数管税战略，实现“以数提质、以数强基、以数智控、以数穿透、以数优服”，征管质量指标被省局全部复制，全市税收征管质量跃居全省第一。税务系统推进“指标一键式+以数提质”工程，分别建立业务质量、数据质量和执法质量监控指标190个、118个、65个，实现征管质量从突击式提升向数字化提升转变；推进“税源一局式+以数强基”工程，聚焦基层税源管理分局主责主业建立通用工作模板10个，明示工作短板，提示重点任务，实现基层税源管理分局从被动式履责向“四个有人管”主动履责转变；推进“税费种一库式+以数智控”工程，建立36个税费种数据库、180个监管模板和风险流失、虚开发票、稽查“打三假”3个模型，实现税费种条线监管从经验管理向精准监管转变；推进“集团一户式+以数穿透”工程，建立集团一户式数据库和通用穿透监管指标51个，实时生成集团一户式的税收收入数据报告、税收健康体检报告、税收风险识别报告和税收遵从评价报告，推动大企业从传统风险应对向穿透式精准监管转变。在全省税务系统“夯基优服”专项行动“回头看”中，长治市税务局总成绩位居第三，其中，武乡县税务局、长治市上党区税务局、长子县税务局分别位列全省第一、第二、第四，11个单位的成绩高于全省平均线，占总体的78.57%。（解　慧）

【税收营商环境优化】2022年，国家税务总局长治市税务局在2022年全国纳税人满意度专项调查中被抽中单位位列全国414个被调查单位第88，进入全国前30%的优秀行列，较2020年度位次前进270位。截至12月8日累计新增市场主体管户7.63万户，增长率位居全省系统第一。全市税务系统推广“纳税服务马上办”监控小插件，平均办税时长从年初的88分钟压缩到5分20秒，稳居全省第一；建立“业务处理中心专题攻坚、办税厅诉求解决结果专送直达”运转工作机制，打造“税无忧”纳税服务品牌；转变税收执法方式，以解决“抬腿就走”为突破口，推行“说理式”稽查，实行税收监管执法过程全记录，先行先试、善作善成。（解　慧）

【税务稽查】2022年，国家税务总局长治市税务局护航留抵退税工作。对骗取留抵退税违法行为严肃查处。2022年立案检查留抵退税企业24户，查实率100%，查结率100%，挽回因骗取和违规享受留抵退税损失1229.53万元。推动“双打”常态化打击工作，2022年共查处涉嫌虚开骗税企业155户，定性虚开发票5573份，查补税款3.2亿元，移送公安48户，配合公安部门对45名犯罪嫌疑人采取了强制措施。（解　慧）

审　计

【概述】2022年，长治市完成重大政策措施落实情况跟踪审计、财政财务收支审计、投资审计、民生审计、专项审计、经济责任审计六大类286个审计项目，市本级完成审计项目56个。市本级本年度审计查出主要问题金额1752644万元，其中违规金额60443万元、管理不规范金额1692201万元；审计发现应上交财政资金28068万元，应归还原渠道资金5178万元，应调账处理金额142312万元；审计发现非金额计量问题356个，依法向有关部门移送问题线索50件，涉及金额75344万元，其中纪检监察机关9件、有关部门41件；审计提出建议145条，被审计单位采纳106条。2022年3月，长治市审计局获“山西省审计系统先进集体”称号，4人获“山西省审计系统先进工作者”称号。“吉县人民政府2018年至2020年易地扶贫搬迁资金项目及后续持续情况审计项目”获得省优秀审计项目二等奖。

（杨菲菲）

【党对审计工作的领导】2022年，长治市审计局（简称市审计局）认真履行市委审计委员会办公室职责，落实重大事项请示报告制度，向市委审计委员会呈报省委审计委员会及办公室文件5件、汇报审计工作开展情况3次、报送审计报告63篇，筹备召开市委审计委员会会议2次。与市委审计委员会各成员单位沟通协调，组织召开经济责任审计联席会议。深化理论武装，加强思想政治建设，将清廉机关建设作为全年党建和党风廉政建设的重点工作，制定廉政风险点台账，加强廉政风险排查防控和源头治理，排查岗位廉政风险点21个，对8个临时党支部进行指导检查。巩固提升创建成果，深化精神文明建设。2022年10月，被国家机关事务管理局、中共中央直属机关事务管理局、国家发展和改革委员会、财政部联合表彰为“节约型机关”称号。（杨菲菲）

【跟踪审计】2022年，市审计局以助推全市经济高质量发展为审计目标，以“1+N”审计方式为主，统筹审计项目，按照年度审计计划，市审计局派出审计组分别对长子县、襄垣县2022年度第3季度重大政策落实情况进行跟踪审计，对疫情防控资金使用、农村集体“三资”管理、专项债券资金管理使用、清理拖欠中小企业账款及一系列重大战略实施、重大改革举措情况实施审计，保障重大决策部署顺利实施、落地生根。（杨菲菲）

【财政、财务收支审计】 2022年，市审计局完成市本级2021年预算执行情况及决算草案和市直5个部门预算执行审计，同步开展大气污染水污染防治专项资金、衔接推进乡村振兴补助资金、“人人持证、技能社会”建设专项资金、新动能专项资金4项专项资金审计。揭示在预算编制、预算执行、预算绩效管理、财政资金分配使用、国有资金资产管理、决算草案编制等方面存在的问题共66个，涉及金额610946.92万元。 （杨菲菲）

【投资审计】 2022年，市审计局组织开展长治市泽馨苑住宅小区建设项目和长治市普通国省干线收费公路自由流收费试点专项审计调查。发现工程项目存在肢解发包、超规模建设、未及时拨付征地补偿费、合同管理不规范等问题。 （杨菲菲）

【民生审计】 2022年，根据山西省审计厅安排，市审计局派出审计组，对应县巩固拓展脱贫攻坚成果同乡村振兴有效衔接相关政策和资金进行审计，共发现五大类38个问题，涉及金额18364万元，移送主管部门问题线索2件，移送纪委监委问题线索5件，提出审计建议4条。统筹市、县两级审计机关80余人，采用“同级审”和“上审下”的方式，对2022年灾后基础设施修复建设和资金使用情况开展了跟踪审计。 （杨菲菲）

【经济责任审计】 2022年，市审计局安排并实施市管领导干部经济责任审计项目18个（含2名县长的自然资源资产离任审计），其中任中经济责任审计项目12个，离任经济责任审计项目6个。为全面落实《党政主要领导干部和国有企事业单位主要领导人员经济责任审计规定》的相关要求，促进审计发现问题整改，对2021年已完成的经济责任审计项目均以召开审计结果反馈会议的形式，将审计结果反馈至被审计单位。 （杨菲菲）

【专项审计】 2022年，根据山西省审计厅的统一安排部署，市审计局组织20余名审计人员，完成对临汾经开区和侯马经开区全省开发区高质量发展重大政策落实及相关重点事项专项审计，组织全市50余名审计人员对9个县区开展全市开发区高质量发展重大政策落实及相关重点事项专项审计工作。 （杨菲菲）

【审计查出问题整改】 2022年，市审计局持续推进审计整改问题台账“销号”管理，推动十八大以来审计查出问题整改工作。根据市政府要求，对国务院第九次大督查发现问题对照检查类似问题进行整改督促，及时下达审计问题整改督促函。根据山西省审计厅工作安排，开展对2020年省级重点工程产业转型项目落地情况审计调查发现问题督促整改专项检查，促进审计调查发现问题整改。（杨菲菲）

【研究型审计】 2022年，市审计局贯彻落实研究型审计要求，印发《推进研究型审计的实施方案》。加强审前谋划，明确审前调查了解的主要内容，评估被审计单位可能存在的重要问题，确定审计实施的范围、重点、方式。强化审中研究，运用大数据分析等研究方法确定疑点线索，做到具体问题具体分析，提高审计效率和精准度。做好审后梳理，加强与被审计单位的沟通，研究分析审计发现问题的背景、性质、原因、危害。发挥审计建设性作用。在审计成果开发利用中强化研究工作，注重对审计发现的问题进行深度总结提炼，形成有价值的审计专报，为市委、市政府决策服务，全年上报市委、市政府重要审计情况2篇。 （杨菲菲）

统　计

地方统计

【概述】 2022年，长治市统计局推进统计管理体制改革，加强统计基层基础建设，提升统计监测分析评价能力，发挥统计监督职能，为高质量发展提供统计支撑。 （刘旭亮）

【常规统计调查】 2022年，长治市统计局组织实施农业、工业、建筑业、服务业等行业及消费、投资、贸易、人口、社会、科技、文化、能源等领域常规统计调查，以及人口抽样、“四下”单位抽样等重点调查。 （刘旭亮）

【普查工作】 2022年，长治市统计局开展长治市第五次全国经济普查筹备工作，拟定长治市第五次全国经济普查组织实施初步业务框架及调研重点。完善长治市第七次全国人口普查后续工作，对工作中成绩突出集体和个人进行评比和表扬；推进普查资料开发利用，编印普查主要数据资料。 （刘旭亮）

【统计监测服务】 2022年，长治市统计局强化监测预警。围绕长治市委、市政府中心工作和社会热点、难点问题，加强对宏观经济运行态势和各项改革进程的跟踪分析，做好经济发展走势预测，密切关注经济活动中出现的新情况、新问题。及时提供《统计快报》《经济运行监测》《统计分析》等资料，强化对长治市经济运行情况的跟踪监测，加强对重点领域的监测与预测预警工作，先后编写《统计指标应知应会手册》《2022长治市统计提要》《2022年长治市统计年鉴》等统计资料。强化分析研究。持续加强对宏观经济运行态势和各项改革进程的跟踪分析，围绕“稳住经济大盘”，发挥统计监测预警作用，做好经济发展走势预测。2022 年，共编印《统计快报》37 期、《经济运行监测》11 期，撰写统计分析 109 篇，其中 17 篇被国家统计局网站采用，69 篇被省局采用。强化宣传解读。与《长治日报》、长治电视台等主流媒体联动发布长治市经济运行情况，解读长治市经济运行亮点，引导社会预期；承办山西省第十三届“中国统计开放日”活动，首次现场连线山西综合广播《政风行风》栏目，传播统计声音，讲述统计故事。（刘旭亮）

【依法治统】 2022 年，长治市统计局贯彻落实中共中央办公厅、国务院办公厅印发的《关于更加有效发挥统计监督职能作用的意见》，提请长治市委常委会会议、市政府常务会议专题学习贯彻文件精神；长治市统计局、国家统计局长治调查队联合印发《贯彻落实〈关于更加有效发挥统计监督职能作用的意见〉任务分工方案》的通知，制定任务清单和责任清单，细化工作举措，明确完成时限，推动长治市各级党委政府、相关部门、统计系统抓好任务落实。开展年度执法检查和专项纠治工作。印发《关于做好 2022 年度统计执法检查工作的通知》和《统计造假不收手不收敛问题专项纠治工作方案》，强化纪检监察部门协同配合，开展重点抽查和执法检查，全面落实“四个必查”“三个一批”工作要求并持续推进。（刘旭亮）

【统计法宣传】 2022 年，长治市统计局印发《长治市统计法治宣传教育第八个五年规划（2021—2025 年）》，结合“八五”统计法治宣传教育，深入长治市县区、企业开展法治宣传，发放宣传资料 5000 余份。（刘旭亮）

【数据质量提高】 2022 年，长治市统计局开展数据质量核查。工业、能源、投资、贸易、社会等专业深入基层开展数据质量核查，强化源头统计数据的审核责任，确保源头统计数据质量。核查企业 320 余家，开展各类调研指导 60 余次，开展各类统计培训 3100 余人次，提高源头数据质量。严抓企业入库入统。对标山西省统计局审核标准，推进达规达限企业及时入库，实现对新入库单位统计报表人员培训“全覆盖”。2022 年，长治市新入库单位 340 家，其中工业入库 113 家、建筑业 20 家、批零住餐业 133 家、房地产开发企业 35 家、服务业 39 家。强化数据质量管理。加大数据随报随审力度，完善数据质量评估机制，加强统计数据生产全流程质量管理。（刘旭亮）

【统计队伍建设】 2022 年，中共长治市委办公室、长治市人民政府办公室印发《关于进一步加强统计工作的意见》通知，完善乡村统计机构与县级统计力量，使基层得到基础规范化建设。长治市统计局新增下属事业单位长治市能源统计监测中心，长治市各县（区）统计局新增专业人员 100余人。（刘旭亮）

【规范化建设】 2022 年，长治市统计局完善部门统计工作，加强部门间信息共享。融合信息技术与统计工作，日常管理维护统计云盘、统一用户管理、企业一套表等平台，构建标准化规范化统计运维管理体系，保障统计信息系统安全稳定运行。（刘旭亮）

国家统计调查

【依法治统】 2022 年，国家统计局长治调查队聚焦防惩统计造假，立足统计执法统计普法，提升依法统计依法治统能力，有效发挥统计法治监督作用。集中普法与嵌入式普法相结合，落实“逢会讲法”要求和法律事务告知书全覆盖，利用培训会议、入户入点入企做好对辅助调查员、企业统计人员、调查对象的普法教育；制作法治宣传微视频、纪念品，深化社会公众统计法治意识；在《长治日报》上发表统计法治署名文章《树牢法治思维 纵深推进依法统计依法治统》。执行“双随机”抽查制度，全年对 20 家样本企业开展“双随机”执法检查，对 2 家基础工作不扎实的企业下发责令改正通知书。（季欣冉 吴 桐）

【民生调查】 2022 年，国家统计局长治调查队对潞州区 210 户城镇和农村居民进行居民收支调查，同时开展农民工监测调查、农民工市民化进程动态监测调查、网购调查、农户固定资产投资调查和脱贫县农村住户监测调查，并推进电子记账，通过入户辅导，长治市居民收支调查电子记账率达到 91%，居全省前列。此外，按照全省统一工作部署、时间安排、操作要求，完成新一轮住户样本轮换工作。每月组织对全市 64 个样本村（社区）1024 户居民进行月度劳动力调查问卷填报。分层分类组织县级劳动力调查业务人员、辅助调查员开展业务培训。对辖区内县（区）劳动力调查工作进行陪访督导，2022 年全年共计陪访督导 24 次。（季欣冉 吴 桐）

【农业农村调查】 2022 年，国家统计局长治调查队做好长治市农业农村粮食和畜牧业调查工作，汇总审核上报 12 个县（区）所辖所有自然村主要农作物种植面积、产量以及主要畜禽数据，依规核定各县区粮食和畜牧生产数据。完成全市监测网点 5 个县区共 54 个村的实割实测调查和全市 270 户种植意向调查。做实畜禽监测抽样调查工作，完成全市 103 家大型养殖企业常规调查，对全市畜禽大型养殖户全面摸底，确定 142 户规模以上养殖企业为2023年度调查企业。

（季欣冉　吴　桐）

【价格调查】 2022年，国家统计局长治调查队通过对260个采价点、784项规格品进行月度价格监测，实施居民消费价格（CPI）调查，每月向市发展改革委、统计局提供价格数据，向市两办报送价格信息。执行市场价格调控联席会议制度，履行职责，做好食品价格监测和联动机制相关工作。发挥监测预警作用，编辑、报送CPI运行《重要信息专报》12期，在稳定市场、调节食品价格上发挥积极作用；对全市84家工业企业、229个规格品价格进行月度监测审核上报，实施工业生产者价格调查，对26家企业进行实地走访。　（季欣冉　吴　桐）

【企业调查】 2022年，国家统计局长治调查队对71家企业进行采购经理调查，对89家企业进行新设立小微企业和个体户跟踪调查，对17家企业进行服务零售结构调查。

（季欣冉　吴　桐）

【统计信息服务】 2022年，国家统计局长治调查队围绕民生改善、经济社会发展政策落实情况，及时跟踪反映政策措施效果，结合调查数据，编写调查报告40篇次，约稿142篇次，调查快报26篇，其中，国家两办采用28篇次，省两办采用47篇次，市两办采用43篇次，国家统计局采用108篇次，山西调查总队采用121篇次，领导批示24篇次；推进统计调研和科研工作，围绕山西高质量发展，结合长治经济社会发展实际，调研形成《基于三支决策的晋东南地区农村产业融合发展水平研究》《居民消费价格指数（CPI）与通货膨胀相关性研究》《长治市中低收入群体增收情况调研报告》《长治大力推进全民健身工作，提升人民群众幸福指数》《长治市农村新型合作组织在组织农民、培育产业、增加收入方面作用情况报告》5篇课题；以重要信息专报为主打产品及时上报市委、市政府有关领导，为党委、政府提供决策参考，为长治市经济社会高质量发展提供统计调查服务。　（季欣冉　吴　桐）

统计调查分析

【固定资产投资】 2022年，长治市固定资产投资完成948.4亿元，同比增长6.4%，比全国（5.1%）高1.3个百分点，比山西省（5.9%）高0.5个百分点。分产业看，第一产业投资完成54.4亿元，同比增长10.1%，高于全省增速7.0个百分点，拉动全市增长0.6个百分点；第二产业投资完成465.5亿元，同比增长21.2%，高于全省增速9.4个百分点，拉动全市增长9.1个百分点；第三产业投资完成428.5亿元，同比下降6.5%，低于全省增速9.0个百分点，拉低全市投资3.3个百分点。

工业投资。2022年，长治市工业投资完成464.8亿元，同比增长20.8%，比山西省平均增速高9.1个百分点，比长治市投资增速高14.4个百分点，拉动长治市投资增长9.0个百分点。制造业投资完成236.5亿元，同比增长7.4%，拉动长治市投资增长1.8个百分点。

开发区完成投资。长治市13个开发区完成投资364.9亿元，同比增长20.4%，比山西省平均增速高9.9个百分点，比长治市投资增速高14.0个百分点，拉动长治市投资增长6.9个百分点。　（徐　峰）

【企业经济效益】 2022年，长治市工业营业收入4714.8亿元，同比增长18.8%；实现利润718.8亿元，同比增长54.3%。运营成本进一步下降。企业资产负债率由2021年同期的68.4%下降到63.8%；每百元主营业务收入中成本为73.3元，同比减少2.6元；每百元主营业务收入中四项费用7.7元，同比减少3元。　（徐　峰）

【金融支持实体经济】 2022年，长治市制造业贷款增加51.8亿元，占长治市新增贷款总额25.9%，同比多增36.4亿元。其中，制造业中长期贷款增加32.6亿元，同比多增24.4亿元。批发零售、住宿餐饮、文化、体育和娱乐业贷款合计增加61亿元，占长治市新增贷款总额的30.4%，同比多增38亿元。建筑业、交通运输、水利环境和公共设施管理业合计贷款增加49.5亿元，占长治市新增贷款总额24.7%，同比多增3.7亿元。（徐　峰）

【工业用电量】 2022年，长治市工业用电量169亿千瓦时，同比增长8.3%，占长治市全社会用电量的比重为77.9%。5个重点行业呈现“4正1负”态势，其中，化工行业增长38.1%、炼焦行业增长30.9%，钢铁行业增长1.4%，煤炭行业增长3.6%，水泥行业下降17.1%。　（徐　峰）

【房地产投资】 2022年，长治市房地产开发投资完成186.4亿元，同比下降14.2%，增速较一季度、二季度、三季度分别扩大0.4个、4.3个、-0.3个百分点，较全省平均增速低4.9个百分点，比长治市固定资产投资增速低20.6个百分点，下拉全部投资3.5个百分点，占全市投资比重由上年24.4%回落到19.7%，下降了4.7个百分点。　（徐　峰）

【消费市场】 2022年，长治市受到多轮新冠疫情冲击，消费市场承压前行，在促消费政策和防控政策优化落实双重因素推动下，消费市场表现出较强的韧性，发展良好。2022年长治市社会消费品零售总额实现663.7亿元，同比下降 0.5%，比全国（–0.2%）低 0.3 个百分点，比山西省（–2.4%）高 1.9 个百分点。

1—12 月，长治市限额以上零售额实现 192.1 亿元，同比增长 5.2%。其中受疫情影响严重的 4 月、11 月、12 月限额以上零售额分别下降 7.6%、3.9% 和 1.5%。

城镇消费市场。2022 年长治市城镇市场实现零售额 538.7 亿元，占长治市社会消费品零售总额比重为 81.2%，增速同比下降 0.5%；乡村市场实现零售额 125 亿元，同比下降 0.7%，比城镇市场低了 0.2 个百分点。

商品零售和餐饮消费。2022 年长治市商品零售额实现 618.9 亿元，同比下降 0.5%，占社会消费品零售总额比重为 93.2%；餐饮收入实现 44.9 亿元，同比下降 0.1%，比商品零售增速高出 0.4 个百分点。其中限上商品零售额实现 183.3 亿元，同比增长 5%；限上餐饮收入实现 8.8 亿元，同比增长 9.9%。

家用电器和音像器材类商品销售。2022 年长治市限上家用电器和音像器材类商品同比增长 13.8%，增速比限上零售额高 8.6 个百分点。进入 6 月以来，长治地区持续高温，气象部门多次发布高温橙色预警，空调需求量激增，加之政府消费券的刺激推动下，使得空调及其他家电销售大幅增长，6、7 月长治市限上家用电器和音像器材类商品分别增长 43.5% 和 28.9%。

通信器材类商品消费。受政府消费券利好因素和新学季开学购机影响，2022 年长治市限额以上通信器材类商品实现零售额 4.2 亿元，同比增长 15.3%，增速比限额以上零售额高 10.1 个百分点。其中 7 月同比增长 34%，为 2022 年增速最高月份。

生活必需品类消费。2022 年，长治市限额以上粮油、食品类商品实现零售额 17.3 亿元，同比增长 7.3%；饮料类商品实现零售额 1.7 亿元，同比增长 5.2%；日用品类商品实现零售额 2.4 亿元，同比增长 18.4%；服装、鞋帽、针纺织品类商品实现零售额 10.6 亿元，同比增长 1.6%。

新能源汽车消费。随着消费者环保理念不断增强，新能源汽车购车补贴优惠以及配套设施的逐渐完善，新能源汽车市场快速发展，2022 年长治市限额以上单位新能源汽车实现零售额 6.9 亿元，增长 79.5%。新能源汽车市场占比不断提高，截至 2022 年底，新能源汽车零售额占限额以上汽车零售额比重为 9.2%，占比较一季度、前半年及前三季度分别提高了 3.1 个、2 个、1.2 个百分点。

新入库企业对长治市限上消费市场贡献。2022 年长治市新入库批零住餐企业实现零售额 18.8 亿元，同比增长 63.5%，比限上零售额增速高 58.3 个百分点，拉动长治市限上零售额增长 4.0 个百分点。

数字消费券带动消费。5 月 27 日起，长治市级及各县区陆续通过“云闪付”App 正式发放零售、住餐类数字消费券，通过“建行生活”App 正式发放汽车类数字消费券，覆盖行业包括商超百货、家电数码、住宿餐饮、成品油、汽车等，惠及企业（商户）超过 500 家。2022 年，已发放资金规模超 2.3 亿元，其中汽车 3745 万元，拉动零售住餐行业消费超 16亿元，带动比约 7 倍；实际核补新购非营运车辆 1 万余台，购车消费金额 15 亿元，带动比超 40 倍。（王军强）

【规模以上工业经济运行情况】2022 年，长治市规模以上工业增加值同比增长 12.4%，高于山西省（8%）4.4 个百分点，高于全国（3.6%）8.8 个百分点。

五大行业。2022 年，长治市能源工业同比增长 6.93%，占规模以上工业增加值比重为 77.42%，对规模以上工业增加值贡献率为 43.95%，为长治市工业增速的第一拉动主力。其中煤炭工业同比增长 7.01%，占比为 70.32%，对规模以上工业增加值贡献率为 40.05%。材料与化学工业同比增长 12.05%，占比为 10.02%，对规模以上工业增加值贡献率为 11.7%。消费品工业同比增长 2.16%，占比为 0.7%，对规模以上工业增加值贡献率为 0.16%。装备制造业同比增长 8.82%，占比为 2.09%，对规模以上工业增加值贡献率为 1.76%。其他工业同比增长 88.29%，占比为 9.79%，对规模以上工业增加值贡献率为 42.45%，为长治市工业增速第二拉动主力。

三大工业门类。从三大门类看，2022 年，长治市采矿业同比增长 7.77%，占比为 71.2%，对规上工业增加值贡献率为 44.86%。制造业同比增长 23.69%，高于长治市工业增速 11.29 个百分点，高于采矿业 15.92 个百分点，占比为 26.78%，对规上工业增加值贡献率为 50.67%，一年来，制造业发展势头强劲，一直超越采矿业，成为长治市工业第一拉动主力。电力、热力、燃气及水生产和供应业同比增长 28.81%，占比为 2.03%，对规上工业增加值贡献率为 4.48%。电力、热力、燃气及水生产和供应业一直保持较高速增长，且从 8 月开始，累计增速超过制造业，在三大门类中增长最快。

县区规模以上工业经济运行情况。2022 年，长治市 12 个县区全部实现正增长，6 个县区实现两位数增长，且快于长治市增速，屯留区同比增长 20.2%，黎城县同比增长 19.1%，武乡县同比增长 17%，襄垣县同比增长 15.6%，潞州区同比增长 13.9%，沁源县同比增长 13.4%。屯留区、襄垣县、潞州区、沁源县作为长治市重点县区，均高于长治市增速，有力带动长治市工业增长。

工业战略性新兴产业。2022 年，长治市工业战略性新兴产业同比增长

51.8%，增速快于长治市工业39.4个百分点，占比为12.5%，较2021年提高2.68个百分点，贡献率为39.44%。其中节能环保产业是主体产业，2022年同比增长92.87%，占比为9.08%，贡献率为39.59%。新能源汽车产业2022年一直保持两位数增长，全年同比增长69.69%，但由于体量较小，对长治市工业拉动较弱。

新入库企业。2022年，长治市有新入库工业企业（包括小升规和新投产企业）154户，占在库工业企业的比重为24%，新增企业工业增加值同比增长141.02%，保持三位数高速增长，拉动长治市工业增长3.37个百分点，贡献率达27.22%。

非煤工业发展快于煤炭工业。2022年，长治市非煤工业增加值同比增长25.52%，增速快于煤炭工业（7.01%）18.51个百分点，拉动长治市工业增长7.44个百分点，高于煤炭工业2.47个拉动点，对长治市工业增长的贡献率为59.96%，高于煤炭工业19.91个百分点。

民营工业。2022年，长治市有民营企业474户，占规模以上企业户数比重为73.95%，增加值同比增长14.76%，占规模以上工业增加值比重为47.32%，贡献率为55.94%，上拉工业增速6.94个百分点，民营工业实现稳定增长。

工业类开发区平稳运行。2022年，长治市工业类开发区增加值同比增长19.68%，占规模以上工业增加值比重为28.24%，贡献率为40.82%，上拉工业增速5.06个百分点，工业类开发区平稳运行。

工业经济运行中存在的问题。长治市工业经济发展中还存在不少短板，工业战略性新兴产业结构单一、主要工业产品产量下降、民营企业发展较弱等问题，制约着长治市经济进一步高质量发展。（刘　敏）

【城镇居民收支】 2022年，长治市城镇居民人均可支配收入为41113元，较山西省平均水平（39532元）高1581元,在全省11个地市中位居第4。从增速上看，2022年全市城镇居民人均可支配同比增长6.0%，较全省平均水平（5.6%）高0.4个百分点，在全省11个地市中位居第4。

2022年，全市城镇居民人均工资性收入23609元，同比增加1060元，增长4.7%，工资性收入占可支配收入的比重为57.4%，对可支配收入增长的贡献率为45.6%，拉动可支配收入增长4.7个百分点，是城镇居民可支配收入增长的最主要动力。人均经营净收入4075元，同比增加564元，增长16.1%，经营净收入占可支配收入的比重9.9%，拉动可支配收入增长1.45个百分点，对可支配收入增长的贡献率为24.2%，对可支配收入的贡献率仅次于工资性收入。人均财产净收入2836元，同比增加247元，增长8.7%，增速居四大项收入第二位。财产净收入占可支配收入的比重7.5%，对可支配收入增长的贡献率为10.6%，拉动可支配收入增长0.64个百分点。人均转移净收入10346元，同比增加456元，增长4.6%，财产净收入占可支配收入的比重25.2%，对可支配收入增长的贡献率为19.6%，拉动可支配收入增长1.18个百分点。（尚世杰）

【农村居民收支】 2022年，长治市农村居民人均可支配收入为19437元，同比增长7.5%。从收入构成情况看，农村居民人均工资性收入、经营净收入、财产净收入、转移净收入呈现全面增长态势。农村居民人均工资性收入为8044元，同比增长6.6%，对可支配收入增长的贡献率为36.6%，拉动可支配收入增长2.7个百分点，是农村居民最主要的收入来源。农村居民人均经营净收入为6994元，同比增长6.1%，对可支配收入增长的贡献率为29.9%，拉动可支配收入增长2.2个百分点。农村居民人均财产净收入为285元，同比增长5.2%，对可支配收入增长的贡献率为1.0%，拉动可支配收入增长0.1个百分点。农村居民人均转移净收入为4114元，同比增长12.0%，增速在四大项收入中居首，对可支配收入增长的贡献率为32.5%，拉动可支配收入增长2.4个百分点。（申晓燕）

市场监督管理

综　述

【概况】 2022年，长治市市场监督管理局（简称市市场监管局）贯彻落实市委、市政府关于“疫情要防住、经济要稳住、发展要安全”重要要求，在统筹疫情防控和助力全市经济高质量发展中贡献市场监管力量。全省首家编印《市场监管行政处罚裁量权行使依据汇编》，坚持“宽严相济”的执法理念，推进严格、规范、文明执法。推动重点农贸市场提档升级，推行智慧化监管、星级化评定，保障市民“菜篮子”安全。药品追溯管理实行“单日清查、双日处理、每周排名、半月通报”工作机制，药品零售企业入驻率、扫码率和上游企业出库单验证率均位列全省第一，三级和二级医疗机构平台入驻率达到100%。推进气瓶质量追溯体系建设，实现气瓶使用登记、检验、报废、充装过程实时监控，气瓶检验数量全省第一。2022年，市县两级查办案件4179件，罚没款2016.89万元，移送案件19件，案件和罚没款数均位列全省第一。全年累计整改隐患4351条，查办案件4179起。（靳世栋）

【机构设置】 长治市市场监督管理局下设长治市高新技术产业开发区分

局、经济技术开发区分局2个派出分局；长治市市场监督管理局宣传教育中心、长治市市场监管综合行政执法队、长治市市场监督管理局“12315”消费者申诉举报中心3个直属事业单位；长治市消费者协会、长治市个体劳动者协会、长治市私营企业协会、长治市广告协会、长治市工商行政管理学会5个协（学）会。有在职人员151人，离退休人员112人，内设38个科室。（新世栋）

【法治建设】 2022年，市市场监管局制定《关于推进法治宣传教育的第八个五年规划》《关于进一步完善公平竞争审查机制的实施方案》《长治市市场监管综合行政执法队行政处罚案件办理规定（试行）》，修订《重大行政执法决定法制审核办法》，制定《普通程序行政处罚案件审批制度》。全年组织协调7件行政应诉案件的出庭应诉，组织、指导办案机构向市政府答复行政复议案件6件。开展行政执法人员执法证件的申领换发和行政执法资格清理工作。（新世栋）

【综合执法】 2022年，市市场监管综合行政执法队查处各类违法案件278起，罚没款466.27万元。在国家总局、国家知识产权局、北京2022年冬奥会和冬残奥会组织委员会联合下发的《对在北京2022年冬奥会和冬残奥会奥林匹克标志知识产权保护突出贡献集体的74个集体和148名个人予以通报表扬》中获得“突出贡献集体”称号。（新世栋）

【“12315”申诉举报工作】 2022年，“12315”申诉举报中心做好与政府热线互联互通，做到“快接、快转、快查、快结、快反馈”。建立消费维权服务联系点400个，419家企业入驻在线矛盾纠纷多元化解平台，构建多方位、多渠道的矛盾纠纷调解格局，降低维权成本，提升维权效率。全年各级“12315”共受理各类咨询投诉举报46320件、同比增长22.3%，其中，咨询35864件，占受理量总量的77.4%，同比增长17.5%；投诉7526件，占受理量总量的16.2%，同比增长41.5%；举报2930件，占受理量总量的6.3%，同比增长43.8%，为消费者挽回经济损失855余万元。（新世栋）

【营商环境优化】 2022年，长治市“双随机、一公开”完成抽查586批次8031户。企业年报率96.44%，全省位列第三。持续推进政银战略合作，助力小微企业纾困融资12.7亿元。线上线下培训企业人员1万余人次，帮助解决知识产权、认证认可等“急难愁盼”实事120个。强化公平竞争审查，废止和纠正违反公平竞争规范性文件、政府会议纪要24份，查办不正当竞争案件13起。加强涉企违规收费治理，经济制裁238.53万元，为企业减负124.88万元。（新世栋）

【非公党建】 截至2022年底，长治市非公企业有23089户，其中正常经营非公企业3232户，组建党组织1489个（2022年新建党组织138个），党员10897名，覆盖企业3060户，党组织覆盖率为94.63%。全年全市非公企业发展党员467名。（新世栋）

【扫黑除恶工作】 2022年，市市场监管局印发《长治市市场监督管理局关于在常态化扫黑除恶斗争中加强市场流通领域监督管理的通知》《全市市场监管系统开展市场流通领域整治工作方案》《关于强化日常监督检查扎实推进市场流通领域整治工作的通知》《长治市市场监督管理局市场流通领域整治工作督导方案》等工作方案，把源头治理作为常态化扫黑除恶斗争的治本之策。针对食品药品安全、特种设备安全、产品质量安全以及消费维权等重点区域，开展专项整治。2022年，全市市场监管系统查办市场流通领域各类行政违法案件4179件，移送公安机关18件；全市市场监管系统出动执法人员4189人次，摸排集贸市场115个，排查市场主体4899户，查办市场流通领域各类违法案件1526件，罚没款1406万余元。开展“面向未成年人无底线营销食品”专项整治，检查电商平台22个，食品经营主体963户，没收“避孕套造型软糖”1741盒；联合市公安局开展全市药品安全整治行动，检查药品、医疗器械、化妆品经营和使用单位4865家，下达责令整改通知书505份，暂停经营91家，责令停产整改1家，行政约谈1家。（新世栋）

工商行政管理

【概述】 2022年，市市场监管局制定出台《支持个体工商户倍增质升实施方案》，在融资贷款、加强信用管理、推进公平竞争、包容审慎监管等方面持续发力，全年新增个体工商户66361户，总量达到226245户，与上年同期相比增长了29.43%，完成“个转企”登记2306户，全省排名第一。（新世栋）

【商标注册】 2022年，长治市有效商标注册18688件，同比增长16.2%；地理标志证明商标总量16件，位居全省第二。有效发明专利拥有量881件，万人发明专利拥有量达到2.8件。（新世栋）

【外资企业登记】 2022年，市市场监管局办理外资企业设立登记13户、变更登记7户，注销登记5户，迁移登记125户。全市外商投资企业共167户。按类型分，有限公司75户，分公司92户；按外资方分，外国投

资企业70户。（新世栋）

【消费环境治理】 2022年，市市场监管局围绕群众关切，创新维权机制，加强消费环境治理，提升维权效能，营造安全放心的消费环境。3月15日，召开“3·15”消费维权新闻发布会，现场发布“2021年十大消费者权益典型案例”和“2021年度消费者投诉举报热点分析”。全年全市各级市场监管部门加强消费环境治理，建立维权服务联系点400个，ODR平台（在线消费纠纷解决平台）入驻企业419家。坚持快接快查快办，全年受理各类咨询4.63万件，办结率99.55%，为消费者挽回经济损失850万元。全省首家印制《长治市放心消费创建工作指导手册》，创建省级放心消费示范培育单位8家、市级示范单位282家、县级示范单位846家，打造“文明诚信、放心消费”示范商圈、示范街区、示范集市、示范小镇、示范景点12个。全市参与线下无理由退货承诺的实体店382户，退货数量8万余件，退货金额1680余万元。（新世栋）

【广告监管】 2022年，全市市场监管部门持续开展虚假违法广告专项执法行动，依法依规整顿广告市场秩序，在媒体公开曝光12起典型案例。特别是2022年10月开展的医疗美容行业突出问题专项治理工作中，共查处医疗美容类广告案件25起，罚款48.354万元，制作3部微视频宣传片。（新世栋）

【网络交易监管】 2022年，长治市针对“双十一”网络促销活动等重要时段，以化妆品、食品、酒类、饮料、野生动物及其制品、长江禁捕水域的水产品、保健食品和保健用品等商品为重点监控对象，聚焦消费者反映强烈的违规促销、违法收集个人信息，对虚假打折、订金不退、侵害个人信息等违法行为进行集中整治，全年共开展网上巡查13000余次，检查网络交易经营者18503户次，实地检查电商经营者2户，微信公众号116个，微博账号9个，移动App55个，责令整改网站3个。（新世栋）

【价格监管】 2022年，市市场监督管理局围绕市场保供稳价和群众关注度高、反映强烈的热点难点问题，重点对重要民生商品、教育、医疗、中介机构、行业协会、水电气暖、交通物流、商业银行等领域进行价格监管。全年共查办案件128起，经济制裁840万元。（新世栋）

【2022年十大消费维权典型案例】

1. 长治市某机动车驾驶员培训有限公司发布含有保证性承诺的违法广告案。2022年4月29日，长治市市场监管综合行政执法队根据长治市市场监督管理局案件交办通知书的线索，对长治市某机动车驾驶员培训有限公司发布含有保证性承诺的违法广告的行为进行了立案调查。经查实，该单位公众号“长治市某驾校”，在2021年11月5日20：00发布的“双十一年终特价：两人拼团，最高立减500元！”和2022年4月17日发布的“关于4月18日、19日约课、模拟及考试的调整”中均显示有“助您快速拿证”“快速拿证就选某驾校”“AI高科技模拟器集训合格率高达80%”等广告内容。当事人发布广告内容含有保证性承诺的行为违反《中华人民共和国广告法》第二十四条第一款第（一）项规定，依据《中华人民共和国广告法》第五十八条第一款第（六）项，2022年7月11日，经长治市市场监督管理局局务会会议议定，责令当事人停止发布违法广告并消除影响，给予罚款10万元的行政处罚。

2. 长治某公司转供电供水未执行政府定价案。2021年11月24日，长治市市场监管综合行政执法队根据山西省价格监督检查与反垄断局案件交办通知书为线索，对长治某公司转供电、供水环节违规收费行为立案调查。经查实，该公司在2018年4月至2021年4月期间，超出政府定价多收取终端用户购电金额共计210834.59元，2019年至2021年4月期间，超政府定价多收取终端用户购水金额共计13245.45元，多收取的费用共计224080.04元。当事人转供电、供水环节违规收费的行为违反《中华人民共和国价格法》第十二条，依据《中华人民共和国价格法》第三十九条、《价格违法行为行政处罚规定》第九条第一款第二项规定，于2022年3月29日对当事人作出：①没收未能退还的违法所得39814.12元；②罚款224080.04元，罚没款合计金额263894.16元的行政处罚。

3. 张某加工、销售侵犯他人注册商标专用权的涂料商品案。2022年3月1日，长治市市场监管综合行政执法队与长治市公安局潞州分局执法人员联合捣毁位于潞州区堠北庄镇一处集生产、加工、销售为一体的涂料黑窝点。执法人员现场查封生产加工设备4台，原料（石膏）700余袋，包装物7000余个，标有“新一代立邦”“多乐士通用型腻子”等标识涂料200余桶（袋），相关经营凭证记录143本。经调查核实，此案涉及21个涂料种类，经向商标权利人协查，均为侵权假冒产品。由于非法销售金额达到325.6万余元，依据《中华人民共和国商标法》第六十二条、《关于公安机关管辖的刑事案件立案追诉标准的规定（二）》第六十九条、第七十条、《中华人民共和国行政处罚法》第二十七条、《行政执法机关移送涉嫌犯罪案件的规定》第三条、《市场监督管理行政处罚程序规定》第十七条的规定，长治市市场监督管理局将该案移送公安部门。

4. 沁县某食品有限公司虚假宣传案。2022 年 8 月 13 日，沁县市场监督管理局接“12315”投诉单，对沁县某食品有限公司在天猫平台上销售的纯亚麻籽油虚假宣传行为进行立案调查。经查实，该公司在天猫店的网页确实有“一级冷榨、宝妈放心”和“孕妇宝宝婴儿食用油”用语的宣传，而沁县某食品有限责任公司未能提供“孕妇宝宝婴儿食用油”宣传用语的依据，且该产品不符合婴幼儿使用标准。当事人虚假宣传的行为违反了《中华人民共和国反不正当竞争法》第八条第一款规定，依据《中华人民共和国反不正当竞争法》第二十条第一款、第二十五条和《中华人民共和国行政处罚法》第三十二条规定，沁县市场监督管理局责令当事人改正违法行为，并给予罚款 21000 元的行政处罚。

5. 襄垣县某烟酒专卖店商标侵权案。2022 年 1 月 18 日，襄垣县市场监督管理局执法人员在襄垣县某烟酒专卖店检查中发现，该店在售的生产批号为“20210819521040”的酒品，品名：巴拿马 20 汾酒；数量：5 箱（30 瓶）；规格：475ml/ 瓶，42%vol。经执法人员的现场鉴定，该批次酒品涉嫌假冒侵权，后由执法人员按强制措施程序对该批次酒品进行了扣押。经查实，该批次酒品无相关购买票据，当事人所销售的该批号的酒品为假冒汾酒公司注册商标产品。当事人销售该批次假冒白酒的行为，违反《中华人民共和国商标法》第五十七条规定，依据《中华人民共和国商标法》第六十条第二款之规定，襄垣县市场监督管理局没收当事人的侵权商品并给予罚款 18000 元的行政处罚。

6. 长治市潞城区某电子产品经营部误导消费者的现场说明和演示案。2022 年 6 月 2 日，长治市潞城区市场监督管理局执法人员受理消费者举报，对长治市潞城区某电子产品经营部进行现场检查，在检查中发现：两名店内工作人员现场通过幻灯片视频方式对若干名老年人进行讲解宣传有关对氢气的涉医学作用，现场提取当事人电脑内资料，包含有“氢气对癌细胞具有抑制作用”“徐克成院士：氢分子可对大健康产生神奇的效果”等内容，另外在其名为“德氢康东方文化店健康群”内发布的“氢气可保胎”“徐克成教授，患癌五四级脑胶质瘤吸氢后的变化太神奇”等宣传视频。经查实，当事人在经营过程中，采取招揽消费者进行吸氢体验的方式，利用网络关于某些专家及电台的涉氢作用的讲座或讨论言论，以及某些网络中传播的关于氢气的虚假医疗宣传等内容，作为其氢氧机所产生的氢气作用进行宣传，误导消费者氢气具有医疗作用，以达到销售产品目的的行为，违反《侵害消费者权益行为处罚办法》第六条第（三）项的规定。依据《侵害消费者权益行为处罚办法》第十四条、《中华人民共和国消费者权益保护法》第五十六条第（六）项规定，潞城区市场监督管理局责令当事人改正违法行为，并给予罚款 2 万元的行政处罚。

7. 某企业职工食堂经营使用超过保质期食品、食品添加剂案。2022 年 8 月 28 日，沁源县市场监督管理局执法人员在企业职工食堂专项检查中发现，该职工食堂在用库房内存放的双汇王中王火腿肠 26 根，生产日期：2021 年 9 月 9 日，保质期 6 个月；涪陵榨菜 116 袋，生产日期：2021 年 8 月 8 日，保质期 12 个月；安琪复配油条膨松剂 18 袋，生产日期 2021 年 1 月 10 日，保质期 18 个月。当事人涉嫌使用超过保质期食品、食品添加剂的行为，执法人员立即对超过保质期的食品、食品添加剂采取了扣押的强制措施。经查实，当事人销售使用超过保质期的食品、食品添加剂的行为属实。当事人的行为，违反《中华人民共和国食品安全法》第一百二十四条第一款第（二）、（五）项之规定，依据《中华人民共和国食品安全法》第一百二十四条规定，沁源县市场监督管理局责令当事人改正违法行为，并给予罚款 70000 元的行政处罚。

8. 长治市潞州区某电动车经销部侵害消费者权益案。2022 年 8 月，潞州区市场监督管理局接到“12315”消费者投诉转办单，投诉长治市潞州区某电动车经销部销售的电动车，未按产品合格证上标配的电池配置，且事先未向消费者说明情况。经查实，2022 年 5 月 6 日，消费者朱某在当事人处购买电动自行车一辆，型号：TDT2217Z，进价 1266 元（不含电池），该车的产品合格证上所标配的电池是“星恒锂电”，当事人给该车安装的电池是浙江超威石墨烯电池，该电池进价 274 元。当事人在消费者不知情的情况下，未履行告知义务，未向消费者说明情况，未征求消费者意见，擅自做主给消费者更换电池，且石墨烯电池的进价低于锂电电池进价，但最终售价是按配置锂电电池的售价出售的，售价 3000 元，其行为给消费者造成财产损害。当事人的行为违反《侵害消费者权益行为处罚办法》第五条第（七）项之规定，构成了侵害消费者合法权益的行为。依据《中华人民共和国消费者权益保护法》第五十六条的规定，潞州区市场监督管理局责令当事人改正违法行为，没收违法所得 540 元，并给予罚款 1460 元的行政处罚。

9. 平顺县某小区物业收取水费不执行政府定价案。2022 年 3 月 16 日，平顺县市场监督管理局接到“山西市场监管投诉举报平台”的投诉单，消费者反映位于平顺县某小区物业水费收费标准高于市场价，要求处理。经查实，当事人与供水有限公司曾签订实行居民定额阶梯水价协议书。而当事人在实际收取水费时，没有按照居民用水阶梯水价收取水费，而是以每立方4元的价格收取。当事人的行为违反《中华人民共和国价格法》第三十九条、第十八条的规定，属不执行政府定价行为。依据《中华人民共和国价格法》第三十九条的规定，平顺县市场监督管理局责令当事人退还业主多收价款7464.63元，并给予罚款7464.63元的行政处罚。

10. 长治某科技有限公司销售冒用认证标志产品案。2022年7月13日，长治市市场监督管理局经开区分局接到"12315"投诉举报单，投诉人反映2022年7月5日通过淘宝平台在长治某科技有限公司网店花费7.8元购买示宽灯，现投诉该产品为"三无"产品且没有获得3C认证。经执法人员查实，当事人于2021年12月16日从河间市署光灯具厂购进600只上述产品，进价1.5元/只。截至案发之日，当事人共销售上述产品340只，销售价7.8元/只，除去运费利润1.5元/只。该产品灯罩上印有3C标识，但当事人无法提供该产品的3C认证证书，属于销售冒用认证标志产品的行为。当事人的行为，违反《侵害消费者权益处罚办法》第五条的规定。依据《侵害消费者权益处罚办法》第十四条和《中华人民共和国产品质量法》第五十三条的规定，长治市市场监督管理局经开区分局责令当事人立即改正违法行为，并作出没收涉案产品260只、没收违法所得510元、罚款2340元的行政处罚。（《上党晚报》）

质量技术监督

【质量强市建设】 2022年，市市场监管局推进标准强市、质量强市、知识产权强市"三大战略"，组织企业参与制修订国家标准7项，行业标准1项，地方标准12项，团体标准26项，在建国家级、省级、市级标准化试点示范项目32项，长治市企业参与制定的《硝酸铵》国家标准获得第一届山西省标准化创新贡献奖。全市质量基础设施"一站式"服务站累计投入资金754万元，服务企业2074家，为企业减免费用420万元，解决技术难题1023个，培训企业首席质量官72家，上报"山西精品"企业36家。（新世栋）

【标准建设】 2022年，市市场监管局制定促进全市标准化发展的纲领性文件——《关于贯彻落实〈国家标准化发展纲要〉的实施意见》。在全省率先实施企业产品和服务标准评查制度，破解企业标准监管难题。全年共组织企业参与制修订国家标准7项，行业标准1项，地方标准12项，团体标准26项，建设标准化试点示范项目22项，企业产品标准公开率达到100%。（新世栋）

【认证认可】 截至2022年底，长治市共有各类认证证书2243张，涉及组织671家，共有检验检测机构100家。2022年，市市场监管局组织开展36家机动车检验检测机构110人的外检员、引车员技术比武。抽取20家建材检验检测机构120份报告开展质量评比，有效提升报告质量。在检验机构"双随机、一公开"监督抽查中，共检查获证机构76家，检查获证组织54家，涉及认证机构25家，证书200张。全年帮扶企业101家，新取证书63张，上报优良案例10个，助力工程服务、机械及设备等相关行业小微企提升认证认可质量。（新世栋）

【计量监管】 2022年，长治地区22家法定技术机构建立市、县级社会公用标准239项（依法设定机构143项、授权机构96项），新增建标项目均为授权机构建立，其中市级24项，县级5项；14家企业内部建标115项，新增建标项目4项（其中2家单位缩减4项，1家单位增加8项）。（新世栋）

【特种设备安全监管】 截至2022年底，长治市共有特种设备38878台（不含气瓶），其中锅炉469台，压力容器17500台，起重机械5719台，电梯13893台，厂（场）内机动车辆1237台，客运索道6条，大型游乐设施54台（套），压力管道4229.91千米，在用气瓶26.7万只。全年监检定检特种设备18510台（套）、压力管道1372.887千米、电梯定检11782台、检验气瓶93353只。特种设备作业人员报名687人，考试合格人数581人，取证合格率约为85.7%。2022年，市市场监管局开展压力管道、电梯、锅炉等12项特种设备整治，排查整治隐患602处，停止使用压力管道1730.78米，查办案件38件。（新世栋）

【工业产品质量监管】 2022年，市市场监管局对全市工业产品生产许可证、食品相关产品生产许可证获证企业开展"双随机"监督检查18家次，提出整改建议15条。全年共抽检各类产品474批次，其中，车用燃油210批次，车用尿素10批次，煤炭、塑料袋、挥发性有机物130批次，其他工业（消费品）产品124批次。（新世栋）

食品药品监督管理

【食品安全监管】 截至2022年底，长治市共有食品生产企业204家，小作坊385家，食品销售单位17510家，农产品交易市场22家，大型超市72家，小经营店9793家。2022年，长治市市场监管局及时调整、补充全市食品安全委员会成员单位，发挥食品安全委员会牵头抓总作用，明确各部门工作职责，压实行业部门监管责任。推进"守查保"专项行动，检查食品企业2.2万户次，抽检15018批次，处置隐患1489个，查办案件959件。全市学校食堂和4416家餐饮服务单位实现“明厨亮灶”，完成两会、“公务员面试”等6项重大活动食品安全保障任务，在全省率先实施“网安工程”,推广使用“食安封签”。推进“两个责任”工作机制落实，推动全市4861名干部包保14190家食品生产经营主体，国家总局信息化平台数据填报通过率全省第一。（新世栋）

【“两品一械”安全监管】 截至2022年底,长治市共有药品生产企业15家；医疗器械生产企业10家，经营企业2290家，其中批发企业415家，批发零售兼营企业157家，零售企业1718家；药品批发企业41家(含连锁总部13家)，零售企业1165家，医疗机构4654家，疫苗采购配送单位13个（1个市级疾控中心、12个县级疾控中心)，疫苗接种单位239家。2022年，长治市发挥药品高质量发展委员会和打击整治危害药品安全违法犯罪工作领导组协调机制作用，统筹医药产业高质量发展和药品安全，构建起“政府统一领导，部门依法监管，企业全面负责，社会广泛参与”的药品监管责任体系。围绕“药品安全专项整治”,重点开展“药品零售企业合规性检查、中药饮片质量、儿童化妆品”等10项集中整治和专项执法检查，发现规范性问题2094条，暂停经营91家，查办案件344件，全年药品抽检559批次，药品不良反应报告完成任务指标274%，居全省首位。（新世栋）

能源监督管理

【煤炭洗选企业标准化认定】 2022年，长治市能源局对全市保留的煤炭洗选企业开展行业标准化认定工作，推动传统洗选向智能洗选转变。全年全市完成126座洗煤企业的标准化认定工作，占全市总量75%。其中：一级标准化企业27座，二级标准化企业51座，三级标准化企业48座。

（郝　雷）

【电煤稳价保供】 2022年，长治市能源局落实电煤稳价保供措施，按时、保质、保量、保价签订电煤中长期合同。全年全市签订电煤中长期合同3242.73万吨，签约率102%，确保全市电煤稳定供应。（郝　雷）

【能耗“双控”】 2022年，长治市能耗强度同比下降3.0%，“十四五”累计下降8.8%，完成省定年度目标和“十四五”进度目标。按国家、省有关政策扣除原料用能后的能耗强度指标，分析测算扣除原料用能后，2022年能耗强度同比下降约4.0%，“十四五”累计下降约10.3%。(郝　雷)

【能耗要素保障】 2022年，长治市能源局按照国家、省优化完善能耗双控政策精神，强化战略性新兴产业能耗要素保障，助推重大项目节能审查手续办理。全年为36个项目出具节能审查评价意见、审核意见，为10个开发区、园区出具区域能力评估审查意见。（郝　雷）

【重点用能单位监管】 2022年，长治市能源局加强节能管理各项基础工作，更新发布重点用能单位名单198家，全年对64家企业开展节能监察，查处落后电机398台，下达执法文书87份，其中整改文书23份、整改问题74项。（郝　雷）

【行业安全管理】 2022年，长治市能源局加强电力安全监管，从行业管理角度促进煤矿安全生产，履行油气管道保护职责，研判能源系统风险点，提高应对风险和防范事故能力；科学合理制订年度行政检查计划，明确检查范围、方式、频次和覆盖率，做到计划执法、规范执法。规范能源领域行政执法程序、完善行政执法事项清单，围绕全国两会和中共二十大等重点时段，深入电力、新能源、长输管道等企业检查安全生产，出动执法人员350人次，涉及企业180家次，下发执法文书120份。（郝　雷）

长治海关

【服务企业出口】 2022年，长治海关以“发挥海关优势”为切入点，促进长治开放发展。推动打造开放新平台、物流新通道、外贸新业态。支持辖区企业根据业务实际需要，申请设立保税仓库，在条件成熟时，推进保税物流中心等平台的申建工作；推进畅通国际物流通道，推进瓦日铁路开展国际物流，推动长治海关与日照海关建立通关合作机制，为长治企业通过日照港开展外贸业务提供便利；支持产业转型升级，为高科华烨、潞安太阳能、中科潞安等龙头骨干“链主”企业和专精特新“链核”企业建立产品RCEP关税减让对比清单，引导企业合理运用自贸协定减税安排，优化产品结构，增加出口量。推进长治高新区、山西(长治)中药材商贸平台建设，加大高级认证企业培育力度，让更多企业充分享受海关通关便利措施；推动乡村振兴，及时为中药材、冻干蔬菜、玉米蛋白粉等产品出口企业提供进口国法规和国外退货通报等信息，帮助企业掌握出口意向国家（地区）进境产品准入机制，规避贸易壁垒。

（韩红红）

【惠民利企服务】 2022年，长治海关细化落实太原海关支持革命老区外贸发展举措，与市场监管局、税务局开展联合执法核查，实现“进一次门、办多项事”；细化服务措施，对太原海关稳外贸促增长25条措施中涉及的18条再细化、再分解，合并推出12条落实措施，多形式多途径宣传；强化服务效果，组建工作专班，整理编印《海关惠民利企政策汇编》；培育备案企业，同比增长174%，达到107家；协调市领导和有关部门陪同太原海关调研组，深入辖区6个县区12家企业，开展助企纾困解难题活动；RCEP原产地优惠改革推广零突破；“沁州黄”知识产权在海关总署备案。

（韩红红）

2022年，长治海关工作人员对出口食品原料养殖场备案实施现场审核

（韩红红　供图）

【进出口安全监管】 2022年，长治海关严格危化品检验监管，结合辖区危化品企业数量多、规模小、分布散，出口品种杂、批次多、风险高，现场查验需求大、监管人员少等特点，坚持压实责任，全面梳理辖区危险化学品生产企业和产品信息，实施“两库”管理，即建立健全出口危险化学品生产企业档案库和危险化学品信息库，严格落实“关科岗”三级责任制，确保危化品出口监管“零失误、零差错”；承办太原海关安全生产现场会，并做经验交流分享。严格动植物检疫监管，主动排查进出口动植物及其疫情疫病和质量安全风险，及时编报风险信息。按照监测计划，在辖区9个县区布控75个监测点，开展国门生物监测。开展“国门绿盾2022”专项行动和外来入侵物种普查，受总署动植司邀请，1名工作人员参与，完成智利核果输华远程风险分析考察。严抓进出口食品质量安全。对出口食品备案企业和种植养殖基地进行日常监管，监督企业落实并提高质量管理水平。按计划要求，开展“国抽”和“省抽”任务。打击不实贸易。采取强化监控分析和核实处置、暂缓统计进出口数据和探索跨部门协同监管等措施，推进长治市不实贸易管控工作。全年发现涉嫌不实贸易的企业2家，对外贸易额8986万元进行暂缓统计处置。

2022年，长治海关危化品检验现场

（韩红红　供图）

（韩红红）

金融

综 述

【概述】 截至2022年末，长治市有各类金融机构116家。其中，银行36家，证券6家，保险40家，小贷公司11家，融资性担保公司3家，典当行20家。

2022年长治市社会融资总规模达到416.6亿元，完成年度任务的104.2%。金融增加值实现99.7亿元，同比增长5.9%；证券交易额1151.15亿元，同比下降3.41%。（程晓玲）

【银行业】 2022年，长治市银行业经过优化、鼓励及改革，形成政策性银行、国有大型银行、股份制银行、城市商业银行、农村中小金融机构、非银行金融机构等门类全、覆盖广的银行业服务供给体系。2022年末，长治有36家银行业机构，其中政策性银行1家、大型银行6家、股份制银行6家、城市商业银行2家、农村中小金融机构20家（农商银行13家，村镇银行7家）、财务公司1家。基层营业网点692个，从业人员11191人。

截至2022年末，长治市金融机构本外币各项存款余额为4348.69亿元，同比增长15.2%。长治市金融机构本外币各项贷款余额2407.04亿元，同比增长9.08%。（程帅帅 郭 磐）

【保险业】 2022年，长治市有40家保险机构主体。其中，财产险公司22家，人身险公司18家。各级分支机构257个，其中中心支公司36个，支公司130个，营业部1个，营销服务部90个。专业代理机构39家，其中代理公司34家，经纪公司4家，公估公司1家；保险从业人员15497人。

2022年，长治保险业全年累计实现保费收入78.74亿元，同比增长0.85%，保费规模居全省第五，增速居全省第六。其中，财产保险保费收入21.14亿元，同比增长10.95%，保费规模居全省第六；人身险保费收入57.60亿元，同比下降2.26%，保费规模居全省第五。全年赔款与给付支出23.83亿元，同比增长4.44%。其中，财产险赔付支出10.73亿元，同比下降7.34%；人身险赔付支出13.10亿元，同比增长14.64%。（程帅帅）

表4　2022年长治市保险公司一览表

类别	序号	公司名称
财产险公司	1	中国人民财产保险股份有限公司长治市分公司
	2	中国人寿财产保险股份有限公司长治市中心支公司
	3	中国平安财产保险股份有限公司长治中心支公司
	4	中国太平洋财产保险股份有限公司长治中心支公司
	5	中煤财产保险股份有限公司长治中心支公司
	6	中国大地财产保险股份有限公司长治中心支公司
	7	太平财产保险有限公司长治中心支公司
	8	阳光财产保险股份有限公司长治中心支公司
	9	永安财产保险股份有限公司长治中心支公司
	10	安盛天平财产保险股份有限公司长治中心支公司
	11	华安财产保险股份有限公司长治中心支公司
	12	大家财产保险有限责任公司山西分公司长治营销服务部
	13	中华联合财产保险股份有限公司长治中心支公司

续表4：

类别	序号	公司名称
财产险公司	14	泰山财产保险股份有限公司长治市潞州支公司
	15	华泰财产保险有限公司长治中心支公司
	16	天安财产保险股份有限公司长治中心支公司
	17	安诚财产保险股份有限公司长治中心支公司
	18	永诚财产保险股份有限公司长治中心支公司
	19	国任财产保险股份有限公司潞州支公司
	20	华农财产保险股份有限公司长治支公司
	21	恒邦财产保险股份有限公司潞州区支公司
	22	紫金财产保险股份有限公司长治中心支公司
人身险公司	23	中国人寿保险股份有限公司长治分公司
	24	中国太平洋人寿保险股份有限公司长治中心支公司
	25	国华人寿保险股份有限公司长治中心支公司
	26	中国平安人寿保险股份有限公司长治中心支公司
	27	百年人寿保险股份有限公司长治中心支公司
	28	中国人民健康保险股份有限公司长治中心支公司
	29	太平人寿保险有限公司长治中心支公司
	30	新华人寿保险股份有限公司长治中心支公司
	31	阳光人寿保险股份有限公司长治中心支公司
	32	工银安盛人寿保险有限公司长治中心支公司
	33	泰康人寿保险有限责任公司山西长治中心支公司
	34	合众人寿保险股份有限公司长治中心支公司
	35	英大泰和人寿保险股份有限公司长治中心支公司
	36	中国人民人寿保险股份有限公司长治市中心支公司
	37	农银人寿保险股份有限公司长治中心支公司
	38	富德生命人寿保险股份有限公司长治中心支公司
	39	中信保诚人寿保险有限公司长治中心支公司
	40	民生人寿保险股份有限公司长治中心支公司

中国人民银行长治市中心支行

【概述】 2022年，中国人民银行长治市中心支行（简称人行长治市中心支行）机关为设办公室、货币信贷管理科、金融稳定科、调查统计科、会计财务科、支付结算科、科技科、货币金银科、国库科、内审科、人事科、征信管理科、外汇管理科、保卫科14个职能科室和党委办公室（与行政办公室合署办公）、组织部（与人事科合署办公）、纪委监察室、宣传群工部4个党群工作机构。下辖襄垣、上党、潞城、屯留、沁源、长子、黎城、壶关、武乡、平顺、沁县11个支行。截至2022年末，全辖职工数384人，其中中支机关165人，支行219人。（郭　磐）

【助企纾困】 2022年，人行长治市中心支行严格落实中国人民银行《关于做好疫情防控和经济社会发展金融服务的通知》中提出的加强金融服务、加大支持实体经济力度的23条政策举措，制定《关于进一步做好金融支持抗疫助企的实施意见》，明确14项助企帮扶的举措。用好用足货币政策工具。2022年累计发放再贷款再贴现185.33亿元，支持各类市场主体2.8万户，落地碳减排支持工具4.71亿元，支持项目8个；落地科技创新再贷款1910万元，支持企业5家；落地交通物流专项再贷款400万元，支持企业2家；推动农发行长治分行使用政策性金融工具，发放贷款8.5亿元。（郭　磐）

【支持小微企业】 2022年，人行长治市中心支行做好小微企业“四张清单”（小微企业贷款授权、授信、受理回告、尽职免责）公示和无贷户“两张名单”（小微企业无贷户、个体工商户无贷户）推送工作，推动成立长治市首贷续贷服务中心和长治市金融综合信息服务平台，促进线上线下融贷对接，构建敢贷愿贷能贷会贷机制。推动创业担保贷款，截至2022年末，全市创业担保贷款余额6.65亿元，较年初增长53.5%。其中，市级担保贷款余额1.14亿元，较年初增长66.2%。出台12条措施支持专精特新中小企业，全市专精特新企业贷款余额30.77亿元，较年初增加4.58亿元，较上年同期增加6.7亿元。对辖内地方法人金融机构发放的普惠小微企业贷款给予奖励，落地奖励资金6113万元。（郭　磐）

【助力乡村振兴】 2022年，人行长治市中心支行出台《长治市金融服务乡村振兴实施方案》，推进金融支持乡村振兴工作。运用政策工具，支农再贷款余额为38亿元，支持2.5万户涉农主体。引导金融机构加大乡村振兴重点帮扶县的资金投入，全市5个重点帮扶县贷款平均增速为18.24%，高于全市各项贷款增速9.16个百分点。推动“一平台一系统”助企兴农，2022年中征应收账款融资服务平台累计促成融资交易32笔，金额20.84亿元；动产融资统一登记系统登记542笔。开展新型农业经营主体信用建档、等级评定工作，辖内涉农机构评定新

型农业经营主体 9164 个，获得信用贷款的新型农业经营主体 856 个，授信金额达到 1.9 亿元。（郭　磐）

【住房信贷政策落实】 2022 年，人行长治市中心支行配合市政府“因城施策”落实好差别化住房信贷政策，房地产贷款余额 289 亿元，同比增长 10.3%。出台《长治市促进房地产良性循环和健康发展的实施意见（试行）》，居民家庭购买首套住房最低首付比例 20%，将首套房商贷利率下限调整为贷款市场报价利率减 20 个基点。建立在建项目融资及按揭贷款定期监测制度，全市在建项目未出现停工停贷现象。（郭　磐）

【绿色信贷支持】 2022 年，人行长治市中心支行联合 10 部门印发《关于大力发展绿色金融支持长治市实现碳达峰碳中和目标的指导意见》，从全市层面构建绿色金融体系。坚持“分类施策”原则，对合规的“两高”项目（高耗能、高排放项目）绿色转型发展给予必要支持。投放绿色信贷 44.36 亿元，重点支持废钢利用、光伏发电以及太阳能科技等。（郭　磐）

【企业碳账户监测试点工作】 2022 年，人行长治市中心支行完成 459 户企业数据采集汇总，为 148 户企业赋予碳排放标识码，累计向 60 户绿码企业发放贷款 70 笔、金额 20.07 亿元，利率低于全市各项贷款平均利率 1.05 个百分点；推动 48 户企业合理制订下阶段碳减排技术改造和建设计划。（郭　磐）

【金融支持清洁供暖试点】 2022 年，人行长治市中心支行以试点长子县为主阵地，创新金融产品，探索清洁能源企业专项权证、固定资产等有效抵押物进行抵押、质押贷款产品的研发。长子县清洁供暖贷款余额 2.87 亿元，

2022 年 9 月 7 日，中国建设银行长治分行受邀参加长治市气候投融资试点城市工作启动会（闫心怡　供图）

同比增长 5.2%。（郭　磐）

【气候投融资试点】 2022 年，人行长治市中心支行协助市政府完善气候投融资试点方案，助推试点申报成功。协同市发展改革委梳理出 154 个气候投融资项目清单并向全市金融机构推介，截至 2022 年末，有 13 个项目列入银行信贷项目储备，授信 16.52 亿元，发放 3.46 亿元，最低利率 3.25%。引导金融机构进行产品创新，开发排污权抵押贷款、碳排放权质押贷款等产品。（郭　磐）

【风险监测预警】 2022 年，人行长治市中心支行按日监测辖内银行防挤兑风险，督导各机构完善应急预案并开展应急演练。做好央行评级工作，及时向辖区各监管部门和地方政府发出风险提示。严格执行重大事项报告制度，上报重大事项 64 次。（郭　磐）

【存款保险工作】 2022 年，人行长治市中心支行做好投保机构保费征收及费率申报工作，对辖内投保机构开展早期纠正工作，对地方法人投保机构开展存款保险现场核查。发挥市委政法委网格化服务管理系统全覆盖、无遗漏的优势，将存款保险宣传嵌入该系统，在全域建立存款保险网格宣传长效机制。（郭　磐）

【金融监管】 2022 年，人行长治市中心支行加强“两管理两综合”（开业管理、日常管理，综合检查、综合评价）工作，对 3 家金融机构实施开业管理，对 36 家金融机构进行综合评价。依托山西省金融消费纠纷人民调解委员会，在长治市和襄垣县组建专业的公益性质的金融纠纷调解组织，搭建起“投诉 + 调解 + 司法确认”“一站式”金融纠纷解决模式，成功调解 3 起纠纷案件。（郭　磐）

【扫黑除恶专项斗争协查】 2022 年，人行长治市中心支行开展分类评级考核，对全市 60 家银证保等义务主体机构进行评价，配合开展打击涉黑案件协查工作，共监测和摸排 93 人次。建立健全常态化工作机制，抓好任务落实。开展金融放贷领域整治工作，成立工作专班，推动工作落实。（郭　磐）

【支付管理】 2022 年，人行长治市中心支行推广手机号码支付、云闪付二维码支付等新兴支付工具。推动金融

机构落实减费让利政策，累计减免各项费用1549.98万元，惠及9.26万户小微企业及个体工商户。推进跨境赌博和电信网络诈骗“资金链”治理，建立银行网点预警劝阻机制。联合公安部门、银行机构建立长治市反诈宣传阵地，持续开展特色宣传，营造“全社会反诈”氛围。协助公安劝阻和堵截7起涉电诈案件，打掉2个“跑分”洗钱团伙，抓获涉嫌帮助信息网络犯罪活动罪嫌疑人11人。（郭 磐）

【国库管理】 2022年，人行长治市中心支行做好财政直达资金拨付工作，共拨付39.24亿元。落实个税汇算清缴退税、增值税留抵退税等重大惠企利民政策，共完成个税汇算清缴退库金额1.02亿元，办理增值税留抵退税金额73.19亿元。（郭 磐）

【外汇管理】 2022年，人行长治市中心支行推进跨境金融区块链平台应用落地，促进跨境贸易投资便利化。涉外收入1181.5万美元，同比下降25.4%；涉外支出1817.97万美元，同比下降21.01%。与市商务局出台《进一步提升金融服务中小微外贸企业水平的若干措施》，协调财政出资给予专项奖励，辖内74家企业办理结售汇业务，其中19家企业使用汇率避险产品，占发生结售汇业务企业的25.68%，套保金额979万美元，首办户17户，累计签约口径的外汇套保比率为0.17%，可比口径套保率3.96%。发挥“好差评”监督作用，外汇行政许可业务满意率达到100%。出台支持跨境人民币业务发展十条措施，累计办理跨境人民币结算金额9.52亿元。（郭 磐）

【征信管理】 2022年，人行长治市中心支行编制《征信业务常见问题、异议及投诉应答手册》，向全省人民银行征信服务窗口推广应用。做好征信查询服务，新增个人信用报告代理查询点6个，在市行政审批中心布设首台企业信用报告自助查询机。开展“征信修复”乱象专项治理“百日行动”，有7家变更名称或经营范围。运用现场监管和非现场监管等手段严格管理全市29家征信接入机构，筑牢征信信息安全防线。（郭 磐）

【人民币管理和服务工作】 2022年，人行长治市中心支行搞好发行基金调拨工作，累计现金投放115.24亿元，同比增加11.19亿元，增长10.75%；累计现金回笼45.64亿元，同比减少19.11亿元，减少29.51%；累计现金净投放69.61亿元，同比增加30.32亿元，增长77.17%。筹建现金配送服务平台，选取34个银行网点加入“山西省人民币零钞预约兑换服务平台”。深化人民币反假工作，对侦破假币案件作出贡献的沁源公安机关颁发全省首笔反假人民币奖励2.3万元。（郭 磐）

【金融统计和科技服务】 2022年，人行长治市中心支行加强对经济金融热点的日常监测及分析，按月参加全市经济形势分析会议，按季报送经济金融形势季度调研和季度分析，动态跟踪全市民营、小微企业发展情况，构建经济金融数据库。依托数字化综合服务平台，创新金融科技监管手段，建立辖区银行业金融机构安全台账。创建“基于物联网的畜牧产业融资服务”项目，推出“生物活体抵押+保险+物联网监管+银行”的信贷新模式，有效解决畜牧养殖企业融资中抵押难。做好金融业机构信息管理，对全辖702个银行业金融机构的注册信息进行验证和代码证年检。（郭 磐）

银行保险业监督管理

【服务实体经济】 2022年，中国银行保险监督管理委员会长治监管分局（简称长治银保监分局）成立服务实体经济工作领导小组（加挂稳经济专班），开展信贷贯彻新发展理念服务实体经济检查。组织召开服务实体经济工作专题汇报会，建立服务实体经济工作报告制度，引导银行保险机构主动对接投资需求，科学运用信贷、债券、股权、保险等各类金融资源，助力长治成功入选气候投融资试点，配合市财政局成功申报屯留区为中央财政支持普惠金融发展示范区。（程帅帅）

【小微企业金融服务】 2022年，长治银保监分局印发小微企业金融服务工作要点，指导各银行业机构科学制订年度普惠型小微企业信贷计划。下发提示函5期、监管意见4份，组织召开座谈会，推动普惠型小微企业贷款利率持续下降。建立小微企业和个体工商户无贷户“两张名单”推送机制，助力解决银企信息不对称问题。开展小微企业金融服务监管评价，支持成立全省首家“首贷续贷中心”。全口径小微企业贷款余额805.23亿元，较年初增长13.64%。普惠型小微企业贷款余额较年初增长31.13%，有贷款余额的户数较年初增加5733户。新发放普惠型小微企业贷款利率6.71%，较年初下降0.73个百分点。（程帅帅）

【助力乡村振兴】 2022年，长治银保监分局加强政策传导，印发风险提示，约谈逾期机构，巩固脱贫攻坚成果与乡村振兴有效衔接。银行业机构脱贫人口小额信贷新增9177户、4.61亿元。保险机构防贫险保费收入869.5万元，为21.19万户农户提供风险保障149.93亿元，累计赔付1662人、588.88万元。加大对现代农业基础设施和农村现代化重点领域的金融支持，推动发展特色优质农业，加快建设农业产业集群。涉农贷款余额

1277.84亿元，较年初增长8.88%。推动农险“扩面、增品、提标”，农产品价格险、收入险、成本险等农业险种在长治地区落地，联合遴选国寿财险、人保财险等4家2023年政策性森林保险承办机构，农业保险保费收入1.9亿元，为51万户农户提供风险保障77.89亿元。（程帅帅）

【助企纾困】2022年，长治银保监分局印发《关于进一步做好受疫情影响困难行业企业等金融服务的通知》，通过续贷、展期、延期还本付息、适当提高不良容忍度等，引导加大对餐饮、零售等受疫情影响困难行业企业支持力度。全市银行业为各类受困群体办理延期还本182.94亿元。参加长治市助企纾困政策落实供需见面会，引导银行业金融机构与8家有金融需求的企业达成意向金额9.76亿元。印发《关于金融支持货运物流保通保畅工作的通知》，全市银行业向受疫情影响较大的物流运输业累计发放贷款3.73亿元，向货运司机、快递员群体发放贷款576户、7883万元。（程帅帅）

【新市民金融服务】2022年，长治银保监分局加强与长治市政府相关部门沟通合作，获取新市民名单。下发《关于做好新市民金融服务工作的通知》，建立新市民金融服务定期统计制度，并实地走访、调研、督导多家银行业金融机构，针对新市民在创业、就业、住房、教育、医疗、养老等重点领域的金融需求，引导银行保险机构做好支持政策的衔接，推动创新金融服务产品。新市民贷款余额92.60亿元，较年初增加8.51亿元，增长10.12%；服务客户数216385户，较年初增加8679户，增长4.18%。（程帅帅）

【重点领域金融服务】2022年，长治银保监分局按季通报服务进展，分析研判、提出意见，优化制造业金融服务。制造业贷款余额306.58亿元，较年初增加59.03亿元，增长23.85%。其中，中长期贷款余额147.10亿元，较年初增加33.77亿元，增长29.79%。建立链金融监控台账，推送10条产业链、24家链主企业名单，推动银行业机构与重点产业链的链主和上下游企业高效对接。银行业机构产业链、供应链总授信879.35亿元，较年初增加148.82亿元，增长20.37%，贷款余额376.67亿元，较年初增加23.93亿元，增长6.78%。下发《关于做好绿色金融工作的通知》，银行业绿色金融融资余额合计169.1亿元。全市环责险保费收入731.23万元，提供环境风险保障2.66亿元。联合印发《金融支持专精特新中小企业发展12条措施》，推送专精特新企业名单，银行业向名单企业发放贷款28.91亿元。（程帅帅）

【金融改革发展】2022年，长治银保监分局围绕法人银行业金融机构高质量发展，完善组织架构和治理机制，建立健全关联方档案，制发股东权利义务手册，提升“三会一层”履职质效。开展关联交易专项整治、公司治理领域重点问题整改等7项重点排查整治，分机构建立重点问题台账并持续督促整改落实。组织对照自查，完善股权和关联交易系统数据，提高信息化水平。对法人机构逢查必查公司治理，持续释放强监管、严监管信号。（程帅帅）

【防范金融风险】2022年，长治银保监分局坚持强监管严监管，聚焦重点业务风险处置、重点机构风险化解、重点领域风险防控，守住不发生区域性风险底线。持续压降法人机构理财投资规模，做好大额风险暴露差异化监管。开展不良资产处置合规性稽核调查，督促做实资产质量。配合做好商品房预售资金专项检查，支持房地产项目快复工、早复工、保交付。聚焦高风险法人银行机构风险处置化解，加强监管，明确清收一批、处置一批、转让一批的风险化解思路，3家银行业机构风险处置取得实质性进展。整治“代理退保”乱象，开展保险中介“多散乱”问题整治，推进常态化扫黑除恶斗争，配合开展打击整治养老诈骗专项行动。（程帅帅）

【消费者权益保护】2022年，长治银保监分局以消费者权益保护监管评价结果为导向，强化现场督导，开展专项检查，印发监管通报，提出整改要求。按月分析提示、按季通报，压实机构主体责任，完善消费纠纷处理机制，优化投诉处理能力。推进涉企乱收费专项整治工作。结合疫情防控要求，常态化金融宣教，组织各银行保险机构聚焦重点人群，创新开展线上线下宣教活动，传导金融关注点，回应消费者关切，增强金融消费者风险防范能力和自我保护意识。“3•15”金融知识宣传周活动受到山西银保监局通报表扬。（程帅帅）

金融服务

【概述】2022年，长治市人民政府金融工作办公室（简称长治市金融办）获得“学习强国”优秀学习组织称号；7月被国管局、中直管理局、国家发改委、财政部授予“节约型机关”称号；11月12日，山西省人民政府办公厅印发《关于对稳增长稳市场主体等五个方面38项典型经验做法给予表扬的通报》，对长治市整合资源打造全省最大市级担保公司相关做法进行通报表彰。（程晓玲）

【金融产业服务】2022年，长治市在

全省率先出台《关于加快推进金融业高质量发展的实施意见》和金融支持碳达峰碳中和、外贸企业、服务业、专精特新等系列政策措施，建立较为完善的金融支持政策体系。召开长治市金融工作会，部署金融产业发展、金融改革创新、金融风险防范等工作。加快光大银行、东方证券等金融机构入驻长治步伐。（程晓玲）

【实体经济金融服务】2022年，长治市金融办组织融资对接，收集企业融资需求，向金融机构推送5批次158个项目，达成意向125亿元；分行业组织金融支持零售、餐饮、文旅、专精特新、拥军惠军、钢铁焦化等政策宣讲和融资对接活动。发展各类基金，设立5亿元气候投融资基金和1亿元“潞兴创业”天使投资基金，全市基金达到20支，规模64.68亿元，企业全生命周期的基金服务体系不断健全。发挥担保作用，担保余额达到36.55亿元，较年初增加16.96亿元，增长86.57%。利用应急周转金帮助企业倒贷、续贷，全年共使用187笔，金额46.39亿元。2022年，长治市实现融资总量稳步增加，信贷结构持续优化，融资成本明显降低。企业贷款加权平均利率为5.16%，较年初下降0.78个百分点。（程晓玲）

【小微企业、个体工商户金融服务】2022年，长治市创新中小微企业、个体工商户服务方式。率先在山西省建立小微企业和个体工商户无贷户“两张名单”推送机制，建设运营“首贷续贷服务中心”。2022年累计推送企业25.5万户，为5665户企业办理首贷、续贷服务，金额162.6亿元。其中，首贷3441户，金额105.2亿元；续贷2224户，金额57.4亿元。无贷小微企业获贷比（当年小微企业首贷户数/当年无贷小微企业户数）为3%，该项指标居全省前列，相关做法和经验在山西省推广。（程晓玲）

【融资担保业务】2022年，长治市打造山西省规模最大市级融资担保机构。以财鑫担保公司为龙头，整合12家县级担保机构，成功组建山西省最大市级担保公司，资本金达到7.28亿元（增加2.41亿元）。同时，研究制定资本金持续补充、代偿损失核销管理等政策，召开银担合作推进会，与29家银行建立合作关系，推动融资担保业务快速发展。（程晓玲）

【助力乡村振兴】2022年，长治市建立完善县乡村三级金融服务体系，整合各类金融资源，全面服务乡村振兴。截至12月末，长治市脱贫人口小额信贷投放4.6亿元，占年度目标任务的107.2%，提前超额完成省下达任务。涉农贷款余额1365.07亿元，新增132.48亿元，增长10.74%。（程晓玲）

【企业上市挂牌】2022年，长治市修订完善《长治市加快推进企业上市挂牌10条措施》，提高政策可操作性，增强企业上市信心。将潞州区、武乡县、沁源县纳入山西省资本市场县域工程试点。推动242家企业在山西股权交易中心挂牌，其中“晋兴板”18家、“培育板”3家、“展示板”221家。截至2022年，长治市有各类上市挂牌企业513家。其中沪深主板4家，新三板4家，山西省股交中心挂牌505家。为87家上市挂牌企业兑现省市奖励资金462万元。将上市挂牌工作纳入市对县目标责任考核体系。（程晓玲）

【金融风险防控】2022年，长治市健全机制，成立财政金融稳定发展工作领导小组，修订金融风险应急预案和工作方案。多次召开高风险金融机构风险化解专题会进行部署。开展清收攻坚，成立工作专班，全年共清收处置不良贷款26笔，金额共计1.73亿元。设立山西省首支地方金融机构风险化解基金，置换处置襄垣农商行、武乡农商行、潞城农商行、长子融汇村镇银行等高风险金融机构不良资产，此做法为山西省地方金融机构风险化解探索有效路径。先后开展养老领域非法集资、金融违规放贷等专项整治。多渠道开展金融知识宣传，开设微信公众号，制作公益视频，组织各类宣传活动935场次，参与人数88万余人次。化解存量案件7件。

（程晓玲）

银 行

中国农业发展银行长治市分行

【概述】2022年，中国农业发展银行长治市分行（简称农发行长治市分行）调查贷款139亿元，较上年增长479%；审批投放贷款41.8亿元，较上年增长70%；年末贷款净增23.1亿元，较上年增长17%。贷款余额155.6亿元，占全市银行业比例为6.5%，高于全省农发行平均水平3个百分点。（张家衡）

【服务转型发展】支持实体经济及优质企业。2022年，农发行长治市分行对接长治属地优质企业，支持财通集团、长高智汇、潞安化工、天脊集团、长州建设、高新园区建设发展公司等，支持208国道改扩建、太行红色产学研基地建设、高新区智能终端产业园等重点项目共97个、155亿元，与25家重点企业新达成融资意向261亿元。

支持农村交通建设。2022年，农发行长治市分行累计发放农村路网建设贷款0.7亿元，支持武乡“四好农村路”建设，新审批农村路网贷款10.5亿元。

支持水利建设。2022年，农发行

农发行长治市分行支持的武乡太行红色产学研基地项目（张家衡　供图）

长治市分行持续加大对县区民生水利建设项目的支持力度，促进城乡供水一体化发展。全年累计发放水利建设贷款0.4亿元，审批水利建设贷款12.2亿元，用于上党区陶清湖综合治理等项目建设。

支持城乡融合发展。2022年，农发行长治市分行支持城乡基础设施和公共服务，全年累计发放城乡一体化贷款（含银团）9.8亿元，用于支持多地市政道路、供热、物流园区和标准化厂房建设。

支持农村人居环境提升。2022年，农发行长治市分行支持县域人居环境综合提质项目建设，全年累计发放改善农村人居环境贷款2.9亿元，用于山西能投生物质能综合利用屯留示范项目、上党区第一热源厂扩建项目等。

支持棚户区改造。2022年，农发行长治市分行加大对棚户区改造的支持力度，全年累计发放棚改贷款1.6亿元，支持沁源红星塔片区棚户区改造等项目。

支持普惠小微企业。2022年，农发行长治市分行因地制宜支持特色小微企业，包括沁州黄公司、晋汾高粱公司、上党区百耀种植专业合作社、沁县宇辰农业综合开发有限公司，山西潞艾健康科技有限公司等。（张家衡）

【服务新型城镇化】 支持省域副中心城市建设。2022年，农发行长治市分行全年发放高新大道管廊建设贷款1.45亿元、高新区科技工业园智能制造项目1.85亿元、长北干线改扩建项目0.3亿元、高铁东站广场建设项目贷款0.7亿元。

支持大县城建设。2022年，农发行长治市分行推广盘活存量国有资产和安置房建设两类新贷款模式，全年审批金额14.1亿元，累计发放4.5亿元。支持盘活一批存量资产。

支持绿色发展。2022年，农发行长治市分行累计发放绿色贷款12.7亿元，包含7个项目，覆盖多个县（区）范围。（张家衡）

【服务民生保障】 支持储备轮换。2022年，农发行长治市分行配合粮食安全市长责任制的要求，统筹做好政策性收储和市场化收购工作，足额保障各级储备轮换资金需求。

支持化肥购销。2022年，农发行长治市分行加强潞安集团、天脊集团等化肥企业生产合作，审批农业生产资料贷款24亿元，累计发放14亿元，及时满足企业“淡季储备”及春耕备耕需求。

支持种业振兴。2022年，农发行长治市分行向潞玉种业发放贷款710万元，支持种子龙头企业发展。

（张家衡）

【助力乡村振兴】 2022年，农发行长治市分行支持巩固“两不愁三保障”成果，全年累计发放精准帮扶贷款9.9亿元，精准帮扶贷款余额较年初净增6.0亿元。全年向武乡、壶关、平顺、沁县、黎城5个省级乡村振兴重点帮扶县累计发放贷款4.05亿元。对于产业带动项目实行办贷优先、规模保障、利率优惠等倾斜政策，因地制宜扶持重点帮扶地区特色产业发展。全年累计发放产业带动贷款6.5亿元，占精准帮扶贷款总投放额65.6%。落实关于加大易地扶贫搬迁后续扶持工作要求，聚焦产业融合、粮食购销等领域。全年累计发放易地扶贫搬迁后续贷款3.6亿元，贷款余额8.12亿元。

（张家衡）

【优惠政策把握】 2022年，农发行长治市分行争取更多政策性金融工具份额，审批投放农发基础设施基金项目4个，投放8.5亿元，全省系统占比40%。统筹优惠让利和财务可持续，将利率定价压至最低限，新发放贷款平均利率较上年下降22个基点，最大限度让利于实体经济。持续加快工作效率，新发放贷款从申报到投放仅用时20个工作日。（张家衡）

中国工商银行长治分行

【概述】 2022年，中国工商银行长治分行（简称工行长治分行）本部设有19个部室（中心），下辖14个一级支行，14个二级支行，共有41个营业网点。全行从业人员1176人。2022年，获第十一届“中国工商银行文明单位”，继续蝉联山西省文明单位称号。2022年，工行长治分行实现拨备前利润7.07亿元，实现净利润5.53亿元；各项贷款时点余额达166.61亿元；各项存款时点余额达576.37亿元；实现中间业务收入1.34亿元。（李玲玉）

【服务实体经济】 2022年，工行长治分行聚焦全市转型发展实际，通过“贷款+债券+代理+租赁”等方式提供全口径投融资支持，不断加大对制造业、新基建、民营经济、绿色金融、普惠小微、乡村振兴、绿色低碳发展以及碳减排、市场主体倍增等工作的支持力度。全年累计投放公司贷款53.49亿元，其中新增贷款投放17.14亿元。大中型公司贷款余额115.08亿元，其中，制造业贷款余额9.32亿元，占全部公司贷款的8.09%，较年初提升5.12个百分点。供应链、科创、绿色信贷领域实现突破，截至2022年12月末，绿色信贷领域新增投放3.16亿元；供应链融资新增投放额1.1亿元，大中小微企业拓户数14户，拓户系统内排名第二；率先在全省签署首笔投贷联动协议，为全面支持长治高新技术开发区科创企业发展奠定基础。同时，作为首批实施单位设立科创金融服务站，与高新区管委会签订《关于开展科技金融创新服务“十百千万”专项行动工作方案》。 （李玲玉）

【普惠场景建设】 2022年，工行长治分行打造数字供应链业务增长新引擎，以稳定产业链、打通供应链、确保资金链为发展准则，持续推动供应链延伸下沉至末端小微客户，实现普惠客户链式批量拓展。政采贷、电e贷、商户贷等多个首笔业务实现突破。联通采账贷特色场景成功落地，实现特色场景非农业领域的首次创新。参与推进信息信用共享机制和融资服务平台建设，支持并参与长治市首贷中心建设，通过精选人员入驻、加大宣传推广、持续优化服务，联合其他金融机构加强信息互通与政银企三方合作，提高首贷便捷度、覆盖率和可持续性，助力长治市市场主体倍增工程。联合中小企业服务中心在市政府门前举办“工商银行深化小微企业服务助力稳住经济大盘政银企政策宣讲会”，现场为5家小微企业授信共计1090万元。 （李玲玉）

【消费贷款】 2022年，工行长治分行开展“春夏攻坚”主题营销活动、“虎跃”主题营销活动、“金秋行动”活动，加强走访调研，全年累计走访房地产企业47家，二手房中介5家。截至2022年12月末，个人贷款余额23.36亿元，累计投放7.02亿元，较年初净增2.26亿元；房抵组合贷余额4479.12万元，较年初净增3792.57万元；公积金贷款全年投放12.5亿元。2022年全年分期付款交易额3.77亿元，信用卡专业贷款规模6.7亿元，e分期交易额3908万元；信用卡消费额46亿元，累计实现家装分期、汽车分期3013万元。 （李玲玉）

【服务小微企业】 2022年，工行长治分行始终秉持“金融为民”的初心与使命，实施“普百业、惠万家”计划，对接政府部门、新闻媒体，相继举办20余场各类银企座谈会、产品推介会等活动，受到政府及相关部门的肯定。为满足小微企业快贷融资需求，针对不同类型的商户、企业创新推出“长治联通贷”“税务贷”“烟e贷”“医保贷”“开工贷”“用工贷”“烟草贷”等不同场景的线上融资产品，实现全程线上、秒贷秒投，解决小微企业燃眉之急。截至12月末，工行长治分行银保监普惠口径贷款余额8.79亿元，同业余额占比较上年提升5.6个百分点。全年累计发放小微法人贷款15亿元，累计为84户小微商户授信2476.73万元。为140余户小微企业办理无还本续贷服务。对疫情受困企业及民生保障相关实体企业的贷款、发债、承销等相关金融服务费用，给予最大限度优惠支持，利率较上年末下降0.6%左右，减免利息1930余万元。在合规前提下简化业务流程，围绕“让信息多跑路、让客户少跑腿”，提供金融服务的“一次性告知、一站式受理、一条龙服务”，月“键对键”代替“面对面”，提高服务效率。 （李玲玉）

【服务乡村企业】 2022年，工行长治分行推进金融服务从城市到乡村的全面覆盖延伸，探索乡村特色场景，以适应乡村、帮助农户为宗旨，创新发展路径。加大对县域先进制造业、科技型小微企业、专精特新企业的金融支持力度，有针对性地匹配融资产品，提供一揽子金融服务方案，满足全产业链融资需求；结合长治区域资源禀赋、客群特点及特色农业资源优势，实施“一县一品一场景”计划，搭建线上集群化特色场景，全面服务乡村振兴领域投融资需求。2022年，普惠型涉农贷款余额2.82亿元，净增1.18亿元。 （李玲玉）

【农村金融服务】 2022年，工行长治分行围绕中共中央助力乡村振兴工作要求，加快金融创新，推广工银兴农通“服务点+使者”运营模式，完成561家服务点的挂牌启动工作，实现长治地区11个县域农村普惠金融服务点建设全覆盖，为乡村客户提供转账汇款、代理缴费、账户查询等多项民生服务。依托工银“兴农通”App基础金融服务，通过线上线下提供惠农政策宣传、金融宣传知识等涉农的金融和非金融服务，让广大村民足不出户享受安全便捷的金融服务。截至2022年末，共拓展“兴农通”App客户5484户，其中G端67户，B端192户，C端5225户，开办乡村振兴主题卡9232张。 （李玲玉）

【服务乡村振兴】 2022年，工行长治分行落实长治市政府、监管部门、上级行各项决策部署安排，对包干乡镇进行摸排走访，对已发放贷款的脱贫户生产经营情况进行了解，加大脱贫贷款政策的宣讲，助力农户稳生产保收入，截至2022年12月末，累计为213户农户发放贷款1065万元，进一步支持农户发展产业，提高家庭综合收入。（李玲玉）

【金融风险防范】 2022年，工行长治分行协助省分行举办“弘扬合规精神 共促价值提升”合规文化结对共建活动，开展“守好合规大底线”合规大讲堂、“警示与反思”大讨论等60余场，建成合规文化展示墙，拍摄合规文化长廊展示宣传片，下发代发工资协议超期、违规经商办企业及违规担保等风险提示、案例共计17期；组织开展违规积分管理培训、反洗钱等培训7场，参与人数累计400余人次，员工异常行为累计排查4754人次；强化信贷资产质量，完成各项业务审查，按照转授权规定开展法人客户评级、授信项下信贷业务、脱贫小额贷款、个人信贷等业务的审查工作，全年累计审查法人客户年度评级23笔、审查法人信贷业务27笔，金额共计49.32亿元，行业涵盖电力、煤炭、钢铁、金融行业。做实风险客户管理，强化融资风险防范。创新清收处置方式，通过担保代偿压降普惠不良178万元。针对长期以来信用卡不良率居高不下的问题，通过多方联动、上门催收等多种措施，清收不良资产1183万元，处置不良资产700万元，信用卡不良清收处置取得明显进展。做好全行安全生产、应急管理、内控案防、信访维稳、系统运行、运行管理、投诉管理、舆情管控、行政值班、疫情防控等各项工作；常态化进学校、社区、农村、企业开展反洗钱、防范非法集资、“3·15”消费者权益保护等金融宣传活动，提升全行和公众安全意识。（李玲玉）

【服务智慧城市建设】 2022年，工行长治分行以“政银合作”为载体，打造政务服务新阵地，成为全市退役军人优待证首办、首发行，截至2022年12月末，共办理5.86万张优待证，同业份额占比超51%。辖内28家支行可一站式办理社保卡业务，6家支行成为社保“就近办”服务网点，为市民就近办理失业保险金申领申报类、打印类等事项。全年办理社保卡27万张。成立全市首家政务服务超市，在工行五马支行布放14台自助终端，涵盖政务服务、电费缴纳、征信查询、税务服务等业务。上线“山西（长治）中药材商贸平台”全国首个“产融云”项目，通过构建集企业商城、个人商城、集中采购及生态共建于一体的“金融+非金融”模式，带动政府、企业、个人三端群体受益。（李玲玉）

【金融需求保障】 2022年，工行长治分行不断丰富客户用卡优惠活动，先后开展“工享消费季 欢乐星期五”“欢乐周末·工享优惠”“开薪周”“基金、理财、存款体验有礼”等活动，持续对广大客户进行回馈答谢。加快建设“服务文化”，强化网点建设，更新硬件服务设施，全年整体装修、局部改造网点共6个，占到全部营业网点数的15%，投入近千万元，新增投放智能自助机具、ATM机25台，各类便民设施布放38种。推进“工行驿站”建设，所有网点配备并开放空调、休息座椅、饮水设施、手机充电、Wi-Fi、点钞机等惠民设施。常态化开展“工银惠军行”活动，从全市范围筛选出164家合作单位、345家工行合作商户，分别开展系列满减活动、激活有礼活动及工享一元购活动、工享周末等优惠活动。（李玲玉）

中国农业银行长治市分行

【概述】 中国农业银行长治市分行（简称农行长治市分行），下辖14个县级支行，36个营业网点，其中市区营业网点18个，县域营业网点18个（含乡镇网点2个）；全市共有自助网点62个、服务设备121台，其中，在行式自助网点36个、设备84台，离行式自助网点26个、设备37台。截至2022年12月末，全行有在职人员940人（含劳务派遣22人）。2022年，农行长治市分行在金融机构支持地方经济发展评价中，被市政府表彰为“优秀”金融机构，是全市7家政策性银行及国有银行中唯一一家。同时，在2021年度长治市市级银行业金融机构服务乡村振兴考核评估中，农行长治市分行是全市6家国有大型商业银行中唯一一家获评“优秀”的金融机构。（李　浩）

【主要指标】 截至2022年12月31日，农行长治市分行各项存款时点余额317.96亿元，较年初净增37.05亿元。其中个人存款时点余额226.66亿元，较年初净增31.54亿元；对公存款时点余额91.3亿元，较年初净增5.51亿元，增量排名全省农行系统内第10。各项存款日均余额301.43亿元，较年初净增37.83亿元。其中个人存款日均余额206.2亿元，较年初净增22.01亿元；对公存款时点余额95.23亿元，较年初净增15.82亿元。各项贷款余额147.91亿元，较年初净增23.93亿元。其中个人贷款余额38.08亿元，较年初净增8.21亿元；对公贷款（含贴现）余额109.83亿元，较年初增加15.72亿元。全行整体贷存比46.52%，较年初提升2.38个百分点。（李　浩）

【服务地方经济】 2022年，农行长治市分行累计发放各项贷款77.21亿元，刷新历史纪录，其中投放实体贷款59.17亿元。从经济类型看，投向国有企业39.9亿元，占比67.43%；

投向民营企业14.68亿元，占比24.81%；从企业规模看，投向大中型企业38.65亿元，占比65.32%，投向小微企业15.83亿元，占比26.75%。贷款投放中，支持能源保供企业、当地重大项目建设，先后为山西鲁晋王曲发电有限公司发放能源保供贷款3亿元、为山西潞安矿业（集团）有限责任公司发放贷款21.06亿元、为山西三建集团有限公司发放贷款6000万元等。围绕山西省“交通强国”建设规划，做好黎霍高速、太焦铁路等重大项目支持，为2个项目累计投放贷款6.35亿元。聚焦支持制造业企业发展，累计投放制造业贷款54笔、金额4.79亿元，余额达到4.57亿元；用信企业客户43户，较年初增加11户。（李 浩）

【服务战略性新兴产业】 2022年，农行长治市分行在对接省市重点工程项目之外，对接全市战略性新兴产业企业融资需求，加大信息科技贷款投放力度，与长治市19家信息科技类企业建立信贷合作关系，科技信息类贷款余额2303.29万元，较年初增加393万元。同时，加强对专精特新“小巨人”企业的金融服务，全市13户国家级专精特新“小巨人”企业中，在农行长治市分行开户10户，开展信贷合作户2户，信贷余额1390万元。2022年6月30日，农行长治市分行为易通环能“小巨人”企业发放全省农行首笔知识产权质押贷款390万元。（李 浩）

【绿色金融】 2022年，围绕碳达峰和碳中和目标，农行长治市分行持续加大绿色低碳、环境保护、清洁能源、绿色交通、节能环保等领域信贷投放，全年累计投放绿色信贷资金6.71亿元，实现绿色信贷年日均余额9.7亿元，日均余额较年初增加5200万元。同时，农行长治市分行抓住长治市获评国家首批气候投融资试点城市的重要机遇，将全市气候投融资领域的相关项目和企业清单纳入全行项目营销储备工作，开展全覆盖式的营销对接，并于9月27日向山西大平土地开发有限公司发放全市气候投融资试点工作启动后的首笔相关领域贷款2000万元。（李 浩）

【金融纾困】 2022年，农行长治市分行落实中央及总分行金融纾困相关政策，针对常态化疫情防控的形势，进一步放宽展期政策，支持相关企业恢复生产经营。2022年为2户企业办理贷款延期，金额193.4万元。同时，针对受疫情影响较大的物流、餐饮等行业客户，主动帮助其解决融资困难。例如，在了解到物流企业屯鑫工贸因企业资金周转困难且无抵押品难以获贷的情况后，及时赴企开展实地调查，将其纳入行内“增信贷”白名单，由担保公司提供“见贷即保”服务，解决企业燃眉之急。（李 浩）

【普惠金融】2022年，农行长治市分行对普惠小微企业单列贷款专项计划、专项考核和专项激励，优化客户准入和业务流程，严格落实监管要求和小微企业收费减免政策，持续提高普惠金融信贷政策的精细化管理水平。同时，安排专人进驻长治市首贷续贷服务中心开设服务窗口，对接全市小微民营企业的融资需求。截至2022年12月31日，农行长治市分行全口径普惠贷款净增2.74亿元，其中普惠法人贷款净增1.71亿元，普惠个贷净增2882万元，普惠农户贷款净增7396万元。普惠有贷户净增557户，首贷户净增205户。在对小微企业提供融资过程中，农行长治市分行严格贯彻落实国家关于小微企业的各项减费让利政策，对评估费、登记费等费用全部免收，并执行优惠利率。2022年新发放小微贷款加权平均利率3.78%，同比下降0.32个百分点，累计承担相关企业贷款评估费、登记费等信贷费用72.45万元，减轻小微企业的融资压力。（李 浩）

【脱贫攻坚与乡村振兴有效衔接助力】 2022年，农行长治市分行落实责任、政策、帮扶、监管“四个不摘”要求，持续加大对贫困地区的信贷投入。截至年底，辖内3个脱贫县支行贷款余额22.96亿元，较年初净增2.06亿元。年内投放脱贫人口小额信贷3600万元，带动718户脱贫户发展生产。直接购买脱贫地区产品45.73万元，帮助销售脱贫地区产品229.62万元。同时，农行长治市分行在壶关、武乡、平顺3个国定脱贫县设置惠农通服务点638个，乡镇覆盖率分别达到100%、100%、88.89%。（李 浩）

【服务“特”“优”产业】 2022年，农行长治市分行落实习近平总书记视察山西时强调要发展“特”“优”农业的指示精神，持续加大金融服务力度，助推乡村产业发展，建立健全现代农业全产业链金融服务体系。农行长治市分行先后根据长治地区县域特色创新出台多种“惠农e贷”产品，金融服务方案覆盖农产品生产、加工、运输、仓储和销售全产业链。截至2022年底，农行长治市分行“惠农e贷”余额突破6.35亿元，惠及农户1万余户。同时，农行长治市分行聚焦长治地区畜牧养殖产业，推广山西农行最新推出的畜牧活体抵押贷款产品——“智慧畜牧贷”，并在2022年9月份投放首笔贷款。到年末，农行长治市分行智慧畜牧贷累计审批授信1020万元，发放570万元，实现县域支行、法人客户、个人客户三个“全覆盖”。（李 浩）

【粮食安全领域贷款】 2022年，农行长治市分行持续加大粮食安全领域贷款投放力度。截至2022年底，粮食安全领域贷款较年初增加3791.62万元，余额1.53万元，增速33%，高于全行14个百分点。同时，持续加强与优质种业企业的对接，为山西潞玉种业股份有限公司增量授信2500万元，山西宁瑞农业科技有限公司增量授信450万元。（李　浩）

【乡村金融服务】2022年，农行长治市分行持续完善农村支付体系，构建特色场景，推进农村信用体系建设，促进城乡融合发展。实施“金穗惠农通”工程，与“万村千乡”农家店、供销社、农村小商店等合作，布放电子机具，设置服务点，提供小额取现、刷卡消费、转账汇款、生活缴费等金融服务。截至2022年12月31日，农行长治市分行在全辖设置1256个惠农通服务点。开展“信用村、信用户”创建工程，扩大农户信息建档规模，增加授信总额。截至年底，为全市1804个行政村、9202户农户建立信息档案，授信额度近19.5亿元，其中2022年建档407个行政村、建立信息档案2708户，授信额度5.15亿元。（李　浩）

【零售信贷】2022年，农行长治市分行推出个人生产经营类的“助业e贷”产品服务个体工商户，并针对不同行业客户，细化定制7款信贷产品，分别是“烟商e贷”“药商e贷”“房抵e贷”“商超e贷”“商户e贷”“油气e贷”“出租e贷”。2022年，农行长治市分行个人经营贷款较年初净增3009.66万元，余额达1.64亿元。同时，为刺激消费，助力社会经济发展，围绕“扩大消费规模、激发消费潜力、提高消费水平”，发展信用卡分期与家装、汽车专项分期等消费信贷业务，全年信用卡透支额净增2.01亿元，累计办理分期交易6.62亿元。其中，家装分期交易6081万元，汽车分期交易4630万元。（李　浩）

【移动互联网金融】2022年，农行长治市分行顺应互联网金融发展趋势，发展移动金融业务，特别是疫情防控期间，引导、鼓励客户通过掌银、网银等线上渠道办理金融业务。截至2022年底，农行长治市分行掌上银行客户总量、月均活跃客户分别突破90.23万户、31.93万户，月均活跃客户增量达到1.59万户，互联网金融服务渠道得到持续强化。同时，不断优化掌上银行端金融服务生态，掌上银行客户可通过掌上银行端完成水、暖、电、气各类生活缴费以及通信缴费，全年掌银端金融性交易金额达到986.89亿元。（李　浩）

【网点建设】2022年，农行长治市分行完成辖内故县支行的搬迁开业；永泰支行迁址续建项目工程；对屯留瓶城东街支行新设项目、长兴街分理处迁址项目进行立项。同潞州太西支行壶关集店乡支行2个网点被初步确定为农行山西省分行“网点建设标杆网点”。在推进网点“硬转”的同时，农行长治市分行提升网点服务“软实力”，打造“浓情暖域”网点服务品牌，在全市所有营业网点均挂牌设置“浓情暖域便民服务区”，统一定制雨伞、雨伞架、手机充电站、回音壁等便民物品，让服务升温落到实处。同时，不断延伸网点的服务范围，主动为特殊群体、特殊区域客户提供上门服务。（李　浩）

【金融风险防范化解】2022年，农行长治市分行整体处置不良贷款3965.65万元，委托资产处置实现“清零”，核销贷款清收完成率位居全省第二。化解马军峪煤焦审计差异化风险，年末账面不良贷款率0.22%，较年初下降0.04个百分点。开展信访风险隐患、电信网络诈骗、征信异议、屡查屡犯问题、员工私售理财“五项治理”，化解一批积压多年的信访风险事件；电信诈骗新增个人涉案账户数量和总数均逐月减少。（李　浩）

中国银行股份有限公司长治市分行

【概述】中国银行股份有限公司长治市分行（简称中行长治市分行）成立于1985年1月，是中国银行设在长治市的二级分行，在上党区、潞城区、襄垣县、黎城县、沁县、长子县设有县级支行，全辖有22家营业机构，智能柜台77台，依附式ATM机51台，离行ATM机12台。2022年，全行实现营业收入3.95亿元，较同期增加4383万元，增长12.49%；各项存款余额180.96亿，较年初新增29.4亿元；各项贷款余额103.42亿元，较年初新增15.16亿元。（王玉冈）

【党建与业务融合发展】2022年，中行长治市分行先后与长治市住房公积金管理中心、北大医疗潞安医院、财鑫担保有限公司等7家单位签订党建共建协议，新增“复兴壹号”注册个人用户4522人，较年初增长173%。中行长治市分行与长治市住房公积金管理中心共同建设的“党群服务中心”，是山西系统内首家与外部单位共建的党群服务中心。（王玉冈）

【支持实体经济】服务实体经济。2022年，中行长治市分行持续支持实体经济，全年公司贷款余额76.85亿元，新增13.09亿元。

服务重点领域。2022年，中行长治市分行绿色信贷余额10.83亿元，增量1.2亿元，增速12.55%；科技金融贷款余额2.76亿元，增量1.17亿元，增速73.63%；民营企业贷款余额25.09亿元，增量10.05亿元，增速66.78%；制造业贷款余额13.41亿元，增量2.68亿元，增速24.98%；涉农贷款余额40.23亿元，增量3.58亿元，增速9.76%。

服务普惠金融。至2022年12月末，中行长治市分行银监口径普惠金融小微企业贷款余额11.96亿元，较年初新增4.36亿元。线上普惠贷款余额达4.6亿元，较年初新增2.99亿元。（王玉冈）

【负债业务】 行政事业存款。2022年，中行长治市分行中标市级财政专户资金，揽存5亿元定期存款；争揽长治市公共资源交易中心42亿元土地拍卖保证金；巩固与长治市住房公积金合作，日均存款新增3000万元。

重点企业存款。2022年，中行长治市分行为潞安集团发行中票10亿元、永续债10亿元，沉淀存款累计20亿元；争揽潞安集团下属煤矿工会分红款4.19亿元。

重点产品。2022年，中行长治市分行借助潞安180园区场景项目投产，累计开立全额保证金银行承兑汇票4.23亿元。公私联动取得重大成果，全年代发资金量22亿元，新增4亿元，增长25.32%。（王玉冈）

【客户拓展】 截至2022年12月末，中行长治市分行对公客户11210户，较年初新增926户；个人有效客户55.85万户，新增2.65万户。长治市年销售额50亿元以上的企业，都与中国银行有合作，特别是与全省重点企业振东集团深度合作，联合发行万人联名卡。抓住军队集中收付制度改革机遇，营销部队账户开立。（王玉冈）

【服务乡村振兴】 2022年上半年，中行长治市分行驻平顺县扶贫工作队获得平顺县驻村工作五星级评定。全行涉农贷款较年初新增3.5亿元，涉及长治全部12个县区。为长子县南漳镇酒村股份经济合作社投放全省中行首笔村集体经济贷款100万元，在长子县率先建立6个“乡村振兴示范区”，成为全市各县域、金融机构乡村振兴考察、观摩首选示范区。在沁县扶贫村开展“喜迎二十大 最美夕阳红”敬老爱老活动，全行消费帮扶购买扶贫农产品24.1万元，为定点扶贫村捐赠6.25万元购买铲车。（王玉冈）

【渠道与网点转型】 2022年，中行长治市分行加快渠道建设，提升装修标准化建设水平，完成辖属云步街支行、长兴南路支行5.0装修改造工作，上党支行纳入装修改造计划，V5.0推广数量达到辖内网点总量的23%。调优网点布局，围绕国家乡村振兴发展方向，加大对长治市空白县域壶关县、沁源县、武乡县、屯留区设立机构的规划调研。（王玉冈）

【风险管控】 2022年，中行长治市分行按照全面风险管理方案体系建设工作要求，促使全行各层级员工参与到全面风险管理工作中来。同时开展内控合规管理建设年、操作风险、内控案防季专项整治、《内控案防错误认识和现象清单》对照反思讨论等活动或检查，强化从严治行的理念和要求。全年不良额与不良率双下降，截至2022年12月末，不良余额8361.08万元，较年初减少4354.53万元；不良率0.81%，较年初下降0.63个百分点。（王玉冈）

中国建设银行长治分行

【概述】 中国建设银行股份有限公司长治分行（简称建行长治分行）于1954年10月1日经山西省政府批准正式成立。2022年，下辖营业网点33个，员工710人，全市布放智慧柜员兼政务一体机114台，设离行式自助服务点16个，在全市2077个行政村设置“裕农通”服务点。全年一般性存款新增40亿元。各项贷款余额达173亿元。资产质量连续两年实现额率双降，不良率0.17%。盈利能力持续增强，主营业务收入增长13.6%，拨备前利润增长19.1%。2022年度外汇业务合规与审慎经营考核中，被外管局评定为A类银行。（闫心怡）

【服务实体经济】 2022年，建行长治分行精准对接重点省属企业资金需求，截至年末对省属国有企业的信贷余额52.67亿元；对接政府投资的重点工程项目，支持重点工程项目12.95亿元。结合2022年省级重点制造业工程，明确三大领域，重点支持100个项目，择优支持131个专精特新客户，全面梳理辖内客户，制造业贷款（含贴）余额15.77亿元，较年初新增5.57亿元，增速54.68%，同比新增4.88亿元。加大专精特新服务力度，为高新技术企业战略性新兴贷款余额13.09亿元，较年初新增8.38亿元，增速177.85%。部署网络供应链e系列产品的推广，通过“e政通”“e信通”带动网络供应链提质上量。供应链融资余额12亿元，较年初新增3亿元，增速32.8%；其中普惠供应链余额2.3亿元，较年初新增0.9亿元，增速68.8%。加大绿色金融供给力度，受邀参加长治市气候投融资试点城市工作启动会，与首批重点示范项目企业现场签约合作协议，通过“三配套两支持”（配套综合资源、配套优惠价格、配套绿色通道，支持清洁能源产业、支持“绿色+制造业”）引导金融活水滋润绿色产业发展。绿色信贷余额18.78亿元，比年初新增15.83亿元，增速536.59%。不断优化营商环境，多元化扶持本土外贸企业发展，完成太原海关中国电子口岸数据中心太原分中心验收工作，长治及周边地区进出口企业通过建行长治分行网点即可办理海关业务，服务7户外贸企业。（闫心怡）

2022年，武乡劳动者港湾竭诚为客户及环卫工人提供服务（闫心怡　供图）

2022年，建行长治分行客户经理上门为小微企业商户兑换零钱（闫心怡　供图）

【服务社会民生】 2022年，建行长治分行助力政府建设住房租赁服务平台、工建审批、智慧房管、交易资金监管、“互联网+不动产登记”等系统平台。实现房源线上发布14197套，资格申办2132件，公租房系统审核、签约及交易合计4939笔，住房贷款网签备案14213户。落实市场主体倍增工程，开展“惠市惠企”集惠专项行动，组织召开“聚力高新技术企业倍增”政银企对接会；入驻民营企业“金融超市”平台，开展信贷产品宣传；在首贷续贷服务中心开设窗口、配备人员、提供服务；普惠贷款余额18.03亿元，较年初新增4.4亿元。落实延期还本付息政策，纾困小微企业，为344户提供无还本续贷3.5亿元。推进乡村振兴，涉农贷款余额48.3亿元，新增8.6亿元，增速22%，开立基层政府组织账户和村集体经济组织账户207户，全面参与县域“三资”管理；建设“裕农通”服务点2079个，将社保、医保缴费等政务服务延伸至农村。依托网点布局优势，为客户及环卫工人、外卖员、交警等户外劳动者提供家园服务，实现港湾建设网点全覆盖，建成武乡支行红色港湾等8个特色港湾，并在平顺县、武乡县行政审批局实现港湾出海。与市总工会配合，辖属3个网点被省总工会评为“省级爱心驿站”，26个网点被评为“市级爱心驿站”，2个网点被评为“县级爱心驿站”。（闫心怡）

【科技赋能服务】 2022年，建行长治分行完成全省首家“三晋通”城市频道的市、县两级14项政务服务事项上线，助力政府提升移动政务服务水平。推广“网点办政务”服务事项，实现“网点办政务”有效获客数全省第一。打造9个网点成为人社局的延伸服务点，建设全天候政务服务超市，上线平顺县农村三资综合服务平台，将智慧政务延伸到各级乡镇农村。通过“建行生活”App承接长治市、县两级政府购车、购房、零售、扶贫消费券，累计承接资金1.68亿元，带动消费23.8亿元，专项配套活动资金200万元，配合政府带动居民消费，促进行业复苏。建成燃气、水电、热力、物业等多个民生缴费场景，实现建行柜台、智慧柜员机、手机银行等多渠道缴费，满足市民缴费需求。（闫心怡）

【风险内控强化】 2022年，建行长治分行不良贷款实现额率双降，全年未发生对公大中型客户临时性逾期、多次试评级、高信用等级客户违约、突破评级机控、客户评级中断等情况，对私、对公押品重估率均为100%。全年无监管案件风险发生，员工无特别严重违规行为发生。全年无安全事故、无重大声誉风险事件。（闫心怡）

中国邮政储蓄银行长治市分行

【概述】 中国邮政储蓄银行股份有限公司山西省长治市分行（简称邮储银行长治市分行）成立于2008年3月，是中国邮政储蓄银行设在长治市的二级分行，网点覆盖辖内所有县区，全辖有19家营业机构，在职员工475人。2022年实现收入34304万元，增长15.89%；实现利润18931万元，增长54.23%。（王步云）

【助力普惠金融】 2022年，邮储银行长治市分行加大支持民营企业力度，普惠小微贷款投放19.75亿元，净增3.57亿元；与人力资源和社会保障等部门合作，发放创业贷款1174户、2.3亿元。（王步云）

【助力乡村振兴】 2022年，邮储银行长治市分行重点围绕普通农户、农民专业合作社、家庭农场和新型农业经营主体，运用科技手段，全面开展信用户、"信用村"信息采集和主动授信，向全市4512户农户投放贷款4.72亿元；脱贫人口小额信贷常态化发展，向1008户脱贫人口投放小额贷款4983万元。（王步云）

【助力国企改革】 2022年，邮储银行长治市分行为市内重点企业提供表内外融资8.78亿元，助力国企改革平稳推进、提质增效；能源保供期间，向煤炭、电力企业投放贷款7.96亿元，为民生保障提支撑。（王步云）

【助力绿色金融】 2022年，邮储银行长治市分行发展气候融资、绿色贷款、绿色债券等绿色融资，支持绿色低碳发展。2022年，绿色贷款占比为9.29%，清洁能源占比为8.35%，绿色贷款增速为474.07%，绿色融资增速为224.45%。（王步云）

2022年，邮储银行长治市分行信贷客户经理深入农村为客户提供金融服务

（王步云　供图）

【负债规模】 2022年，邮储银行长治市分行个人储蓄月日均余额36.2亿元，净增3.21亿元。公司存款日均余额33.28亿元，新增6.54亿元。（王步云）

【贷款业务】 2022年，邮储银行长治市分行围绕全市发展重点，支持当地重点项目、重点企业和公共基础设施建设重点项目，公司贷款投放13.06亿元。消费贷款净增7988万元，结余10.75亿元；小额贷款净增38157万元，结余13.26亿元。小企业贷款净增1.91亿元，余额首次突破4亿元，达到4.03亿元。（王步云）

【资产质量认定】 2022年，邮储银行长治市分行探索不良认定流程体系建设，多部门联动协作，"清仓式"认定不良，实现"动态清零"，解决历史遗留问题，为基层减压释能。加大司法清收力度，优化信用卡逾期处置流程，全年完成诉讼731笔，诉讼率和执行率分别达到90%和88%。年末，表内不良资产1822万元，不良率0.2%。

（王步云）

【运营服务】 2022年，邮储银行长治市分行完成全市自营网点室外标识改造，开展网点室内微改工作；落实网点操作技能培训，强化营业主管队伍建设；加强移动展业低效治理及老旧设备清理；邮银协同开展涉案账户压降工作，组织异常账户清理，清理率达到100%；优化服务流程，提升服务质量，市行营业部获得集团公司"服务示范窗口"和"客户体验标杆网点"2项荣誉。（王步云）

【信息科技支撑】 2022年，邮储银行长治市分行完成新一代个人核心等7项系统上线。加强业技融合，响应"科技赋能引领业务发展，带动全行大数据应用"的要求，邮储银行长治分行成为系统内全省第一家数据挖掘客户营销落地分行。（王步云）

山西省农村信用社联合社长治审计中心

【概述】 山西省农村信用社联合社长治审计中心（简称省联社长治审计中心）主要职责是根据省联社的授权，

承担对长治市各家农商银行的审计、监督、评价、指导、服务等行业管理职能。2022 年，省联社长治审计中心管理有潞州、漳泽、黎都、潞城、屯留、长子、壶关、平顺、黎城、武乡、襄垣、沁县、沁源 13 家农村商业银行，共 343 个营业网点。其中营业部 13 个、支行 272 个、分理处 50 个、储蓄所 8 个。2022 年末，全系统在编职工 4001 人（其中省联社长治审计中心 30 人）。正处干部 2 人、副处干部 7 人。正科级干部 60 人，其中省联社长治审计中心 9 人（含主任专员 2 人），县农商行 51 人（含正科稽核专员 14 人）。

截至 2022 年末，全系统资产总额达到 1738.22 亿元，较年初净增 249.51 亿元，其中贷款余额达到 923.36 亿元，较年初增加 154.44 亿元，存量市场份额 38.26%。负债规模达到 1627.16 亿元，较年初增加 245.95 亿元，其中存款余额达到 1277.84 亿元，较年初增加 140.58 亿元，存量市场份额 29.38%。实现各项收入 78.72 亿元，经营利润 23.34 亿元。资本充足率 10.23%，拨备覆盖率 165.21%。（刘汉沛）

【服务地方经济发展】2022 年，省联社长治审计中心组织各农商行赴高速卡口看望慰问 45 次，动员 767 名党员参与属地疫情防控，累计捐款捐物 94.5 万元，并加强与市委、市政府对接，加大实体贷款投放力度，累放实体贷款 483 亿元 7.6 万户，新增普惠型小微企业贷款 44 亿元，为国家省市重点项目企业提供支持 17 亿元，为长治市经济发展大局提供支持。（刘汉沛）

【运营成本降低】2022 年，省联社长治审计中心通过设定各期限新增存款比例，开展运营费用整治，下发《存款结构督办函》《对公账户营销督办函》加强对各农商行存款结构调整工作的督导，强化过程管控，指导各农商行有序压降存款付息成本。2022 年，长治农信系统半年期及以下定期存款占比提高 1.2%，五年期下降 3.6%，新开立千万元以上低成本对公账户 86 户 49 亿元，付息率降低 0.15 个百分点。（刘汉沛）

2022 年 9 月 19 日，路城农商银行联合区域内合意街商圈举办“信惠商圈 浓情一探”的抖音直播活动，拓宽线上营销渠道（刘汉沛 供图）

【存贷款营销】2022 年，省联社长治审计中心督促指导各农商行开展营销活动，上线“全员营销电子地图”，通过全体员工上阵营销，全市千万元以下小微贷款户数达 15 万户，较年初增加 2.8 万户，是上年增量的 1.54 倍。加大增量市场份额考核力度，建立日监测、周通报、月考核工作机制，指导各农商行加大存贷款营销力度，不断抢占市场份额。2022 年，长治农信系统存贷款增量份额分别达到 40% 和 75.5%，存量份额较年初分别提升 1.1 个、2.9 个百分点。2022 年，长治农信系统实现经营利润 23.77 亿元，较 2020 年、2021 年同期分别增加 6 亿元、4.9 亿元，年度综合考评排名全省第一。（刘汉沛）

【风险防控】2022 年，省联社长治审计中心指导各农商行压降非主业和大额贷款，开展小微贷款专项营销活动，持续优化存量资产结构。全年长治农信系统压降大额贷款 41 户 12.9 亿元，千万元以下小微贷款净增 2.86 万户 104.61 亿元，占总贷款的比例达到 60.46%，较年初提升 7.18 个百分点。主动扛起改革化险主体责任，定期研究化险议题，主动向市政府领导汇报推动化险工作进展，协调分管副市长到长子、襄垣、武乡县实地督导化险工作，促进稳发基金落地运行，在 2022 年末实现襄垣和武乡行“化险摘帽”。（刘汉沛）

山西银行长治分行

【概述】截至 2022 年末，山西银行长治分行各项存款余额 397.67 亿元，较年初增加 42.39 亿元，增长 11.93%。其中对公存款余额 105.03 亿元，较年初增加 8.79 亿元，增长 9.14%；储蓄存款余额 292.63 亿元，较年初增加 33.59 亿元，增长 12.97%。各项贷款余额 152.45 亿元，其中一般贷款余额 150.5 亿元，较年初增加 23.19 亿元，增长 18.22%。（李小加）

【服务地方企业】 2022年，山西银行长治分行坚守“服务地方经济、服务中小企业、服务城乡居民”的市场定位，实行名单制营销，一户一方案，提升信贷资源投向的“精准度”。2022年，长治分行向67户企业累计投放贷款103.99亿元，累计减免利息支出2326.22万元。 （李小加）

【支持民营企业】 2022年，山西银行长治分行通过强化交流对接、提供专项服务、倾斜信贷资源、扩宽服务覆盖面等举措，加大对民营小微企业发展的支持力度。2022年，累计向50户民营企业投放贷款62.93亿元。 （李小加）

【绿色信贷】 2022年，山西银行长治分行加大对长治市绿色经济、低碳经济、循环经济的支持，推进自身绿色银行建设。2022年末，绿色信贷余额2.05亿元，当年新增绿色信贷投放1.9亿元。 （李小加）

【扶持普惠小微企业】 2022年，山西银行长治分行加快普惠金融发展步伐，聚焦民营小微企业“融资难、融资慢、融资贵”问题，与政府性担保公司开展业务洽谈，将担保费率降至1%以下，解决小微企业融资难题。2022年累计向46户小微企业及小微企业主发放担保性贷款48笔，金额3.05亿元。 （李小加）

【助力企业复工复产】 2022年，山西银行长治分行通过办理无还本续贷、调整还款计划及展期等方式，累计办理借新还旧或无还本续贷8265万元，解决受疫情影响小微企业的还款难题。 （李小加）

【助力乡村振兴】 2022年末，山西银行长治分行涉农贷款44.87亿元，其中普惠型涉农贷款1.53亿元。发放脱贫小额贷款137户，金额685万元。开展消费帮扶，参与员工800余人，消费帮扶金额达16.58万元。

（李小加）

【客户服务】 2022年，山西银行长治分行开展养生讲座，丰富老年客户生活；开展爱心送考、高考志愿填报讲座，助力学子成才；打造市民舞蹈健身品牌，激发市民健康活力；在47家网点打造以“山银驿站”为品牌的公益服务。 （李小加）

保险业

【财产险】 2022年，长治市财产保险业务保费收入21.14亿元，同比增长10.95%。其中，机动车辆保险14.02亿元（占比66.32%），农业保险1.91亿元（占比9.04%），健康险1.59亿元（占比7.52%），企业、家庭财产险1.13亿元（占比5.35%）；意外险0.63亿元（占比2.98%），责任保险1.05亿元（占比4.97%）。

截至2022年末，财产险业务赔付金额10.73亿元。其中，机动车辆保险业务赔付支出8.06亿元，农业保险赔付支出0.95亿元，意外健康险赔付支出1.06亿元，企业、家庭财产保险赔付支出0.33亿元。 （郭 萍）

【人身险】 2022年，长治市人身险业务保费收入57.60亿元，同比下降2.26%。其中，寿险45.26亿元（占比78.57%），意外伤害险0.86亿元（占比1.49%），健康险11.49亿元（占比19.94%）。截至2022年末，人身险全年给付和赔付13.10亿元，同比增长14.64%。其中，给付支出9.77亿元，赔款支出3.33亿元。 （郭 萍）

【服务乡村振兴】 2022年，长治市保险业发展地方优势特色农产品保险，相继开设烟草种植保险、肉牛、商业性生猪治疗费用养殖保险、露地蔬菜等商业性农业保险产品，提高保障服务水平。根据各县区实际情况，针对性开发特色农业保险，如屯留的玉米、高粱完全成本保险，玉米收入保险，花椒价格指数保险；沁源的马铃薯目标价格指数保险；沁县的高粱目标价格保险；武乡的谷子等杂粮目标价格指数保险及气象指数保险；平顺的中药材价格保险等，应对极端天气等自然灾害给广大种植农户带来的影响。开设“三农”营销服务点2011个，配置协保员2489人。与县区乡村振兴部门签署“防贫保”战略合作协议，为31.6万建档立卡贫困户和边缘易致贫户提供防返贫保险保障131.82亿元，赔付金额514.03万元。（郭 萍）

【涉保风险防范】 2022年，长治市保险业加强与公安等部门沟通协作，利用“3·15”、金融知识普及月等活动，加大保险反欺诈宣传力度，促进消费者熟知保险欺诈形态、危害及举报途径。持续开展大数据反保险欺诈收集、筛查等工作，共筛查线索1.6万余条，上报可疑案件9起，涉及寿险、健康险、年金险、分红险、车险等5个险种。收集涉保司法鉴定“人伤黄牛”欺诈线索3条，进一步调查核实。发挥保险行业协会自律职能，联合处置微信公众平台发布的代理退保广告，撤销违规信息13条。推进保险领域打击整治养老诈骗专项行动。 （郭 萍）

【保险纠纷调处】 2022年，长治市保险纠纷人民调解委员会（简称保调委）坚持“依法、合规、公正、公平”的原则，稳妥解决涉保纠纷。全年受理咨询投诉累计166件，办结152件，进入调解程序96件，成功调解93件，终结3件，涉及金额497.69万元，调解成功率96.88%，较上年同期上升2.24个百分点。平均调解周期为5天，满意度100%。与潞州区五马法院开展道交一体化工作，完成诉调对接案件7件。通过人民法院调解平台完成线上调解2件，完善多元化解矛盾纠纷新形式。保调委经验做法被推送并刊登在山西调解公众平台。（郭　萍）

【警保联动】 2022年，长治市保险行业协会与高速交警支队建立道路交通财损事故快处快赔服务常态化联系机制，组织22家财险公司与高速交警联合开展清明、五一、国庆期间高速公路道路交通事故快处快赔工作，针对在二广高速(923千米+900米~964千米+600米）和青兰高速（797千米+900米~837千米+600米）路段内发生的交通事故分类处置。对于仅造成小型车辆损失，不涉及人员伤亡，各方对事故事实无争议的交通事故，当事人可在确保安全的原则下，对事故现场和车辆碰撞部位进行拍照，互换证件、互拨互留电话，快速撤离现场，共同前往就近快处快赔服务站进行事故定责和车辆定损。事故如涉及路产损失且金额在5000元以内的，当事人可在快处快赔服务站现场处理。2022年累计受理车损案件17件，金额21.71万元。（郭　萍）

山西证券股份有限公司长治分公司

【概述】 2022年，山西证券股份有限公司长治分公司（简称山西证券长治分公司）紧扣“财富管理”与“服务实体经济”两大业务主线，按照年初制定的经营目标，通过增资产、提收入、促产品、强服务等措施，推动经营工作提质增效，为公司“十四五”高质量发展注入力量。（张　茜）

【客户服务】 2022年，山西证券长治分公司加强双目标管理，提升“AUM资产规模”和“财富收入”，多次召开部门负责人例会和全员大会交流探讨，寻求差异化发展路径。将提升产品覆盖和投顾业务作为抓手，要求产品销售要有量的突破，投顾工作要有质的突破，增强客户体验，尤其是中高净值客户财富管理服务。

2022年，山西证券长治分公司制订投资者教育工作计划，将日常工作与阶段性重点工作相结合，开展投资者教育工作。在“打击非法证券”宣传工作中，山西证券长治分公司六家营业部跑马屏滚动显示宣传口号；在营业部现场悬挂条幅标语，营造宣传氛围。（张　茜）

【财富管理】 2022年，山西证券长治分公司夯实客户基础服务工作，做实精细化财富管理工作，完善服务内容和深化服务手段，强化CRM客户关系管理系统在客服工作中重点运用，利用企业微信服务等功能，多措并举形成服务全覆盖，增强客户体验。做好客户适当性管理同时，通过分层管理、分析客群，制定相应产品营销策略，有效转换客户资产。紧盯考核目标，对分公司业务进行精细化管理，扩大AUM资产规模，推动业务高质量发展，拓展双融业务，助力分公司发展。搭建线上营销矩阵，开展多渠道营销，与周边企业进行联合开户，增大客户群体，促进有效户转化。（张　茜）

【服务实体经济】 2022年，山西证券长治分公司主动承担社会责任，推动企业上市，强化与政府相关部门联系，推进大平台战略，将服务实体经济落到实处，参与长治市资本市场县域工程试点工作。根据中国人民银行长治市中心支行服务实体经济工作总体安排，与长治市金融办和各县区金融办取得联系，实地调研当地拟股改挂牌企业。前期在潞州区、潞城区、屯留区、沁源县等地，与10余家企业对接，摸排符合股改挂牌条件企业。截至2022年底，挂牌2家晋兴版企业。布局高新区、潞城区，与企业深度交流，做好挂牌企业服务。在服务实体经济转型中当好政府参谋，企业顾问。开介最新产品，以创新合作方式与长治各企业对接各种公司衍生品、美元债以及企业上市服务工作。（张　茜）

【反洗钱工作】 2022年，山西证券长治分公司结合行业发展动态和日常业务开展情况进行主题宣传和日常宣传。将反洗钱宣传工作融入日常业务开展和客户服务工作中，通过在营业场所张贴海报、摆放反洗钱资料、现场宣讲、播放视频，户外宣传、微信公众号宣传等多种形式开展反洗钱宣传。6月，根据中国人民银行太原中支和公司工作安排，山西证券分公司及所属营业部组织开展宣传贯彻《反有组织犯罪法》、常态化扫黑除恶斗争工作、禁毒宣传教育为主题的反洗钱宣传活动，向民众宣传普及《中华人民共和国反有组织犯罪法》，“国际禁毒日”和“爱生命，不吸毒”等相关内容，强调社会公众反洗钱义务等，取得良好效果。2022年，山西证券长治分公司举办反洗钱培训12次，内容和频率符合工作要求。（张　茜）

开发区建设

综述

【概述】 2022年，山西省政府批复设立长子和黎城经济技术开发区，至此长治市省级以上开发区达到13个，数量居全省第一，实现开发区县区全覆盖。全年全市省级以上开发区新建转型项目23个，营业收入992.77亿元，8个工业类开发区产出强度249.33万元/亩，税收强度22.77万元/亩，投资强度389.63万元/亩。 （崔 蕾）

【"三个一批"活动】 2022年，长治市与山西省同步开展3次开发区"三个一批"活动，共签约项目88个，总投资184.99亿元；开工项目94个，总投资176.03亿元；投产项目84个，总投资101.42亿元；54个项目实现当年签约、当年开工、当年投产。 （崔 蕾）

【产业转移承接】 2022年，长治市制定《长治市建设承接东部地区产业转移园区工作方案》，重点围绕半导体光电、光伏新能源、新一代信息技术、高端装备制造、生物医药等五大产业，以长治高新区、长治经开区、壶关、屯留、上党、潞城6个开发区为载体，建设承接京津冀、长三角、粤港澳大湾区3大产业转移示范区；截至年底，承接东部地区转移产业项目67个，使用标准厂房73.48万平方米，总投资428.8亿元。 （崔 蕾）

【"承诺制＋标准地＋全代办"改革】长治市省级以上开发区2022年备案项目中实行"承诺制"项目数量258个；出让"标准地"55宗，出让面积4218.85亩；完成领办代办项目310个、事项496件。 （崔 蕾）

【开发区平台公司监管】 2022年，长治市在全省创新性开展开发区平台公司监管工作，采取"17710"监管服务机制，开展开发区专项整治；推动"校友招商引才基地"建设，高新区、长治经开区、上党经开区被确定为全省校友招商引才特色园区。全年全市工业类开发区规模以上工业增加值增长19.7%，高于全省开发区增速5.5个百分点，拉动全市规上工业增长5.1个百分点；全市开发区固定资产投资增长14.5%，高于全省开发区增速5.9个百分点，拉动全市固定资产投资增长4.7个百分点；襄垣开发区被评为全省高质量发展开发区。 （崔 蕾）

长治高新技术产业开发区

【概述】 2022年，长治高新技术产业开发区（简称长治高新区）综合考核居全省开发区前列，取得连续四年优秀成绩。固定资产投资完成86.16亿元，同比增长7.7%，其中工业投资完成52.82亿元，同比增长23.7%。规模以上工业总产值（非煤）完成155.03亿元，同比增长25%；工业增加值完成37.30亿元，同比增长17.7%；转型项目当年完成投资50.96亿元，占工业投资比重96.5%；高新技术企业133家，同比增长17.7%；实际利用外资10066.51万美元，同比增长17.6%；"四上"企业达到336家，同比增长25.8%。"四上"企业营业收入完成578.82亿元；产出强度达到493.1万元/亩，年末开发面积11738.25亩。市县两级财政收入累计完成21.87亿元，完成全年任务的118.9%，增长28.3%。 （肖振鹏）

【新兴产业集群发展】 2022年，长治高新区聚焦电子信息、光伏、装备制造、生物医药和大健康四大主导产业，建立分管副主任担任产业链长的“链长制”，瞄准东部主要地区精准招商，打造四大百亿级战新产业集群。2022年，四大主导产业产值117亿元，占非煤产业产值的75.5%。8月，长治高新区被发改委、工信部、科技部、自然资源部四部委表彰为“真抓实干成效明显的产业转型升级示范园区”，是全国唯一连续三年被表彰的开发区。

电子信息产业集群。2022年，长治高新区签约引进总投资150多亿元的电子信息产业项目10余个。其中，凯松电子科技产业园投资96亿元；山西华耀亿嘉集成电路生产项目投资10亿元。康运达智能锁、富茂电子5G数码等10多个投资亿元以上电子项目，半年时间完成从公司注册到陆续投产，形成以山西立讯、凯松电子2大龙头企业为支撑，20多家电子制造企业集聚发展的产业格局。

光伏光电产业集群。以潞安太阳能为“链主”企业，引进上马山西东明光伏单晶硅片、山西晶品光伏年产1GW拉晶项目、环球晟科光伏配件生产制造、成鑫电力太阳能光伏板制造项目等一批光伏项目，延长光伏产业链。

高端智能装备制造产业集群。针对长治市上千家中小微制造企业零散布局的现状，2022年，长治高新区开工建设投资12亿元的智能装备制造园区和投资10亿元的中小企业装备制造园区，推动全市散乱的制造企业集群入园发展。推进建设2个装备制造产业园20多万平方米厂房，截至年底有10多个制造项目提前签订入驻协议。以装备制造为主的翟店工业园区被纳入山西省第三批特色产业集聚区试点。

生物医药与大健康产业集群。2022年，长治高新区签约引进投资15亿元的中国和古巴合资的百泰生物制药项目，研发生产肿瘤抗体药物，同时在高新区和古巴双向建设分子免疫学研发中心。（肖振鹏）

【招商引资】2022年，长治高新区出台《招商引资优惠政策实施办法》，从奖励类、补贴类、扶持类三大方面，明确固投奖励、招商中介奖励、房租补贴等13条具体政策。构建外联内拓的招商格局。对外扩大招商渠道，聘请10多名长治籍在东部发达地区的企业家担任招商大使。引导本地煤炭企业利用煤炭发展“窗口期”，以企引企、转型发展，2022年推动南耀集团引进上马投资10亿元的半导体产业项目。全年引进投资近百亿元的深圳凯松电子产业园、投资20亿元的东莞晶博光电等产业转移项目20余个。（肖振鹏）

【创新主体培育】2022年，长治高新区有38家企业通过高新技术企业认定，高新技术企业总数超过130家；加强科技型中小企业培育，全年入库科技型中小企业150家。打造科技“双创”升级版，新认定国家级科技企业孵化器1家、国家备案众创空间1家，省级众创空间1家，全区省级以上科技双创载体达到17家，形成创业苗圃—众创空间—孵化器—加速器—产业园的双创培育体系。（肖振鹏）

【科技研发】2022年，长治高新区引导企业建立专业研发机构，卓联锐科、久安人工心脏、中科潞安研究院3家企业被认定为山西省新型研发机构；山西中科潞安紫外光电科技有限公司被认定为山西省深紫外LED技术创新中心，全区市级以上科技研发机构达到25家。鼓励企业申报科技计划项目，全年申报科技计划项目13项，中科潞安申报的2个深紫外项目列入国家重点研发计划。高新区科技创新部被表彰为全国科技管理系统先进集体。（肖振鹏）

【人才服务体系】2022年，长治高新区完善人才“一站式”服务平台功能，集成人才安居、融资贷款等9类40项服务内容，全年办理人才服务事项500余件；为全区规模以上企业、高新技术企业等152家配备人才服务专员；从网页端+手机端+电视端+线下端“四端”发力，建立“立体式”人才引进矩阵，为园区企业引进各类人才83人，总数达到4423人，其中入选“三晋英才”155人。（肖振鹏）

【营商环境优化】2022年，长治高新区以“承诺制+标准地+全代办”三项改革为引领，对重点项目建设事项“全承诺”，对所有审批事项实现“全代办”，推动项目拿地即开工、企业服务零距离。全年实行承诺制项目120个，承诺事项250项，全代办1615件。（肖振鹏）

【闲置低效用地盘活】2022年，长治高新区盘活7宗闲置低效用地、面积730余亩，促进土地节约集约利用，为凯松电子、智能装备制造园区、中小企业智造园等重点项目提供土地支撑，促进项目快速开工建设。（肖振鹏）

长治经济技术开发区

【概述】2022年，长治经济技术开发区（简称长治经开区）固定资产投资完成28亿元；规模以上工业增加值完成86.4亿元；工业投资完成23.6亿元；转型项目当年完成投资21.4亿元；高新技术企业数33个；实际利用外资6613.78万美元；“四上”企业数91户；进出口额完成1亿元。

（李红波）

【项目建设】2022年，长治经开区实施项目60个，总投资114.41亿元，完成投资41.16亿元。其中，新建项目 26 个，总投资 18.08 亿元，完成投资 8.16 亿元；续建项目 34 个，总投资 96.33 亿元，完成投资 33 亿元。

（李红波）

【招商引资】 2022 年，长治经开区实施签约项目 15 个，总投资 118 亿元，签约金额目标任务完成率 131%。签约开工项目 11 个，开工率 73%，完成序时开工进度；谋划储备重点项目 11 个，计划总投资 78 亿元；通过"不见面""云招商"等新模式对接产业项目 30 余个；聘请招商团队谷川联行，制定《长治经开区产业招商图谱》、搭建长治经开区招商智慧管理平台。全年对接京津冀、珠三角、长三角等地区产业项目 40 余个，涉及项目投资达 150 亿元。（李红波）

【营商环境优化】 2022 年，长治经开区推进三项改革工作。"承诺制"方面，完成 9 项区域评价；"标准地"方面，出让"标准地"工业用地 12 宗，合计 632.56 亩。"全代办"方面，采取内部领导督办，相关职能部门代办，专人领办的工作机制，为企业（项目）提供"全周期、全过程、精准化"全代办服务，完成代办事项 113 项；推进市场主体倍增。执行全国统一的市场准入负面清单，通过放宽市场准入，增加市场主体注册登记活力；开展 1102 行动，截至 2022 年底，经开区新增企业 277 家，总体注销 56 家，完成全年增长目标的 126%，增长率 34.6%。（李红波）

【土地供应与出让】 2022 年，长治经开区上报 5 个批次建设用地，总计面积 470.8 亩，取得 4 个批次建设用地项目的批复，总计批复面积 458.2 亩；出让 3 宗"标准地"工业用地，面积 146.15 亩，土地出让金收入为 7844 万元；划拨 1 宗国有建设用地，面积 15.26 亩，土地划拨价款为 548.6934 万元。总计土地出让金收入为 8392.6934 万元。2022 年 11 月 26 日挂牌 2 宗国有建设用地，面积 64.74 亩。（李红波）

【基础设施建设】 2022 年，长治经开区实施月华南街、鼎盛南路旧路改造工程，总投资 4938.37 万元，截至年底月华南街、鼎盛南路南段完工；实施管网配套基础设施建设工程，铺设供水管道 1998 米，工程总投资 671.79 万元，工程完工并接入城镇供水管网，为经开区产业园及沿线企业解决城镇生活用水需求；加强电力设施改造，实施 576 分支线改造、2 号环网柜升级改造项目，解决企业生产用电需求，维护电力设施保障用电安全。（李红波）

【减税降费】 2022 年，长治经开区贯彻落实减税降费政策的决策部署，全年累计为 94 家企业退税 1802 万元，下达各类企业扶持资金 16641 万元。

（李红波）

【科技创新】 2022 年，长治经开区创建中小企业园 3 个，成功培育小升规企业 13 家、专精特新 6 家，高新技术企业 2 家。区内 10 家企业通过 2022 年省级专精特新企业，2 家企业通过 2022 年省级专精特新"小巨人"，1 家企业通过 2022 年第四批国家级"小巨人"，1 家企业通过 2022 年第三批国家级重点小巨人，成功揭榜挂帅重大创新需求项目 3 个。出台《长治经开区关于落实深化省校合作的实施方案》，推动创新驱动、人才强区战略。依托中北大学—长治产业技术研究院等科创平台，开展产业前瞻性技术、共性基础技术和应用技术的研究，推动产业关键技术和重大科技成果的转化。11 家企业完成 19 项科技成果转化。（李红波）

【入企服务】 2022 年，长治经开区调研企业 60 余次，帮助项目单位申请专项债券资金 2.4 亿元。其中，高端电气产业园项目 1 亿元、精密制造园 1.2 亿元、鼎新路道路建设工程项目 0.2 亿元。申请先进技术转化（军民融合）转移支付 300 万元，申请外资 30 万元；成功召开企业例会，发放扶持资金 424 万元。（李红波）

【发展问题】 截至 2022 年底，长治经开区煤炭行业占整个规模以上工业增加值和产值的比重较大，分别占到 70% 和 50%，传统产业受价格波动等因素影响较大，难以形成有效增长，新旧动能转换任务艰巨。产业转型升级步伐较慢，引入的符合主导产业发展方向的项目依然偏少，产业链条延伸度不够，对全区产业的拉动力不强。

（李红波）

屯留经济技术开发区

【概述】 屯留经济技术开发区（简称屯留经开区）于 2017 年 10 月经山西省人民政府批准成立，采用"一区两园"模式，包括渔泽工业园和余吾工业园，四至核定面积 26.9 平方千米，起步区面积 11.31 平方千米。按市政府和市开发区建设领导组要求，管理康庄工业园和路村工业园。屯留经开区的主导产业为现代煤化工、装备制造、生物医药。截至 2022 年底，屯留经开区入驻企业 55 个，其中"四上"企业 37 个，包括规模以上工业企业 24 个，限额以上批发零售业企业 5 个，有资质等级建筑业企业 2 个，房地产经营企业 1 个，规模以上服务业企业 5 个。2022 年，屯留经开区工业投资同比增速为 38.0%；规模以上工业增加值增速为 5.0%；转型项目全年完成投资占工业投资比重为 30.9%；高新技术企业增速 16.7%；"四上"企业增

速 27.6%；实际利用外资完成 8 万美元；产出强度 585.6 万元 / 亩。（暴芷汝）

【对外贸易】 2022 年，屯留经开区进出口额为 3882.7 万元，共有 3 家企业向外出口产品。2022 年长清生物科技有限公司向荷兰和瑞典等国家出口玉米蛋白粉等产品 3565.7 万元，太重榆液长治液压有限公司向马来西亚和新加坡出口工程泵等产品 214 万元，山西科泰电气有限公司向蒙古国出口供电系统等产品 103 万元。（暴芷汝）

【合作共建园区】 2022 年，屯留经开区管委会和华东互联网产业园管委会签订园区合作共建框架协议书；在粤港澳地区引进签约投资 10 亿元的广东清大智兴生物技术有限公司年产 10 万吨生物基 1,3- 丙二醇项目；在长三角地区引进投资 5.5 亿元的 10 万吨 / 年 LNG 项目、投资 2 亿元的特效药及中成药生产项目；在京津冀地区，推进与华丽联合高科技有限公司洽谈新型环保装配式建筑现代化工业产业园。（暴芷汝）

【招商引资】 2022 年，屯留经开区管委会持续跟进重点项目，采取多种方式、多种渠道加大招商引资力度，到青岛、烟台、北京等地开展招商活动。全年签约项目 18 个，总投资 74.67 亿元，当年签约并开工项目 12 个，总投资 54.9 亿元，占全年签约项目的 73.5%。当年签约项目并投产项目 7 个，总投资 4.19 亿元。2022 年引进战略性新兴产业项目 16 个，总投资 74.13 亿元，主要包括投资 10 亿元的广东清大智兴生物技术有限公司 1,3- 丙二醇、投资 5.5 亿元的山西潞兴新能源有限公司年产 10 万吨 LNG、投资 5.5 亿的中科惠安电池电解液新材料、投资 4 亿元的长治市屯留区宇泽新能源科技有限公司年产 3 万吨锂电池负极材料、投资 3.2 亿元的山西驼牛网络智慧科技有限公司智慧物流产业园、投资 2.3 亿元的东越科技有限公司覆膜砂定制和柔性制造生产基地、投资 2 亿元的上海至推药业有限公司特效药及中成药生产项目等。（暴芷汝）

【科技创新】 2022 年，屯留经开区入驻企业专利授权量 527 件，其中发明授权量 26 件，有效发明专利拥有量 68 件，山西振东开元制药有限公司的“一种适用于蜜丸的炼蜜方法在中药丸剂生产上的应用”入选“2022 年度山西省专利转化专项计划项目（第一批）资助名单”。截至 2022 年末，屯留经开区有高新技术企业 7 家、产值 17.41 亿元，收入 21.23 亿元；战略性新兴产业产值 42.55 亿元、收入 31.11 亿元，R & D 支出 2.2 亿元。有 5 家企业建立有省级技术研发中心、8 家企业建立有市级技术研发中心、4 家企业被山西省小企业发展促进局评为 2022 年省创新型中小企业。（暴芷汝）

【传统产业改造升级和技术革新情况】 2022 年，山西长清生物科技有限公司和清华大学化工系应用化学研究所合作发明产朊假丝酵母蛋白专利，解决了玉米浆无有效处理工艺而限制其工业化生产、应用的瓶颈，变废为宝，提高玉米浆的附加值，同时以 PDO 产品为切入点，进一步生产高性能纤维聚酯 PTT 及可降解塑料；鼎轮能源科技（山西）有限公司与华北电力大学先进飞轮储能技术研究中心合作 30 兆瓦飞轮储能项目；山西振东开元制药有限公司与山西大学签订《长治市企业科技特派员派驻协议书》，特派员张俊杰老师与振东开元公司开展中成药深度研究与开发的合作研究；长治市三耐铸业有限公司与太原理工大学签订《技术开发（合作）合同》，共同开发磨辊堆焊层组织与缺陷分析及对策。（暴芷汝）

【重点建设项目】 2022 年，屯留经开区重大转型项目包括 5 个续建项目、3 个新建项目。5 个续建项目为山西高雀环保科技有限公司煤矸石资源化项目（2022 年投产）、屯留创新科技产业园建设项目、鼎轮能源科技有限公司 30 兆瓦飞轮储能项目、山西安得瑞公司人防防化配套设备建设项目、中科信安空间遥感卫星技术有限公司航天装备（零部件）制造产业园。3 个新建项目为山西潞兴新能源有限公司 10 万吨 / 年 LNG 项目、屯留区宇泽新能源科技有限公司负极材料项目、山西潞安工程有限公司充填项目（2022 年投产）。（暴芷汝）

【产业集群发展】 2022 年，屯留经开区规划的主导产业为煤基科技创新板块、装备制造板块、生物产业板块，重点发展循环产业链，促进产业集聚。煤基科技创新板块，集聚潞安煤基油、太行润滑油、潞安精蜡、潞安碳一、润金茂 LNG、中科惠安碳酸二甲酯、拜奥埃森纳燃料乙醇等项目，形成现代煤化工循环发展产业链；装备制造板块，集聚长治清华钢结构、太重榆液长治液压公司、拓安特种设备公司等企业，形成装备制造产业集群；生物医药产业板块，山西长清生物科技有限公司以玉米深加工为主，延伸药用葡萄糖、醇溶蛋白、产朊假丝酵母蛋白、高端化学原料药等产业，形成生物医药产业链。康庄工业区集聚太行药业、双鹰药业、振东五和堂药业、三宝药业、国药长治医药物流等，形成产业集群；固废利用产业，入驻开发区的有欧冶链金山西瑞赛格、山西住工、山西高雀煤矸石利用等企业，其中瑞赛格和宝武钢铁一级子公司欧冶链金合作，回收废钢和拆解车辆，山西住工利用粉煤灰生产装配式建筑材料，山西高雀利用余吾煤矿煤矸石生产机制砂；食品产业，以智华牡丹籽制油、胖妞食品、长清生物科技、优巴农业、亨德谊食品、中诚禾业等为主，生产牡丹籽油及系列产品、豆制品、玉米淀粉、各式糕点、各种干果等，已成为长治市重要食品产业基地之一。（暴芷汝）

【市场主体培育引进】2022年，屯留经开区有规模以上工业企业24家，其中2022年新升规模以上工业企业5家，分别为屯留区兴旺彬烨钙合金工贸有限公司、山西中科惠安化工有限公司、山西辰瑞晟石灰有限公司、屯留区达源工贸有限公司、屯留区恒平能源科技有限公司；“小巨人”企业1家，为山西长清生物科技有限公司，被工业和信息化部中小企业局公示为第二批专精特新“小巨人”企业；专精特新中小企业3家，为山西长清生物科技有限公司、太重榆液长治液压有限公司和长治市三耐铸业有限公司，被山西省中小企业发展促进局认定为“专精特新”中小企业；省级智能制造试点示范企业1家，为长治市三耐铸业有限公司，被山西省工业和信息化厅认定为省级智能制造试点示范企业。（暴芷汝）

【营商环境】2022年，总投资3.245亿元的屯留创新科技产业园建设项目开工建设，至年底建成4栋标准厂房。完成总投资6900万元康庄园区纬三路经五路工程。深化“承诺制+标准地+全代办”三项改革，承接市、区两级行政管理权48项，建成行政审批服务中心，实行“一枚印章管审批”，全年完成各类审批事项30件。开展水资源论证、水土保持评估、文物调查区域评估工作。全年出让“标准地”4宗，面积142.77亩。制定领办代办工作方案，实行“全员代办”，全年领办代办事项24件。（暴芷汝）

潞城经济技术开发区

【概述】潞城经济技术开发区（简称潞城经开区）位于长治市潞城区西北部，为省级开发区，规划总用地面积14.37平方千米，主导产业为碳基新材料、氢气新能源、生物新医药、数智新制造，2022年11月被山西省人民政府认定为化工园区（第一批）。潞城经开区是国家五部委确定的《老工业城市和资源型城市产业转型升级示范区》长治区的重点园区，是《山西省焦化产业布局意见》中布局的1000万吨以上焦炭生产基地。2022年，潞城经开区完成规模以上工业总产值270.5亿元，主营业务收入330.2亿元，上缴税收7.2亿元。（李慧峰）

【项目建设】2022年，潞城经开区新建和续建项目38个，总投资约176亿元，重点推进的转型项目有：瑞君高性能锂电负极材料项目，总投资45亿元；龙星碳基新材料循环经济产业项目，总投资31亿元；潞宝187万吨焦化升级改造项目，总投资约26.5亿元；潞城互联智造产业园一期工程建设项目，总投资约9.5亿元；潞城数智互联产业园二期工程建设项目，总投资约9.3亿元；己二腈项目，总投资约6.1亿元。（李慧峰）

【招商引资】2022年，潞城经开区利用产业基础和配套设施优势，围绕产业链、要素链、供应链，瞄准长三角、珠三角等重点区域产业转移，编制产业招商图谱，先后赴京、粤、沪、浙等地开展招商活动。签约引进项目16个，总投资约97亿元；其中亿元以上项目11个，总投资约95亿元；新兴产业项目13个，总投资约95亿元。其中引进的重点项目有：总投资45亿元的瑞君高性能锂电负极材料项目、总投资31亿元的龙星碳基新材料循环经济产业项目。（李慧峰）

【基础设施建设】2022年，潞城经开区围绕提升承接产业转移能力，建成17万平方米标准化厂房，并全部完成招商入驻；围绕解决经开区企业的用水需求，建设的东区工业供水池投入使用，供水工程管网配套设施基本建成；围绕解决企业用电需求，规划建设两座变电站，其中柳江沟110千伏变电站建成投运。（李慧峰）

【营商环境】2022年，潞城经开区创新服务措施，营商环境持续优化。落实项目包联、强化专班服务。成立重点项目建设推进专班，实行处级领导领办、部门领导包片、工作人员包联的工作制度，通过明确时间表、任务书，实行清单管理、挂图作战、现场办公、跟踪服务的方式，加强项目全流程管控，切实解决落地项目建设、生产运营中存在的困难和问题，做到包落地、包开工、包建成、包投产、包达效、包运行。坚持项目为王、强化要素保障。坚持要素跟着项目走，强化土地、资金、资源、环境、水电气等要素保障。通过向上争取指标、盘活关停企业闲置土地、实施工矿废弃地复垦利用等方式，为瑞君高性能锂电负极材料、龙星碳基新材料等招商项目腾出能耗指标、解决项目用地问题，确保招商落地项目顺利推进。用足用活政策，主动靠前服务。根据产业定位，依托潞城互联智造产业园为企业精准量身定制标准化专业厂房，并给予物流补贴、租金优惠、解决高管住房和职工食宿等优惠政策，吸引11家企业落户潞城经开区。深化三项改革、优化审批流程，主动承接上级下放的审批事项，落实“一枚印章管审批”制度，促进行政效能显著提高、发展环境显著改善、群众满意度显著提升。推进“承诺制＋标准地＋全代办”改革，优化审批流程，缩短办理时间，推动项目落地见效，用营商服务的“提前量”，换取企业感受的“满意度”。2022年，实行承诺制项目8个；完成3宗“标准地”出让工作，出让面积约710亩；办结全代办服务项目56个。（李慧峰）

襄垣经济技术开发区

【概述】 襄垣经济技术开发区是2017年5月经省政府批准设立的省级经济技术开发区，规划面积28.29平方千米，总体布局为“一区两园”：东部王桥园区，规划面积10.81平方千米，西部富阳园区，规划面积17.48平方千米。截至2022年末，形成由潞安180项目、襄矿20万吨乙二醇项目、金鼎钢铁253万吨清洁焦化项目和药用玻璃管为主骨架的现代煤化工及生物医药产业格局和由襄矿60万吨聚氯乙烯、宏瑞祥碳基新材料、山力铂纳橡胶机带、互通电动汽车为主骨架的新能源新材料及装备制造产业格局。2022年，规模以上工业增加值完成90.9亿元，同比增长52.1%；工业投资完成53.1亿元，同比增长22%；转型项目完成投资占工业投资比重为92.6%；高新技术企业数达到7家，同比增长16.7%；“四上”企业数达到42家，同比增长27.3%；产出强度完成317.1万元/亩；实际利用外资1.25亿美元。（贺丽娜）

【招商引资】 2022年，襄垣经济技术开发区聚焦现代煤化工及生物医药、新能源新材料、科技创新及高端装备制造三大主导产业，开展科技招商、委托招商、大使招商、小分队招商、责任招商、线上招商，不断提升招商引资成效。全年新签约项目21个，总投资317.91亿元；新开工项目17个，总投资296.27亿元；投产项目7个，总产值约87.5亿元；在谈项目28个，对接资金346.18亿元。继续开展“三个一批”招商活动，开工率、投产率、达效率分别达到100%、54.88%、100%。（贺丽娜）

【基础设施】 2022年，襄垣经济技术开发区“四横七纵”“三横一纵”近60千米路网建设基本形成，电网、气网、通信网基本覆盖，12万平方米标准化厂房具备入驻条件，孵化器进入装修阶段；富阳220千伏变电站以及王桥220千伏变电站投入运营；日处理2万吨的王桥污水处理厂投运；推进中央厨房、公寓楼等配套服务设施建设。（贺丽娜）

【“三化三制”改革】 2022年，襄垣经济技术开发区领导班子“一正三副”全部配齐，中层干部“一室五部”充实到位，同时，引进10名硕士研究生，制定《绩效考核实施方案》；聘请省环科院相关专家为环保管家，为企业在环保服务方面提供服务保障，聘请北京石化院相关专家在产业规划方面进行把关指导，引入中经、翊源、万家寨水控、四川商会、华电水务等专业团队，合作开展市场主体培育、基础设施建设、招商引资、运营管控等工作。加强与国外园区的交流合作，与中德科技园控股有限公司、国际展望联合会、阿联酋乐勇集团签订共建园区协议，对标国际先进的管理模式、管理经验，向国际化标准迈进。（贺丽娜）

【审批制度改革】 2022年，襄垣经济技术开发区对照省委省政府“三无”“三可”营商环境要求，持续深化“承诺制＋标准地＋全代办”改革，承接146项行政审批权限，刻印行政审批专用章，印发承诺制、标准地、全代办3个实施方案，对投资项目全面推行承诺制审批、标准地出让、全代办服务。截至年底，为华驰伟业汽车销售展厅、向远达能源加工储备等21个项目开展代办服务，出让标准地8宗332.62亩，形成企业投资项目落地的标准流程，基本实现“区内事、区内办”。（贺丽娜）

平顺生态文化旅游示范区

【概述】 平顺生态文化旅游示范区于2019年12月25日经山西省人民政府批复成立，2020年6月18日正式挂牌运行。内设机构5个：综合办公室、产业发展部、投资促进部、建设管理部、行政服务部。规划总面积为349平方千米，涉及2个镇5个乡（石城镇、杏城镇、西沟乡、北耽车乡、阳高乡、虹梯关乡、东寺头乡）、71个行政村。有通天峡、天脊山、太行水乡3个国家AAAA级旅游景区，天台庵、龙门寺、大云院等9处国家重点文物保护单位，1处国家地质公园，东庄、豆口、白杨坡等26个国家传统村落，岳家寨、车当、西沟3个山西省AAA级乡村旅游示范村，悬崖居、王家庄园2户太行人家。截至2022年底，入区企业11个，其中，“四上”企业2个，500万～1000万元企业1个。2022年，平顺生态文化旅游示范区新建产业项目投资累计完成5.94亿元，固定资产投资累计完成14.5亿元，增速72.9%。示范区森林覆盖率45%，2022年旅客过夜人次累计达52.83万人次，增速13.16%，景区接待人次累计达53.22万人次，增速11.73%。（牛君彦）

【“三化三制”改革】 2022年，平顺生态文化旅游示范区配齐配强领导班子，建立以实绩为导向的绩效考核体系和分配办法，激发调动干部队伍干事创业的积极性和主动性。结合工作实际，发挥平台公司自身优势，提高示范区市场化运营效率。抓住平顺县被列为全国电子商务进农村综合示范县契机，整体承接全县电商直播工作，接管天猫“平顺原产地商品官方旗舰店”，在支付宝平台开通“平顺全域旅游”公众号、在高德地图开通“平顺一键智慧游”，开展主播带货和文旅宣传。截至年底，20名讲解员兼职做主播，旗舰店有22个商家，53个平顺土特产品，销售额达到190万元，网红直播基地孵化出主播60余人。

（牛君彦）

【项目建设】 2022年，平顺生态文化旅游示范区推进山西欧亚神龙湾旅游度假区建设项目、晋美太行国际避暑康养旅游度假区花园片区项目、布阿佳庄园半山窑洞酒店二期建设项目、东壹山冰雪世界景区二期建设项目、恒佰利康养旅游度假区建设项目等14个文旅项目。其中重点项目6个，山西欧亚神龙湾旅游度假区建设项目总投资30亿元，规划面积159.88平方千米。完成投资9.7亿元；赤壁悬流景区恢复重建项目总投资1.1亿元，完成河道治理、栈道修复、树木栽种、景区环境整治等相关建设内容，完成投资7659万元；东壹山冰雪世界景区提升改造项目总投资1.01亿元；恒佰利龙门寺康养旅游度假区建设项目总投资1.7亿元，完成投资1800万元；布阿佳庄园半山窑洞酒店建设项目总投资1.27亿元，完成投资3000万元，建成半山窑洞民宿酒店，并于2022年6月对外营业；龙溪镇农旅文化园建设项目总投资1.2亿元，完成龙溪湖、窑洞民宿、特色餐厅、星空木屋、香菇研学基地、滑雪场等项目并投入运营，完成投资1.22亿元。

（牛君彦）

【招商引资】 2022年，平顺生态文化旅游示范区前往南京、杭州、山东、海南、长春等地外出考察招商，重点拜访阿里巴巴集团、浙江森井生物技术股份有限公司、浙江太子龙总部、长春欧亚集团等知名企业。借助平台公司的资源优势，对接中国政研集团、上海励桓集团、山西文旅集团、大同全域旅游运营有限公司、山西大地乡村振兴有限公司、上海潞安实业有限公司、长治潞安集团等投资商并达成合作意向，建立合作关系。开展京津冀房车协会巡游太行、益起寻美到平顺—阿里巴巴“热土计划”乡村振兴公益行、山西省首届森林旅游节等系列活动。全年，平顺生态文化旅游示范区参加全省“三个一批”活动三次，涉及8个项目。“签约一批”项目3个：小西天综合旅游开发项目，总投资1.2亿元；平顺县潞党参小镇（平顺县龙镇村农旅产业融合发展示范园）项目，总投资1.2亿元；东壹山冰雪世界景区改造升级建设项目，总投资1.01亿元。“开工一批”项目4个：小西天综合旅游开发项目，总投资1.2亿元；平顺县潞党参小镇（平顺县龙镇村农旅产业融合发展示范园）项目，总投资1.2亿元；东寺头乡门楼村生态农庄观光园，总投资0.4亿元；通天峡南入口次服务区及基础设施建设项目，总投资0.12亿元。“投产一批”项目4个：东壹山冰雪世界景区建设项目，总投资0.62亿元；山南底村高质量农业观光旅游建设项目，总投资0.18亿元；平顺县田园休闲观光旅游综合体项目，总投资0.26亿元；平顺县佛堂岭村潞党参中药材研学旅游产业园建设项目，总投资0.21亿元。（牛君彦）

【营商环境】 2022年，平顺生态文化旅游示范区深化“承诺制＋标准地＋全代办”改革工作，制定印发《平顺生态文化旅游示范区企业投资项目承诺制方案》《平顺生态文化旅游示范区投资项目领办代办领导小组》《平顺生态文化旅游示范区全程领办代办制度》《平顺生态文化旅游示范区投资项目建设领办代办工作监督制度》《平顺生态文化旅游示范区投资项目建设领办代办工作评价制度》，确定5名领办员、19名代办员，建立健全全程领办代办机制。在县政务大厅、示范区行政服务部设立综合窗口，所有事项一窗集中受理，由代办专员开展保姆式服务，全程为辖区企业代办领办行政审批各类事项，实现企业投资项目“一网通办”，全年为10个项目14个事项开展全代办服务，实现“数据跑”代替“企业跑”。同时，通过实行承诺制改革，压缩项目落地时间，简化审批环节，对企业投资项目管理工作的重心逐步从事前审批转向过程服务和事中事后监管，激发企业投资活力。（牛君彦）

【民宿发展】 2022年，平顺生态文化旅游示范区支持发展特色民宿。全年开工建设精品民宿41家，床位数1616张。与中国农业银行平顺支行协商合作，在平顺县推出“太行人家旅游贷”金融信贷产品。对从事乡村旅游上下游产业的民宿打造、餐饮服务、旅游购物、观光农业、土特产及手工艺品销售等经营主体提供信用担保推出的小额信贷产品，投入政府风险补偿金500万元，贷款规模可扩大至政府风险补偿金的8倍，达4000万元，风险责任以存入农业银行专户的政府风险补偿金为限，支持全县的乡村旅游发展主体发展壮大。（牛君彦）

沁县现代农业产业示范区

【概述】 沁县现代农业产业示范区于2019年2月3日经山西省人民政府批准设立，规划面积107平方千米，辖松村镇、沁州黄镇、牛寺乡的 18 个行政村，核心区 12.17 平方千米。沁县现代农业产业示范区三大主导产业：有机食品生产加工、特色农业、健康养生；初步形成两条产业链，分别为饲料生产 + 种鸡孵化 + 肉鸡养殖 + 屠宰加工、农业废弃物处理 + 清洁能源生产 + 有机肥生产 + 示范种植。入区企业 8 家，其中规模以上企业 2 家。（郭鹏程）

【招商引资】 2022 年，沁县现代农业产业示范区参加全省开发区“三个一批”活动 3 期，“签约一批”项目 7 个，分别是用气保障工程、沁县 200 兆瓦华能光伏发电项目、蔬菜基地项目、谷丰饲料加工及肉鸡屠宰综合项目、黄牛养殖基地建设项目、倪村设施蔬菜项目、兆丰牧业牛场养殖项目，总投资 11.52 亿元，其中亿元以上大项目 2 个，农业类项目 5 个，能源类项目 2 个。全部实现落地开工，签约开工率 100%;“开工一批”项目 6 个，开工投产率 51.8%，战新项目投资占比达 81.84%；投产项目 7 个，其中有产值的用地类项目 5 个全部达效，投产达效率 100%。（郭鹏程）

【基础设施建设】 2022 年，沁县现代农业产业示范区加快推动水、电、气、暖、网、路等基础设施建设。截至年底，建成标准化厂房 3 座，总面积 2.2 万平方米。熊猫小米精酿啤酒公司自建标准化厂房 5800 平方米。建成投资 1.17 亿元、日处理能力 1 万吨的污水处理厂，推进双回路电源用电项目建设。核心区道路的涅河西路南段、创新路及博士路西段等三条道路完工，推进能源路、滨河大道建设，八横三纵交通路网逐步显现。开工建设示范区排水防涝工程和大型智能冷链仓储物流项目，集中供水及管网设施配套工程初步完成手续办理。（郭鹏程）

【“三化三制”改革】 2022 年，沁县现代农业产业示范区全体人员均实行岗位聘用制，引进 9 名紧缺急需人才。建立“第一议题”学习制度，每周开展集中学习。与山西农业大学合作建立高校科技成果转化基地、高校科研平台延伸基地，与省谷子研究所共建 500 亩谷子试验基地。坚持管运分离，成立沁县示范区建设投资运营有限公司，将污水处理厂、标准化厂房、核心区道路等资产相继移交给建设投资运营有限公司进行市场化管理运营。加大对外经贸合作交流，提升示范区对外开放速度和程度。承接京津冀、长三角等东部地区产业转移，完善产业链布局，通过“饲料生产 + 肉鸡养殖 + 屠宰加工 + 鸡粪及秸秆资源化处理 + 清洁能源生产 + 有机肥生产 + 有机示范种植”循环产业链，实现延链、补链、强链，推动优势产业集聚化、生产要素集中化，发展现代化立体农业循环经济。帮助沁州黄公司拓展国际业务，参加国际进出口博览会、国际高新技术成果交易会等高层次展会，2022 年沁州黄产品出口加拿大 500 箱。（郭鹏程）

【营商环境优化】 2022 年，沁县示范区强化市场主体满意度导向，全过程推行“承诺制 + 标准地 + 全代办”改革。全年实行承诺制的项目 4 个，占比达 80%，谷丰饲料加工及肉鸡屠宰综合项目在施工许可前置条件和环评审批办理上实行承诺制，沁州黄小米啤酒项目、千亩蔬菜种植项目和黄牛养殖基地建设项目在环评审批办理上实行承诺制。全年出租出让标准地 4 宗，面积达 272.23 亩。组建“全代办”队伍，明确领办人员 2 名，代办人员 11 名，2022 年在企业登记、投资备案、许可办理等审批事项上，累计提供全代办服务 40 次。对谷丰饲料、熊猫精酿啤酒、善水湾文化园等 3 个项目全过程实行“承诺制”。（郭鹏程）

【助企纾困】 2022 年，沁县现代农业产业示范区开展助企纾困专项整治行动，帮助企业办实事 32 件、解难题 24 个。疫情防控期间，实施点对点对接，确保潞宝公司购买 700 万只鸡苗，20 万吨饲料，660 万只肉鸡加工不间断，肉鸡食品销售不停歇，养殖业持续运营，将企业损失降到最低。确保 2.5 亿元华能光伏设备进场安装、光伏项目顺利实施。（郭鹏程）

沁源经济技术开发区

【概述】 沁源经济技术开发区是省政府 2019 年 1 月批准设立的省级开发区，规划总面积 9.57 平方千米，实际核定面积 5.40 平方千米。2021 年完成区位调整工作，将太岳工业园区调入开发区，形成“一区两园”工业格局，扩区后开发区总规划面积 6.12 平方千米（沁河镇片区 2.06 平方千米，郭道镇片区 4.06 平方千米），主导产业为现代煤化工、节能环保、新材料。2022 年，有企业 50 个，其中规上企业 8 个，“四上”企业 13 个，高新技术企业 4 个。代表性企业有沁新集团、通洲集团；代表性项目有：通洲 179 万吨现代煤化工项目、祥源 101 万吨综合煤化工项目、沁新新创锂离子电池负极材料项目、裕丰锂电池负极材料项目以及皮米级材料等项目。2022 年，沁源经济技术开发区规上工业增加值完成 35.8 亿元，同比增速 47.5%; 工业投资完成 22.7 亿元，同比增速 18.8%。其中，转型项目当年投资完成 17.5 亿元，占工业投资比重为 77.0%; 产出强度完成 705.3 万元 / 亩。构建“一网通办”平台，实现企业办事“零跑腿”，全年注册企业 14 家，办理项目备案 19 项。（任卓远）

【项目建设】 2022 年，沁源经济技术开发区实施基础设施项目 4 个。标准厂房项目建成达到入驻条件。污水处理厂项目综合楼、机修间、调节池及事故应急池等17个单体，项目主体、设备、厂内管道完工。科技研发中心项目已建成，并投入使用。沁绵园区高压线路迁改工程完成10千伏双回晋阳563线、10千伏伏贵596线路苏家庄支线的迁改，推进35千伏郭聪线等6条线路迁改进度；全年实施产业类项目10个。通洲179万吨综合煤化工项目四座焦炉及配套化产工艺及环保设施全部完成。配套1#干熄焦建设完成，2#干熄焦开始温风干燥，附属环保设施具备调试条件。10万吨LNG合成氨项目大型运转设备调试完成，进入开车试生产阶段。推进祥源101万吨新型煤化项目。宸晟特种炭黑项目1、2号色素特种炭黑生产线建成运行，推进3～7号生产线建设。裕丰锂电池负极材料项目建成1座石墨化车间和1座石墨化炉以及配套的生产设施及环保治理设施。晋控电力沁源300兆瓦智慧能源一体化光伏发电项目总投资12.18亿元，完成投资4.8亿元。山西久川、华迈龙“飞地”经济项目部分设备进厂。鑫锌矿山设备生产加工制造项目设备进厂。沁新特种焦焦化行业超低排放改造项目总投资8000万元。开发区增量配电业务改革试点项目，总投资3.4亿元，2022年11月完成110千伏变电站安装调试，12月完成变电站消缺验收。

（任卓远）

【招商引资】 2022年，沁源经济技术开发区修订完善《沁源经济技术开发区管理委员会招商引资招才引智优惠政策及奖励办法（试行）》。依托专业招商机构东方龙等机构及招商顾问对接，洽谈产业招商合作事宜，全年联系对接项目17个，签约落地1个。通过亲情招商、以企招商、以商招商、产业链招商、委托招商等方式，开展招引活动。2022年，对接项目33个，签约引进沁源300兆瓦智慧能源一体化光伏发电等项目7个，签约资金29.56亿元；谋划筹备山西精能200兆瓦/400兆瓦时独立储能项目、医药中间体等项目27个。（任卓远）

【营商环境优化】 沁源经济技术开发区对标“三无”“三可”，持续深化“承诺制+标准地+全代办”改革。2022年，办理行政管理事项共73项，新增企业14户，增长率为25.45%。基本实现“区内事区内办，园区办事不出园”。承诺制方面，推行企业投资建设项目“全承诺、零审批、拿地即可开工”，对企业投资建设项目实施信用承诺、先建后审、过程监管、联合验收、联动审批机制等，促进项目早日落地。2022年，实行裕丰锂电池负极材料等项目，建设工程规划许可证、建设工程施工许可证等承诺制事项共6项。标准地方面，编制完成区域环评、节能等6项评估，全年出让标准地3宗，面积333.62亩。企业在签订“标准地”投资建设合同时，同步签订项目建设信用承诺书，基本实现工业投资项目用地“生地”变“熟地”，“拿地即开工”。全代办方面，实行开发区重点项目专班领办服务、一般项目全代办服务机制，确定3名领办人和18名代办员，全年全代办服务32项。

（任卓远）

【“三化三制”改革】 2022年，沁源经济技术开发区领导班子任期制平稳运行，内设机构调整进展顺利，兑现2021年绩效工资。聘请全过程造价、财务、法律、安全、环保等中介公司，为开发区提供专业化咨询服务。加强专业化人才的培养，选派开发区工作人员到其他开发区挂职锻炼、到企业进行跟班服务学习、到粤港澳大湾区（珠海）进行实践锻炼。探索管运分离改革，分离管运职责，提升市场化运作水平。由平台公司沁源县创鑫源公司负责开发区基础设施投资建设、资本运作和公共服务事务等。推进设立开发区一级财政。（任卓远）

【安全生产】 2022年，沁源经济技术开发区开展120余次安全现场检查，下达隐患整改通知书62份，排查各类安全隐患150余处，至年底全部整改完毕。开展企业环境治理、扬尘治理专项行动，督促开发区在建工地落实扬尘治理“六个百分之百”措施。各类企业环保设施建设、运行基本正常。全年进行环保检查40余次，下达整改通知书20余份，排查隐患30余条。（任卓远）

农 业

综 述

【概述】 2022年，长治市粮食作物播种面积383.7万亩，粮食产量12.42亿公斤。其中，夏粮播种面积6.08万亩，总产量0.19亿公斤；秋粮播种面积377.62万亩，总产量12.23亿公斤。

全市农民人均可支配收入完成19437元，增幅7.5%，增幅全省第一，高于全省农民收入0.9个百分点、全市城镇居民收入1.5个百分点。全市一产增加值完成97.1亿元，同比增长5.7%，增速排全省第二。一产固定资产投资全年完成54.4亿元，增长10.1%，连续三年快速增长。农产品加工企业销售收入完成581.74亿元，同比增长36.62%，综合排名全省第一。

2022年，长治市被中共山西省委农村工作领导小组表彰为2021年度山西省实施乡村振兴战略实绩考核优秀市、第一产业高质量发展考核优秀市；在2020—2021年度“菜篮子”市长负责制考核中被评为优秀等次；长治市农业农村局被评为全省粮食生产先进单位，夏粮生产受到省委农办通报表扬；大豆种植和大豆玉米带状复合种植收入保险经验做法在全省推广，长治市农业农村局获全省大豆高产竞赛“组织奖”，武乡县示范田在全国大豆高产竞赛中排名第八，获全省大豆高产竞赛特等奖。 （李　磊　王煜鹏）

【农业市场主体】 2022年，长治市印发《关于支持农业市场主体高质量发展的实施意见》，引导促进新型农业经营主体不断增强发展实力、经济能力和带动能力。2022年新发展连盛农牧等5家省级重点龙头企业，新认定市级龙头企业61家。截至年末省、市、县3级龙头企业分别达63家、225家、329家。新培育省级示范联合体共18家，2022年认定扶持7家，新申报平顺县麦丰蔬菜等5家省级示范联合体。开展家庭农场、农民合作社质量提升行动，新培育示范家庭农场133家、农民专业合作社示范社94家，全市家庭农场有2138家，农民合作社8734家。2022年，全市净增农业市场主体10442家，达到25984家，完成全年目标3195户的327%。（李　磊　王煜鹏）

【农民培训】 2022年，长治市农业农村局制定高素质农民培训持证实施方案，强化培训质量效果评价。认定31个长治市农业科技创新和高素质农民实践实训基地，实施农村创新创业者、新型农业经营主体服务主体带头人、乡村治理及社会事业发展带头人、种养加能手以及高素质女农民试点等5个专项培训行动，全市共完成高素质农民培训6556人，颁发技能评价证书5245人。山西潞艾健康科技有限公司的大学生创业代表潞城区申张宝，创办沃沣泽中药材种植专业合作社的沁县李万伟等高素质农民等已成为振兴乡村战略实施过程当中的新农人、带头人。 （李　磊　王煜鹏）

【农村人居环境整治】 聚焦城乡接合部、交通沿线、村口路口、背街小巷、田间地头、房前屋后、河流沿岸等重点区域，2022年，长治市以县为阵、以村为体、以户为基，开展“六清”行动（清垃圾、清污水、清沟渠、清违建、清杂物、清残垣断壁），整治“六乱”（乱搭乱建、乱堆乱放、乱扔乱倒）。组织相关单位成立6个督导组，对12个县区进行督导，发现问题建立督导台账860余处，督办700余处，解决问题560多处。长治市改善农村人居环境工作领导小组办公室（简称人居办）下发督办函30余期，村庄清洁简报10期，清理卫生死角600余处，清理积存垃圾 12000 余吨。开展改厕模式试验示范，健全改厕运行管护机制，按照“首厕过关制”统一施工标准，全面完成 2022 年建设任务，全市卫生厕所普及率达到 76.16%。

（李　磊　王煜鹏）

【乡村治理】 2022 年，长治市农业农村局指导长子县全国乡村治理体系建设试点县创建，分别通过省专家组和国家第三方评估组评估，其经验做法入选中央农办第二批 34 个乡村治理典型案例。2022 年，潞城区入选全省乡村治理试点县，沁源县郭道镇、黎城县源泉村、壶关县刘寨村、平顺县西沟村、武乡县魏家窑村、沁县沁州黄镇小东岭村列入全省乡村治理示范村镇。上党区振兴村、襄垣县栗家岭村、沁源县麻巷村典型经验编入中央农办、农业农村部主编的《全国乡村治理示范村镇典型经验》（山西篇）。上党区东掌村、壶关县谷驼村、平顺县龙镇村列入第二批全国乡村治理示范村。（李　磊　王煜鹏）

【农业技术推广】 2022 年，长治市农业农村局聚焦农机农艺融合、良种良法配套，开展小麦晚播、谷子冬播等新技术试验示范，主推玉米膜侧播种、谷子渗水地膜机械化穴播等实用技术。全市的农业主推技术和品种示范推广面积达 125.62 万亩，主推的畜牧技术品种示范推广覆盖畜禽 86.1 万头（只）。结合年度农业生产重点任务，开展冬小麦田间管理和大豆玉米带状复合种植技术培训 76 场次，培训基层农技人员、合作社骨干、种植户等 114206 人次。帮助解决良种选购、科学施肥、预防倒春寒等技术难题 258 个，发放各类政策宣传、技术资料手册等 6.6 万余份（册）。

（李　磊　王煜鹏）

【农业综合行政执法】 2022 年，长治市农业农村局以“晋剑护农”行动为统领，组织开展六大领域专项执法行动，严厉打击违法违规行为。全年全市出动农业执法人员 6884 人次，检查农业生产主体 3234 家次，查办农业行政处罚案件 408 件，办案数量持续保持全省第一，占比超过全省办案总量的五分之一。全市收缴罚没款总额达到 89.6 万元，同比增长 14%；全市 9 个执法机构平均办案数量达到 45.3 件，是全省机构平均办案数量的 2.4 倍。在全省 2022 年农业行政处罚案卷评查工作中获评省优案卷 10 卷，占全省优秀案卷总数 35 卷的 28.5%，优秀案卷数量位居全省第一。实现执法力度效率“双提升”，案件数量质量“双提升”。（李　磊　王煜鹏）

【中药材资源研究与创新发展论坛】 2022 年 8 月 13 日至 14 日，“太行论道”中药材资源研究与创新发展论坛在长治市召开。此次论坛由山西中医药大学、山西省中药材行业协会主办，山西振东健康产业集团承办。285 位来自全国各地的专家学者、企业家等通过线上 + 线下的方式进行交流研讨。论坛以“促进中药资源研究和中药科研创新与发展”为主题，聚焦中药产业发展成效与经验、中药资源、中药材 GAP、中药材质量、饮片加工、中药创新开发等中药热点问题，探索中药资源产业发展模式，加强中药产业蓄能，推进道地药材可持续利用，促进中药守正创新，进一步落实中医药强国和中医药强省战略。

（李　磊　王煜鹏）

【举办和参加的大型活动】 2022 年 4 月 23 日，长治市春季农业生产暨第一产业高质量发展现场推进会在潞城区召开。会议对全市春季农业生产和一产高质量发展进行安排部署推进，会议实地观摩潞城区食品科技园、好又多设施蔬菜园区、李庄村大豆玉米带状复合种植和高粱有机旱作标准化种植基地、维康德济中药材产业园。

7 月 5 日至 6 日，全省中药材高质量发展暨中药材商贸平台建设培训班在上党经开区举行。来自各地市中药材业务主管单位负责人、业务骨干及中药材初加工企业代表共 60 人参加此次培训。培训聚焦道地中药材种质资源开发与利用、大数据平台建设、长治中药材交易市场基本情况及入驻

2022 年 4 月，长治市春季农业生产暨第一产业高质量发展现场推进会在潞城区召开

（李　磊　王煜鹏　供图）

支持政策等多项内容。

7月28日至30日，山西省病虫害绿色防控暨农药减量增效现场观摩培训班和农作物病虫绿色防控暨安全用药技术培训班在长治市召开。来自全省11个市植保机构主要负责人和防治、药械工作负责人，35个绿色防控及农药减量示范工作示范县、重点县植保机构负责人以及部分企业代表共计80余人参加培训。培训主要涉及绿色防控技术的推广与发展、全省蔬菜病虫害防治现状、农作物病虫绿色防控及农药减量增效基地建设等内容。

2022年10月28日至11月1日，长治市农业农村局组织参加第二十三届中国中部（湖南）农业博览会暨中部六省脱贫地区农产品产销对接专场推介活动，并代表山西省进行脱贫地区农产品产销对接专场推介活动。活动中，长治市以“发展有机旱作农业、点燃农村致富引擎”为主题，推介壶关县有机旱作“特”“优”农产品——壶关旱地西红柿原汁酱、晋庄黄小米和蒜蓉辣椒酱。（李　磊　王煜鹏）

种植业

【杂粮种植】2022年，长治市发展谷子、高粱、马铃薯等杂粮种植，全市杂粮播种面积约80万亩，谷子播种面积常年稳定在25万亩左右，小米加工流通龙头企业36家。

（李　磊　王煜鹏）

【中药材产业】2022年，长治市在上党中药材中国特色农产品优势区、平顺县国家级中药材现代农业产业园2个“国字号”优势的基础上，又成功获批建设山西道地中药材产业集群和上党中药材省级重点专业镇，全市中药材总面积达到152万亩，总产量达10.83万吨，产值33亿元，中药材企业发展到105家，专业合作社304家。先后在平顺、沁源等地建设野生中药材抚育基地70万亩，建立党参、山茱萸、连翘等野生资源保护区，保护野生中药材资源。加快推进中药材标准化示范基地建设，引领辐射全市中药材标准化种植。全市中药材生产加工企业中国家级农业产业化龙头企业1个（振东制药）、省级农业产业化龙头企业8个（正来制药、太行药业等），有效带动中药材产品由初加工向精深加工转变，形成中药饮片、中成药、药食同源产品、功能保健食品、药茶、中药化妆品、中兽药等9大类500余种产品。（李　磊　王煜鹏）

【稳粮扩豆工作】2022年，长治贯彻落实中共中央、国务院粮食安全党政同责要求和稳粮扩豆决策部署以及省委、省政府和省农业农村厅有关会议精神，压实责任、落实政策，稳粮扩豆，全市粮食播种面积383.7万亩，产量12.42亿公斤，平均亩产323.7公斤，实现面积、总产、单产三增长；推广大豆玉米带状复合种植10.3万亩，完成年度各项目标任务，粮食生产取得全面丰收。长治市屯留区的稳粮保供案例刊发中央改革办《改革情况交流》、农业农村部《农村改革动态》《农业情况交流》，得到国务院领导批示。

（李　磊　王煜鹏）

【大豆玉米带状复合种植】2022年，长治市落实“大豆玉米带状复合种植”政策，推广“大豆玉米带状复合种植”模式，开展“大豆玉米带状复合种植”技术培训，试行大豆种植和大豆玉米带状复合种植收入保险，经验做法“收入险为大豆种植保‘价’护航”在全省推广。大豆玉米带状复合种植全面收获，经测产，平均每亩收获玉米约580公斤，大豆约80公斤，基本实现“玉米基本不减产，多收一季大豆”的种植目标。（李　磊　王煜鹏）

【惠农补贴】2022年，长治市落实耕地地力保护补贴2.7亿元，发放实际种粮农民一次性补贴0.92亿元，按照补贴资金发放流程，做好补贴面积核实、补贴资金申报等工作，确保补贴资金按时发放到位。加快推进农机购置补贴发放和农机报废更新工作，2022年下达长治市的农机购置补贴资金为4215万元，截至年底补贴资金使用4473.328万元，补贴各类农机具5152台，受益农户4116户。全年种植业保险承保面积约397万亩，其中政策性保险承保面积近313万亩，特色保险承保面积约84万亩。

（李　磊　王煜鹏）

【生物降解渗水地膜冬播谷子试验示范】2021年12月，长治市农业农村局在屯留区、潞城区和武乡县布置7个生物降解渗水地膜冬播谷子试验点，冬播谷子经过播种、越冬、出苗、抽穗等关键环节，植株健壮、长势喜人。2022年8月31日，在潞城区举办长治市冬播谷子现场观摩暨开镰仪式，经实收测产，亩产增加30%左右，试验种植取得初步成效。生物降解渗水地膜机械穴播谷子冬播技术突破春种秋收的传统观念，是谷子种植模式的创新实践。（李　磊　王煜鹏）

【中药材商贸平台建设】2022年，长治市推进山西（长治）中药材商贸平台建设，截至年底商贸平台的核心主体中药材交易市场建成，并与振东制药、九州通等57家企业、商户签约，神农会展中心主体工程建成；中药材综合服务中心完成地基建设；中药材仓储物流中心建成1万平方米仓储库；中药材全产业链大数据平台基本建成；质量检验检测平台、电商服务平台、供应链金融平台、科创文化服务平台基本完成整体搭建。

（李　磊　王煜鹏）

【果蔬产业发展】2022 年，长治市依托麦丰农业、潞卓商贸、浩润蔬菜等蔬菜生产加工企业，做大屯留尖椒、壶关旱地西红柿、长子大青椒、上党 50 白菜等传统优势产业，发展潞城大葱、长子西蓝花、沁县芦笋等特色蔬菜种植。全市蔬菜播种面积 47.3 万亩，产量 130.17 万吨；全市设施农业新建面积 6580.88 亩，完成年度任务的 219.36%，全省排名第一；发展水果产业，水果种植面积 14.65 万亩，总产量 11.78 万吨，增长 5.36%。

（李　磊　王煜鹏）

【特色农产品加工产业集群】2022 年，长治市加大招商引资和项目建设力度，推进农业产业化重大项目建设，培育链主企业，扶持农业产业化联合体，加大强化利益联结，打造产业强镇，聚合县域产业生态，全市“特”“优”农业产业逐步实现集群发展。成功申报 2022 年农业农村部山西道地药材产业集群项目、壶关县店上镇 2022 年省级农业产业强镇项目、2022 年壶关县农林文旅康产业融合试点县、沁县蔬菜全省农业全产业链重点链项目，争取中央、省级资金 3000 余万元。加快谋划实施农业农村部山西旱作高粱产业集群建设、长子宋村产业强镇、平顺国家现代农业产业园等一批国家和省级重点项目，促进要素集聚，产业链连接链接联合耦合。

（李　磊　王煜鹏）

【农产品品牌建设】2022 年，长治市重点打造“半分耕”有机旱作农业区域公用品牌，建立“特”“优”产品品牌名录，叫响上党党参、上党连翘、长治小米、壶关旱地西红柿、长子大青椒等品牌，新认证生贵青椒、西葫芦、聚生元小米、福禄寿鸡蛋、嘉禾聚老陈醋等 10 个“圳品”，成功申报 2022 年黎城核桃地理标志保护工程项目和 7 个“有机旱作·晋品”省域农业品牌。

（李　磊　王煜鹏）

【高标准农田建设】2022 年，长治市成功申报潞城区、沁县 2 个高标准农田整县推进试点项目。创建高标准农田示范工程，长子县在建设模式上创新采用“EPC+O”总承包模式，建设进度明显加快；潞城区在建设标准上创建高标准农田 + 智慧农业示范区，在水源选择上采用大水网节水灌溉，为项目区农民增收做出有益尝试和示范。整县推进上党区绿色玉米和武乡县绿色谷子 2 个部级粮食生产绿色高质高效项目，实施 4 个省级有机旱作农业生产基地和科研示范基地项目，示范推进优质粮食生产基地建设。完成高标准农田建设任务 28.69 万亩，完成率 124.2%。

（李　磊　王煜鹏）

【种业振兴行动】2022 年，长治市农业农村局持续开展农业种质资源普查，沁源土种紫红山药、上党河豆、黎城穗状核桃等入选山西省优异种质资源。潞玉种业玉米种质资源库入选首批省级农作物种质资源库。构建起山西省玉米种质资源分库、市级桑树种质资源圃、振东中药材种质资源圃、平顺潞党参原生境保护区的“一库两圃一区”作物保护体系，共保存玉米、桑树、党参等作物种质资源 6 万余份。推进良种试验示范推广，建设省级农作物品种试验点 26 个，省级农作物新品种展示基地 5 个，省级“三新”集成示范基地 3 个，建设绿色标准化制种基地，全市玉米制种基地达到 8000 余亩。

（李　磊　王煜鹏）

【化肥农药减量增效】2022 年，长治市农业农村局加大农作物病虫绿色防控示范推广力度，累计建设 48 个农作物病虫绿色防控示范区和 12 个植保新技术展示片，核心面积达 1.6747 万亩；建设 7 个露地果蔬病虫害绿色防控和统防统治融合示范基地，示范面积 2000 亩；主要农作物绿色防控面积 254.74 万亩，覆盖率 57.16% 以上。完成主要农作物测土配方施肥技术推广面积 399.2 万亩次，占全市农作物总播种面积的 90% 以上，测土配方施肥技术覆盖率达到 95%。开展化肥农药减量增效、畜禽粪污资源化利用、秸秆综合利用等工作，2022 年，种植业化学农药使用量比近三年平均用药量减少 1.07%，实际年化肥使用量较上年减少 1.57%，规模养殖畜禽粪污资源化利用率达到 87% 以上，农作物秸秆综合利用率稳定在 90% 以上。

（李　磊　王煜鹏）

林业和草原

【林业生产】2022 年，长治市四旁植树 1399 万株，木材采运 1.9 万立方米，育种育苗约 8.96 万亩。林业产值为 16.5 亿元，同比增长 0.6%。（李江涛）

【林业有害生物防治】2022 年，长治市林业和草原发展中心通过实施日常监测、检疫检查、专项普查、专项行动和日常防治，全市松材线虫病、美国白蛾等重大林业有害生物无疫情，全市全年常发性林业有害生物发生面积 30432 亩，开展综合防治 30432 亩，其中无公害防治 28437 亩，无公害防治率达到 93.4%，全市林业有害生物成灾率为 0，各项指标均优于省控标准。

（邵珠银）

【野生动物保护管理】2022 年，长治市规划和自然资源局强化 12 项野生动物保护管控措施，排查整顿野生动物驯养场所 10 多处，出动车辆 80 余台次、检查人员 400 余名，依法打击非法盗猎野生动物违法行为，开展野生动物救助。

（邵珠银）

【林草发展】2022 年，长治市完成营

造林23.16万亩，四旁植树1399万株，全市森林覆盖率26.85%，永久性生态公益林管护面积411.97万亩，管护责任100%落实。完成山西省第四届干果经济林示范园申报项目，推荐潞城区、平顺县、沁县、黎城县林业局和沁源县林草局共10个示范园的申报工作；申报2022年特色林业产业示范基地建设项目，襄垣、潞城和沁源共申请补助资金共160万元。新增草地改良面积1.5万亩，草原综合植被覆盖度73%。沁源县花坡被评为国家草原自然公园试点建设名单，为全省2处国家草原自然公园之一。（邵珠银）

【森林草原火灾预防】 2022年，长治市坚持“预防为主，积极扑救”的工作总方针，建成由678支4200余人组成的森林防火巡逻队伍，455个视频监控点、1412个检查站、7447名护林员严密盯防，13支1680余人的森林消防专业队严阵以待，16余架固定翼飞机和无人机空中巡护，有林火阻隔系统长度9018.517千米，构建起“地空合力、人机共防”的林草立体防火体系，严防范森林草原火灾发生。2022年全市共发现热点8起，火情2起，未发生森林草原火灾，森林草原安全态势保持稳定。（邵珠银）

【破坏森林资源案件“清零行动”】 2022年，长治市规划和自然资源局采取“全领域强化林长领导、全流程强化督查检查、全方位强化整改落实”举措，对全市2013—2021年违法案件进行“清零”攻坚，“周报制”“清单式”“台账化”管理,定期约谈督办，现场督导，长治市2013—2021年间破坏森林资源案件1200宗，全部查处整改到位，查处率100%；2022年下发的1591个图斑全部核查完毕。

（邵珠银）

【生态管护】 2022年，长治市原3个国定贫困县（平顺县、武乡县、壶关县）选聘脱贫稳定户、边缘易致贫户，因病因灾因残因意外事故导致基本生活出现严重困难户2632名参与生态管护。（邵珠银）

畜牧业

【概述】 2022年，长治市生猪存栏80.86万头、出栏137.98万头，牛存栏6.68万头、出栏4.75万头，羊存栏90.97万只、出栏58.4万只，家禽存栏1459万只、出栏5514万只。肉、蛋、奶产量分别为19.8万吨、13.7万吨和1.26万吨。

（李　磊　王煜鹏　高玄涛）

【畜产品质量安全】 2022年，长治市畜禽产品、兽药、饲料等抽检合格率100%，超目标任务5个百分点。完成两次生鲜乳监测任务。督促有关县区按时做好生鲜乳收购站运营情况监测和生鲜乳收购证、准运证的换发。在全省率先启动奶牛散养户鲜奶质量监测，组织对全市125户奶牛养殖户鲜奶开展质量监测，保证鲜奶质量安全监管全覆盖。督促畜禽屠宰企业严格落实生猪屠宰环节各项制度。开展2022年山西省标准化建设达标屠宰企业认定工作，黎城县食品公司城关屠宰厂通过验收。全市全年未发生畜产品质量安全事件。（高玄涛）

【畜牧产业发展】 2022年，长治市制定发布“十四五”畜牧兽医行业发展规划。建立全市生猪产能逆周期调控机制，完成国家、省、市3级生猪产能调控基地建设，稳固全市生猪基础生产能力。推进畜牧产业标准化规模化发展，壶关县耕耘农业科技有限公司蛋鸡养殖场、上党区威杰禽业有限公司蛋鸡养殖场入选国家级畜禽养殖标准化示范场。总投资2亿元的太行牛都肉牛屠宰加工项目成功签约高新区，总投资3.7亿元的奶牛养殖和乳制品加工项目落地壶关。长子温氏、黎城百万旱鸭、沁源十万只湖羊等产业化项目进展顺利，市政府一产高质量发展补贴政策效果初显。全市完成“粮改饲”1.64万亩，完成年度任务1.34万亩的122.4%，为推动全市在构建种养结合、粮草兼顾的新型农牧业结构，实现畜牧业可持续发展打下坚实基础。（李　磊　王煜鹏　高玄涛）

【动物疫病】 2022年，长治市农业农村局做好非洲猪瘟等重大动物疫病防控。召开全市春季和秋季重大动物疫病防控会议，对全市重大动物疫病防控工作作出部署，推进动物检疫监督能力提升，确保全市重大动物疫病防控形势稳定。推进病死畜禽无害化处理工作，组织召开全市病死畜禽无害化处理工作壶关现场推进会，完善病死畜禽无害化处理长效机制，保障畜产品质量安全，促进养殖业健康发展。

（李　磊　王煜鹏　高玄涛）

【畜禽粪污资源化利用】 2022年，长治市农业农村局加大粪污处理力度，推广可移动式地上太阳能沼气、黑膜沼气、黑水虻等畜禽粪污处理新技术。便携式太阳能沼气发酵技术和粪污统一收集有机肥模式入选农业农村部《规模以下养殖场畜禽粪污资源化利用实用技术与典型案例》。

（李　磊　王煜鹏）

【畜牧业发展制约因素】 2022年，长治市畜牧业仍存在一些问题。产业结构布局不够合理，畜禽养殖规模化、标准化、产业化程度不高；畜牧龙头企业带动能力不强，与养殖户利益联结机制不紧密，畜禽屠宰和畜产品加工能力相对滞后；基层畜牧兽医力量薄弱。基层畜牧兽医站人员老化，人员不足。机构改革后，大部分乡镇兽医站工作人员划转到乡镇政府，直接承担起乡镇政府包村、脱贫攻坚等工作任务，导致动物防疫、产地检疫、养殖技术推广工作无法正常开展。

（高玄涛）

渔　业

【概述】 2022 年，长治市渔业养殖面积 3206.39 公顷，同比增长 9.15%，水产养殖企业增加到 62 个，水产品产量 5710.4 吨，比上年同期增长 3.63%。（李　磊　王煜鹏）

【水产养殖绿色发展】 2022 年，长治市农业农村局开展水产健康养殖“五大行动”。新创建沁县德顺水产养殖公司示范推广基地，推广应用生态养殖、水产养殖用药减量、养殖尾水治理、配方饲料替代幼杂鱼、种业提升等绿色技术模式，5 月，农业农村部授予长治市上党区漳源水产养殖有限公司、潞州区漳泽水产养殖有限公司、长子县紫金山渔业专业合作社国家级技术骨干基地称号。组织实施渔业高质量发展项目。实施池塘标准化改造项目 2 个，改扩建池塘 202.5 亩，水产品加工项目 1 个，水产品加工能力提升到 1500 吨；在上党区梓鑫源养殖场新建尾水处理项目 1 个。新增长子县红日河壮渔菜种养等 4 个设施渔业示范点，开展高效循环养殖。在黎城县晋龙生态养殖场实施智慧渔业与低碳养殖项目，建设渔业物联网控制系统实现自动化投料、增氧与起捕。

（李　磊　王煜鹏）

【大水面生态养殖】 2022 年，长治市在武乡关河水库开展大水面生态示范养殖，投放大规格鲤鱼、草鱼、鲢鳙鱼 40 万尾，开展增养殖。结合中央渔业资源项目，在武乡故城水库、襄垣合漳水库等水域增殖放流 40 万尾鱼苗，促进水生生物资源修复。鼓励经营主体承包的漳泽水库、后湾水库投放鱼苗 576 吨，扩大大水面渔业养殖规模。（李　磊　王煜鹏）

【渔业渔政管理】 2022 年，长治市农业农村局推动实施部门联合执法，持续开展“渔政亮剑”等专项执法行动，全面落实黄河、海河禁渔制度，开展禁渔期宣传执法活动，发放宣传单 12520 余份，清理取缔涉渔“三无”船舶和“绝户网”等违规网具，处理屯留区、襄垣县、沁源县违法偷捕行为举报 5 起，严厉打击各类涉渔违法违规行为。与市检察院联合，对屯留区王某某禁渔期内违法电鱼案件提起公益诉讼。（李　磊　王煜鹏）

农产品质量建设

【农产品质量安全】 2022 年，长治市农业农村局深化农产品质量安全县创建和乡镇网格化管理，推荐长子县为农产品质量安全网格化管理省级试点县，确定 11 个乡镇为农产品质量安全网格化管理市级试点乡镇。抓好“治违禁控药残促提升”三年整治行动和农资打假专项治理行动，农产品质量监测合格率达 98% 以上，全年未发生重大农产品质量安全事件。

（李　磊　王煜鹏）

【农产品质量安全可追溯制度】 2022 年，长治市农业农村局在全市范围内推进以合格证为载体的农产品质量安全可追溯制度，对上市蔬菜、水果、畜禽、禽蛋、养殖水产品五类产品经自检合格后，统一附具“合格证 + 追溯码”。2022 年，长治市在国家追溯平台上注册主体新增 292 家，数量累计达到 919 家，增长率全省第一。有 618 家生产主体开具食用农产品合格证 31 万余张，附带合格证上市农产品 4.7 万余吨，全市合格证开具数量较上年同期大幅提升。市县开展各级各类“合格证 + 追溯”培训 50 多次，培训监管、检测、农技人员、生产经营主体600余人次。（李　磊　王煜鹏）

【农产品认证】 2022 年，长治市开展农业全产业链标准化试点，申报成立“第一届长治市农业标准化技术委员会”，审定通过《辣椒育苗生产技术规程》等 4 项市级地方标准。成功申报长子县青椒基地创建国家现代农业全产业链标准化示范基地。全年新认证绿色食品 48 个、有机农产品 9 个、“圳品”10 个，认证数量全省领先。

（李　磊　王煜鹏）

农业机械化

【概述】 2022 年，长治市市农机总动力达到 137 万千瓦，农作物耕种收机械化率达到 77.6% 以上，主要作物玉米机械化率达到 86% 以上。围绕耕、种、管、收各个环节，常态化做好农机工作。农机作业前开展机具检修，全年检修机具 7 万台次，检修和调试终端监控设备 2400 余套。组织春耕春播、夏收、“三秋”工作，投入农机具 7 万台次，机械耕整地 352 万亩，深松整地 43.51 万亩，完成目标任务 40 万亩的 108.8%。全年完成机播 346 万亩，机收 215 万亩，保障粮食丰产丰收。潞城区被确定为全省“机田证”一体化项目试点县。指导培训农机操作手和农机修理工 9000 余人次。

（李　磊　王煜鹏　高玄涛）

【农机科研】 2022 年，长治市现代农业发展中心加强丘陵山区机械化科技研发力度，组织长子县海宏农业科技开发有限公司成功研发一款单行履带式玉米收获机，该机具主要在丘陵小地块开展玉米收获，完成试验试制并

2022 年8 月，长治市第一届无人机植保技能大赛比赛现场（高玄涛　供图）

进行市场销售，用户反映良好，解决丘陵山区玉米机收难题。（高玄涛）

【农机购置补贴】 2022 年，长治市使用农机购置补贴资金 4473.3 万元，补贴各类农机具 5152 台，完成目标任务 2700 台的 190.8%，受益农户 4116 户，完成目标任务 2300 户的 178.9%。（高玄涛）

【农机生产安全】 2022 年，长治市参加农机深松作业的农业机械挂牌率、持证率、检验率均达到 100%，全市全年未发生农机安全事故。针对农村土地承包经营纠纷问题开展全面摸底调查，回应解决老农机员诉求，化解农村土地承包经营纠纷问题 32 件，维护农民合法权益。（高玄涛）

农村经济管理

【村级集体经济】 2022 年，长治市成立农村集体经济发展协会，构建起政府产业引导、协会抱团聚力、平台拓展市场、合作社主体牵头、农户利益保障的工作架构，受到农业农村部关注并委托省农业农村厅进行专题调研。落地实施集体经济产业项目 1057 个。开展农村集体资产“清化收”专项工作，清查不规范合同 5.3 万份，增加收入 2.04 亿元；化解农村债权 37 亿元；化解农村债务 33 亿元；新增地源 25.65 万亩，新增地源收费 7431 万元。黎城县晋福村被农业农村部确定为全国农业社会化服务典型，是全国唯一以农村集体经济组织入选的典型案例。（李　磊　王煜鹏）

【农民股份权能】 2022 年，长治市推进农民股份权能。长治市农业农村局指导潞城区开展农民持有集体资产股份继承和有偿退出试点，指导上党区开展农村集体资产股权抵（质）押贷款试点，指导黎城县做好农村集体资产监督管理平台中财务管理系统的相关试点工作。（李　磊　王煜鹏）

【农村产权流转交易】 2022 年，长治市逐步开展农村土地承包再延长三十年合同签订工作，初步完成全市二轮土地承包到期情况摸底。农村产权流转交易逐步完善，12 个县区全部成立产权流转交易市场并成立机构，部分县区配备专职人员。全年完成各项交易 568 宗，涉及金额 7601.88 万元。（李　磊　王煜鹏）

【农业生产托管服务】 2022 年，长治市持续做好屯留区全国农业社会化服务创新试点县工作，新增武乡县、平顺县、黎城县 3 个省级农业生产托管高质量发展试点，6 家服务主体被评为省级示范服务主体。屯留区围绕玉米等大宗农作物探索开展“服务主体 + 村集体经济组织 + 农户”全链条保底托管服务，实现发展壮大村级集体经济和全产业链集中连片规模化托管双赢；延伸“服务半径”，推动托管服务逐步从大宗作物向经济作物拓展，将托管范围由玉米等拓展到辣椒、设施蔬菜、等经济作物。武乡县故城镇探索全域农业生产托管试点，对试点项目补助资金实行县级财政兜底政策。（李 磊 王煜鹏）

【农村一事一议筹资筹劳项目】2022年，长治市开展农村一事一议筹资筹劳项目，全市共申报一事一议项目660个，开展518个，中央、省财政奖补资金8963.22万元，市级奖补300万元。（高玄涛）

乡村振兴

【概述】2022年，长治市持续完善防止返贫动态监测和帮扶机制，巩固提升“三保障”和饮水安全保障成果，壶关县、平顺县、武乡县、沁县、黎城县等5个重点帮扶县接受省级巩固衔接实地考核，平顺县代表山西省接受国家综合核查组考核评估，长治市乡村振兴示范创建、小额信贷、资金项目管理、光伏产业帮扶、干部驻村帮扶、防返贫监测等多项指标位列全省第一方阵。2022年，长治市乡村振兴局组织的“助力乡村振兴科普成果展”被中国科学技术协会评为全国科普日优秀活动；长治市乡村振兴局获“山西省乡村振兴系统先进集体”“长治市文明单位”“长治市防汛抢险救灾先进集体”等称号。（陈长宁）

【主体责任】2022年，长治市先后16次召开市委常委会、市政府常务会、乡村振兴重点工作推进会等会议，研究部署推动巩固衔接各项工作落地。市级主要负责人带头扛起第一责任人责任，研究、部署、推动巩固衔接工作，四大班子成员主动联县包村，带队深入脱贫村一线调研，解决实际问题。统筹长治市巩固拓展脱贫攻坚成果有效衔接乡村振兴工作领导小组和市委农村工作领导小组职责，成立12个有效衔接工作专班，组建市委、市政府乡村振兴督导组，常态化开展督查暗访，为衔接推进乡村振兴提供组织保障。（陈长宁）

【脱贫人口增收】2022年，长治市创新出台支持脱贫人口稳定增收20条措施，落实全省30条增收举措，累计打造17个市级乡村振兴产业园区、48个产业基地、39个帮扶车间，完成消费帮扶1.7亿元，发放小额信贷4.57亿元，户贷率全省第一。在全市设立28个市级脱贫人口收入监测村，定期对脱贫户增收工作进行调研督导。2022年全市脱贫人口人均纯收入12253元，增幅13.2%。（陈长宁）

【防返贫监测帮扶】2022年，长治市加强防止返贫动态监测，推进“三级预警、七策同享”防返贫监测和帮扶机制，全年新识别监测户976户2477人，全部制定针对性帮扶措施，特别是针对“边缘易致贫户”和“突发严重困难户”，在全省创新出台中医中药治疗帮扶政策，通过首诊免费和下沉巡诊等方式，帮助更多困难群众享受政策。常态化开展巩固脱贫成果问题排查整改，建立11个方面问题整改长效机制，兜牢防止规模性返贫底线。（陈长宁）

【易地搬迁后续扶持】2022年，长治市聚焦199个集中安置区和10941户30006名搬迁人口，开展易地搬迁集中安置区就业帮扶、乡村治理等专项行动，全市6809户有劳动能力的搬迁户，每户至少1人就业，完成集中安置区“五好社区”申报10个。全市4个800人以上安置区全部配套建设产业园区或帮扶车间，后续产业得到巩固发展。（陈长宁）

【驻村帮扶】2022年，长治市以驻村帮扶为主导，组织驻村干部开展“入户大走访”专项行动，全市省、市、县三级共派驻驻村工作队961支2892人。出台《进一步加强驻村干部管理实施办法》，确保“五天四夜”驻村要求落实到村。举办全市驻村第一书记和工作队员市级示范培训班，对855名驻村干部进行培训，各县区完成培训兜底全覆盖。（陈长宁）

【光伏产业】2022年，长治市持续提升光伏扶贫电站运维管理和收益分配，全市光伏发电收益达到1.61亿元，占年度任务112.4%，位列全省第二。设置公益岗位26918个，其中设置脱贫户、监测户公益岗位17317个，占到总岗位数的64%。（陈长宁）

【资金项目管理】2022年，各级政府不断加大乡村振兴财政资金支持力度，中央、省级投入资金5.85亿元，用于产业发展资金比例69.6%；市级投入衔接资金（衔接推进乡村振兴补助资金）2.36亿元，增幅1.07%。全市落实到县衔接资金11.93亿元，全部匹配到项目，其中，中央衔接资金支出率100%，长治市资金项目管理工作位列全省第一。加强扶贫项目资产后续管理，建立全市统一规范的扶贫项目资产管理台账，开展扶贫项目资产“回头看”，实现资产精准登记确权。（陈长宁）

【“三保障”成果巩固】2022年，长治市464名适龄重度残疾儿童少年送教上门实现全覆盖，无失学辍学学生。“雨露计划”共资助中、高职学生6791人，发放资助金2037.3万元。资助新入学本科生652人，发放资助金326万元。全市124个乡镇卫生院，3103个村卫生室全部达标，每个村卫生室都配备一名合格村医。住房方面，全市957户农村危房改造任务全

部竣工。饮水安全方面，全市农村集中供水率达到97%，自来水普及率达到96%。（陈长宁）

【务工就业】2022年，长治市不断加大就业帮扶力度，精准摸排务工需求、拓展劳务输出渠道、推进技能培训，全年全市脱贫劳动力务工总人数104804人，占上年度105.35%，其中省外务工17563人，占上年度113.81%。培训乡村振兴致富带头人703人，完成率100.4%。（陈长宁）

【乡村建设】2022年，通过严格申报和竞争遴选，长治市打造26个省级、26个市级、85个县级乡村振兴示范创建项目。武乡县革命老区乡村振兴示范区建设，被评为全省唯一A等次，奖励800万元。聚焦农村"厕所革命"、生活污水垃圾治理等难点，全市累计完成农村改厕29万余座。巩固农村人居环境"六乱"整治成果，健全农村生活垃圾收运处置体系，统筹生活污水和黑臭水体治理，累计完成323个村庄农村生活污水治理，建设污水处理设施126座。（陈长宁）

【乡村治理】2022年，长治市推进抓党建促基层治理能力提升专项行动。建强基层治理队伍，招聘大学毕业生到村（社区）工作，推动实现"一村一名大学生"目标。实施村级集体经济壮大提质行动，制定发展壮大农村集体经济20条举措，扶持农村集体经济项目。推广积分制、清单制、数字化、网格化管理，开展星级文明户创评工作，加强农村精神文明建设。（陈长宁）

农业科研

【概述】山西农业大学（山西省农业科学院）谷子研究所（简称谷子研究所），隶属于山西农业大学，前身为始建于1942年的"晋冀鲁豫边区农林局"，先后多次易名和改变隶属关系，1979年划归山西省农业科学院，更名为"山西省农业科学院谷子研究所"，成为我国第一个谷子专业研究所，2019年，山西农业大学与山西省农业科学院合署，更名为山西农业大学（山西省农业科学院）谷子研究所。建所以来，先后主持和承担国家、省、院、市各级科学研究和示范推广项目860余项，获省（部）级及以上科技成果奖励111项，鉴定成果70项，通过省级及以上审（鉴、认）定、登记农作物新品种161个，获国家专利29项，制定颁布山西省地方标准13项，发表学术论文740余篇，主编、参编学术著作20余部。育成的晋谷1号、2号谷子曾获全国科学大会奖，育成全国春谷中晚熟区第一个杂交种长杂2号，育成连续多年西南区种植面积最大的玉米品种潞玉13号，育成获省科技进步一等奖并列入全国重点示范推广和国家区试对照的小麦品种长6878，研究形成山西省"三庄一寨一山一川"六大旱农典型技术中的晋庄旱地谷子高产技术、王公庄旱作高产稳产配套技术、平川旱地玉米整秆覆盖技术等"两庄一川"有机旱作技术，在全省全国广泛推广应用。自主科研成果年推广面积千万亩。

谷子研究所主要从事谷子、玉米、小麦、大豆、蔬菜等农作物种质资源、遗传育种、分子育种、生物技术、生理生化、耕作栽培、土肥植保、旱作农业、产后加工等学科研究与成果转化，同时，开展示范推广、社会服务、人才培养、交流合作、实习实训、教育教学等工作。

谷子研究所占地面积877亩，其中高标准试验田600余亩；建有科研试验办公房屋6000余平方米，其中实验室群落3000余平方米；建有功能完善的挂藏室、库房等科研试验设施9000余平方米。拥有价值千万元的科研仪器设备400余台（件、套）和价值百万元的农机具200余台(件)，藏有各类图书资料档案1000余册（套）。在长子县谷村建有科技创新示范基地1个，其中试验田161亩，农机具库、晒场、敞篷等基础设施650余平方米。

谷子研究室内设管理服务科室6个，研究科室9个。2022年有在职职工109人,其中博士6人(在读3人)、硕士49人（在读2人）、高级职称46人（研究员9人、副研究员37人）。国家现代农业产业技术体系岗位专家1人、试验站站长1人；山西省农业产业技术体系副首席1名，岗位专家8名；山西农业大学博士生导师1人，硕士生导师6人；享受国务院特殊津贴专家1人。有国家谷子改良中心长治分中心、国家谷子原原种扩繁基地、特色杂粮种质资源发掘与育种山西省重点实验室、山西省谷子产业科技创新战略联盟等8个科研平台。（杨　毅）

【科技项目申报】2022年，谷子研究所承担国家、省、院等各级各类研究项目62项，其中新增纵向项目28项、横向项目（企业委托项目）4项，新增项目数是2021年的2.3倍，全年到位经费662.1万元。（杨　毅）

【科研创新成果】2022年，谷子研究所围绕谷子、玉米、小麦、大豆、蔬菜等特色优势产业，持续调整科研布局、优化科研结构，重点开展有机旱作、遗传育种、生物技术、产后加工等方面的研究，取得如下成绩。获2022年度山西省科学技术奖进步类三等奖1项，获奖项目名称为抗旱节水高产广适小麦新品种长8744选育与应用技术开发；通过山西省审定新品种7个，分别为玉米新品种松丰1017、玉米新品种松丰1027、玉米新品种德育丰899、玉米新品种德育

2022 年夏季，谷子研究所技术人员进行田间检查 （杨 毅 供图）

丰 999、玉米新品种众德丰 19、玉米新品种嘉禾 1 号、玉米新品种 G596；登记谷子新品种 8 个，分别为长分 1 号、长农 49 号、长生 15、长生 16、长生 17、长谷 529、长谷 478、长杂谷 333；授权国家发明专利 2 项，一种玉米双行窄沟宽垄背探墒播种抗旱抗倒栽培方法，专利号为 ZL 2020 1 0276338.5。一种小米谷糠饮料及其制备方法，专利号：ZL 2019 1 0090321.3；实用新型专利 2 项，一种谷子激光间苗机，专利号：ZL 2022 2 0026418.X。一种用于玉米种植的定向施肥装置，专利号为 ZL2021 2 2134867.4；获得植物新品种保护权 2 项，为长麦 389、长单 716；发表学术论文 18 篇，其中“三类高质量论文”（发表在具有国际影响力的国内科技期刊、业界公认的国际顶级或重要科技期刊的论文，以及在国内外顶级学术会议上进行报告的论文）6 篇；制定山西省省级地方标准 2 项，旱作区春玉米密植晚收生产技术规程，标准编号为 DB14/T2420–2022。谷子两系杂交种制种技术规程，标准编号为 DB14/T 2591–2022。 （杨 毅）

【成果转化与社会服务】2022 年，谷子研究所转让品种权 19 项（谷子新品种 8 项，小麦新品种 3 项，玉米新品种 3 项，大豆新品种 5 项），年度到账 244 万元。通过新品种使用权转让，实现农业科技成果转化，取得良好的经济社会效益。社会服务经费总计 280 万元，科技成果转化 19 项，校地（企）合作项目 3 个，示范基地 6 个，科技服务团队 5 支，县级以上主流媒体宣传报道 19 次，培训农民累计 3521 人次。 （杨 毅）

水 利

综 述

【水利行业监管】 2022年，长治市水利局加强水利监管，强化水资源监管以及取用水管控，执行规划和项目节水评价制度，按照“以水定城、以水定地、以水定人、以水定产”原则，落实用水总量、用水效率和水功能区限制纳污“三条红线”，强化水资源管理，推进水资源承载能力监测预警机制建设。立足监管职责，完善制度体系建设，加强水利工程监管，突出加强对项目前期、设计变更、质量管理和验收等环节的监管，压实项目法人、参建各方和主管部门责任，运用“四不两直”的方式，加强市对各县区巡查监督。（崔艳宁）

【水利依法行政】 2022年，长治市水利局重点承担《长治市漳河流域生态修复与保护条例（草案）》和《长治市漳泽湖保护条例（草案）》的起草任务。长治“一泉一湖两河”（辛安泉、漳泽湖、沁河、漳河）主要河湖水系实现水生态保护立法全覆盖。开展普法宣传教育，落实“谁执法、谁普法”责任制。加强水政监察队伍建设，开展水利法治建设。重点推进“互联网＋监管”、企业投资项目承诺制、相对集中行政许可权等各项改革。推进“一网通办”工作，确保涉水事项达到四级网办深度。做好相对集中行政许可权改革工作，向审批部门提供法律依据、受理条件、申报材料、办理流程等各项基础性材料，推动“一枚印章管审批”落地实施。（崔艳宁）

【河湖长制改革】 2022年，长治市四级河长运用“河长制管理平台”App巡河9.2万余次。建立河道堤防安全包保责任体系，划分全市开展治理的30个中小河流河段为313个堤段，明确责任单位317个，县、乡、村包保责任人421名。开展妨碍河道行洪突出问题专项整治行动，全市12个县区共发现问题186个。发挥“河湖长＋检察长＋河湖警长”工作机制，联合公安、生态环境等部门开展市级涉水涉河执法10次，出动警力50余人次。优化河长制重点成员单位轮岗办公机制，实现轮岗办公。执行河湖长制分办、督办工作机制，下发重点问题办函督57个，以专题督办方式有效助推各类复杂问题整改。（崔艳宁）

【水土保持】 2022年，长治市水利局坚持山水林田湖草沙一体化保护和修复，推进水土保持综合治理。下达潞州区小流域综合治理工程400万元、黎城县生态清洁小流域工程1000万元、襄垣县小流域综合治理工程400万元、沁县小流域综合治理工程700万元，全部完成治理任务。2022年全市完成水土流失治理面积45.33万亩。（崔艳宁）

【节约用水】 2022年，长治市水利局推进国家节水行动，落实《国家节水行动长治市实施细则》，印发《国家节水行动长治市2022年度工作要点》，完成2个市级单位和3个县级单位水利行业节水型单位建设，组织长子县完成县域节水型社会达标建设工作。审核通过10处省级以上开发区水资源论证区域评估。取用水管理专项整治发现问题1817处。对年用水量在1万立方米及以上的工业和服务业用水户基本实现计划用水管理全覆盖。加强取用水监管工作，2022年全市用水总量为5.16亿立方米，万元GDP用水量较2020年度下降28.6%，均完成年度指标任务。（崔艳宁）

水利工程

【水库】 2022年末，长治市有大中小型水库85座，设计总库容10.78亿立方米，防洪库容4.15亿立方米，兴利库容3.17亿立方米。其中：大型3座（漳泽水库、关河水库、后湾水库），中型8座，小1型42座（含新建壶关八泉岘、沁县西汤、沁源永和、武乡广志），小2型32座，常年蓄水的有49座，不经常蓄水的有18座，常年不蓄水的有17座。 （崔艳宁）

【农村小水电站】 2022年末，长治市有农村小水电站45处，装机容量48005千瓦，平均年发电量7000万千瓦时。全市小水电站主要分布在浊漳河、郊沟河、沁河、清漳河上。单站装机在1000千瓦以上（含1000千瓦）的电站有9个，分别是壶关桥上二级水电站（3600千瓦）、桥上三级水电站（2100千瓦），平顺县侯壁水电站（9000千瓦）、赤壁水电站（7600千瓦）、骊水生态水电站（1320千瓦），武乡县关河水电站（2400千瓦），黎城县漳北渠水电站（2300千瓦），黎城县茶安岭水电站（1500千瓦），漳泽三联水电站（1000千瓦）。2022年的发电量是12266千瓦时。 （崔艳宁）

【大小水网建设】 2022年，长治市屯留、黎城2县区加快推进小水网工程实施，屯留小水网工程（工业用水及农业灌溉用水项目）全年完成投资348万元，累计完成投资7963万元。武乡县东干线供水工程概算总投资约3亿元，累计完成投资约2.8亿元。（崔艳宁）

【重点河流生态修复综合治理】 2022年，长治市漳泽湖生态修复治理浊漳河南源河道工程，下达省级资金4000万元，完成年度建设任务；涅河沁县牛寺段河道治理工程，完成投资1580万元；下达绛河（屯留城区—司徒桥）

2022年8月，浊漳河南源（上秦—迎宾桥段）河道生态修复综合治理工程（一期）施工现场 （崔艳宁　供图）

河道生态综合治理工程2720万元；下达浊漳河重点段（潞城、襄垣、武乡）河道治理工程4600万元，实现年度建设任务。发挥主城区应急备用水源工程向“三河一渠”补水的重要作用，改善主城区水生态环境。 （崔艳宁）

防汛抗旱

【防汛】 2022年1月—12月，长治市年平均降水量为569.2毫米，较常年（541.2毫米）偏多5%。各县区年降水量介于457.7毫米（沁县）~661.3毫米（壶关县）。西北部沁源县、沁县年降水量偏少11%~16%，南部的壶关县和中部的潞城区、襄垣县偏多近20%，其余地区接近常年或略偏多。全市汛期内平均降水量320.0毫米，较常年同期降水量366.9毫米少13%。全年启动全市水旱灾害Ⅳ级应急响应2次，发布山洪灾害预警信息12期、山洪灾害预警800余次、预警信息3.4万条，紧急转移204人，全市安全度汛。 （崔艳宁）

【抗旱减灾】 2022年10月1日下汛之后，长治市水利局要求大中小型水库抓住有利时机加强水库蓄水，组织蓄好“最后一库水”，保障冬春时节抗旱用水需求。 （崔艳宁）

农村供水

【农村饮水安全】 2022年，长治市水利局开展民生水利各项工作，巩固拓展脱贫攻坚成果同乡村振兴有效衔接。加快实施农村供水保障“互联网+监管”，下达资金495万元，在“四区四县”安装村级智能水表736块，提高全市农村供水信息化程度。推进农村供水工程改造提升，下达资金2118万元，283处工程全部完工，受益人口达到75万人。 （崔艳宁）

【农业灌溉】 2022年，长治市推进中型灌区续建配套与节水改造项目，下达平顺县战备渠续建配套与节水改造项目1300万元，下达黎城县漳北灌区续建配套与节水改造项目726万元，工程全部完工。推进农业水价综合改革，全年完成改革实施面积2.7万亩。 （崔艳宁）

工业　建筑业

工业综述

【概述】 2022年，长治市规模以上工业企业共计641户。其中，煤炭企业205户、焦炭企业19户、电力企业33户、冶金企业31户、装备制造企业101户、化工企业38户、建材企业124户、医药企业10户、农副产品加工企业21户、废钢企业13户、纺织企业5户、其他企业41户。

2022年，长治市规模以上工业企业增加值累计增长12.4%，较全省（8.0%）高4.4个百分点，较全国（3.6%）高8.8个百分点，累计增速全省排名第一；长治市规模以上工业战略性新兴产业同比增长51.8%，较全市年度目标（7%）高44.8个百分点，拉动工业增长5.3个百分点，全省排名第一；工业增加值占GDP比重63.7%，高于省、市年度目标（53%）10.7个百分点；规模规上工业企业研发费用支出27亿元，较上年增长24%，较省定目标（15%）高9个百分点。规模以上工业企业中有研发机构的企业占比全年超过20%，高于省定目标（15.5%）4.5个百分点。

（桂宇佳）

【主要行业完成情况】 2022年，长治市非煤工业增长25.52%，非能源工业增长32.54%，四大支柱产业增长7.08%，非传统产业增长40.24%。其中，能源工业增长6.93%；材料与化学工业增长12.33%；消费品工业增长2.16%；装备制造业增长8.82%；其他工业增长88.29%。（桂宇佳）

【主要产品产量】 2022年，长治市焦炭产量1652.96万吨，钢材产量605.99万吨，生铁产量557.64万吨，粗钢产量591.2万吨，太阳能电池624.96万千瓦，水泥产量557.66万吨，中成药8875.33吨。（桂宇佳）

【重点项目建设】 2022年，长治市重点推进113个在建工业项目，完成投资110亿元。支持企业技术改造，共组织3批38个重点工业技改项目申报省级技改资金，申请额度2.78亿元。支持企业申报省级技术创新示范、省级制造业创新中心、省级企业技术中心、国家级企业技术中心等高端研发平台，组织长治市企业35个项目申报专精特新、“小巨人”“单项冠军”“仿制药一致性评价”“创新研发投入”等技改资金奖励项目。继2021年清华航天被认定为国家级企业技术中心之后，振东制药成为山西省唯一一户被认定为2022年国家级企业技术中心的企业。

（桂宇佳）

【重点产业链链长机制】 2022年，长治市印发《长治市重点产业链及产业链链长工作机制实施方案》，建立产业链链长工作机制。按照产业“关联性强、契合性严、协作性紧、盈利性好”等标准重点打造钢材深加工、新能源汽车、高端装备制造、氢能、光伏、现代医药、光电（LED）、现代煤化工、动力锂电池、资源综合利用等10条产业链，通过“链主”企业做优做强，“链核”企业提质增效，逐步形成竞争力强、特色鲜明的本土产业链条。

（桂宇佳）

【现代医药产业链建设】 2022年5月，振东集团在山西省重点产业链链长制工作大会上被确定为山西省现代医药产业链条“链主”企业。振东医药具备生产线65条，生产药品13大剂型，576个品规，形成集“种、研、产、供、销”为一体的全产业链布局，拥有完整的医药产业链优势。长治市工信局全面推进现代医药产业链建设

工作，推动振东制药作为“链主”企业发挥龙头带动作用，推动全市中医药产业不断发展壮大。（桂宇佳）

【工业资源综合利用】2022年，高河煤矿煤矸石粉碎回填（湿法）等10个固废利用项目完工投产。2022年，长治市煤矸石、粉煤灰等各类固废利用量共计1779.75万吨。其中，山西住工蒸压轻质加气混凝土板材项目是国内规模最大、设备最先进的装配式建筑部品生产线之一；山西昌靖70万吨粉煤灰超细复合粉（填料）项目年消耗西山发电公司粉煤灰100万吨、脱硫石膏30万吨、炉渣10万吨。

（桂宇佳）

【特色专业镇建设】2022年，长治市工信局成立市级推进专业镇工作领导小组，建立健全专业镇工作推进机制，起草《长治市促进专业镇高质量发展实施方案》《长治市支持专业镇高质量发展若干政策》。2022年，平顺“上党中药材”在山西省特色专业镇发展工作会上被命名为第一批省级重点专业镇。（桂宇佳）

【服务企业】2022年，长治市工信局落实国家、省工业稳增长政策，制定长治市工业方面22条落实举措，建立重点企业“白名单”制度，协调市交通、邮政部门确保产业链供应链畅通。对288户重点企业和转型项目开展常态化入企服务。为590户中小微企业和个体工商户减免2022年承租国有房产租金1376.65万元，清偿（解决）党政机关、大型企业拖欠中小企业账款3862.44万元，多举措支持中小企业渡过难关。（桂宇佳）

工业产业

【焦化产业】2022年，长治市有规模以上焦化企业14户，建成运行焦炉16座、运行产能2141万吨。主要企业有金鼎潞宝、潞安化工、通洲集团和会烨集团等。潞宝焦化200万吨、鸿达煤化254万吨、通洲179万吨、潞安140万吨新建焦炉项目建成投产。潞宝集团7.68米顶装焦炉炭化室高度国内第一、世界前三。襄垣王桥、富阳，潞城潞宝、潞安化工园区被认定为省级化工园区。（桂宇佳）

【钢铁产业】2022年，长治市有规模以上钢铁联合生产企业5户，炼钢产能985万吨，5户企业全部实现超低排放。全年生产加工废钢1546万吨，废弃资源综合利用业同比增长103.7%，拉动工业增长5个百分点。

（桂宇佳）

【现代煤化工产业】2022年，霍家工业1.5万吨水合肼项目投产运营，3万吨水合肼和1万吨聚苯硫醚建成调试。潞安180的气化炉、潞宝的7.65米大焦炉、襄矿的PVC生产线、天脊的复合肥生产线等均列全国同行前列。（桂宇佳）

【光伏光电产业】2022年，潞安太阳能实现硅棒、切片、玻璃、电池等全产业链生产，高效电池产能5吉瓦、组件产能1吉瓦，占到全省65%；中科潞安产3亿颗紫外LED芯片及封装产业化项目主体厂房建成；高科华烨LED封装项目建成投产300条生产线；日盛达2×1000吨/天光伏玻璃生产线及配套深加工项目完成投资6亿元。

（桂宇佳）

【新能源汽车产业】2022年，长治市出台《长治市电动汽车充电基础设施专项规划（2021—2025）》，截至年底建成充电桩3842个，换电站2座。成功汽车形成年产30万台汽车生产能力。特种汽车制造惠丰特车120辆现场混装炸药车、多功能吸污车位居全国同行前茅。（桂宇佳）

【数字产业】2022年，长治市建成开通5G基站6121个，5G终端用户达到180万户，各县区主城区、乡镇驻地、高速公路、高铁、部分景点实现5G网络连续覆盖。天脊化工等4户企业两化融合贯标认证。泰山石膏入选新一代信息技术与制造业融合发展试点示范名单。5G赋能传统产业转型升级，山西省数字经济驱动化工产业高质量发展现场会在长治市召开，全年搭建完成6个5G应用场景。（桂宇佳）

【生物医药大健康产业】2022年，长治市形成以康宝、振东、太行药业、纳安生物科技为龙头的现代中药和生物医药产业集群，其中生物医药占全省50%。主要产品有血液制品、基因工程疫苗、纳米抗体生物医药等300多种。（桂宇佳）

【食品产业】2022年，长治市食品企业主要有振东五和、达利食品、沁州黄小米、潞酒、长清生物、智华牡丹油、郭氏羊汤等，初步形成保健食品加工业、小杂粮加工业、肉类畜禽加工业、软饮料制造业、淀粉制造业等五大食品加工行业。（桂宇佳）

能源工业

煤炭工业

【概述】长治市煤炭总埋藏量约906亿吨，已探明储量约294亿吨，占山西省探明储量的12%；全市含煤面积8500平方千米，占全市土地面积的61%。2022年，长治市辖区内有各类煤矿112座，批准规模17940吨/年，有15座属市级直接监管，总规模6630万吨/年。其中，生产煤矿数量96座，生产能力16150万吨/年；建设煤矿16座，建设规模1790万吨/年（在建煤矿8座，建设规模1280万吨/年;停缓建煤矿8座，建设规模510万吨/年）。

2022年，长治市生产原煤1.71亿吨，同比增长7.99%；销售商品煤1.47亿吨，同比增长4.54%；煤炭工业总产值1692.73亿元，同比增长30.90%。（郝　雷）

【煤矿绿色开采试点】 2022年，长治市有省级绿色开采试点矿井16座，占全市煤矿数量的14.3%，其中13座完成建设，涵盖充填开采、煤与瓦斯共采、无煤柱等多种开采方式，促进全市煤炭行业可持续发展。（郝　雷）

【煤矿智能化建设】 2022年，长治市有4座智能化示范煤矿，其中，山西潞安矿业有限责任公司高河煤矿通过国家能源局验收，达到一类中级智能化煤矿标准，成为山西省首座通过国家级智能化示范煤矿验收的矿井；山西潞安矿业集团慈林山煤业有限公司李村煤矿、山西长治王庄煤业有限责任公司报请山西省能源局验收，山西三元煤业股份有限公司智能化矿井建设接近尾声。全市智能化采掘工作面建成60余处，通过省市等级验收评定51处，工作面实现减人148人，减人比例23.3%，采掘效率提升，开启长治市煤炭行业数字化转型发展新局面。（郝　雷）

【煤炭生产调度】 2022年，长治市能源局通过对产煤县区和煤矿企业采取日报告、月通报、定期约谈的形式督导调度，推动煤矿高效生产。2022年全市累计生产原煤1.71亿吨，同比增长7.99%；其中，地方煤矿生产原煤5775.98万吨，同比增长15.4%，完成长治市煤炭增产保供任务。（郝　雷）

2022年5月，高河煤矿召开智能化矿井暨智能化采掘工作面验收评定会

（郝　雷　供图）

【煤矿产能新增】 2022年，长治市通过产能核增和建设矿井投产释放现实有效产能。全市8座生产矿井取得产能核增批复，净增能力390万吨每年；2座建设矿井竣工投产、3座进入联合试运转，增加产能390万吨/年；1座长期停缓建矿井恢复建设，规模120万吨/年。（郝　雷）

电力工业

【概述】 2022年，长治市各类电厂（站）共121个，总装机容量1355.96万千瓦（企业数量不含扶贫电站和普通户用电站）。其中，传统能源发电装机容量1007.6万千瓦，占总装机的74.31%（燃煤、煤气发电装机容量978.6万千瓦，占比为72.17%；余热余压发电装机容量29万千瓦，占比为2.14%）；新能源电力装机容量348.36万千瓦，占总装机的25.69%（光伏发电237.11万千瓦，占比为17.49%；风电83.33万千瓦，占比为6.15%；生物质发电6.3万千瓦，占比为0.46%；小水电4.1万千瓦，占比为0.30%；煤矿瓦斯、煤层气发电17.52万千瓦，占比为1.29%）。

2022年全市累计发电量439.90亿千瓦时，同比增长18.89%；全社会用电量217.08亿千瓦时，同比增长8.12%。（郝　雷）

【电力现货交易】 2022年，山西省鼓励发电、用电双方参与市场交易，通过市场竞争确定电价。落实战略性新兴产业发展电价综合性政策。全年长治市电力直接交易结算电量161.87亿千瓦时，同比增长20.47%，占全社会用电量的74.59%，平均购电结算均价为0.3951元每千瓦时，降低企业用电成本。（郝　雷）

【清洁高效煤电机组布局】 2022年，山西省推动现役煤电机组“三改联动”，实现基础性和系统调节性电源并重，2022年长治市完成4家企业7个“三改联动”项目改造，总装机容量315万千瓦。（郝　雷）

煤层气工业

【概述】 2022年，长治市境内有煤层气作业企业8家。其中，持采矿许可证企业3家；持探矿许可证企业6

家。煤层气作业勘查范围涉及长治市武乡、屯留、长子、襄垣等4个县区。（郝　雷）

【煤层气和瓦斯抽采】 2022年，长治市煤层气产量2.18亿立方米，同比增长22.45%；煤层气利用量7073.32万立方米，同比下降6.81%；煤矿瓦斯抽采量9.28亿立方米，同比下降0.17%；煤矿瓦斯利用量3.00亿立方米，同比增长8.37%。（郝　雷）

【油气输送管道】 2022年，长治市4区8县，除壶关外都覆盖有长输燃气管网，共计13条长输管道，管道全长662千米。长治市境内共有4家长输管道公司，设有23个场站，29个阀室。（郝　雷）

新能源工业

【新能源发电项目】 2022年，长治市能源局推动新能源发电项目建设，全市开工风电项目4个，规模29.9万千瓦；开工光伏发电项目18个，规模178万千瓦；全市新增新能源装机105万千瓦。（郝　雷）

【新能源项目】 2022年，长治市规划建设新能源供给消纳体系示范区，加快抽水蓄能、新型储能等项目建设，提高全市新能源消纳能力。鼎轮能源科技（山西）有限公司30兆瓦飞轮储能项目、锂离子电池+超级电容混合储能试点示范项目等两个新型储能项目开工。沁源、长子抽水蓄能项目进行平硐施工。（郝　雷）

国有资产监督管理

【国企改革】 截至2022年底，长治市国企改革三年行动43项指标任务基本完成。改组组建人才集团、滨湖建投公司、财通集团。协调推进市属“僵尸企业”出清，19户企业破产终结，2022年为2279名“内养”职工发放生活补助费、代缴保险共计5147万元。全面推进市属企业“六定”改革（定职数、定员额、定机构、定机制、定薪酬、定任期），管理机构减少35.6%、管理岗位减少38.9%，管理人员减少33.7%，岗位设置更加精简，管理效率更加高效。（桂宇佳）

【国资监管】 2022年，长治市工信局履行国有资本收益上交义务，上交2021年度国有资本收益合计3907.37万元。持续推进市属国有企业负责人年度经营业绩考核，11户市属国有企业营业收入累计增长28.3%，利润总额增长5.4%，职工收入增长15%，企业资产负债率下降6个百分点。完善内部审计制度，对28户国有企业开展年度审计，审计覆盖率达到90%。（桂宇佳）

城镇集体工业

【概述】 长治市城镇集体工业联合社（简称城联社）是城镇集体资产监督管理的行政管理机构，归口长治市工业和信息化局。城联社辖11个县级联社及市直32个企业单位，全系统有县营以上工商企业128户，涉及煤炭、医药化工、工艺美术、机械制造、纺织印刷等14个行业，主要产品有原煤、民爆产品、起重设备、工艺美术制品、服装鞋帽、农副产品加工等。2022年全系统工业总产值完成56.5亿元，同比增长45%；工业增加值完成29.8亿元，同比增长152%；主营业务收入完成47.2亿元，同比增长33%；实现利税34.6亿元，同比增长11%。（陈焕敏）

【城镇集体经济培育】 2022年，长治市城联社通过资源整合、资产盘活，以增加营收、逐步解决企业土地闲置问题为切入点，推动市、县两级集体经济提质增效。其中，市线材公司投建新能源汽车充电桩，抓住政策红利助推企业拓宽营收渠道；市鞋帽厂以闲置厂区利用为突破口，争取国有划拨土地收储、出让和二次改造开发重新盘活企业存量资源；武乡县城联社利用本地特色资源武乡小米成立老家农业开发有限公司，上线小米粥、小米茶、小米锅巴等系列衍生产品，打造“中国好粮油”项目品牌；上党区雄山煤业公司投资组建雄山置业，走上房地产开发、室内装修的多元化发展快车道。（陈焕敏）

【集体资产监管】 2022年，长治市城联社参照国有资产管理办法成立集体资产运营公司，上党区联社成立集体资产管理领导组，壶关县、长子县联社推行“企资社管”模式，推进集体资产监管运营规范化、程序化，实现集体资产保值增值。（陈焕敏）

【职工权益维护】 2022年，长治市城联社向困难企业职工、停产企业留守人员发放“两节”解困金100万元；为21户困难企业争取到医保兜底补贴，保障职工正常看病就医；依托基层工会组织为困难职工建档立卡、筹措资金修缮老旧职工家属院、发放慰问金。履行市城联社土地使用权人权利义务，配合“清零办”完成直属企业家属院房屋产权登记。全年接待来信来访200余人次，接待率100%，处理上级转办信访信件4件，办结回复率达100%。（陈焕敏）

中小企业和民营经济

【概述】 在“山西省中小企业一站式综合服务平台”中，2022年，长治市有重点监测企业461户，全年实现营业收入712.70亿元,同比上涨9.07%，利润总额60.62亿元。按产业分类，工业企业393户，营业收入同比上涨9%，其中制造业企业311户，营业收入同比上涨9.86%。第三产业企业68户，营业收入同比上涨10.08%。按照规模分类，中型企业营业收入同比上涨11.97%，小型企业营业收入同比上涨5.6%，微型企业营业收入同比上涨28.34%。（张孟妮）

【发展扶持】 2022年，长治市为2019年以来符合市级奖励政策的13户国家级专精特新和53户省级专精特”企业、63户“小升规”和26户持续在规企业、1户国家级双创基地和8户省级双创基地及24户完成规范化股改企业兑现市级配套奖励资金共4950万元。发挥政府资金的导向作用，提振民营经济和中小企业发展信心。市中小企业服务中心贯彻落实中共中央、国务院、省委、省政府和市委、市政府关于促进民营企业和中小企业发展的各项决策部署，代市政府起草并出台《关于培育和稳定规上工业企业的通知》，以市促进中小企业发展工作领导小组办公室名义制定《关于印发〈支持中小企业发展政策落实工作机制〉的通知》。深入开展政策宣讲，优化“长治市中小企业公共服务平台”微信公众号，设立政策速递和通知公告专项模块，及时发布各项惠企政策。2022年共发布政策措施、政策解读约1060篇，政策月览10期，阅读44123人次。整理印发国务院、工信部、省政府出台的各项稳经济、助企纾困《政策汇编》3期，专精特新《政策汇编》1期，为企业分发3000余册。（张孟妮）

【规上工业企业培育】 2022年，长治市中小企业服务中心完善重点培育库，常态化开展入企服务，支持企业发展壮大。全年培育113户企业进入规上工业企业库，12户企业退库，全年规上工业企业净增达到101户，超额完成规上工业企业净增确保69户、力争91户的重点任务。（张孟妮）

【专精特新企业培育】 2022年，长治市成立专精特新企业服务专班，跟踪培育企业，全过程指导服务。全年培育1户国家级专精特新重点“小巨人”企业——山西际安电气公司（全省仅两户），是长治市首家获此荣誉企业。成功培育国家级专精特新“小巨人”企业2户，省级专精特新“小巨人”企业8户，省级专精特新企业38户。（张孟妮）

【双创基地培育】 截至2022年末，长治市有国家级和省级小微企业双创(示范)基地19户。其中，山西唯美诺小微企业创业创新基地和长治海鸥小微企业创业园为国家级小微企业创业创新示范基地。2022年新培育省级示范基地2户、省级双创基地4户，培育市级双创基地8户。举办2022年度“创客中国”创新创业长治大赛，吸引150余户企业参赛，择优推荐30个项目参加省赛并取得优异成绩，获二等奖2个,三等奖3个,优胜奖2个,其中“Ambition3D数字孪生引擎平台”入围“创客中国”全国500强。（张孟妮）

【公共服务平台】 2022年，长治市培育2户服务机构为国家级中小企业公共服务示范平台（长治市唯美诺双创科技园有限公司、山西晋才会计师事务所有限公司），6户服务机构为省级中小企业公共服务示范平台。组织各县区及服务机构开展百县万企、中小企业服务月、“一起益企”等活动。为太行润滑油、潞安海通、长清生物等专精特新“小巨人”企业提供产学研对接、人力资源管理培训、安全生产培训等活动。（张孟妮）

【示范区创建】 2022年，长治市中小企业服务中心与高新区联合成立专班，推进中小企业高质量发展示范区创建，在山西省小企业发展促进局2022年组织的创建考核中，高新区6个方面23项指标得分均在90分以上，考核为优秀。（张孟妮）

【股份制改革】 2022年，长治市政策激励、引导中小企业进行股份制改造，建立现代企业制度，提升企业管理水平。全年有18户企业获得省级规范化股改奖励资金。（张孟妮）

【资金扶持】 2022年，长治市中小企业服务中心开展针对性的指导服务，规范申报程序，完善申报资料，实地核查项目，帮助企业争取上级资金扶持，共争取“小升规”等3项省级奖励资金3147.25万元。（张孟妮）

【人才培养】 2022年，长治市中小企业服务中心配合山西省小企业发展促进局做好企业董事长、总经理等高层人才培养工作。长治市复旦大学企业家高级研修班二期开班，共开展线上、线下课程6次。邀请复旦大学经济学院国际金融系教授朱宏飞现场讲授《新形势下中国经济形势热点与政策分析》。9月—11月举办4次线上课程，6月28日组织复旦班学员收看国务院发展研究中心宏观经济研究部部长陈昌盛讲授的“变局与出路—宏观经济稳大盘与动能释放”课程。与格局屏天下（人民网下属企业）合作举办“长治市中小企业管理骨干政治能力提升班”，突出党史学习教育和党的二十大精神等专题辅导，推进智慧课堂进企业。建设长治市中小企业人才学校，以市中小企业公共服务平

台为主阵地，在各县区设立分校，推送公益课程，持续为中小企业培育各类人才。（张孟妮）

企业选介

潞安化工集团

【概述】潞安化工集团是省属重点国有企业，于2020年11月26日正式挂牌。截至2022年，集团所属各级子公司181户，含潞安环能、阳煤化工2个上市公司，在册职工12万人。拥有6个国家级创新平台、13户国家高新技术企业、15个省级科技创新机构。2022年，潞安化工集团完成营业收入2196亿元，实现利润102亿元。年末，集团资产总额3523亿元，位列世界500强第422位、中国能源企业（集团）第21位、石油和化工企业销售收入第13位。煤炭产量首次突破亿吨大关，跨入全国亿吨煤炭企业行列。利润总额首次突破百亿元，完成经济增加值16亿元，上缴国有资本收益20亿元。（弓晓敏）

【产业转型】2022年，潞安化工集团完成10466.5万吨煤炭增产保供任务和2427万吨电煤保供任务。5月，古城煤矿专用铁路开通。高河煤矿、新元煤矿通过“国家首批智能化示范建设煤矿”验收。五里堠煤业公司矿井兼并重组整合项目竣工验收，上庄煤业公司矿井兼并重组整合项目进入联合试运转；伊田煤矿等3座矿井产能核增取得省能源局批复；推进资源申办工作。高硫煤清洁高效利用油化电热一体化项目（简称180项目）生产实现历史性突破，产量接近设计能力；年产140万吨焦化项目建成投产。煤基合成油尿素月销额首次突破亿元大关。晋华炉3.0入选第六批国家级制造业单项冠军，位列国内年度增量市场首位。47兆瓦分布式光伏发电示范项目立项。金源煤层气开发有限责任公司收购王村—夏庄区块煤层气探矿权并转采矿权。提升集团瓦斯利用水平。多元板块不断细化成本管控、拓宽创效路径，财务公司、工程公司、上海实业等经营运行质量稳步提升。制定《2023年能耗双控行动方案及2024—2025年行动规划》，开展洗选、电力能耗专项行动，65户主要用能单位能源消费总量、万元产值能耗较2022年预算指标同口径大幅超过预期序时目标。（弓晓敏）

【企业改革】2022年，潞安化工集团国企改革三年行动收官，完成深化改革提质增效专项行动年度工作任务。《“六位一体”决策工作模式建设与运作》入选国务院国资委“国企改革三年行动典型案例”。155户各级法人企业将党建工作要求写入公司章程，112户各级法人企业设立董事会，87户各级法人企业董事会实现外部董事占多数。集团入选国务院国资委“国有企业公司治理示范企业”，全省唯一一家。试点推行清能区域公司契约化改革和太化新材料等公司职业经理人。精减子分公司25户。成功召开债券持有人会议，推动重组顺利进行。（弓晓敏）

【企业经营】2022年，潞安化工集团编制实施《扭亏减亏三年攻坚行动总体方案（2022—2024年）》，成立工作专班，扭亏减亏超额完成年度考核任务。优化营销模式，主动提价竞价，增收64.12亿元。推进集中采购和盘活库存，采购成本降低3.5亿元。争取政策性资金，享受国家科技创新税收优惠政策9.5亿元，推进煤炭清洁高效利用专项再贷款7.2亿元落地。（弓晓敏）

【科技创新】2022年，潞安化工集团牵头编制完成“国家大型气化技术创新中心”建设方案。煤基全合成润滑材料山西省重点实验室具备验收条件。国泰新华化工被认定为高新技术企业；制定科学技术奖励办法以及实施细则，实施科技项目效益评价，提高科学技术奖励标准。全年获得授权专利545项，参与制定国家（行业）标准14项，潞安化工机械集团、王庄煤矿等获省科技进步奖。（弓晓敏）

【风险防控】2022年，潞安化工集团落实安全生产“十五条”硬措施和山西省56条具体举措，安全生产专项整治三年行动和危化品安全风险集中治理基本完成；开展安全生产大检查大整治大提升行动、隐患排查整治行动等活动；建立安委会制度，编制“十四五”安全生产规划，创新推广“六查”（查现场、查行为、查标准、查制度、查图纸、查事故）工作方法，出台安全绩效薪制度，试点实施“安心工资”。集团应急救援中心达到国家特级救护队标准。全面落实环保目标责任制，专设节能环保部，废水处理率100%，复用率63.53%；固废综合利用率85.25%；8座矿井铁路运输源头永久抑尘设施建成投运。构建固定资产投资管控体系，建立投资项目负面清单和后评价机制，对开工项目跟踪风险评估，试点推进投资绩效考核，项目全生命周期投资管控机制基本建立运行。融资期限“短变长”、利率“高变低”，降低借款利率，集团资金集中度达到80%，压降带息负债，资产负债率下降1个百分点。印发《全面风险管理制度（试行）》，初步构建合规管理工作机制。（弓晓敏）

首钢长治钢铁有限公司

【概述】首钢长治钢铁有限公司（简称长钢）始建于1946年，是中国共产党在太行山革命根据地建设的第一个钢铁企业(故县铁厂)。2009年8月，长钢与首钢联合重组。长钢位列2022年山西省企业100强第29名、制造业企业100强第23名。

2022年末，长钢主要装备有：65孔6米炭化室捣固焦炉2座、200平方米步进式烧结机2套、1080立方米高炉2座、80吨转炉3座、80吨LF钢包精炼炉2座、方坯连铸机5机5流1台、方坯连铸机6机6流2台、异型坯连铸机4机4流1台、棒材生产线1条、高速棒线复合生产线1条、高速线材生产线1条、H型钢生产线1条，以及熔剂、动力、发电、制氧等公辅设施。

2022年，长钢围绕首钢“十四五”发展战略布局，提前完成8号高炉系列检修重点工作，快速达产达效并建立起新的生产组织平衡，完成年度经营生产任务，主要工序制造成本保持行业前列水平，铁钢材产量、自发电量、高炉利用系数、库存资金占用等33项经营指标54次创集团历史最好水平。长钢被工信部评为“绿色工厂”企业，获首钢“六好班子”“长治市质量奖”和“建筑钢材质量品牌示范基地”等称号。（郑艺丹）

【生产指标】2022年，长钢生铁产量239.93万吨，比2021年降低5.75%；粗钢产量273.88万吨，比2021年降低9.08%；钢材产量272.47万吨，比2021年降低8.73%；焦炭产量123.25万吨，比2021年降低4.26%；实现主营业务收入123.66亿元，实现税金3.07亿元，实现利润总额4.27亿元。（郑艺丹）

【安全管理】2022年，长钢继续完善安全生产制度体系，修订完善《安全生产责任制》等5项安全生产制度，修订岗位安全职责905条，量化清单1215条、考核清单2193条；组织开展安全风险再辨识116项，制定管控措施179项，新增岗位隐患排查标准814条，删除65条，修订32065条；完成安全生产、职业卫生主要负责人和安全管理人员培（复）训181人次、防爆电气和化工自动化控制仪表作业培训20人、组织629名特种作业人员培（复）训；全员安全生产教育办班36期，培训6300人；完成32个本质化项目和40项本质化课题攻关，风险值由4107降低至615.6，降幅85%；将“钢八条”“粉六条”“有限空间四条”等18项违法行为纳入双控系统隐患排查标准，实施滚动式对标排查整治，对12家生产单位排查隐患464项，全部完成整改。全年迎接各级安全检查128次；重伤以上事故为零，群体性伤害事故为零，职业病发病率为零，百万工时伤害率控制在年度指标范围内。（郑艺丹）

【环保管理】2022年，长钢围绕废水、废气、固体废物三个关键环节构建循环经济产业链，协同推进降碳、减污、扩绿，环保绩效评定为B级企业，实现生态环境质量改善由量变到质变；环保成本管控列入公司专项成本管理，全年吨钢环保成本比计划降低0.22元；实施环保治理项目25项，组织42场治理方案和优化专业审核、2场环保治理技术交流;迎接国家、省、市、区各级政府部门环保检查146次，均符合环保管控要求。长钢获“钢铁绿色发展标杆企业”“钢铁行业绿色好技术”“山西省春节蓝功勋企业”“山西省第一批节水型企业”等荣誉，被工业和信息化部评定为“绿色工厂”。（郑艺丹）

【设备管理】2022年，长钢持续强化岗位点巡检、专业点检，及时发现潜在故障；对故障原因、维修数据剖析，总结出有效预防性维护措施，设备非计划停机率0.822‰；制定《提高高炉全寿命管理，延长高炉定修周期攻关方案》，持续巩固高炉4个月定修周期，两座高炉计划检修时间90.83小时，比2021年降低25.17小时；全年设备计划性检修4174项，实际用时11196小时，较预算指标节约941小时。（郑艺丹）

【能耗控制】2022年，长钢动态调整焦炉煤气供应量，加强转炉煤气回收量攻关，实现8号高炉系列检修前后煤气资源的高效利用；坚持源头减量化用水和循环用水，重点开展供水管网漏损治理和排水指标监控，实施生产区水管和辛安水管改造，吨钢新水消耗1.75立方米，比2021年降低0.04立方米/吨，获得“山西省第一批节水型企业”称号；应对电力价格上涨和新收费政策，推进“避峰填谷”用电，根据不同时段电价调整生产和用电模式，全年自发电总量8.04亿千瓦时；制定《外转能源管理办法》，开展外转用能安全检查、计量运行排查等专项监督检查工作，实现外转能源“预收费”和“零欠费”，全年外转能源实际收取费用1900.2万元。（郑艺丹）

【降本增效】2022年，长钢安排降本增效任务2.3亿元，完成4.20亿元，完成比例183%；全年内部工作增效8.33亿元,吨钢增效301元。铁前“三个一体化”联动降成本，优化配矿、配煤结构，建立“港口配料预测算－按需采购发运－生产消耗预警”管理机制，动态调整港口布局和运输方式，确保到厂成本最优，全年冶金焦成本行业排名第5；铁成本2976元/吨，行业排名第4；钢后提高生产效率增效益，转炉冶炼周期29.59分钟，比2021年降低1.83分钟，转炉定修周期由1000炉延长到1500炉；“一罐到底”全年综合比例85.54%，减少铁水温降35摄氏度，创实施以来最好水平；高棒速度由34米/秒提至35米/秒，型钢开坯机轧制时间减少35秒，全年低合金坯制造成本行业排名第11位，Ⅲ级螺纹钢制造成本行业排名第12。（郑艺丹）

【新产品开发】2022年，长钢持续巩固完善新产品研发工作，生产40Cr、Q355B、45-1、锚杆钢系列等品种钢26.25万吨，较2021年提高13.47万吨；加强炉后精炼和全保护浇铸工艺管控，优化中间包和塞棒结构，细化烘烤操作，产品单浇次炉数稳步提升，45-1、40Cr产品1/3热顶锻合格率稳定在95%以上，部分月份顶锻合格率达100%；新产品综合质量异议为零。强化新产品开发过程控制、技经指标控制和成本控制，45-1产品与对比产品成本差值由74元/吨缩小为60元/吨，40Cr产品成本指标与同行企业持平，Q355B产品成本指标优于对标企业，实现正贡献。新开发HRB400aE/HRB500aE钢筋混凝土用耐蚀钢筋、HRB600高强度热轧带肋钢筋，产品高强化发展取得实质进展；产品销售区域覆盖山东、江苏、河南、四川、浙江等地20余家重点用户，Q355B、40Cr邯郸市永年地区市场占有率由15%提升至45%。（郑艺丹）

【8号高炉系列检修】2022年，长钢8号高炉系列检修投资6.03亿元，涉及19个项目，是长钢单次投入最大、项目最多、涉及工序最广的一次检修。公司层面召开12次检修专题会，确保各系统准备到位；2月10日检修正式开始，历经57天，于4月7日9时19分点火开炉，4月8日1时6分顺利产出第一炉铁水，提前三天完成系列检修任务。（郑艺丹）

【直轧改造】2022年2月10日至4月6日，长钢实施8号连铸机直轧改造，与棒材、棒线产线形成互联互通的直轧路线，加强连铸机和棒材、高线的高效对位，减少停机时间，直轧率累计达65.37%，棒材具备螺纹钢全直轧条件；该项目申请专利14项，已授权6项；全年直轧量56.60万吨，比2021年增加44.94万吨。（郑艺丹）

【非钢辅业发展】2022年7月，长钢与5个自主经营单位签订新一轮自主经营目标责任书，探索扩大深化内部子公司管控模式改革，以瑞昌为试点制定并实施《深化瑞昌水泥子公司管控体制及机制改革工作方案》；调动自主经营积极性，运输部构建“汽运+铁运”平台安全管理体系，开通发往水钢、通钢焦炭专列新业务，全年超额完成利润57万元；瑞昌水泥配加钢渣达立磨产量的13.68%，比2021年增加3.22%，刷新矿渣超细粉生产行业钢渣最大掺配比；附企公司完成废钢项目股改和幼儿园托管工作，长治市钢城附企再生资源利用有限公司顺利进入工信部符合准入条件企业名单；保留参股公司长沁、川空、山西首钢工程及长治生物质公司均完成年度预算目标。（郑艺丹）

【技术质量创新】2022年，长钢4项科技项目参加山西金属学会科技成果评价，《国产高速棒材生产品种钢关键装备及工艺技术集成》等2项目评价为国际先进；《大中型石灰套筒窑绿色低氮低耗关键技术研发与应用》和《多煤种交叉高效采制样设备技术集成》评价为国内领先和国内先进；全年申报专利71项，其中发明专利13项；5个QC小组、3个质量信得过班组获得省优特等奖，炼铁海岸灯塔QC小组、炼钢厂钢渣加工班组获国优称号；长钢获“长治市高质量创新团队”称号。（郑艺丹）

【人才队伍建设】2022年，长钢颁发《首钢长钢落实〈加强首钢各级领导班子和领导人员队伍建设三年工作方案（2021—2023年）〉实施细则》，修订《首钢长钢领导人员选拔任用工作办法》《首钢长钢领导班子和领导人员管理评价办法》等制度，提升领导人员选拔任用工作科学化规范化水平；开展公司党委联系专家工作，建立联系服务专家库；招聘82名高校毕业生，选派3名职工参加2022年首钢中青年领导人员培训班；成为首批冶金行业职业能力评价机构（022站），71个职业纳入职业能力水平评价范围；涉及40个工种的33名高级技师、106名技师、7名高级工、829名中级工取得技能等级证书；深化人才评聘机制改革，首次实施“评聘分离”，明确各单位主管师、首席技师及以上职务职数，突出基层单位用人主体责任；推进择优升级工作，1852人进行工资和津贴调整，月增资25.58万元；继续落实优化提效政策，推进以劳动合同管理为基础的市场化用工机制，全年钢铁主业劳产率751吨/人·年；承办首钢2022年职业技能竞赛维修电工和物理性能检验员（金相）两工种决赛；参加首钢2022年职业技能竞赛，获首钢竞赛优秀组织单位荣誉，7名选手获首钢技术能手称号、2人获优秀教练称号、2人获优秀工作者称号；参加山西省第三届职业技能大赛，2名选手分获电工项目一、二等奖；参加第十九届北京工业和信息化竞赛，2名选手获“北京市工业和信息化高级技术能手”称号。（郑艺丹）

山西航天清华装备有限责任公司

【概述】2022年，山西航天清华装备有限责任公司（简称清华公司）实现营业收入330391万元，利润总额25358万元，净利润23030万元，经

济增加值24882万元，全员劳动生产率27.08万元/人•年。（张　童）

【质量能力提升】 2022年，清华公司完成三年质量能力提升工程，通过质量管理体系监督审核，开展质量提升专项行动和型号任务“十大风险”识别控制，推广自动化检测及数据采集，制定精益质量管理体系建设方案，实施供应商穿透式管理，构建供应商能力评价体系，开展群众性质量改进活动，获得“全国质量信得过班组”2个、“山西省质量管理小组活动成果一等奖”2个、“航天先进质量管理小组”2个、“航天优秀质量管理小组”1个、“全国质量工匠”1人。（张　童）

【深化改革】 2022年，清华公司落实战略闭环管理要求，发布“十四五”综合发展规划，制定三年滚动计划和年度综合经营计划。完成国有企业改革三年行动计划，推动自主性改革，开展组织机构改革效果评价，发布新版组织管理手册，强化专业委员会管理，推进企业办社会职能分离移交，完成清华职工医院资产无偿移交长治医学院工作。完成控股公司发展论证报告和章程修订、董事会职权方案、“三会一层”职权事项清单等各项改革任务。钢结构公司完成外部股权收购，汇信公司取得二级保密资格，钢结构公司、汇信公司装备承制资格具备现场审查条件，推进控股公司转型发展。（张　童）

【工艺技术】 2022年，清华公司开展铝合金、镁合金等材料应用技术研究，突破高端精密结构件制造、深熔弧高效焊接技术等重大技术瓶颈，实现搅拌摩擦焊、机器人自动喷涂等先进技术工程应用，开展各类竞争择优项目开发和辅助设备研制工作。（张　童）

【创新体系和平台建设】 2022年，清华公司与哈尔滨工程大学等高校开展合作，与2所职业院校签订战略合作框架协议。以国家企业技术中心建设为契机，推动省热处理与表面处理工程技术研究中心等创新平台协同发展，申报以高速重载电动缸工程研究中心和航天复杂异形件智能制造山西省重点实验室等创新平台。全年申请专利40项，其中国防专利10项，国际专利1项。（张　童）

【企业管理】 2022年，清华公司开展重点项目绩效管理，推动核算会计向管理会计转型，深化成本价格管理，成本价格数据库建设取得阶段性进展，完成审报价工作，推进业务与财务融合。开展合规管理自查自纠、风险管理专项提升和内外部审计，初步建立风险监测指数体系，推动审计工作向效能增值型转变。落实法治建设第一责任人职责和总法律顾问制度，加强合同及法人授权管理，推动控股公司法治建设，推进法律纠纷案件三年清零行动，获省国防科技工业系统“法治建设先进单位”称号。以固定资产投资领域为试点推进精细化流程体系建设，构建新版规章制度管理框架，制度体系有效运行。设计仿真一体化平台建设完成、数据决策系统上线运行、MES系统分步实施，数字化建设持续提速。细化全周期资产管理，开展固定资产效能效率分析，为优化资源配置和经营决策提供支撑。（张　童）

澳瑞特体育产业股份有限公司

【概述】 澳瑞特体育产业股份有限公司成立于1991年，是从原长治自行车工业公司分离出一部分组建的国有企业。2001年12月进行股份制改制，2011年搬迁入驻长治市漳泽新型工业园。截至2022年，公司生产有氧健身、专业力量训练、综合训练、康复医疗器材以及室外健身路径等十几大类500多个品种的系列健身器材，是国内最早从事健身器材研发生产的专业化企业之一、中国文教体育用品协会副理事长单位、中国体育用品业联合会副主席单位。2022年，公司先后获山西省纳税信用A级企业，武器装备科研生产单位二级保密资格等资格证书。获得专利授权5项，实用新型5项。（史小虎）

【产品研发】 2022年，澳瑞特公司推进室外产品、体能训练、运动康复、单位健身产品的开发与完善，完善重点产品的技术与生产条件。加强新产品研发，拓宽企业产品线；拓展单位健身房市场，部队市场，运动康复市场销售渠道；支持各地经销商建立示范工程、样板工程；引导销售商执行产品ABC类产品供货模式，收回市场拓展差的销售网点重新开发；适应多品种、多频次、小批量生产组织方式，通过新装备、新工艺的应用持续提高生产效率和产品质量。根据全民健身市场的需求变化，全年进行新产品研发项目29项，完成批量生产产品8种。全年补充完善体育公园产品，重点开发室外体能测试站，亲子双位漫步机，互动健身车，打击乐类产品等品种；在室内健身器材产品方面，共开发体能锻炼类产品，力量型锻炼产品，有氧锻炼类产品共计20个品种。2022年，澳瑞特公司推出的社区运动健康促进中心解决方案集生理指标、体质监测、运动前年评估、运动干预指导、运动伤病防治、体育科普和科学健身指导等功能于一体，可满足社区居民运动健身需求。室外少儿智能互动健身车，可增强儿童耐力，在锻炼的同时获取地理知识，体现体教融合，体智融合的设计理念。全年实施6个品种运动康复产品的补充开

发，丰富运动康复器材产品线。公司研制的太空健身器材全部完成交付使用并在轨运行。（史小虎）

【参与标准制定】 2022年，澳瑞特公司参与《老年人室内健身器材 通用要求》《非固定式健身器材 哑铃和壶铃》2项团体标准编制工作；主持《移动真冰场技术规范》《中小学体育器材和场地 第1部分：体育器材的通用要求和试验方法》2项国家标准的编制工作；其中GB/T19851.1《中小学体育器材和场地 第1部分：体育器材的通用要求和试验方法》于2022年7月正式发布；确认参与GB17498的第4、5、9《室内固定式健身器材 安全要求》国家推荐标准起草工作；山西精品《智能室外健身器材》团体标准、编制说明编制工作。（史小虎）

【市场开拓】 2022年，澳瑞特公司拓展单位健身房市场，部队市场，运动康复市场销售渠道；支持各地经销商建立示范工程、样板工程；引导销售商执行产品ABC类产品供货模式，收回市场拓展差的销售网点重新开发。9月1日至5日在北京首钢园参加以"体育让城市更精彩"为主题的2022年中国国际服务贸易交易会。加强在专业媒体《中国体育报》《文体用品与科技》《航天员》《健与美》等广告投放。利用微信公众号和公司网站推动健身运动知识的传播，加大市场推广力度和品牌知名度。采取更加主动的支持措施，帮助各地建设示范工程，以示范工程巩固品牌形象，带动产品销售。室外智能健身房产品推出后，迅速在陕西、河南、贵州、安徽、北京、福建等地做成试点推广，确保品牌在市场上的占有和影响力。完成西安唐遗址公园、合肥学林公园等的健身设施建设，继续累积体育公园示范工程。（史小虎）

【质量建设】 2022年，澳瑞特公司新增加加工中心、数控弯管机、激光焊机、自制测功机；投入焊接工装109套、冲压模具19套、各类夹具46套、检测量具89套，提高产品质量，改善员工劳动强度。引入航天产品的质量问题归零理念。推动公司按照医疗体系进行各项规范，完善技术、工艺文件，补充检测规程和采购标准，通过整理现场、制作工装、完善记录以及量具和老化试验机配置。在日常工作中，落实各项质量制度。（史小虎）

淮海工业集团有限公司

【概述】 淮海工业集团有限公司（简称淮海集团）隶属于中国兵器工业集团公司，于2011年由山西北方惠丰机电有限公司和山西淮海机电有限公司重组成立。淮海集团是国家重点保军企业，前身为抗战时期八路军总部在敌后根据地创建的规模最大的兵工厂——黄崖洞兵工厂。淮海集团占地面积560余万平方米，建有国内一流水平的计算机网络中心、半实物仿真实验室和国内第一条非硅MEMS中试生产线，是一个集高技术产品研发、精密加工、压铸、锻造、表面处理、总装总调、检测试验等为一体的军民品科研生产基地。2022年，淮海集团实现营业收入8.9亿元，补贴前利润256万元，全员劳动生产率11.89万元/人·年，经营活动现金净流量为7.04亿元，经济增加值1798万元。（陈保军）

【国企改革】 2022年，淮海集团推进国企改革三年行动任务，87项任务全面完成。特车公司实现市场和利润"双增长"，被工业和信息化部评为专精特新"小巨人"企业。推进完成家属区照明、供水、电梯等公建部分供电切改，节约资金1600余万元。推进342厂高负债子企业专项治理，年内减亏51.07%。（陈保军）

【工艺创新】 2022年，淮海集团计划工艺创新项目44项，实际完成42项。其中，"多工位气动轴承清洗机推广使用"项目大幅减轻操作工劳动强度。"突破电子部件外观检测瓶颈"项目对重点产品电路部件的焊接质量验收建立外观检测数据库，实现准确发现问题，快速检测实效。"通过优化热冲凹模的热处理及加工工艺方法，解决重点产品热冲凹模耐月度低的问题"项目使每个凹模生产由1000件提高到1850件。（陈保军）

【安全生产】 2022年，淮海集团推动39个单位3471人建立岗位安全生产责任清单。制定实施《安全生产体系化流程化管理办法（试行）》《淮海集团"人机黑"专项工作方案》，年度实现156人撤到后台。开展安全风险隐患大排查大整治，排查发现各类问题675个，推动问题整改闭环。组织开展环境监测529次，监测指标2144项次，污染物做到稳定达标排放。全年转移处置污泥25吨、废油漆桶3.3吨、废油漆1.7吨和废化学试剂7.11吨。（陈保军）

【质量建设】 2022年，淮海集团围绕6个方面组织开展质量专项整顿，提升公司质量管理水平。接受军方专项督导检查、装备承制资格扩项审查、质量管理体系诊断等15次专项检查，对检查中发现的问题，组织进行整改闭环，完善质量管理体系。全年开展售后服务54次，得到用装部队好评，满意度达到100%。（陈保军）

【人才培养】 2022年，淮海集团引进各类人才35人，其中硕士7人。新增集团公司首席技师1名、科技带头人 2 名、关键技能带头人 4 名，2 人入选兵器集团“青年英才”培养计划。工作室联盟完成攻关项目 93 项。开展各类培训班 1034 个，培训 31074 人次，84 人通过认定晋升技能等级。工资总额发放 29776 万元，职工平均工资 9.1 万元 / 人 · 年，较上年增长 22.8%。争取到稳岗补贴、一次性留工补助 287.85 万元、技能提升补贴 91.85 万元、素质提升补贴 32.06 万元。对 22 个科研项目实施激励 879.34 万元，发放安全激励 980 余万元。

（陈保军）

建筑业

【概述】 2022 年 11 月，长治市政府办公室印发《长治市实施建筑业提质行动若干措施》，围绕提升本地企业竞争力、鼓励市外企业落户、提升企业市场拓展能力、加速推进行业转型发展和优化建筑市场环境 5 个方面，提出支持建筑业发展的 15 条具体举措，促进建筑业经济发展稳中有升。2022 年，长治市完成建筑业总产值 326 亿元，同比增长 1.2%，总量位居全省第二，增速位居全省第五。（梁　晨）

【建筑市场监管】 2022 年，长治市共撤（注）销 29 家不达资质标准要求的建筑企业资质。加快绿色建筑发展，全市新建项目 146.15 万平方米全部执行绿色建筑标准，其中，公共建筑和绿色示范区内新增项目，全部执行绿色建筑一星级标准。推进装配式建筑，新开工装配式建筑项目 21 个，合计 33.75 万平方米，占全市新建建筑面积的 23%。（梁　晨）

【建筑业生产规模】 从构成看，建筑工程产值依然占据绝对主体地位。2022 年，完成建筑工程产值 303.2 亿元，占建筑业总产值的 93.0%，同比增长 5.1%；安装工程产值 15.5 亿元，占建筑业总产值的 4.8%，同比增长 30.3%；其他产值 7.3 亿元，占建筑业总产值的 2.2%。

从行业看，建筑业市场仍然以房屋建筑为主。建筑业市场的四大行业中，房屋建筑业完成的产值达 236.1 亿元，占全市建筑业总产值 72.4%，其中住宅房屋建筑完成的产值为 227.8 亿元，占房屋建筑业比重高达 96.5%。其次，土木工程建筑业完成的产值为 78.3 亿元，占全部总产值 24.0%，建筑安装业完成的产值为 4.2 亿元，占总产值比重为 1.3%，装饰装修业完成的产值为 7.4 亿，占全市建筑业总产值 2.3%。

从资质等级看，特级企业有 1 家，一级资质建筑业企业 8 家，完成建筑业总产值 218.8 亿元，占全市建筑业总产值的比重为 68.0%；二级资质建筑业企业 94 家，完成建筑业总产值 39.1 亿元，占全市建筑业总产值的比重为 12.1%。（长治市统计局网站）

【新签合同额】 2022 年，长治市资质以上建筑业企业签订合同额 677.1 亿元，同比增长 6.2%，增速比上年同期回落 2.2 个百分点。其中，上年结转合同额 206.8 亿元，同比下降 4.3%；2022 年新签合同额 470.3 亿元，同比增长 11.6%，增速比上年快 16.8 个百分点。全年新签合同额占全部签订合同额的 69.5%。（长治市统计局网站）

【国有控股建筑业企业】 2022 年，长治市在库国有及国有控股建筑业企业 18 家，占全部总承包和专业承包建筑业企业数比重 4.4%，完成建筑业总产值 219.6 亿元，同比增长 14.1%，增速高于全部建筑业企业 12.9 个百分点，国有及国有控股企业产值占全部建筑业产值比重 67.4%，比上年提高 7.6 个百分点；签订合同额 491.6 亿元，增长 5.9%，增速低于全部建筑业企业（6.2%）0.3 个百分点，占全市合同额的 72.6%；从事建筑业活动的平均人数 41462 人，增长 17.5%；完成房屋施工面积 2162.0 万平方米，增长 4.6%，占全市的 79.0%。（长治市统计局网站）

【建筑业发展存在问题】 2022 年，长治市建筑业在产业规模上及发展质量上仍存在一些问题。

建筑企业整体竞争力不强。长治市建筑企业数量不少，但规模不大、资质不高。2022 年，长治市 409 家资质内建筑企业中，三级及以下资质的企业有 303 家，占全市建筑业企业总量的 74.1%，完成的产值仅占全市的 18.8%。受限于资质等级不高，一些中小企业承揽项目机会较小，只能承接一些小工程，很多中小建筑企业走得不远、发展不快。能走出去的大企业数量有限，建筑业整体竞争力不够强。2022 年，长治市在库建筑企业在外省完成产值 21.5 亿元，占全市建筑业总产值的 6.7%，比上年下降 1.2 个百分点。

用工结构性短缺凸显。2022 年，长治市资质内建筑企业年末从业人员为 53486 人，同比下降 2.2%。其中，工程技术人员为 8228 人，同比下降 11.9%，占从业人员的比重为 15.4%，较上年回落 1.7 个百分点。据生产经营景气状况调查，409 家建筑企业中 58.4% 的建筑企业存在“招工难”的问题。企业招工过程中，最缺乏的人员类型是高级技工、普通技工和经营管理人员，分别占比 31.5%、23.7%、16.1%。建筑行业人员临时性和流动性大，企业不愿意为培养技术工人投入合理的成本，导致技术熟练工人供求关系的失衡。同时，二、三级施工企业各项人才保障措施相对匮乏，引进的人才难以获得进一步自我提高和发展空间，也会造成人才流失。

建筑业企业流动资金存在压力。从生产经营景气情况表的调查结果来看，有工作量的360家建筑企业中，有90家存在不同程度资金周转紧张的情况。受新冠疫情和经济下行压力的影响。钢铁、水泥、黄沙等建材价格偏高，人员工资逐渐攀升等多重因素的影响，企业生产经营成本不断提高，企业盈利空间被压缩；建筑业企业经营过程中垫资现象比较普遍。在90家资金周转紧张的企业中，有63家反映资金回笼慢的问题，导致企业资金链比较脆弱，容易使企业经营陷入困境。再加上近两年房地产行业不景气，商品房去化周期长，一定程度上加剧建筑企业的资金压力。

建筑业企业县域发展不平衡。受区域位置、交通、市场、等因素影响，全市建筑业企业主要集中在潞州区。从企业数量看，全市409家建筑企业中，有309家集中在潞州区，占全市企业总量的75.6%。从完成的建筑业总产值看，潞州区和屯留潞州区完成的产值264.2元，占全市的81.0%。屯留区完成总产值39.5亿元，占全市的12.1%，其他10个县区的产值占全市的6.9%。从同比增速看，沁县、潞城区、襄垣县、黎城县四个县的产值呈现负增长，增速最高和最低的县之间相差187个百分点。

（长治市统计局网站）

商贸服务业

综　述

【概述】 市商务局成立于2005年3月，由原市财委、外贸局、商业局合并组建，主要承担开发区改革创新发展、服务业统筹协调、商贸流通行业管理、对外贸易发展、利用外资、外经合作、直属企业管理等工作职能，工作领域涵盖批发、零售、住宿、餐饮、成品油经营、汽车销售等33个行业，协调、服务、监管10万余户商贸主体企业。承担11个省级以上开发区和4个市级开发区的协调、服务、监管和考核工作。受市政府委托，市商务局履行归口管理职能，统一协调财政、供销、税务、烟草、银行、保险等20个单位。全市社会消费品零售总额完成663.7亿元，同比下降0.5%，增速位居全省第四。 （崔　蕾）

【市场体系建设】 2022年，长治市商务局申报各类内贸流通政策资金及试点示范项目。启动县域商业体系建设，联合市财政局、乡村振兴局出台《长治市加强县域商业体系建设实施方案》，推荐上报长子县、屯留区开展2022年度县域商业建设项目工作，争取中央财政支持资金1369万元。争取省级现代服务业发展引导专项资金252万元，支持网络零售企业扩大销售、新业态新模式发展、步行街改造提升等；城隍庙广场、潞州区获评首批省级夜经济生活集聚区和夜经济试点城市；晋味美、八义窑被认定为第三批“三晋老字号”；长子炒饼、潞城甩饼、长子猪头肉被评为山西名吃；晋峰、潞州宴、天仁聚驴肉香被评为山西名店。 （崔　蕾）

【市场主体培育】 2022年，长治市商务局强化市场主体倍增要素服务保障，设计印制《政策摘录》画册，加大入企服务力度，多形式开展宣传、促政策落实落地。2022年，全市新入库商贸流通企业200家；限额以上消费品零售额192亿元，增速5.2%，高于全口径增速5.7个百分点、高于全省平均增速（-2.9%）8.1个百分点。2022年，全市批发和零售业市场主体累计净增量22080户，住宿和餐饮业市场主体累计净增量9619户，分别排全市各行业第一位和第三位，占全市市场主体净增量的47.72%。2022年，批发和零售业实有市场主体151496户；住宿和餐饮业实有市场主体40192户。 （崔　蕾）

【单用途商业预付卡和直销企业管理】 2022年，长治市商务局开展单用途商业预付卡和直销行业专项治理，共排查企业30余家，对金威超市、博源超市、永辉超市等重点单用途商业预付卡发卡企业进行专项检查，对安利、完美等直销企业进行重点检查，营造安全放心的消费环境。 （崔　蕾）

【汽车流通领域行业监管】 2022年，长治市商务局印发《关于进一步加强汽车流通领域行业监管工作的通知》，联合潞州区商务局开展持续2个月的专项检查活动，规范汽车销售、二手车交易、报废机动车回收拆解行业经营行为，保障消费者合法权益。贯彻落实《二手车流通管理办法》等政策要求，提升二手车交易市场发展水平，组织召开全市二手车行业管理工作会议，安排部署二手车经营主体备案工作，从备案流程、发票申领、协作共治等方面对全市20家二手车经营主体的经营行为进行规范。 （崔　蕾）

电子商务

【概述】 2022年，长治市网络零售额39.73亿元，总量全省排名第三，同比增长79.9%，增速全省排名第一。其中，实物商品网络零售额30.35亿元，增长214.6%，增速全省排名第一。

（《长治日报》）

【市场主体培育】 2022年，长治市商务局加大电子商务领域市场主体培育、引进、服务力度，争取省级项目资金支持。“京东中国特产·长治农特产馆”正式上线，集中展示销售上党潞党参等道地中药材产品；“浪花周末”本地生活服务电商平台落地运营，成为山西省首家“文旅+本地生活”板块自建数字营销系统平台服务商；“九菜网”生鲜蔬果配送电商平台依托紫坊农贸市场稳步发展，在潞州区发展107个“团长”。

（《长治日报》）

【乡村e镇】 2022年，长治市成功申报两批共10个乡村e镇培育项目，争取到省级财政扶持资金1.6亿元（到位4600万元）。其中武乡小米乡村e镇、壶关县旱地西红柿乡村e镇、平顺县太行电商小镇乡村e镇、潞城区大葱乡村e镇、黎城县黎侯乡村e镇5个项目列入第一批，扶持资金7000万元（先期拨付2800万元）；屯留、襄垣等5个乡村e镇列入第二批，扶持资金9000万元（先期拨付1800万元）；截至年底，潞城、平顺、武乡、壶关、黎城5个乡村e镇完成公共服务中心、展示中心、物流配送中心主体结构建设。

（崔　蕾）

【电商服务】 2022年，长治市商务局强化市场主体倍增要素服务保障，与市政府招商中心、市中小企业服务中心等多部门联动，出台一系列助企惠企政策。依托京东（长治）数字经济产业园，带动京东服务商落地运营，引进艾克兰斯、小亿互联网等龙头电商企业，其中，艾克兰斯公司实物商品年网络零售额超4亿元，规模全省第一。截至年底，全市拥有电商企业1247家，网络店铺29008个。

（《长治日报》）

供销合作

【概述】 长治市供销合作社联合社（简称长治市供销社），为参公管理事业单位，有直属企业14个，联系省属单位2个，市级行业协会6个。12个县级供销社也均为参公管理事业单位，县直企业80个，基层供销社160个，综合服务社2298个，县级行业协会48个。2022年，全市供销系统购进总额实现255.24亿元，同比增长3.72%；销售总额实现269.83亿元，同比增长3.31%；社有企业实现汇总利润305.9万元。长治市供销社被省供销社评为全省供销社系统2022年度综合业绩考核先进单位一等奖，长治市供销社监事会被中华全国供销合作总社表彰为2022年度社情民意工作先进联系点。

（郭子畅）

【农业社会化服务】 2022年，长治市供销社持续不断深化供销社综合改革，推动供销社由流通服务向全程农业社会化服务转变。按照县有惠农运营中心、乡镇有惠农服务中心、村有惠农服务站的思路，通过基层供销社自建、联合专业合作社共建、与农业企业合建等方式实施“农业社会化服务惠农工程”。2022年新建惠农服务中心5个、提升惠农服务中心5个；新建惠农服务站10个、提升惠农服务站5个；新建庄稼医院3个、改造庄稼医院2个；为农民和各类新型农业经营主体提供耕、种、管、收、加、贮、销等全程托管、环节托管服务，全年新增土地托管面积6.65万亩，新增农业社会化服务土地面积15.66万亩次，新增服务农户2.92万户。

（郭子畅）

【“三社”建设】 2022年，长治市供销社持续推进基层社、专业合作社、综合服务社“三社”建设。改造基层社12个，提升为农服务能力；领办创办农民专业合作社及联合社4家，提高农产品市场化、组织化程度；新建农村综合服务社43个，开展技术培训、餐饮洗浴、养老幼教等服务。

（郭子畅）

【“三位一体”综合合作】 2022年，长治市供销社学习浙江经验，以组织建设为抓手，探索“三位一体”（生产、供销、信用）综合合作。潞城、襄垣、武乡3个县区有30%以上乡镇成立乡镇农合联，开展生产合作、供销合作、金融合作等联合服务。武乡县探索开展“银供联合授信、金融普惠服务”工作，授信732户，授信金额9860万元，用信3826万元。（郭子畅）

【社企改革】 2022年，长治市供销社坚持市场化改革方向，以增强经济实力和提升服务能力为根本，以规范完善制度和提升治理效能为中心，以引领龙头项目和发展新型业态为突破，推进社有资本和社有企业做强做优。“现代管理”助力社企改革，开辟市场化发展新路径。市县成立社企改革工作专班13个，结合实际，因地制宜、一企一策制订改革方案（草案），明确改革任务，确定改革举措，统筹推进公司制改革。建立健全理事会、社有资产管理委员会、社有资本投资运营平台、社有企业四级管理体制。潞城、襄垣等10个县区建立社资委；平顺、武乡等8个县区建立社有资本投资运营平台，潞城、武乡等

2个县区筹建本级合作发展基金，从资产、资本、资金方面加强社有资产管理，确保社有资产保值增值。开展“三降两清一扭”专项行动。上党区、屯留区和黎城县社有企业资产负债率较2021年末下降超1.5个百分点，义合源下降达23.7个百分点；长子、黎城2个县级社和储运、瓜果市场、欣鑫合3个市级社有企业三项费用率同比下降；平顺、潞城完成3家“僵尸企业”的清理工作。（郭子畅）

【特色产业发展】 2022年，长治市供销社围绕“特色产业、新型业态”发展战略，把项目建设作为推动改革发展的抓手。投资473.5万元实施培育壮大工程项目，建设长子、襄垣、壶关3个县6个项目，夯实基层发展基础。沁县供销社被总社列为2022年度县域流通服务网络培育强县，改造提升县级物流配送中心1个、乡镇综合超市2个，农村流通服务建设得到强化。平顺县建成“供销到家”仓储物流项目，开设实体店铺2个，日配送订单量超万元，年销售特色农副产品近300万元。（郭子畅）

【社企经营】 2022年，长治市供销社深入长治职业技术学院进行座谈并邀请师生到社有企业调研，在电子商务、梅杏种植和人才培养等方面进行试点合作，探索乡村振兴产教学研深度合作新模式；市农资公司与长子县宋村、鲍店供销社合作，签订无人机飞防作业协议，联合开展蔬菜病虫害防治；义合源公司引导实体商户开展线上“直播带货”，年销售额达2000多万元，线下筹划利用流动“大篷车”到乡镇去“赶集”，打通为农服务“最后一公里”；金鑫瓜果批发市场组建疫情防控队伍，调度市场货源供应，严抓食品检验检疫，保障市场商品供应不断档、不脱销、不恶意涨价，年交易额达6亿元。（郭子畅）

石油销售

【油品销售】 2022年，中国石化销售股份有限公司山西长治石油分公司（简称长治石油分公司）以推广高标号汽油、创新营销方式为发力点，推动机出汽油销量稳中求进。汽油以多平台、少投入为突破口，打造“周二品牌日”“周四会员日”，推广“爱跑”品牌汽油，借助微信群、朋友圈、抖音等平台，加大推广宣传力度；依托行业协会，与区域内中石油、中化、延长壳牌等竞争对手建立起价格定期磋商机制和座谈机制，优化市场环境；优化第三方营销资源，与云闪付、建设银行、支付宝、微信等多家平台合作推广线上优惠活动。与百度地图合作推广高标号汽油，带动汽油销售。柴油以机出小额配送为抓手，采取定向优惠、“柴油豆”等活动开拓柴油市场，下发《2022年下半年小额配送考核激励办法》，达到增量增效的目标。（曹　方）

【加油站现场管理】 2022年，长治石油分公司通过以会代训、现场教学、量化考核等方式，不断加强加油站现场管理。在全省加油站服务提升考核考评中，长治石油分公司累月“综合考评”及年度“验收考评”得分皆排名全省第一，被省公司评为服务提升“先进地市公司”。全年线上评价131.46万次，占全省892.13万次的14.74%，评价次数全省第一；全年累计1915人次获得“服务之星”称号，93站次获得“季度标杆油站”称号，获得奖励142.99万元，占全省556万元的25.72%，全省排名第一。（曹　方）

【营销服务】 2022年，长治石油分公司继续开发客户，抓好营销服务，开展直分销市场调研，走访辖区内170座社会站，为社会站点提供用油策划、安全建议等技术指导，通过运用情感营销，实现区域内社会站建档率100%，开单率由10%提升至68.2%。对客户进行分类管理，差异化营销，服务钻石级客户15个，金级客户30个，银级客户150个，普通客户301个，社会批发单位36个，社会加油站90个。采取一企一策，重点做好大客户维护工作。加强学习培训，开展“数字油卡使用”“一键提油”等专项培训。（曹　方）

【石油市场整顿】 2022年，长治石油分公司配合市场监管部门与公安部门，查获打击涉“自流黑”案件69个，查扣黑流动加油车66辆，查封自建罐3个，代储油桶324个。截至12月底，配合长治市政府试安装“加油站数据管理云平台”9个县区。（曹　方）

【非油品销售】 2022年，长治石油分公司以年货节、养车节、酒水节、易享节、囤货节主题营销活动为契机，多种营销关联互动，推动非油商品销售，其中年货节、易享节营销活动销售创历史新高。年货节实现基础品类销售同比增长6%，易享节实现基础品类销售同比增长63%。抓好“7折券”营销活动，多种形式开展“7折券”用券竞赛，由6月的下游水平跃居全省前列，10月用券数进入全省“7折券”排名榜首。开展线上直播销售，全年开展16场直播，创新营销活动，开展组队抽奖、销售盲盒等引流形式，联合华为手机、潞酒集团、北京汽车、奇瑞汽车、人寿财险等开展直播，单场直播带动线上、线下销售额破百万元，最高单场观看人次达13308次，点赞次数近23万次。延伸业务，引入汽车、保险销售，与长治一运控股集团有限公司达成汽车销售和长治市蓝池冠龙汽车销售服务有限公司达成合作意向，与奇瑞品牌签订合同；与太平、太平洋、平安、人寿达成车险业务合作，特别是与人寿签订战略合作协议。探索甄酒馆运营，选定潞州区长晋路站便利店专区打造甄酒馆，建立客户群，引入大客户，拓展新客户，将“甄酒馆”打造成为易捷又一名片。 （曹 方）

【加油站、加气站、充电站布局】 2022年，长治石油分公司以实施“十四五”规划布点为牵引，推进沁源景风加油站、潞州郝家庄加油站、平顺北社加油站、壶关屯留南浒庄加气站、沁县白家沟加油站发展工作。开展加气站布局，屯留南浒庄加气站由石化华新合资公司转交长治石油分公司；将潞城环城路加油站、潞州坡底加油站纳入石化华新合资公司，扩建加气功能；推进黎城仵桥加气站交接。与长治市财联路桥开发有限公司就G207、G208国道环线服务区的加油加气站项目开展多轮谈判，初步达成合作意向。推进充电、光伏站点建设，与国电投公司合作潞州关村重卡充换电站主体施工完成并投入运营，与中国铁塔合作潞州大庆路充电站进入合同讨论阶段。2022年共安装6座屋顶分布式光伏站，光伏总装机容量118.8千瓦。提前租赁站点谈判，保证网络稳定，全年完成10座加油站签约续租合同，提前介入谈判预租赁到期15座站点，在保障租金合理的情况下，保证网络稳定。 （曹 方）

烟草专卖

【概述】 长治市烟草专卖局（公司）组建于1983年7月，下属12个县（区）局（营销部），2022年全市系统有干部职工619人。2022年，长治烟草实现税利总额8.62亿元。查处各类违法案件529起，其中，5万元以上案件26起，真烟21起，假烟5起，移送案件9起，刑拘14人，逮捕7人，判刑12人，完成3起国标网络案件。全年零售许可证网办率达到83.97%，较好完成全年主要预期目标任务。

（李 云 王 鑫）

2022年4月14日，长治市烟草公司向零售客户发放疫情防控物资

（李 云 王 鑫 供图）

【客户服务】 2022年，长治市烟草专卖局（公司）开展我为群众办实事活动，通过“烟商贷”帮助1281名客户解决1.84亿元授信资金（两年累计3亿元），贴息185万元（两年累计366.84万元）；通过提高烟叶收购等级，促进烟农增收近30万元，推行多元化种植，多元增收实现总产值50.6万元；落实小微企业和个体工商户房屋租金减免政策，共计减免房租11.7万元。 （李 云 王 鑫）

【卷烟经营】 2022年，长治烟草专卖局（公司）服从全省统一调度，通过适度靠前发力、统筹货源衔接、动态跟进货源调拨等方式保障市场需求。帮助兄弟单位转运沪产卷烟，并首次实现工商省内转运，联合开展疫情管控下卷烟异地仓储分拣及中转运输模式演练。坚持“总量控制、稍紧平衡、增速合理、贵在持续”调控方针，发挥三级联动市场监测优势，坚持逆周期调控与跨周期管理相结合，用好用活标签化投放机制，实现供需动态平衡。持续推进品牌布局规划，严格落实品牌进退规则，推动品规适度合理竞争；组织开展零售客户“开口营销”大赛、品牌系列宣讲、驻店营销等活动35次，在全省卷烟零售客户“开口营销”大赛中获一等奖1个、二等奖3个、三等奖2个、优秀奖2个，共7个单位获奖，切实提升品牌培育能力。加强终端建设，围绕“一县一示范点”建设，推进“金叶晋丰”示范终端，打造全省首家“晋丰便利”农村示范零售终端，助力客户经营能力提升。截至2022年底，共有现代终端2922户，占比21.65%；“金叶晋丰”加盟终端城镇5户、乡村4户，实现“三全”管理模式（全店铺管理、全商品扫码、全渠道支付）客户205户。

（李 云 王 鑫）

【烟草专卖管理】 2022年，长治烟草专卖局（公司）保持卷烟打假高压态势，推进全链条打假破网、全方位市场监管、全流程规范经营，维护良好市场经营秩序。遵循“有假烟必有网络，有网络必有大案”的理念，加强线索公开征集、案件经营分析，多方联动出击、强化源头打击，打假破网取得实绩，专卖打假工作在全省工作会议上做交流发言。与公安、市场监管等部门配合，持续开展电子烟市场清理整顿、“茶烟”等类烟产品专项治理，加强电子烟等新型烟草制品监管，加大涉烟违法犯罪活动打击力度。持续推进保护未成年人免受烟侵害“守护成长”专项行动，突出多形式法律法规宣传、全覆盖周边环境整治，保护未成年人身心健康。构建“联防联控、内外结合、研判分析”的综合治理机制，依托数据定时通报、信息实时共享，深化市场研判、监督分析、整改问效，提升真烟异常流动治理成效。（李　云　王　鑫）

【科技创新】 2022 年，长治市烟草专卖局（公司）建立健全科技创新组织领导机制、运行管理方式，加强 QC 课题评审管理、合理化建议、成果转化，科技创新取得新成果。物流中心和沁县局课题分别获全省二等奖、三等奖。（李　云　王　鑫）

【烟草绿色发展】 2022 年，长治烟草专卖局（公司）推进包装箱循环利用、工商整托盘联运、新能源车运行管理等工作，优化业务流程、固化作业标准、强化目标考核，完成全年卷烟包装箱循环利用任务 163.2%，整托盘到货完成全年任务量 144%。推广废弃地膜污染治理、绿色高效专业化植保等工作，提高烟叶有效供给。

（李　云　王　鑫）

【物流运营】 2022 年，长治市烟草专卖局（公司）持续提升物流运营水平，以推进跨县域送货为切入点，持续优化送货线路，全年减少送货车辆 1 辆、送货人员 2 人、送货线路 3 条。全面推广无纸化电子签收，电子签收率达到 99.91%。严格规范烟叶流通秩序，加强烟叶种植计划、调拨储运、廉洁风险等环节监管，推动烟叶生产经营管理规范。（李　云　王　鑫）

【安全生产】 2022 年，长治市烟草专卖局（公司）开展安全交叉检查和“安全生产月”主题活动，强化安全生产责任落实；深入开展安全生产风险隐患大排查大整治大提升专项行动，排查隐患问题 280 项，完成整改 258 项。推进安全责任文化阵地建设，打造长治烟草特色安全文化体系。

（李　云　王　鑫）

食盐销售

【晋盐专柜专区建设】 2022 年，山西省盐业公司长治分公司（简称长治盐业公司）对全市近 1100 家食盐经营户开展补货、铺货、上货、理货等市场维护工作，设立晋盐专柜专区 100 余个，出动市场走访人员 500 余人次。实行周工作汇报制度，每周对市场动态、配送服务，市场供应、食盐价格等方面事项进行汇总报告。对接终端客户，加强客户拜访，采取微信、电话等方式，及时收集、反馈客户用盐动态，保证配送到位。到各类批发市场和商超，走访沿街商铺，听取和解决经营户意见建议，确保食盐市场供应稳定。（陶　涛　张　鹏）

【校园食堂安全用盐管理】 2022 年，长治盐业公司根据山西省供销社、山西省教育厅、山西省卫生健康委员会《关于进一步加强全省学校食堂安全用盐工作的通知》文件要求，与辖区教育部门、市场监管部门对接，保障各类学校及幼托机构食堂食盐供应，确保校园食堂的用盐安全，严防食盐安全事故发生。（陶　涛　张　鹏）

【食盐供应】 2022 年，长治盐业公司启动疫情防控应急预案，多次召开疫情防控专题会议，推动各科室在人员、物资、消杀、核酸、验码等方面工作第一时间响应到位。组建疫情防控工作专班，加强产、运、销三方协调，保证盐品调运安全和食盐储备库防控到位，与商务部门对接，制定外地货车疫情防控具体举措，加强各科室配合，对进出库区的车辆卸货全流程进行监督，确保防控工作落到实处。保证配送及时到位，通过延长配送时间，规划配送路线，提高整体运力。解决食盐配送困难问题，确保大型商超应保尽保。（陶　涛　张　鹏）

【晋盐品牌宣传】 2022 年，长治盐业公司配合市场监管、公安、卫生、教育、疾控等部门，重点围绕“3·15”“5·15”“9·15”等宣传主题，组织实施和参与以“吃放心盐，就选晋盐、科学补碘预防碘缺乏病、健康用盐知识讲解、普法宣传、放心食盐选购”等为主要内容节假日宣传活动。其间，共印发各类宣传资料 2 万份，开展宣传活动 32 次，其中社区宣传 15 次，重要节假日宣传 5 次，超市宣传 2 次，新闻中心等线上宣传 3 次，其他宣传方式 5 次，共出动 125 人次。参与长治广播电视台《党风政风热线》、长治 ETV《直播大交通》等栏目，采取网络直播互动模式，与市民线上交流盐业知识、用盐常识，答疑疑惑。做好线上宣传和舆论引导，与《长治日报》、潞州融媒、《潞州新闻》等主流媒体对接，共刊发专题宣传信息 30 期。利用长治盐业微信公众号、微信号、抖音号、美篇号平台推送盐品宣传信息 81 篇，引导公众树立“少吃盐、吃好盐、选晋盐”生活理念。与城市联播网签订合作协议，利用社区大屏、街边大屏向消费者直观传递食盐供应充足信号，告知市民食盐储备充足，供应有序，无须大量囤货，为稳定食盐市场发挥作用。（陶　涛　张　鹏）

邮　政

综　述

【行业发展情况】 2022年，长治市邮政行业寄递业务量累计完成8658.93万件，同比增长0.91%。其中，快递业务量累计完成3724.21万件，同比下降2.45%。

邮政公司函件业务累计完成105.93万件，同比增长0.36%；包裹业务累计完成1.06万件，同比增长76.67%；报纸业务累计完成4369.89万份，同比增长4.89%；杂志业务累计完成155.79万份，同比下降2.75%；汇兑业务累计完成0.69万笔，同比增长6.15%。

2022年邮政行业业务收入（不包括邮政储蓄银行直接营业收入）累计完成80801.91万元，同比增长3.54%。其中，快递业务收入累计完成47915.45万元，同比下降1.3%。快递业务收入占行业总收入的比重为59.3%，比上年下降了2.9个百分点。

快递与包裹服务品牌集中度指数CR8为99.75。（《2022年长治市邮政行业发展统计公报》）

【通信能力和服务水平】 2022年，长治市邮政行业拥有各类营业网点925处，比上年末减少108处，其中设在农村的512处，比上年末减少54处。快递服务营业网点747处，比上年末减少109处，其中设在农村的384处，比上年末减少54处。

全市拥有邮政信筒信箱172个，与上年一致。全市拥有邮政报刊亭0个，比上年减少172个。

全行业拥有各类汽车639辆，比上年末增加99辆，其中快递服务汽车301辆，比上年末减少32辆。（《2022年长治市邮政行业发展统计公报》）

【通信网路】 2022年，长治市邮政邮路总条数88条，比上年末减少3条。邮路总长度（单程）8535千米，比上年末增加979千米。全市邮政农村投递路线212条，比上年末增加3条；农村投递路线长度（单程）12564千米，比上年末增加89千米。全市邮政城市投递路线147条，比上年末增加19条；城市投递路线长度（单程）3025千米，比上年末减少98千米。全市快递服务网路条数231条，比上年末减少17条，快递服务网路长度（单程）30145.99千米，比上年末减少1766.41千米。（《2022年长治市邮政行业发展统计公报》）

【服务能力】 2022年，长治市邮政行业平均每一营业网点服务面积15.09平方千米，全行业平均每一营业网点服务人口为3397人。邮政城区每日平均投递2次，农村每周平均投递6次。全市年人均函件量为0.3件，每百人订阅报刊量为8份，年人均快递使用量为12件。年人均用邮支出257.17元，年人均快递支出152.5元。（《2022年长治市邮政行业发展统计公报》）

邮政管理

【快递员群体合法权益保障】 2022年5月，长治市邮政管理局、长治市交通运输局等9部门联合印发《关于做好快递员群体合法权益保障工作的实施方案》。完成末端派费测算工作。会同长治市人社局联合印发基层快递网点优先参加工伤保险工作方案，召开现场会答疑解惑，行业新增工伤保险参保人数大幅上升。继续开展快递从业人员技能提升培训和技能等级认定工作，全年累计培训405人、取证231人，累计为企业申请补贴26.01万元。落实《扎实稳住经济一揽子政策措施》涉邮任务，宣传和推动减税降费政策落地，累计减免税费408.73万元。联合长治市总工会、团市委开展“送温暖”“送清凉”“暖蜂行动”等活动，深入快递分拨处理中心，对快递车辆通行、快递从业人员作业环境改善、专业能力培训等问题进行现场“会诊”，向快递员发放价值40万元的工会会员电子消费券和大病医疗互助保险、赠送价值4万余元的慰问品。（李　珍）

【寄递畅通保障】 2022年，长治市邮政管理局落实货运车辆“白名单”管理制度，协调相关部门将全市行业从业车辆全部纳入“白名单”管理，为企业提供快速通行支持。疫情防控政策调整后，建立日调度机制，连续召开视频调度会，及时掌握企业的运营情况，指导企业克服困难及时复工复产；会同市人社部门召开快递业复工复产政策解读会，宣传贯彻复工复产政策；局领导带队到全市品牌寄递企业市级处理场地现场办公，解决企业难题，12月底前全市各寄递企业率先恢复正常运转。完成北京冬奥会、冬残奥会、全国两会、清明、五一等系列重大活动、重要节日寄递渠道安保工作。（李　珍）

【邮政行业执法检查】 2022年，长治市邮政管理局出动执法检查744人次，检查邮政快递企业248家，下达责令整改59份，行政约谈6家，行政处罚9起，处罚金额19.4万元。（李　珍）

【农村寄递物流全覆盖】 2022年，长治市邮政管理局明确农村寄递物流全覆盖工作推进标准是“四有四确保”，即“有协议确保有合作、有标识确保有服务、有统仓确保有共配、有实干确保有补贴”。3月，长治市邮政管理局会同长治市发展和改革委员会、长治市财政局出台《2022年农村寄递物流服务全覆盖实施方案》，完成农村寄递物流运营企业遴选工作。加强与长治市发改部门沟通协作，形成市级统筹推进、县级协调监督、企业具体实施的工作格局。9月底前，全市8个县76个乡镇设点全部完成并悬挂门头标识，涉及行政村1786个，设置便民服务点1786个，覆盖率100%，悬挂标识1786个，标识设置100%。财政补贴涉及1438个行政村，完成设点1438个，覆盖率100%，悬挂标识1438个，标识设置100%，基本完成农村寄递物流全覆盖工作任务。（李　珍）

【行业产能提升】 2022年，长治市邮政管理局推动圆通山西公司投资2000万元扩建长治圆通转运中心，作业面积新增6000平方米，实现进出港分离；支持长治市圆通、中通、极兔分别投资300余万元购置“全自动环形交叉带+辅助线”分拣设备，长治市申通投资80余万元增加一套小件优化分拣设备，行业整体自动化作业能力得到改变，产能效益提升。（李　珍）

【“两进一出”工程】 2022年，长治市邮政管理局持续推进“快递进村、快递进厂、快递出海”等“两进一出”工程。推进沁州黄小米、壶关旱地西红柿、潞城大葱等“快递+农产品”项目建设，打造服务农特产品直通车；深化邮政电商平台建设，鼓励邮政企业依托抖音和邮乐购两个平台开展常态化直播，实现本地20余种农产品自营销售。其中，仅沁州黄小米单项年业务量突破10万件。培育振东药业、康宝药业等业务量过万的“快递+制造业”项目，2022年顺丰快递服务振东制药业务量达到10万件，业务收入完成520万元，支撑产值超过5000万元。（李　珍）

【市场主体倍增工程】 2022年，长治市邮政管理局深化“放管服”改革、培育和激发市场活力，开展市场主体倍增工程。采取线上线下双结合的方式，组织开展快递业务经营许可线上专题培训，提升核查效率；在全市范围开展快递末端整治专项行动，规范市场经营秩序。年内新增许可企业9个，分支机构2个，新增量超过上年办理量；末端网点备案192个，比上年末增加17%。（李　珍）

【邮政普遍服务】 审批与备案管理。2022年，长治市邮政管理局办理邮政企业暂时停止或限制办理邮政普遍服务备案3个、备案变更信息3个。全年检查邮政企业74次，机要通信检查26次，下达责令整改书1份，行政约谈2次，行政处罚2起。

邮政普遍服务能力提升。对全市127个乡镇局开展检查，确保乡镇局所营投分离、委代办改自办率稳定保持在100%。持续巩固建制村100%直接通邮成果，推动实现全市2440个建制村全部达到周五班投递频次。完成高校录取通知书寄递服务保障，累计收寄8374件，投递29181件，全部安全及时送达。做好党报党刊发行工作，保障疫情期间党报党刊和机要通信投递不断档。保障巡视巡察等专用信箱寄递服务，共备案启用市、县区专用信箱47个。确保机要通信安全，出动执法检查68人次，完成两轮常态化和党的二十大期间专项全覆盖检查工作；督导全市12个县区机要室、机要营业场所设施完成达标改造施工。

邮政服务创新发展。继续深入推进邮政快递合作，2022年邮快合作比例大幅提升，全年新增邮快合作建制村总数达768个，同比增长22.74%。不断拓宽邮政服务渠道，全市12个县区政务大厅均开设政邮业务专席、22个网点开办警邮业务、76个网点开办税邮服务，县区覆盖率100%；支持邮政企业与2所医院签署协议，开办零散病例档案邮寄等医邮业务，为4000余名病患提供病例档案寄递服务；法邮合作取得新进展，传票邮寄量大幅提升；推进邮政服务进校园、进军营，入营直通服务、“一站式”服务模式受到部队官兵一致好评；指导邮政企业依托本地文化资源优势建设特色主题邮局，潞州区八一广场红色党建主题邮局建成运营。全年，各类便民合作模式的寄递业务量超过50.97万件。（李　珍）

【邮政行业生态环境保护】 2022年，长治市邮政管理局召开邮政业生态环保领导小组会议，印发《2022年邮政行业生态环境保护工作要点》，常态化开展重金属和特定物质超标包装袋与过度包装2个专项整治。2022年全市快递行业可循环快递箱（盒）使用量达0.8万个，电商快件不再二次包装率达99%，新增0.2万个设置标准包装废弃物回收装置，回收复用瓦楞纸箱52万个，新能源和清洁能源车辆不断增加。轩阳物流园区3个品牌快递分拨中心实现绿色化管理。（李　珍）

中国邮政集团有限公司长治市分公司

【概述】 2022年，中国邮政集团有限公司长治市分公司（简称长治邮政分公司）有从业人员1460人，下辖12个县（区）分公司。全市有197个营业网点，其中邮政业务网点115个，代理金融网点82个。邮路总长6082.6千米，总条数74条，其中二级干线2条分别是长治至晋城和长治至太原，每日各运行1个频次，单程运行752千米，区内干线邮路23条，单程里程1352千米；市趟邮路20条，单程里程195千米；县内汽车邮路31条，均为自办汽车邮路，单程里程1494.3千米。投递里程总长17559千米，城市道段260条，投递线路长2030千米；农村投递道段201条，投递线路长15529千米。实现业务收入3.36亿元，同比增长11.92%，列全省第二位。（赵笑楠）

【乡村振兴】 2022年，长治邮政分公司城乡基本公共服务均等化、县乡村三级物流体系建设、农村电商发展三类八项指标均完成全年目标。推进三级物流体系建设，先后对6个县级处理中心进行规划，通过租赁、扩建、改造面积均达1000平方米以上，配备相应设备并投入使用。全市2440个建制村完成“一村一站”建设工作，完成率100%。（赵笑楠）

【绿色邮政】 2022年，长治邮政分公司制定《全市绿色邮政“十四五”实施方案》，成立绿色邮政建设行动领导小组，明确发展目标和责任清单。下发长治邮政2022年绿色邮政建设行动暨生态环境保护工作要点，完成绿色邮政建设行动各项重点指标。通过打造网点、投递部站、社区、机关单位、校园瓦楞纸箱回收复用场景，推进回收复用瓦楞纸箱行动落地。采购使用符合标准的邮件包装材料比例达到100%、抽样规范邮件包装操作比例达到95%、新增邮件可循环包装盒450个、回收瓦楞纸箱24万个。省内可循环中转邮袋使用比例100%，一联电子面单应用：特快专递产品应用率98.82%、快递包裹产品应用率99.95%。（赵笑楠）

2022年8月，山西省党建引领社区物业管理能力提升工作现场会在长治召开（梁　晨　供图）

房地产

【《关于促进房地产业良性循环和健康发展的实施意见（试行）》】 2022年8月22日，长治市人民政府办公室印发《关于促进房地产业良性循环和健康发展的实施意见（试行）》，从加大保障性租赁住房用地及改善性住宅用地供应、合理下调土地竞买保证金比例、合理调整规划设计条件等六个方面着力稳定房地产市场预期；从因城施策改善供给结构、加大保障性租赁住房建设力度提高保障性住房使用效能、探索拓展人才住房渠道等七个方面着力推进房地产供需平衡；从优化审批流程提高服务效能、加强信贷支持等四个方面着力优化营商环境；从加快房地产投资进度等五个方面着力抓项目落实，促进房地产业的良性循环和健康发展。（梁　晨）

【房地产市场运行】 2022年，市住建局组织开展线上线下房博会、房展会，鼓励企业开展优惠促销活动，吸引以新市民为主的刚需群体购房，充分激发市场活力。8月18日，启动数字购房券活动，共计发放购房券1882张，政府补助资金达6821万元，促进房市销售回暖。2022年，全市完成房地产开发投资186.38亿元，同比下降14%，商品房销售面积321.1万平方米，同比下降18%，增速均高于全省平均水平。新建住宅平均销售价格同比下降1%，房地产市场运行基本平稳。（梁　晨）

【物业管理与服务】 2022年，长治市推动市级物业管理权限下放潞州区，市、县两级均成立物业行业党组织，全市2308个小区组建326个业委会、1843个物管会，461个物业企业组建166个党组织，党的工作实现两个全覆盖，形成以物业行业党委为主导、以社区党委为核心、以“网格党支部+物管会（业委会）+物业企业”为主体的物业管理服务新模式，推进503个无物业管理小区完成清零。组织开展“五好红色物业”星级服务企业创建活动，潞州区御林家园和东方世家2个小区被住建部列入全国100家“共建美好家园”典型示范案例。8月17日，全省社区物业管理能力提升工作现场会在长治召开。（梁　晨）

信息服务业

互联网服务

【概述】 2022年，长治市4G网络实现全市行政村及以上100%全覆盖。5G网络共建成并开通宏基站5645座，终端用户达177万，各县区主城区、乡镇驻地、部分行政村、景点、高速公路已实现5G网络全覆盖。（杜　仲）

【信息化建设】 2022年，市委网信办（市互联网信息办公室）编制《长治市“十四五”信息化专项规划》，推进互联网协议第六版（IPv6）规模部署和应用行动，加快数字化绿色协同转型发展，开展全民数字素养与技能提升月活动，建立长治市数字乡村统筹协调机制，以信息化为全方位推动高质量发展赋能增效。（杜　仲）

通信服务

长治电信分公司

【概述】 中国电信长治分公司隶属于中国电信集团有限公司山西分公司（简称长治电信）主要在长治地区范围内经营固定电话、移动电话、卫星通信、互联网接入、家庭宽带、天翼高清、云业务、大数据、物联网、ICT集成等智能综合信息服务业务。长治电信分公司下设12个职能部室，潞州区南分局、潞州区北分局、潞州区漳泽分局3个分局，11个县（区）分公司，全年电信业务总量37124.12万元，较上年增长33.06%。（牛小英）

【通信业务服务】 2022年，长治电信推进4G/5G共建共享，重点解决太焦高铁、偏远地区农村和村间道路的覆盖问题，加快农村和偏远地区4G网络覆盖，打通入户“最后一公里”，通过自建设和电联共享等方式，解决72个农村区域的4G网络覆盖以及太焦高铁5G网络的全线覆盖。全年新增宽带接入端口5.4万个，建设千兆小区2267个，城市覆盖率达到91.62%，农村覆盖率达到57.3%。配合市政架空线路、老旧小区改造和杆架专项整治，累计完成潞州区、黎城、潞城、沁源、沁县、壶关、上党区、长子共8个县区30余条主要街道1600余长千米架空光缆入地，全年完成割接810次，完成17个小区3906户用户线路改造。（牛小英）

【电信网络服务】 2022年，长治电信重点开展移动网络、宽带网络建设。全年完成1780个5G基站建设，实现潞州区连续覆盖、各县区核心区域连续覆盖。4G网络通过精准补盲，截至年底全网覆盖率96.01%，重点高速公路覆盖率达98.3%，高铁覆盖率达95%以上，且4G网与5G可自如切换。完成云改重点项目西北区工程，支撑5G、大视频、金融专线业务等大带宽业务开通效能，实现云专线低时延、高效开通的目标，助力于国家数字化、城市数字化建设。（牛小英）

【电信惠民利民】 2022年，长治电信推进“三千兆”升级工作，5G、千兆、Wi-Fi同步开展。全年5G用户净增11万户，较2021年增长27%；全年千兆用户净增2.3万户，千兆用户渗透率达到11.4%；全屋Wi-Fi用户净增2.8万户，改善用户的移动网络及宽带网络使用感知。（牛小英）

【数字乡村建设】 2022年，长治电信数字乡村发展乡镇版看家14600余户，云端搭载看家画面达到5695户，标准化数字乡村建设达到182个，作为天网工程的延伸，帮助村委打造联防

联控平台，实现村内全方位监控。针对65岁以上老人及需关爱的残障人士推出爱心卡、孝心卡等爱老助残政策。（牛小英）

【通信实名制管理】2022年，长治电信继续推进实名制工作，确保电话用户实名登记合规率100%、电话用户人证一致率100%、中国电信集团范围内一证五卡合规率100%。加大实名登记宣传力度，要求全渠道在厅店内100%张贴实名制公告，水牌。

（牛小英）

【通信信息诈骗防范】2022年，长治电信公司承担主体责任，强化源头治理，管控入网关口，规范实名制登记。做好防诈宣传工作，创新防诈宣传形式，派专人驻守公安局防诈骗中心协助完成相关诈骗案件的防范与打击。

（牛小英）

中国联通长治市分公司

【概述】2022年，中国联合网络通信有限公司长治市分公司（简称长治联通）主营收入累计完成85889万元，利润完成8623万元。（王　毅）

【网络应月】2022年，长治联通公司聚焦薄弱短板问题，组建五大专班专项攻坚。千兆专班“金嗓子训练营”作为亮点经验在全省推广。与长治市人民医院联合申报的“5G+泛在物联的精细化医院管理项目”被工信部和国家卫健委确定为“5G+医疗健康应用试点项目”，该项目在第五届“绽放杯”5G应用征集大赛上获得三等奖，是全省医疗行业唯一获奖项目。

（王　毅）

【网络建设】2022年，长治联通持续推进5G网络建设，累计建设开通2000余个5G基站，总基站数达到7568个，实现重点村及乡镇以上区域连续覆盖，人口覆盖率为99.57%。推进千兆光网与5G协同建设发展，实现万兆到楼、千兆到户能力。全市光纤宽带住宅覆盖率达到97.9%、用户59.14万户，千兆宽带实现乡镇及以上100%覆盖。长治联通建有云数据中心，电源、消防、承重均为五星级数据机房标准，承担全市医疗、教育、银行、企业领域的云服务。

（王　毅）

【科技创新】2022年，长治联通公司启动科技创新工程，实施2个省公司“揭榜挂帅”项目和3个小微研发项目，研发投入资金77.8万元。获得山西联通网络AI竞赛各类奖项11项。持续推动创新工作室建设，申报3项岗位创新优秀成果。（王　毅）

【服务社会】2022年，长治联通公司完成冬残奥会、二十大、疫情应急等重要通信保障。主动服务长治抗疫防疫，紧急开通政府电路586条，承建12个区县方舱医院、隔离救助点，安装宽带2000余条。持续服务乡村振兴，投入帮扶资金62万余元，消费帮扶33万元，组织实施“燎原计划”助力数字乡村建设。（王　毅）

中国移动长治分公司

【概述】中国移动通信集团山西有限公司长治分公司（简称长治移动分公司），成立于1999年7月28日，下设10个职能部门及7个中心、12个县（区）级分公司，在岗员工889人。2022年，长治移动分公司综合满意度实现区域领先，全省排名第二。固定上网满意度全省排名第二，较2021年提升13.8个百分点，提升幅度全省第一。（原晨红）

【网络建维】2022年，长治移动分公司开通乡镇SPN55台，整治干线隐患段落47段，灾后重建84段，提升传输网络安全性和自然灾害抗击能力。综合业务区新建光缆323千米，新建管道77管程千米。完成22个区县骨干一、二节点出局路由改造，网络结构达标率提升至100%。完成7个汇聚层超大环改造、50处骨干层和237处汇聚接入层隐患整治，重大故障发生率降低60%，传输管线隐患率下降至0.5%，传输故障率小于0.1%。完成130个分纤点建设，微格达成率提升至98.1%。（原晨红）

【5G网络发展】2022年，长治移动分公司建设完成5G基站1217个，5G基站达到3119个，实现对煤矿、旅游景区等重点场景覆盖。“分场景、分区域、分节奏”打造5G网络，从县县通5G、乡乡通5G向矿矿通5G、行行通5G迈进，核心城区5G MR覆盖率达到99.41%。（原晨红）

【宽带建设】2022年，长治移动分公司完成宽带小区覆盖412个，建设端口8.8万个，家庭宽带端口总数增至119.36万个，实现乡镇以上千兆宽带100%布局。替换老旧质差终端9737台，实现活跃老旧质差终端清零，家庭宽带重复投诉率从年初的3.9%降至1.19%。完成24个县城核心节点机房双路由改造，弱光率下降0.1个百分点。（原晨红）

【信息化建设】2022年，长治移动分公司以产品为中心，成立政企产品运营团队。建立产品质量闭环管理机制，优化项目支撑流程，持续提升政企产品供给能力、产品支撑能力和营销执行能力。落地山西高河能源有限公司5G+“一张网”融合通信平台项目、长治市平顺政法委雪亮工程综治视联网服务项目、平顺张井数字乡村项目等重大项目，签约落地DICT行业大

单7个，百万大单17个。（原晨红）

【渠道运营】2022年，长治移动公司推进销售组织体系改革，通过“我为渠道办实事”等一系列措施提高销售能力。围绕“网络先行、服务切入、营销跟进”开展区域家庭融合营销。自有人员扩充至327人，行销人员招募269人，16家合作伙伴入驻全市38个直营店。实现51个网格属地化经营，辐射带动周边渠道提质增效。

（原晨红）

【通信保障】2022年，长治移动公司为各类重要活动和“防火、防汛”等突发事件提供应急通信保障18次，累计出动应急通信车43辆次、保障车辆68辆次、投入保障人员166人次，完成党的二十大、北京冬奥会和冬残奥会、中国移动“智矿通”发布会、长治市卫健委防疫保障等重大网络保障任务。（原晨红）

【反诈宣传】2022年，长治移动公司落实网络安全责任制，维护反诈大局，与公安反诈协同联动，开展断卡、打猫、安心行动，涉案号码全年百万占比7.9，区域内全面领先，排名全省第二。（原晨红）

无线电管理

【概述】2022年，长治市有无线电设台单位66家，各类无线电台站9024个，其中公众移动通信台站6548个，广播电视台站66个，其余各类台站2423个。全年受理行政审批事项6次，共指配单工频率6个，双工频率1对，新增无线电台站共计68台，其中中继台1部，对讲机67部；新增办理业余台站执照78本，指配呼号78个，延续业余无线电台执照申请43本。2022年，长治市无线电管理局被山西省无线电管理局评为目标责任制考核优秀单位。（李家宁）

【频率台站管理】2022年，长治市无线电管理局对辖区内重点设台单位长治人防、机场、气象雷达、广播电视台以及长治高铁台站开展专项核查工作，对各台站使用频率进行现场测试，登记台站的型号、功率、频率等技术参数，确保辖区内重要业务用频安全；与长治高铁长治东通信工区负责人召开工作座谈会，了解长治东站、长治南站、襄垣东站GSM-R通信系统的使用情况，建立《长治高铁无线电专用频率保护工作机制》，为处理高铁用频突发事件提供应急保障机制，保障辖区内高铁专用频率安全；与长治机场召开民航频率保护工作会议，对长治机场台站进行现场核查，对已签订的《长治民用航空无线电专用频率保护工作机制》进行重新修改和完善，保障辖区航空专用无线电频率通信安全；2022年，长治市有设台收费单位60家，应收频占费381790元，实收频占费381790元，全部上缴省财政。

（李家宁）

【监督检查】2022年，长治市无线电管理局开展监督检查38次，下达责令整改通知书26份，立案并做出行政处罚决定7起，没收非法无线电发射设备9台（套）。

“村村响”非法无线广播专项治理行动。针对辖区内非法设置“村村响”无线喇叭特点，长治市无线电管理局制定相应的工作方案，联合市文旅局对25处擅自设置、使用的“村村响”无线喇叭进行查处，净化电磁环境。

无线电发射设备销售市场专项检查。2022年高考前期，长治市无线电管理局同市场监督管理局检查潞州区6家无线电发射设备销售商，下发责令改正通知书3份，立案2起，没收无型号核准代码的无线电发射设备4台，未发现销售无线电作弊设备行为。10月，到长治市“手机一条街”（潞州区新营街）等无线电发射设备销售较为集中的场所对销售“星链”终端、“铱星”手机等卫星互联网无线电发射设备情况进行专项检查，未在实体店铺发现相关设备销售。

无人机反制设备专项检测。2022年，长治市无线电管理局根据《全省无人机无线电反制设备测试工作方案》要求，配合山西省无线电管理局对长治市公安局、国家粮食和物资储备局九七二处、三五一处等已设置使用的6台无人机无线电反制设备进行专项检测，出具6份检测报告。

无线电监测及干扰查处。2022年，长治市无线电管理局排查无线电干扰26起，其中公众通信基站受干扰案件16起，民航重点频率受干扰案件7起，气象雷达受干扰案件1起，卫星地球站受干扰案件1起，业余无线电通信中继受干扰案件1起，干扰排查率100%。全年开展11次专项监测工作，重点对民航频率和铁路GSM-R频率、GPS频段、气象辅助业务、气象雷达业务和广播电视业务以及“黑广播”和“伪基站”等进行专项监测，共发现非法信号32个，完成重要业务的电磁环境测试报告8份，检测报告26份，固定站比对测试报告2份。

（李家宁）

【无线电保障】2022年，长治市无线电管理局完成高考、中考、公务员招录等26次考试的无线电保障任务，未发现无线电作弊信号。完成北京2022年冬奥会、冬残奥会及春节、两会、长治市国防动员委员会无线电侦测干扰军地联合演练、党的二十大等重要无线电安全保障工作。（李家宁）

经贸合作

招商引资

【概述】 2022年，长治市招商引资签约项目655个，总投资1804.5亿元，完成年度目标（1560亿元）的115.7%。新签约项目当年开工620个，开工率为94.7%。新开工项目计划投资额995.7亿元，完成年度目标（662亿元）的150.4%。全市招商引资形成固定资产投资项目到位资金447亿元，完成年度目标（192亿元）的232.8%。全市招商引资形成非固定资产投资项目到位资金40.6亿元，完成年度目标（16亿元）的253.8%。

（赵彦军）

【领导招商】 2022年，长治市党委、政府领导干部坚持“一亿元以上项目亲自接待，三亿元以上项目亲自考察，五亿元以上项目亲自洽谈”的招商模式，带头外出进行项目对接，邀请并接待到访客商。市主要领导先后赴北京、浙江、山东、河北、上海等地考察对接东方空间、龙芯中科、爱谱华顿、科大智能、东方希望等100余家公司，引进金风科技、百泰生物、旭阳集团等50余家，接待申能集团、云时代技术、中国能建等企业近百家。各县区主要领导坚持把招商引资工作作为“一把手工程”，主动对接洽谈推进项目。全年引进转型项目558个，占比85.2%，引进投资额1亿元以上项目199个，占比30.4%，投资额10亿元以上项目48个。（赵彦军）

【奖励政策】 2022年，长治市招商中心牵头对2020年度符合招商引资奖励政策的项目组织实施奖励兑现，共为5家企业和1名项目中介人兑现奖励金额3660万元。其中，山西透云生物科技有限公司项目落地奖691万元，壶关高测新材料科技有限公司项目落地奖492万元，山西住工建筑科技有限公司项目落地奖1207万元，长治市宏瑞祥环保科技有限公司项目落地奖332万元，山西高科华兴电子科技有限公司项目落地奖800万元，潞城区年产4000吨微藻（莱茵衣藻）粉建设项目中介人韩长安138万元。做好政策兑现宣传，在《长治日报》刊发专刊，在43家媒体进行多频次宣传报道，扩大奖励政策的影响力和投资吸引力。12月，为促进本地投资，在《长治市招商引资奖励办法》的基础上，市招商中心牵头修订，市政府印发出台《长治市投资促进奖励办法》。（赵彦军　长治市政府网站）

【“产业链”招商】 2022年，围绕10条产业链，市招商中心制定出台《长治市重点产业链招商引资专班工作方案》，实施产业链招商专项行动。全年10条产业链签约项目280个，占总签约项目个数（655个）的42.7%，总投资额1300.9亿元，占总签约项目投资额（1804.5）的72.1%；开工项目257个，总投资额844.5亿元。

（赵彦军）

【承接产业转移】 2022年，聚焦京津冀、长三角、粤港澳大湾区，长治市招商中心分别成立中心领导担任组长的招商工作小组展开精准承接。同时，通过增聘招商顾问，同专业招商机构合作，发挥驻外办事机构招商职能，强化对产业转移、产业政策、招商引资、企业对外投资等信息的捕捉收集。2022年，市招商中心先后组建50余支专业招商小分队赴北京、合肥、宁波、南京、昆山等地对接企业300余家，推进同聚合顺新材料、金利华电、同日集团、上海实业等百余家公司的项目合作。（赵彦军）

【面向北京招商合作】 2022年，利用长治市同北京对口合作战略机遇，长治市加强同北京市支援合作办、北京市协同发展服务促进会等的沟通对接，开展北京市转移产业信息捕捉和承接。组织各县区对与北京市相关企业已签约和拟签约的项目进行梳理，依托合作企业面向北京开展以商招商、以企引企，扩大同北京市的招商引资和产业项目合作。 （赵彦军）

【平台招商】 2022年，长治市把大型博览会、投洽会等作为宣传推介长治和寻求项目合作的重要平台。市招商中心组织参加第五届中国国际进口博览会、2022中国（太原）国际能源产业博览会、山西省承接珠三角产业转移合作对接会、山西省长三角（南京）重点产业推介对接会、第三届“康养山西·夏养山西”康养产业大同峰会、2022中国·山西（晋城）康养产业发展大会、“全球浙商三晋行”助力山西产业链发展大会，共计组织30余家企业参会、100余件产品参展，现场签约项目7个，总金额63.3亿元。 （赵彦军）

【涉煤企业投资长治引导】 2022年，市招商中心牵头对涉煤民营企业转型发展需求和投资意愿进行专项调研摸底，研究制定《关于建立引导涉煤民营企业家投资长治联合工作机制的方案》，成立市级层面工作专班。组织市直相关职能部门及县区召开专门会议进行动员部署，指导各县区成立工作专班，指导富煤县区召开煤企转型投资座谈会，引导涉煤民企投资新建转型项目。 （赵彦军）

【企业发展助力】 2022年，市招商中心坚持“招进来、建起来、扶一程”的原则，开展“益企行”服企助企活动。市招商中心领导带队，定期开展招商引资项目走访调研，了解掌握项目推进中的困难问题，实行清单化管理，纾解外来投资企业的困难，创优营商环境。2022年，帮助中科潞安对接全市医疗机构、大专院校、省市邮政部门、上海山西商会等单位和组织推销其消杀产品，促成与长治医学院和上海山西商会的战略合作；帮助纳安健康科技重塑“潞安娜”品牌形象，推动公司同市二院、市妇幼在产学研合作、联合开拓市场方面达成多层次合作意向。 （赵彦军）

对外贸易

【概述】 2022年，长治市进出口完成14.84亿元，同比增长7.4%，增速全省排名第四。其中，出口13.1亿元，增长4.1%；进口1.74亿元，增长40.8%；全市大口径实际利用外资3.28亿美元。长治市“十三五”以来出口年均增速超过32%，提升对外贸易水平获省领导肯定。 （崔　蕾）

【外贸服务】 2022年，长治市商务局多维度助企惠企、服务培育壮大外经贸主体，推动外贸外资逆势增长。组织开展RCEP优惠政策业务培训，组织召开外贸重点企业纾困服务座谈会，协调解决成功汽车巴西组装项目散件出口物流不畅等问题，协调出口信用保险帮助企业索赔追回货款50余万元，协调振东集团与长治学院达成校企合作；组织潞安太阳能、中德型材、成功汽车、中科潞安等企业参加“广交会”“消博会”“进博会”“东盟博览会”等品牌性展会，全年参加各类展会200家次，签订各类意向订单近1亿元；成功开通国际货运班列，参与融入“一带一路”建设，全年长治陆港共发运5趟国际联运列车，货值7000余万元。 （崔　蕾）

【外贸政策、资金支持】 2022年，长治市出台《长治市“十四五”区域融合和对外开放新高地发展规划》，市商务局联合外汇等部门出台《长治市金融支持外贸企业发展若干措施》。为外经贸企业申报50余个项目，争取到中央专项扶持资金200余万元，落实促进外向型经济发展惠企纾困政策支持资金1000余万元。 （崔　蕾）

【外贸企业培育】 2022年，长治市新培育山西大国匠皮业有限公司、长治市德润禾农业开发有限公司等17家外贸潜力企业实现进出口突破，总额达到1.7亿元；新增4家年出口额突破5000万元以上企业；新引进龙富达（山西）生态农业科技有限公司、山西澳涞坞康养度假庄园有限公司等6家外资企业，投资总额4807万美元。 （崔　蕾）

国际贸易联络促进

【入企调研】 2022年3月2日，长治市贸促会到山西壹佰壹精密工具股份有限公司进行调研，对企业经营情况、企业产品信息及企业需求做深入了解，重点交流该企业2021年9月参加第十三届中国—东北亚博览会之后的合同签订及后续合作情况。其间，向企业介绍第16届中国国际机床工具展，并确立企业参加此次展会的意愿。

3月10日，长治市贸促会到平顺县君品农产品开发有限公司、山西金山谷农业开发有限公司开展调研，对企业产品的销售情况特别是网络销售具体开展情况进行了解和讨论。并就21世纪海上丝绸之路博览会相关情况向企业进行说明，邀请企业参展。

5月24日和5月25日，市贸促会到山西成功汽车制造有限公司、山西振东医药有限公司、长治市高新区开展调研。为企业介绍贸促会2022

丝路行境外参展的相关信息，鼓励引导企业参展。

6月到10月，长治市贸促会多次到山西潞光发电有限公司、上党区经济开发区、空气产品潞安（长治）有限公司、胜科（长治）水务有限公司、襄垣县经济开发区、山西凤凰胶带有限公司、长治市高新区、屯留区经济开发区等地进行调研。收集本市外资企业的基本情况，就外资企业经营过程中遇到的问题和诉求进行了解和收集，上报给省服务外资企业专班，并针对其中的诉求解决情况进行调研。

8月25日，长治市贸促会到山西依依星科技有限公司开展调研，为企业介绍第二十届中国国际化工展览会的相关信息，鼓励引导企业参展。

（王　琛）

【会展】 2022年，长治市贸促会组织长治市振东五和食品有限公司、山西沁州黄沁州小米股份有限公司、山西平顺县梅花党参种植专业合作社和山西平顺金山谷农业科技有限公司报名由省贸促会牵头组织的福州“一带一路”海上丝绸之路展。组织长治市钜星锻压机械设备制造有限公司和山西壹佰壹精密工具股份有限公司报名由省贸促会牵头组织的北京国际机床展。组织长治市振东五和食品有限公司、山西沁州黄沁州小米股份有限公司、长治市锦绣坊艺术品有限公司和山西依依星科技有限公司4家企业报名参加依托第十三届中国—东北亚博览会举办的山西品牌中华行（深圳站）。组织天脊煤化工集团有限公司和山西依依星科技有限公司2家企业报名上海国际化工展。

（王　琛）

【出证办证服务】 2022年，为长治市企业出口产品和货物办理、出具商事证明书是贸促会一项重要工作。为贯彻落实市委、市政府创优营商环境有关要求，长治市贸促会加快运用无纸化、电子化手段提升原产地证书、商事证明的签发效率，为企业实现网上申报、网上办理，随时申报、随时办理，提升出证效率和工作质量。2022年，长治市贸促会为出口企业办理原产地证书110单，出口金额829.56万美元，全年新注册企业4家。（王　琛）

旅游业

综 述

【概述】 2022年，长治市有国家A级旅游景区24家。其中，AAAAA级景区1家，为太行山八泉峡景区；AAAA级景区12家，为太行山大峡谷景区、洗耳河景区、欢乐太行谷景区、太行水乡、振兴小镇、通天峡景区、天脊山景区、黄崖洞文化旅游区、八路军太行纪念馆、八路军文化园、太行溶洞、仙堂山；AAA级景区9家，为老爷山景区、石泉海景区、黎城四方山景区、丹泉小镇景区、紫云山景区、仙翁山木化石景区、潞酒文化园景区、丹雀小镇景区、灵空山景区；AA级景区2家，为长子县九连环大院、上党区五凤楼。有省级旅游度假区2家，为黎城县壶山旅游度假区、上党区振兴小镇旅游度假区。全市有旅行社65家、星级饭店数量8个（五星2、四星1、三星级5），导游人数659人。（许方圆）

【假日旅游】 2022年“五一”期间，长治市文旅局监测的5个重点景区武乡红色旅游景区和黄崖洞景区关闭，其余3个景区正常开放。其中，壶关太行山大峡谷八泉峡景区累计接待游客2万人次，同比增长-60.47%，累计门票收入7.76万元，同比增长-97.45%；壶关欢乐太行谷景区累计接待游客3.41万人次，同比增长-39.15%，平顺通天峡景区累计接待游客0.3144万人次，同比增长-91.94%，累计门票收入24.95万元，同比增长-92.41%。

国庆期间，长治市重点景区壶关太行山大峡谷八泉峡景区累计接待游客0.5604万人次，同比增长-80.84%，累计门票收入34.28万元，同比增长-77.33%；壶关欢乐太行谷景区累计接待游客0.1251万人次，同比增长-93.62%，累计门票收入6万元，同比增长-92.25%；平顺通天峡景区累计接待游客0.2409万人次，同比增长-78.82%，累计门票收入29.3万元，同比增长-62.68%；武乡红色旅游景区累计接待游客0.455万人次，同比增长-88.18%，累计门票收入3.39万元，同比增长-91.44%；黎城黄崖洞景区累计接待游客0.3788万人次，累计门票收入15.25万元。（许方圆）

【制度体系建设】 2022年，长治市出台《长治市A级景区和太行山居创建奖励补贴办法》，通过市级列支专项资金，对国家A级旅游景区和精品民宿（太行山居）创建进行奖励，全年对新评定的6家AAA级景区和21家“太行山居”发放奖励600万元。制定长治市中小型旅游住宿设施评价标准《太行山居基要求》。（许方圆）

【文旅融合发展】 2022年，长治市文化和旅游局加强规划体系建设。编制形成长治市“1+2+N”的规划体系，即旅游产业发展总体规划1个、全域旅游和“十四五”文旅发展专项规划2个、旅游业高质量发展实施方案等N个细化文件，确定发展目标、实施路径、工作重点以及责任主体。在市级规划引领下，各县区结合实际谋划本地区旅游业发展，初步形成总规引领、合力推进的一盘棋格局。（许方圆）

旅游资源开发

【“太行山居”评选】 2022年，为规范和引导中小型旅游住宿设施发展，提升服务质量，彰显地方特色，长治市文旅局编制“太行山居”地方标准，并由长治市市场监督管理局以DB1404/T 24—2022号发布《太行山

表 5　2022 年长治市文化和旅游局关于长治市创建 A 级景区和太行山居奖励补贴发放明细表

A 级景区			
县（区）政府	景区名称	创建等级	发放金额
长子县人民政府	紫云山景区	AAA 级	150 万元
	仙翁山木化石景区	AAA 级	
	潞酒文化园景区	AAA 级	
沁源县人民政府	灵空山景区	AAA 级	100 万元
	丹雀小镇景区	AAA 级	
黎城县人民政府	丹泉小镇景区	AAA 级	50 万元

太行山居		
申报奖励补贴主体名称	太行山居等级	发放金额
壶山旅游度假区太行人家	甲级	30 万元
花美时温泉民宿	甲级	30 万元
岳家寨悬崖居	甲级	30 万元
农苑	乙级	20 万元
东掌九院	乙级	20 万元
拾光小院	乙级	20 万元
梧桐窑故里民宿院	丙级	10 万元
榆岳山居	丙级	10 万元
八路军文化园客栈	丙级	10 万元
虹霓居	丙级	10 万元
悠然山庄	丙级	10 万元
潞麻山庄	丙级	10 万元
平顺慢城民宿	丙级	10 万元
清风雅居	丙级	10 万元
高老庄窑洞康养民宿	丙级	10 万元
岭秀山庄	丙级	10 万元
星空小馆	丙级	10 万元
姥姥家安得一隅	丙级	10 万元
宋雅未央	丙级	10 万元
九月客舍	丙级	10 万元
印象井底民宿客栈	丙级	10 万元

居基本要求》。根据该标准，市文旅局开展首批“太行山居”评选工作，评选出 21 家“太行山居”。其中甲级 3 家、乙级 3 家、丙级 15 家，扩大全市特色民宿群。（许方圆）

【文旅项目建设】 2022 年，长治市潞州区城隍庙广场入选山西省首批夜间文化和旅游消费集聚区、上党区振兴小镇印象步行街入选第二批山西省省级旅游休闲街区。壶关县和武乡县获评省级文化产业和旅游产业融合发展示范区，武乡八路军文化园获评省级文化产业示范园区创建单位，山西乾圆文化传媒有限公司、长治市类通堆锦工艺有限公司、山西太行陶瓷、潞之铝布艺有限公司 4 家单位被评为山西省文化产业示范基地创建单位。推动康养文化与旅游融合发展，壶山旅游度假区、振兴小镇、疑山森林康养区、卢医山文旅康养产业园区、壶关欢乐太行谷文旅综合体、平顺虹梯关通天峡景区 6 家单位被省文旅厅评为省级文旅康养示范区建设单位。（许方圆）

【国家 A 级旅游景区创建】 2022 年，长治市文旅局推进黄崖洞 AAAAA 级景区创建工作，提升景区景观质量和服务能力。落实山西省旅游景区“9+13”梯次打造培育计划，推进壶关太行山大峡谷、武乡八路军太行纪念馆—黄崖洞提档升级工程。新创 6 个 AAA 级景区，分别为黎城县丹泉小镇、长子县紫云山、长子县仙翁山木化石、长子县潞酒文化园、沁源县丹雀小镇、沁源县灵空山，1 个 AA 级景区，为长子县九连环大院景区。（许方圆）

【乡村旅游】 2022 年，长治市壶关县南平头坞村入选全国乡村旅游重点村，全市全国乡村旅游重点村镇增至6家，分别为上党区振兴新区振兴村、平顺县石城镇岳家寨村、武乡县蟠龙镇砖壁村、壶关县桥上乡大河村、壶关县石坡乡南平头坞村、壶关县大峡谷镇。“乡村记忆、历史研学”体验之旅、“浓浓年味乡村之旅”和“太行奇景 冰雪古建体验之旅”3条线路被文旅部评为2022年全国乡村旅游精品线路。（许方圆）

旅游服务

【智慧旅游】 2022年，长治市文旅局持续推进山西智慧旅游云平台长治分中心及8个县级坐席平台建设。该平台依托省级文旅云数字化服务能力，融合本地资源，构建多级联动的智慧旅游管理体系，以大屏端、电脑端和移动端协同决策指挥，实现资源展示、客情分析、景区实况、舆情监测等功能，正式上线“游长治”微信小程序，实现“吃住行游购娱”全覆盖，使游客“一机在手，畅游长治”。另外，通过云直播、云互动、云分享等方式，开展网络直播7场，累计在线人数13000多人，点赞15.9万次；制作抖音短视频5条，总播放量38万+；“秋行大运，自在山西”通过一机游在全省招募23个家庭走进长治，短时间内曝光量达760万。（许方圆）

【旅游宣传】 2022年，长治市强化旅游品牌传播，连续四年在央视投放主题旅游宣传片，持续扩大“山西长治·壮美太行”品牌传播广度；聚焦高出游人群，在高铁场站设置宣传广告。新媒体传播锁定市场，利用微信、微博、小红书等新媒体，制作发布主题宣传视频49条，进行信息共享、事件推广。（许方圆）

2022年5月19日，长治市文旅局旅游云推介活动（许方圆 供图）

【旅游推介】 2022年，长治市文旅局以“5·19”中国旅游日为契机，开展“长治人游长治”云推介活动，实施省内游客免首道门票等惠民消费促进行动，释放游客消费需求。（许方圆）

旅游管理

【市场监管】 2022年，长治市文旅局加大文旅市场执法监管力度。坚持节假日集中检查和日常巡查相结合，定期不定期开展多部门联合执法，深入开展全市文旅行业“百日攻坚”和大检查大整治大提升行动，整治文旅领域“养老诈骗”“不合理低价游”等突出问题，惩治“黑社”“黑车”等违法违规经营行为。2022年，全市出动执法人员29483余人次、213车次，检查场所8433余家次。全市文化和旅游市场呈现良性发展的态势。2022年全省文化市场综合执法考评中，长治市排名第一，2个重大案件被文旅部纳入“2021—2022年度全国文化市场综合执法重大案件”，市执法队被司法部表彰为“全国行政执法先进集体”，并获“山西省平安文化建设先进单位”称号。（许方圆）

【安全生产】 2022年，长治市文旅局按照中央、省级关于暂退旅游服务质量保证金相关政策要求，结合长治市实际，为提出暂退旅游服务质量保证金的46家旅行社，暂退质保金966万元；缓收5家新成立的旅行社旅游质保金100万元，缓解旅行社资金紧张、经营困难局面。推进安全生产专项整治“三年行动”，开展安全风险隐患大排查大整治“百日攻坚”等行动，推进文化市场“春和”“夏安”“秋风”“冬净”专项行动，全年未发生文化和旅游市场安全事故。（许方圆）

交通运输

综　述

【交通概况】 2022年，长治市已形成公路、铁路、航空相互衔接的区域综合立体交通运输网络。截至年底，有1座民航机场，6条铁路线，6条省内(际)高速、6条国道和11条省道，构建起全市公路运输干线骨架；潞州、潞城、屯留、上党、长子、壶关、襄垣等7个县区通一级公路，全部县区通二级公路。

截至2022年底，长治市有营运客车668辆，其中农村班线客车152辆；客运班线282条，其中农村班线116条；三级以上客运站11个（一级站2个，二级站9个），其他客运站数量4598个（便捷车站47个，招呼站4551个）；行政村通车率100%；营运货车30249辆。

全市公交车运营车辆1653辆，其中市辖区874辆，其他各县779辆。全市出租汽车3827辆，其中市区（潞州区）2678辆。全市有水运企业11家，码头44道（其中营运码头15道），营运机动船舶60艘。（马　可）

【公路概况】 截至2022年底，长治市公路通车里程达到12509千米，新增公路通车里程92.85千米。其中，高速公路376.61千米；普通国省二线公路1306.90千米；农村公路10825.50千米；公路密度达到89.6千米/百平方千米。

公路通车里程中，有国道9条988.10千米（国家高速公路3条237.96千米，普通国道6条750.14千米）；省道14条695.40千米（省高速公路3条138.64千米，普通省道11条556.76千米）；县道79条1809.92千米；乡道447条3892.55千米；专用公路1条45.43千米；村道3670条5077.61千米。

2022年，长治市公路建设共完成投资80.41亿元。其中，高速公路完成投资45.35亿元；干线公路建设完成投资6.28亿元；农村公路建设完成投资28.78亿元。（马　可）

【公路建设推进部署】 2022年，长治市交通运输局先后召开全市建设交通强市工作推进会、全市“四好农村路”和太行一号旅游公路建设推进会、交通强国示范城市创建动员会，开启交通强市建设新征程。10月，长治市交通运输局被国家机关事务管理局、中共中央直属机关事务管理局、国家发改委、财政部四部委联合授予“节约型机关”称号。12月，长治市交通运输局被交通运输部授予全国交通运输行业精神文明建设先进集体。（马　可）

【公路建设】 高速路网。2022年，长治市加快黎霍高速公路建设，长治境内累计完成投资39.47亿元，路基土石方、涵洞、通道等工程基本完工，136座桥梁架设完成114座，12座隧道8座实现双线贯通，2座实现单线贯通。平遥—安泽高速公路列入国家高速公路网，黎城—陵川高速公路列入山西省高速公路网，工程可行性研究报告编制完成，推进项目前期工作。

国省干线改扩造工程。2022年，208国道全市域一级公路改造全面开工，309国道全市域一级公路改造项目工程可行性研究报告及用地预审相关报告编制完成。

农村公路和旅游公路建设。2022年，长治市完成“四好农村路”527.9千米，建设太行一号旅游公路147.9千米，实现主线全线贯通。全面推行“路长制”，农村公路管养长效机制初步建立，全市优良路率达80.5%。农村公路建设任务完成率全省领先，在

太行一号旅游公路　　（王禹明　供图）

全省“四好农村路”和3个一号旅游公路高质量建设推进会上，受到省委主要领导通报表扬。平顺、壶关被交通运输部评为2022年度“四好农村路”全国示范县创建单位。

民航铁路对外通道建设。2022年，长邯聊高铁列入《国家“十四五”铁路发展规划》，可行性研究报告编制完成。沁源县飞行营地项目主体基本完工，沁源县、武乡县通用机场项目进入前期工作阶段。（马　可）

【交通运输业发展】 2022年，长治市交通运输行业主要经济指标排名全省前列。交通运输及仓储物流业完成营业收入41.53亿元，同比增长12.87%，全省排名第一；全年完成周转量40.44亿吨/千米，同比增长38.56%，全省排名第二；综合增速25.72%，全省排名第二。（马　可）

【交通行业市场主体培育】 2022年，长治市强化政策扶持，加大市场主体培育力度，支持传统物流企业向物流全链条服务商转变，推动实现个转企、小升规，全年新增市场主体1564户，全市交通运输、仓储和邮政业企业总量达到1.8万户。（马　可）

【网络货运平台】 截至2022年底，长治市取得营业执照的网络货运平台企业23家，其中取得道路经营许可证的企业19家，推进剩余4家手续办理工作。正常运营企业14家，其中规上企业9家。入网车辆40.6万辆，实现营业收入96.26亿元。（马　可）

【国道环线“自由流”收费试点】 2022年，长治市国道环线公路改扩建工程项目是全市首个公路建设PPP项目，依托“ETC+视频车牌识别”技术，按照“分段计费、定期收费”方式，实现国道环线ETC车辆联网收费、非ETC车辆独立追缴收费，成为全国首条采用自由流收费技术的开放式收费公路。（马　可）

【城乡客运一体化】 2022年，长治市平顺县、武乡县、长子县等10县区实现城乡客运公交一体化运营。上党、潞城、襄垣、长子、黎城、武乡6县区实现区域公交免费政策。武乡县第二批城乡交通运输一体化创建工作有序推进。（马　可）

【货运物流保障】 为应对疫情反复严峻态势，2022年，长治市按照“客货分流、货车优先”工作思路，选择11个高速出口建设货车专用停车场，实行“无接触、全闭环”管理，优先通行货运车辆，确保全市产业链供应链安全稳定。经验做法被人民网、《人民日报》等国家级媒体报道。（马　可）

【行业营商环境创优】 2022年，长治市交通运输局出台营商环境创新提升工作方案，完成行业审批事项划转交接。推进车辆检测“三检合一”（道路货运车辆年审、年检和尾气排放检验），综检机构100%完成改造升级工作。推进客货运输电子证照跨区域互认与核验。（马 可）

【物流再贷款助企纾困】2022年，长治市交通运输局对接金融机构，帮助38家物流企业享受到专项再贷款1.376亿元，解决物流企业急难愁盼问题。（马 可）

【行业治理】2022年，长治市交通运输局贯彻落实行政执法“三项制度”（行政执法公示制度、行政执法全过程记录制度、重大执法决定法制审核制度），梳理和规范行政执法事项清单225项。11月，长治市交通运输综合行政执法队被交通运输部表彰为全国2022年度交通运输法治政府部门建设成绩突出基层集体。开展“规范执法年”活动，全省首家将44种执法文书进行规范，并推广应用。加强执法信息化建设，建成执法综合管理信息平台系统。规范网约车平台管理和出租车经营行为，查处各类违规行为65起，罚款4.31万元。开展打击非法营运专项行动，联合公安交警、高速公路等部门，采取现场查控、轨迹查询等方式，分片区、按路段开展联合打击非法营运200余起。建设领域执法督导现场整改问题30个。路域环境整治59处。开展“春雷行动”“暖冬行动”，对全市99家商砼企业进行检查，对281家涉煤企业进行源头监管和挂牌督办。开展货车和非道路移动机械污染治理、短途非法超限超载运输百日治理等专项行动，提升交通运输行业治理水平。（马 可）

【行业安全稳定】2022年，长治市交通运输局开展安全生产专项整治。落实“巩固提升年”行动，“两客一危”重点营运车辆智能视频监控报警系统安装1840辆，城市公交车安装视频监控1598辆、驾驶区域硬隔离防护设施1117辆，企业主要负责人和安全监管人员安全考核662人合格，“两客一危”及汽车站等重点交通运输企业两类人员持证率100%。开展铁路沿线环境安全治理、大检查大整治大提升等专项行动，及时发现并整改各类隐患；深化平安交通建设。开展公路水路重点区段治安、安全隐患、重大矛盾纠纷调查摸排，完善基础设施治安防控体系。开展平安公路、车站、码头、工地等创建活动。完成重点时段交通运输安全保障工作。推进市区巡游出租车运价调整。处理客运东站综合处置难题，长治市汽车客运东站因高铁开通等原因客流骤降，亏损严重，长治市政府决定2021年11月停运。为纾解停运后不稳定因素，成立工作专班，召开10余次专题会议，达成市交通局、一运公司、长运、客运东站签署的综合处置“四方协议”，妥善安置职工208人，职工安置率98%。（马 可）

【交通污染防治】2022年，长治市推广新能源车辆，全市巡游出租汽车新能源车占比提高到95%。市区巡游出租汽车新能源占比100%。公交车实现新能源车百分百全覆盖。推进国三及以下老旧柴油货车实施淘汰，对全市国三及以下排放标准营运中重型柴油货车，实施政府补助淘汰回收，提前完成省政府下达长治的淘汰任务。抓好船舶与码头水污染防治。先后在16道码头建立健全40处垃圾接收点，在63艘营运船舶设立垃圾分类回收设施63处，并全部建立船舶污染物接收转运、处置设施。开展大气污染防治。联合开展货车和非道路移动机械污染治理专项执法行动，检查车辆5145辆，检查非道路移动机械147辆，查处尾气超标车辆151辆，查处重型燃气车改装、拆卸三元催化装置15辆。（马 可）

公　路

【概述】山西省公路局长治分局（简称长治公路分局）担负着长治市境内6条国道、11条省道共计1302千米干线公路的养护、建设和管理任务。其中，国道750千米、省道552千米；一级公路101千米、二级公路950千米、三级公路207千米、四级公路44千米；管养桥梁335座，隧道7处。分局下辖12个公路管理段，8个超限运输检测站，3个直属单位。2022年，长治公路分局累计完成工程建设投资10.14亿元；完成危桥改造工程2项，地质灾害处治工程1项，灾毁恢复工程8项，完成投资7219万元；先后被表彰为全省污染防治攻坚先进集体，被省交通厅选树为“凝聚榜样力量、弘扬交通精神”先进典型。（史 骧 宋瑞亭）

【公路建设】2022年，国道208线晋中长治界至屯留小河北段先后完成社会资本方招标、投资协议和PPP合同签订、项目公司组建等工作，成功申请政策性开发性金融工具（基金）5.46亿元并投放到位，落实“十四五”车购税补助资金10亿元，累计完成投资5.6亿元。国道208线上党司马至高平刘庄段（长治境内）开工建设。国道309线晋冀界至长治临汾界段项目工程可行性报告通过省厅评审，土地预审和项目规划选址资料完成编制报至省自然资源厅，辛安泉域水环境影响评价报告完成批复。国道241线沁源过境交口至有义段公路改建工程建成通车，累计完成投资1.82亿元；国道341线平顺王庄至晋豫界段公路工程完成投资22.22亿元，占总投资的93.2%；省道黄龙线长子过境段改建工程完成投资 4.08 亿元，占总投资的 64.6%；国道 519 线省道 348 线（原省道南沁线）武乡县城过境改建工程土地预审和选址意见书获批，可研报告报至省发展改革委。国道 341 线屯留张店至沁源古县界一级公路升级改造项目启动前期工作，组织召开前期推进会，协调组建市级工作专班，完成线位方案规划。（史　骥　宋瑞亭）

【公路养护】 2022 年，长治公路分局开展春融期路面病害处治、夏秋季路况整治提升、冬季道路保通保畅 3 个养护专项行动，及时消除路面病害。全年累计填补坑槽 12.2 万平方米，处治路面翻浆 1.53 万平方米，刷油罩面 14.97 万平方米，优良路率为 85.64%。推进养护工程项目建设。建立和完善养护工程质量核查、问题通报和责任追究等管理机制，发挥各公路段一线协调、管理的便利作用，省道河潞线地质灾害处治工程、国道 341 北甘泉大桥危桥改造工程、国道 207 线北庄一桥危桥改造工程及 3 个项目 8 个灾毁恢复工程全部完工，完成投资 7219 万元。加强经营性公路监管。健全自检考核体系，定期开展运营情况督导检查，对 PQI 值低于 85 的路段进行挂牌督办、限时整改，杜绝失管失养现象发生。加强路产维护和路域环境治理。深化与交通运输部门建立的路政养护协调工作机制，处置涉路损路违法行为，确保路产路权得到及时有效保护。加强路域环境治理，以过村镇路段和易扬尘路段为重点，依托地方政府，联合相关部门推进路域环境共治共享，累计清理非公路标志 18 块、摆摊设点 23 处、乱堆乱放 103 处、垃圾、堆积物 13797 方，修整文化景点 8 处，提升公路两侧绿化、净化、美化水平。（史　骥　宋瑞亭）

【自由流收费技术试点】 2022 年，长治公路分局将试点工作细化为 9 类 14 项具体任务，牵头组建由市发改、财政、公安、政法、司法、交通、审计、宣传等部门组成的工作专班，实行每周例会制度，邀请省相关部门召开试点征求意见座谈会，完善试点方案。先后组织完成自由流收费系统批复建设，业务规则制定，费率方案研究和价格听证，规范性文件起草和合法性审查，社会稳定风险评估和应急预案制定备案，宣传方案和宣传大纲论证等相关工作。11 月 17 日，试点方案正式通过省政府批复，成为山西省首条采用自由流收费技术的开放式收费公路。（史　骥　宋瑞亭）

2022 年，长治公路分局组织施工人员进行路面铣刨作业（史　骥　供图）

【普通干线“智慧环保”科技示范工程创建】 2022 年，长治公路分局依托国道 208 线晋中长治界至屯留小河北段改扩建工程，开展以“智慧和环保”为主题的科技示范工程建设，包括智慧公路、道路路产综合利用、煤基固废材料综合应用和道路沿线污染防治 4 个方面 15 项技术。截至年底，是交通运输部唯一的普通干线公路二改一科技示范工程。仅项目前期就通过优化设计，利用旧路资源，节约公路用地指标 3100 亩。（史　骥　宋瑞亭）

【公路安全】 2022 年，长治公路分局以安全生产专项整治三年行动、安全风险隐患大排查大整治“百日攻坚”专项行动、安全生产大检查大整治大提升专项行动为载体，加大道路隐患排查治理工作力度，排查整治公路运营一般隐患 37 处。对辖区内桥梁隧道、急弯陡坡、连续长陡下坡、事故多发和地质灾害等存在安全风险隐患路段进行排查整治，提升干线公路安全防护水平。注重汛期公路沿线地质灾害防范，加强同应急、气象、水利等部门和地方政府的沟通对接，对全局 12 个应急保障区队建设进行提升，投资 114 万元对 28 个应急库补足应急物资，在羸仗岭隧道建立微型消防站，开展隧道交通事故应急演练、公路保畅应急救援演练、水毁塌方应急演练，对辖区内发生的滑坡、落石等第一时间进行清理，保证汛期道路安全畅通。（史　骥　宋瑞亭）

民用航空

【概述】 长治机场有限责任公司属于山西航空产业集团有限公司全额注资子公司，注册资本人民币 8000 万元。公司位于长治市北郊王村西南、小辛庄东侧，海拔 923 米，距市中心 7. 5 千米。机场的飞行区等级为 4C 级，跑道长 2440 米，宽 45 米，厚度为 32

厘米，PCN50/R/B/X/T，单向Ⅰ类精密进近跑道，可供B737、A320以下机型飞机起降。2022年，长治机场有职工263人（不含劳务派遣15人），其中，取得技师资格证书4人，高级技术职称18人；中级技术职称62人；初级技术职称60人。取得专业技术职称的人数占职工总数59%。（王　真）

【吞吐量】 2022年，长治机场完成运输起降3028架次，旅客吞吐量19万人次，货邮吞吐量93.2吨，较上年同期减少29%、46%、24%。（王　真）

【通航城市与航线】 2022年，长治机场累计通航城市13个：北京、上海、广州、深圳、武汉、重庆、天津、沈阳、长沙、成都、大连、西安、杭州。运营航线8条：北京（大兴）—长治—深圳、北京（首都）—长治、上海（浦东）—长治、广州—武汉—长治、重庆—长治—天津、成都—长治—大连、长沙—长治—沈阳、西安—长治—杭州。合作航司6家：中国国际航空公司、中国南方航空公司、中国东海航空公司、吉祥航空公司、华夏航空公司、湖南航空公司。（王　真）

【航空安全管理】 2022年，长治基础累计召开航空安全管理委员会2次、航空安保管理委员会2次、安全形势分析会10次、安全生产周例会43次、每日运行安全和疫情防控碰头会269次，为机场公司安全生产发展提供决策支持。结合安全运行保障实际，先后制定《长治机场有限责任公司不安全事件调查管理办法》《长治机场有限责任公司风险信息警告与公布程序》《长治机场有限责任公司"吹哨人"制度（试行）》等7项安全制度；修订《航空安全保卫方案》《跑道安全手册》《长治机场有限责任公司净空管理办法》《长治机场有限责任公司航空安全保卫信息规定》等11项安全制度，为公司安全运行保障奠定制度基础。先后组织开展《民航安全风险分级管控和隐患排查治理双重预防工作机制管理规定》《民航单位法定自查工作规范》等专项规章、制度的培训宣贯。多措并举完成全年各项空防安保工作。强化应急管理，明确应急管理工作职能，组织开展应急管理手册修编和"应急值班规范年""5·12"防震减灾日宣传教育活动，对地震灾害防范应对情况组织开展自查，排查出的2项问题均制定等效措施；对防汛预案组织桌面推演，对各部门防汛物资储备情况进行排查；针对候机楼内用电设施设备进行专项检查和清查工作，确保消防安全持续平稳。全年组织开展公司级航空器紧急备降桌面演练、防汛演练、地震演练和空防综合实战演练8次，各部门组织开展专项演练共计50余次，通过完善预案、组织培训、强化演练的工作措施，提升公司的应急管理和突发事件应急处置能力。（王　真）

【民航运行保障】 2022年，长治机场公司先后组织开展"安全生产大检查""安全生产大检查、大整治、大提升""安全生产月""机场领域安全专项检查""危险品航空运输专项整治""应急值班规范年"等20余项专项活动，围绕安全思想认识、专业队伍建设、规章标准执行、安全管理链条、安全保障能力、安全责任落实等方面进行监督检查，共计发现问题隐患225项，完成整改215项。推广服务品牌，建立服务质量体系。以航班正常放行率和旅客投诉受理为指标抓手，规划长治机场服务质量管理工作，全年机场航班正常率保持在85%以上；受理服务质量监督平台转来的投诉事件7起、表扬事件2起、咨询事件1起；初步制定服务质量管理体系手册，服务质量管理工作更加系统化、规范化；重点推广"向阳花"服务品牌，推出优先值机、快速安检、优先登机、电话预约、专人引领、免费轮椅等多项爱心服务举措，提供一对一服务。自向阳花服务品牌实施以来，保障特殊旅客340名，其中无陪旅客247名，轮椅旅客88名，其他旅客5名。（王　真）

【市场开发】 2022年，长治机场实施动态化航班管理，为避免航班"空飞"造成资源浪费，全年向航司发函66份。开发通程航班中转业务，其中华夏航空执行的成都—长治—大连、天津—长治—重庆2条航线，全年通程销售增量约9700人次。优化航班时刻，对部分早出晚归的"航班边缘时刻"，以及"一市两场"共飞航线且起飞时间相差较近的航班进行优化调整。变更航线合作方式，优化部分航线的合作模式，在2022年夏秋换季到期续签的协议中，对广州—武汉—长治、重庆—长治—天津、成都—长治—大连、沈阳—长治—长沙航班，将补贴方式由保底补贴改为定额补贴，降低全年航线补贴支出。协商执飞公司开展"开学季，惠出行""300元秒杀航线"等多元营销宣传活动，为旅客解答疫情形势下航线、票务、乘机问题，方便乘客了解长治航班信息和优惠航空产品。做好通用航空保障，与山西通航集团沟通、合作，开辟省内通航短途运输，2022年累计执飞短途载客运输定期航班，共保障通航短途运输271架次，运输旅客吞吐量985人次。（王　真）

城市公交

【概述】 2022年，长治市公共交通集团有限责任公司（简称长治公交公司）完成营运收入7724万元（含部分县区运营补贴款），全年营运里程3948万千米，实现营业收入6077万元。

收到各级财政补贴 7823 万元，当年亏损 8674 万元。（李　佳）

【线网布局】 2022 年，长治公交公司按照“走向合理、运距适中、注重交叉、避免并行、方便换乘”的原则进行线路规划，逐步扩大公交线网覆盖面。建成关村汽贸园公交枢纽，长治市原客运东站移交集团管理。新开通东尚理想城至市医院潞州区分院 56 路公交线。延伸 33 路公交线，覆盖西二环暴马、七里坡、二贤庄等公交盲区，方便沿途居民出行；102 路双向分别延伸至高铁东站和屯留青鸟智教。筹备开通 58 路公交线及优化 49 路公交线，筹备开通 55 路（原 802 走向）。连续 18 年承担爱心送考活动。

（李　佳）

【安全运行】 2022 年，长治公交公司交通运输企业安全生产标准化三级达标企业考核顺利通过。开展“防御性驾驶工作”，召开防御性驾驶工作会议 28 次，开展检查 43 周，查出不良驾驶行为 449 次，严重违规驾驶人停工培训 30 名；交通违法人员停工培训 2 名。通过微信安全群发布安全提示 74 次，制作公交事故案例视频 1 部；完成 550 辆公交车载自动灭火装置灭火介质的更换，维修、增补各型灭火器 1873 具。1080 名驾乘人员“禁毒尿检”筛查工作全面达标。全年无治安、刑事案件发生。全年发生事故 27 起，事故借款总金额 218.99 万元，千车千米事故费为 68.06 元，事故停工培训 12 人。（李　佳）

【公交服务】 2022 年，长治公交公司利用智能调度平台和车载监控设备开展稽查工作。邀请市红十字会专业老师为员工开展应急救护专题培训，培训人员达 200 人，并取得专业“红十字救护员证”。重新修订集团公司《票务管理及稽查办法》和《服务工作及稽查管理办法》。全年稽查 3355 台次，规范服务行为；收缴各类违规乘车卡证 163 张，同比减少 77 张。全年收到各类表扬 568 起，捡到乘客遗失物品 108 件。国家、省、市级报刊媒体刊登公交新闻 81 篇，《城市公共交通》投稿 92 篇、《人民公交》投稿 41 篇，《公交伴你行》栏目投稿 172 篇。完成公司新闻宣传采访报道任务 200 余项，编写新闻稿件 200 余篇，完成公司各项活动照相摄影 260 余次，基层投稿 62 篇。被媒体宣传报道 90 余次，协助新闻媒体采访宣传 80 余次。开发上线长治公交通 App，实现自发码扫码乘车、老年卡在线年审、通联卡在线审卡等功能。开展支付宝“五折乘公交”“公交月票卡”，银联对接“一分钱乘公交”等优惠活动。全年发售老年卡、学生卡、通联卡等公交 IC 卡 16777 张，充值收入共计 2093828 元。截至 2022 年底累计发行各种 IC 卡 48 万余张。审核园丁卡、杏林卡、爱心卡计 16521 张。公共自行车全年骑行量 29 万车次，日均周转率为 0.58 次 / 辆 · 日，自行车全年调度量 1.8 万车次，行驶里程 1.6 万千米，维修保养自行车 1400 余辆，客户满意度达 95%。（李　佳）

【文明城市创建】 2022 年，长治攻坚公司投身全国文明城市常态化创建工作。制定常态化文明城市创建工作方案，配合团市委进行志愿者培训，加强检查督导，下发创建文明城市《提示与告知》60 余次。各场站、站务、车厢内制作张贴创建全国文明城市公益广告 80 余处，600 余台公交车辆全部张贴公益广告，车载显示屏滚动播放文明创建宣传标语。（李　佳）

城乡建设　环境保护

综　述

【城市更新】 2022年，长治市聚焦加快建设现代化太行山水名城总目标，推进以人为核心的新型城镇化，深入实施城市更新行动。安阳互通立交工程建成通车，推进东南外环快速通道改扩建、威远门路南延、经六支路等道路工程，完成21条城市道路雨污分流改造、14条城市道路架空线路整治、88条背街小巷提质改造，不断拉大城市框架，完善城市功能。新开工改造141个老旧小区，推动既有住宅加装电梯143部。全市完成城镇燃气老旧管网改造102.8千米、雨污合流制排水管网改造239千米，累计完成城市市政基础设施建设投资55亿元，城市承载力持续增强。推进海绵城市建设，以海绵城市立法为引领，健全体制机制，通过实施城市道路雨污分流改造、源头建筑小区分散雨水回用设施与末端公园、水系集中雨水调蓄设施的建设，建成区内涝积水、黑臭水体全部消除，雨水回用超65万吨/年，再生水利用率超35%，海绵城市建设绩效获评全国A档，被住建部、水利部、财政部通报表扬。　（梁　晨）

【农村人居环境改善】 2022年，长治市住建局坚持巩固拓展脱贫攻坚成果与乡村振兴有效衔接，加强对农村困难群体住房安全动态监测，完成农村危房改造“动态保障”任务957户。持续抓好农村生活垃圾治理工作，建成各类型中转站128处（个），开展农村生活垃圾集中收运处置自然村比例达到98.9%；全市925个行政村生活垃圾纳入焚烧处置，825个行政村开展垃圾分类。推进31处建制镇生活污水处理设施建设，19处基本建成。加强传统村落保护，实施11个村25项传统村落保护项目，建设完成27个传统村落数字博物馆。　（梁　晨）

【安全生产】 2022年，长治市住建系统围绕建筑施工、城镇燃气、市政运营、自建房等重点行业领域开展常态化安全专项检查。累计出动监督检查组80组次，抽查工程项目605项次，下发安全整改通知书390份，整改隐患1637条，隐患整改率100%，运行20～30年需改造的102.8千米燃气

2022年9月28日，安阳互通立交工程建成通车　（梁　晨　供图）

管网以及30年以上的管网全部完成更新改造，全市32.3万户居民用户完成“三项强制措施”全覆盖。全面排查经营性自建房共36804栋，初判存在安全隐患1796栋，全部进行安全鉴定并落实管控措施。全市住建领域安全生产形势平稳，连续4年未发生生产安全事故。（梁　晨）

城乡规划

【国土空间总体规划编制】 2022年，长治市开展以一城四区和上党城镇群为重点的晋东南城镇圈高质量建设研究，综合考虑各行业发展需求，“一城四区”一体化布局，8个县域协调推进，完成全市“三区三线”划定及报批工作，划定成果通过自然资源部质检，于9月29日正式启用，为谋划全市国土空间开发保护布局提供科学支撑；“一张图”实施监督系统接入378项数据服务、对接28项功能接口，国土空间规划“一张图”数据库建设基本完成；落实省级主体功能区调整方案，明确空间发展目标，进一步形成人口、经济、资源环境等相协调的国土空间开发格局。（邵珠银）

【城市重点规划编制】 2022年，长治市规划和自然资源局进一步梳理空间发展逻辑，将工作重点转向城镇开发边界线内的具体功能布局，解决城乡发展和建设实际问题，启动《长治市空间发展战略规划》编制，组织专家评审并通过。开展市综合应急救援基地控规、潞州区特色产业集聚区控规、屯留区康庄工业园区控规、庄里村城中村改造规划、市公安局三中心控规等各层次规划编制工作12项，不断完善城市服务功能、提升城市品位，为省域副中心城市建设奠定规划基础。（邵珠银）

【村庄规划编制】 2022年，长治市规划和自然资源局按照村庄规划“应编尽编”的原则，督导县域有条件有需求的村庄规划有序推进，定期召开推进会，深入调研指导全域综合整治试点村及乡村振兴示范创建村村庄规划编制，长治市2022年度实用性村庄规划计划编制数为351个，均按进度完成。（邵珠银）

城市管理

【城市品质提升】 2022年，长治市城市管理局完成主城区紫金东街、延安路、长兴路、东大街、西大街、英雄路、府后街7条道路整治范围内158处17.44万平方米建筑物外立面及1.42万平方米户外招牌整治工作，完成主城区主干道两侧21处残垣断壁整治工作；新建10处公共卫生间（城市驿站）并全部交付使用；开展城市家具整治，印发《主城区城市家具整治提升工作三年行动方案》及具体实施方案，完成主干道旅游亭、交警岗亭整治及24处单个弱电箱美化、3处弱电箱多箱合一试点整治；指导监督全市开展便民经营点规划设置，组织召开访谈座谈12次，发放调查问卷350份，全市摸排各类便民服务点370余处，各县区均完成城市便民经营点专项编制规划，全市共设置162处城市便民经营点，提供摊位6100余个，推进建设主城区3处便民市场；推进停车专项整治，组织编制《长治市主城区停车专项整治规划》并通过专家评审，进入成果完善阶段，针对英雄路部分节点及太行公园等重点区域，形成非机动车停车治理方案，设置非机动车停车场（点）4个，增设非机动车停车位1400余个。（陈　建）

【市容市貌整治】 2022年，长治市城市管理局坚持“网格化”治理，以街道（乡镇）为单元，综合考虑人流量、片区大小、城市管理实际等因素，将主城区划分15个大网格，细分为188个小网格区域，将每个区域定人、定时、定岗、定责，确保责任全覆盖、监管无盲区；持续开展文明城市常态化建设专项督查，共下发18期督查通报，发现并督促问题整改430余个，与沿街门店商户签订“门前五包”责任书2万余份。全年整治马路市场418处、游商散贩30691处、规范店外经营17290处、清理小广告6226处、条幅2378条，登记保存乱摆放共享单车3188辆、规范摆放非机动车6186处，清理隔离锥桶1377只、隔离桩524处，查处犬只随地便溺和遛犬不束牵引带等不文明养犬行为109起，营造干净、整洁、有序、安全的城市容貌。（陈　建）

【生态环境综合治理】 2022年，长治市城市管理局开展大气污染防治“百日攻坚”和秋冬季大气污染攻坚行动，建立“包片包点、网格监管、指挥调度、交叉检查、下沉帮扶、约谈通报、联合执法”7项工作机制，全年巡查各类建筑工地18000余人次，督促整改问题1400余处，完成145件市大气污染防治工作领导组转办问题整改，查办建筑工地扬尘污染案件40件，罚款63万元，对扬尘问题整改不力的190家单位企业进行集中约谈，对多次整改不力的11家主体责任单位在门户网站进行通报；推进新能源渣土车更新使用，共更新300辆新能源渣土运输车，建成新能源渣土充电站2处、换电站2处；做好生活垃圾分类工作，对生活垃圾分类处理与循环利用工作领导组成员进行调整，针对通报问题制定整改方案，对4区8县生活垃圾分类工作开展调研，初步形成《关于进一步加快推进生活垃圾分类与循环利用工作的实施意见》；推进国家节水型城市建设，下发《关于推进国家节水型城市建设任务分工的通知》,以“全国城市节约用水宣传周”为契机，开展系列宣传活动，牵头组织的“节水中国 你我同行”暨31届全国城市节约用水宣传周启动仪式受到全国节约用水办公室表彰，被评为2022年“节水中国 你我同行”联合行动优秀活动；规范化收运处置医疗废物，全年收运、处置医疗废物3760余吨，其中涉疫医疗废物1160余吨，守好疫情防控“最后一道关口”；指导监督各县区开展古树名木普查工作，协调财政部门理顺全市城市古树名木保护管理经费。2022年3月，长治市城市管理局被授予“山西省污染防治攻坚战先进集体”称号。（陈　建）

【城市综合管理服务平台建设】 2022年，长治市城市管理局持续推动城市综合管理服务平台建设，建成市级平台，并与国家、省级平台联网对接，县级城管平台覆盖率达75%；完善“长治城管”微信小程序，设置“我拍我城”“户外门头招牌业务办理”“建筑施工远程视频监控管理”“公厕查询”“用水计划指标”5个功能模块，提升城市管理工作效率；在部分路段设置城市管理杆架“喊话”设备，探索、构建非接触式远程执法管理新模式，提升城市管理智慧化水平。2022年市级平台受理各类案件44487起，结案43341条，结案率达97.44%。（陈　建）

【城市管理执法规范化建设】 2022年，长治市城市管理局制订《长治市城市管理局法治政府建设实施方案》《长治市城市管理局党政主要负责人履行推进法治建设第一责任人职责2022年工作清单》《长治市城市管理行政处罚听证办法》《关于对“六新”实施“三张清单”制度的通知》《长治市城市管理执法行为规范实施细则》《行政处罚案件集体讨论制度》等文件，推进制度创新实践，探索包容审慎监管，让行政相对人感受到“有温度的执法”，规范行政执法行为，持续改善行政执法环境；梳理执法清单，动态调整行政处罚类行政职权33项，进一步明确执法职责和执法边界；启用住建部城市管理行政执法文书示范文本，重新编制行政执法手册；加强城市管理执法规范化建设，出台《城市管理执法监督暂行规定实施办法》《长治市城市管理局文明廉洁执法规范手册》，加强城市管理执法监督，明确执法纪律和办案规范；全面实施“行政执法三项制度”（行政执法公示制度、执法全过程记录制度、重大执法决定法制审核制度），65起一般程序案件均进行法治审核并出具法律意见书，针对重大案件召开集中讨论会2次，通过信用长治平台公示处罚信息65条，在政府门户网站公示处罚信息22期；改进工作方式，制定《长治市城市管理执法协管人员管理实施细则》，规范协管人员辅助执法行为，明确协管人员的招聘、考核、辞退等工作；围绕执法实务操作，开展执法人员日常培训和年度轮训工作，严格实施日常早训制度，持续提升执法人员综合素质；组建高铁、广场、滨湖3支女子执法中队；2022年办理行政处罚案件共计2100余起，行政处罚212.57万元。其中，简易程序案件行政处罚17.27万元，一般程序案件行政处罚195.3万元。（陈　建）

【服务经济社会发展】 2022年高、中考期间，长治市城市管理局发放《爱心助考倡议书》，在主城区9个高考考点和10个中考考点设置执勤点，免费提供矿泉水、防暑药品以及一些考试必备用品，加大考点周边执法力度和巡查频次，做好护考工作；抽调执法人员完成清明节期间防火、漳泽湖国家城市湿地公园“五一”长假期间安全旅游保障等工作；助推乡村振兴，在包联帮扶村持续开展防止返贫致贫动态监测、产业发展、项目建设、稳岗就业、问题整改、精准帮扶等重点工作，开展重阳节慰问、捐赠衣物、以购代捐等活动。（陈　建）

【安全生产】 2022年，长治市城市管理局制定《防范化解城市管理风险实施方案》《防范应对大风、暴雨等恶劣天气应急预案》，强化工作部署和专项检查，开展安全生产月、“安全咨询日”、重点岗位应急演练等活动，重点对户外广告、店招店牌、特种垃圾处理、垃圾填埋场等进行排查；推进打击养老诈骗专项行动，对城市街面违规张贴的养老产品宣传广告以及违规发放宣传广告的行为进行清理、查处，累计组织8场次政策宣讲，发放宣传册2000余份，开展巡查2900余次，发现并移交2起违规发放宣传品广告行为；常态化开展扫黑除恶专项斗争，开展线索摸排279次线索排查279次，尚未发现相关线索，未收到相关部门转发的“三书一函”，未发现涉黑涉恶违法犯罪和黑恶势力“保护伞”，2022年度城市管理领域安全形势总体平稳。（陈　建）

市政管理

【概述】 长治市市政管理中心（长治市海绵城市建设中心）的主要职责和任务是：为城市建设项目提供服务；承担辖区城市道路、桥涵、排水设施的管护工作；承担辖区城市道路占用、挖掘的现场勘测和费用收缴工作；承担全市建设工程保证担保的业务审核登记工作；承担政府投资的海绵城市、城市水系、排水防涝、综合管廊建设及城市更新有关工作。（张金霞）

【设施管养】 2022年，长治市市政管理中心完成维修路面67339.83平方米；维修便道49277.45平方米；

维修侧（平）石15316.93米；安拆护栏335.7米；维修井盖421套；清挖平立箅井11596座；清挖检查井1836座；清挖边沟2105米；疏通排水182213.5米；更换盖板102块；维修井室224座；新建检查井80座；维修排水管沟584米；路面沥青灌缝40204米；拆除路障1065处；安拆警示柱165根；维修座椅25处；洒布融雪剂115556平方米；安装防坠网1898个。进一步理顺桥梁经常检查工作，按检查计划开展经常检查，做到对城市桥梁经常检查的全覆盖和全天候，保证城市桥梁运营中发生的安全隐患能及时得到发现。（张金霞）

2022年，长治市潞州区解放东街雨污分流改造（梁　晨　供图）

【应急防汛】2022年，长治市市政管理中心防汛除雪应急出动58次，投入人力3301人次，出动应急车辆1713台次。（张金霞）

【市政项目建设】2022年，由长治市政管理中心负责监管职责的市政建设项目共25项，完成24项。其中：雨污分流及管网改造工程17项；内涝点整治2项，道路海绵化改造3项；续建工程1项；架空线路工程2项。新建改造道路长度31.19千米、道路面积53万平方米；新建雨水管道27.35千米，保留现状雨污合流制管道作为污水管道27.52千米；新建污水3.13千米。累计完成投资约6.4亿元。（张金霞）

城市供电

【概述】国网长治供电公司（简称长治供电公司）是隶属于国网山西省电力公司的国有大型一类企业，拥有固定资产134亿元，用电客户153万户，担负着全市工农业生产和人民生活供电任务，以及电网的规划、设计、建设、运行、检修、维护任务。长治电网通过17条500千伏线路（漳久Ⅰ、Ⅱ线、长晋Ⅰ、Ⅱ线、长久Ⅰ、Ⅱ、Ⅲ线、榆久Ⅰ、Ⅱ线、久潞Ⅰ、Ⅱ线、左潞Ⅰ、Ⅱ线、王潞Ⅰ、Ⅱ回、潞城—邯东双回），6条220千伏联络线（堡神线、紫定线、紫神线、霍兴线热备、东乐Ⅰ、Ⅱ线充电运行）与山西电网相联，基本形成以1000千伏特高压变电站为战略支点、500千伏双T型网为核心、220千伏电网为骨干、110千伏及以下电网辐射型供电的网络结构。2022年，长治供电公司发展总投入12.9亿元，同比增长31.2%。售电量197.1亿千瓦时，同比增长5.7%。（杨　慧）

【电网概况】2022年末，长治地区有统调35千伏及以上电压等级变电站181座，同比增加3座，主变压器（简称主变）369台，同比增加6台，主变容量27011.2兆伏安，同比增加257.65兆伏安。其中1000千伏变电站1座，主变2台，容量6000兆伏安，与同期持平；500千伏变电站2座，主变4台，容量3500兆伏安，与同期持平；220千伏变电站29座，主变56台，同比减少2台，容量7749.5兆伏安，同比减少240兆伏安；110千伏变电站98座，同比增加3座，主变205台，同比增加8台，容量8736.8兆伏安，同比增加459.5兆伏安；35千伏变电站51座，主变102台，与同期持平，容量1024.9兆伏安，同比增加31.3兆伏安。

截至2022年底，长治地区有统调35千伏及以上输电线路695条，同比增加16条，线路长度7572.62千米，同比增加211.10千米。500千伏线路7条，长度246.74千米，与同期持平；220千伏线路84条，同比增加4条，长度1845.37千米，同比增加112.95千米；110千伏线路211条，同比增加7条，长度2401.96千米，同比增加51.42千米；35千伏线路393条，同比增加5条，长度3078.54千米，同比增加46.73千米。（杨　慧）

【电网建设】2022年，长治供电公司累计开工基建工程19项，开工线路长度119.85千米、变电容量56万千伏安，分别完成年度开工计划的108%和122%。累计投产基建工程15项，投产线路长度104.82千米、变电容量38.49万千伏安，分别完成年度投产计划的126%和157%。完善网架结构，提升资源配置和供电保

2022 年5 月11 日，母线顺利恢复供电，长治市襄垣县侯堡变电站220 千伏综合检修任务完成　　（杨　慧　供图）

障能力。220 千伏久安—兴盛新建线路、果园变电站主变扩建等项目纳入“十四五”电网规划，沁源北等 18 个项目取得核准批复，51 个项目全量纳入政府国土空间规划，网上电网选址选线做法被评为国网典型案例。“7+2”工程（西电东送 500 千伏通道调整工程，包括晋北、晋中 2 座特高压主变扩建和 7 条 500 千伏送出工程）属地协调畅通无阻，500 千伏潞城站扩建工程取得不动产证书，率先取齐陇东—山东核准支撑文件。促成出台简化项目审批流程和相关补偿实施办法，压减土地、消防、林业等手续办理时长，为工程建设赢得时间。长治西变电站升级改造进入实质化实施阶段，东田良“基建仓”试点初见成效，110 千伏德化门等 15 项工程顺投产。沁县北工程被国网评为区域级“现代智慧标杆工地”。全省首座 110 千伏移动式变电站成功投运。黎城 10 千伏中街村配电台区入选“国网百佳”。推进“三供一业”、老旧小区和自供区改造。　　（杨　慧）

【安全生产】 2022 年，长治供电公司开展隐患大排查大整治和开展安全责任年活动，下发安全事件通报 12 起，追责 41 人次，累计查处问题违章 348 起，下发反违章通报 25 期。通过违章处理、安全述职、专业查评，强化安全奖惩力度，累计安全奖惩兑现 670.9 万元，违章处罚 9.45 万元。完成 675 项检修工作，发布“电网运行风险预警”157 份，成功应对六级及以上电网风险 80 起，临停压减至 9 项。完成全部 21 站大分列运行方式调整，完善 30 站 40 套中低压备投装置，站均备自投达到 1.6 套/站，提升电网自愈能力。专题研究长治西变电站退运电网风险变化，优化 4 个供电链路，应用远方备自投技术，区域内变电站全部实现双源供电。完成 D5000（智能电网调度支持系统）建设投运，配网透明化使用率达 97%。完成 30 站通信机房环境改造，143 座通信站点 157 套光设备安装，491 条光路开通。全年 35 千伏及以上输变电设备运行平稳，配电线路、配变停运分别同比压降 41%、52%。提升基层基础管理质效，推进“两个替代”（“远程智能巡视替代人工例行巡视”和“一键顺控替代传统倒闸操作”）、移动配电室、配电自动化等技术应用，率先建成变电站区域型智能巡视系统，全省首条缓动型智能分布式自动化线路投运，完成 25 个全业务核心班组建设。配电线路绝缘化率提升至 62.8%，联络率提升至 71.5%，初步实现配网负荷灵活转供；治理高停运和重载线路 28 条。带电作业实现 33 类作业类型全覆盖，复杂作业次数占比达 19.5%。　　（杨　慧）

【电力应急保障】 2022年，长治市供电公司建立全市电力应急装备保障基地，实现应急物资、装备、车辆等专业仓的集中管理和统一调配，支撑区域应急管理体系运转。推进“三供一业”、老旧小区和自供区改造，10千伏中街村台区入选“国网百佳”。服务地方疫情防控大局，移动发电车参与保电32次，保障5个方舱医院如期送电。参与林区防火，全省首家建成35千伏直配变，消除山火隐患，提升偏远用户供电质量。完成两节、中高考等保电任务、参与四川抗旱保电任务。（杨　慧）

【农电管理】 2022年，长治供电公司深化星级供电所建设，开展星级供电所动态评价，围绕安全保障、业务执行、信息融合、队伍支撑、基础设施、优质服务等6个方面，落实各项措施，推动供电所标准化配置、规范化作业，推进供电所减负，提升基层基础。13家县区公司160余人开展跨域交流，潞城区公司微子镇供电所、平顺公司龙溪镇供电所、潞州区公司堠北庄镇供电所被市供电公司命名为“四星级乡镇供电所”。加强供电所管理，开展3次“站所典范”和“员工楷模”评选活动，15个站所、45名员工分别被评为“站所典范”和“员工楷模”代表，共计发放奖励45万元，覆盖供电所员工200余人。开展“走基层、下现场、促提升”活动，结合供电所综合协调机制，收集并解决五类35个员工关心的热点难点问题。淮海营业站、城西营业站、荫城供电所等5个站所入选省公司数字化供电所试点单位，先行先试营销数字门户系统。开发计量装置批量改造全流程、代办工单时限预警全流程、“12345”热线全流程等6个RPA应用场景，缩短员工工作时长，实现基层减负。春耕春灌期间，依托供电服务“网格化”管理优势，巡视春耕春灌线路197条、配变台区1364台，消除设备隐患199处，治理重过载及低电压配变15台，出动抢修车辆498次，出动抢修人员723人次，组成共产党员服务队75支，深入田间地头735人次，走访农业用户或涉农用户1098户，指导排除客户侧用电安全隐患295起，春耕春灌接电户数47户，接电容量8014千伏安，保障农户春耕春灌用电安全。全年开展特种作业（电工）证复审取证3期，培训人数达151人次，举办营销稽查、优质服务提升专项培训，覆盖供电营业站所所长、营业班班长及客户服务专责，共计134人次。（杨　慧）

2022年8月，四川省启动突发事件能源供应保障一级应急响应。国网长治供电公司调配1台中压发电车及3名技术人员支援四川电网（杨　慧　供图）

【电能节约】 2022年，长治供电公司节约电力电量指标完成6698万千瓦时，重点聚焦工业领域通用用能系统及重点耗能设备，开展节能改造；持续推动楼宇用能优化、公共机构能源托管等建筑能效提升工作；面向各类园区开展多能供应服务，促进能源梯级利用；结合客户实际情况对余热余气余压利用、空压机系统节能、建筑能源托管、能效评估诊断等项目进行实地考察，推动襄垣县鸿达煤化有限公司余热发电等项目落地。（杨　慧）

【电能替代项目】 2022年，长治供电公司累计完成电能替代项目61个，替代电量5.95亿千瓦时，其中辅助电动力项目36项，替代电量36004.66万千瓦时，占总替代电量的72.01%；冶金电炉5项，替代电量6609.50万千瓦时，占总替代电量的13.22%；其他电能替代20项，替代电量16885.84万千瓦时，占总替代电量的14.77%。（杨　慧）

【新能源汽车充电设施建设】 2022年，长治供电公司统筹规划全市充电网络布局建设。全年新增充电桩1123个，至2022年底累计有4031个，其中公用1014个，私人3017个。促请长治市人民政府发布《长治市新能源汽车充电桩基础设施建设规划（2021—2025）》，规划建设1600余个充电桩，加快推进新电动新能源汽车发展。推动充电桩项目建设，完成襄垣汽车站、黎城汽车站、青兰高速鲍店服务区充电桩的投运工作。配合长治市政府新能源渣土运输车辆更换，帮助充电企业开展现场考察，充电设施布局规划，为其延伸投资建设两条10千伏专线，加快政府新能源渣土运输车改造进程。

服务居民充电桩建设，开展“购车办电—装桩接电—充电服务—增值服务”联网通办活动，与7家4S店建立合作，帮助公司宣传电动汽车使用优势、私人充电桩报装流程、私人充电桩电价执行、用电安全、省内高速服务区充电设施分布，普及电动汽车使用常识，加快客户充电桩报装进程。

提升充换电设施运营质效，向政府汇报公司智能用电工作成效，争取政策、资金支持，获得长治市财政局下达的“2022年中央充电基础设施建设奖励资金”16万元，用于2016年度建设的充电设施建设运营、改造升级、充换电服务网络运营监控系统建设等相关领域支出。（杨　慧）

【科技创新与信息化】2022年，长治供电公司承担3项科技项目和2项群众性创新项目，分别是“基于状态估计和时标同步测量的精准反窃电技术研究及应用”“输电铁塔结构及周边环境健康状态智能感知与评价关键技术研究”“基于多端协同的变电站运行数字化物理平台技术研究分布式能源对城市电缆配电网的影响及其主动补偿措施”“国网长治供电公司2022年群众性创新项目”和“国网长治供电公司2022年科技骨干创新项目”；推进2个数字化项目，分别是数据应用建设、长治第二汇聚点机房供电改造，基于电力大数据配合开展打击网络电费打折诈骗行为。通过数据创新应用完成《基于电费打折数据的诈骗、洗钱、违规采集数据等多用途分析报告》，10月19日公司在市政府召开的“打击网络电费打折诈骗行为协调会”上做工作汇报，11月22日、12月7日长治供电公司为潞州区公安分局侦办网络电费诈骗案件提供数据和信息支持；国网首家建成远程智能巡检系统，一键顺控实用化运行，集中型馈线自动化策略成功应用于200条线路。打通电量采集神经末梢，实现区域电量、行业电量在线展示、一键生成；2022年，长治供电公司申请授权发明专利33项，“榫卯结构装配式主变基础”获中国电力建设企业协会三等奖，“二次系统现场校验装置”等3项成果转化销售406万元。（杨　慧）

【电力服务】2022年，长治供电公司在全省率先促成政府出台延伸投资界面政策，为客户节约办电成本超亿元。优化电力营商环境，251个重点保供项目快速接电。推广“一证办”“刷脸办”和“房产+电力”联合过户，创新研发批量换表、工单预警等8个RPA流程机器人，“我要找电工”小程序成功上线，提升客户办电体验。市县政务大厅入驻率100%，09版表计全面更换，提级督办工单46份，属实投诉同比下降63.6%，7个县92个所实现“零投诉”。拓展作业范围，作业数量突破2000次，同比增加75%，复杂作业占全省的30%。推进乡村振兴，完成3个乡村电气化项目建设，2个爱心超市顺利投运，消费扶贫资金达56.39万元。为2个帮扶村向省公司争取到捐赠帮扶资金24万元。光伏扶贫电站累计结算上网电费7361.18万元，获取补贴9861.95万元。助企纾困获政府表彰，践行降低办电成本、提升办电效率等六方面19项助企纾困举措，为客户节约用电成本917万元。推动转供电清理，摸排转供主体2459户，促请市场监管局治理528户不合理加价。（杨　慧）

城镇供水

【概述】长治市城镇供水集团有限公司（简称长治供水公司）是以自来水、再生水生产销售为主，集给排水设计、市政工程施工、水质分析检测于一身的国有企业。公司注册资金6.79亿元，设9个党支部，11个职能处室，6个生产厂站，6个经营实体。全年完成供水量5787.75万立方米，完成售水量5341.39万立方米，产销差率降至7.85%。水费回收率达99.99%，水质合格率达100%，管网压力合格率99%。2022年9月2日，供水公司获“全国和谐劳动关系创建示范企业”称号。10月，被山西省市政公用事业协会授予“2021年优秀单位”。（孟丽飞）

【辛安泉水源地井群灾后紧急移位重建及防护工程】2022年2月14日，辛安泉水源地井群灾后紧急移位重建及防护工程取得初步设计批复，10月9日取得市规划和自然资源局核发的《建设项目用地预审与选址意见书》。2022年1月至5月，长治供水公司完成工程项目的设计、打井、建安、设备采购的公开招标，3月正式开工建设。截至12月底，打井工程、防护工程、供电工程、输水管线工程全部完成。（孟丽飞）

【公司审计工作】2022年，长治供水公司完成各部门、经济实体单位财务审计和单项工程审计工作，全年审核各类工程结算163份，核减金额46.38万元，审计各类合同157份，协议61份，处理各类违规用水和损坏供水设施事件50余起，追缴水费394543.8元。（孟丽飞）

【水表普查轮换】为加强控漏降损工作，2022年，长治供水公司继续开展水表普查轮换工作，全年完成轮换NB水表2004台，超声水表5099台，更换到期指针表447台，整治隐患表井106座。开展三级分区计量工作，制定考核表安装方案，共安装考核表172块，为控制产销差率提供保障。（孟丽飞）

【供水安全】 2022年，长治供水公司对危险性较大的输电专线和输水管道等重点部位进行隐患排查，全年累计排查出一般事故隐患145处，全部整改完毕，无重大事故隐患。对辛安泉水源水、出厂水、管网水每日进行常规9项检测，每月进行常规42项检测，合格率均为100%。全年未发生生产安全事故。（孟丽飞）

【供水设备更新改造】 为保证安全供水，确保生产设备安全运行，2022年，长治供水公司根据设备的投用时间和安全状况，有计划地对供水设备进行更新改造。对二水厂高低压配电设备、3#水泵机组和5#电机的更新改造，分别于7月14日、10月31日、11月21日投入运行；对西流一、二级站和水源地共计18台电机进行外委大修；更换西流35千伏高压输电专线绝缘瓷瓶并进行消缺处理，更换台上供水站1#机组。（孟丽飞）

【管网设施管理】 2022年，长治供水公司推进老旧管网更新改造。为确保输配水管网及附属设施安全运行，公司管网管理部升级专人分片、责任到人的管理措施，加强安全技术交底、签订供水管道安全保护协议、及时提供供水管道图纸、完善供水管道标识，并在施工现场进行全程看护，2022年共看护施工工地241处。在新举措推动下，公司输配水管网全年非自然漏水发生45次，较上年下降57.9%。全年完成16条街巷的老旧钢管改造，并结合水表普查轮换、小街小巷道路施工改造等工作，继续摸排老旧供水管网，全年完成242户庭院水表的出户改造工作，解决部分老旧钢管跑、冒、滴、漏、偷的问题。（孟丽飞）

【供水服务】 2022年，长治供水公司重新修订《客户报装服务管理规定》，简化报装办理环节，实现从申请报装到验收通水仅用3天时间。2022年通过山西政务服务平台受理企业客户用水报装业务32项，均在规定时间内办理完成。通过长治市工程建设项目审批管理系统实时获取潜在客户获得用水的需求，提前介入，主动与项目单位进行对接，建立获得用水台账，持续跟踪服务。2022年进行跟踪服务的企业客户共计39户。依托供水热线和“12345”政务服务便民热线信息，调整服务内容和方法，全年处理热线来电19445条，“12345”热线150条。全年回访用户1307次，用户均对处理结果表示认可和满意。（孟丽飞）

城市供热

【概述】 长治市热力公司于2004年筹备并投入运行，为大型国有企业，是长治市热电联产集中供热工程建设和经营管理单位。2022年有在职员工700余人，大专以上学历人员占员工总数的49%，中高级职称的技术骨干占8%。供热热源由漳山电厂、长治发电、晋能热电、王曲电厂、潞光电厂5个热电厂组成，实现管网成环，多热源互通运行。2022年，长治市热力公司新增集中供热面积200万平方米。截至年底，长治市热力公司主城区集中供热总面积为6200万平方米，投运换热站634座，铺设供热主管网420×2千米，总用热户数为38万户，集中供热普及率达到95%以上。2022年，长治市热力公司完成1月1日至3月31日和10月15日至12月31日共计168天的供热任务，期间未发生安全事故，供热连续稳定。（郭东东）

【热源发展】 长子县位于主城区西侧，县城冬季原使用燃煤锅炉供热，环保效能低。2022年，长治市热力公司从潞光电厂至长子县鹿谷大街建设DN1000供热主管网，总长13千米，10月底建成投运，长子县实现热电联产，新增供热面积500万平方米，为长治市“一城四区两县”协同发展提供供热保障。（郭东东）

【供热设备改造、检修】 针对上个采暖季发现的问题，2022年，长治市热力公司对57座换热站设备进行升级改造，对105个老旧小区末端用户进行技术改造，同步打通太行北路、紫金西街、东大街等供热管网贯通工程，提高供热稳定性，优化主城区供热环网结构。全年共检修换热站板换151台，除污器314台，循环泵140台，软水器110台。（郭东东）

【供热改造】 针对潞州区城中村（社区）天然气取暖成本较高问题，结合群众自愿接入集中供热管网意愿，按照市委、市政府的安排，2022年长治市热力公司完成潞州区18个村庄（社区）6500户的供热改造工作，新建换热站11座，增容扩建既有站12座。（郭东东）

【供热服务】 2022年，长治市热力公司在主城区内下设服务大厅共计17个，分别为桐景花园、锦绣司马、潞鼎庄园、世纪嘉园、颐龙湾、梅辉坡、马厂、君汇华府、南垂、泽馨苑、小辛庄、政务大厅、堠西庄、惠丰、高庄、安居、安昌。为缓解供热前缴费高峰期，长治市热力公司分别与中国银行、农业银行、工商银行、农商银行和山西银行联网收取取暖费，同时开通微信、支付宝支付功能，方便用户缴纳取暖费；24小时接听供热服务

热线，并通过报纸、发放宣传页等方式向市民公布，同时建立追踪回访制度，确保用户各种用热问题及时得到落实、解决。（郭东东）

城市燃气

【概述】长治华润燃气有限公司成立于2012年5月25日，是由华润燃气投资（中国）有限公司、华新燃气集团有限公司和长治市国有工业资产经营有限公司三方组建的合资公司，注册资本为人民币30019万元，三方所占股本比例分别为55%、34%和11%。2022年1月前，长治华润燃气有限公司股东为华润燃气投资（中国）有限公司和长治市国有工业资产经营有限公司，双方所占股本比例为55%和45%。2021年2月9日市政府常务会议同意长治市国有工业资产经营有限公司提出的拟将所持长治华润34%的国有股权以非公开协议方式转让给华新燃气集团有限公司。2022年1月公司完成营业执照变更登记。公司有员工452人，下设八部一室，两个子公司一个分公司，担负着长治市城市燃气的输配供应任务，为长治市潞州区、潞城区和壶关县管道燃气用户提供城市燃气供应和服务。（郭彩凤）

【燃气供应】2022年，长治华润燃气有限公司发展居民用户19868户，发展工商业用户338户；销售燃气10773.19万立方米；截至2022年12月底，公司拥有管理民用户369511户，工商业用户1571户，燃气运行管线总长度1918.98千米，其中，高压管网14.34千米，中压管网619.61千米，低压管网1285.03千米。（郭彩凤）

【气源保障】2022年，长治华润燃气有限公司与上游气源单位协调、沟通，足额签订年度气源合同，落实合同内气量14187.82万立方米，保障全市供气需求；统筹气源调度，合理配置气量，减少合同外高价气采购，降低采购成本；建设调峰储备站，增强调峰能力，解决采暖季调峰能力不足问题。公司拟建设2000水立方调峰储配站（一期900水立方），截至年底完成LNG储配站规划选址招标、报告编制及集团立项专家现场评审工作。（郭彩凤）

【燃气管网改造】2022年，长治华润燃气有限公司开展重点领域安全攻坚，成立燃气安全排查整治专项工作领导小组，制订安全检查计划，区域高风险隐患整改率实现100%。全年完成老旧管网改造25.71千米，其中灰口铸铁管网完成20.15千米，年度开展管网评估157.5千米。完成6个老旧小区改造，改造管网3438米。配合政府完成居民用户“三强制”升级改造，完成燃气居民用户28.51万户的“三强制”升级改造任务，完成率达94.76%。（郭彩凤）

【供气服务】2022年，长治华润燃气有限公司坚持一年一度入户安全大检查，持续开展隐患排查治理，消除安全隐患，对查出的隐患及时下发隐患整改通知书并限期完成整改；常态化开展打击偷盗气行为，与市住建、区政府、公安等部门联合开展行动，严厉打击偷盗气违法犯罪行为，2022年累计查处偷盗气行为25户，追缴气费52.80万元；对所有居民及非居民用户表具安装铅封，防止用户偷盗气；举办长治区域第三届客服技能比武大赛；升级营销模式，上线“润燃GO”微信小程序及产品买赠，打通线上销售渠道，寻找合作伙伴，开展买赠活动，与港泰石油开展买灶送气、送油卡活动。（郭彩凤）

【技术创新】2022年，长治华润燃气有限公司开展高可靠性燃气数据智能远传控制技术、燃气管网动态监测及精准定位技术研发和“煤改气”计量仪表主要性能研究等3个项目，并取得一定成果。（郭彩凤）

园林绿化

【概述】2022年，长治市主城区绿地率达到42.85%，绿化覆盖率达到47.72%，人均公园绿地面积达到13.32平方米。（邢潇竹）

【园林绿化建设投资】2022年，长治市（含县区）完成城市园林绿化建设投资3.69亿元。其中，潞州区完成绿化投资10157万元；上党区完成绿化投资85万元；潞城区完成绿化投资397.3万元；屯留区完成绿化投资2517.53万元；长子县完成绿化投资1157万元；壶关县完成绿化投资2489万元；平顺县完成绿化投资1389.5万元；黎城县完成绿化投资5576万元；襄垣县完成绿化投资5240.08万元；武乡县完成绿化投资3513.29万元；沁县完成绿化投资1300万元；沁源县完成绿化投资3120.43万元。（邢潇竹）

【城市绿地建设项目】13处城市绿地建设项目总投资约1957万元，2022年3月该项目进入施工阶段。截至年底，项目中的民政局、机务、政通街、太岳东大街、保宁门街沿线、延安北路沿线、长安街口、南三厂、职教园区、圣鑫苑10处绿地基本建成，东兆绿地完成乔灌木种植及土建基础。（邢潇竹）

【北环街增绿提质改造二期工程】2022年，长治市园林绿化中心加快推进北环街增绿提质改造二期工程，按照“换、补、增、引、融”原则，对北环街两侧绿地进行全面提质改造。在尽量保留现状植物的基础上，更换病残危树木及破损护栏、道牙等园林设施，在林带与人行道路交界处，种植金叶槐、天目琼花、紫叶李、金叶女贞球、白皮松等。补植行道树和过于稀疏的花灌木、草坪，减少裸地。在沿线绿地增绿添彩，加入观叶、观花、观果植物。在两侧林带打造园路，设置休闲广场、健身场地，栽植耐阴花灌木、地被。（邢潇竹）

【老旧游园品质提升项目】该项目计划改造提升4处老旧破损严重、存在明显安全隐患的游园，分别是北关桥游园、紫东三角地、红旗广场、金建苑。总投资183.17万元，2022年正式发布政府采购意向，进行政府采购工作。（邢潇竹）

【裸地专项整治】2022年，长治市园林绿化中心负责城市裸地专项整治，全年补植草坪地被1.76万平方米、绿篱3687平方米；铺设防尘网602平方米；硬化地面220平方米。（邢潇竹）

【杨柳飞絮防治】2022年，长治市园林绿化中心为辖区内17条道路、1个公园、5处游园的5423株杨柳树注射飞絮抑制剂，注射规范率达到98%。（邢潇竹）

【架空线路整治工作任务】2022年，长治市园林绿化中心配合市政部门临时开挖绿地进行架空线路整治，在19条道路开挖并恢复绿地38处。（邢潇竹）

【日常养护管理】2022年，长治市园林绿化中心补植补种落叶乔木327株、花灌木2.23万株、球类548株、绿篱5.04万平方米、草坪地被5.51万平方米；修剪乔木2.03万株、花灌木4.28万株、球类2.28万株、绿篱165.95万平方米、草坪地被269.17万平方米；清理死树978株、清理杂草324.38万平方米、树木抹芽2.34万株；修整树穴7996个；浇灌返青水、种植水、清洗绿化带共5.06万吨；防治病虫害，喷洒各类防治药水2419吨；清运垃圾2.48万立方米。（邢潇竹）

【城市美化】2022年，长治市园林绿化中心在八一广场、人民公园、北关桥游园、上党门游园等6处重要节点摆放时令花卉28.61万盆。春节期间，对太行街沿线行道树及八一广场、太行公园进行节日灯饰装点，使用各类挂件3776个，灯带6274米，串灯6770米。（邢潇竹）

【全民义务绿化】2022年，长治市园林绿化中心为全市3个区、15个口、8大工矿企业、3个省管院校安排部署年度义务绿化任务全年累计种植各类苗木30.5万株，草坪1.15万平方米。（邢潇竹）

环境保护

【大气污染防治】2022年，长治市多次召开大气污染防治专题会议，并将专题会议开到县区和企业一线，先后在上党区、潞城区召开重点指标分析研判会，组织上党区的6家砖瓦企业在经坊砖厂召开砖瓦企业污染治理提升现场座谈会，利用周六、周日及下班时间赴施工现场、生产企业实地突查夜查，直奔一线解决问题。针对长治市环境空气质量不降反升问题，坚持突出重点区域、重点领域、重点污染因子，制定并实施“1+5+8”工作措施：建立1个奖惩机制，按环境空气质量改善程度对各县区财政资金进行扣罚或奖励；开展多项专项行动，即重点区域环境突出问题综合整治专项行动、臭氧污染治理专项行动、扬尘治理专项行动、环境执法特别行动以及百日攻坚行动，深入推进4.3米焦化关停，2022年共关停4家4.3米焦化企业；推进5家钢铁、8家焦化实施深度治理；基本完成3家焦化（明源、沁新、华安）和4家水泥粉磨站超低排放改造；实施“专人负责、分析研判、联合执法、交叉执法、清单管理、调度通报、督查帮扶、考核问责”八项工作机制，推进大气环境质量持续改善。（石颜红）

【水污染防治】2022年，长治市生态环境局加强断面水质监督检查，利用自动监测站，每日对断面水质分析研判，及时应对水质变化。针对上党区小宋、针漳、潞州区黄碾和壶关县河口桥断面水质超标问题，进行现场检查指导，下达督办通知，督促县区政府采取有效措施扭转水质恶化趋势。配合市规划与自然资源局征询探矿权采矿权建设用地范围与饮用水水源地保护区重叠情况核查。会同市卫健委联合对60家二级及以上医疗机构开展污水收集处理设施建设运行情况排查，督促存在问题41家抓紧实施整改，截至年底完成整改6家。开展县级及以上饮用水水源保护区环境状况评估。强化入河排污口监督管理，更新入河排污口清单，每月进行监测并定期通报。推进农村污染治理，60个农村环境整治任务中60个村庄均完成整治，74个农村生活污水治理任务村庄均完成治理；完成农村黑臭水体治理任务4个。（石颜红）

【土壤污染防治】2022年，长治市生态环境局加强农用地土壤镉等重金属污染源头防控，管控历史遗留固废土壤环境风险，协调推进长治市上党区刘家山磺矿（刘家山地块）土壤污染风险管控项目。组织开展2021年重点建设用地安全利用整改，73个地块完成土壤污染状况调查，重点建设用地安全利用率达到100%。2022年，37个重点建设用地地块完成土壤污染状况调查工作，实现安全利用。推进长治市公共卫生医疗中心项目二期工程用地土壤污染状况调查工作。推进重点行业企业土壤污染隐患排查，534个隐患点全部完成整改；14家新增土壤环境污染重点监管单位全部完成土壤污染隐患排查。推进地下水污染状况调查，组织完成6个化工园区、12个生活垃圾填埋场和2个危险废物处置场地下水环境状况调查评估报告。（石颜红）

【环境执法监管】 2022年，长治市生态环境局开展打击危险废物违法犯罪和重点排污单位自动监测数据弄虚作假违法犯罪“利剑斩污”专项行动、大气污染防治“百日攻坚”专项行动、全市涉挥发性有机物和氮氧化物排放重点行业执法检查、高排放高耗能企业监督执法、温室气体重点排放单位监督帮扶、燃煤电厂污染治理设施等6个专项行动，开展“双随机、一公开”、正面清单对象、畜禽养殖企业、土壤污染防治、饮用水水源地保护区、环境安全隐患等6个方面执法检查，解决一批生态环境保护突出问题。截至2022年6月底，累计受理群众举报164件，办结138件，办结率84.15%，满意率100%；共办理处罚案件113件，其中一般行政处罚案件107件，罚款1081.3万元，《环境保护法》配套办法6件（查封案件6件）。（石颜红）

【中央环保督察】 2022年，针对中央环保督察反馈问题整改，长治市召开中央环保督察反馈问题整改落实会、中央环保督察整改推进落实会、中央环保督察反馈问题整改暨黄河流域高质量发展举一反三工作推进会等会议，研究解决整改中的困难和问题。组成4个监督帮扶工作组，对中央生态环境保护督察反馈问题整改情况等16个方面重点任务开展为期5个月的实地督导推进。第二轮生态环境保护督察涉及长治市问题共13个方面23个问题。截至2022年底，2021年应完成7项完成6项，2022年应完成10项，完成1项为地下水压采任务。

（石颜红）

教 育

综 述

【概述】 截至2022年底，长治市各级各类学校共1543所。其中，基础教育学校1503所（幼儿园849所、小学455所、初中138所、普通高中50所、特殊教育学校11所）；中职教育学校33所；高等教育学校6所；成人教育学校1所。

全市各级各类学校教职工有54852人。其中，基础教育学校47508人（幼儿园12024人、小学15910人、初中9512人、普通高中9761人、特殊教育学校301人）；中职教育学校3669人；高等教育学校3646人；成人教育学校29人。

全市各级各类学校在校生共559350人。其中，基础教育学校465016人（幼儿园96945人、小学205244人、初中97198人、普通高中64278人、特殊教育学校1351人）；中职教育学校38539人；高等教育学校54875人；成人教育学校920人。

（王　伟）

【传统文化进校园】 2022年，长治市在全省首家出台《中华优秀传统文化进校园实施方案》，多形式开展中华经典诵读、戏曲武术进校园等活动，引导学生延续文化基因，增强文化自信。市教育局被省教育厅授予“第四届中华经典诵写讲大赛”优秀组织奖。

（王　伟）

【法治校园建设】 2022年，长治市教育局网站开设“中小学生欺凌防治”“法律法规”“未成年人教育”专栏，推送信息180余条。依托长治市教育局微信公众号，推送普法知识和法治教育微课16次，法律法规条文100余条。举办专题讲座62场、线上微课33节，共40余万师生、家长参与活动。全市义务教育阶段学校全部开设部编教材《道德与法制》和省编教材《法治教育》课程，24万余名学生参与“宪法卫士”2022年行动计划，在全省“学宪法讲宪法”演讲比赛中获1个一等奖和2个二等奖。（王　伟）

【安全校园建设】 2022年，长治市教育局开展校园安全专项排查整治7次，完成716所学校高层建筑防护装置配备，推进中小学校门口视频监控系统建设，创建省级“平安校园”60所、市级“平安校园”720所、县级“平安校园”954所，于全省率先实现省、市、县三级平安校园全覆盖，校园及周边综合治理工作位列全省教育系统综治考核第一名。

（王　伟）

【“双减”试点】 2022年，长治市作为“双减”试点城市，持续优化“5+2+1”“菜单式双选”课后服务模式，实现义务教育学校和有需求学生“全覆盖”，达到“减时增效、减负增质”的“双减”促“双增”效果。强化“全国校外教育培训监管与服务综合平台”应用管理，174所校外培训机构全部纳入“全国校外教育培训监管与服务综合平台”监管，“双减”成效受到教育部督导组好评，工作经验被《中国教育报》《人民教育》等媒体报道。

（王　伟）

【学校新改扩建】 2022年，长治市投资0.4亿元，新改扩建公办标准化幼儿园12所，竣工面积19184平方米，新增学位1820个。投资1.4亿元，提档升级农村寄宿制学校57所，超额完成1所，竣工面积97850平方米，新增学位3469个。圣鑫园小区3所幼儿园和市体育路小学移交潞州区管理使用。新改扩建6所市直学校综合

教学楼完工1所，其余5所全部封顶，5个学校操场全部完工并投入使用，扩充教育资源供给。（王 伟）

【教师队伍建设】 2022年，长治市完善引才育才用才机制，建立高层次人才库，全市签约公费师范生64名，补充公办教师650余名。开展校长教师培训，遴选优秀教师成立10个市级名师工作室。制定出台《新入职教师管理制度》，录制专题警示片在教师队伍中巡回播放学习，严肃查处教师违规行为。召开全市教师节庆祝大会，评选“最美教师”20名、“最美教师”提名奖30名，高中、幼儿园教师工资和义务教育教师实现同步增长。（王 伟）

【招生考试】 2022年，长治市市教育局直属参公事业单位招生考试管理中心承办的普通高考、高中学业水平考试等各类考试规范有序，实现考前无试题试卷泄露、考中无大面积有组织舞弊、考后无大范围评卷录取失误，社会舆论总体保持和谐稳定的总体目标。（王 伟）

基础教育

【基础教育综合改革】 2022年，长治市启动高考综合改革，协调北京师范大学托管帮扶武乡中学，实施主城区省示范高中帮扶县区普通高中学校工程。参加“教育部基础教育综合改革实验区工作研讨会”并作经验交流，《人民教育》杂志进行专题推介，长治基础教育改革经验入选“中国改革2022年度地方全面深化改革典型案例”和教育部“基础教育综合改革典型案例”，是全省教育系统唯一入选案例。（王 伟）

【民办义务教育】 2022年，长治市贯彻落实中央、省、市决策部署，坚持一县一策、一校一案，压减民办义务教育规模。全市依法关停民办学校1所，停招学校2所，暂停招生6所，缩轨13所，回购民办学校改为公办学校2所，政府购买民办学位2493个，购买学位后全市民办义务教育阶段在校生13915人，市域内民办义务教育在校生占比降低到4.6%，义务教育国家事权进一步凸显。（王 伟）

【教育公平保障】 2022年秋季学期，长治市义务教育阶段学校招生入学全部实行均衡编班，遏制“择班”现象。落实农村义务教育学生营养改善计划资金6641万元，惠及5.3万余名学生，发放各级各类学生资助金6475万元，惠及5万余名学生。义务教育阶段19576名随迁子女全部安置入学。推进校园移动互联网应用，促进优质教育资源共建共享。（王 伟）

【普通高中考试】 2022年高考，长治市报名人数31481人，参考人数27398人，全市一本达线率15.60%，较2021年提高0.57个百分点；二本B以上达线率49.05%，较2021年提升1.12个百分点。全市清华、北大录取15人。600分以上学生173人，全省占比6.21%，较2021年提升1.53个百分点。（王 伟）

长治一中

【概述】 长治一中创办于1912年，1952年更名为山西省长治市第一中学校，并被确定为山西省首批重点中学，2009年11月被省教育厅命名为山西省示范高中。2022年，在校学生约2500人，教职工257人，特级教师2人，正高级教师4人，高级职称教师74人，中级职称教师103人，拥有省市级学科带头人、骨干教师、教学能手80人次，研究生学历教师近50人。7月，根据市教育局党组决定，长治三中变为长治一中初中部，设8轨，1000余名学生。在编教职工93人，高级教师19人，中级教师36人。（翟希娟）

【考试成绩】 2022年高考，长治一中一本达线人数350人，达线率40.28%；二本B以上达线人数711人，达线率81.82%。二本B以上达线人数实现连续三年递增，并再次突破700人大关。部分班级二本达线率百分百。（翟希娟）

【教师专业素质提升】 2022年，长治一中对各学科进行统一教学设计。日常教研贯穿新高考和新课改内容，学习《新课程标准》及高考评价体系、新课改的主要变化等，增强日常教研活动的专题性。加大青年教师培养力度，举行青年教师拜师仪式；举行青年教师新课程标准比赛、新媒体课堂竞赛、教学新秀评选、情境化命题大赛等活动；举办“如何撰写教学案例”“情境导入”等专题教学讲座。在学校教职工微信群中制作发送《新高考速递》（1～7辑）电子杂志，向全校教职工及学生、家长传递新高考知识以及学校在应对新高考方面的举措。（翟希娟）

【德育工作】 2022年，长治一中落实新的《长治一中学生行为考核条例》，重点对学生仪容仪表、带手机或违禁品入校、校园欺凌等内容进行专项检查。在学生中开展“学雷锋志愿服务”“劳动创造幸福”、防止电信诈骗、“树绿色理想”节能环保教育、国际禁毒日等主题教育。开展开学典礼、毕业典礼、成人礼、高考壮行等主题活动。举办诗词讲解大赛、实验竞赛展示、汉字书写大赛、“强国复兴有我”体育文化节，篮球足球赛等课外活动。（翟希娟）

【校园安全】 2022年，长治一中开展消防安全、校舍安全、食品安全、校园周边环境治理等专项检查，学生还进行应急逃生演练。开展第十四届“5·25”心理健康主题月活动，为学生举办“疫情时代下心理健康调适”讲座；从心理主题班会、团体辅导和个人咨询三方面，为学生提供考前心理服务。推进规范化家长学校建设，继续推出家长线上读书活动，营造良好的家庭教育氛围。（翟希娟）

2022年5月15日，长治一中举行2022届高三学生成人礼暨毕业礼

（翟希娟 供图）

长治二中

【概述】 长治二中前身是1904年在原潞安府贡院基础上成立的潞安中学堂。1913年更名为山西省立四中；1938年成为以财政部原副部长戎子和为校长的抗日民族革命中学，八路军总司令朱德和副总司令彭德怀曾到校视察并讲话。1952年被省政府命名为长治二中。2022年，长治二中为单办高中，16轨制，3个年级共48个教学班，在校在籍学生2400人左右。全校教职员工264人，专职教师244人，高级教师70人，一级教师110人，二级教师55人，研究生和在职研究生学历60余人，省级以上学科带头人、骨干教师30余人、市级学科带头人、骨干教师80余人，被学校和社会各界公认的名师达150余人。4月，许军则被市委、市政府授予“长治市高质量发展优秀人才突出贡献奖”。教师节前夕，长治二中再次被市委、市政府表彰为“长治市先进集体”，赵晋亮、路通、常祎桐被表彰为长治市“模范教师”，付黎钢被表彰为长治市“师德标兵”，王国平被表彰为长治市“优秀班主任”，副校长郭金安被表彰为长治市“先进教育工作者”，牛俊平被表彰为优秀思政课教师。长治二中推进区校合作，10月，长治二中和潞城区就教学质量提升项目达成合作意向。（李俊彪）

【校园文化建设】 2022年，长治二中继续开展感恩教育、养成教育、安全教育等为重点的系列主题活动，调动师生参加各种文明建设活动、社会实践活动。继续开展校园体育节、艺术节等活动。整体推进学校文明创建工作，3月，结合长治市“全国文明城市”创建整改工作要求，开展文明处室、文明班级、文明宿舍等的创建和评选活动。（李俊彪）

【办学条件改善】 2022年，长治二中种植补充更新学校植物园、道路两旁及各处的绿植，维护地质园、德风亭等校园外在景观，提升校园绿化美化度；加强学生读物管理，在教学区添置读书角，同时加强图书更新配备；结合提高学生体质、保护学生视力的要求，制定专门方案，为所有教学班安装护眼灯具，做好学生近视防控工作；为顶楼教室和所有教研组安装空

2022年，长治二中化学课实验（李俊彪 供图）

2022 年，长治二中举行“高考壮行”仪式，为当年参加高考的学生加油鼓劲　　（李俊彪　供图）

调以应对多年来夏季闷热难耐影响教育教学实效问题；暑期改善运动环境，为小操场加装塑胶。（李俊彪）

【高考成绩】 2022 年，长治二中 650 分以上 3 人。清华、北大达线 6 人，清北共录取 3 人；600 分以上优秀学生、一、二本达线情况及各区域班级全面发展，各层次都取得优异成绩。540 班李思旸以 689 分高分夺得长治市理科第一名，540 班原耀庭以 678 分高分夺得长治市理科第二名；全市理科高考一、二、五、十名均为长治二中高三学生。（李俊彪）

【学科竞赛】 2022 年，长治二中学科竞赛生物、数学、物理三个学科获省一、二、三等奖人数居全市第一；数学学科竞赛决赛高三 556 班王路阳取得省一等奖、山西省第六名、长治市第一名的优异成绩，并受邀参加全国中学生数学冬令营活动；物理学科竞赛复试成绩在全市入围 7 人中独占 4 人，王路阳取得省一等奖、长治市第一名的好成绩。（李俊彪）

【教育援疆】 长治二中连年落实省市教育援疆任务，为新疆阜康一中代培学生，2022 年高考中，长治二中为阜康一中代培的 8 名学生全部达新疆维吾尔自治区高考重点分数线。（李俊彪）

【优质生源基地】 截至 2022 年，长治二中相继获北京交通大学、东南大学、北京航空航天大学、浙江大学、同济大学、吉林大学、中国农业大学、北京科技大学、大连海军舰艇学院、南京航空航天大学、西南石油大学、华中农业大学、大连大学等一大批名校“优质生源基地”称号，2021 年 6 月和 2022 年 11 月，学校再次获北京大学、清华大学、同济大学“优质生源基地”称号。（李俊彪）

【师资培训】 2022 年，长治二中组织教师参加各种培训，选派教师外出观摩学习和参加教育教学研讨交流活动。4 月，通过网络参加晋冀鲁豫苏浙六省名校联谊会湖州年会线上同课异构听评议课活动。5 月举行中青年教师赛讲课和推荐教学能手说课大赛，11 月举行新教师汇报课，通过线上参加市教育局安排的“新课堂改革”培训。（李俊彪）

【高三备考尖优生培养】 2022 年秋季学期，长治二中注重高考备考针对性研究，确定 2023 年高考目标，并将其分解在具体班级。组建“清蓓班”，搭建尖优生培养名师团队；组织各学科备课组研究历年各省高考真题，整理知识清单，针对学生知识能力短板，查缺补漏；借助外部资源，确定高途课堂提供的一套尖优生培养网络课程，借力专家提供的解题思路，提高学生的整体思维和成绩；以历次练考为契机，围绕“达线率、吻合率、贡献率和平均分”等指标及时进行质量分析评价，查漏补缺，以奖促学，表彰优秀师生，营造“比学赶超”的氛围。

（李俊彪）

职业教育

【职业技能比赛】 2022 年 5 月，长治市职业教育大会召开。在全省职业院校技能大赛教学能力比赛中获一等奖 1 个、二等奖 4 个、三等奖 13 个。

（王　伟）

【职业教育改革】 2022 年，长治市推进“1+X”证书（学历证书 + 若干职业技能等级证书）制度试点工作，全市 18 所院校获批 105 类证书。全市职业院校 8 个专业获评首批山西省职业教育品牌专业、5 个基地获评首批山西省高水平实训基地。推进省级高水平中等职业学校建设，市职高和长治立新正骨医院深入开展校企合作。

（王　伟）

长治职业技术学院

【概述】 长治职业技术学院是经山西省人民政府批准、教育部备案、长治市人民政府举办并管理、接受山西省教育厅业务指导和监督检查的一所专科层次的高等职业院校，其前身是 1958 年成立的长治农业学校、1959 年成立的晋东南工业学校和晋东南煤矿学校、1982 年成立的长治职工大学，四校于 2000 年 9 月合并，正式更名为长治职业技术学院。2022 年，长治职业技术学院有 3 个校区，共占地 319 亩，下设机械电子工程系、能源与安全工程系、土木工程系、信息工程系、经济管理系等 12 个教学系部，教学科研仪器设备总值达近 5000 万元，拥有校内外实习实训基地 100 余个，校内专业实训室 55 个，双创基地 2 个。有在编人员 427 人，其中专任教师 313 人，高级职称教师 120 人，具有研究生学位教师 235 人。注册学籍大专生 9062 人。

（程江河）

【专业设置】 长治职业技术学院立足长治，围绕长治产业布局，不断对专业结构进行优化，截至 2022 年，构建起农林牧渔、资源环境与安全、土木建筑、装备制造、生物与化工、交通运输、电子与信息、医药卫生、财经商贸、旅游、公共管理与服务等 11 大类 50 个专业（方向），形成与长治市重点产业和新兴产业全面对接的专业群。其中，有山西省高水平实训基地 2 个、示范实训基地 1 个、高水平重点专业 1 个、高职骨干专业 2 个、现代学徒制试点专业 2 个、1+X 证书制度试点 22 个（考点 7 个）。（程江河）

【校企合作】 长治职业技术学院抓住长治市被确定为山西省产教融合试点城市的机遇，截至 2022 年末，与山西三建集团、成功集团、杰盛集团、长清生物、南耀集团、沁新集团、振华房地产、卓越水泥、晋能三元煤业等一批骨干企业签订校企合作协议，实现与长治市主导产业骨干企业全覆盖。此外，学院还与省内外 10 余家企业开展合作，与北京北方智扬教育科技有限公司共建“职业教育分院”、与洛阳中信重工机械股份有限公司共建“现代学徒制试点”等。通过校企合作、深化产教融合，提升人才培养质量，增强办学活力。2020 年以来，学生在全国和省级技能大赛中获奖 100 余项，就业率连续三年稳定在 85% 以上。

（程江河）

【师资培养】 2022 年，长治职业技术学院组织开展教师教学能力提升培训，举办院级教学能力大赛，引进硕博人才 9 名，35 名教师取得工程师或相关职业资格证书。山西省第十六届职业院校技能大赛教学能力比赛中，获二等奖 2 项、三等奖 2 项。获批省级“双师型”名师工作室 1 个。教师石萌获“山西省五一劳动奖章”、2022 长治市“最美教师”称号，另有 6 名教师获批省教育厅教学指导委员会委员。

（程江河）

【人才培养】 2022 年，在“学创杯”全国大学生创业综合模拟大赛总决赛创业综合模拟赛项中，长治职业技术学院获一等奖；“金地杯”山西省大学生数学建模大赛中，获一等奖；全国大学生数学建模竞赛，获山西赛区一等奖和三等奖各 1 项；山西省第十六届职业院校技能大赛高职组创新创业项目，获第二名，成功晋级国赛；山西省第十六届职业院校技能大赛“BIM 综合应用”赛项，获三等奖 3 项。

（程江河）

【教学科研】 2022 年，长治职业技术学院开展院级教科研、课程建设等项目评选，全年各类教科研项目立项 103 项，其中省级教科研项目立项 4 项、省级高水平实训基地建设项目立项 1 项。全年教师发表学术论文 73 篇，其中 SCI 4 区收录 1 篇，EI 收录 2 篇，省级以上核心期刊 11 篇；编写教材 11 部，出版专著 9 部，取得实用新型专利 5 个，软件著作权 4 个，录制线上课程 3086 节。

（程江河）

【专业建设】 2022 年，长治职业技术学院完成三年专业调整规划，出台专业优化方案，增设专业 1 个，申请

2022 年11 月9 日，长治职业技术学院应急管理学院揭牌仪式在学院北校区举行 （程江河 供图）

撤销专业 6 个。土木工程系“人力资源提升项目”和经济管理系“就业实习基地项目”入选教育部第一期供需对接就业育人项目；机电一体化技术专业被确定为山西省职业教育高水平实训基地“十四五”第一批建设项目；申报试点的 31 个“1+X”（学历证书 + 若干职业技能等级证书）等级证书入选山西省 2022 年“1+X”证书制度试点院校。 （程江河）

【产教融合】 2022 年，长治职业技术学院与壶关县人民政府和壶关县新时代双语学校合作，成立学院南校区，拓宽学院办学空间。与长治市乡村振兴局联合下发通知，对壶关、平顺、武乡、沁县、黎城的脱贫家庭学生报考学院采煤等相关专业给予学费全额资助。与长治市应急管理局合作，成立应急管理学院，致力打造长治应急安全领域产教研融合的平台和应急安全产教融合生态圈。与上党区雄山煤炭集团、黄土坡煤业集团有限公司签订“订单式”委托培养协议，联合招收学生 100 名，推进校企一体化育人领域深度合作。 （程江河）

【招生就业】 2022 年，长治职业技术学院加大与中职学校合作力度，全年招生 3813 人，注册学籍人数突破 9000 人。其中高考招生第一志愿一次性投满计划，是学院组建以来的首次，录取分数线比 2021 年高出 70 分。院领导带头访企拓岗，举办毕业生招聘签约会，40 余家大中型企业现场招聘，完全满足学院 2022 年毕业生就业需求，毕业生就业率达到 91.8%，就业质量稳步提升。 （程江河）

长治市职业高级中学

【概述】 长治市职业高级中学位于长治市体育中心北部，西临湿地公园，北靠漳泽湖畔。占地面积 150.27 亩，建筑面积 14.8 万平方米。设有信息工程系、财经商贸系、旅游服务系、汽车工程系、现代烹饪系、文化艺术系、基础教学部等“六系一部”，开设有汽车运用与维修、计算机应用、旅游服务与管理、会计事务、播音与节目主持等专业，有各级各类在校生 5600 余人，是一所办学规模较大的综合性中职学校。学校有教职员工总数 342 人，其中专任教师 302 人，副高级职称 91 人，占专任教师的比例为 30.1%；中级职称 121 人，占专任教师的比例为 40.1%；初级职称 90 人，占专任教师的比例为 29.8%。硕士研究生学历 22 人，占专任教师的比例为 7.28%；本科学历 268 人，占专任教师的比例为 88.75%；专科学历 11 人，占专任教师的比例为 3.64%；高中及以下学历 1 人，占专任教师的比例为 0.33%；生师比为 18.9 ∶ 1。专业课教师 179 人，“双师型”教师 109 人，“双师型”教师比例为 60.89%，兼职专业课教师 32 人。 （殷国栋）

【教育教学质量】 2022 年，长治市职业高级中学聘任企业或行业技能状元入校任教，全年外聘高技能人才 38 名，扩大学校“双师型”教师的比例。实施项目教学、情景教学、案例教学、模块化教学，在高星级饭店运营与管理、电子商务、中餐烹饪、航空服务等专业引入浙江台州远洲集团、山西风投公司、潞州宴餐饮文化有限公司、北京翔宇航空集团等企业，联合推广中国特色学徒制人才培养模式。设立上党区东苗校区，与长治市立新正骨医院合作开办中医康复技术和中医养生保健专业。借力“一周五赛”（一周为职业教育活动周；五赛为市赛、省赛、国赛、教师教学能力大赛（班主任能力大赛）、长治市技能大赛）锤炼教师队伍，提升专业技能，构建“以赛促教、以赛促研、以赛促建、以赛促改”新局面，探索“岗课赛证”*综合育人模式。在省第十六届职业院校技能大赛教学能力大赛中，殷国栋团队、郭敏团队的8名教师分别获二等奖、罗娟团队的4名教师获三等奖。2022年高考中，长治市职业高级中学会计专业本科录取8名学生，本科升学率打破建校历史纪录。完成《长治市职业高级中学智慧校园系统V1.0》平台软件著作权申报工作和《全国中等职业学校管理信息系统》数据填报工作。完善系部制管理制度，实行班主任分级管理。组建“技翼飞凡”名班主任工作室，罗娟老师在参加山西省职业院校班主任业务能力大赛中获一等奖。（殷国栋）

【学生管理】 2022年，长治市职业高级中学坚持开展课前德育3分钟，把党的二十大精神、习近平新时代中国特色社会主义思想、社会主义核心价值观等纳入教学内容。开展青少年红色阅读、学习榜样活动、红色演绎、共建共学、志愿服务等活动。2022年，学生王梦洁代表山西省参加全国禁毒知识竞赛获二等奖。（殷国栋）

【招生就业】 长治市职业高级中学坚持线上招生和线下招生多渠道招生，2022年秋季学期招生2062人，其中职业中专学生1861人，技工学生201人。根据《职业学校学生实习管理规定》，建立10项制度和5本台账，学校、企业及学生家长签订顶岗实习三方协议，学校与企业签订工资承诺书，确保实习生工资待遇。2022年，组织安排实习学生1155人，其中到江浙地区668人，本地487人，实习稳定率95%，外地实习学生返乡转岗率90%，实习工作总体满意度达96%以上。（殷国栋）

【学校治理】 2022年，长治市职业高级中学推进法治校园、平安校园建设。组织召开第一届二次、三次教职工代表大会，完成妇委会委员补选工作。通过建立健全规章制度、开展“校园模拟法庭”案例庭审活动、聘请法治副校长和法律顾问等举措，推动法治校园建设。集中整顿校园内骑行电动自行车不戴头盔行为。定期组织全校师生进行应急演练活动，主动防范安全事故的发生，2022年共组织6次地震及消防疏散演练和5次防暴恐演练。实行重大项目工程集中采购制度，规范采购工作程序，提高采购效率与项目执行满意度。2022年，学校再度蝉联长治市文明校园。（殷国栋）

长治幼儿师范高等专科学校

【概述】 长治幼儿师范高等专科学校（简称长治幼专）是一所以培养学前教育师资为主、兼顾其他社会急需人才培养的师范类专科学校，学校由长治市人民政府管理，教学工作接受省教育厅指导；学校位于长治市潞州区捉马西大街356号，建设项目总投资101996.36万元。占地面积349亩，建筑面积31万平方米；2022年，学校有教职工456人，公益岗11人。专任教师315人中，高级职称69人，研究生以上学历142人。另有临聘教师25人。2022年有学生6260人。其中，学前教育系学生3771人，音乐系学生722人，美术系学生668人，舞蹈系学生524人，中文教学部学生264人，数学教学部学生118人，外语教学部学生159人，体育教学部学生34人。学校图书馆藏书63.53万册。有语音教室8个，实验室10个，心理咨询室9个，计算机室17个，多媒体教室94个，实训室1000余个，拥有完备的音乐、美术、舞蹈等艺术教育设施设备。（郭晋如）

【专业设置】 长治幼专实行校、系两级管理体制。2022年有内设机构36个。其中，有23个处室，幼儿园工作组、心理咨询室工作组2个临时机构，学前教育系、音乐系、舞蹈系、美术系4个教学系，中文教学部、数学教学部、外语教学部、体育教学部、自科教学部、思政教学部、信息技术教学部7个教学部；2022年，长治幼专设专业17个，分别是高中起点专科9个：学前教育、早期教育、美术教育、体能训练、运动训练、中文、应用英语、艺术设计、婴幼儿托育服务与管理；初中起点五年一贯制4个：学前教育、音乐教育、美术教育、舞蹈教育；初中起点三年制4个：幼儿保育、音乐表演、舞蹈表演、绘画。（郭晋如）

【专业建设】 2022年，长治幼专以专业建设为驱动，调整专业布局，优化专业设置，在深入调研和充分论证的基础上，申报网络营销与电商直播、音乐表演、舞蹈表演、大数据技术、智慧健康养老服务与管理5个专业，获批电商直播、音乐表演、舞蹈表演3个专业。（郭晋如）

【教师培养培训】 2022年，长治幼专提升加强师德师风建设，落实教师师德档案和师德承诺制度。加大教师培养培训力度，组织参加山西省2022年职业教育活动周线上活动、山西省职业院校教师素质提高计划远程培训项目学习等；组织开展“一师一优课”活动、45岁以下中青年教师公开课教学竞赛、教师线上教学平台使用技巧培训等；贯彻落实《深化新时代教育评价改革总体方案》，探索构建科学合理的教师评价体系。（郭晋如）

【思政工作体系建立】 2022年，长治幼专推动习近平新时代中国特色社会主义思想进课堂、进教材、进学生头脑。落实《深化新时代学校思想政治理论课改革创新的若干意见》，推进以“课程思政”为引领的育人工程，举办课程思政专题报告会，组织名优教师、思政骨干协同打造学校思政课程体系。深化思政课程综合改革，增加“四史教育”“中国优秀传统文化”2门思政选修课，倡导多样化教学方式，探索“翻转课堂”“行动导向教学”“体验式教学”等创新教学方式，坚持线上教学与线下教学相结合，在思政教师中组织开展微课大赛。落实山西省职业教育铸魂育人计划项目，制订学校铸魂育人1233计划，创建思政教育工作室1个、打造特色文化育人品牌2个、申报优秀课程思政微课20个。

（郭晋如）

【师生参赛】 2022年，长治幼专学生参加“中华经典诵写讲大赛”“CETV·外研社杯”职场英语挑战赛等全国类大赛获奖23项，“山西省第七届高校毕业季优秀美术作品展”等省级类大赛获奖23项。教师参加2022年度山西省高等学校教学改革创新项目活动（思想政治理论课）获省级立项2个，参加第四届中华经典诵写讲大赛，获省赛二等奖1个、三等奖1个、优秀奖2个；参加2022年职业院校外语微课优秀作品、外语课程思政优秀教学案例征集与交流活动，获国赛二等奖3个，获省赛特等奖2个、一等奖2个、二等奖2个、三等奖2个，学校获“优秀组织奖”；参加“笔墨中华”书画大赛，获省赛二等奖1个、三等奖1个、优秀奖4个；参加2022年山西省学生跳绳比赛，获4个第一名，1个第四名，1人在通级赛中达五级水平。（郭晋如）

【招生就业】 2022年，长治幼专招生总人数达2466人，生源结构进一步优化，高中、高职起点招生人数大幅度增加。开展“书记、校长访企拓岗”专项活动，学校领导班子成员走进园区、走进企业，分两批次访企拓岗100余家，开拓就业岗位500余个。2022年大专毕业生548人，就业266人，专升本考试录取211人，达线率52%，其中主干专业学前教育达线率超92%。

（郭晋如）

【教学科研】 2022年，长治幼专在研课题8项、结项4个、发表论文15篇、文学评论1篇、论著1部、新编教材4部，3位教师作学术讲座。（郭晋如）

高等教育

长治学院

【概述】 2022年，长治学院在校全日制普通本科生近14000人，生源遍及全国20个省（自治区）。有教职工944人，专任教师703人。其中，教授45人，副教授194人，其他副高级职称人员15人。具有博士学位教师157人，硕士学位教师532人。全国优秀教师、“三晋英才”、省级青年拔尖人才、模范教师、教学名师、学科带头人、中青年骨干教师、优秀教师、师德标兵和“好老师”50余人，省内外知名专家学者70余人受聘担任兼职教授、客座教授。

学校建有各类实验室、实训场所234个，校外实习实训基地251个，其中教育实习基地75个，专业实习基地152个，思想政治教育实践基地24个；建有博物馆（收藏有3000余件上党地区的珍贵文物）、动物标本馆（藏有1600种13000余份动物标本）和植物标本馆（藏有1409种10000余份植物标本）。

学校建有南北校区图书馆，建筑总面积为20823平方米，有馆藏纸质图书127.5万册，建有电子数据库17个，协商试用的数据库13个，电子图书154万册，电子期刊52.8万册。

（郭廉卿）

【专业设置】 2022年，长治学院有14个教学系部，分别为中文系、马克思主义学院（筹）、历史与旅游管理系、法律与经济学系、外语系、教育系、音乐舞蹈系、体育系、美术系、数学系、物理系、化学系、生命科学系、计算机系；有41个本科专业，涵盖文学、理学、工学、法学、经济学、教育学、历史学、艺术学、管理学、医学等十个学科门类。学校有1个国家级特色专业建设点（生物科学）、1个教育部综合改革试点专业（生物科学）、1个教育部课程改革试点专业（音乐学）、4个省级特色专业（舞蹈学、网络工程、思想政治教育、生物科学）、1个省级高等学校优势专业（生物科学）、1个省级高等学校优势特色专业（思想政治教育）、4个省级高等学校一流本科专业建设点（生物科学、汉语言文学、思想政治教育、历史学）、2个省级教学团队（植物学教学团队、语言学教学团队）、4门省级精品资源共享课（教育学、植物学、中学物理教学法、现代汉语）、2门省级精品共享课（立项建设课程：英语语音，立项培育课程：大学英语）、7个省级高校实验教学示范实验室（中心）。（郭廉卿）

【科研工作】 长治学院设有太行文化生态研究院、赵树理研究所、彩塑壁画研究所、合唱艺术研究所、丝路文明研究中心等18个校级研究机构，2个省级优秀传统文化艺术教育基地，省级硕士研究生联合培养基地、省级高校重点实验室、省级人文社会科学重点研究基地、“1331工程”协同创新中心、“1331工程”工程（技术）研究中心、“1331工程”青年创新团队项目、“1331工程”重点创新团队（培育）、省级“服务产业”创新学科群培育项目各1个。2022年，学校组织申报国家自然科学基金62项（面上26项，青年36项），国家社会科学基金38项。同时，申报教育部人文社科一般项目18项、教师思政专项2项、辅导员专项2项；2022年度山西省哲学社会科学专项课题28项、思政专项课题6项；全国教育科学规划课题7项；山西省教育科学“十四五”规划课题申报15项；社科联重点课题27项；山西省基础研究计划（自然探索类）项目申报青年项目15项、面上项目14项；山西省科普专项课题申报5项；国家社会科学基金后期资助暨优秀博士论文出版项目1项；校级应用型课题申报。（郭廉卿）

【校园活动】 2022年，长治学院加强学生思想政治教育工作，丰富校园文化生活。获得第八届“互联网+”创新创业大赛国赛铜奖2项、省赛金奖4项；获山西省“挑战杯”创业计划竞赛银奖2项、铜奖6项，并连续两年获得“优秀组织奖”；获批4项国家级、15项省级大学生创新创业训练计划项目；获得“首届中国大学生健康校园大赛暨AI体能赛”健康校园一等奖。举办第25届校园文化艺术节、社团文化月、校园迎新晚会、“校长杯”校园篮球赛、教职工篮球赛、女教职工健身操比赛等各类文体活动。举办“青春献礼 激情长院”春季篮球联赛、春季运动会、“舞动我的青春”百人团体操大赛、“大学生心理健康”运动会、趣味运动会、“民族传统体育进校园”系列展演活动等。在全省田径锦标赛中取得个人项目“两金五银三铜”和团体总分第二名的历史最好成绩。获第三届全省职业技能大赛社会体育指导（健身）项目单项第一名、团队总分第一名；在2022年中国大学生健康活力“云”系列大赛中获得集体街舞第一名。（郭廉卿）

【志愿服务】 2022年，长治学院组织开展面向社会、形式多样的社会公益活动，例如志愿服务、暑期“三下乡”等一系列社会实践活动，引导青年学生了解国情社情民情，提高社会化能力。45名学生参加“西部计划”，2000余名学生参加“青春兴晋”大学生“返家乡”社会实践和“云支教”活动；持续选派学生志愿者参加“姚基金希望小学篮球季”支教活动，成为全省启动最早且派出人数最多的高校；2支队伍入选全国“七彩假期”志愿服务示范团队；学校获全国大学生“一起云支教”社会实践活动“优秀宣传高校”。（郭廉卿）

长治医学院

【概述】 长治医学院创建于1946年，1986年升格为本科院校，更名为长治医学院。截至2022年底，长治医学院有在校生13419人，其中硕士研究生566人、本科生12114人、成教学生739人。有校本部和五龙校区（在建）2个校区。在编职工955人，专任教师624人，高级职称教师250名；具有硕士学位以上教师555名，具有博士学位教师173名。拥有“国家杰青”2名、省级教学名师8人、“1331”科技领军人才13人、“三晋英才”24人，山西省学术技术带头人3名；国家和省级优秀教学团队各1个、山西省“1331工程”重点创新团队1个、“1331工程”提质增效重点创新团队1个。（张智慧）

【专业设置】 2022年，长治医学院不断优化本科专业设置，获批国家级一流本科专业建设点2个，省级一流本科专业建设点3个；中药学等5个专业获得学士学位授予权；获省级教学改革创新研究项目31项，获批省级一流认定课程7门，建设课程4门，培育课程7门；获批省级课程思政示范课认定1门，建设3门。截至年底，长治医学院设有19个教学院系（部），开设本科专业22个。拥有国家级一流本科专业建设点2个，国家级特色专业建设点2个，山西省特色专业4个，山西省品牌专业2个，山西省优势专业2个；省级一流本科专业建设点9个。（张智慧）

【硕士点设置】 2021年，长治医学院被国务院学位委员会新增列为“需要加强建设”的硕士学位授予单位，临床医学、护理、药学增列为硕士学位授权点，2022年顺利通过国务院学位委员会新增硕士学位授予单位建设进展核查。从2023年起临床医学、护理与药学3个硕士专业学位授权点开展招生和培养工作。（张智慧）

【学生就业】 长治医学院2022届本科毕业生就业率为80.41%，读研和升学的比例达16.83%。平均每年招收长治生源学生230人（其中本科生210人，研究生20人）；毕业生在长治就业平均人数为490人（其中本科生470人，研究生20人），占山西省就业人数的43.65%。长治医学院平均每年为长治吸引外地人口260人。（张智慧）

【人才引进与培养】 2022年，长治医学院推荐第七批国家高层次人才特殊支持计划青年拔尖人才项目3人，申报“十四五”期间引进高层次人才17名，全职引进高层次人才13名，资助9名青年教师攻读博士研究生，选派青年骨干教师外出到省外高层次学校访学进修13人。（张智慧）

【科研工作】 2022年，长治医学院召开第六届科技工作会议，谋划学校科技工作发展方向。完成山西省“1331工程”重点学科建设计划项目、重点创新团队建设计划项目、立德树人“好老师”课程建设计划项目结题工作；获批学校首个工程研究中心、首个省级重点实验室、4个长治市重点实验室，2个长治市技术创新中心；

申报各级各类项目259项，科研经费达300余万元；发表SCI收录论文近200篇；专利授权36项，其中转让专利6项；申报山西省科学技术奖1项，谭铮教授获“长治市高质量发展优秀人才突出贡献特别奖”，消化道肿瘤的基础研究与临床转化科研团队获“长治市高质量发展创新团队”。（张智慧）

【社会实践】 2022年，长治医学院坚持“早临床、多临床、反复临床，早实践、多实践、反复实践”的递进式教学体系，大学生创新创业训练项目国家级立项24项，省级立项56项，立项总数同比增加14%；学校代表队在“第三届全国精神医学专业本科生临床技能竞赛”总决赛中获一等奖；学生获“互联网+”创新创业大赛省赛1金4银3铜的好成绩；暑期“三下乡”社会实践立项国家级实践团队5支、省级践团队5支。（张智慧）

【校区建设】 2022年，长治医学院建筑面积38370平方米的图文教学楼投入使用。五龙校区4581平方米的多功能教学楼主体结构封顶。建筑面积6800平方米的五龙校区学生宿舍楼项目顺利备案。新校区建设项目纳入2022年省级重点工程中期调整项目。新校区大健康产教融合实训基地建设项目被选入山西省教育强国推进工程2023年中央预算内投资项目，划拨金额8000万元。大健康产教融合实训基地建设项目可行性研究报告得到省教育厅的批转。新校区建设项目（二期）建议书取得发改委批复。（张智慧）

【实践教学基地建设】 2022年，长治市医学院拓展实践教学基地建设，与沁县人民医院签署《长治医学院实践教学基地协议》，新增长治市人民医院、长治市第二人民医院为学校第三、第四临床学院。截至年底，拥有直属附属医院5所、非直属附属医院7所，教学医院6所，实践教学基地155个。（张智慧）

【基层医疗服务】 自2020年起，长治医学院依托附属医院，在全国率先组织“第一村医”工作队，创新“互联网+第一村医”工作模式，开通互联网问诊热线，截至2022年底累计开展疾病筛查等10余项工作，深入群众接诊12000人次，服务辐射人口达20余万人，先进事迹先后被新华社、《健康报》等媒体宣传报道。促进医疗资源下沉，推进附属医院托管长治市6所县级人民医院，向医联体成员单位及托管医院派出180余人次，长期派驻托管医院支援人员80余人；落实双向转诊，发展373家远程医疗协作点，107个远程心电服务站。（张智慧）

【校企合作】 2022年，长治医学院加强与淮海工业集团合作，为附属淮海医院、附属惠丰医院争取发展资金387万元；推进与清华厂合作，协调清华厂投资900万元启动对附属清华医院5300平方米住院大楼的装修改造，投资300万元启动电力改造；与山西振东等企业合作共建的山西大健康产教融合重大平台和实训基地通过专家评审，首批入选省级大健康产教融合基地、省级托育托幼产教融合基地。（张智慧）

长治开放大学

【招生工作】 2022年，长治开放大学除在原有宣传渠道基础上，还采用抖音形式，扩大社会影响力，注重调查学生获取招生信息的媒介，严格杜绝前置学历造假行为。全年全系统招生人数3349人，其中市直招生308人，名列全省前列。（吴 静）

【教学工作】 2022年，长治开放大学继续采取“云上见、远程学”的方式，对新生进行入学教育，组织学生参加国家开放大学和山西开放大学春秋两季“开学第一课”。结合学校实际，开设13门“钉钉”线上课程。举办综合实践环节专题讲座，严格论文指导过程管理，2022年全系统有850位学生参加本科论文远程答辩。落实国家开放大学“三治”要求（治考、治招、治学），继续开展“整治替考”专项行动。根据国家开放大学要求，推广使用新国家开放大学学习网、终身教育平台），多次组织相关业务科室参加业务培训，确保平台更换、数据迁移等工作平稳有序。（吴 静）

【教师队伍】 2022年，长治开放大学鼓励教师通过网络学习、学历进修、自培自练等途径更新知识结构，提高专业水平。组织教师参加国家开放大学在线培训、研修，以及课程思政专项培训，定期开展思政课集体备课和教研活动。组织全校教师开展课程教学设计，根据线上教学特点重新设计课程教案。重视师德师风教育，组织教师学习高校教师职业行为十项准则案例解析。有2位教师获评山西开放大学优秀教师和优秀教育工作者；5位教师获评市教育局优秀教师、优秀班主任、德育标兵等荣誉。（吴 静）

【非学历教育】 2022年，长治开放大学购置Led电子屏、视频监控等硬件设施，对部分教室和楼道墙面进行粉刷修缮，更换部分课桌椅，增设用于合唱班和国画班的专业设备，为非学历教育顺利开展提供基本的硬件设施保障。根据市委组织部的安排，为全市县处级以上干部“好干部在线”和参公干部在线党政学习提供后台管理和技术咨询服务，派专人参加干部教育系统数据维护工作。（吴 静）

科学技术

综　述

【概述】 2022年，长治市新培育认定省级创新平台11家，净增量位列全省各市第一；全市高新技术企业净增42家，完成年度目标的210%，总量达到264家，稳居全省第三；新建省校合作“两大基地”（高校成果转化基地、高校科研平台延伸基地）45个，完成年度目标任务的200%；全年完成技术合同交易507项，实现技术合同成交额30.62亿元。（孙晓钟）

【国家创新型城市建设】 2022年1月，长治市成功跻身国家创新型城市建设行列，成为山西省第二个获批开展国家创新型城市建设的地市。长治市科学技术局作为牵头单位，制定出台《长治市加快推进国家创新型城市建设实施方案》，从优势传统产业升级创新、战略性新兴产业提质创新、社会民生发展支撑创新、区域科技发展能力创新等四个方面安排部署24项重点任务，规划设置22项考核指标，组建工作专班、完善落实工作机制、统筹调度指标任务，推进国家创新型城市建设。扶持县域科技创新高质量发展，培育襄垣县启动申报国家创新型县工作，申报材料报送科技部，在全省推荐的3个县区中排名第一。（孙晓钟）

【高新技术企业】 2022年，长治市实施高新技术企业倍增工程，建立高新技术企业培育库，成立科技服务团队深入企业开展服务，落实好高企后补助政策，全市高新技术企业总数达到264家，超额完成242家的省定指标，高新技术企业总数位居全省第三。（孙晓钟）

【科技型中小企业评价】 2022年，长治市科技局组织315家企业通过科技型中小企业评价系统进行自我评价，有295家企业入库科技型中小企业数据库。科学研究和技术服务业市场主体新增1112家，完成全年指标任务。（孙晓钟）

【创新平台建设】 2022年，长治市科技局聚焦重点产业创新能力建设，推进多层级创新平台建设。2家“双创”平台升级为国家级，其中清控创新基地升级为国家级科技企业孵化器，积木空间升级为国家备案众创空间；新认定省众创空间4家；新培育建设省级创新平台11家，其中，省重点实验室2家、省技术创新中心4家、省中试基地1家、省级临床医学研究中心1家、省新型研发机构3家，新增总量在全省各市排名第一；新培育建设市级创新平台26家，其中，技术创新中心9家，重点实验室10家，新型研发机构7家。（孙晓钟）

【新型研发机构】 2022年，长治市科技局完善新型研发机构建设政策体系，加紧构建省市县三级联动、梯度培育的新型研发机构培养机制。印发出台《关于加快建设高水平新型研发机构的实施方案》《市新型研发机构认定和管理办法》《市级新型研发机构评审细则》，明确材料初审、现场考察、专家评审工作规则和要点，新培育大美至善石膏、高地草莓育苗等7家市级新型研发机构。推进省级新型研发机构建设，培育卓联锐科科技有限公司、久安人工心脏、中科潞安半导体等3家省级新型研发机构，全市省级新型研发机构总量达到4家。（孙晓钟）

【科技成果】 2022年，长治市获得省科技成果奖7项。

独立完成的科技进步奖二等奖 2 项：大采高综放面核心约束混凝土安全高效空间留设关键技术，参与单位为山西潞安环保能源开发股份有限公司王庄煤矿、中国矿业大学、中国矿业大学（北京）。功能化芳基磷酸酯盐类成核剂关键技术，参与单位为山西省化工研究所（有限公司）。

独立完成的科技进步奖三等奖 3 项：矿井多重水位成因及水害防治关键技术，参与单位为山西潞安集团司马煤业有限公司、中国矿业大学、河南理工大学。瓦斯抽采钻孔抽采失效机制及低浓钻孔靶向提浓技术和装备研究，参与单位为山西潞安集团余吾煤业有限责任公司、河南理工大学。复杂构造区巷道围岩双壳加固关键技术研究，参与单位为山西潞安环保能源开发股份有限公司常村煤矿、河北工程大学。

参与完成的科技进步奖一等奖 1 项：离子液体催化合成萘基润滑油系列产品技术研究与产品应用，参与单位为太原理工大学、中国科学院山西煤炭化学研究所、山西潞安太行润滑科技股份有限公司。

参与完成的科技进步奖二等奖 1 项：深井巷道围岩锚固体失稳机理及再造承载层控制关键技术，参与单位为太原理工大学，河南理工大学、潞安化工集团有限公司。（孙晓钟）

【科技成果转化】 2022 年，长治市聚焦重点产业集群转型升级，推动实现清华集团“航空航天典型筒体智能机械加工技术”、奥泰医疗的“超导磁共振设备”等 20 项重大科技成果落地转化，推动企业核心创新能力提升。鼓励市内高校、科研院所和企业开展科技成果转化，建立以成果转化为导向的评价机制，出台《长治支持科技成果转化补助实施细则（试行）》。（孙晓钟）

【企业科技特派员】 2022 年，长治市科技局印发《长治市推行企业科技特派员制度工作机制（试行）》，从国内 28 所高校遴选 62 名专家教授作为第二批企业科技特派员，派驻企业开展科技服务，推进高校科技成果在长治市转移转化。（孙晓钟）

【技术合同】 2022 年，长治市科技局通过到重点企业现场帮扶、举办技术合同登记工作专题培训等方式，推进技术合同交易工作，全年完成技术合同交易 507 项，实现技术合同成交额 30.62 亿元，较 2021 年增长 32.7%，超额完成 25 亿元的年度考核任务，促进科技成果的落地转化。（孙晓钟）

【科技人才】 2022 年，长治市实施“太行英才”计划，首次开展长治市高层次人才评定工作，按 ABCDE 类评定高层次科技人才 218 名。推进“深化省校合作、共建 12 大基地”工作，建立完善人才 + 项目 + 平台的资源长效落地机制。2022 年，新建“两大基地”45 个（高校成果转化基地 27 个、高校科研平台延伸基地 18 个），超额 200% 完成目标任务。加强科技人才创新团队建设。到中南大学开展“智汇长治·才聚太行”市校合作人才引进暨科技成果对接交流活动，邀请中国石油大学王宴滨等专家参与潞安金源煤层气项目攻关、人才培养等工作，武汉理工大学韩建军团队与潞安太阳能签订光伏技术发展与钙钛矿太阳能电池合作研发项目，中北大学与市经开区合作共建中北大学长治产业技术研究院等等。建立“长治市科技专家库”，为科技项目评审、人才评价、机构评估等创新工作服务。在全市范围内征集各类专家 500 余名，涵盖煤炭、冶金、化工（煤化工）、制药、光伏光电等 20 余个行业，为“市揭榜挂帅项目评审”“市科技成果转化奖补评定”“省级工程技术中心评价”等提供科技专家服务近 10 次。（孙晓钟）

【重点研发】 2022 年，长治市科技局聚焦重点产业发展的科技创新需求，加大关键共性技术研发攻关力度，申报省级以上重点研发计划项目，支撑长治市重点产业向中高端迈进。组织清华航天等企业开展重载电动缸等关键零部件精密制造技术研究及开发等省级以上各类科技计划项目 40 余项，推动相关领域核心关键技术研发。其中中科潞安牵头的 1 项国家“十四五”重点研发项目获得立项，争取中央财政专项资金 1950 万元，山予钙业参与国家级项目 1 项。（孙晓钟）

【科技创新助力乡村振兴】 2022 年，长治市科技局立足部门职能，为持续巩固脱贫攻坚成果、推进乡村振兴，提供科技支撑。成立乡村振兴工作领导小组，制定《关于开展乡村振兴科技在行动的实施方案》。扶持平顺县建设“上党中药材特色专业镇”，成为省内十大省级重点特色专业镇之一。组织 75 名省市县科技专家申报 2022 年度山西省“三区”（边远贫困地区、边疆民族地区和革命老区）人才支持计划科技人员专项计划，加强对乡村产业发展的科技支撑。推进农村科技特派员工作，新选派 2022 年度第十二批市级农村科技特派员 89 名，对 44 家 2022 年度“长治市科技特派员创新创业示范基地”进行实地考察、审核、认定工作；组织科技特派员深入田间地头开展技术服务和培训工作。开展乡村振兴帮扶工作，发挥科技部门优势，组织专家深入农村培训，共完成 2 期 300 余人次。（孙晓钟）

【科技管理体制改革】 2022 年，长治市出台《长治市“十四五”打造一流创新生态 实施创新驱动、科教兴市、人才强市战略规划》《长治市“十四五”新技术发展规划》《长治市加快推进国家创新型城市建设实施方案》《长治市科技计划项目管理办法》《长治市科研项目经费和科技活动经费管理办法》《关于加快建设高水平新型研发机构的实施意见》等一系列政策及配套措施，加速构建体系化全局性科技发展新格局，持续提升全市科技创新体系整体效能。（孙晓钟）

【市级“揭榜挂帅”项目】2022 年，长治市科技局建立健全市级关键核心技术研发机制，启动市级“揭榜挂帅制”科技计划立项工作，长治凌燕机械厂的“绿色机场及智能管控平台建设关键技术与示范”、卓越水泥的“多固废协同制备煤矸石基道路材料”等首批 9 个项目形成揭榜方案，推动相关领域核心关键技术研发。（孙晓钟）

【科技宣传】2022 年，长治市科技局举办科技活动周，组织广大科普基地、科技创新平台面向公众开放。通过广电、报刊、微信公众号等多种形式开展科普宣传教育，“长治市科技创新服务微平台”推送 44 期、256 篇内容。与《长治日报》联合开办“科技专版”；与长治电视台联合开办《科技在线》《科技之声》电视栏目和广播节目，不断提高公众科学素质。通过媒体、版面、街头宣传等手段加大科技宣传力度，营造浓厚科技创新氛围。（孙晓钟）

2022 年，长治市科技特派员深入基层开展果树种植技术培训（孙晓钟　供图）

2022 年，长治市市级“揭榜挂帅”工作启动（孙晓钟　供图）

气　象

【气象防灾减灾机制】2022 年，长治市气象局完善“党委领导、政府主导、部门联动、社会参与”的气象防灾减灾工作机制，规范重大灾害性天气监测预警服务工作。印发《长治市气象灾害监测预报预警工作联动机制》，推进各县区建立相应机制。完善重大灾害性天气“叫应服务”工作机制，提高气象灾害防御应对和快速反应能力。推动市减灾委、安委会联合印发《长治市暴雨灾害预警响应联动行动指南（试行）》。在全市建成 3600 余名气象防灾减灾责任人队伍和 2800 余名气象信息员队伍，补充防灾减灾社会力量。（秦凯波）

【气象灾害防御】2022 年，长治市气象局充分发挥气象灾害应急指挥部指挥调度作用，组织应急管理、自然资源、文旅、交通、农业等部门开展联合天气大会商，实现气象防灾减灾应急联动和信息共享。全年启动政府专项应急响应 3 次 10 天，启动气象部门应急响应 7 次 23 天，有效应对寒潮、暴雨、暴雪、霜冻等气象灾害。同长治交通广播电台开展合作，及时插播气象预警信息，提升预警信息的传播速度，消除预警信息接收“盲区”，

2022 年，长治市气象工作人员开展"沁州黄"谷子成熟期气象为农服务调查 （秦凯波　供图）

打通"最后一公里"。 （秦凯波）

【气象预报预警】 2022 年，长治市气象局开展重大天气过程技术与服务复盘，召开预报与服务技术总结会 11 次，将复盘总结成果转化应用到实际业务中，提升灾害性天气监测预报预警服务能力。建立县级气象灾害预警信号考核通报机制，印发《关于进一步加强县级气象灾害预警信号发布工作的通知》，提高预报精准化和预警提前量，全市平均预警提前时间从 2021 年的 46 分钟提升至 115 分钟。2022 年发布各类预警信号 102 期、各类气象风险预警 42 期、重要天气预报 15 期、报送气象信息专报 14 期、召开气象新闻发布会 4 次，准确预报 6 月 8—13 日、7 月 1—5 日、8 月 7—9 日、9 月 30—10 月 4 日等强对流天气，实现年内暴雨、暴雪、寒潮、大风等高影响天气"零漏报"，为各级政府提供重要决策依据。 （秦凯波）

【气象观测站网建设】 2022 年，潞城、沁源 2 个国家站完成迁站工作，推进襄垣、屯留 2 个国家站迁建工作。升级常规气象观测站 166 套、更换灾害易发区气象观测站 16 套、新建六要素站 2 套、迁建气象观测站 2 套、增设 2 套称重雨量传感器。优化农业观测站网，推动沁县农业气象观测站观测地段变更和沁县、潞城、黎城 3 个土壤水分站迁站工作。在平顺花椒、潞党参、马铃薯和旱地蔬菜 4 类种植基地安装 4 套智慧农业小气候观测系统。 （秦凯波）

【人工影响天气工作】 2022 年，长治市气象局贯彻落实国务院办公厅印发的《关于推进人工影响天气工作高质量发展的意见》，市政府办公室印发《推进人工影响天气工作高质量发展实施方案》，推进长治人工影响天气工作发展。加强人工影响天气能力和基础设施建设，初步选取标准化作业点 72 个，完成人影地面火箭增雨系统电控改造，落实人影弹药储运经费，实现人影弹药规范储运和使用，提升科学作业、精准作业、安全作业能力。全年"全方位、全时段、全覆盖"组织实施防雹消雹作业 51 次，人工增雨（雪）作业 39 次，有效增加降水，降低冰雹灾害，增加土壤墒情，提高空气湿度，优化生态环境，实现"保丰、增绿、减灾"。 （秦凯波）

【气象服务】 2022 年，长治市气象局成立气象为农服务专班，开展农情调研，结合实际制定为农服务周年方案。和农业农村局合作开展长治粮食产量预测预报、农业气象条件影响分析。与山西农业大学谷子研究所签订合作协议，在粮食安全保障、农事指导、农业与气象科学技术研究以及技术交流等方面深化合作。强化预报预警和服务，为新型农业主体和种粮大户提供"直通式"气象服务，以服务沁县"沁州黄"谷子、屯留"麟绛红"辣椒、上党药茶菊花、长子烟叶等长治"特""优"农业为重点，提升全市"特""优"农业气象服务能力，保障全市粮食安全。 （秦凯波）

【气象服务能源保供】 2022年，长治市气象局把握用户的需求点，在高影响天气发生前、中、后三个阶段，为用户提供“一对一”叫应式专业气象服务，增强迎峰度夏、冬季供暖能源保供气象服务能力。（秦凯波）

【气象服务城市发展】 2022年，长治市气象局制定《助力打造现代化太行山水名城气象保障服务工作方案》，为海绵城市建设、重大社会活动、重要赛事、生产生活生态、政府社会市民提供气象保障服务。与市住房和城乡建设局共同推进暴雨强度公式编制工作，为城市规划、设计、建设、管理提供准确可靠依据，提高城市防灾减灾和防洪排涝能力，截至年底完成9个县区城区暴雨强度公式的编制工作。（秦凯波）

【专业气象服务】 2022年，长治市气象局拓展专业气象服务领域，与煤矿、铁路、电力、农业等部门签署专业气象服务合同。全年签订服务用户49家，新增用户32家，新用户增长率达190%。长治市智慧气象综合业务平台和“长治气象”App完成云化改造，开展“导游式旅游气象服务模式的研究”创新项目，为壶关县创建“全域旅游”和“旅游示范区”提供定制化旅游气象服务。（秦凯波）

【气象社会管理职能】 2022年，长治市气象局推进重点领域改革，提升行政执法能力。提升公共服务质量，持续深化气象部门“放管服效”改革。优化营商环境，实行升放无人驾驶系留气球单位资质认定告知承诺制。强化气象行政执法监督力度，制定年度执法计划、行动方案、执法标准，建立台账，统筹执法力量，对全市执法区域进行划分。加强防雷安全监管，更新全市防雷安全监管重点单位信息，开展雷电灾害防御工作行政检查，完成72家危化生产企业检查全覆盖。与应急管理局、市场监督管理局、公安局、文旅局等部门联合下达整改通知书7份，建立隐患整改清单，对隐患整改进行“回头看”，做到对账销号，形成闭环管理。（秦凯波）

测　绘

【测绘行业管理】 2022年，长治市规划和自然资源局对14家办理测绘资质业务的单位进行初审，包括甲级测绘资质1家，乙级测绘资质13家。其中9家测绘资质单位基本信息变更，2家补充和修改数据。全市取得测绘资质单位共37家。2022年有18家测绘资质单位提出测绘作业证申请，共发放130本测绘作业证。完成测绘项目登记47项。（邵珠银）

【“多测合一”改革】 根据省自然资源厅、省住房和城乡建设厅、省行政审批服务管理局、省人民防空办公室联合印发的《关于推进工程建设项目“多测合一”改革指导意见》要求，长治市规划和自然资源局于2022年11月底草拟《长治市工程建设项目“多测合一”管理办法》，多次征求相关单位意见，并向财政申请项目资金预算，用于长治市工程建设项目“多测合一”信息管理平台的建立。（邵珠银）

【测绘质量监督管理】 2022年，长治市规划和自然资源局对全市37家测绘资质单位中2020、2021年度未被抽查测绘成果质量的单位实现检查全覆盖，全年检查10个测绘资质单位。其中8家测绘资质单位合格，2家测绘资质单位存在不足，责令其限期整改。根据省厅《关于做好地质勘查和测绘行业安全生产工作的通知》要求，长治市规划和自然资源局组织全市测绘资质单位开展测绘行业安全生产自查，并抽取10家企业开展实地检查。从自查和抽查情况来看，测绘单位安全意识有所提高，安全作业意识有所加强。（邵珠银）

【基础测绘】 2022年，长治市规划和自然资源局编制长治市系列地图300套，全年向100余家单位免费提供长治市系列地图205张。（邵珠银）

【涉密成果使用及销毁】 2022年，长治市规划和自然资源局向潞州区农业农村局、晋能控股山西电力股份有限公司、晋能控股山西电力股份有限公司提供各类涉密成果资料。完成各类坐标系数据转换2000多次。对两年内申领涉密地理信息成果的10家单位进行监督检查。根据涉密成果使用的相关规定，涉密成果不再使用后，可提出销毁申请，有4家涉密成果申领单位提出涉密成果的销毁申请。（邵珠银）

【地图市场监管】 2022年，长治市规划和自然资源局对《长治市行政区划图》《长治市四区行政区划图》《长治市潞城区中心城区图》《长治市潞城区地图》《长治市潞城区中心城区影像图》《长治市潞城区影像图》《长治市潞城区领导工作图册》《襄垣县地图》《屯留区行政区划图》进行审核，按照规定办理审图号。长治市规划和自然资源局及各县区自然资源局联合市场监督管理局成立联合检查组，对辖区地图挂图、地球仪制品、地理教辅材料等所涉地图进行检查，长治市地图市场秩序整体良好，没有发现“问题地图”。2022年8月29日是第19个全国测绘法宣传日，长治市规划和自然资源局开展主题为“规范使用地图　一点都不能错”测绘法宣传日暨国家版图意识宣传周活动，普及公民对国家版图知识、测绘法知识、地理

国情常识等方面的认知，营造自觉维护国家版图完整和尊严的良好氛围。（邵珠银）

【测量标志保护】2022年，长治市规划和自然资源局深入各县区，实地抽查测量标志保护情况，并查阅相关资料。要求各县区自然资源局在日常的测量标志巡查维护过程中，要采用“查、看、拍”相结合的方法，对每个标石、标点等设施的完好情况、标志周围环境变化情况等都进行细致检查核实，并做好相应的巡查台账。各县区自然资源局共维护10个测量标志保护点。潞州区自然资源局向区财政局申请维护资金，计划2023年对全区剩余未维护的测量标志点进行全部维护，在日常巡查中发现一个测量标志点被损毁，责成损毁单位将其恢复如初。（邵珠银）

地震监测

【地震监测预警预报】2022年，长治市防震减灾中心（市安全风险防控中心）加强地震台站建设和运行维护，完成潞城东南山观测站的标准化改造，开展地震台站专项检查，及时排查消除隐患，确保全市监测网络通信畅通，监测台站数据连续稳定，沁县漫水、武乡等台站观测数据连续率均达98%以上，长治市信息节点运行率达到99%以上。与临汾地震监测中心站签订《战略合作协议》，在地震监测、地震科普和社会服务、地震应急等方面达成共识，并就台站运行维护进行分工合作。完成县级地震信息平台建设，提升地震监测预报和地震信息获取能力。发挥群测群防作用。组织开展“三网一员”培训，实现地震宏观观测点和防震减灾助理员乡镇全覆盖，助理员和观测员补助全部落实到位。强化异常落实与震情会商工作。全年共召开50余次周会商和12次月会商。5月，联合山西省地震台、临汾地震监测中心站、沁县防震减灾中心完成漫水井的异常核实工作。（晏贝贝）

【防震减灾科普宣传】2022年，长治市防震减灾中心（市安全风险防控中心）与市直多部门联合开展“全市中小学校同一堂课”、长治市首届“地震科普 携手同行”主题征文、千名环卫工人“防震减灾科普志愿服务一日行”、第十一届长治公众科学素质知识竞赛等特色主题宣传活动，推动科普宣传全域覆盖。市县乡三级防震减灾部门坚持常态化宣传，突出“5·12”“7·28”重点时段集中宣传，发放宣传资料5万余份，开展公益讲座120余场，播放宣传片近100次。招募50名志愿者组建成首支“长治市防震减灾科普先锋队”，形成社会各界广泛参与科普宣传的局面。推选20多部优秀宣传作品参加各级各类赛事，2部作品分别获山西省优秀奖和应急管理部精品奖，参与主办的2022年长治市“全国科普日”提升科学素质、助力乡村振兴科普成果展被中国科协办公厅评选为“2022年全国科普日优秀活动”。与市教育局联合完成17所省级示范校、9所国家级示范校申报工作，对拟申报的9处省、国家级综合减灾示范社区审核把关。（晏贝贝）

【地震灾害应急处置】2022年7月，长治市防震减灾中心（市安全风险防控中心）先后组织全市12个县区相继开展全省地震系统应急处置模拟演练和市县系统应急演练。加强应急指挥能力建设，将地震应急指挥系统建设纳入全市应急指挥系统，做好视频会议系统保障和应急卫星电话拨测工作。出台《长治市2022年度震情跟踪和应急准备工作方案》《关于做好2022年地震灾害应对防范工作的通知》，高效应对突发地震事件。妥善处理2月至5月武乡县先后发生的6次煤矿塌陷地震（矿震）事件，确定震动原因，回应社会关切。（晏贝贝）

【地震灾害风险普查】2022年，长治市防震减灾中心（市安全风险防控中心）完成位于七度区的9个县区和位于六度区的2个县区（长子、屯留）内住宅房屋和其他行业用房的3456条房屋建筑抽样详查样本的数据采集、录入及审核，详查面积425.1万平方米，完成度高达186%，形成长治市房屋建筑抽样详查成果集，并在全省率先完成整理汇交。（晏贝贝）

【煤矿安全】2022年，长治市防震减灾中心（市安全风险防控中心）对20座煤矿进行安全检查，组织煤矿安全管理人员（包括安全监察专员）开展安全应知应会理论知识考试。对全市27个五人小组和97个驻矿安检站进行全覆盖督查，共计发现问题181条，对11个五人小组、7名小组成员和203名驻矿安检员进行问责，同步对22座煤矿的安全监察专员履职情况进行专项督查，提出问题45条，督促县区应急管理局监督煤矿检查专员问题整改。（晏贝贝）

文 化

公共文化服务

【群众文化惠民工程】 2022年，长治市实施“五个一批”群众文化惠民工程。举办“喜迎二十大 奋进新征程”2022年山西省八音会大赛，获地市第一成绩，线上直播活动凭借高关注度成功入选国家公共文化云热力排行榜前20；送戏下乡演出2105场；培育509支乡村群众文艺队伍（文艺小分队），挖掘208名乡土文化能人艺人，培养467名乡村文化带头人，累计开展活动26696场，超额完成目标任务。（许方圆）

【文化场馆】 2022年末，长治市公共文化场馆共27个，市级公共图书馆1个、文化馆1个，各县区公共图书馆12个、文化馆12个。其中，图书馆达标12个（一级馆3个，二级馆1个，三级馆8个），潞州区建成达标新馆。根据2021年11月18日文化和旅游部公共服务司对第五次全国文化馆评估定级命名一二三级文化馆名单公示，长治市文化馆达标11个（一级馆6个，二级馆3个，三级馆2个），达标率全省第一。市县两级图书馆馆藏图书共2282809册、古籍36135册、期刊报纸240多种、电子图书427880册。（许方圆）

【博物馆】 2022年末，长治市有国有博物馆19家（其中一级博物馆1家，二级博物馆1家，三级博物馆2家），非国有博物馆9家。《在太行山上——庆祝中国共产党成立100周年抗战文物展》获得山西博物馆精品陈列展览评选推介，组织推荐武乡县文物保护和旅游发展中心申报2023年度全国重点文物保护单位、馆藏一级革命文物保护项目。实施馆藏文物预防性保护及陈列布展项目16个，新增国有博物馆1座（长治市民俗博物馆）。（许方圆）

【长治市图书馆】 2022年，长治市图书馆总流通187848人次，举办活动（含讲座、展览、培训班）141场次。办理读者证1700余张，借阅图书72000余册，新增图书15000余册，报纸161种，期刊700余种，审校图书外包数据6995条。首次面向全社会、社会各界长期征集长治地区的地方文献，推出《长治市图书馆地方文献征集方案》。

主题阅读活动。2022年，在传统节日及二十四节气等重要时间节点，长治市图书馆以宣扬“我们的节日”为主题，先后开展“阅”享书香年迎新春庆元宵主题系列活动、“粽香深处的文化节记忆”“丹枫迎秋 桂香满城——中秋传统美食展”“心系桑榆暖重阳”等主题系列活动26场，用讲座、展览、有奖参与、阅读推广、知识普及等多种形式弘扬中华优秀传统文化。“4·23”世界读书日期间，长治市图书馆借助微信公众号、微信小程序等在线上先后开展“书籍，春风，还有你——给读者的一封邀请信”“阅读·阅有fun”积分打卡挑战赛、“弘扬传统文化，坚定文化自信”主题征文、名句猜书竞答、我们的阅读故事、经典共读打卡等互动阅读，“书香三晋，文化山西”世界读书日全民线上阅读大赛等八项活动，陆续推出“4月新书推荐”“2022年第一季度好书榜单”“2021年图书借阅及读者借阅排行榜”等专题，满足读者多层次多样化阅读需求。

社科普及宣传。2022年，长治市图书馆通过亲子共读“快乐娃娃爱绘本——儿童电子绘本系列”（24期）、“爱阅读·勤分享”等儿童节系列阅

2022 年9 月26 日至27 日，长治市参加“喜迎二十大 奋进新征程”2022 年山西省群众文化活动八音会大赛

（许方圆　供图）

读活动、“我与童书的奇妙之旅”图文创意活动优秀作品巡展、“别样的观影，同样的孩子”智障儿童交流活动等多项少儿活动，丰富未成年人的精神世界。作为“长治市社科普及宣传基地”，长治市图书馆开展多项科普活动。通过长治市社科普及宣传周系列活动和长治市图书馆科技活动周活动，促进社会科学文化传承，提高广大读者的社会科学文化素质。

志愿服务。2022 年，长治市图书馆将“我为群众办实事”继续融入文化志愿服务中。开展各类主题活动、暑期志愿服务、送书送文化下乡、疫情防控协查、残疾人志愿服务，全年组织 260 人次参加各种形式的文化志愿服务，服务时长达到 2018 小时。

阅读推广服务。2022 年，长治市图书馆通过微信公众号和数字门户网站，发布各种活动通知、科学文化知识、文明礼仪、社会楷模、公益讲座、法治宣传等信息。2022 年通过微信公众平台发布信息共 315 条，门户网站点击量 43517 次。

第七次公共图书馆评估定级工作。2022 年，长治市图书馆成立评估资料筹备小组，经过线上培训、专家答疑、小组成员之间的沟通交流，完成评估材料的准备、撰写及上传工作。举办第七次县级以上公共图书馆评估定级工作培训，成立专家小组，对各县区图书馆评估材料进行评估审核工作。

新馆建设。2022 年，长治市图书馆配合中晖三馆一园建设有限公司申请办理各项施工建设手续，完成建设工程用地规划许可证变更，确定二次装修方案，5 月完成工程主体封顶。

（马丽君）

【长治市博物馆】 2022 年，长治市博物馆有登记入账的馆藏文物 9781 件 / 套，实际数量为 63886 件，其中一级文物 127 件 / 套，实际数量为 128 件；二级文物为 220 件 / 套，实际数量为 223 件；三级文物为 834 件 / 套，实际数量为 989 件，其余为一般文物。展厅共计展出文物 651 件，其中《上党从来天下脊——长治古代文明陈列》展出 330 件，《长治古代琉璃陈列》展出 231 件。剩余文物 63225 件保管于馆文物库房。全年接待游客 10.3 万人次，其中接待未成年游客 5.8 万人次。长治市博物馆入选 2022 年“山西省社会科学普及宣传基地”和第二批“长治市社会科学普及宣传基地”。

馆藏文物保护。2022 年，长治市博物馆对 172 件珍贵文物进行病害检测。完成馆藏文物预防性保护项目。争取国家文物保护资金 172 万元实施馆藏文物修复项目，争取市级文保资金82.94万元实施未定级东周陶制文物修复项目。开展文物数字化工作，对“上党古代文明陈列”展厅内176件珍贵文物开展数字化采集。

陈展。2022年，长治市博物馆先后与长治市政协、长治市纪律检查委员会、长治市委宣传部等单位联合举办“清廉长治 书画润心”书画展和“喜迎二十大 同心向党”书画展。选送145件馆藏文物琉璃器与晋城博物馆、阳城博物馆联合举办“山西特色琉璃联展”。该展览于2021年12月28日开展，延续至2022年7月26日闭展，并入选山西省文物局2021年度“弘扬中华优秀传统文化、培育社会主义核心价值观”主题展览征集推介项目。

博物馆宣传。2022年，长治市博物馆与长治市委讲师团联合举办2022年长治市哲学社会科学普及周活动，并申报为长治市社会科学普及宣传基地。在国际博物馆日期间邀请中小学校在博物馆内举办文物写生等研学活动。开展移动博物馆项目，通过口袋书、展板等多种形式进行宣传，收到良好的社会效果。选送专业人员走进潞州区西关小学、上党区西火镇等地开展文化惠民活动。

2022年，长治市博物馆副高以上专业技术人员配合市文化和旅游局深入基层，完成低级别文物审核、抢险工程检查验收等工作，并对各县区低级别不可移动文物核查进行现场技术培训，对不可移动文物申报市级单位进行筛查。

新馆建设。2022年，长治市博物馆新馆主体建设方面完工。陈列布展方面，完成新馆陈展项目建议书和可行性研究报告编制单位招投标，完成馆内古墓葬及车马坑搬迁方案编制预算评审以及招投标工作。邀请4家国内知名的展陈设计公司参与新馆展陈前期策划和初步方案编制。委托相关业务机构，测算新馆展陈配套项目包括文物库区、文物修复中心设施设备购置等所需费用。

资金投入。2022年，长治市博物馆政府采购项目共13个。其中，政府集中采购6个共27万元，分散采购7个共578.15万元；财政预算拨入资金2794.56万元，拨入中央、省级、市级文物资金共609.27万元，重点实施馆藏文物修复、文物数字化等项目。

古建保护项目。2022年，长治市博物馆实施古建保护项目7个，完成观音堂外部排水项目和实体防护项目，推进展厅及业务用房项目、观音堂供电、安防、内部提升改造和上党门月台、踏垛修缮项目。整治观音堂周边环境，通过拆除搬迁户、修建景观路等措施提升外围环境。

（王夏雨）

非物质文化遗产

【概述】 截至2022年末，长治市非遗入选国家级非物质文化遗产代表性项目19项、入选山西省非物质文化遗产代表性项目104项；长治市确立的市级非物质文化遗产代表性项目408项、先后获批国家级非物质文化遗产传承人12人、省级非物质文化遗产传承人124人、市级非物质文化遗产传承人453人。（许方圆）

【非物质文化遗产保护传承】 2022年，长治市加强国省市三级非物质文化遗产名录建设，推荐13名省级非遗代表性传承人申报第六批国家级非遗代表性传承人、51个市级非遗代表性项目申报第六批省级非遗代表性项目。评选出61项第八批市级非物质文化遗产代表性项目、74名第六批市级非物质文化遗产代表性传承人。（许方圆）

【非遗品牌】 2022年，第五批国家级非遗代表性项目——八义窑红绿彩入选山西省十大非遗保护实践优秀案例。市文旅局加强工艺美术人才队伍建设，成功举办长治市第四届工艺美术大师评选大赛，评选出30名市级工艺美术大师。新增3个省级首批工艺美术大师工作室。省级工艺美术大

表6 长治市第八批市级非物质文化遗产代表性项目名录

（共计61项）

序号	编号	项目类别	项目名称	申报县区或者单位
1	Ⅱ-1	传统音乐	潞州区王红生八音会	潞州区
2	Ⅱ-2	传统音乐	西社八音会	平顺县
3	Ⅲ-1	传统舞蹈	霸王鞭	武乡县
4	Ⅲ-2	传统舞蹈	树掌龙灯	壶关县
5	Ⅳ-1	传统戏剧	上党二簧	长治市上党梆子剧团
6	Ⅳ-2	传统戏剧	上党戏曲帽翅功	长治市上党落子剧团
7	Ⅴ-1	曲艺	武乡三弦书	武乡县

续表6

序号	编号	项目类别	项目名称	申报县区或者单位
8	Ⅵ -1	传统体育、游艺与杂技	鲍家拳对练	长子县
9	Ⅶ -1	传统美术	蜡染泼墨画	潞城区
10	Ⅶ -2	传统美术	襄垣民间剪纸	襄垣县
11	Ⅶ -3	传统美术	壶关面塑	壶关县
12	Ⅶ -4	传统美术	潞州面塑	潞州区
13	Ⅶ -5	传统美术	潞州铁衣堂篆刻	潞州区
14	Ⅷ -1	传统技艺	顺潞根雕	潞城区
15	Ⅷ -2	传统技艺	银香果蔬花馍	潞城区
16	Ⅷ -3	传统技艺	鸿祥甩饼	潞城区
17	Ⅷ -4	传统技艺	金伏牛布艺	潞城区
18	Ⅷ -5	传统技艺	潞城喜宴	潞城区
19	Ⅷ -6	传统技艺	传统手工面塑	长子县
20	Ⅷ -7	传统技艺	潞仙酒酿制技艺	长子县
21	Ⅷ -8	传统技艺	漳源醋制作技艺	长子县
22	Ⅷ -9	传统技艺	手工面塑技艺	沁源县
23	Ⅷ -10	传统技艺	沁源传承八大碗	沁源县
24	Ⅷ -11	传统技艺	申记刀	襄垣县
25	Ⅷ -12	传统技艺	甘村传统手工制作煎饼	襄垣县
26	Ⅷ -13	传统技艺	火烧（红脸烧饼、嘉圪拉）	襄垣县
27	Ⅷ -14	传统技艺	上党盆景	上党区
28	Ⅷ -15	传统技艺	上党木雕工艺	上党区
29	Ⅷ -16	传统技艺	小粉煎饼	上党区
30	Ⅷ -17	传统技艺	八义汆汤	上党区
31	Ⅷ -18	传统技艺	打籽绣	上党区
32	Ⅷ -19	传统技艺	根艺	上党区
33	Ⅷ -20	传统技艺	十八掌芥末肉丝汤	上党区
34	Ⅷ -21	传统技艺	潞州锔活技艺	潞州区
35	Ⅷ -22	传统技艺	雕版印刷技艺	潞州区
36	Ⅷ -23	传统技艺	李家手工风筝制作技艺	潞州区
37	Ⅷ -24	传统技艺	潞州古艺阁字画装裱及修复技艺	潞州区
38	Ⅷ -25	传统技艺	宋代点茶技艺	潞州区
39	Ⅷ -26	传统技艺	老冯家饸饹面	潞州区
40	Ⅷ -27	传统技艺	杨统领秘制油茶	潞州区
41	Ⅷ -28	传统技艺	南街杨氏肉丸	潞州区
42	Ⅷ -29	传统技艺	潞州老缸谷物发酵醋	潞州区
43	Ⅷ -30	传统技艺	乐园八宝粥	潞州区
44	Ⅷ -31	传统技艺	潞州秦记传统手工老月饼	潞州区
45	Ⅷ -32	传统技艺	木易糖画制作技艺	潞州区
46	Ⅷ -33	传统技艺	粮食味道酒	屯留区
47	Ⅷ -34	传统技艺	屯留老醋	屯留区
48	Ⅷ -35	传统技艺	屯留古法酿酒及窖藏工艺	屯留区
49	Ⅷ -36	传统技艺	黎城开花馍	黎城县
50	Ⅷ -37	传统技艺	马记芝麻糖制作技艺	黎城县

续表6

序号	编号	项目类别	项目名称	申报县区或者单位
51	Ⅷ –38	传统技艺	申氏麦秆工艺编	黎城县
52	Ⅷ –39	传统技艺	一土根艺	黎城县
53	Ⅷ –40	传统技艺	炕围画	沁县
54	Ⅷ –41	传统技艺	沁州煎饼	沁县
55	Ⅷ –42	传统技艺	张箩	沁县
56	Ⅷ –43	传统技艺	小炉匠	沁县
57	Ⅷ –44	传统技艺	姬氏陶埙	沁县
58	Ⅸ –1	传统医药	刘氏拔罐刮痧	屯留区
59	Ⅸ –2	传统医药	潞党参传统医药加工	平顺县
60	Ⅹ –1	民俗	潞城传统婚丧礼仪	潞城区
61	Ⅹ –2	民俗	南垂金粟山古庙会	潞州区

（长治市人民政府网站）

表7　长治市第六批市级非物质文化遗产项目代表性传承人

（共计74名）

序号	编号	项目类别	项目名称	传承人	性别	申报县区或单位
1	Ⅱ –1	传统音乐	潞城鼓乐	薛路红	女	潞城区
2	Ⅱ –2	传统音乐	壶关八音会	马文学	男	壶关县文化馆
3	Ⅱ –3	传统音乐	沁州八音会	田天平	男	沁县
4	Ⅳ –1	传统戏剧	上党落子	石红娥	女	长治市上党落子剧团
5	Ⅳ –2	传统戏剧	上党落子	马丽娜	女	长治市上党落子剧团
6	Ⅳ –3	传统戏剧	上党落子	宋忠青	男	长治市上党落子剧团
7	Ⅳ –4	传统戏剧	上党落子	吴青	女	长治市上党落子剧团
8	Ⅳ–5	传统戏剧	上党落子	李誌	男	长治市上党落子剧团
9	Ⅳ–6	传统戏剧	上党梆子	常海湘	女	长治市上党梆子剧团
10	Ⅳ–7	传统戏剧	上党梆子	索伟琴	女	长治市上党梆子剧团
11	Ⅳ–8	传统戏剧	上党梆子	李慧琴	女	长治市上党梆子剧团
12	Ⅳ–9	传统戏剧	上党梆子	李彩青	男	长治市上党梆子剧团
13	Ⅳ–10	传统戏剧	上党梆子	郭栋杰	男	长治市上党梆子剧团
14	Ⅳ–11	传统戏剧	沁源秧歌	李志昆	男	沁源县文化馆
15	Ⅳ–12	传统戏剧	沁源秧歌	高变峰	女	沁源县文化馆
16	Ⅳ–13	传统戏剧	上党梆子“三义班”	王芳芳	女	上党区红专剧团
17	Ⅳ–14	传统戏剧	襄武秧歌	韩国俊	男	襄垣县
18	Ⅳ–15	传统戏剧	上党梆子	莫志红	女	沁县
19	Ⅴ–1	曲艺	潞城鼓书	李冬芝	女	潞城区文化馆
20	Ⅴ –2	曲艺	长子鼓儿词	马文平	女	长子县文化馆
21	Ⅴ –3	曲艺	长子鼓书	韩栋	男	长子县
22	Ⅴ –4	曲艺	长子鼓书	柴海青	男	长子县
23	Ⅴ –5	曲艺	沁州三弦书	曹进福	男	沁源县文化馆
24	Ⅴ –6	曲艺	屯留道情	郝彦芳	女	屯留区
25	Ⅴ –7	曲艺	屯留道情	苗婷婷	女	屯留区
26	Ⅴ –8	曲艺	襄垣鼓书	史锦华	男	襄垣县

续表7

序号	编号	项目类别	项目名称	传承人	性别	申报县区或单位
27	Ⅵ－1	传统体育	太行意拳（古传太极）	张新民	男	潞州区
28	Ⅵ－2	传统体育	沁县龙舟赛	田守忠	男	沁县
29	Ⅶ－1	传统美术	沁源石雕	宋栋	男	沁源县文化馆
30	Ⅶ－2	传统美术	海江剪纸	秦海江	男	上党区
31	Ⅶ－3	传统美术	堆花	李卫东	男	潞州区
32	Ⅶ－4	传统美术	烙画	焦福全	男	潞州区
33	Ⅶ－5	传统美术	平顺根雕	张维文	男	平顺县
34	Ⅶ－6	传统美术	黎侯虎	赵丽英	女	黎城县
35	Ⅶ－7	传统美术	炭精画	李俊先	男	襄垣县
36	Ⅶ－8	传统美术	韩山木雕	栗波	男	襄垣县
37	Ⅶ－9	传统美术	襄垣炕围画	范天缘	男	襄垣县
38	Ⅷ－1	传统技艺	潞州府醋业	王枝森	男	潞城区
39	Ⅷ－2	传统技艺	培泰酒坊固态白酒酿造	李晓州	男	长子县
40	Ⅷ－3	传统技艺	长子手工干卷	李海龙	男	长子县
41	Ⅷ－4	传统技艺	长子小河豆腐	杨庆伟	男	长子县
42	Ⅷ－5	传统技艺	长子理发	贾海亮	男	长子县
43	Ⅷ－6	传统技艺	长子响铜乐器制作技艺	崔红兵	男	长子县
44	Ⅷ－7	传统技艺	沁源手工皂	王红	女	沁源县
45	Ⅷ－8	传统技艺	传统手工煎饼制作技艺	岳红利	男	沁源县
46	Ⅷ－9	传统技艺	沁源手工编织	张文丽	女	沁源县
47	Ⅷ－10	传统技艺	刺绣（堆鼓绣）	张丽	女	武乡县
48	Ⅷ－11	传统技艺	武乡根雕	张晋英	男	武乡县
49	Ⅷ－12	传统技艺	纯手工掐丝画	李佳佳	男	上党区
50	Ⅷ－13	传统技艺	建峰泥塑	王建峰	男	上党区
51	Ⅷ－14	传统技艺	老杜黑砂锅	杜书红	男	上党区
52	Ⅷ－15	传统技艺	柳林陈醋	崔振达	男	上党区
53	Ⅷ－16	传统技艺	上党砖雕	原晋旭	男	上党区
54	Ⅷ－17	传统技艺	吴氏手工舞狮	吴永刚	男	上党区
55	Ⅷ－18	传统技艺	西岭贴布绣	马春花	女	上党区
56	Ⅷ－19	传统技艺	陶瓷贮缸手工技艺	韩富红	男	壶关县
57	Ⅷ－20	传统技艺	壶关紫团参	宋勇兵	男	壶关县
58	Ⅷ－21	传统技艺	壶关西红柿酱传统手工制作技艺	周保先	女	壶关县
59	Ⅷ－22	传统技艺	儿童心指计算法	赵志忠	男	潞州区
60	Ⅷ－23	传统技艺	大漆脱胎夹纻制作技艺	裴艳清	男	潞州区
61	Ⅷ－24	传统技艺	古建筑模型制作技艺	贾虎兵	男	潞州区
62	Ⅷ－25	传统技艺	山西彩塑	常晓峰	男	潞州区
63	Ⅷ－26	传统技艺	山西彩塑	张博	男	潞州区
64	Ⅷ－27	传统技艺	黎之锦布艺	霍海燕	女	黎城县
65	Ⅷ－28	传统技艺	潞城驴肉甩饼	王秀琴	女	潞城区
66	Ⅷ－29	传统技艺	传统孝美手工泥塑	黄孝美	女	襄垣县
67	Ⅷ－30	传统技艺	韩州女红	李翠英	女	襄垣县
68	Ⅷ－31	传统技艺	传统面塑技艺	吴小利	女	襄垣县
69	Ⅷ－32	传统技艺	唐村姚氏枣糕	姚凤明	男	沁县

续表7

序号	编号	项目类别	项目名称	传承人	性别	申报县区或单位
70	Ⅷ-33	传统技艺	沁州干馍制作技艺	王玉强	男	沁县
71	Ⅸ-1	传统医药	黄氏二十四节气中医养生	黄明河	男	沁源县
72	Ⅸ-1	民俗	灵通禅寺（佛教）庙会	陈国强	男	沁源县
73	Ⅸ-1	传统舞蹈	瞪眼家伙	史旭日	男	屯留区
74	Ⅸ-2	传统舞蹈	瞪眼家伙	王红兵	男	屯留区

（长治市人民政府网站）

师史延春被评为第八届全国工艺美术大师，成为全省6名中国工艺美术大师之一，长治在此项荣誉上实现零的突破。（许方圆）

物质文化遗产

【概述】长治拥有丰富的文物资源，年代范围上迄石器时代，下至近、现代。其中，市域内涵盖古文化遗址、古墓葬、古建筑、石窟寺及石刻、近代现代重要史迹及代表性建筑、其他等六大类型不可移动文物6833处，分布在市辖4区8县地域里，其中全国重点文物保护单位73处，数量居全国第三，省级文物保护单位144处，数量全省第一，市级文物保护单位125处，县级文物保护单位1000余处；市辖4区8县具有国有可移动文物数量共30628件/套（223927件），其中珍贵文物3648件/套（5191件）。（许方圆）

【古建筑】长治市有各类古建筑3500余处，上自唐代，下至清代，历七朝不断代，所存实例中自五代起，有明确纪年的间隔不超过50年，金代以后更是不超过30年，完全可以排列出一个无间隙的、反映近千年来中国传统木结构建筑的发展与演变的研究序列，在国内具有唯一性，是中国古建筑的“资料集”和“标本库”，堪称“中国古代建筑博物馆”。长治元代以前的木结构古建筑有167处（189座），数量居全国各市之首，无论在数量上，还是在文物研究价值上，在全国都占有很重要的地位。（许方圆）

【文物保护经费】2022年，长治市市级文物保护经费投入总计2460万元，相较2021年增长120%，重点支持市保以下文物保护修缮、展示利用、环境整治、地下考古勘探等项目。2022年在省文物局的支持下，安排长治市文物保护项目经费总计10482万元，其中，国拨文物保护资金3871万元，省拨文物保护资金2043万元，实施保护修缮、展示利用、数字化等文物保护项目50余个。拨付长治市中央灾后重建专项资金4568万元，支持汛期受损文物的抢险修缮项目126处。（许方圆）

【文物保护利用】2022年，长治市编制形成《长治市文物保护利用总体规划》《长治市“十四五”文物保护规划》2个规划和《长治市加强不可移动文物保护工作实施方案》《长治市加强红色文化遗址保护利用实施方案》2个方案,并正式印发实施。（许方圆）

【文明守望工程】长治市鼓励社会力量参与文物保护，推进“文明守望工程”。截至2022年，长治市企业个人认养或出资修缮文物建筑22处，累计投资2000余万元。引导支持志愿者团队募集社会捐款30余万元，为16处文物搭设34座保护棚。（许方圆）

【文物考古勘探】2022年，长治市文化和旅游局落实考古前置制度，联合市规划和自然资源局制定落实《山西省基本建设用地考古前置管理规定》的相关文件，全年共调查勘探土地25宗1906.43亩；审核大型基本项目建设开工前地下文物考古调查、勘探报告共计152份；完成古墓葬抢救性发掘项目8个，发掘古墓葬136座，出土器物697件/套，保障经济建设过程中的文物安全。（许方圆）

【红色资源保护利用】截至2022年末，据第三次全国不可移动文物普查数据，长治市登记的革命文物843处，其中国保3处（八路军总司令旧址、黎城黄崖洞兵工厂旧址、沁源太岳军区司令部旧址），省保56处，市保19处。全省公布第一批、第二批不可移动革命文物名录中，长治市有399处，占全省总数的1/3，在省级红色文化遗址名录中，长治市有62处，占全省总数的1/3，数量均居全省第一。2022年，武乡县入选全国红色旅游融合发展试点单位名单，全省唯一，全国仅10家。推进武乡县创建省级革命文物保护利用示范区，《八路军总司令部王家峪村旧址探索“1+4”片区保护利用模式》入选国家文物局《全国革命文物保护利用案例集》，全省唯一。（许方圆）

【文物安全监管】2022年，长治市文化和旅游局推进山西省国保、省保文物安全监管系统和长治市市保文物视频监控系统建设，年底完工。为全市国、省、市级文保单位文保员每月增加补助300元，增强一线防护实力。对全市国省保单位完成四轮现场巡查、市保单位完成二轮现场巡查。办结文物违法案件2起，有效维护文物安全。（许方圆）

文化艺术

【作品创作】2022年，长治市文化市场主体围绕迎接党的二十大和弘扬优秀传统文化、传承红色基因等重点选题进行文艺创作，上党梆子《二贤庄》剧本完成创作；上党落子《党的传话员》剧本完成创作，并申报国家艺术基金。杂技《攀·登》获第十七届山西省“杏花奖”杂技表演奖，长子鼓书《最后一笔党费》入围第十九届群星奖曲艺门类决赛。（许方圆）

【长治市上党梆子剧团】长治市上党梆子剧团于1993年7月成立，辖属长治文化艺术学校，财政全额供给事业单位。截至2022年末，有在编人员57名。其中国家一级职称演职人员3名，国家二级职称演职人员9名，中级职称演职人员26名，初级职称演职人员16名，管理岗1名，工勤岗2名。

长治市上党梆子剧团为国家级非物质文化遗产上党梆子的保护和传承单位，张志明为上党梆子国家级非物质文化遗产代表性传承人，崔嫦娟为省级非物质文化遗产传承人，李学斌、袁有顺、赵艳琴、索伟琴、李慧琴、常海湘、李彩青、郭栋杰为市级非物质文化遗产传承人。

2022年，长治市上党梆子剧团完成送戏下乡25场，商演80场，驻场演出14场，周末大剧院2场，戏曲进校园4场。参加“清风廉韵润太行”廉洁长治戏曲文艺演出，共演出16场。

2022年6月13日，长治市上党梆子剧团到潞城北村红色圣地上演上党梆子《红军故事》。7月，到晋城市阳城县参加首届上党梆子艺术周活动，表演经典剧目《闯幽州》。

2022年，长治市上党梆子剧团复排历史题材传统戏剧目《雁门关》、历史剧《狸猫换太子》两部大戏。恢复折子戏《昭君出塞》《二堂舍子》《打神告庙》《惊疯》，并将其中三部折子戏投入下乡演出中。

2022年，在首届山西戏剧年度推优活动中，《背你回家》获“高峰之路”最佳剧本。《上党二簧》入选长治市第八批市级非物质文化遗产代表性项目。（李莹莹）

2022年8月29日，长治市上党落子剧团戏曲进校园走进长治八中，开展“戏曲进校园”活动，演出剧目《表花》《徐策跑城》（郭 燕 供图）

【长治市上党落子剧团】长治市上党落子剧团创建于1954年6月，为全额事业单位。正科级建制，内设机构有办公室、财务科、演员队、乐队、舞台队。2022年，长治市上党落子剧团在编人数为48人，其中国家一级演员2名，国家二级演员、演奏员、主任舞台技师9人，中级演员、演奏员、舞台技师25人，初级演员、演奏员、舞台技术员12人，临时人员38人，离退休职工28人。

2022年，长治市上党落子剧团继续开展“送戏下乡”活动，到乡镇、农村、厂矿企业、社区等地演出。全年免费送戏下乡25场，商演92场，戏曲进校园1场。参加“清风韵润太行”廉洁长治戏曲文艺演出，演出12场。全年共计演出130场。

2022年3—4月，长治市上党落子剧团排练移植剧目《贞观风云》。6月，组织部分演职员到山东省济南市百花剧院参加首届黄河流域戏曲演出季，参演剧目为《双喜临门》，并获文化和旅游部颁发的荣誉证书。7月，参加由长治市纪律检查委员会和长治市委宣传部承办的“清风廉韵沁人心——2022‘清廉长治’戏曲文艺晚会”，并到各县区巡演，共演出12场。7月，上党落子《魏拯民》参加第三届山西艺术节（云上艺术节）山西省红色题材优秀剧目展演。8月，到长治八中开展“戏曲进校园”活动。12月，上党落子《魏拯民》在2022年首届山西戏剧年度推优活动中获“高峰之路”最佳剧目奖，并被推荐参加2023年山西省新春优秀剧目展演活动。（郭　燕）

档　案

【概述】2022年，长治市档案馆不断加强档案治理、资源、利用和安全四个体系建设，推动档案工作高质量发展。全年累计接待查档1104人次，提供档案1926卷、复印4751页，其中民生类查档人员687人，占比达到62.2%。（郭豆豆）

2022年，长治市档案馆编辑发行的4期《长治档案》　（郭豆豆　供图）

【档案收集征集】2022年，长治市档案馆累计接收精准扶贫档案405卷、1969件，党史学习教育档案838件，环漳泽湖马拉松大赛、文旅大会等重大活动档案12卷、894件，市直各单位到期移交档案6328卷、12061件。征集长治市群众艺术馆原馆长郝仕杰收藏的1960年至2008年长治、晋城地区上党梆子、上党落子名演员、名剧目照片档案近万张以及摄影作品书籍。（郭豆豆）

【档案信息化建设】2022年，长治市档案馆投入51.5万元对45个全宗档案3231卷、归档文件95975件进行数字化扫描，共扫描150万页，形成目录数据150149条，并对群众查阅频繁的4万页招工档案进行全文扫描。（郭豆豆）

【档案编研】2022年，长治市档案馆以“红色档案”“全市脱贫攻坚档案”“全市综合档案馆库建设档案”“太行区第二届群英会档案”为主题，编辑发行4期内部资料《长治档案》，从档案视角展现中国共产党的重大成就和历史经验。响应国家档案局在全国档案系统开展的“喜迎二十大·档案颂辉煌”主题宣传活动，在“6·9”国际档案日，通过发送公益短信、悬挂条幅、制作展板、设立咨询台、发放《档案馆里的党史》《中国的世界记忆遗产》《中华人民共和国档案法》手册、参与国家档案局线上档案专题讲座、播放宣传片等形式，宣传档案工作、普及档案知识。（郭豆豆）

【档案鉴定开放】2022年，根据《中华人民共和国档案法》《山西省档案管理条例》《山西省各级国家综合档案馆档案开放鉴定工作实施细则》要求，长治市档案馆对馆藏满30年（1991年以前）的档案进行鉴定开放，全年鉴定档案108个全宗，5141卷、40076件、150145页，并及时向社会发布档案开放公告。（郭豆豆）

【档案人才队伍建设】2022年，根据国家档案局、山西省档案局关于做好国家级档案专家、全国档案工匠型人才和全国青年档案业务骨干选拔工作的要求，长治市1人入选省级储备专家，15人入选省级档案工匠人才（其中平顺县档案馆谷萍同时入选全国档案工匠人才），15人入选省级青年档案业务骨干（其中长治市档案馆宋少云同时入选全国青年档案业务骨干）。长治市档案馆协助长治市委办公室对100余个市直单位组织开展档案业务培训，给各县区档案馆免费发放档案培训课件，实现培训全覆盖。（郭豆豆）

【档案监督检查】2022年9月15日至16日，国家档案局到武乡县、平顺县、长治市档案馆、长治市财政局开展档案工作监督检查。11月，长治市档案馆配合长治市委办公室对市直81个单位、11个驻市单位档案工作进行检查。12月，配合长治市委办公室对市直81个单位、12个县区开展档案专项考核。（郭豆豆）

大众传媒

出　版

【概述】 2022年，长治市委宣传部（市新闻出版局）不断强化版权保护，加大版权执法监管力度，严厉打击侵权盗版行为，为全市营造良好的版权环境。（谢成祥）

【版权执法监管】 2022年，长治市委宣传部（市新闻出版局）协调市委网信办、市公安局、市文化市场行政综合执法队以及各县区新闻出版局，组织召开迎接宣传贯彻中共二十大精神，开展“剑网行动”部署会，印发《长治市打击网络侵权盗版“剑网2022”专项行动的工作方案》，部署全市网络侵权盗版专项治理工作。专项行动中，针对非法传播冬奥赛事节目、涉冬奥作品侵权盗版行为，开展冬奥版权保护集中行动，打击各类涉冬奥视听、美术、音乐等作品的侵权盗版行为；针对教材教辅、少儿读物等领域的侵权盗版问题，联合公安、教育、文旅等六部门，开展“青少年版权保护季”行动；针对短视频、网络直播、电商平台等网络侵权行为，联合公安、网信、通信等部门，打击软件、网络侵权盗版行为。全市全年出动文化执法人员2727人次，检查各类出版印刷单位846家次，查处8起侵权案件，查缴侵权复制品48件，有效维护著作人的相关权利，营造良好的版权保护环境。（谢成祥）

【版权宣传】 2022年4月26日为第22个世界知识产权日，长治市委宣传部牵头，联合长治日报社、市新闻中心、市文化和旅游局、市教育局、市场监督管理局等部门开展世界知识产权日版权系列宣传活动。12个县区创新形式，采用线上与线下相结合方式进行宣传。以“4·26”世界知识产权日版权宣传周前后为重点时段，组织开展“版权进机关”“版权进乡村”“版权企业行”“版权宣讲会”等系列宣传活动，在全市主要街道、学校、社区、书店等场所悬挂宣传条幅200余条，张贴宣传海报2300多张，利用公共区域电子屏滚动播放约5400余次，受众人次约10万余人；利用新时代文明实践所（站）、数字农家书屋等平台，开展乡村版权保护主题宣传活动，向群众宣传版权保护知识；联合市教育局组织中小学校集中开展版权宣传活动，组织学生观看、学习版权宣传视频、版权法律法规等。推进版权示范创建。山西上党传媒集团有限公司获2022年度山西省版权示范单位。（谢成祥）

【政府机关软件正版化】 2022年，长治市委宣传部（市新闻出版局）制定《长治市2022年推进使用正版软件工作计划》，多次召开联席会议研究部署软件正版化工作。推进政府机关软件正版化督促检查工作。印发《开展2022年政府机关使用正版软件督促检查工作的通知》，组织对各县区县级党政机关使用正版软件工作制度建设、责任落实日常管理使用、计算机软件安装情况进行全面自查，巩固软件正版化工作成果。（谢成祥）

广播电视

【概述】 2022年末，长治市有广播电视播出机构14个，其中市级2个、县级12个。开办电视频道15个，市级3个、县级12个。开办广播频率12个，市级2个、县级10个。信息网络视听节目许可证持证单位12个，市级1个、县级11个。广播电视节目制作经营机构12个。（许方圆）

【长治市广播电视台】 2022年，长治广播电视台有人员1000余人，共有3个电视频道、2个广播频率、1个手机客户端以及20个新媒体账号。3个电视频道分别是新闻综合频道、公共·少儿频道和科教法治频道，2个广播频率分别是综合广播和交通广播。手机客户端是“在长治”App。

2022年，长治市广播电视台有栏目节目30个，重点打造《长治新闻》《上党夜线》《长治生活帮》《党风政风热线》《直播大交通》《直通大医院》《上党大戏台》等10多个影响力较大的栏目，拥有传统有线用户21万，新媒体综合粉丝200万，初步形成集广播、电视、微信、客户端、新媒体等为一体的融媒传播矩阵。

2022年，长治市广播电视台有电视直播车1辆、广播直播车1辆、大演播厅600平方米，录音棚170平方米，多次参与市委、市政府重大活动的电视直播、并承办长治好人颁奖、感动长治颁奖、“五一”记功颁奖等重大活动。有3个下属单位分别是长治市电视转播台、长治市太行广播电视网络有限公司和长治广电传媒集团公司。

2022年，《三级书记谈治理》节目组田间地头就抓党建促基层治理工作进行采访（张 瑞 供图）

2022年12月12日，长治广播电视台召开改革创新动员大会（张 瑞 供图）

2022年，长治广播电视台对《长治新闻》从选题策划、专栏开设、内容编排、节目审查进行全程把关。聚焦主题主线报道，围绕中共十九届六中全会、中共二十大等重要节点、重大事件，开设《六中全会精神在基层》《喜迎二十大》《喜迎二十大·向现代化太行山水名城奋进》《二十大时光》《深入学习贯彻党的二十大精神》《二十大精神在基层》《二十大精神在长治》《把党的二十大精神带到基层一线》《新时代新征程新伟业》等9个专栏；聚焦市委、市政府重大部署报道，围绕市委、市政府中心工作和省市两会、市十二届三次全会精神，开设《全方位推动高质量发展》《看见·长治》《深入学习宣传贯彻省市第十二次党代会精神》《贯彻落实省两会精神·长治在行动》《落实省委希望·争先进当标杆》《全面落实“五个先行”·长治在行动》《奋进新征程建功新时代》等专栏；聚焦重要工作，围绕“清廉长治”“文明城市建设”“常态化疫情防控”“抓党建促基层治理能力提升”等重点工作开辟专栏报道，策划《向现代化太行山水名城奋进》专栏。

2022年，长治广播电视台开设《三级书记谈治理》专栏，抽调专人组建团队，深入12个县区进行采制，从设备到构图、从访谈形式到后期编辑再到节目包装，对标省台，制作出各具特色的10部访谈作品。聚焦“文明城市创建”工作，与市文明办合办栏目《共鉴文明》。制作《太行革命老区——长治》等10多部宣传片。全年，在山西电视台发稿约350余条，在山西人民广播电台发稿 450 余条。

2022 年，长治广播电视台继续聚焦民生报道，多个栏目成为民意诉求表达的重要渠道。《党风政风热线》栏目协调副市长、县区长、市直各职能部门 181 次，共接听咨询、反映问题 2138 个，办结率达到 95.7%；《上党夜线》《生活帮》《大家帮大家》《帮帮忙》等多个电视广播节目聚焦群众个体诉求的难点、堵点、热点，全年协调解决问题 3000 多条，涉及购房纠纷、土地赔偿、保险违约、中介跑路等群众关注的大事小情，为群众排忧解难；开展"助企纾困公益广告"活动，利用广播电视阵地对符合全市产业发展方向、亟须媒体推广支持的 11 家国有企业、民营企业进行免费广告宣传，每天播出 30 次，共计投放 5250 余次。

2022 年，长治广播电视台有 24 件新闻作品获山西省第三十一届"山西新闻奖"和 2021 年度"山西广播影视奖"。专题片《刘氏老鼓》获第三届中国短视频大会·2021 年度全国微视频短片推优展播活动纪实类二等奖。《瓷都古镇——八义》在第十六届小康电视节目工程推选活动中获"年度小康题材专题节目"类别好专题节目荣誉。（张　瑞）

新闻宣传

【概述】 2022 年，长治市新闻中心围绕市委、市政府中心工作，推动对外宣传、新闻发布、网络宣传、突发事件新闻应急以及"学习强国"内容建设和推广运用等各项重点工作。长治市 2 次登上央视《新闻联播》，5 次在央视新闻频道现场直播，18 次登上央视黄金时段《大美中国》栏目，110 余次在人民日报客户端、新华社客户端、央视客户端以及人民网、新华网、中新网等播出长治市外宣形象片。市新闻中心先后获得市级文明单位、十佳新闻宣传先进单位、舆情报送先进单位等称号。

2022 年，长治市外宣发稿 6168 篇。其中，中央媒体发稿 1188 篇，省级媒体发稿 4980 篇，较上年同期增长 9%。网络外宣方面，长治新闻网编辑发布各类新闻资讯 6500 余篇，长治新闻 PC 端发稿 4128 篇，微信公众号 2323 篇，原创短视频 103 部，新建专题专栏 138 部，原创海报设计 46 部 160 幅。长治新闻网 PC 端发布新闻 2924 篇，微信平台发布 1193 篇，短视频 41 条，最高单条播放量达 49.1 万次；手机海报 32 部，最高单篇阅读量 8 万次。（史红星）

【中共二十大宣传报道】 2022 年，长治市新闻中心做好迎接服务保障和学习宣传贯彻中共二十大各项重点工作。会前，长治新闻网开设《中国共产党第二十次全国代表大会》《党的二十大代表风采》等专题专栏 7 个，发布相关稿件 303 篇，其中 PC 端 252 篇，微信公众号 61 篇；"学习强国"长治学习平台发布相关稿件 54 篇，其中省平台采用 26 篇。加大长治市对外宣传力度，10 月 16 日至 22 日中共二十大召开期间，中央广播电视总台、新华社、人民网等国家级新闻媒体刊（播）发外宣形象片、新闻稿件，反应长治市在打造现代化太行山水名城中取得的新成就、新变化。11 月 21 日，新华社·新华视点《踔厉奋发向未来·二十大精神在基层》栏目，以"三件新事里的高质量发展图景——太行山区冬日走笔"为题，聚焦长治市在老旧小区改造、产业绿色转型、水体治理和生态修复等方面取得的新成效、新变化，展示长治市深入学习贯彻党的二十大精神，加快建设全国资源型城市转型升级示范区的生动实践。12 月 2 日，新华社播发长篇通讯《站在人与自然和谐共生的高度谋划发展——在深刻领会新时代 10 年伟大变革中贯彻落实党的二十大精神之生态文明篇》对长治市修复治理漳泽湖湿地生态环境进行专题报道。截至年底，长治新闻网开设有《深入学习贯彻党的二十大精神》《新时代新征程 新伟业》等专栏，"学习强国"长治学习平台开设有《学习宣传贯彻党的二十大精神》专栏，刊发稿件 50 余篇。（史红星）

【重大主题宣传任务】 2022 年，中宣部确定的《走进老区看新貌》《走进县城看发展》2 个重大主题采访活动均涉及长治市。其中，《走进老区看新貌》全省有 2 个直播点均在长治市（沁源、黎城），《走进县城看发展》中宣部确定山西省 4 个县（武乡、黎城、沁源、霍州）为报道重点，长治市占到 3 个。长治市相关县支持配合，有关报道先后在《人民日报》、新华社、中央广播电视总台、《经济日报》《光明日报》等中央主要新闻媒体刊发稿件 20 余篇，长治市落实中宣部部署的重大主题宣传工作走在全省前列。（史红星）

【市委、市政府主要领导专访】 2022 年两会期间，人民网推出长治市委书记杨勤荣专访报道《【两会晋行时】杨勤荣代表：长治将全力建设全国资源型城市转型升级示范区和现代化太行山水名城》，对长治市推进传统产业改造提升和新兴产业培育壮大进行报道。市新闻中心与山西卫视《全方位推动高质量发展透视》栏目组对接联络，协助完成《穿越山西的能源之旅——市长访谈》系列节目外景拍摄和市长访谈，9 月 15 日山西卫视以《长治：创新驱动 绿色转型》为题，对长治市全方位推动高质量发展，着力走出一条新能源供给消纳体系的长治之路进行时长 20 多分钟的报道。（史红星）

【市委、市政府中心工作对外宣传】 2022年，围绕全方位推动高质量发展、疫情防控、基层治理能力提升、党风廉政建设、政法专项行动、乡村振兴等重点工作，市新闻中心先后在中央和省级媒体进行宣传报道，刊发各类稿件120余篇。拍摄制作30余部山水风光短视频，110余次在央视《新闻联播》《大美中国》《第一时间》《经济信息联播》《中国三农报道》等栏目和人民日报客户端、新华社客户端、央视客户端以及人民网、新华网、中新网等新媒体平台刊播，推进长治市山水风光等对外形象宣传。其中，《山西长治：太行板山壮美云海》在央视一套黄金时间段《大美中国》栏目连续播发10次，围绕漳泽湖国家城市湿地公园，市新闻中心组织专人拍摄制作的10部系列外宣短片，先后被人民网、新华网、央视网等中央主要新闻网站和国内200余个新媒体平台转发，点击量累计突破8000万。同时，依托中央媒体和自媒体传播平台，先后推送反映长治市自然风光、人文历史、民俗文化等文字、图片和视频稿件2600余篇，其中反映长治光伏扶贫图片稿件脸书阅读量达58万+，平顺挂壁公路阅读量达70万+。

（史红星）

【"学习强国"内容建设和推广】 2022年，"学习强国"长治学习平台App端先后开设10个专题，刊发各类稿件6378篇，其中，全国总平台采用132篇，山西学习平台采用4128篇。特别是在"学习强国"总平台主办的全国县级融媒优秀作品春、夏赛中，山西省共有10部作品获奖，其中长治市占6部，获2个一等奖、1个二等奖、3个三等奖。组织开展2021年度"学习强国"长治学习之星评选活动，对100名学员标兵，100名优秀学员，15名挑战达人，72名优秀管理员/学习管理员，50个模范学习组织给予通报表扬。截至年底，平台注册人数达54万多人，较上年同期增长5%，在职党员、干部、职工全市注册率达100%，日活跃度、人均积分、党员填写率等各项指标均在全省前列。

（史红星）

【新闻发布】 2022年，长治市政府先后召开35场主题新闻发布会，共刊发稿件680多篇。特别是针对疫情防控方面的信息发布工作，先后对黎城县、潞州区、屯留区、上党区、潞城区、武乡县、襄垣县、沁县、壶关县等9个县区进行专门指导，从会务组织、稿件审核、发布流程以及发布注意事项等环节提供指导意见和建议，确保每一场发布会平稳有序进行并取得预期效果。

（史红星）

【新闻应急处置】 2022年，针对沁源县凤凰台煤业有限公司发生顶板事故、上党区郝家庄高村一企业输送管道发生爆炸等事件，长治市新闻中心加强与相关媒体沟通协调，顺利完成应急处置任务。同时，做好舆情直报点工作，共报送1000余条舆情信息，被市委宣传部采用单采200余条，省委宣传部采用8条，较上年同期增长6%，连续7年市直单位排名第一。

（史红星）

长治日报社

【概述】 2022年，长治日报社主办有《长治日报》和《上党晚报》，两报全市发行量8万余份，覆盖所有县区、乡镇和村。《长治日报》《上党晚报》全面覆盖长治进出港航班和高铁站候车室。长治日报社适应媒体融合发展要求，不断拓宽媒体矩阵，截至年底，有《长治日报》微信公众号、《上党晚报》微信公众号、I长治微信公众号、今日头条、《直播长治》抖音号等新媒体平台。I长治微信公众号用户量达35万人，《直播长治》抖音号粉丝量达32万人。

（崔晓宇）

【中共二十大宣传报道】 2022年，长治日报社围绕迎接宣传贯彻中国共产党第二十次全国代表大会这条主线，在《长治日报》推出"喜迎二十大""二十大代表风采""奋进新征程 建功新时代"等专栏，开设"二十大时光""深入学习贯彻党的二十大精神""二十大精神在长治""深入学习贯彻党的二十大精神·记者一线行""把二十大精神带到基层一线"等栏目。

（崔晓宇）

【重大主题报道】 2022年，长治日报社围绕推动习近平新时代中国特色社会主义思想走深走实，开辟"学习贯彻习近平总书记看望慰问山西群众重要讲话精神""学理论·悟思想"等专题专栏，开设"全面落实'五个先行'长治在行动""'三点希望'寄深情 长治发展我先行"等专栏，连续刊发5个专版2篇报道专稿，反映长治市在项目建设、产业转型、生态修复、城乡融合、绿色发展、乡村振兴、文旅融合等方面的新进展、新成效。开设"走进县城看发展""老区新面貌"等子栏目，讲述老百姓的身边事。截至年底，刊发栏目稿件110余篇。

（崔晓宇）

【市委中心工作宣传报道】 2022年，长治日报社围绕市委关于高效统筹疫情防控和经济社会发展、项目建设、抓党建促基层能力提升、清廉长治建设、乡村振兴、市场主体倍增等重点工作，先后刊发"疫情防控一线"20个专版90余篇稿件，其中7个专版被人民网转发。派出100名记者到12个县区37个乡镇300余个村，采写通讯、特写、深度报道、综述等，推出"抓党建促基层治理能力提升·'走百乡看千村'记者一线行"“三级书记谈治理”等专题报道90余篇。开设“助企纾困长治在行动”专栏，聚焦22个职能部门，解读政策、助企纾困、加大融资，刊发20余篇栏目稿件。开办“全面建设清廉长治”专栏，刊发栏目稿件50余篇。开办“奋斗者·正青春”专栏，聚焦记录30名青年奋斗者的生动故事。（崔晓宇）

【重点工程项目报道】 2022年，长治日报社围绕推进项目建设、提升城市品位等全市重点工程，开展跟进跟踪报道，如安阳互通立交桥项目、和平医院小区老旧小区改造项目、18条道路雨污分流改造工程等重点工程，打造经开区建设升级版、开展“三个一批”活动，通过项目“比一比、晒一晒、看一看”，激发项目建设比学赶超氛围；全年刊发重点项目稿件100篇，专版10个。与中小企业服务中心联合推出“中小企业风采展示”，深度聚集全市中小企业特别是专精特新中小企业，推出发展历程、企业展示、发展成就等内容。（崔晓宇）

【重点工作宣传报道】 2022年，长治日报社围绕全市重点工作，先后推出《初心辉映“太行”红——我市高标准高质量开展党史学习教育纪实》《争先进位 全方位推动长治高质量发展》《干在最实处——我市全面落实“五个先行”全方位推动高质量发展综述》《党性更坚强 能力更过硬——看我市如何培育打造高素质基层治理队伍》《坚持就是胜利——我市高效统筹疫情防控和经济社会发展纪实》《稳住就业大局·稳定经济大盘——看我市如何发力推进稳就业工作》等20余特稿。其中，《党性更坚强·能力更过硬——探析我市如何培育打造高素质基层治理队伍》《争先进位 全方位推动长治高质量发展》等符稿被“学习强国”、人民网、人民资讯、中国新闻网及山西新闻网、新浪新闻、腾讯网等全文转发。（崔晓宇）

【融媒体平台建设】 长治日报社不断强化主流媒体权威发布作用。7月，策划组织和参与“长治市首届传统民俗文化节”，通过多平台网络直播和短视频等方式，展示长治市民俗文化。（崔晓宇）

卫生健康

综 述

【概述】 2022年，长治市有医疗卫生机构4138个，其中医疗机构91个，疾病预防控制机构13个，卫生监督机构13个，村卫生室3103个。长治市医疗卫生机构共有床位数19709张，医疗卫生人员32809人，其中执业医师、执业助理医师10058人，护士11265人，乡村医生3330人。

2022年，长治市卫生健康工作坚持以人民健康为中心，以健康长治建设为统领，持续深化医药卫生体制改革、推进省级区域医疗中心建设，卫生健康事业发展取得成效。2022年，长治市连续8年被省卫健委评为“目标责任考核优秀市”，被省卫健委、省计生协评为“健康知识进万家”试点工作成绩突出单位；全国爱卫会重新确认长治市为（2022—2024）国家卫生城市，蝉联国家卫生城市“五连冠”。（张婷婷）

【医疗改革】 2022年，长治市聚焦体系构建，多层次推进县域医疗卫生一体化改革。全市12个县区医疗集团全部实现标准化建设、扁平化管理，各县区量体裁衣探索创新，全市12所县区综合医院、11所县区中医医院全部达到二级甲等水平，124所乡镇卫生院、21所社区卫生服务中心和2436个行政村卫生室实现标准化建设全覆盖。学习推广三明市医改经验，市政府印发《长治市深化医药卫生体制改革重点工作任务》，从完善领导体制、深化医保支付方式改革、加快药品耗材集中带量采购、推进医疗服务价格调整、落实医务人员薪酬制度改革五方面作出总体部署。均衡布局优质医疗资源扩容提质，潞州区、上党区、壶关县、长子县、武乡县、沁县医疗集团分别由长治市人民医院、长医附属和平医院和长医附属和济医院托管，实现与三甲医院一体化管理、同质化服务。（张婷婷）

【医疗服务】 2022年，长治市持续提升区域医疗服务水平，推进健康长治建设。开展优势医疗资源对接，以“太行革命老区对口北京合作”发展为契机，组织委直三级医疗机构到北京主动进行对接，明确对接合作单位清单和合作总体目标，达成卫健领域初步合作意向。推进省级区域医疗中心建设，市委、市政府将省级区域医疗中心建设作为实施“健康长治”的重要举措，成立工作专班，出台《长治市支持区域医疗中心建设运营政策清单》，与山西医科大学第一医院签订《合作框架协议》；针对晋东南地区消化道肿瘤疾病高发现状，成立消化病中心、肿瘤中心，建立常态化多学科诊疗机制。开辟高层次人才引进绿色通道，对高端紧缺人才实施协议工资制，并设立人才引进专项资金。（张婷婷）

【中医药事业】 2022年，长治市全面推开中医药强市战略。强化中医药服务能力建设，持续加强市中医医院肛肠科、市中研所附属医院脑病科2个国家级中医重点专科以及23个省级中医重点专科建设；出台《长治市中医药康复服务能力提升工程五年行动实施方案》，全市二甲以上中医医院全部启动中医药康复服务能力建设工作。强化中医药人才队伍培养，市中医医院、市中研所附属医院推行师承教育常态化、制度化，潞城区等9个县区开展县级中医师承教育基地建设暨高年资中医医师带徒项目。（张婷婷）

【妇幼工作】 2022年，省政府继续将

为怀孕妇女提供免费产前筛查与诊断服务、免费婚前医学检查列为民生实事。长治市完成产前筛查18998人，筛查任务完成率为110.45%，产前诊断率为93.06%；免费婚检14111对，婚检率为87.6%。开展婴幼儿照护工作，全市备案的托育机构20家，开展试点托育机构17家，其中省级试点4家，市级试点2家，县级试点11家。（张婷婷）

【基层医疗卫生服务】2022年，长治市2436个行政村实现标准化村卫生室全覆盖，潞州区黄碾镇卫生院等6个乡镇卫生院被国家卫健委通报表彰。壶关县百尺镇中心卫生院等12个乡镇卫生院和社区卫生服务中心跻身国家优质服务基层行活动推荐标准。全市人均基本公共卫生服务项目经费提升至84元，基层医疗服务和卫生保障能力持续提升。（张婷婷）

【老龄工作】2022年，长治市强化老年关爱，老龄工作服务体系逐步完善。潞州区英南街道解放西社区等4个社区（村）创建为2022年全国示范性老年友好型社区；英雄中路社区卫生服务中心被确定为全省11个提升基层医养结合服务能力试点示范项目之一。在全市范围内开展以打击整治养老机构违法办医为主要内容的打击整治养老诈骗专项行动，共查处4起违法行为，保障老年人合法权益。（张婷婷）

【职业健康】2022年，长治市卫健委对1100余名尘肺病患者开展定期随访，超额完成省下达的240家工作场所职业病危害因素监测，实测246家。组织全市30家职业健康检查机构进行质量评估工作，并督促上报109000多例个案卡。组织评选职业病防治宣传作品、尘毒危害专项治理优秀案例工作，2篇作品分获国家一等奖和优秀奖。（张婷婷）

【卫生健康信息化建设】2022年，长治市财政投资550万元，以市域8所三甲医院为核心建设长治市区域远程心电平台和远程影像平台，心电、影像诊断实现市、县、乡三级互通、同质服务。（张婷婷）

医疗保障

【医保基金监管】2022年，长治市医疗保障局推动基金监管由“重检查”向“重服务”“重规范”转变。聚焦违法违规问题屡查屡犯难题，组织专家编撰《长治市医疗保障基金监管常见违规问题汇编（2022年第一版）》。在全市开展“政策法规大轮训，违规问题大整改”专项行动，244家定点医疗机构累计开展培训1553次，自查整改主动退回违规资金807.57万元。健全医保基金监管长效机制，制定印发《长治市基本医疗保险定点医药机构信用评价考核办法》，推进定点医药机构分级管理，推动医药机构主动加强自我监管，规范医药服务行为，降低医保基金违规使用风险。持续保持打击欺诈骗保高压态势，全年全市检查定点医药机构3970家，处理违法违规医药机构2320家，追回医保基金1600余万元。开展医保基金监管集中宣传月活动，营造依法监管氛围。落实医保基金社会监督员管理办法，通过公开选聘和定向推荐的方式聘请140名医保基金社会监督员，动员社会各界参与医保基金监管。（秦　崇）

【医保帮扶政策】2022年，长治市医疗保障局进一步优化医保帮扶政策，推进困难群众分类资助参保政策落地落实，全市25.7万农村脱贫人口和监测对象实现参保全覆盖，全年住院报销7万多人次，累计报销2.75亿元，综合报销比例达到88%。健全防范化解因病致贫返贫长效机制。各县区医保部门主动对接同级民政、乡村振兴、税务部门，加强困难群体动态调整信息共享，简化困难群体门诊慢特病申报鉴定流程，确保困难群众应保尽保、待遇应享尽享。发挥医疗救助托底保障功能，制定印发《长治市健全重特大疾病医疗保险和救助制度的实施细则》，统一规范医疗救助工作，完善市域内基本医保、大病保险、医疗救助“一站式”结算服务，开展医疗救助主动筛查。（秦　崇）

【门诊保障】2022年，长治市医疗保障局推进城乡居民“两病”（高血压、糖尿病）门诊用药保障和普通门诊统筹，取消“两病”用药保障起付标准，提高门诊统筹年度支付限额，扩大门诊统筹定点医疗机构范围，全市21.5万城乡居民纳入“两病”门诊用药保障机制，30.74万城乡居民享受普通门诊统筹报销待遇。按照全省统一部署，建立健全职工医保门诊共济保障机制，制定出台新的《长治市城镇职工基本医疗保险门诊慢特病管理办法（试行）》，病种范围由22种扩大至45种。实现职工医保个人账户家庭共济，建立职工医保普通门诊统筹，将普通门诊费用纳入统筹基金报销范围，进一步健全门诊保障机制，惠及全市64万参保职工。（秦　崇）

【药品耗材集中带量采购】2022年，长治市医疗保障局组织全面落实集采中选结果，全市人均集采金额位于全省前列，截至年底，全市落地执行集采药品700余种、医用耗材56种，中选品种平均降幅50%以上，最高降幅98%。落实药品耗材集采医保资金结余留用政策，建立完善“专班化推进、实地化考核、规范化使用”的结余留用工作机制，根据考核结果累计向相关医疗机构拨付结余留用资金4266万元，突出正向激励，调动医疗机构和医务人员参与集采改革的积极性。强化集采工作日常监管，建立定期监测通报制度，按季度对医疗机构采购使用中选产品情况、采购使用价高非中选产品情况、按时结算货款情况等进行动态监测通报。（秦　崇）

【医保支付方式改革】2022 年，长治市加快推进以按疾病诊断相关分组（DRG）付费为主体的医保支付方式改革，将 DRG 付费改革试点扩大至二级以上定点医疗机构，组建决策咨询专家委员会，建立完善 DRG 付费分组动态调整机制和基准权重调整谈判机制，研究制定《长治市基本医疗保险按疾病诊断相关分组付费管理暂行办法》。协同推进其他医保支付方式改革。完善日间手术按病种付费管理，开展"预住院"费用医保支付试点，将 43 个择期手术病种纳入"预住院"管理，缓解群众"看病难"。规范完善医保服务协议管理，将 DGR 付费方式改革、门诊统筹、门诊特药、中医适宜技术、集中带量采购等新增政策内容纳入协议约定范围，增加医保基金损失金额计算规则，明确违约责任。（秦　崇）

【医疗保障公共服务】2022 年，长治市推进医保电子凭证应用和医保移动支付试点，全市二级以上定点医疗机构 100% 支持医保电子凭证应用，三级医疗机构基本实现医保线上移动支付。开通"长治医保"微信服务号，上线医保公共服务网上大厅，实现个人医保信息实时查询、医保缴费业务线上办理。推进异地就医直接结算，提高异地就医住院报销比例，开通异地就医自助备案服务，全年异地住院就医直接结算 3.16 万人次。推进普通门诊费用和 5 种门诊慢特病费用跨省直接结算，将全市所有医疗机构全部纳入跨省异地就医直接结算范围，确保医疗机构全覆盖。（秦　崇）

爱国卫生运动

【卫生城市复核】2022 年，长治市通过国家卫生城市复审，全国爱卫会重新确认长治市为 2022—2024 国家卫生城市，蝉联国家卫生城市"五连冠"。平顺、武乡、黎城通过国家卫生县城复核。（张婷婷　王增祥）

【健康城市测评】2022 年，长治市爱国卫生运动委员会（简称爱卫会）对健康城市 6 大项 42 分项指标数据进行理论分析、网上填报。从分析结果来看，比较好的方面：卫生创建、公共卫生服务、园林绿化、市容环境、学校健康和体育设施以及口袋公园、健康步道建设等；有待提升的方面：空气质量、大气污染（2020 年全市重污染天数为 4 天，2021 年为 6 天）、农村改厕（65.6%）、人均寿命等。（王增祥）

疾病预防控制

【传染病防控】2022 年，长治市传染病诊疗机构网络正常运行率为 100%。有县级以上医疗机构 55 家，乡镇卫生院 163 家，厂矿医院 12 家，共 230 家直报单位，网络直报覆盖率为 100%。做好手足口病、流感和重点传染病的防控和监测工作。（王　璐）

【免疫规划】2022 年，以县为单位，乙肝疫苗、卡介苗、百白破、脊灰疫苗、含麻成分疫苗、乙脑、流脑、甲肝疫苗、白破疫苗接种率均在 95% 以上，各县（区）报告及时率均达 100%。AFP 病例（急性弛缓性麻痹）报告后 48 小时调查率 100%；排除麻疹 / 风疹病例报告 48 小时内完整调查率为 100%。AEFI 信息管理系统 48 小时内报告率、3 日内调查表上传率、7 日内初步调查报告上传率均为 100%。（王　璐）

【艾滋病防控】2022 年，长治市有艾滋病自愿咨询检测点 41 个，承担哨点监测任务 6 个，各级各类医疗卫生机构对病人和两劳人员（劳动教养人员和劳动改造人员）开展艾滋病的常规检测，形成覆盖全市的 HIV（艾滋病病毒）监测网络。市疾控中心开展预防控制艾滋病的知识宣传教育和行为干预，共计服务 19255 人次。HIV/AIDS（艾滋病）病例报告合格率为 100%，既往及新报告 HIV/AIDS 配偶检测率 95.29%，既往及新报告 HIV/AIDS 结核病检测率 99.81%，HIV/AIDS 随访检测率为 95.45%，治疗覆盖率 94.60%，病载检测率 99.4%，治疗成功率达 100%，各项考核指标均达到国家要求。（王　璐）

【结核病防控】2022 年，长治市登记肺结核病人数与上年同期相比下降 33.58%。病原学阳性患者密切接触者筛查率 100%，新登记病原学阳性患者耐药筛查率 100%，高危人群耐药筛查率 100%，利福平耐药纳入治疗率 100%。每季度按时组织开展结核病实验室盲法复检工作，13 家定点医疗机构通过国家第九轮分子生物学诊断能力验证。（王　璐）

【综合卫生工作】2022 年，长治市疾控中心完成食品中化学污染物及有害因素监测全年任务，实现县区食品安全风险监测 100% 全覆盖。12 家 A 类、2 家 B 类、30 家 C 类哨点医院食源性疾病病例信息报告，任务完成率 100%。159 家县乡村一体化机构，工作开展率 94.97%。按要求上报食源性疾病事件 19 起。制定学校、托幼机构学生常见病及学校新冠疫情防控工作方案，开展工作指导，涵盖 4 所学校和幼儿园。（王　璐）

【慢性病防控】2022 年，长治市死

亡病例及时报告率99.78%，迟审率为0.94%；潞州区、黎城县、武乡县、壶关县、沁县获得国家慢病监测项目，覆盖面进一步扩大。全市有8个县区、14名个人获得省级2021年度死因报告先进单位和个人表彰；市疾控获国家疾控表彰1人。　（王　璐）

【职业病防控】2022年，长治市疾控中心推进职业卫生信息网报工作，全年审核职业病信息236例，有毒有害健康监护汇总信息176家企业，疑似职业病240例，职业健康检查个案卡88596例，用人单位信息145家。尘肺病随访上报调查信息897例，完成率86.8%；加强职业性放射性疾病监测，医疗辐射基本情况调查上报10家，完成率100%。放射工作人员职业健康机构基本情况调查上报2家，完成率100%。协助省疾控完成非医疗辐射监测6家，完成率100%。核医学监测医院基本情况调查上报2家，完成率100%。非铀非煤矿山氡暴露基本情况调查上报4家，完成率100%。医疗辐射监测医院基本情况调查上报6家，完成率100%。非医疗辐射监测基本情况调查上报5家（密封源测井、工业探伤、核仪表），完成率100%；在全国公共场所健康危害因素监测培训会上，推选长治市疾控中心做经验分享交流。　（王　璐）

【地方病防治】按照《重点地方病控制和消除评价办法（2019版）》中碘缺乏病消除标准判定，2022年，长治市持续保持碘缺乏病消除标准范围。3个县（上党区、长子县、壶关县）均实现燃煤污染型氟中毒控制和消除目标，控制和消除率100%。5个大骨节病县区继续保持消除状态。未发现有疑似克山病病例，无急型、亚急型、慢型克山病新发病例，达到克山病消除标准，并多年来保持消除状态。武乡县作为2022年黑热病监测点，开展媒介和宿主监测工作，并将犬血送省疾控复核，结果全部阴性。　（王　璐）

【卫生检验检测】2022年，长治市疾控中心艾滋病HIV复核199人份，HIV确证实验144份；流感核酸检测650份，禽流感检测120份，手足口核酸检测407份，麻疹检测72份，风疹检测72份；疟疾检测复核171份；食源性腹泻检测二院157人份、市医院127份，大肠核酸检测284份，诺如病毒核酸检测284份，风险食品中致病菌监测207份。对长治市生活饮用水水质卫生开展监测，分析各县（区）枯、丰水期饮水监测项目平行样96份1920项。12个县区进行盐碘、尿碘15%样品的复核工作，共检测盐碘、尿碘样品各180份。开展食品风险监测，共检测地方特色和药食同源样品64份320项。　（王　璐）

【严重精神障碍患者管理】2022年，长治市报告严重精神障碍患者14873人，报告患病率4.68‰，规范管理率88.14%，面访率88.8%，精神分裂症服药率81.66%，均达到省级目标要求。　（张婷婷）

血液采供

【概述】长治市中心血站是长治地区唯一法定向临床提供血液、进行临床用血业务指导、开展输血科研的采供血机构。2022年，长治市中心血站采集全血26181人，47665u，同比下降0.13%。血小板采集1636人，2893u，同比下降5.9%。临床供红细胞制剂49088u，同比去年下降1%；机采成分血2949u。固定献血人数14770人次，占采集总人数的53%。　（靳爱青）

【无偿献血宣传活动】2022年，长治市中心血站发挥媒体的宣传作用，开展无偿献血宣传活动，不断提高群众无偿献血的认识。在“3月5日学雷锋活动日”“5月8日世界红十字日”“6月14日世界献血者日”与市电视台、《长治日报》《上党晚报》、长治新闻网等多家新闻媒体联系，同时利用街头宣传视频等形式开展宣传活动。在“6月14日”世界献血者日，进行以“献血是一种团结行为，加入我们，拯救生命”为主题的活动，分别在浦发银行长治分行、赵庄煤业和长医附属和平医院开展一系列线下无偿献血活动。微信平台发送新闻稿及科普稿50余篇。　（靳爱青）

医院简介

长治医学院附属和平医院

【概述】2022年，长治医学院附属和平医院（简称和平医院）门诊、急诊就诊879523人次；出院病人62173人次，同比增长16.31%；手术病人17510人次，同比增长13.62%；平均住院日8.74天，同比降低0.74天；床位使用率93.15%（按1700张计）；业务收入11.49亿元。入选国家疾病分类代码（ICD-11）应月首批试点医院，获批成为长治市唯一一家罕见病协作网医院；内分泌科成为“山西省代谢性疾病（糖尿病）临床医学研究中心（培育）”；在首届中国医疗质量大会的申报案例成为晋东南地区独家获奖案例；举办第七届太行·国际消化道肿瘤高峰论坛和第二届晋冀鲁豫公立医院高质量发展联盟大会。　（张佩如）

【医疗服务】2022年，和平医院提升医疗质量，出院病案三日归档率90.29%；四级手术占比24.85%，微创手术占比 24.29%，出院患者手术占比 28.78%；推进安全改进目标，加强死亡及医疗纠纷患者的分析管理；提升院感防控能力，感染发病例次率较上年降低 0.48 个百分点；建立药品追溯系统，严把药品管理关。提高运行效率，心衰中心通过国家认证，创伤救治中心加入中国创伤联盟，建立院内消化道肿瘤中心；全院共开展日间手术术种 49 种，总计 770 例，占比 5.94%；实施临床路径管理病种数 361 种，临床入径率达 87.25%。提升服务能力，开展 68 项新技术新项目；获批 10 个专科护士临床培训基地，分别培养国家级专科护士 18 名、省级专科护士 10 名；开展特需医疗服务项目 89 项，特需床位增至 101 张；开通“互联网＋和平护理”“互联网＋移动支付”“互联网＋移动慢病支付”等便民服务；完成东街社区医院整体搬迁工作。（张佩如）

【医疗资源下沉】2022 年，和平医院制定和平医疗集团相关管理制度文件。正式托管壶关县人民医院。发展远程医疗协作点 384 家，建立远程心电服务站 107 个。向医联体成员单位及 7 所托管医院派出 183 人次，长期派驻托管医院 85 人。落实双向转诊，上转患者 2823 人次，下转患者 753 人次；先后派出四批共 139 名“第一村医”，推进“互联网＋第一村医”工作。（张佩如）

【科研建设】2022 年，和平医院省级应用基础研究计划（自由探索类）立项 5 项、省级第三批“四个一批”科研项目立项 1 项、省级中医药科研课题立项 3 项、省教育厅高等学校科技创新项目立项 6 项。搭建科研平台，印发《长治医学院附属和平医院实验室运行管理办法》，获批成为长治市食管癌研究与转化技术创新中心，长治市脑疾病功能影像重点实验室；医学影像研究所和颅底外科研究所立项成为校级研究所；对科研楼改造完成初步规划。深化学科内涵建设，筹备院内学科分层建设计划，聘请院外导师进行学术指导。截至年底，和平医院获批省级医学重点学科 4 个，省级临床重点专科 4 个，市级重点专科 19 个，临床医学省级高校重点建设学科 2 个。（张佩如）

【教育教学】2022 年，和平医院夯实教育教学工作，《临床医学专业》成为国家级一流本科专业建设点；传统康复方法学、妇产科学、外科学、病理学成为省级一流课程；筹备临床医学专业认证工作；获山西省教学成果一等奖 1 项，省级教改项目 5 项，校级教改项目 9 项；省级大学生创新创业训练项目 23 项，校级大学生创新创业训练项目 12 项；本科学生发表 SCI2 篇。强化住培管理，新增 1 个国家级专业基地（重症医学专业基地）；临床技能实训中心基本建成；完成研究生联合培养示范基地考核及国家专项资金使用绩效考核；参加山西省首届全科医学专业教学查房及教学门诊竞赛并获二等奖。（张佩如）

长治市人民医院

【概述】长治市人民医院（简称市人民医院）始建于 1915 年，是长治市属三级甲等综合医院，是“全国现代医院管理制度试点单位”“山西省区域医疗中心建设单位”“山西省高质量发展示范医院”“长治医学院第三临床学院”。连续六届获评“全国文明单位”。在 2021 年全国公立医院绩效考核排名中，市人民医院位列第 203 名，全省第七。

医院占地面积 5.3 万平方米，建筑总面积 18.3 万平方米，2022 年编制床位 1000 张，开放床位 1300 张。有在岗职工 1995 人，其中高级技术职称 376 人；硕士研究生 447 人，博士研究生 35 人。设置临床科室 45 个，医技科室 14 个，其中省重点建设学科 3 个，省级临床重点专科 2 个，省市共建重点学科 2 个。普外科成功入选 2022 年国家临床重点专科建设项目；一次性获评山西省恶性肿瘤临床医学研究中心。有 16 个住院医师规范化培训基地，其中全科专业基地为国家级重点专业基地，外科、助理全科专业为省级重点专业基地。2020 年成立长治市人民医院医疗集团，下设 1 个二级医院（潞州分院）、3 个社区卫生服务中心、6 个乡镇卫生院。集团内推行一体化管理和均质化服务，有效推动市、区、乡、村四级医疗机构的融合和联动，逐步构建“基层首诊、双向转诊、急慢分治、上下联动”的分级诊疗格局。

2022 年，市人民医院门诊量 111.3 万人次；出院 4.3 万人次；四级手术例数 3144 台，同比增长 11%；出院患者手术占比 41.65%，同比增长 2%；平均住院日 7.6 天；微创手术占比 17.54%；医疗服务收入占比 32%。（冯煜坤）

【学科建设】2022 年，市人民医院以国家三级公立医院绩效考核指标为导向，优化主诊医师负责制，改善病种结构，加快年轻医师成长，提升医疗服务能力。2022 年全院 CMI 值（病例组合指数）1.18，同比增长 6.3%。其中，普外科上半年 CMI 值排名全省第一，成功入选 2022 年国家临床重点专科建设项目，为实现长治市综合医院国家临床重点专科零的突破打下坚实基础。心衰中心、胸痛中心、房颤中心通过国家再认证。同时，一次性获评山西省恶性肿瘤临床医学研究中心，是山西省首家直接认定的地市级医院。（冯煜坤）

【医疗合作】2022 年，市人民医院与山西医科大学第一医院首批开展神

长治市人民医院　　（冯煜坤　供图）

经外科、神经内科、心血管内科3个学科的深度合作，聘任苗旺、李作鹏、吴磊3位专家为对口科室执行主任，截至年末共开展15项新技术项目。卒中中心排名上升至全省第五，神经外科成功入选国家首批建设中心。在与上海瑞金医院郑民华教授等优势团队合作基础上，肝胆外科与解放军总医院纪文斌教授团队建立密切合作关系，提升相关学科技术能力。全年开展“OCT检查指导的左主干分叉病变治疗”“电生理监测下高颈段巨大脊膜瘤切除术”“颅内静脉窦狭窄测压”“腔镜下单侧乳房根治性切除伴同侧腋窝前哨淋巴结活检术”等30余项新技术项目，胃肠外科团队受邀赴中国人民解放军总医院，帮助开展“腹腔镜下近端胃切除+kamikawa吻合术”。（冯煜坤）

【教学成果】2022年，市人民医院持续强化院校教育能力。6月正式挂牌长治医学院第三临床学院，并获“优秀临床教学基地”。完成山西医科大学、长治医学院、山西医科大学汾阳学院、山西健康职业技术学院等院校1500余名学生的理论教学、见习教学和实习任务，开展109项临床实践技能培训项目。全市首家获批山西省传染病护理专科基地，完成重症监护等7个护理专科基地理论及实践课程设计。选派54人次参加省级以上师资培训；62名带教医师通过高校教师资格认定；获批山西医科大学外科学临床专业博士研究生导师1名，为申请国家外科专科医师规范化培训基地创造条件。不断提升住培教学水平，2022年招录住培医师48名、临床医学专业硕士并轨研究生31名，结业考试通过率全省第一。（冯煜坤）

【科研成果】2022年，市人民医院出台《科研奖励办法》《科研经费管理制度》，开设临床科研基础系列培训班，累计举办科研英语角61期。建成智能生物样本库；引进流式细胞分选仪等科研设备；与浙江大学共建病原分子诊断联合实验室；启用I期临床试验研究病房，开展生物等效性试验9项；初步形成基础研究、临床药物研究、临床医学研究协同发展的多样化医学研究体系。

2022年，全院科研立项105项，其中省级以上9项；发表论文95篇，其中中华系列9篇，SCI系列37篇，同比增长118%；主办国家级学术会议2项，省级19项；获批专利69项，同比增长112%；参编著作52部，同比增长155%；参与制定全国专家共识6部，由市人民医院牵头制定的《胃癌根治术标本的规范化外科处理中国专家共识（2022版）》，填补国内空白。（冯煜坤）

【医疗质量管理】 2022 年，市人民医院全面推进三级公立医院绩效考核工作，形成院级层面、职能部门、业务科室和主诊组四级指标监管体系；实现数据的动态分析、及时反馈、过程管控和持续优化。落实医疗质量安全核心制度，将监管关口前移；组织开展运行病历质量检查 50 余次、门诊检查 60 余次，甲级病案率 100%。开展三级纵向和区域横向的整体护理质量检查，编写《护理质量管理手册》，实现护理质控分析信息化。编制《医疗保险政策操作规范手册》，并按照"一科一册"原则，制定《住院病案首页填写指导手册》，提升科室规范化管理能力。 （冯煜坤）

【医院运营】 2022 年，市人民医院深化 DRG 医保支付方式改革，分析病种成本和结构，有针对性地开展专题培训，DRG 病例组合指数持续提升。实施 HRP 人力资源管理、物流管理、财务管理等信息化系统建设；通过电子病历五级省级初审测评。深化医工服务，推进医疗设备全生命周期管理。加强合理用药指导，临床药师全面参与药品使用培训、MDT 和疑难病例讨论等工作，2022 年药占比 24.73%。规范预算归口管理；成立询价小组，共节约采购费用 155 万元。（冯煜坤）

【人才引进】 2022 年，市人民医院引进专业技术人才 83 人，其中硕士研究生 68 人、全日制博士 2 人，副高级以上卫技人员 5 人。开展人才培养，晋瑞娜考取香港大学博士后，廉超、程欣等 5 人考取全日制博士，张顺、郭军伟参加专科医师规范化培训，医师硕士化率达 60%，较上年度提升 10%。落实"两个允许"，对高层次和急需紧缺人才设立单列薪酬；为全体职工增加基础绩效，提高职工工资性收入。 （冯煜坤）

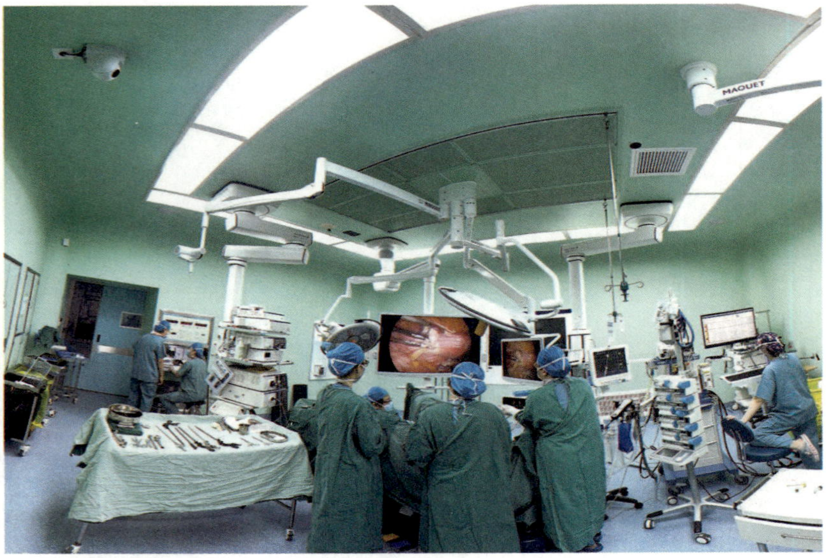

长治市人民医院一体化手术间 （冯煜坤 供图）

【医疗资源扩容下沉能力提升项目】 2022 年，市人民医院加快优质医疗资源扩容下沉能力提升项目进度，购置 1.5T 核磁、64 排螺旋 CT 等 9 台医疗和科研设备；智慧物流和信息化建设项目进入招标程序。应急门诊急诊楼主体封顶；"复合手术室及创伤中心改造项目"和"基础设施配套改造项目"获市发展改革委立项批复。（冯煜坤）

【分级诊疗】 2022 年，市人民医院落实人员双向流动机制，全年有 149 人到分院工作，48 人到总院轮岗。优化双向转诊流程，全年下转患者 4750 人次，上转 242 人次。协调开通 56 路公交车，连接两院区，方便患者、职工出行。推动集团一体化建设，搭建社区门诊医保系统，完成部分乡镇卫生院一体化信息系统建设。提升基层服务能力，制定卫生院绩效考核方案，调动人员工作积极性；完善居民住户健康档案 5.3 万份；潞州区医疗集团家庭医生签约率同比增长 16.5%，英中街道和紫金街道社区签约率分别增长 13.4%、6.8%；英中医院修缮改造工程完工，堠北庄卫生院中医馆改造、老顶山中心卫生院壶口分院建设项目主体完工，基层硬件条件持续改善。2022 年，潞州分院门诊量 7.5 万人次，同比增长 30%; 出院 7543 人次，同比增长 90%; 平均住院日 6.1 天，同比减少 1.7 天。持续加大对基层的帮扶力度，将晋城心脑血管病医院纳入联合体单位；深化与平顺县人民医院合作关系，选派 1 名副院长及多名业务骨干前往开展工作；培训基层全科医生和骨干人员 150 人次。（冯煜坤）

【急诊急救】 2022 年，市人民医院完善急诊急救工作流程，进一步缩短急诊住院患者等待时间；将院前急救与院内抢救高效连接，开展复苏中心与 EICU（急诊重症监护室）建设。持续完善总院、分院一体化急救系统，根据病情就近抢救患者，构建院前急救、院内急诊与重症救治三位一体的全链条急危重症救治体系。全年抢救突发集体伤害事件 19 起，成功抢救患者 2538 人次；帮助患者申请长治市道路交通事故重伤员救助基金 40 人次、金额 110 万元。 （冯煜坤）

【医疗服务】 2022 年，市人民医院推进老年友善医院建设，对门诊、住院病区进行适老化改造，对老年患者进行综合评估，制定个性化治疗方案。优化就诊流程，上线集中检查预约系统与预住院管理系统，帮助患者“一站式”预约检查项目20余万项次。开通诊间支付功能，实现全院各科室床旁结算服务全覆盖；落实同一身份证下就诊卡的数据共享；拓展多元化线上诊疗服务，患者足不出户即可完成处方、检验、检查的线上申请。推广智能药柜使用，方便患者24小时自助取药，全年取药量9.1万人次。全省首家开通微信、支付宝双渠道医保线上支付功能。同时，成立日间手术中心，开展55个病种2659例手术，同比增长24.66%，手术病种与手术量全市第一，患者医疗费用平均降幅达20%。（冯煜坤）

【公益服务】 2022年，市人民医院选派骨干人才参加援疆、援外工作，获得当地政府和人民的赞誉；抽调技术骨干组建16支医疗队赴各乡镇义诊50余次，服务群众1700余人次。针对群众关心的焦点问题，加大科普宣传力度，举办健康大讲堂6场、健康讲座62场；获健康报“第五季寻找卫生健康行业宣传创新案例活动”最佳案例和健康传播最佳团队奖；雪芳巾帼志愿服务队开展“走基层百场健康宣讲和义诊暖心活动”200余场，服务群众8200余人次。（冯煜坤）

长治市第二人民医院

【概述】 长治市第二人民医院（简称市二院），始建于1978年10月，前身为“晋东南地区第二人民医院”。到2022年，已发展成为一所以骨科、皮肤科、烧伤科、康复医学科为特色，集医教研、预防保健、康复急救为一体的三级甲等综合医院。2022年，市二院占地面积2.5万平方米，建筑面积8.6万平方米；编制床位1000张，开放床位999张。拥有在岗职工1500人，其中高级专业技术职称282人，博士、医学硕士研究生172人，山西医科大学、长治医学院兼职教授、副教授60人。2022年，市二院设有临床医技科室63个，其中皮肤科为省级临床重点专科，中医科为省级名中医传承工作室，骨科、皮肤科、烧伤科、康复医学科、神经外科、心内科、神经内科、护理科为市级临床重点专科；设有市级研究所5个，市级质控部7个，医养结合护理院1所、社区卫生服务中心1所。2022年，市二院总诊疗44.04万人次，与上年持平；出院2.24万人次，同比增长5.16%；门诊住院手术11782例次，同比增长18.39%，平均住院日11.2天，同比减少1.4天。三级公立医院绩效考核国家监测指标排名由957上升为619，国家监测指标等级由C++上升为B+。（司文辉）

【医疗工作】 2022年，市二院实施医疗质量提升行动，健全医疗质量安全核心制度常态化督导机制，病历查检平均合格率达到93.01%，临床路径覆盖率70.98%；药占比13.24%，抗菌药物使用强度36.10DDDs（DDDs指用药频度，DDDs越大，说明该药的使用频率越高）；日间手术（手术前后不需要让患者留院过夜）412例，增加168例；新技术立项17个，开展236例；抗菌药物治疗前病原学送检率59.36%，上升27.33%，2022年被遴选为“提高住院患者抗菌药物治疗前病原学送检率”专项行动哨点医院。（司文辉）

【医疗质量与安全】 2022年，市二院将三级公立医院绩效考核指标、三级医院评审标准（2020版）监测指标、DRG（疾病诊断相关组，是用于衡量医疗服务质量效率以及进行医保支付的一个重要工具）考核指标纳入目标责任制考核。全年22项90个重点工作，完成率达到90%。成立质量改进小组（QIT），医疗质量安全不良事件报告率同比提升30.6%。引进DRG智慧运营信息系统，指导DRG医保支付体系下的学科建设与运营管理。（司文辉）

【护理工作】 2022年，市二院强化护理培训，在“喜迎二十大夯实基本功”2022年全省护士岗位技能竞赛活动市级选拔赛中，中级、初级职称组分别获第一、第二名。（司文辉）

【学科建设】 2022年，市二院制定实施《2022年外科学科建设方案》，

长治市第二人民医院（司文辉　供图）

外科细化为普外一病区、普外二病区、胸外科病区、泌尿外科病区、介入血管外科病区 5 个亚专业；完成心血管内科、儿科等 7 个病区的搬迁重组。（司文辉）

【多学科门诊】 2022 年，市二院构建多学科诊疗（MDT）门诊，根据疾病种类，调整设置皮肤科诊区、骨科诊区、心胸疾病诊区、神经疾病诊区、风湿内分泌诊区、泌尿疾病诊区、胃肠疾病诊区、眼科诊区、产科诊区、妇科诊区、耳鼻喉诊区等 11 个中心化门诊诊疗区。（司文辉）

【医养结合与社区卫生】 2022 年，市二院实施医养结合护理院、英雄南路社区卫生服务中心独立运营方案，实行以收定支、收支平衡、成本独立核算。（司文辉）

【科研工作】 2022 年，市二院举办国家、省市级学术会议 7 次，首次与韩国全南大学医院开展线上疑难病例英语交流；申报省市级科研课题 8 项，通过评审验收 2 项；发表 SCI 论文 2 篇，编撰《常见骨科疾病临床诊治要点》等著作 3 部。（司文辉）

【教学工作】 2022 年，市二院通过长治医学院第四临床学院评估验收，开始全面承担全国高等医学教育五年制本科教育工作，被长治医学院授予优秀临床教学基地。（司文辉）

【实验室建设】 2022 年，市二院“骨科手术机器人应用长治市重点实验室”“长治市皮肤病诊治技术创新中心”通过市科技局评审。（司文辉）

【人才工作】 2022 年，市二院实施薪酬制度改革，调整临床医技一线聘用制初级职称职工的基本工资。制定《业务职能科室职称聘任方案》，聘任高级职称 40 人，中级职称 41 人，招录医学研究生 11 名，医学本科生 35 名。（司文辉）

2022 年 8 月 9 日，市二院皮肤病区域诊疗中心——晋城工作站、长治市皮肤科专科联盟理事单位签约揭牌（司文辉　供图）

【名医工作室】 2022 年，市二院建成“（河北医科大学第三医院）邵新中教授名医工作室”“（首都医科大学附属北京安贞医院）孙涛教授名医工作室”等 4 个名医工作室和“（山西医科大学第二医院）宋宇锋博士工作站”。（司文辉）

【医联体建设】 截至 2022 年底，市二院有对口帮扶单位 4 家，民营机构医联体 4 家，城乡医联体 13 家，社区医联体 15 家。2022 年，市二院推进跨区域专科联盟建设，晋城大医院加盟长治市皮肤科专科联盟，成立皮肤病区域诊疗中心——晋城工作站。深化黎城县、沁源县、平顺县医疗集团帮扶，派出专家 32 批共计 218 人次，在县区建立名医工作室 3 个，完成门诊 1480 余人，指导手术疑难病历会诊 50 余次。（司文辉）

【分级诊疗】 2022 年，市二院继续推进“百院千医春雨工程”，签约专科联盟医生总数达到 534 人，服务 2906 人次，办理住院 1057 人次，下转患者 50 余人。（司文辉）

【医疗服务】 2022 年，市二院加强支付宝、微信预约管理，门诊预约率达到 69.3%，同比增长 8.97%；志愿者服务队协助特殊患者就诊、检查 1769 人次、办理入院 2855 人次。（司文辉）

【智慧医院】 2022 年，市二院通过电子病历四级、智慧服务 1 级，信息安全三级等保 2.0 复评。搭建互联网医院、智慧养老平台、智能分诊叫号、数字签名 CA 系统，试点开展床旁结算工作。争取政府支持，启动 5G+ 智慧医院项目建设，完成项目立项、初设等基础性工作。（司文辉）

【援外医疗】 2022 年，市二院牵头、长治医学院附属和平医院、市人民医院一行 7 人组成的第 22 批援喀麦隆医疗队启程到喀麦隆雅温得妇儿医院，开展为期一年的援非任务。全年医疗队完成门诊 17550 人次，住院查房 1200 人次，中医针灸推拿 8600 人次，救治危重、疑难病人 65 人次。（司文辉）

长治市中医医院

【概述】 2022年，长治市中医医院(简称市中医院)开放床位530张，设有临床医技科室42个，开设专病门诊57个，在岗职工602人，高级职称84人，中级以上专技人员246人，硕士研究生导师3人，硕士86人，国医大师李佃贵传承工作室1个，国家级名中医工作室1个，第七批全国老中医药专家学术经验继承工作指导老师1人、继承人2人，山西省中医药专家学术经验继承工作指导老师3人，长治市享受特殊津贴及相关待遇拔尖人才1人，长治市专业技术学术带头人7人，山西省名中医6人，市级名老中医6人，市级名中医14人，省级名中医（名老中医药专家）传承工作室7个，全国中医药特色技术传承人才6人，山西省百千万卫生人才1人，“三晋英才”拔尖骨干人才3人，“三晋英才”青年优秀人才9人。有国家级重点专科1个（肛肠科），国家中医药预防保健及康复服务能力建设单位1个（治未病中心），国家中医药管理局重点专科协作组成员单位3个（肛肠科、糖尿病科、针灸科），省级重点专科及建设单位7个（糖尿病科、脑病科、肾病科、脊柱外科、肿瘤科、妇科、针灸科），省级专科临床护士培训基地2个（康复、中医），市级重点学科1个（肛肠科），市级重点专科2个（外科、康复医学科），市级中医分诊疗中心7个。血液透析全市规模最大。医院承担省内10余所大中专院校的教学任务，年带教实习生300余人。牵头成立市级学会两个：长治市中西医结合学会（下设脑病专业委员会、肛肠专业委员会、针刀专业委员会、仲景学说专业委员会、风湿病专业委员会、肿瘤专业委员会），长治市中医药养生保健学会（下设治未病专业委员会）。医联体成员单位覆盖晋东南地区所有县（区）中医医院，医院中医药综合诊疗服务能力位居全省地市级中医医院前列。2022年，市中医院门急诊143207人次，体检33816人次，出院12141人次，床位使用率94.4%，平均住院日12.5天；药占比18.9%（不含中药饮片收入）；百元医疗收入消耗卫生材料（不含药品收入）19.48%，检验检查占比26.75%，医疗服务收入占比37.35%。

（张建忠）

【公益服务】 2022年，市中医院细化“边缘易致贫户、突发严重困难户采取中医中药治疗帮扶”惠民政策条款，结合“健康中国·长治行动”和“方便看中医、放心用中药”行动，借助“名医讲师团”等载体，开展“下沉巡诊”“魅力中医走基层”健康义诊宣教活动，提高群众中医药养生保健知识知晓率。完成医疗援非援疆任务，选派18人次驻院帮扶临汾市隰县中医医院和武乡县中医医院，依托省市级名中医和省市级重点专科优势，与武乡县、沁县、壶关县、襄垣县、沁源县建立“一对一”精准帮扶关系，接收3名专科护士培训。（张建忠）

【药品采购】 2022年，市中医院根据疫情防控需求，及时储备物资，医用物资做到了日清日结、账物相符。完善院内招标采购管理制度，持续规范各类招标采购行为，率先在全市开展中药饮片和中药配方颗粒招标采购工作，药品耗材集中采购执行率100%。全年完成招标采购项目49项，节约资金240余万元。（张建忠）

【学科建设】 2022年，市中医院聚焦“强专科、大综合”定位，推进优势病种和临床路径工作，优化整合科室诊疗资源，规范科室命名和病区床位数，对门诊布局进行调整优化，开设夜间门诊，完成中药房、库房、制剂室、煎药房改造。组建成立疼痛科、介入科，颈腰椎病科更名脊柱外科，启动卒中中心、微创中心、治未病中心等八大中心建设，推动重症监护室、消化科、中医骨伤科建设。开展多学科诊疗和联合质控，推进主诊医师负责制、住院总制度。肛肠科成功申请国家继续教育项目，腹腔镜下直肠癌手术和直肠脱垂手术实现突破；提高肾病科肾脏活检诊断水平，血液净化中心开展的中心静脉支架植入术和血浆置换治疗等技术优势明显，全年透析36185人次；完善脑病科卒中防治中心建设，缩短DNT时间（脑卒中DNT时间指急性脑卒中患者进入医院到静脉溶栓开始给药时间）；糖尿病科引进中医代谢病建设标准；肿瘤科的安宁疗护管理、微波消融治疗、热灌注化疗，提高病人生存质量；康复医学科引进国内先进康复系统，复杂疑难性疾病诊疗患者大幅增长，被福建省中医药大学附属康复医院确立为医联体合作单位；推进普外科微创中心建设；疼痛科与脊柱外科联合开展神经阻滞、射频、等离子技术治疗神经病理性疼痛，孔镜、骨水泥置换术继续全市领先；妇科发挥中医生殖优势，不孕症诊疗优势日益彰显；病理科开展的术中冰冻快速病理检查、HPV分型检测、免疫组化染色、胸腹水液基细胞学为临床治疗提供科学准确的病理诊断；手术麻醉科开展可视化超声神经阻滞，全年手术4080台，其中三级以上手术1066台，全麻386例；检验科完成各级各类核酸检测和高铁东站方舱实验室工作，参加国家卫健委临床检验中心129项和省卫健委121项质量控制项目，全部合格；影像科开展超导磁共振新技术临床应用，冠脉成像超过百例；超声医学科开展的甲状腺结节超声恶性危险分层和超声引导下各种介入治疗与穿刺活检水平提高。内镜室内镜下贲门松弛环缩术（治疗顽固性反流性食管炎）、内镜下胰胆管逆行造影取石术（ERCP）和内镜下肠道支架置入术、心电图室的动态心电、口腔科的上颌窦提升术（内提）隐形矫正技术取得新突破；脐灸、火龙罐、铜砭刮痧、颈外静脉穿刺术、间歇性口饲、迷你中长导管置入、中药塌渍联合光子治疗在压力性损伤中的应用等护理技术在临床诊疗中取得突破。

全年开展临床路径 35 种，入径率 100%，完成率 83.57%，覆盖率 39.47%；多学科联合诊疗 12 次，院内疑难病例讨论 100 余次；开展中医护理方案 36 种，中医护理项目 33 项；门诊处方中药（饮片、颗粒、中成药）处方占比 63.88%，中药饮片处方数占比 45.65%；采用非药物中医技术治疗人次占门诊总人次的 12.14%。

（张建忠）

【医疗服务】 2022 年，市中医院修订《员工工号制度》和不良事件上报制度，建立院级质控员队伍，常态化推进多学科联合会诊、质控、处方与病历点评，实现质控考核结果与科室绩效考核无缝隙衔接。完善病案管理系统，定期跟踪检查运行病历，病案数据逻辑校验准确率≥ 95%，病案数据上传率 100%。强化院感安全管理和环节质量管理，完善三级管控体系，实现医疗废物可追溯管理，严格质量监测考核，提升医疗质量和患者安全管理能力。全年上报不良反应 239 份；抗菌药物品种 42 种，抗菌药物占比 3.92%；医院感染率 0.45%，迟报率 35.09%，漏报率 0%，一类切口手术感染率 0%，多重耐药菌感染病例消毒隔离率 89.89%，医院感染病例病原微生物送检率达 89.47%，全年无一起医院感染暴发事件。 （张建忠）

【人才培育】 2022 年，市中医院实施人才强院战略，坚持“内培外引”并重，优化人力资源配置，招录急需紧缺人才 5 名，聘用制人员 47 名，其中硕士 8 人，本科 45 人。引入在线考试平台，出台《长治市中医医院人才培养实施方案》，40 名头雁人才、28 名杏林人才、42 名青苗人才脱颖而出。运用“干部队伍建设”专题调研报告，结合“三甲”复审科室配置需求，选拔任用正科级干部 12 人，副科级干部 16 人，干部轮岗 1 人，干部队伍建设稳步推进。3 人拜师国医大师，建成李佃贵国医大师传承工作室，宗倩倩、蔡丽萍、郭会兰、张建军、鲍云林、张晓明被确定为第二批市级名中医、名老中医，张跃英、高洪平被确定为第二批省级中医师承指导老师，赵永强被确定为第七批全国老中医药专家学术经验继承工作指导老师，王贝贝、秦小慧入选全国第七批中医药专家学术经验继承工作继承人，党委副书记、院长刘忠理被评为“全国优秀医院院长”。 （张建忠）

【科研教学】 2022 年，市中医院启动行政职能科室科研创新和第四批中医师承工作，完善医院临床教学管理（暂行）办法，举办首次教学工作会议，开办山西中医药大学“西学中”培训班，接收各大院校实习生 283 名，外请专家到院讲学指导 35 人次，开展线上培训 41 次，线下 78 次，各类考核 24 次，院外培训 33 人次，外出进修 10 人次，培养专科护士 7 名。牵头建立长治市中西医结合学会肿瘤专业委员会，论证审批核定新技术 18 项，组织申报国家级继教项目 2 项，举办省市级继续教育项目 8 次，省级科研课题立项 7 个，肿瘤科获得省级科研经费 15 万元，发表论文 14 篇（其中教学论文 2 篇），参与出版著作 3 部，发明专利 1 项，《三段式考核结合师承带教建设教学基地的探索》实现省级教学课题零的突破，血液净化中心主任朱江涛和外科青年医师张伟姝分别撰写论文实现“SCI”零突破。完成晋中、晋城、长治三市 935 人的《2022 年度国家中医类别执业医师实践技能考试》。医院被确定为山西大同大学教学医院、山西省康复专科护士培训基地和山西省中医治疗专科护士培训基地。 （张建忠）

【医辅工作】 2022 年，市中医院落实改善医疗服务行动计划，优化诊疗区域环境，增购体检车，完成住院一部外墙消防改造、院内地面铺油和污水处理升级改造工作，长治市中医药传承创新综合楼项目完工；实行三级护理质量管理体系，做实基础护理、做精专科护理和优质护理服务，推行“转介”服务和“无陪护服务”。推进医院信息化建设，更新升级门诊、医技叫号系统和处方点评系统，完成数据中心机房建设，移动端体检报告查询、康复管理系统、病历扫描软件、材料二级库存系统成功上线，预约挂号率达 75% 以上，诊间付费率 57%，医院信息管理平台通过三级网络安全等级保护测评。全年回访 12080 人次，患者对医院总体满意度 97.12%，对主管医生服务满意度 99.29%。（张建忠）

长治市中医研究所附属医院

【概述】 2022 年，长治市中医研究所附属医院（简称市中研附院）开放床位 516 张，在岗职工 564 人，其中高级职称 108 人，中级职称 145 人，硕士研究生 80 人，本科生 375 人，卫生技术人员占比 86.3%。截至 2022 年底，中医类别医师占医师总数的 71.4%，中药专业技术人员占药学专业技术人员的 67.6%。有全国中医药创新骨干人才 1 人，全国中医特色技术传承人才 3 人，全国中医护理骨干人才 2 人，山西省名中医 5 人，山西省老中医药专家学术经验继承工作指导老师 1 人，山西省“晋其才”专家智库专家3人，“三晋英才”7人，山西省中青年中医领军人才1人，山西省卫健系统百千万人才4人，长治市名中医名老中医21人，长治市学术技术带头人12人。设临床科室31个，医技科室14个，职能科室28个，其中国家中医重点专科1个——脑病科，开放床位285张；省级中医重点专科5个——心病科、肾病科、肺病科、风湿病科、脾胃病科；省级中医重点专科建设单位1个——康复医学科；市级中医重点专科1个——外科。配备有飞利浦1.5T超导磁共振成像系统、上海联影80排螺旋CT、西门子全数字平板血管造影系统、奥林巴斯CV-290电子胃肠镜、飞利浦、美国GE高性能彩超、全自动生化流水线、12人高压氧舱、体检车等大型医疗设备和挪威SET悬吊训练仪、美国Thera-Band渐进式主动训练、经颅磁刺激仪、冲击波治疗仪等完善的康复设备及中西医诊疗设备。（郭艳苗）

【医疗工作】2022年，市中研附院门诊服务136663人（次），同比增长2.45%；住院服务12957人（次），同比增长2.54%；平均床位使用率95.25%，同比增长2.84%；收治急危重症4420人（次），同比增长10.88%；病人平均住院日13.37天；药占比（不含中药饮片）15.9%，中药饮片收入占药品收入比重53.94%；医疗服务收入占业务收入比重42.3%，同比增长1.89%；百元医疗收入耗材（不含药品）18.1元，同比下降0.1元。在2022年8月公布的国家三级公立中医医院2021年度绩效考核中，市中研附院得分属于B+级，连续三年“国考”成绩在全省地市级中医医院中位列第一。（郭艳苗）

【新院区建设项目】2022年，市政府研究决定在长治市潞州区与上党区交界处（东临英雄南路，北靠太岳大街），长治市经开区起步区范围内建设长治市中医研究所附属医院新院区，用于全面落实“全国中医特色重点医院”建设项目，推动中医优质资源扩容，并列为省级重点工程。项目占地84.75亩，总建筑面积10.5万平方米。2022年，该项目高效推进，取得《项目建议书》《项目控制性详细规划》《建设项目用地预审与选址意见书》《可行性研究报告》《概念方案设计》等批复。（郭艳苗）

【中医门诊服务】2022年，市中研附院突出中医药传统优势，拓展门诊中医综合治疗区，鼓励门诊开展中医特色疗法。皮肤科突出中医外治，妇科强化人才配置，推拿科人才培养与少儿推拿技术双提升，口腔科诊疗环境提档升级，眼科、耳鼻喉科等相互支撑，门诊专科服务品牌成长效应逐步显现。全年门诊患者使用中医非药物疗法比例12.22%，同比增长1.93%；门诊中药处方比例69.52%，同比增长0.67%；门诊中药饮片处方比例60.48%，同比增长3.33%；门诊患者中药饮片使用率60.57%，符合三级公立医院绩效考核导向。（郭艳苗）

【治未病服务】2022年，市中研附院继续推动治未病和体检有机融合，通过现场宣教、健康大讲堂、专题讲座、各类主题日活动，宣传科普健康知识，传播防治结合的中医治未病理念。加强治未病人才培养及设备配置，加快推进学术成果转化，广泛开展冬病夏治服务，强化中医特色疗法应用。全年，健康体检服务单位89家，4.7万人次；治未病服务9572人次，同比增加892人次。（郭艳苗）

【专科建设】2022年，市中研附院突出心脑救治与康复等核心业务，成立卒中中心管理委员会，完善眩晕性疾病、脑病介入等中西医特色亚专业发展。脑血管造影、支架植入、机械取栓均可独立完成，脑外科病区于7月开始运行。全年实施脑血管介入126例，溶栓治疗105例，溶栓后血管内治疗5例，DNT达标率84.51%。在“山西急救绿道”App统计中，溶栓病例总数在全省44家医院中排第九位，在全省中医类别医院中排第一位。胸痛中心规范建设路径，加强技术人才培育，全年实施冠脉介入467例，其中治疗67例。康复科探索“中医结合经颅磁刺激治疗睡眠障碍”“脐针结合康复训练”和腹针、脐针治疗中风、眩晕、疼痛、失眠、焦虑等疾病治疗方法，开展疗效分析与经验积累，推进传统与现代康复技术的融合。糖尿病风湿科中医非药物疗法应用占业务总量的51.3%。血透业务增加装备，具备动静脉内瘘成形与中心静脉长期置管能力。脾胃病肿瘤科门诊使用中医非药物疗法比例达18.5%。外科介入技术继续平开展，DSA、超声引导下疼痛介入治疗等技术成熟。加强多学科MDT诊疗，功检、影像、检验、麻醉等医技科室强劲支撑，带动肺病老年病科、脾胃病肿瘤科等省级重点专科集群化发展。医学影像科在全国“2022年创新科技赋能医管案例大赛”中荣获“影像未来”赛道三等奖。（郭艳苗）

【医疗质量】2022年，市中研附院持续健全全员参与、覆盖临床诊疗服务全过程的医疗质控工作体系，加强会诊、危急值报告、疑难病例讨论、上级医师查房等核心制度实施的月督查、通报、考核，优化多学科会诊制度流程。加强对危重、死亡、手术等重点病例和急性缺血性脑卒中超早期静脉溶栓等质量控制，修订手术分级目录，对针刺翼腭神经节、子宫输卵管碘油造影及火龙罐等新技术进行论证准入。落实抗菌药物与特殊药物管理，实施信息化动态监测。全年开展多学科联合诊疗50次，急危重症抢救成功率91.54%，同比增长6.34%。抽查运行病历1440份，门诊病历2400份；抽查终末病历850份，甲级病历率97%；上报药品不良反应262例。（郭艳苗）

【人才培育】 2022年，市中研附院引进高层次急需紧缺人才6名，与22人签订《急需紧缺专业人才协议书》，申报发放9名高层次人才生活补贴，公开自主招聘工作人员31名。制定《劳务派遣用工管理办法》，引进劳务派遣人员13人。选拔调整中层干部23人，职称聘任106人，完成150名干部档案数字化扫描。坚持中西医并重，23名卫生技术人员参加“西学中”培训，业务骨干外出进修21人、专项培训77人次。全年获评“白求恩精神践行者”称号1人，三晋杏林能手1人，长治市“杰出医师”1人，长治市“优秀医师”1人,长治市“优秀学科专科带头人”1人,长治市“最美科技工作者”2人，长治市“优秀援外医师”1人，第二届长治市名中医5人、名老中医7人，最美太行医生3人，最美太行护士3人，太行技术能手4人。李建梅被授予长治市“五一”记功、抗疫一等功。申智荣被授予长治市“五一”记功、长治市三等功。（郭艳苗）

【科研教学】 2022年，市中研附院深化科研与对外交流，分别与国家神经系统疾病临床医学研究中心、中日友好医院、北京中医药大学东直门医院等机构开展科研协作4项。新立项省级中医药课题5项，发表论文16篇，申报省级科研课题18项。加强临床带教综合管理，持续培育学术品牌，接收山西中医药大学、山西卫生健康职业学院、运城护理职业学院、长治市卫生学校实习175人、见习37人，接收进修35人，组织中医经典学习8场、“中国晚期胃癌的治疗现状和未来”等讲座3场、省级中医药继教8项，专业技术人员继续教育达标率99.52%。（郭艳苗）

【护理服务】 2022年，市中研附院深化优质护理服务内涵，加强医护协同、实操同质化培训、特色推介交流，改进质控分析形式，举办中医护理文书展评与护理创新大赛，开展中医护理技术37项、护理质量检查12次、护理会诊50次、护理疑难病例讨论50次、医护一体化查房15次，创新护理服务举措12项，申请专利2项。强化院前健教，开展护理工作磁性访谈，推行7S管理，提升护理精细化服务。以临床核心能力为导向，推进专科护士基地建设，完善管理组织，完成“三基”、急救技能等责任护士岗位核心能力培训十余次，72名护理人员接受省级重症专业护理技术培训。开设中医特色护理门诊，累计服务2178人次。南丁格尔志愿护理服务被省护理学会授予“成绩突出支队”。（郭艳苗）

【医辅工作】 2022年，市中研附院完成针灸楼扩建和脑外科病区改建，升级污水处理排气系统，实现被服清洗业务社会化，优化食堂后勤保障服务。加强医学装备全周期管理，增加安保力量，完善消防技防设施，将安全生产内容纳入科室晨交班，组织全员消防安全培训，开展反恐、消防、院感、护理安全、传染病防控等一系列应急演练。加强信息化支撑，优化网上预约服务，启动新安全设备，网络升级实现无线全覆盖，完善医保信息系统，顺利上报国家中医重点专科建设单位中医住院病案首页等数据。全年，医学装备配置投入1269万元，出院患者回访满意率99.88%。（郭艳苗）

【对口帮扶】 2022年，市中研附院制定《“十四五”时期对口帮扶工作方案》，与长子县中医院建立紧密型临床帮扶协作关系，派出脑卒中业务团队驻扎式帮扶，开展急性脑梗死静脉溶栓治疗。继续做好与潞城区中医院紧密型城市医联体工作，对口支援吉县中医院、平顺县中医院。发挥名中医优势，定期到沁源、长子、屯留等县级中医医院坐诊讲学，承担2022年度长治市健康中国中医药专项行动、中医类别全科医生转岗培训和基层中医馆人才培养项目。全年开展各类主题日健康义诊活动30余次。（郭艳苗）

长治市妇幼保健院

【概述】 长治市妇幼保健院（简称市妇幼保健院）始建于1952年，是一所预防与治疗并重、临床与保健紧密融合的公共卫生机构，同时也是长治市妇产医院、长治市儿童医院，承担着对全市“四区八县”妇幼健康服务工作的业务指导、技术培训、信息管理和危重症孕产妇、患儿的急救转诊，以及妇女、儿童预防保健和疾病诊治等工作。2022年门诊为634675人次，住院为18381人次，分娩量为5158，CMI指数为0.83；全院收入结构逐步优化，药占比16.19%，耗材占比4.79%；医疗服务收入占比34.84%；四级手术占比为5.16%，日间手术占比为2.12%。（李　韬）

【基层公共卫生】 2022年，市妇幼保健院开展“出生缺陷防控”工作，向市政府申请出生缺陷防治中心建设项目并得到支持；开展新生儿耳聋基因筛查共检测17218人，新生儿多种遗传代谢病筛查共检测22109人，新生儿两病筛查共检测43505人，对筛查出的患儿及携带者均给予科学指导；为城乡怀孕妇女免费产前筛查16995人，产前诊断964人，确诊各种出生缺陷儿60例；开展“0～6岁残疾儿童诊断项目”,进行残疾诊断132人次，上报结构畸形疾病患儿112例。继续发挥市级妇幼公卫龙头作用，召开辖区质量管理委员会会议和全市妇幼院长例会各4次，开展孕产妇、新生儿死亡评审、危重症孕产妇评审，开展基层妇女“两癌”筛查督导和技术指导；举办公卫项目和产科、儿科适宜技术培训班10余次，开展“母婴安康工程”，全年接收基层危重孕产妇转诊148人次，接、转诊新生儿239人次，抢救成功率均为100%，辖区孕产妇死亡率8.84/10万，逐年降低。（李　韬）

【医联体建设】 2022年，市妇幼保健院拓展妇儿医联体覆盖范围，向晋东南方向辐射，组织医疗专家到晋城市陵川县医院、陵川县妇幼计生中心、高平市医院、阳城县妇幼计生中心开展活动；持续推进医联体专家“一对一”帮扶工作，到长子县妇幼和屯留区妇幼开展活动；促进产科、儿科和新生儿科质控部平台与医联体平台融合，为基层开通双向转诊绿色通道，全年基层转诊至市妇幼1774人次；借助郑州儿童医院医联体平台，开展双向转诊工作，转到郑州儿童医院26人次；选派儿外医师和护士、麻醉科护士、康复技师共5人到郑州市儿童医院进修。（李　韬）

【学科建设】 2022年，市妇幼保健院制定《学科建设发展实施方案（2022—2024）》草案，加快推进学科建设，加强特色专科及学科带头人宣传，提升妇幼服务区域影响力。与北京市对接开展先心病一体化服务；申请成为首批国家儿童医学中心北京儿童医院“新巢计划”筛查基地之一；参与福棠儿童医学发展研究中心的儿童呼吸学科规范化建设；成功批复为全国一级癫痫中心；成为0～6岁残疾儿童孤独症抢救性康复定点机构；5月，妇女康复科被评为“中法女性盆底功能障碍诊治中心”；市妇幼的“切实提升检测能力·创新护航合理用药——支原体肺炎患儿抗菌药物合理使用的精益化管理案例”，为国家儿科专业医疗质量控制中心“2022年国家儿科专业质量改进目标案例”25个优秀案例之一。（李　韬）

【产科诊疗】 2022年，市妇幼保健院不断提升产科疑难重症救治能力。强化孕产妇“五色”分级管理，红、橙、黄（妊娠风险高、较高、一般）占比83.4%，较上年增加10%。开展妊娠期糖尿病、前置胎盘及FGR临床规范化管理。与新生儿科联合，实行早产防治门诊病房一条龙管理，早产生态价值链领先产儿领域。（李　韬）

【儿科诊疗】 2022年，市妇幼保健院提升儿内科疑难危重症诊治能力，全年收治重症患儿340例，疑难危重症占比14.5%，较上年增加42%。儿童耳鼻喉科微创手术217台，其中鼻内镜辅助腺样体扁桃体低温等离子切除术204台，三、四级手术占比90%。新生儿科开展脐及外周有创动脉监测、振幅整合脑电图监测、新生儿胃镜，获得国家实用新型专利3项。小儿外科成功救治胎龄仅32周+4天体重1600克肠闭锁早产儿，胎龄29周体重2800克坏死性小肠结肠炎(IIIA)新生儿，出生仅4小时先天性膈疝新生儿。儿童保健科引进沙盘治疗，开展口腔和眼科的新技术、新项目。成立“妇孺国医堂”，发挥中医药在妇女儿童预防保健和疾病诊疗中的独特作用。手术麻醉科成功安全开展儿童口腔舒适化（全麻）治疗，保留自主呼吸的新式全麻支气管镜灌洗。（李　韬）

【医疗模式创新】 2022年，市妇幼保健院创新医疗模式，提升核心竞争力。开展15期胎儿医学MDT(多学科会诊)，讨论疑难罕见病例15例。全年开展新技术新项目22项，对27项新技术新项目进行结题审批，转常规管理。（李　韬）

【科研教学】 2022年，市妇幼保健院不断加强科研管理，在科研教学管理委员会之内成立院级科研团队，申请山西省卫健委2022年度卫生健康科研课题计划1项，申报省自然基金项目3项，申报中医药科研课题2项，开展GCP项目3项。省卫健委确定市妇幼为“山西省新生儿科医师培训基地”和“山西省儿童保健人员培训基地”,山西省“助产专科、儿科专科、新生儿专科”3个专科护士临床培训基地。作为山西省出生缺陷防治人才协同单位，2022年接收两批共30名学员到院进修。作为长治医学院附属医院首批助产士临床培训基地，2022年首次接收实习和见习护士61人。新增3人受聘为长治医学院硕士研究生指导教师。参加长治医学院2022年青年教师教学竞赛，手术麻醉科苏畅荣获比赛一等奖；护理部王婧铭获2022年长治医学院课程思政教学设计大赛一等奖。2022年全院发表医学论文35篇,其中核心期刊4篇,SCI5篇。（李　韬）

【健康科普宣传】 2022年，市妇幼保健院利用“爱耳日”‘母乳喂养宣传日”“爱眼日”等健康科普日进行宣传科普。在国家卫健委2022年新时代健康科普作品征集大赛中，市妇幼《假期小男生的小手术来喽》获得微视频类优秀作品,《孕期如何向“唐宝宝”说“不”》《双向奔赴的爱》分别获得2022年山西省健康科普作品大赛三等奖和优秀奖。（李　韬）

体 育

综 述

【健身场地】 2022年，长治市20座公共体育场馆完成客流量统计信息化改造工作，成功与全国全民健身信息服务平台实现数据和视频对接。争取到公共体育场馆免费低收费对外开放中央补助资金398.89万元。成功申报体育总局智慧社区健身中心健身器材，共计27件（套）50万元。申报长治市潞城区成家川街道社区全民健身中心建设项目。利用市级体彩公益金160万元，为乡镇基层配置健身器材。长治市人均占有体育场地面积为3.18平方米，位列山西省第一。 （王晓波）

【健身组织】 2022年，长治市获得或晋升二级社会体育指导员504人，年度累计新增三级以上社会体育指导员1032人。民政部门登记注册的市级体育社会组织86个，其中，俱乐部40个，协会研究会45个，市体育总会1个，注册会员18000人。全市各类全民健身辅导站点达到2000个。在全国社会体育指导员信息管理系统登记注册的达8366人，占全市人口的2.63‰，确保每个行政村拥有1名社会体育指导员。基本上形成较为完善的市、县、乡、村四级全民健身组织网络体系。

（王晓波）

群众体育

【健身活动】 2022年，长治市体育局完成“奔跑吧·少年”儿童青少年主题健身活动、“长治市全民健身日系列活动暨第十三届体育节开幕仪式”等活动。申报承办2022年长治市职工足球联赛暨“体总杯”中国城市足球联赛（长治赛区）等赛事。选派优秀队伍参加省级以上全民健身赛事活动，潞城区毽球代表队获得全省农民健身运动会第四名，沁县拔河代表队获得全省农民健身运动会第六名，健身气功代表队获得全国健身气功站点联赛山西省预赛二、三等奖。到潞州区、襄垣县和屯留区开展国民体质监测，测试人数总计1400余人。1月，与市外事办联合举办2022年“迎冬奥心连心”在长国际友人冰雪户外联谊活动。10月29日，举办环漳泽湖马拉松线上赛，共1700余人参赛。 （王晓波）

【全民健身实施计划】 2022年，长治市体育局出台《长治市全民健身实施计划（2021—2025年）》（以下简称《实施计划》）。根据国家体育总局关于制定全民健身实施计划的有关通知要求，长治市新周期《实施计划》历经10余次修改完善形成（征求意见稿），在提交市政府常务会通过后于2022年6月2日印发。《实施计划》由指导思想、发展目标、主要任务、保障措施4部分17个方面内容构成。

（王晓波）

竞技体育

【备战山西省运动会决赛】 因疫情原因，原定于2022年举办的山西省第十六届运动会决赛延期举办。在2022年的山西省第十六届运动会资格赛中，长治市获得金牌64枚、银牌77枚、铜牌87枚，总分2565分；射击、射箭、体操等项目均参加了山西省锦标赛，并取得优异成绩。此外，长治市运动员获世锦赛金牌2枚、铜牌1枚，世界大赛银牌1枚、铜牌1枚，全国比赛金牌4枚、银牌4枚、铜牌2枚，第四至第八名18个，6名优秀运动员输送到上级运动队。 （王晓波）

表 8 2022 年长治市运动员参加世界、全国性以上比赛成绩情况表

序号	项目	姓名	运动会名称	时间	地点	参赛项目	名次
1	射击	刘锦尧	2022 年射击世界锦标赛	2022.10	开罗	男子 10 米气手枪	冠军
2	射击	刘锦尧	2022 年射击世界锦标赛	2022.10	开罗	男子 10 米气手枪团体	冠军
3	射击	刘锦尧	2022 年射击世界锦标赛	2022.10	开罗	50 米手枪混合团体	第三名
4	跆拳道	肖树楠	2022 年世界跆拳道联盟斯洛文尼亚公开赛	2022.09	卢布尔雅那	女子 73 公斤以下级	银牌
5	跆拳道	肖树楠	2022 年世界跆拳道波兰公开赛	2022.09	华沙	女子 73 公斤以下级	铜牌
6	体操	张仁招	2022 年“铁人杯”全国少年体操 U 系列锦标赛	2022.08	湖南长沙	男子九岁组 吊环	第一名
7	蹦床	田宇	“凌韬杯”2022 年全国蹦床青少年锦标赛	2022.08	江苏淮安	11 ~ 12 岁组男子蹦床团体	第一名
8	田径	刘轩祯	2022 年“菲普莱杯”全国 U18 田径锦标赛	2022.10	湖北黄石	男子 400 米栏	第一名
9	空手道	晋裕康	2022 年全国空手道青年锦标赛	2022.11	浙江温州	青年男子 -76KG	第一名
10	体操	张仁招	2022 年“铁人杯”全国少年体操 U 系列锦标赛	2022.08	湖南长沙	男子九岁组 团体	第二名
11	体操	张仁招	2022 年“铁人杯”全国少年体操 U 系列锦标赛	2022.08	湖南长沙	男子九岁组 最佳完成奖	第二名
12	体操	张博轩	2022 年“铁人杯”全国少年体操 U 系列锦标赛	2022.08	湖南长沙	男子九岁组 团体	第二名
13	蹦床	田宇	“凌韬杯”2022 年全国蹦床青少年锦标赛	2022.08	江苏淮安	11–12 岁组男子双人同步	第二名
14	田径	高俊杰	2022 年“菲普莱杯”全国 U18 田径锦标赛	2022.01	湖北黄石	男子跳高	第二名
15	体操	张仁招	2022 年“铁人杯”全国少年体操 U 系列锦标赛	2022.08	湖南长沙	男子九岁组 个人全能	第三名
16	拳击	张浩然	2022 全国男子少年（U16）拳击锦标赛	2022.11	安徽黟县	男子少年 75KG	第三名
17	散打	张云飞	2022 全国武术散打冠军赛	2022.11	湖北黄石	男子 100KG 级	第三名
18	拳击	张益宁	2022 全国青年 U18 拳击锦标赛	2022.12	安徽黟县	男子 46 ~ 48KG	第三名
19	空手道	晋裕康	2022 年全国空手道青年锦标赛	2022.11	浙江温州	青年男子团体组手	第三名

【省级以上重大体育赛事取得新突破】 2022 年 10 月 15 日开罗射击世界锦标赛上，由长治市输送的运动员刘锦尧获男子 10 米气手枪冠军，成为山西省首位射击世锦赛个人冠军和首位获得巴黎奥运会入场券的运动员。

（王小波）

【体教结合】 2022 年，长治市国家青少年体育俱乐部等 7 个单位被山西省自行车击剑球类运动中心评为省级青少年培训基地。成功举办足球、篮球、羽毛球、乒乓球、武术散打、游泳六个项目的全市青少年锦标赛，促进青少年全面发展。（王晓波）

体育产业

【体彩销售】 2022 年，长治市体育彩票销售网点由上年底的 160 个增加到 302 个，净增数量 142 个。克服疫情影响，抓住卡塔尔世界杯热销机遇，促使体育彩票销售稳中有升，2022 全市销售体育彩票 2.82 亿元，同比增长 1.89%。（王晓波）

【体育协会、俱乐部】 截至 2022 年底，长治市有各类体育协会（俱乐部）248 个，比上年净增 11 个。（王晓波）

社会生活

劳动就业

【概述】 截至2022年12月，长治市城镇新增就业人数46735人，农村转移劳动力49165人，失业人员再就业7471人，就业困难人员就业1749人。（徐 峰）

【就业创业】 2022年，长治市聚焦稳企业防风险，完善落实就业政策，就业形势总体稳定。减免失业保险费1.68亿元，缓缴社会保险费2.06亿元，发放稳岗补贴9100万元，为1164户创业主体发放创业担保贷款2.13亿元；开展“就业援助月”“春风行动”等就业促进活动，组织线上线下招聘会209场，提供岗位15.4万个，初步达成意向1.67万人次；挂牌128家乡镇街道就业服务工作站，推动剩余劳动力实现就业；持续推进创业带动就业工作，实施高校毕业生创业补贴“归集简办”政策；对301个重点社区（村）4.65万劳动者开展“131”就业帮扶；“黎城兴诚双创孵化基地”被认定为市级创业孵化示范基地，“唯美诺创业孵化基地”通过省级创业孵化基地复查。（胡 伟）

【技能培训】 2022年，长治市人力资源和社会保障局聚焦强技能促发展，推动技能长治建设，提升培训质效。持续推动“太行家政”“太行技工”“太行好手艺”“长子理发师”劳务品牌培育计划，“太行挖机”被评为全省十大劳务品牌，技能人才占比达到33%，名列全省前茅。加强专业技术人才队伍建设，发挥培训基地与技能大赛载体作用，推动技能人才量质双升，全年开展技能培训5.99万人，新增技能人才3.27万人，新增高技能人才4102人。（胡 伟）

【人事人才】 2022年，长治市聚焦增动能促活力，持续强化人才供给。加强专业技术人才队伍建设，全市有高级职称专业技术人才1298人，中级专业技术人才8875人，初级11058人；申报山西省新兴领军人才资助项目结题3个，获批省级高级研修项目1项，征集国家高层次人才服务需求2项；长治技师学院入选国家根基工程培训基地建设项目，首钢长治钢铁有限公司职工培训中心入选国家级高技能人才培训基地建设项目，长治技师学院郑旭东入选国家级技能大师工作室建设项目、黎侯虎国家级非遗技能传承人李小梅等3人入选省级技能大师工作室建设项目；组队参加第三届全省职业技能大赛最后10个赛项的比赛，社会体育指导员和平面设计赛项夺得第一。计算全部47个赛项，一等奖选手共计45名，团体总分位列全省第一，实现三连冠。（胡 伟）

【劳动关系】 2022年，长治市聚焦促和谐保平安，根治拖欠农民工工资，劳动关系更加和谐稳定。持续推进劳动关系“和谐同行”能力提升三年行动计划，助推企业构建规范有序、公正合理、互利共赢、和谐稳定的用工关系。《长治市“双和谐双百千”打造和谐劳动关系“长治模式”》刊登在人社部新时代和谐劳动关系创建活动专栏。持续推进根治拖欠农民工工资工作，累计查实并解决欠薪问题2541件，为9418名农民工追回被拖欠工资1.25亿元。劳动人事争议仲裁立案受理案件总数756件，结案率100%。（胡 伟）

收入与消费

【居民收入】 2022年，长治市城镇常住居民人均可支配收入41113元，比上年增长 6.0%；农村常住居民人均可支配收入 19437 元，比上年增长 7.5%。城镇居民家庭恩格尔系数（即居民家庭食品消费支出占家庭消费支出的比重）26.89%，农村居民家庭恩格尔系数 34.12%。（《长治市2022年国民经济和社会发展统计公报》）

【居民消费价格】 2022 年，长治市居民消费价格同比上涨 2.3%，八大类商品和服务价格同比“七升一降”。其中交通和通信类涨幅最高，累计上涨 4.6%，其次是食品烟酒类价格上涨 4.3%，其他用品和服务类上涨 2.5%，衣着类上涨 2.4%，教育文化和娱乐类上涨 2.4%，生活用品及服务类上涨 1.4%，医疗保健类上涨 1.1%，居住类下降 1.1%。（徐　峰）

【居民增收】 2022 年，长治市人力资源和社会保障局建立常态化推进机制，组成 6 个工作专班每月到 12 个县区专项推进城镇居民增收工作。按月向市考核办报送城镇居民收入进展情况，定期向国调队提供居民收入相关指标数据、政策信息等资料。发布企业工资指导线，建立健全反映劳动力市场供求关系和企业经济效益的工资决定和正常增长机制。足额兑现各类补贴、补助，推动非营利性服务业工资总额增长，全年统计增速 19.4%，全省排名第三。（胡　伟）

社会保险

【全民参保】 2022 年，长治市人力资源和社会保障局推进全民参保工作，扩大参保覆盖面，多举措推动实现法定人员全覆盖。全年全市城镇职工基本养老保险参保人数 76.84 万人，企业养老保险参保人数 62.68 万人，企业养老保险参保职工人数 47.13 万人，城乡居民养老保险参保人数 157.28 万人，失业保险参保人数 50.74 万人，工伤保险参保人数 61.39 万人。（胡　伟）

【社保基金保障作用发挥】 2022 年，长治市发挥社保基金保障作用，发放企业、机关事业、城乡居民等养老金 85.41 亿元，发放失业金 0.28 亿元，发放工伤待遇 3.44 亿元。拓展‘网上参保’“网上缴费”，持续开展人社快办活动，提升经办服务水平。（胡　伟）

【社保基金管理】 2022 年，长治市人力资源和社会保障局开展社保基金管理提升年行动，加强社保基金监督，推进专项整治“回头看”，追回违规领取社保基金 12.48 万元。（胡　伟）

【一次性留工培训补助】 2022 年 12 月，为贯彻落实国家和省、市稳住经济一揽子政策措施，发挥失业保险助企扩岗作用，长治市对 2637 户参保企业发放一次性留工培训补助，累计发放金额 1.039 亿元，惠及职工 207817 人。（《长治日报》）

社会救助

【社会救助制度】 2022 年 5 月，长治市在山西省率先出台《最低生活保障审核确认实施办法》和《特困人员认定实施办法》，全年认定城乡困难群众 4699 人。12 月，出台《关于建立长治市社会救助工作容错免责机制的意见（试行）》，规定低保对象调查认定、低保对象动态管理、低保金追回等 10 种容错免责情形。（庞　琪）

【城乡低保提标】 2022 年 7 月，长治市政府办公室印发通知，提高城乡居民最低生活保障、城乡特困人员供养标准和成年“三无”人员标准，确保城乡困难群众基本生活水平与经济社会发展水平同步提高。提标后，城市低保提高至每人每月 652 元，农村低保提高至每人每年 6162 元。除特困人员集中供养照料护理标准自 2021 年 10 月 1 日起执行外，其余标准从 2022 年 1 月 1 日起执行。

城市低保标准提高后，每人每月分别为：潞州区 718 元，上党区、潞城区、屯留区 684 元，长子县 640 元，壶关县 601 元，黎城县、沁县 565 元，平顺县 586 元，沁源县 754 元，襄垣县 745 元，武乡县 596 元。农村低保标准提高后，每人每年分别为：潞州区 8616 元，上党区、潞城区、屯留区 6106 元，长子县、壶关县、黎城县、平顺县、沁县、武乡县 5790 元，沁源县、襄垣县 6106 元。

城乡特困人员救助供养基本生活标准按低保标准 1.3 倍核定，其中集中供养标准上浮 10%。提标后，全市城市特困人员分散供养基本生活平均标准为每人每月 847 元、城市特困人员集中供养基本生活平均标准为每人每月 932 元，农村特困人员分散供养基本生活平均标准为每人每年 8004 元、农村特困人员集中供养基本生活平均标准为每人每年 8805 元。

照料护理标准中，分散供养照料护理标准每人每月分别是经济困难失能老年人护理补贴标准 100 元的 1 倍、2 倍、3 倍。集中供养照料护理标准每人每月分别是当地最低工资标准的 10%、25%、50%。成年“三无”人员保障标准提高后为每人每月 1036 元。（《长治日报》）

【困难群众救助】 2022 年，长治市城市低保每月提高 40 元，平均标准达 652 元 / 人 · 月，增长 6.5%，占 2021 年度长治市平均城镇居民消费支出的 37.4%；农村低保每月提高 45 元，平均标准达 6162 元 / 人 / 年，增幅 9.6%，占 2021 年度长治市平均农村居民消费支出的 50.5%。提标后的长治市城乡低保平均标准均居全省第三。长治市共有困难群众96743名，临时救助对象共计12227人，累计支出救助资金5.84亿元。（庞　琪）

【未成年人保护工作】 2022年，沁县纳入全国未成年人保护示范县创建。5月，长治市在全省率先开展密切接触未成年人行业工作人员从业查询工作，并在各县区同步设立“未成年人检察社会服务中心”“家庭教育指导服务站”。10月，长治市各县区全部挂牌成立县级未成年人救助保护中心、乡镇（街道）未成年人保护工作站，初步构建起县、乡、村三级未成年人保护工作网络。由县区长期监护和抚养的26名儿童全部移交至市社会福利和捐助救助中心。（庞　琪）

【低保核对系统升级】 2022年，长治市民政局协调市政府政务信息平台协同6个部门、对接14个服务端口，升级改造低保核对系统，核查内容由原来的不动产和公积金2项增加到15项以上，核对时间由20天缩减至3天，核对数据量由50万次增加至200余万次，提高核查的准确性和时效性，实现“申请简化、审批提速、帮扶多元”。（庞　琪）

【残疾人补贴】 2022年，长治市领取残疾人两项补贴68083人，共计发放6867.84万元，其中困难残疾人生活补贴27228人，发放金额2306.90万元，重度残疾人护理补贴40855人，发放金额4560.94万元。（庞　琪）

住房保障

【保障性住房建设】 2022年，长治市城镇棚户区住房改造开工100套，完成率为200%，基本建成2276套，完成率252.9%。公共租赁住房筹集118套，完成率为118%，基本建成107套，完成率152.9%。城镇保障性安居工程投资10.45亿元，完成率499.5%。城镇住房保障家庭租赁补贴发放3773户，完成率127%。住房保障工作位居全省第一方阵。（梁　晨）

【公积金缴存业务】 2022年，在长治市住房公积金管理中心新开户单位830家，净增单位-36家；新开户职工1.92万人，净增职工0.75万人；实缴单位4621家，实缴职工30.34万人，缴存额41.60亿元，分别同比增长-0.01%、2.53%、10.23%。2022年末，缴存总额341.72亿元，比上年末增加13.86%；缴存余额140.63亿元，同比增长13.81%。受委托办理住房公积金缴存业务的银行7家。

在公积金缴存职工中，国家机关和事业单位占37.59%，国有企业占41.81%，城镇集体企业占2.06%，外商投资企业占0.33%，城镇私营企业及其他城镇企业占5.12%，民办非企业单位和社会团体占0.21%，灵活就业人员占3.80%，其他占9.08%；中、低收入占98.48%，高收入占1.52%。新开户职工中，国家机关和事业单位占29.77%，国有企业占12.32%，城镇集体企业占1.62%，外商投资企业占0.55%，城镇私营企业及其他城镇企业占14.60%，民办非企业单位和社会团体占0.63%，灵活就业人员占15.27%，其他占25.24%；中、低收入占100%，高收入占0%。

（赵彦宏　王凤婧）

【公积金提取业务】 2022年，长治市有9.31万名缴存职工提取住房公积金；提取额24.54亿元，同比增长14.25%；提取额占当年缴存额的58.99%，比上年增加2.07个百分点。2022年末，提取总额201.09亿元，比上年末增加13.90%。

在公积金提取金额中，购买、建造、翻建、大修自住住房占21.01%，偿还购房贷款本息占38.40%，租赁住房占18.54 %，支持老旧小区改造占0.01%，离休和退休提取占18.45%，其他占3.59%。提取职工中，中、低收入占100%。（赵彦宏　王凤婧）

【公积金贷款业务】 2022年，长治市住房公积金管理中心发放个人住房贷款0.60万笔26.40亿元，同比分别下降23.08%、16.14%。回收个人住房贷款11.98亿元。2022年末，累计发放个人住房贷款6.02万笔172.43亿元，贷款余额110.99亿元，分别比上年末增加11.07%、18.08%、14.93%。个人住房贷款余额占缴存余额的78.92%，比上年末增加0.77个百分点。受委托办理住房公积金个人住房贷款业务的银行6家。其中，发放异地贷款909笔36322.10万元。2022年末，发放异地贷款总额199821.36万元，异地贷款余额141524.73万元。

2022年，支持职工购建房71.30万平方米，年末个人住房贷款市场占有率为33.30%，比上年末减少0.51个百分点。通过申请住房公积金个人住房贷款，可节约职工购房利息支出58917.55万元。

职工贷款笔数中，购房建筑面积90（含）平方米以下占7.40%，90～144（含）平方米占86.23%，144平方米以上占6.37%。购买新房占87.14%，购买二手房占12.86%。单缴存职工申请贷款占59.98%，双缴存职工申请贷款占40.02%。30岁（含）以下占30.02%，30～40岁（含）占44.31%，40～50岁（含）占20.51%，50岁以上占5.16%；购买首套住房申请贷款占93.85%，购买二套及以上申请贷款占6.15%；中、低收入占98.65%，高收入占1.35%。

（赵彦宏　王凤婧）

【公积金资金存储】 2022年末，长治

市住房公积金存款 31.83 亿元。其中，1 年（含）以下定期 3.60 亿元，1 年以上定期 25.45 亿元，其他（协定、通知存款等）2.78 亿元。

资金运用率。2022 年末，长治市住房公积金个人住房贷款余额、项目贷款余额和购买国债余额的总和占缴存余额的 78.92%，比上年末增加 0.77 个百分点。（赵彦宏　王凤婧）

【资产风险状况】2022 年末，长治市住房公积金个人住房贷款逾期额 173.93 万元，逾期率 0.16‰。个人贷款风险准备金余额 15556.45 万元。

（赵彦宏　王凤婧）

【住房公积金阶段性支持政策落实】2022 年，长治市出台《关于实施住房公积金阶段性支持政策的通知》，支持受疫情影响的缴存单位和缴存人解决困难、缓解压力，发挥住房公积金助企纾困作用。受疫情影响的企业可按规定申请降低公积金缴存比例或缓缴住房公积金；受疫情影响暂时失去收入来源的借款人，不能正常归还住房公积金贷款的，经审核后不作逾期处理，不计罚息；提高无房租房提取额度，将无房租房提取金额由每年 15000 元/人调整为每年 20000 元/人。阶段性支持政策实施时间截止至 2022 年底。（赵彦宏　王凤婧）

【住房公积金缴存政策调整】2022 年，长治市住房公积金调整缴存基数上下限。缴存基数实行“控高保低”，上限为 20103 元（按 2021 年长治市非私营单位就业人员月平均工资的 3 倍确定），下限为山西省人民政府公布执行的各县区最低工资标准。（赵彦宏　王凤婧）

【住房公积金提取政策调整】2022 年，长治市房屋产权登记确权颁证“清零行动”期间，购房人取得不动产权证书但未能及时取得增值税发票或销售不动产统一发票的，可持购房款收据办理购房提取，也可在取得增值税发票或销售不动产统一发票后一年内提取；简化退役军人办理偿还商业住房贷款提取手续，办理时提供商业住房贷款借款合同即可。（赵彦宏　王凤婧）

【住房公积金贷款政策调整】2022 年，根据省退役军人事务厅等 26 部门《关于加强军人军属、退役军人和其他优抚对象优待工作的实施意见》有关规定，长治市住房公积金管理中心制定出台长治市现役军人配偶、退役军人在长治市申请住房公积金贷款的有关政策。现役军人配偶申请住房公积金贷款的，按双缴存职工计算最高贷款额度；退役军人在地方建立住房公积金账户，并连续足额缴存住房公积金 6 个月（含）以上，可申请住房公积金个人住房贷款，服役期间认定为住房公积金缴存时间，与在地方缴存时间合并计算，同时可按本人意愿补缴退役时领取的住房公积金，补缴后按本人公积金缴存余额计算公积金贷款额度；根据长治市房屋产权登记确权颁证“清零行动”协调机制工作小组办公室《关于优化商品房转移登记的通知》精神，在“清零行动”期间，购房人未付清购房款但已办理不动产权证书的，可以办理住房公积金贷款；根据中国人民银行关于下调首套个人住房公积金贷款利率的决定，自 2022 年 10 月 1 日起，调整长治市首套个人住房公积金贷款利率。首套个人住房公积金贷款利率，五年期（含五年）以下由 2.75% 下调至 2.6%，五年期以上由 3.25% 下调至 3.1%。第二套个人住房公积金贷款利率保持不变，即五年期（含五年）以下为 3.025%，五年期以上为 3.575%。

（赵彦宏　王凤婧）

社会福利

【养老幸福工程】2022 年，列入省政府民生实事的上党区、沁源县 2 个城镇社区养老幸福工程投入运营。长兴、八一社区居家养老示范工程竣工，建筑面积 3549.41 平方米，床位规模 92 张，总投资 2600 余万元，集“党群服务、社区政务服务、民生事务服务”于一体，有效规范长治市社区居家养老服务。为长治市 7158 名经济困难的高龄和失能老人发放补贴 673.1 万元。

（庞　琪）

【医养融合】2022 年，长治市民政局联动长治医学院对 5 个县 87 个农村派驻 108 名“第一村医”，在和平医院开设“互联网医疗部”，开通远程预约问诊，使农村老人足不出村即享受三甲医院医疗服务。（庞　琪）

【养老诈骗打击整治】2022 年，长治市 324 个注册“养老服务”经营范围登记未备案的活动场所、58 个注册含“养老服务”长期未开展服务活动场所得以规范整治，存量隐患全部清零。

（庞　琪）

社会事务

【殡葬基础设施建设】2022 年，长治市新建殡仪馆 11 个，总投资 5.99 亿元，占地 860.88 亩。山西省确定的 9 个项目，1 个建成投入使用，其余 8 个完成工程总量的 90% 以上。潞城区、沁县筹措资金，全面规划建设殡仪馆。截至年底，公益性公墓建成 22 个，在建 25 个。（庞　琪）

【婚姻登记】2022 年，长治市结婚登记 29344 对，离婚登记 30632 对。

（庞　琪）

社区建设与社会组织管理

【社会组织】 2022年，长治市新成立社会组织13家，注销3家，撤销34家，划转39家。开展“百社助千户”助力乡村振兴，确定259个组织。结对帮扶1006户，捐赠物资、资金帮扶70余万元。（庞　琪）

【社工站建设】 2022年，长治市民政局联合市财政局出台《关于加快推进乡镇（街道）社会工作服务站建设工作的通知》《乡镇（街道）社会工作服务站建设操作规范（试行）》，明确职责，规范运行，保障经费。10个县区实现乡镇（街道）社会工作服务站全覆盖，长治市128个乡镇（街道）中119个完成挂牌，覆盖率达到93%。（庞　琪）

【行业协会商会专项清理整治】 2022年，长治市民政局组织长治市155家行业协会商会进行自查自纠，未发现违法违规收费情况。4家行业协会商会对会费标准进行调整，按照“能免则免、能减则减”的原则，共减免和降低收费69.9万元，持续帮助企业减负纾困。（庞　琪）

【清廉村居建设】 2022年4月，长治市确定清廉村居示范村801个，示范社区101个。坚持党建引领、群众至上、系统推进、示范引领的原则，按照“支部带村、民主治村、监督正村、清风润村”四村并举要求，以县为单位规范统一县域小微权力清单70项，将21项涉及村民重大利益事项的内容分类纳入村级议事协商目录。（庞　琪）

【基层治理】 2022年，长治市民政局指导12个县区制定完善村务公开目录，出台“村改居”指导意见；开展村（社区）成员培训，对村（社区）“两委”主干、村（居）务监督委员会主任共计7366人次进行培训。（庞　琪）

【县域社区管理】 2022年，长治市以武乡县村务公开事项目录为范本，在全市推广制定村务公开事项目录，加强村级权力有效监督。根据《长治市民政局关于加强全市城乡社区协商的实施方案》，推动县级政府制定村级议事协商目录，形成协商内容、主体、形式、程序、成果闭环运行，畅通群众参与基层公共事务有效渠道。指导村（居）民委员会，为全市2436个行政村、170个社区规范换发《基层群众性自治组织特别法人统一社会信用代码证书》，及时设立下属委员会，健全村规民约（居民公约）。（庞　琪）

地名管理服务

【地名管理】 2022年，长治市民政局更新完善国家地名信息库，对长治市56000条地名数据逐条审核完善，确保地名信息的完整性、准确性。平顺县成功入选全国“深化乡村地名服务点亮美好家园”试点县区，潞州区、上党区、潞城区、武乡县、沁县、沁源县被确定为省级提升乡村地名公共服务试点县区。（庞　琪）

【地名文化遗产及红色地名保护名录评选】 2022年，长治市在市县两级开展地名文化遗产及红色地名保护名录评选工作。12月，山西省民政厅公示首批省级地名文化遗产及红色地名保护名单，共有181个地名入选，长治市有30个地名入选。屯留区、潞城区、襄垣县、黎城县、壶关县、长子县、沁源县7个县（区）入选“千年古县”；屯留区余吾镇、潞城区微子镇、襄垣县虒亭镇3个镇入选“千年古镇”；潞城区石梁村、平顺县奥治村、沁县乌苏村3个村入选“千年古村”；铜鞮入选“历史地名”；武乡县、潞州区张庄村、上党区北天河村、潞城区北村、黎城县南委泉村、武乡县砖壁村、武乡县长乐村、武乡县王家峪村、沁源县闫寨村、潞城区神头岭、黎城县黄崖洞11个县（村）入选“红色地名”；平顺县西沟村入选“近现代重要地名”；老顶山、羊头山、发鸠山3地入选“著名自然地理实体地名”；上党区入选“其他地名”。

（山西省民政厅网站）

退役军人事务

【法律政策落实】 2022年，长治市退役军人事务局学习宣传贯彻《退役军人保障法》，对接国防和军队改革新要求，起草拟定《长治市落实〈山西省“十四五”退役军人服务和保障规划〉的实施方案》等政策文件，专门印制《退役军人法律法规政策汇编》2000册。持续巩固“法律政策落实年”活动成效，开展“蹲点抓落实”工作，对255项政策点逐一蹲点指导、逐项推动落实。针对需要落实的政策点制定“问题清单”，开展集中攻关，逐一对账销号，确保“蹲点抓落实”取得实效。（魏俊杰）

【退役军人尊崇关爱氛围营造】 2022年，长治市退役军人事务局突出榜样示范作用，深化“老兵永远跟党走”“最美退役军人”等学习宣传活动，长治市退役军人唯美诺集团董事长杨宏涛入选全国老兵宣讲团成员，潞州区退役军人马坊头村党支部书记郭双元、潞州区司法局宣教科科长王霞入选省级老兵宣讲团成员。主要由退役军人组成的平顺县红十字赈济救灾志愿服务队，被评为全国学雷锋志愿服务“四个100”先进典型。加强军人荣誉激励，持续开展新兵入伍欢送、光荣牌悬挂、立功受奖送报喜、退役返乡欢迎等工作。划拨专项资金1800余万元，全市对2799处县级以下烈士纪念设施整修改造。组织清明祭英烈、“9·30”烈士纪念日、烈士安葬仪式等活动，弘扬英烈精神，在全社会形成尊崇英烈的良好氛围。（魏俊杰）

【优抚保障】 2022年，长治市下达抚恤补助资金16730.3万元、医疗补助资金599.24万元，下达义务兵家庭优待金2871.9万元（市级配套资金381.9万元）。作为全省试点开展建档立卡和优待证办理工作，率先推出市级二级优待目录清单，为全市退役军人提供更加完善的优待服务。2022年，长治市退役军人事务局做好困难退役军人统计登记、帮扶脱困工作，帮扶率达90.06%。（魏俊杰）

【安置工作】 2022年，长治市接收转业军官全部安置到行政或参公单位。在军转干部安置和符合政府安排工作条件退役士兵安置选岗过程中，邀请派驻市人社局纪检监察组全程参与，主动接受监督。转业军官安置公务员比例达到100%，退役士兵在事业单位安置比例达到82.8%。（魏俊杰）

【退役军人就业创业】 2022年，长治市退役军人事务局对接收的自主就业退役士兵开展线上线下适应性培训。依托长治市认定的8家培训学校开展涉及10个门类25个专业的职业技能培训。联合人社部门、用工企业、承训机构共组织开展线上线下退役军人专场招聘活动24场，累计参与用人单位654个，累计提供岗位6346个。与金融办联合推出金融拥军惠军10条措施，与行政审批局联合推出行政审批拥军惠军8项措施。利用导师资源，组织多场导师实训活动，通过座谈、现场交流、参观教学等各种方式组织开展创业活动。组织参加全国、省、市创业创新大赛，唯美诺老兵创业项目获第二届全国退役军人创业创新大赛“传统产业及生活服务业组”优胜奖。推荐2个优秀创业项目参加省级创业创新大赛，获得优胜奖，长治市退役军人事务局获优秀组织奖。（魏俊杰）

【双拥共建】 2022年，长治市围绕创建省级双拥模范城（县）主线，持续落实军地联席会议、议军会议、军地领导互访、军地联络员情况通报等制度，建立健全军地“双清单”，为驻市部队解决难题，为随军未就业家属发放生活补贴140余万元，为军人子女协调解决入学入园问题。开展春节、“八一”慰问活动，推进社会化拥军工作，初步形成市、区、街道、社区、企业、商户“六位一体”的拥军惠军模式。开展“情暖老兵”关爱行动、“你为祖国守岁、我陪亲人过年”活动，在全社会营造尊崇军人、关爱军属氛围。发挥驻长部队发挥人力、装备优势，驻长各部队累计出动兵力3000多人次、机械车辆100多台次，完成植树造林、治安巡逻、清扫积雪、文明城市创建等急难险重任务。（魏俊杰）

应急管理

综　述

【概述】 2022年，长治市应急管理局统筹应急管理与疫情防控，推进自然灾害风险普查、安全整治“两个行动”（安全生产专项整治三年行动和安全生产大检查大整治大提升行动）、煤矿供用电安全监管、危化智能化工厂管理、地震灾害风险普查、长治应急管理学院组建、安全宣传教育等多项工作成绩突出，得到省应急管理厅和国务院普查办认可表彰，全面完成年度目标任务，维护保障全市应急安全形势总体平稳。

2022年，长治市生产安全事故发生27起、死亡42人。山西省下达长治市的亿元地区生产总值生产安全事故死亡率、重大及以上生产安全事故等指标控制在省控指标内。各类自然灾害得到有效防控，最大限度降低灾害损失。长治市应急管理局直接监管的危险化学品、非煤矿山和冶金工贸行业领域均实现安全零死亡。长治市正常生产的100多座煤矿和150余家非煤矿山企业全部按山西省政府要求规范派驻安全监管专员；安全生产专项整治三年行动和大检查大整治大提升行动高质量通过山西省“两个行动”工作专班评估验收。

截至2022年末，长治市有煤矿112座，其中正常生产煤矿93座、停产煤矿2座、正常建设煤矿8座、停建或未开工建设煤矿9座，煤与瓦斯突出煤矿2座、高瓦斯煤矿47座、防治水重点监管煤矿49座、水文类型复杂煤矿3座、水文类型中等煤矿108座。涉及煤化工和盐化工的危险化学品生产企业共有61家，占到全省生产企业总数的1/6，其中涉及国家重点监管11种危险化工工艺的企业17家、颗粒硝铵生产企业1家、氯碱生产企业2家、氯丁橡胶生产企业1家；涉及重大危险源企业38家，构成145处重大危险源，全省占比为1/4。危险化学品经营企业共有498家，其中成品油库6家、加油站383家、其他危险化学品经营企业109家。非煤矿山企业共有144家，其中地下矿山38家、尾矿库8座、配套选矿厂8家、露天矿山3家、小型石料厂57家、地勘单位7家。冶金工贸企业共有642家，其中冶金企业9家、建材企业264家、机械企业157家、轻工企业155家、商贸企业46家。　（徐红兵）

【安全应急文化】 2022年，长治市应急管理局强化发挥“主流媒体+应急新媒体群+《应急之声》广播+专家巡回宣讲+安全培训教育”的应急大宣教工作力量，常态化组织安全生产宣讲团开展安全应急宣传40多场次，集中组织郑州“7·20”特大暴雨灾害案例宣讲30多场次，受众达10万余人次，受到国家应急部通报表彰。督导组织编制的灾害风险普查宣传作品和防震减灾动漫科普作品分别被国务院普查办授予优秀作品奖、国家应急部授予精品奖。采取线上+线下方式合格培训企业“三项岗位”（生产经营单位主要负责人、安全管理人员和特种作业人员）人员120期7800多人次，其中通过“一企一训”送教入企培训1600多人次，通过制作巡播《近20年来全国全省全市生产安全典型事故警示录》和《森林火灾典型案例警示教育片》，激励增强全员全民全社会安全自觉和自救互救能力。　（徐红兵）

【应急管理学院】 2022年，长治市应急管理局在山西省率先联合地方高校组建长治应急管理学院，开创教、学、研、训一体化提升应急管理能力新途径。11月9日，长治应急管理学院揭牌仪式在长治职业技术学院举行。长治应急管理学院是由市应急管理局与长治职业技术学院采取地校合作方式共同组建，开设有煤矿智能开采技术、通风技术与安全管理、煤化工技术等6个专业。（徐红兵）

【应急救援指挥体系建设】2022年，长治市调整强化包含1个应急救援总指挥部和抗震救灾、森林草原防灭火、地质灾害、气象灾害、生产安全事故等17个专项应急指挥部的“1+17”应急救援指挥体系，细化完善应急救援指挥成员单位工作职责，编制出台并推行重点场所突发事件人员疏散应急处置工作指引、加强“驴友”活动安全管理意见、开展“电力助应急”工作事项和利用电力数据监测分析企业安全生产行为工作办法，应急救援指挥和综合应急处突能力得到提升。（徐红兵）

【应急物资装备购置储备】2022年，长治市购置储备灭火机、消防车、高压吸水雾等46个品类8500多台件的森林防灭火物资和装备，储备沙袋、砂石料、水泵等69个品类价值达3990多万元的防汛抗旱物资设备，投资100万元购置无人机等先进的防汛抗旱装备设备。长治市应急管理局专门购置配备服务安全生产综合应急救援的大流量排水泵、地面照明设备、冲锋舟、空气呼吸机、危化专用破拆设备等装备。（徐红兵）

【应急抢险救援】2022年，长治市自然灾害应急救援队靠前驻防森林火情和汛期险情，出动车辆240多车次、人力1660余人次，及时处置1起森林火情，巡检汛期水域河流断面17个；长治市安全生产应急救援队加强应急战备值守，出动人员290多人次，开展预防性安全检查19矿次、排查安全隐患100多条，顺利完成1座煤矿废弃立井积水排除和2起生产安全事故抢险救援任务。（徐红兵）

【社会应急救援力量建设】2022年，长治市应急救援总指挥部办公室（长治市应急管理局）着眼打造适应“全灾种、大应急，全行业、大安全”需要的长治综合应急救援力量目标，针对长治蓝天救援队、潞州山蓝救援队、潞州区城搜救援队、武乡天龙救援队、襄垣红十字会赈济应急救援队等10支450人的社会应急救援力量现状和发展需求，建立实行由共青团市委、市文明办、民政、应急、红十字会等部门单位参加的社会应急救援力量建设联席会议制度，制定出台《长治市社会应急力量参与重特大事故灾害抢险救援行动现场协调机制建设试点方案》，督导加快全市社会应急救援力量建设的同时，展开社会应急力量参与重特大事故灾害抢险救援行动现场协调机制建设长治试点工作，特别是推动长治蓝天救援队、潞州山蓝救援队、武乡天龙救援队、长子蓝天救援队、屯留蓝天救援队等7支社会应急救援力量，成功录入应急管理部建立的“社会应急救援力量参与重大突发事件系统”，成为服务全国社会应急救援的重要力量。（徐红兵）

安全监管

【安全责任体系】2022年，长治市应急管理局细化明确煤矿矸石山、危险废物处置、景区玻璃栈道、游乐场所设施、托育机构等领域场点安全监管职责，突出强化已闭尾矿库和无配套尾矿库选矿厂的属地监管责任，建立推行重点行业企业市县两级党政领导干部安全生产包保责任制，通过提档升级安全生产基础建设全周期落实企业主体责任；督导推动媒体公示明确重点河道、大中型水库市县两级防汛责任人，强化建立重点封段森林防灭火市县两级处级领导干部包保责任制。（徐红兵）

【风险预判管控】2022年，长治市应急管理局推行煤矿、危险化学品、非煤矿山等重点行业领域安全风险和重点自然灾害风险市级部门季预判、县级部门月预判、企业单位周预判和班组车间日预判工作制度，全年市级集中对重点行业领域预判安全生产类风险380项、自然灾害类风险70项，逐项对症制定防控措施5000多条，针对重点煤矿和重点危化企业，采取“一矿一预判、一企一预判”的方式，预判煤矿风险130多项、危化风险56项，并逐级逐层“台账式”落实防控措施。（徐红兵）

【安全整治】2022年，长治市应急管理局对照安全生产15条硬措施，创新通过工作专班牵头抓总、典型观摩逐段推动、年度“回头看”查评、约谈通报倒逼完成等方式，同步施行安全生产隐患问题整改“五步工作法”（述情、析因、追责、明责、治源），收官完成煤矿、危化、非煤矿山和冶金工贸行业涉及学习贯彻习近平总书记关于安全生产重要论述、企业主体责任落实、重大安全风险管控能力提升、安全生产源头治理、企业安全基础建设、从业人员专业素质能力提高、安全生产规章制度完善、重大灾害超前治理、推进“打非治违”行动、加强安全监管能力建设等20多个大项，包含严格高风险项目安全准入、重点项目安全风险评估论证、风险隐患排查治理、企业外部安全距离管控、自动化控制水平提升、推进双重预防机制建设、先进技术装备推广应用、强化安全监管信息化建设等百余个小项的安全生产专项整治三年行动任务，巩固强化安全生产基层基础工作，推

2022 年7 月16 日，长治市举行防汛暨地震地质灾害综合应急抢险演练　（徐红兵　供图）

动实现“从根本上消除事故隐患”的目的，安全生产整体水平得到提升；攻坚完成安全生产大检查大整治大提升和危险化学品安全风险集中治理任务，特别是煤矿全力整治顶板、冲击地压及瓦斯灾害，启动实施突出 5 大目标 30 项硬举措的双电源双线路改造提升行动，电改经验得到山西省应急管理厅认可并在全省推广；危险化学品方面，推进完成 36 家重大危险源企业、化工园区“十有两禁”、非法违法“小化工”等重点整治任务；非煤矿山升级完善 3 个县区 8 座尾矿库的在线安全监测预警系统，整治完成3座停用尾矿库闭库工作。（徐红兵）

【安全监管执法】 2022 年，长治市应急管理局突出矿山、危化等高危行业领域，强化完善安全生产行刑衔接机制和重大执法案件会审制度，落实处级领导挂牌包矿制度的同时，推行局领导带队联系县区、“十必查”和“十查十到位”等举措，发挥安全专家优势，集中通过政府购买 300 多人的安全专家服务企业安全。依法叫停 8 座煤矿、8 家非煤矿山和 81 处矿山局部作业点，从严查处矿山违法违规生产行为 130 多起，30 名矿山主要负责人被罚记 87 分，行政罚款 1300 多万元；集体约谈 3 个涉煤县区应急部门负责人和 5 个煤炭集团董事长总经理、6 座煤矿主要负责人，5 个涉煤县区政府和 3 个煤炭集团被市安委办函文提醒。二十大安保期间，督导推行 17 个重点行业领域 480 多家企业市县两级处级领导干部一对一安全生产包保责任制；市应急管理部门驻县驻企督查，集中组织检查企业单位 1450 多家次，排查整治隐患问题 2 万多条。（徐红兵）

防灾减灾

【防灾减灾救灾】 2022 年，长治市应急管理局督导编修大面积停电应急救援、防汛抗旱应急响应等 6 部专项预案和“十四五”防震减灾规划，建立启动应急救援队伍建设实施意见和社会应急救援力量参加重大突发事件协调机制。成功组织全市防汛暨地震地质灾害综合应急等演练，督导完成 3 个县区 1 个行业的高层建筑灭火、危化运输泄漏等 3 大类应急救援实战演练。强化建立大风、暴雨等自然灾害预警响应联动机制，组织防汛调度会商 20 多次，启动应急响应 3 次；链接“成功通航指挥平台”、建成贯通 10 个县区 550 多个视频监控点的全市林火立体远程监控系统，督导建设森林防灭火通道 4730 多千米，建成扑灭火水源地 200 多处。争取到位省级减灾资金 70 万元，集中为已命名的 14 个国家级综合减灾示范社区建设应急物资储备库；全市面积为 682.4 万平方米可容纳 92.6 万人的 93 处应急避难场所顺利通过国家验审并规范纳入全国应急避难场所系统。（徐红兵）

【自然灾害综合风险普查】 2022年，长治市应急管理局自然灾害综合风险普查工作，形成涵盖市级地震活动断层与地震工程地质条件钻孔基础数据集、房屋建筑抽样详查数据集、市县两级地质灾害矢量数据集和全市公共服务系统承灾体数据集等9大类数据成果，包括规划和自然资源、水利、气象及住建4大行业领域风险隐患的一系列图件成果，突出防震减灾、住房建设、规划和自然资源、水利、气象、交通运输和市县两级公共服务系统7大板块风险的文字报告成果，全方位全周期体现森林草原火灾、地质灾害风险的综合评估和区划成果以及总体数据库建设成果。查明摸清全市各类灾害风险隐患底数，初步摸索灾害孕灾致灾的规律特点，为市委、市政府开展应急管理和综合防灾减灾救灾工作提供第一手信息资料和决策依据，综合成绩居全省前列，并获国务院普查办表彰，工作经验在全国推广。（徐红兵）

【地震灾害风险房屋建筑抽样详查】 2022年，长治市在山西省率先完成包括位于七度区的9个县区和位于六度区的2个县区住宅房屋及其他行业用房的调查面积高达420多万平方米并规范建立长治市房屋建筑抽样详查成果集的地震灾害风险房屋建筑抽样详查工作，查清摸准全市地震灾害风险隐患底数，为推进防震减灾工作提供科学依据，并探索形成“长治经验”“山西模式”。（徐红兵）

【地质灾害防范】 2022年，长治市加强地质灾害防治机制建设，落实属地管理和部门分管责任，强化地方党委、政府“一把手负责制”，督促县、乡、村三级签订责任书1256份；紧盯冻融期、汛期等重点时间节点，组织开展1256处地质灾害隐患巡查、排查。完成40处地质灾害区域监测预警仪器设备安设，加强地质灾害趋势预测会商及气象风险预警，累计发布地质灾害气象风险预警预报38次、短信13.6190万条。完成全市1∶10万地质灾害风险调查评价，提升隐患发现识别能力，落实地质灾害防治群测群防员1895名，“人防＋技防”的专群结合监测预警体系进一步完善；加快推进地质灾害工程治理和避让搬迁，2022年长治市实施地质灾害治理搬迁588户，截至年底全部开工，竣工415户，竣工率70.6%。（邵珠银）

消防救援

【概述】 2022年，长治市发生火灾1785起，死亡1人，受伤6人，直接经济损失1254.8万元。同比2021年，火灾起数上升45%，死亡人数下降83%，受伤人数上升500%，直接财产损失下降5%。2022年，全市消防救援队伍检查社会单位7984家，同比上升6%，发现和督促整改隐患9432处，同比下降2%，临时查封97家，同比下降58%，责令“三停”55家，同比下降41%，罚款468.5万元，同比上升2%，拘留2人，同比上升100%。（王凯彬）

【消防指战员优待工作】 2022年，长治市消防救援支队协调解决3名消防救援人员子女享受中、高考优待政策，协助完成全市35名消防救援人员适龄子女就近、就好入学；常态化推进全市消防救援队伍心理工作，共组织4次“心理服务进基层”活动，2次心理健康讲座，为新招录的消防员开展心理疏导教育1次。同时，根据队伍实际需要，主动联系组织开展相亲活动2次。（王凯彬）

【消防救援人才建设】 2022年，长治市消防救援支队组织两批次25名基层骨干赴海南琼海开展潜水救援专业技术培训（国际水肺潜水SDI）；组织开展两期舟艇驾驶员培训工作，共计40名消防救援人员参加并顺利结业。与长治学院签订战略合作框架协议，挂牌“长治学院就业实训基地”，优化队伍人员结构。（王凯彬）

【防火监督】 2022年，长治市消防救援支队针对老旧小区出台实施“一区一策”治理方案；排查整治全市338家汗蒸洗浴类场所、1152栋高层建筑、64个易地扶贫安置点，整改销案70家重大火灾隐患单位。开展“打通生命通道”“高层建筑消防安全治理”“电气火灾治理”等十余项专项治理行动；协同治理群租房、违章建筑、城中村等城市管理顽疾；集中整治文物建筑、易燃易爆危险化学品单位、大型商业综合体、老旧住宅小区等各类火灾隐患；推广安装独立式感烟探测器1.2万余只，电动车、自行车智能充电桩521套。（王凯彬）

【灭火救援】 2022年，长治市消防救援支队接警出动3525起，出动队伍3785队次，出动车辆7829辆次，抢救疏散群众4000余人，保护财产价值上亿元，完成中共二十大安保工作任务。开展地震救援、抗洪抢险、城乡排涝雨雪冰冻灾害救援、山地救援、风灾救援等典型灾种30次合成训练拉动测试、“全要素、全过程”特种灾害实战演练4次。（王凯彬）

【消防宣传】 2022年，长治市消防救援支队广泛开展防灾减灾日、安全生产月、119宣传月等主题宣传活动，累计开展近万余次，对相关行业部门相关人员开展消防知识培训3000余次，发放宣传资料50万余份，向目标人群发送消防提示短信10万余条，全市7%的常住人口注册使用全民消防安全学习云平台。（王凯彬）

县区简介

潞州区

【概述】 长治市潞州区位于北纬36° 07'15″ ~ 36° 26'18″、东经112° 59′ 21″ ~ 113° 12′ 22″，东与平顺县、壶关县相邻，西和屯留区、长子县接壤，南靠上党区，北连襄垣县、潞城区。土地总面积约为344.26平方千米，东西长19.61千米，南北宽35.27千米。

潞州区境内山峰有老顶山、塔岭山、东山、壶口黄崖山、大岗山、二岗山、小寒山、良才山、龙泉山等。其中老顶山最高，主峰1378.2米。

潞州区境内河流属海河流域漳卫南运河水系，流经区境的主要河流有浊漳河南源、岚水河、石子河、黑水河、黄碾河、壁头河、南护城河、东防洪渠和南防洪渠等9条，其中浊漳河南源最大，境内全长30.9千米。西部有长治湿地和漳泽水库。

2022年，长治市潞州区辖13个街道、3个镇、1个中心。全区126个行政村、83个社区、4个菜场。

【人口】 人口抽样调查结果显示，2022年长治市潞州区常住人口总数901265人，同比增长0.25%，其中男女比为98.45（以女性人口为100计算）；全区城镇常住人口781741人，乡村常住人口119524人；全年全区出生人口6903人，人口出生率7.67‰，死亡人口4943人，死亡率5.49‰，自然增长率2.18‰。

【综合经济】 2022年，长治市潞州区生产总值完成602.5亿元，比上年增长5.5%。分产业看，第一产业增加值完成3.5亿元，增长4.1%；第二产业增加值完成238.1亿元，增长8.2%；第三产业增加值完成361.0亿元，增长4.0%。三次产业比例为0.6 ∶ 39.5 ∶ 59.9。全年全区新增城镇就业岗位9947人，转移农村劳动力2368人。人均地区生产总值66930元，按2022年平均汇率计算为9950.8美元。居民消费价格较上年上涨2.3%，其中，食品价格上涨4.3%。商品零售价格总指数上涨4.0%。

【农业】 2022年，长治市潞州区农作物播种面积9091.5公顷，同比增长1.9%。其中，粮食播种面积8048.4公顷，增长0.3%；蔬菜播种面积817.5公顷，增加95.9公顷，增长13.3%。果园面积138公顷，下降10.4%。

全年粮食总产量39243.2吨，同比增长0.5%。其中，夏粮48.3吨，下降36.9%；秋粮39194.9吨，增长0.6%。

全年蔬菜产量34068吨，增长8.3%。水果产量1887.8吨，其中苹果产量1012.9吨。

生猪出栏2.31万头，下降23.7%；存栏1.48万头，下降1.6%。牛出栏0.063万头，下降29.2%；存栏0.19万头，增长2.8%。羊出栏0.48万只，增长9.9%；存栏1.25万只，增长1.5%。家禽出栏31.78万只，增长8.9%；存栏48.44万只，下降18.5%。肉类总产量2485吨，下降14.9%；禽蛋产量5187吨，下降23.0%；牛奶产量5457吨，下降6.3%。

年末，全区农业机械总动力5.82万千瓦；机械耕地面积7800公顷；机械播种面积7350公顷，机械收获面积5842公顷。全区农机服务收入1344万元；化肥施用量（折纯量）4449.4吨。

年末，全区灌溉面积8700公顷，其中耕地灌溉面积8680公顷。

【工业、能源和建筑业】 2022年，长

治市潞州区规模以上工业企业122家。全年规模以上工业总产值较上年增长17.8%。按登记注册类型分：国有企业同比下降0.4%，股份制企业同比增长18.1%，外资及港澳台企业同比增长9.7%。按轻重工业分：轻工业同比增长13.0%，重工业同比增长18.1%。

规模以上工业增加值同比增长13.9%。其中，轻工业同比增长32.2%，重工业同比增长11.9%。规模以上工业中：战略性新兴产业增加值完成68.61亿元，增长69.2%；高技术产业增加值完成17.10亿元，增长12.7%。规模以上工业中：煤炭工业增加值下降26.7%，非煤工业增加值增长33.4%；新材料产业增加值下降6.4%，节能环保产业增加值增长344.3%，生物产业增加值增长72.8%，新能源产业增加值增长14.9%，新一代信息技术产业增加值下降0.9%。

全年规模以上工业企业产品销售率90.32%，下降2.8个百分点。全年规模以上工业企业实现营业收入651.71亿元，增长22.3%。实现利税总额92.49亿元，增长75.8%，其中实现利润58.60亿元，增长85.6%。亏损企业38个，亏损额10.31亿元，减亏52.5%。

全年规模以上工业企业综合能耗656.86万吨标准煤，同比增长3.0%；规模以上工业增加值能耗下降9.5%；规模以上工业万元增加值能耗3.37吨标准煤；规模以上工业万元增加值电耗0.26万千瓦时；城市供水量5341万吨，同比增长1.0%。

全年全区建筑业实现总产值2641998万元，较上年增长0.1%。全区具有建筑业资质等级的总承包和专业承包建筑业企业309家，实现利润82421.6万元。

【固定资产投资】 2022年，长治市潞州区固定资产投资（不含农户）完成190.4亿元，较上年增长2.4%。其中房地产开发投资完成87.1亿元，同比增长21.8%。

分经济类型看，国有及国有控股投资增长10.7%，非国有投资下降6.8%，其中民间投资下降11.7%。分登记注册类型看，内资企业投资增长2.5%，外商及港澳台商企业投资下降62.5%。分构成看，建筑安装工程投资下降11.7%，设备工器具购置投资增长21.9%，其他投资增长93.7%。

在固定资产投资中，第一产业投资增长19.4%；第二产业投资下降8.2%，其中工业投资下降10.2%；第三产业投资增长5.0%。

【国内贸易及对外经济】 2022年，长治市潞州区实现社会消费品零售总额391.0亿元，较上年下降0.8%。按经营地统计，城镇消费品零售额383.4亿元，下降0.8%；乡村消费品零售额7.5亿元，下降1.5%。按消费形态统计，商品零售额368.6亿元，下降0.9%；餐饮收入22.4亿元，下降0.5%。

全年全区限额以上社会消费品零售额153.4亿元，较上年增长4.4%。

全年新登记市场主体2.33万户，年末市场主体总数达9.16万户。

全年进出口总额完成26643.62万元，同比增长68.4%，其中：进口15474.67万元，增长64.9%；出口11168.95万元，增长75.1%。

【交通运输】 2022年，长治市潞州区公路线路里程达到449.166千米，公路密度130.5千米/百平方千米。

【财政金融】 2022年，长治市潞州区财政总收入完成85.69亿元。地方财政收入达到37.78亿元。一般公共预算收入15.87亿元，增长0.6%。一般公共预算收入中税收收入12.69亿元。其中，国内增值税24233万元；企业所得税10114万元；个人所得税2309万元；房产税11833万元；城镇土地使用税7192万元；车船税6508万元。一般公共预算收入中非税收入总计3.18亿元。

全年一般公共预算支出36.36亿元，增长30.6%。其中，一般公共服务支出41425万元；公共安全支出5739万元；教育支出66650万元；科学技术支出960万元；卫生健康支出47692万元；社会保障和就业支出68077万元；节能环保支出14074万元；城乡社区支出37692万元。

年末全区金融机构本外币各项存款余额2427.3亿元，比上年末增长15.5%。各项贷款余额1382.9亿元，比上年末增长3.3%。

全年全区保费收入53.2亿元，下降0.5%。其中，寿险业务保费收入42.0亿元，下降0.5%；财产险业务保费收入11.2亿元，下降0.5%。

【教育和科学技术】 2022年，长治市潞州区有各级各类学校357所。其中，基础教育学校337所，中等职业教育学校20所。

2022年，全区商标申请件数522件，注册件数394件，年末有效注册量941件。全区专利授权量2836件（其中发明专利授权量192件），年末有效发明专利拥有量504件。

全区全年检定计量器具合计78038块（台）。其中，完成强制检定计量器具水表22000块，电能表29417块，热能表13532块，燃气表8350块，衡器检定2375台、医疗器械2364件。

全区有气象站24个，配合市气象局为辖区提供灾害灾情预警信息和开展天气预报服务。山西省地震局在潞州区辖区内设立2处地震监测站，潞州区在辖区内设立7个地震宏观观测点，在“5·12”“7·28”等重要时间节点开展防震减灾科普知识宣传活动，日常开展防震减灾宣传工作，普及防震减灾知识。

【文化、卫生和体育】 2022年，长治市潞州区有博物馆1座，公共图书馆（含分馆）51个，藏书15.4万册。档案馆1个，存放各类档案322201卷，188394件。艺术表演团体26个，群众艺术文化馆（站）17个，全年举办展览12次计8820人次，组织文艺活动2280次计157840人次。电视台1座，电视人口覆盖率达到100%。

全区卫生机构总计570个，实有床位数10084张，各类卫生技术人员13156人，其中执业医师和执业助理医师4825人，注册护士6563人，药师（士）474人。卫生机构中，医院、卫生院50个，实有床位9244张，卫生技术人员10319人，其中执业医师和执业助理医师3608人；妇幼保健院(所、站)2个,卫生技术人员652人；急救中心1个；采供血机构1个，卫生技术人员72人;卫生监督所（中心）1个，卫生技术人员16人。

全区有体育场馆152个，体育场地973个，全民健身中心38个，体育公园3个。

【人民生活和社会保障】 2022年，长治市潞州区常住居民人均可支配收入43671元，增长6.0%。城镇常住居民人均可支配收入45202元,增长6.0%;农村常住居民人均可支配收入25241元，增长5.9%。

全区参加养老保险人数213085人。其中，机关事业人员养老保险参保人数13189人，企业职工基本养老保险参保人数48229人，城乡居民社会养老保险参保人数151667人；城乡居民医疗保险参保实际缴费人数356804人,参加城镇职工基本医疗保险人数44377人，参加生育保险人数42267人；参加失业保险人数为38055人；参加工伤保险人数69298人。

年末全区城市居民最低生活保障共有5182户、8013人；农村居民最低生活保障共有1282户、1891人；共发放低保资金5596.1万元；366人纳入特困供养；全年临时救助2347人次。

全区全年正常运行的各类收养性单位17所，床位1923张，收养各类人员627人；国家抚恤、补助各类优抚对象1905人，发放国家抚恤、补助2405.1万元。

【城乡建设、环境保护和安全生产】 2022年，长治市潞州区建成区面积58.60平方千米。全区空气质量达标天数为292天，环境空气质量综合指数为4.17，$PM_{2.5}$浓度平均为35微克/立方米。年末全区基本农田保护面积9.22万亩，实际耕地面积16.10万亩，耕地保有量14.97万亩。全年种植各类树木55万株，其中，义务植树30万株，其他植树25万株。

2022年，全区发生安全生产事故0起。煤矿百万吨死亡率0；亿元地区生产总值事故死亡率0；工矿商贸企业就业人员10万人死亡率0；10万人口火灾死亡率0。

【年内大事】 1月26—28日，政协第二届长治市潞州区委员会第二次会议召开。会议通过政治决议、常委会工作报告决议，通过关于提案征集和审查情况的报告。

1月27—28日，长治市潞州区第二届人民代表大会第二次会议召开。会议表决通过关于政府工作报告的决议等各项决议。魏振东当选为区人民政府区长。

7月，工信部发布关于第三批第一年建议支持的国家级专精特新“小巨人”企业名单，潞州区高新技术企业——山西际安电气有限公司榜上有名。际安（电气）总共有150个品种，基本涵盖煤矿井下所有工程面，每个产品的保护、技术研发都是自主进行，与太原理工大学、北京交通大学在技术方面共同开发一些基本项目。

8月17日，山西省党建引领社区物业管理能力提升工作现场会在潞州区召开。潞州区物业管理服务中心是长治市首家专业的物业管理机构，负责全区物业服务企业的业务审批办理、居民投诉受理、物业行业稽查等工作。

8月22日，北京大学思想政治实践课教育基地揭牌仪式在潞州区委党校举行。

10月18日，全国农技中心印发《关于认定第二批国家农作物品种展示评价基地的通知》，由潞州区农业农村局组织创建、山西潞玉种业科学研究院承建运营的玉米区展示基地获批“国家农作物品种展示评价基地”。潞玉种业科学研究院的玉米区展示基地位于马厂镇富村，总面积450余亩，其中280亩作为国家级玉米新品种审定测试基地，具有很强的生态代表性和突出的示范推广区位优势。

10月20日，天晚集片区棚户区改造回迁居民陆续领到新房钥匙，标志着天晚集片区棚户区改造项目潞府花园小区正式投入使用。天晚集棚户区改造项目建设始于2018年。项目共安置回迁房864套，配套建设有地下车库、社区医疗服务中心、老年活动中心、文化健身场所等公共场所，拥有24小时物业管理服务。

10月28日，由省工商联主办的2022山西省民营企业100强发布会在太原举行。会议主要就山西民企百强系列榜单及《2022山西民营企业100强调研分析报告》进行发布。长治市有17家企业进入百强，潞州区山西长信工业有限公司、山西南耀集团、长治霍家工业有限公司、长治南烨实业集团有限公司、长治宸旭盛业商贸有限公司、山西成功投资集团有限公司6家企业榜上有名。

【领导名单】

区委书记　　崔云峰

长治市潞州区天晚集片区棚户区改造安置楼群，摄于2022年9月

（崔宽义　供图）

副书记　魏振东　刘　忠
常　委　马验习　蒋　楠
　　　　吕志刚　侯　敏
　　　　冯翔青　王　峰
　　　　武国宏　杜　锋
　　　　孟　明　谢义周
　　　　程　璐
人大常委会主任　王咏刚
副主任　张灵芳　郭卫华
　　　　王书平　周联芳
区　长　魏振东
副区长　王　峰　孟　明
　　　　谢义周　杨书旗
　　　　曹　乾（2022年9月前）
　　　　李国亮　李　娜
　　　　李　伟
　　　　王慧清（2022年9月后）
政协主席　李　飞
副主席　张华兴　陈贵月
　　　　王勇斌　焦明珍

（崔宽义）

上党区

【自然条件】上党区地处上党盆地南缘，东临壶关、西接长子、南毗晋城高平市和陵川县、北倚潞州区，素有炎帝故里、煤乡铁府、城隍之都之称，是长治市的“南大门”，全区面积483平方千米。2022年辖6个镇（荫城、苏店、西火、八义、郝家庄、南宋），3个乡（北呈、东和、西池），1个街道办事处（韩店），1个开发区（上党经开区），1个中心（振兴生态文化旅游发展中心），181个行政村。耕地2.63万公顷。矿藏6种。主要河流2条，其中陶清河最大，境内全长37.5千米。旅游景点5个。年平均气温9.9摄氏度，年平均降水量547毫米。

【人口】2022年末，上党区总户数为119468户，户籍人口349278人，其中，城镇人口107118人，乡村人口242160人；男性173197人，女性176081人。全部人口中，18岁以下62912人，18～34岁77367人，35～59岁137561人，60岁及以上71438人。

根据2022年人口变动抽样调查显示，全区常住人口317993人，其中城镇人口150792人，乡村人口167201人，城镇化率47.42%；男性人口159094人，女性人口158899人，性别比为100.12（女=100）。全年全区出生人口2236人，人口出生率7.02‰；死亡人口2936人，人口死亡率9.21‰；人口自然增长率-2.19‰。

【经济概况】2022年，上党区实现地区生产总值3669742万元，按可比价格计算，比上年增长6.5%。其中，第一产业增加值119238万元，增长4.3%，占地区生产总值的比重为3.2%；第二产业增加值2661685万元，增长7.7%，占地区生产总值的比重为72.5%；第三产业增加值888819万元，增长4.4%，占地区生产总值的比重为24.2%。

人均地区生产总值115161元，同比增长6.7%，按2022年平均美元汇率计算为17122美元。

全年全区财政总收入完成945629万元，同比增长82.0%，其中，地方财政收入392233万元，增长55.1%。一般公共预算收入207014万元，增长34.7%，其中税收收入145997万元，增长58.3%。

一般公共预算支出361309万元，同比下降0.8%。其中文化旅游体育与传媒支出增长96.5%，城乡社区支出增长77.3%，一般公共服务支出增长21.1%，交通运输支出增长16.7%，社会保障和就业支出增长11.1%，卫生健康支出增长6.0%，教育支出增长4.4%，公共安全支出下降3.8%，农林水支出下降24.4%，科学技术支出下降33.9%，节能环保支出下降52.1%。

【农业】2022年，上党区粮食种植面积17419.5公顷，同比增长0.2%。其中，玉米种植面积16065.0公顷，比上年减少22.2公顷；小麦种植面积68.6公顷，比上年减少37.7公顷；谷子种植面积394.9公顷，比上年减少87.7公顷；豆类种植面积268.4公顷，比上年增加76.2公顷；薯类种植面积285.2公顷，比上年减少34.5公顷。

全年全区粮食产量87145.4吨。其中夏粮395.6吨，秋粮86749.8吨。

经济作物种植面积3605.6公顷，同比下降0.46%。其中，油料种植面积26.9公顷，比上年减少119.6公顷；中草药种植面积284.3公顷，比上年减少 99.5 公顷；蔬菜种植面积 3291.1 公顷，比上年增加 45.6 公顷。

全年全区农业机械总动力 68910 千瓦，机械耕地面积 17812 公顷，机械播种面积 16442 公顷，机械收获面积 11234 公顷。

【工业和建筑业】 2022 年，上党区规模以上工业总产值完成 5704084.2 万元，同比增长 31.4%。规模以上工业增加值同比增长 8.9%。其中，煤炭行业增加值同比增长 5.7%，战略性新兴产业增加值同比增长 110.6%，高技术制造业增加值同比下降 29.2%。

规模以上工业企业原煤产量 3325.3 万吨，同比增长 7.83%；洗煤产量 1954.7 万吨，同比增长 8.7%；洗精煤（用于炼焦）产量 921.6 万吨，同比增长 4.8%；中成药产量 127.7 吨，同比增长 4.4%；汽车产量 6741 辆，同比增长 112.4%，其中新能源汽车产量 603 辆，同比增长 663.3%。

全年规模以上工业企业实现营业收入 3098481.0 万元，同比增长 58.7%。规模以上工业企业实现利税 1913964.7 万元，同比下降 1.3%，其中实现利润 793540.9 万元，同比增长 40.9%。亏损企业亏损额 43306.6 万元，同比增长 25.4%。规模以上工业企业产品销售率 93.6%。

全年资质以上建筑企业实现建筑业总产值 32428 万元，同比增长 39.7%；建筑业增加值 20208 万元，同比增长 19.0%。

【固定资产投资】 2022 年，上党区固定资产投资完成 763138 万元，同比增长 10.7%。分产业看，第一产业投资 24887 万元，同比增长 1.4%；第二产业投资 357899 万元，同比增长 2.2%；第三产业投资 380352 万元，同比增长 20.8%。在第二产业中，制造业投资完成 233185 万元，增长 33.5%。分构成看，建筑安装工程投资完成 612802 万元，同比下降 1.0%；设备工器具购置投资完成 80922 万元，同比增长 132.2%；其他费用投资完成 69414 万元，同比增长 93.4%。

全年全区投资项目（不含房地产开发项目）144 个。其中，亿元以上项目 32 个，亿元项目完成投资 364951 万元。

全年房地产开发投资完成 237585 万元，同比增长 23.5%，商品房销售面积 289618 平方米，同比下降 23.8%。

【国内贸易】 2022 年，上党区社会消费品零售总额 344105.5 万元，同比下降 0.5%。其中，城镇消费品零售额 179236.0 万元，下降 0.1%；乡村消费品零售额 164869.5 万元，下降 1.0%。

全区批发业销售额 5900993.5 万元，同比增长 31.2%；零售业销售额 237952.3 万元，同比增长 6.8%；住宿业营业额 2589.7 万元，同比增长 7.0%；餐饮业营业额 39816.4 万元，同比增长 6.7%。

【交通运输、邮电和旅游】 2022 年末，上党区通公交的行政村 149 个（31 个村由于道路维修，公交线路暂时不通）。全区有公交线路 24 条。其中，城际公交 4 条，城乡公交 20 条。全区有公交车 126 辆，全部为新能源汽车。其中，城际公交 33 辆，城乡公交 93 辆。

年末，全区拥有固定电话用户 13589 户；拥有移动电话用户 326635 户，其中 5G 用户 154606 户，4G 用户 149623 户；互联网接入用户 107627 户。

全年共接待国内外游客 36 万人次，旅游总收入 663 万元。

【金融】 2022 年末，上党区金融机构各项存款余额 2947518 万元，比年初增加 321185 万元，增长 12.2%。其中，居民储蓄存款 2047058 万元，比年初增加 253921 万元，增长 14.2%；各项贷款余额 1214322 万元，比年初增加 253517 万元，增长 26.4%。

【教育】 2022 年末，上党区有 150 所学校。其中，普通高中 4 所，普通初中 16 所，小学 51 所，幼儿园 76 所，职业高中 2 所，特殊教育学校 1 所。

年末全区有专任教师 3912 人。其中，具有研究生学历 78 人，本科学历 2507 人，专科学历 1173 人，高中及以下学历 154 人；在全部专任职教师中，具有高级教师技术职务的 216 人，中级教师技术职务的 949 人，初级教师技术职务的 1213 人，未定职称的 1534 人。

全年全区专利授权量为 264 件，其中发明专利授权量 14 件。年末有效发明专利拥有量 67 件，有效实用新型专利拥有量 453 件，有效外观专利拥有量 48 件。

【人民生活和社会保障】 2022 年，上党区城镇常住居民人均可支配收入 40804 元，同比增长 5.3%；农村常住居民人均可支配收入 24392 元，同比增长 7.9%。

年末全区参加城乡居民基本养老保险人数 194285 人，参加企业职工养老保险人数 41898 人，参加机关事业养老保险人数 10622 人；参加城乡居民基本医疗保险人数 281534 人，参加城镇职工基本医疗保险人数 37128 人；参加失业保险人数 28904 人；参加工伤保险人数 68200 人。

年末全区享受城市居民最低生活保障人数 138 人，享受农村居民最低生活保障人数 4462 人。

全年全区登记结婚件数 1793 对，登记离婚件数 296 对。

【城市建设】 2022 年，上党区空气质量二级以上天数 283 天，重污染天数 1 天，综合质量指数 4.52。全年亿元 GDP 生产安全事故死亡率为 0.027 人/亿元。全区主城区公园数量 2 座，公园面积 307.9 万平方米。全区主城区污水处理能力 1.2 万立方米/日，全年污水处理量 388.5 万立方米。主城区供热面积 1080 万平方米。城市道路面积 283.59 万平方米。

【领导名单】

区委书记　张　驰
副 书 记　段尧刚（2022 年 3 月前）
　　　　　张芬芬（2022 年 1 月前）
　　　　　冯丽华（2022 年 8 月后）
常　　委　赵宪民　张东文
　　　　　侯立峰　贾志军
　　　　　石　玉　王　燕
　　　　　段永丽　张　勤
　　　　　巩志岗（2022 年 9 月前）
　　　　　陈　功（2022 年 9 月前）
人大常委会主任
　　　　　张芬芬（2022 年 1 月后）
副 主 任　李旭铭　杨军伟
　　　　　张慧军　杨阿艳
区　　长　段尧刚（2022 年 3 月前）
　　　　　冯丽华（2022 年 8 月后）
常务副区长　石　玉
副 区 长　段永丽　张　勤
　　　　　王练兵
　　　　　周广涛（2022 年 10 月后）
　　　　　闫卫国　路金戈
　　　　　杜津力
政协主席　魏俊英
副 主 席　刘志安
　　　　　秦国锁（2022 年 9 月前）
　　　　　宋志兵　郭海波
　　　　　张五清

【年内大事】 1 月，上党区医疗集团人民医院互联网门诊正式开诊。

3 月 29 日，长治市委全面依法治市工作调研座谈会在上党区召开。

5 月 19 日，上党区举行第一届残疾人运动会暨长治市第七届残疾人运动会选拔赛。

6 月 11 日，山西省 2022 年“文化和自然遗产日”启动仪式在太原举行，上党区八义窑被评为山西非遗十大优秀保护实践案例典型。2021 年 5 月，八义窑红绿彩瓷烧制技艺被国务院公布为国家级非物质文化遗产代表性项目，2022 年 1 月，八义窑新产品入选外交部外交物资采购目录。

6 月 23 日，山西省体育局深入上党区，就长治市申办山西省第十七届运动会工作进行考察。

8 月 17 日，上党区与山西大学、陕西师范大学、山西机电职业技术学院等省级高校签署合作协议，双方将在教育理论研究、高技能人才培养、社会管理服务等多个领域展开深入合作，共建大学生实习实训基地、大学生联合培养基地、高校科研成果转化基地、智库合作基地等“12 大基地”。

8 月 28 日，山西振东健康产业集团举行第二十四届“扶贫济困日”资助大会。此届“扶贫济困日”中，来自长治各区县，以及晋城、晋中等 18 县的 709 名首次资助新入学大学生，1263 名再资助往届大学生，61 名受助博士、硕士研究生，合计 2033 名受助学子和 156 户受助家庭受到资助，资助金额达 1639.8 万元。

9 月 2 日，长治市职业高级中学东苗校区举行立新正骨医院、潞州宴餐饮公司人才培训基地揭牌仪式，这标志上党区又增添一个产教融合的新平台。

9 月 15 日，在全国县级融媒体中心优秀作品复赛评选中，上党区融媒体中心采写的稿件《瞭望塔上的夫妻哨：“你守护绿，我守护你”》获一等奖。

11 月 25 日，上党区举行山西长治陶清湖综合治理及体育设施 PPP 项目融资合同签约仪式，中能建棕榈陶清湖（长治市上党区）建设发展有限公司与中国农业发展银行长治市上党区支行签署融资合同。

12 月 8 日，上党区举行国道 208 长治南段（上党境内）改扩建工程开工仪式。该工程是 2022 年省级重点工程，起点位于上党区苏店镇辛庄村，与建成的国道环线司马互通相接，终点位于南宋镇子乐沟村，沿途涉及 6 个乡镇 29 个村。项目全长 21.26 千米，全线按双向四车道一级公路标准建设，设计速度 80 千米/小时，路基宽度 25.5 米，总投资 14.13 亿元，占地 1718.61 亩，批复工期 30 个月。

12 月 5 日，上党区举行 7×24 小时政务服务超市揭牌暨优化营商环境服务月启动仪式。7×24 小时政务服务超市位于上党区光明北路的长治黎都农商银行华融支行，布设 12 台智能服务设备，企业和群众携带二代身份证，即可进行增值税发票代开与申领、个人及企业征信报告打印、政务事项办理及进度查询、电费的缴费查询等 8 个方面 25 个事项的线上自助办理，以及涵盖 20 个方面 337 个事项的自助查询业务。

12 月 22 日，振东集团 2022 年第 22 届“冬助日”救助活动在集团总部举行。为 13 名孤儿和 13 名重症大病特困家庭代表发放救助金。来自长治市各区及周边县区的受助孤儿、孤寡老人、残疾人及特困家庭家属等受助者参加大会。（刘旭宇）

屯留区

【自然条件】 长治市屯留区总面积 1190.38 平方千米。2022 年，全区辖 1 个街道 4 个乡 6 个镇 3 个开发区 209 个行政村。耕地 4.86 万公顷。矿藏 8 种。主要河流 3 条，其中绛河最大，境内全长 81.2 千米。旅游景点 8 个。

【人口】 2022 年，长治市屯留区总人口 250905 人，男性人口 127792 人，女性人口 123113 人，性别比（女=100）为 103.8。居住在城镇的人口为 122969

人，占 49.01%；居住在乡村的人口为 127936 人，占 50.99%。全区出生人口 2119 人，人口出生率为 8.43‰，死亡率为 9.39‰，自然增长率为 -0.96‰。

【经济概况】 2022 年，长治市屯留区生产总值 256.38 亿元，比上年增长 13.4%。其中，第一产业增加值 11.01 亿元，增长 5.6%，第二产业增加值 206.33 亿元，增长 16.6%，第三产业增加值 39.04 亿元，增长 4.9%。全年全区财政总收入 81.93 亿元，比上年增长 39.9%；一般公共预算收入 16.36 万元，增长 38.61%；地方财政收入 34.97 亿元，增长 40.57%。全区金融机构各项存款余额 167.55 亿元，比年初增加 24.01 亿元，全区金融机构各项贷款余额 92.65 亿元，比年初增加 19.71 亿元。

【农业】 2022 年，长治市屯留区农作物播种面积 45471.27 公顷。其中粮食种植面积 37892.54 公顷，其中，夏粮（小麦）种植面积 693.88 公顷，减少 0.86%，秋粮 37198.65 公顷，增加 0.33%；玉米种植面积 35406.3 公顷，减少 0.86%。全年经济作物播种面积 7578.73 公顷，增长 20.4%，其中，蔬菜种植面积 7247.53 公顷，增长 12.6%；中草药采收面积 314.27 公顷，增长 87.17%。果园面积 78.63 公顷，减少 8.6%。全年粮食产量 202303.8 吨，增产 1.6%。其中，夏粮 3977.37 吨，增产 0.81%；秋粮 198326.4 吨，增产 1.6%；玉米产量 192294 吨，增产 2%。全年蔬菜总产量 179304.5 吨，增产 4.4%。

全年农用化肥施用量（折纯）2118.6 吨，农用塑料薄膜使用量 189.1 吨，农用柴油使用量 2187.4 吨，农药使用量 79.5 吨。

全年全区猪牛羊禽肉产量 9424.73 吨，比上年增长 5.09%。其中，猪肉产量 7164.23 吨，增长 3.8%；牛肉产量 542.77 吨，减少 1.8%；羊肉产量 648.73 吨，增长 7.3%。全年禽蛋产量 11147.4 吨，增长 4.6%。牛奶产量 431.97 吨。年末生猪存栏 55243 头，增长 12.7%；生猪出栏 93178 头，增长 3.3%。

【工业】 2022 年，长治市屯留区规模以上工业企业 54 家，规模以上工业增加值 232.91 亿元，比上年增长 20.2%。其中轻工业增加值 2.59 亿元，下降 38%；重工业增加值 230.32 亿元，增长 29.2%。主要工业产品产量中，原煤产量 1221.46 万吨，下降 6.54%；洗精煤 1033.59 万吨，下降 1.03%；焦炭产量 190.49 万吨，下降 0.27%。全年全区规模以上工业企业实现营业收入 506.94 亿元，比上年增长 26.7%。实现利税 95.29 亿元，增长 70.4%，实现利润 46.77 亿元，增长 205.6%。

【建设环保】 2022 年，长治市屯留区二级及二级以上天数 297 天，空气质量综合指数 4.12。全年全区主城区实际集中供热面积 380 万平方米，城市集中供热率达 96%。天然气用户 5.84 万户，燃气普及率 88%。城市供水量 198 万吨。全区污水处理能力 2 万吨 / 日，污水处理率 95%。全区生活垃圾清运量 1.03 万吨。全年全区建成区绿化面积 291.03 万平方米，公园 1 座。城市建成区绿化覆盖率、绿地率分别达到 46.41% 和 41.63%。

【交通邮电】 2022 年，长治市屯留区公路通车里程 1010.76 千米，其中国省干线公路 147.36 千米（其中高速公路 21.46 千米、国道公路 93.25 千米、省道公路 32.65 千米），农村公路 863.40 千米（其中县道 111.28 千米、乡道 319.02 千米、村道 433.10 千米）。全年全区完成邮电业务总量 1690.27 万元，邮政业务收入 2128.29 万元；邮政单程长度 152 千米，农村投递线路单程长度 1060 千米。

【投资贸易】 2022 年，长治市屯留区固定资产投资 79.39 亿元，比上年增长 4.6%，其中，国有及国有控股投资 57.86 亿元，增长 30.4 %。非国有投资 21.53 亿元，下降 31.7%。分产业看，第一产业投资 3.25 亿元，下降 13.4%；第二产业投资 61.63 亿元，增长 54.4%；第三产业投资 14.51 亿元，下降 55%。全区在建固定资产投资项目 133 个，其中，亿元以上项目 45 个，房地产项目 21 个，全年全区在建固定资产计划总投资 246.8 亿元，完成投资 79.4 亿元。全年全区社会消费品零售总额 27.44 亿元，比上年下降 0.2%。其中，城镇消费品零售额 142201.8 万元，增长 0.2%；乡村消费品零售额 132233.4 万元，下降 0.5%。

【教育科技】 2022 年，长治市屯留区有完全中学 1 所，高级中学 1 所，职业中学 1 所，普通初中 7 所（其中民办 1 所），九年一贯制学校 2 所（含民办 1 所），12 年一贯制学校 1 所，普通小学 39 所，独立设置幼儿园 87 所，教师进修学校 1 所。全区中小学有教职工 3208 人，其中专任教师 2761 人；幼儿园有教职工 988 人，其中专任教师 650 人。全区在校普通高中生 4143 人；职中在校生 1705 人；普通初中在校生 9007 人；小学在校生 17988 人；在园幼儿 7877 人。其他教育单位教职工 118 人，其中教育局机关 92 人，教师进修校 26 人。2022 年高考二本及以上达线人数 542 人。

【文体卫生】 2022 年，长治市屯留区有文化馆 1 个，公共图书馆 1 个，农村书屋 215 个，公共图书馆藏书量 8.99 万册，全区广播电视台 1 座。成立乡镇体育工作站 13 个，各类体育协会 39 个，基层健身辅导站 207 个，各级社会体育指导员 1155 人。全年共参加区级以上活动比赛 4 次，获得各类奖项 3 个。全区共有医疗卫生机构 345 个，其中综合医院 7 个、中医院 1 个、社区卫生服务站 1 个、门诊部 2 个、妇幼保健机构 1 个、卫生院 17 个、村卫生所 291 个、诊所 25 个。全区病床位 1082 张。卫生技术人员 1178 人，其中，执业医师 309 人，执业助理医师 386 人，注册护士 858 人。

【社会生活】 2022 年，长治市屯留区农村居民人均可支配收入 22671 元，比上年增长 7.6%；城镇居民人均可支配收入 35999 元，比上年增长 6.9%。全区参加基本医疗保险人数为 239458 人，其中，参加城镇基本医疗保险职工人数为 21706 人，参加城乡居民基本医疗保险人数为 217752 人。全区年末享受城市最低生活保障救济 6093 人次，全年累计发放城区低保资金 325.69 万元；享受农村最低生活保障救济 68835 人次，累计发放农村低保资金 3193.78 万元。年末全区共有敬老院 3 所，床位 238 张，入住 102 人，光荣院 1 所，床位 15 张，入住 3 人。

【年内大事】 1 月 13 日，长治市屯留区党史学习教育总结会议召开。

1 月 25 日，中国共产党长治市屯留区第二届委员会第六次全体会议暨区委经济工作会议召开，会议讨论《中共长治市屯留区委常委会工作报告》，审议通过《中共长治市屯留区委全会工作规则》《中共长治市屯留区委第二届委员会第六次全体会议决议》。

1 月，长治市屯留区人民检察院被中华全国妇女联合会评为全国维护妇女儿童权益先进集体。

元宵节期间，为了展示全区的文化特色和产业发展成果，长治市屯留区在主城区的麟绛街、羿神街、久安路、建设路、屯玉路、盘秀路、禹王路、麟绛人民公园以及时代广场举办“一街一主题、一路一特色”的主题花灯展，在巍山小镇往东城际路段举办主题灯展，共展出虎年大型灯组 30 余组。区统计局组织专业人员利用城乡住户调查点对全区 10 个村 100 户 321 人进行调查，据统计：群众对灯展美誉度达 99%，到现场观灯率达 65%。灯展现场人均消费 100 元以上占 21.2%，50 ~ 100 元占 38%，灯展现场人均消费 50 元以上。根据观灯率和有关部门对高峰期（2 月 11—17 日）平均人流量达 10 万人次 / 日数据测算，保守计算观灯总人数在 72 万人次以上，其中全区常住人口观灯人数 17 万人次以上，外县区观灯人数 55 万人次。从消费情况看，抽样调查显示，2 月 1—28 日饭店营业收入 7140 万元。灯展现场消费按人均 50 元测算，街边摊贩营业收入达 3600 万元，灯展拉动居民消费达 1.07 亿元以上。

3 月 10 日，为保证长治市屯留区 10 万亩辣椒基地定植，经过种子精选、芽率检测，育苗大棚修整、消毒，基质配制等操作，全区辣椒育苗播种工作全面开始。

3 月 23 日，长治市屯留区青年企业家协会成立。

3 月 24 日，国家统计局山西调查总队总统计师孙洪娟，纪检监察室主任王俊梅带队到长治市屯留区就劳动力调查工作开展情况进行调研。根据国家统计局山西调查总队的统一安排，全区的劳动力调查工作共涉及 7 个乡镇 10 个村，每月调查 160 户，每年调查 1920 户次，按照劳动力抽样调查的时间节点要求，每月 10 日至 16 日在 10 个样本村开展用户调查工作。

4 月，长治市屯留区被山西省全面深化改革委员会确定为市县转型牵引性集成改革试点单位，承担“构建现代乡村产业体系”改革任务。

5 月 27 日，中共长治市委书记杨勤荣带领各县区和市直相关部门负责人到屯留创新科技产业园、上村镇王庄村日光温室大棚基地、申欣超低浓度瓦斯综合利用碳减排项目施工现场就项目进展情况进行实地观摩。

6 月 9 日，长治市屯留区在 2022 年国务院办公厅组织开展的国务院大督查及专项督查中被予以“免督查”，是山西省唯一获此奖励的县区。

6 月 15 日，长治市屯留区农村集体经济发展中心和农村集体资产经营有限公司挂牌成立。

6 月，屯留道情《大美屯留》入围第十二届中国曲艺牡丹奖全国曲艺大赛。

6 月，山西长清生物有限公司与广东清大智兴生物技术有限公司合力打造的年产 2 万吨 1,3- 丙二醇生产装置一次开车成功，打破国外公司长期以来的技术垄断。

7 月“七一”期间，长治市屯留区各（工）委举行“光荣在党 50 年”纪念章颁发仪式，为 126 名党龄达到 50 年、一贯表现良好的中共党员代表颁发“光荣在党 50 年”纪念章，向他们致以敬意和祝福。

7 月 23 日，长治市屯留区举办社区运动会，运动会设置有乒乓球、羽毛球、一分钟集体跳绳、趣味赛和拔河赛 5 个比赛项目，辖区内羿神社区、瓶城社区、巍山社区、久安社区、盘秀社区 5 个社区代表队，共 200 余人参加。

截至 7 月，长治市屯留区推进区乡村三级综治中心规范化建设，全区 13 个乡镇、中心、街道，6 个村（社区）、2 个区直单位建成接入视联网会议系统；13 个乡镇、中心、街道、135 个村（社区）和 20 个区直单位视频监控接入综治视联网。

8 月 8 日，长治市屯留区举办“全民健身日”职工健身舞蹈展演活动，活动由区全民健身指导委员会主办，区总工会、区全民健身中心、区老年人体育协会承办。全区 8 个协会（俱乐部）健身辅导站300余人参加8个节目展演。

8月18日，长治市屯留区统计局被人力资源和社会保障部、国家统计局评为全国统计系统先进集体。

8月30日，长治市屯留区农业农村局被中共中央、国务院评为全国人民满意的公务员集体。

8月，长治市屯留区作家协会主席王寒星加入中国作家协会，是长治市屯留区首位加入中国作家协会的作家。

9月23日，长治市屯留区在麟绛人民公园举办主题为“庆丰收迎盛会”的2022年“中国农民丰收节”庆祝活动，活动主要有“辣椒王”大赛、辣椒酱大赛、农业科普展、乡村振兴摄影展、特色农产品展销会等。

9月29日，巍山森林康养小镇被山西省文化旅游厅确定为文旅康养示范区创建单位。

11月1日，长治市屯留区干部大会召开，会议宣布牛海江任中共长治市屯留区委书记。

12月5日，抗大一分校（岗上村）旧址被全国妇女联合会命名为全国妇女爱国主义教育基地。

12月8日，为进一步提高谷子的产量和品质，结合山西省内专家意见和全省各地试验示范经验，长治市屯留区在渔泽镇岗上村运用“生物降解渗水地膜覆盖谷子冬穴播技术”试验示范推广谷子冬播种植技术。

12月15日，中国共产党长治市屯留区第二届委员会第七次全体会议召开，会议审议通过《中共长治市屯留区关于深入学习宣传贯彻党的二十大精神的实施方案》，讨论审议《区委常委会工作报告》。中共长治市屯留区委书记牛海江就《实施方案》向全会作说明，对学习宣传贯彻工作作安排部署。

12月30日，长治市屯留区“稳粮保供”案例在中央改革办《改革情况交流》、农业农村部《农村改革动态》《农业情况交流》刊发，受到国务院领导的批示肯定。

12月，长治市屯留区被中共山西省委政法委员会表彰为2021年度省级平安县（市、区）。

12月，长治市屯留区被山西省粮食物资储备局表彰为粮食产业优势县。

【领导名单】

区委书记　翟卫华（2022年7月前）
　　　　　牛海江（2022年9月后）
副 书 记　牛海江（2022年9月前）
　　　　　郑　丹
常　　委　李常宏　曾　涛
　　　　　张鼎盛　李祖奎
　　　　　郭乐慧　陈潇光
　　　　　李轶楠　郭　廖
　　　　　李　安
人大常委会主任　郗淑芳
副 主 任　郭红芳　李俊清
　　　　　王建平　王长胜
区　　长　牛海江
常务副区长　李轶楠
副 区 长　李　安
　　　　　杨泽滨（2022年10月后）
　　　　　郝晓英　周广涛
　　　　　郭迎红　杜　劼
　　　　　程　予（2022年5月前）
政协主席　李书红
副 主 席　孙军旗（2022年9月前）
　　　　　杨庆春　郭云腾
　　　　　马庆芳

（段蓓蓓）

潞城区

【自然条件】 长治市潞城区总面积614.94平方千米。2022年辖3个街道1个乡4个镇134个建制村20个社区。耕地6.2万公顷。矿藏14种。主要河流11条，其中浊漳河最大，境内全长20千米。旅游景点14个。年平均气温11.2摄氏度，年降水量645毫米。日照时数2292.1小时。

【人口】 2022年，长治市潞城区总人口21.55万人，男性人口11.12万人，女性人口10.43万人，城镇人口13.02万人，乡村人口8.53万人。出生人口1230人，全年人口出生率5.69‰，死亡人口2158人，死亡率为9.99‰；自然增长率-4.29‰。

【经济概况】 2022年，长治市潞城区地区生产总值189.2亿元，按不变价计算，同比增长4.4%。其中，第一产业增加值6.7亿元，同比增长5.6%；第二产业增加值133.3亿元，同比增长2.5%；第三产业增加值49.2亿元，同比增长8.1%。三次产业结构比为3.5∶70.4∶26.1。

人均地区生产总值为87530元/人，按2022年平均汇率计算13013美元。全年全区财政总收入203448万元，同比增长24.44%。一般公共预算收入79828万元，同比增长0.01%，其中税收收入54639万元，同比下降1.15%；非税收入25189万元，同比增长2.62%。一般公共预算支出243984万元，同比增长42.22%，其中，农林水支出17863万元，同比增长20.93%；社会保障和就业支出32822万元，同比增长8.42%；卫生健康支出20960万元，同比增长60.58%；教育支出31286万元，同比下降2.86%。

【农业】 2022年，长治市潞城区粮食种植面积258296.45亩。其中，玉米种植面积218680.18亩，小麦种植面积7884.09亩，油料种植面积2485.6亩，棉花种植面积79.8亩。全年粮食产量89087.26吨。其中，夏粮1628.33吨，秋粮87458.93吨。

【工业　建筑业】 2022年，长治市潞城区规模以上工业企业77家，全年规模以上二业总产值同比增长 12.3%，规模以上工业增加值同比增长 2.3%。主要产品产量中，原煤产量 129.3 万吨，同比增长 255.5%；焦炭产量 543.1 万吨，同比下降 6.4%；水泥产量 418.8 万吨，同比下降 1.6%；化肥（折 100%）产量 23.4 万吨，同比增长 15.6%；钢材产量 87.4 万吨，同比下降 21.8%；发电量 57.4 亿千瓦时，同比下降 6.6%。2022 年，全区规模以上工业企业营业收入 473.1 亿元，同比下降 3.6%，实现利税 16.3 亿元，同比下降 69.3%，实现利润 6.4 亿元，同比下降 84.3%。全年全区资质以上建筑企业 3 家，完成建筑业总产值 4.9 亿元，同比下降 19.1%。

【城市建设】 2022 年，长治市潞城区城市建成区面积 10.5 平方千米。建成区有公园 3 座，总面积 24 公顷。年末建成区绿化面积 434.6 公顷，覆盖率 41.39%，绿地率 39.53%，人均公共绿地面积 13.7 平方米。全年城市供水总量 411.39 万吨，人均日生活用水量 113 升。全年天然气供气总量 1597 万立方米，其中居民生活用气量 852 万立方米。全区燃气普及率 72.04%。主城区集中供热面积达到 802 万平方米，其中居民住宅供热面积 631 万平方米。主城区污水处理能力 20000 吨 / 日，全年污水处理量 337.23 万吨。生活垃圾清运量 30591.86 吨，垃圾转运量 30591.86 吨，厨余垃圾处理量 2156.61 吨。

【交通邮电旅游】 2022 年，潞城区公路通车里程 723.52 千米，其中国省干线公路 90.13 千米（其中，国道公路 63.92 千米、省道公路 26.21 千米），农村公路 633.39 千米（其中，县道 102.33 千米、乡道 283.48 千米、村道 247.58 千米）。全年完成邮政业务总量 2105.5 万元，同比增长 18.82%。电信业务总量 13911.5 万元，年末固定电话用户 1.78 万户，移动电话用户 22.89 万户，互联网接入 7.89 万户。全年共接待国内外游客 200.98 万人次，同比增长 9.5%，全年旅游总收入 19.5 亿元，比上年增长 6.3%。

【投资贸易】 2022 年，长治市潞城区固定资产投资 110 亿元，同比增长 10.4%。按产业分：第一产业投资 4.8 亿元，同比增长 23.9%；第二产业投资 73.9 亿元，同比增长 9.4%；第三产业投资 31.3 亿元，同比增长 11.1%。按投资领域分：基础设施 12.3 亿元，同比增长 5.4%；工业 73.9 亿元，同比增长 9.4%；其他投资 23.8 亿元，同比增长 16.7%。全年全区在建固定资产投资项目 248 个。其中，5000 万元以上项目 112 个，5000 万元以下项目 136 个。全年房地产开发项目 16 个，完成投资 4.8 亿元，竣工面积 11.9 万平方米，销售面积 23.1 万平方米。全年全区社会消费品零售总额 25.9 亿元，与 2021 年持平，其中限额以上消费品零售额 4.4 亿元，同比增长 8%。分地区看：城镇消费品零售额 17.8 亿元，同比增长 0.2%；乡村消费品零售额 8.1 亿元，同比下降 0.3%。按消费形态统计：商品零售额 24.1 亿元，与 2021 年持平；餐饮收入 1.8 亿元，同比增长 0.2%。分行业看：批发业销售额 139.1 亿元，同比增长 123.9%；零售业销售额 16.7 亿元，同比增长 7.1%；住宿业营业额 1687.6 万元，同比下降 10.9%；餐饮业营业额 1.8 亿元，同比增长 2.6%。

【教育科技】 2022 年，长治市潞城区有各级各类学校 126 所。其中，幼儿园 70 所，小学 40 所，初中 10 所，高中 4 所（含十二年一贯制 1 所），职高 1 所，特殊教育学校 1 所。各类学校在校人数 28326 人。其中，幼儿园 5505 人，小学生 11730 人，初中生 5439 人，普通高中生 3684 人，职业高中生 1795 人，特殊教育学校学生 173 人。全年全区发明专利申请量为 177 件，比上年增加 10 件，全区专利持有量 635 件，比上年增加 77 件。全区有法定计量技术机构 1 个，全年完成强制检定计量器具 2042 台 / 件。

【文体卫生】 2022 年，长治市潞城区有文化事业机构 3 个，公共图书馆藏书量 8.4 万册，全区电视台 1 座，广播电视覆盖率达到 100%，年末全区数字信号用户达到 3.5 万户。2022 年末全区共有医疗卫生机构（含诊所）239 个。其中，医院、卫生院 12 个，妇幼保健机构 1 个，疾病预防控制中心（防疫站）1 个，乡镇卫生所 7 个，卫生监督机构 1 个。病床位 931 张。其中，医院、卫生院 894 张。卫生技术人员 1131 人。其中，执业医师和执业助理医师 487 人，注册护士 425 人，药剂人员 52 人，乡村医生 154 个。2022 年末，体育场地总数 651 个，场地面积 43.82 万平方米，人均场地面积 2.1 平方米。全区区级体育社团总数达到 18 个，并辐射到各乡镇和重点村（社区）形成网络。全年举办大型群众性赛事 4 次，参与人数达 2.3 万人次。

【社会生活】 2022 年，长治市潞城区城镇新增就业 5100 人，全年农村居民人均可支配收入 19820 元，同比增长 7.3%；城镇居民人均可支配收入 38431 元，同比增长 6.7%。年末，参加城镇基本养老保险 152739 人。其中，企业职工基本养老保险 30675 人，机关事业单位职工基本养老保险 5743 人，城乡居民基本养老保险 116321 人。参加基本医疗保险 193497 人。其中，参加城镇职工基本医疗保险 33563 人（含参加生育保险人数），参加城镇居民基本医疗保险 159934 人。参加生育保险 26500 万人。参加失业保险 31875 人。参加工伤保险 48356

人，其中农民工 31764 人。年末全区纳入城乡最低生活保障的居民 4930 人，全年发放城乡低保资金 2777.63 万元。其中，年末城市最低生活保障的居民 514 人，发放城市低保资金 299.97 万元；年末享受农村最低生活保障的居民 4416 人，发放农村低保资金 2477.66 万元。提供住宿的社会工作机构（敬老院）5 个，提供住宿的社会工作机构床位 383 床。

【年内大事】 1 月 24 日，潞城区微子镇被授予平安山西建设示范乡镇。

1 月 30 日，文华路（中华街至学府街段）试通行，该路段全长 700 米，红线宽度 40 米，为双向六车道。

2 月 17 日，潞城区举行大葱产业推进会暨揭牌仪式。

2 月 26 日，全省开发区 2022 年第一次项目集中签约一批、开工一批、投产一批“三个一批”活动在全省各地同步举行。项目签约活动长治市分会场在潞城区双创研发基地山西铭野科技有限公司举行。潞城经开区共签约 5 个项目，总投资 39.7 亿元。开工一批活动长治项目集中开工暨潞城经开区高端精密制造项目（二期）开工仪式在潞城区数智互联产业园举行。

3 月 7 日，潞城区举行山西瑞君新材料科技有限公司人造石墨负极材料一体化项目奠基仪式。

3 月 17 日，晋能控股电力集团清洁能源长治基地潞城项目开工仪式在潞城区成家川街道三井村举行。晋能控股电力集团清洁能源长治基地潞城 100 兆瓦智慧能源一体化光伏发电项目位于微子镇、成家川街道一带，总投资为 4 亿元。

4 月 23 日，长治市春季农业生产暨第一产业高质量发展现场推进会在潞城区召开。山西大地控股产业发展集团有限公司、神农原粮科技（山西）有限公司、山西维康德济中药材有限公司等 9 个项目与潞城区进行签约。

5 月 17 日，潞城区与深圳领骏智能科技有限公司、深圳市咏华宇电子有限公司、东莞市鹏为科技有限公司、惠州优聚锂能科技有限公司等 4 家企业举行项目签约仪式。签约的 4 家企业主要涉及智慧教育及智慧城市、PCB 印制电路板、大功率 LED 芯片封装及智慧城市照明灯具生产、新能源聚合物锂离子电池等领域，项目总投资 7.5 亿元。

6 月 10 日，潞城区举行项目集中签约仪式。潞城区人民政府分别与山西交控金资管理有限公司、冠域数据服务长治有限公司、长治精言科技有限公司、山西潞控机械装备有限公司、山西合溢达集运站有限公司、长治市京晋华祥物流有限公司等 6 家企业签约。

同日，潞城区人民政府公布第八批区级文物保护单位，共 27 处。

6 月 16 日，潞城区人民政府公布第一批区级非物质文化遗产代表性项目名录，共 9 项。

6 月 24 日，潞城区红旗剧团新编大型红色革命现代戏上党落子《烽火太行花》在长治市潞安剧院汇报演出。该剧为国家艺术基金 2020 年度资助项目。

6 月 30 日，潞城区举行山西龙星碳基新材料循环经济产业项目开工奠基仪式。山西龙星碳基新材料循环经济产业项目位于潞城经济技术开发区，项目分两期建设，一期投资 16 亿元，二期投资 15 亿元。

同日，潞城区与潞安职业技术学院举行战略合作框架协议签约暨合作共建潞城区化工实训基地揭牌仪式。潞安职业技术学院隶属于潞安化工集团，是长治地区 5 所省属高校之一。

本月，《潞城市志（1978—2016）》正式出版发行，标志着潞城区二轮修志工作圆满完成和潞城区志鉴“两全目标”顺利实现。《潞城市志（1978—2016）》全书 165 万字，由中华书局出版。

7 月 15 日，2022 年长治市锣鼓大赛在潞城区举行。长治市各县区 11 支锣鼓表演精英团队，共计 400 余人参加。

7 月 26 日，潞城区首家企业山西卓越水泥有限公司“学习强国”线下体验空间揭牌。

7 月 28 日，潞城区举行企业集中挂牌暨培训交流活动，全区 14 家企业成功在山西股权交易中心“晋兴板”或“展示板”挂牌。潞城区 14 家企业成功挂牌后，全区累计有 10 家企业在“晋兴板”挂牌、18 家企业在“展示板”挂牌。

8 月 7 日，潞城区举行龙富达（山西）生态农业科技有限公司年产 30 万吨硝酸铵钙项目开工仪式。年产 30 万吨硝酸铵钙项目是全资台资企业龙富达（山西）生态农业科技有限公司投资 3 亿元，在潞城区新建的大型现代化精细化工项目。该项目主要利用天脊集团生产硝酸磷（钾）肥过程中产生的碳酸钙为原料，通过塔式造粒技术生产全水溶硝基复合肥——硝酸铵钙。

8 月 10 日，山西多宝泰科技有限公司生产的首批 12000 台电子产品集中装箱，远销中北美洲的多米尼加共和国。山西多宝泰科技有限公司于 2021 年 12 月正式签约入驻潞城数智互联产业园，以生产制造为主，产品涵盖平板电脑、笔记本电脑、手机、智能家居、智能手表、智能机器人、智能导航定位等多个领域，主要销往美国、欧洲、东南亚、南美，非洲等国家和地区。

8 月 11 日，清华大学美术学院环境艺术设计系（潞城）传统建筑研学课堂启动仪式在潞城区职业高级中学校举行。

同日，潞城区网络主播协会成立暨“寻美・潞城——助力乡村振兴”主题活动启动仪式在长治市大健康公共服务基地举行。

8月31日，长治市冬播谷子潞城试点现场观摩暨开镰仪式在潞城区举行。2021年冬，潞城区在史回镇楼后村、黄牛蹄乡黄牛蹄村、成家川街道驮坡村、翟店街道西天贡村和辛安泉镇石梁村等5个村，一次性试点种植冬播谷23.8亩。

9月5日，“科创中国”技术路演系列专场启动仪式暨长治经开区首场路演在潞城区双创基地举办。

9月15日，潞城区举行潞城数智互联产业园二期工程项目开工仪式。数智互联产业园二期项目总投资9.3亿元，占地面积157亩，总建筑面积22万平方米。

同日，潞城区与山西宏丰工贸有限公司举行潞城大酒店合作签约仪式。

9月30日，潞城区与傲得（深圳）科技有限公司、深圳立鑫光电科技有限公司、深圳眼千里科技有限公司3家企业举行项目战略合作签约仪式。

10月12日，潞城区26株古树名木及后备资源名录公示。

10月25日，潞城区举行零散烈士集中迁葬仪式，5名烈士遗骸集中迁葬至微子镇神头村零散烈士集中安葬地。

11月2日，潞城区5处地名列入首批《山西省省级地名文化遗产及红色地名保护名录》，潞城区为“千年古县”，微子镇为“千年古镇”，石梁村为“千年古村”，北村、神头岭列为“红色地名”。

本月，潞城区“天津大学‘初识象牙塔’省校合作项目”获“2022年第八届全国大学生暑期实践项目百强”荣誉。

12月13日，中华大街全线贯通。中华大街改造提升工程西起高速路连接线，东至南华东街，横贯主城区，全长约5.5千米，设计为双向六车道。提升改造工程于3月8日开始实施分段封闭施工。

12月27日，潞宝集团与青科恒安举行10万吨RTP管高端新材料项目签约仪式。热塑性高性能纤维增强复合新材料（RTP）生产基地建设项目预计总投资额5.57亿元。

本月，潞城区现代农业发展中心主任张李春获全国农村集体产权制度改革工作先进个人称号。

【领导名单】

区委书记　秦苏良（2022年3月前）
　　　　　段尧刚（2022年3月后）
副书记　柴　哲
常　委　牛浩刚（2022年6月前）
　　　　曹　枫　李　明
　　　　李晓峰　李　煜
　　　　张学良　王振宁
　　　　冯立功　李振亚
　　　　刘希周
人大常委会主任　翟　勇
副主任　赵云斌　杨忠民
　　　　李　敏　韩旭军
区　长　柴　哲（2022年2月后）
常务副区长　李　明
副区长　王振宁　冯立功
　　　　杜进才
　　　　武　鹰（2022年9月前）
　　　　刘喜乐（2022年10月后）
　　　　王振华（2022年6月后）
　　　　张永刚　原艳飞
　　　　马智勇（2022年7月后）
政协主席　琚海鹏
副主席　侯安善　靳忠玲
　　　　苗跃刚

（冯晨霞）

襄垣县

【自然条件】 襄垣县总面积1178平方千米。2022年，辖9镇、229个行政村、9个社区。全县耕地保有量4.21万公顷。有水库10座。其中，大Ⅱ型水库1座——后湾水库；小Ⅰ型水库6座——阳泽河水库、闫村水库、夏店水库、下峪水库、合漳水库、灰堖水库；小Ⅱ型水库3座——南底水库、冀家岭水库、东风水库。全县有河流9条，分别是：省管河道浊漳河南源、浊漳河西源、浊漳河干流、浊漳河北源；市管河道郭河、原庄河；县管河道史水河、淤泥河、郝河。

【人口】 2022年末，襄垣县总人口257200人，男性人口133264人，女性人口123936人，城镇人口141511人，乡村人口115689人。据卫体部门统计，全县已婚育龄妇女42763人，出生人口1287人，人口出生率4.81‰；死亡1128人，死亡率4.21‰；人口自然增长率0.59‰。

【经济概况】 2022年，襄垣县地区生产总值完成448.92亿元，比2021年增长8.8%。其中，第一产业增加值8.65亿元，第二产业增加值366.09亿元，第三产业增加值74.18亿元。全县一般公共财政预算收入完成26.43亿元，比2021年增长19.05%。全县一般公共财政预算支出35.27亿元，比2021年增长30.48%。全县金融机构本外币各项存款余额365.01亿元，比年初增长10.5%，本外币各项贷款余额255.98亿元，比年初增长4.4%。

【农业】 2022年，襄垣县粮食作物播种面积431720.08亩，与2021年基本持平；粮食总产量131806.40吨，比2021年增长1.84%。蔬菜播种面积2995.13公顷，比2021年增长12%，产量111625.4吨，比2021年增长8%。农林牧渔业总产值完成139412.5万元，比2021年增长7.35%。全县农业机械总动力达到14.36万千瓦。

【工业　建筑业】 2022年，襄垣县规模以上工业总产值比2021年增长

38.11%；工业销售产值比2021年增长38.65%。全县规模以上工业增加值比2021年增长15.6%。其中，煤炭开采和洗选行业比2021年增长7.31%，石油、煤炭及其他燃料加工行业比2021年增长68.75%。全县规模以上工业企业营业收入1190.14亿元，比2021年增长28.7%。实现利税252.29亿元，比2021年增长248%，其中实现利润161.71亿元，增长1091.8%。全县具有建筑企业资质等级的总承包和专业承包建筑企业9家，实现总产值34914万元。

【建设环保】2022年，襄垣县建成区绿化覆盖面积805.22万平方米。全年城市供水总量615万立方米，煤气供气总量2050万立方米，污水处理量559.4万立方米，生活垃圾处理量42351.27吨，无害化处理率达到96%。县城建成区空气质量实测365天，其中二级及二级以上天数300天，优良天数占比82.2%，环境空气综合质量指数4.18。

【交通邮电】2022年，襄垣县公路通车总里程1428.456千米。其中，高速1条（太长高速过境）40.895千米，国道3条（208国道34.408千米，519国道40.34千米、55国道40.90千米）115.65千米，省道1条（沁长线）26.28千米，县道11条202.85千米，乡道48条404.62千米，村道638.17千米。全县通公交的行政村229个，运营里程600余万千米。全县有公交线路58条。其中，县城公交9条，城乡公交24条，镇、村公交24条，城际公交1条。全县有公交车197辆。其中，传统燃油车40辆，加气车29辆，新能源车128辆。邮电业务总量完成19571.41万元。其中，邮政业务量2426万元；电信业务总量17145.41万元。年末，互联网用户87023户，移动电话用户247107户。

【投资贸易】2022年，襄垣县固定资产投资完成103.95亿元，比2021年增长2.2%。分产业看，第一产业投资10.76亿元，比2021年增长5.3%；第二产业投资67.12亿元，比2021年增长13.7%；第三产业投资26.07亿元，比2021年下降19.6%。全年房地产开发投资完成17.5亿元，商品房销售面积34.69万平方米，销售额17.5亿元。全县社会消费品零售总额完成37.5亿元，比2021年增长0.6%；批发零售业商品销售额完成822.7亿元，比2021年下降7.2%；住宿餐饮业营业额完成7.4亿元，比2021年增长5.4%。

【教育科技】2022年，襄垣县各级各类学校97所。其中，中等职业学校1所，普通中学8所，小学30所，特殊教育学校1所，幼儿园57所。在校学生34667人，教职工3798人，在园幼儿8331人。全县有高新技术企业9家。

【文体卫生】2022年，襄垣县图书馆馆藏纸质图书106979册。县融媒体中心推送新闻报道11558条，在市级以上媒体发稿367篇，其中在“学习强国”平台推送图文241篇。全县体育场地总数688个，场地面积72.95万平方米，人均场地面积2.61平方米。全县有医疗卫生机构310个，其中疾控中心1个、卫生健康行政执法大队1所，公立医院2个（县医院、中医医院），妇幼保健计划生育服务中心1个，厂矿医院3个（北大医疗潞安医院、北大医疗潞安医院五阳分院、襄矿职工医院），民营医院1个（黄河医院）；社区卫生服务中心1个，乡镇卫生院11个，村卫生室239个；村卫生所、个体诊所、门诊部和医务室50个。卫生技术人员2356人，其中医生780人；床位1503张。

【社会生活】2022年，襄垣县城镇常住居民人均可支配收入45868元，比2021年增长5.9%；农村常住居民人均可支配收入22242元，比2021年增长7.2%。年末，全县医疗保险参保222642人，其中参加城镇职工基本医疗保险43666人，参加城乡居民基本医疗保险178976人。参加企业职工养老保险41409人，参加机关事业养老保险9358人，参加城乡居民养老保险125452人，参加工伤保险49624人，参加失业保险20756人。全县城市低保对象132户176人，发放城市低保资金131.8474万元；农村低保对象1686户2621人，发放农村低保资金1649.2152万元。全县符合发放长寿金标准老年人16299人，发放长寿金490.448万元。全县享受抚恤和生活补助的优抚对象1840人，发放抚恤金和生活补助1555.08万元。

【年内大事】2月15日，山西省委书记林武先后到山西潞安煤基清洁能源公司，襄垣县多维融合服务中心调研。

3月11日，国家电投襄垣上马风光储一体化光伏100兆瓦+风电100兆瓦项目举行开工仪式。

3月，襄垣籍麻风病防治专家李桓英入选中宣部全国妇联发布的2022年“最美巾帼奋斗者”先进事迹名单。

5月10日，襄垣经开区宏瑞祥环保科技有限公司利用煤矸石、粉煤灰等工业废料，经过自动配料、热混、挤出、冷却定型等工序，生产出碳基新型家具板，实现变废为宝。

5月13日，山西省口腔专科联盟为襄垣县人民医院授牌，标志着襄垣县人民医院正式成为山西省口腔专科联盟的新成员。

5月，襄垣县古韩镇、王桥镇建成的2个大豆玉米带状复合种植技术示范基地，充分发挥大豆固氮氧的作用，提高土地利用率和产出率，让农户能够一地双收，实现“玉米不减产、多收一季豆”。

6月30日，襄垣县举行“光荣在党50年”纪念章颁发仪式，为55名老党员代表逐一颁发“光荣在党50年”纪念章。

7月5日，襄垣县举行退役军人和其他优抚对象首批优待证发放仪式，为20名退役军人和其他优抚对象代表颁发优待证。

7月27日，国道208线长治境内北段改扩建工程开工。该工程途经襄垣县3个镇，全长34.5千米。

8月11日，襄垣县侯堡镇召开乡镇村志编修工作现场推进会暨《东周村志》首发仪式。

8月13日，襄垣县励才教育发展基金会2022年优秀学生表彰大会在襄垣一中举行，向57名中高考优秀学子发放奖励资金百万余元。

8月26日，襄垣县委非公经济组织和社会组织工委主办、新时代社会工作服务中心承办，爱心企业融汇村镇银行资助的“金秋献爱心 助圆大学梦”助学金授予仪式在融汇村镇银行举行，助力6名贫困家庭学生圆大学梦。

9月7日，襄垣县与北科蕴宏环保科技有限公司举行低碳新材料项目签约仪式。

9月21日，襄垣县农村集体经济发展有限公司揭牌成立。

同日，中共襄垣县委宣传部和中共黎城县委宣传部主办的第二届“襄黎情缘”书画篆刻作品展在襄垣县开展。

10月27日，襄垣县张安国、张瑞、苏万亨、郭亚丽、张胜利、乔友林、张涛、许炎荣8人获“第八届襄垣县道德模范”称号。

10月，襄垣县王桥工业园区污水处理厂项目进入试运行阶段。项目采用多介质过滤+超滤+反渗透为核心的技术，每年可减少废水排放量约660万吨，总投资3.82亿元。

11月1日，襄垣县文明办、县教育局举行2022年度“新时代襄垣好少年”表彰大会，授予李奕萱等10名同学2022年“新时代襄垣好少年”称号。

【领导名单】

县委书记　张晋伟（2022年7月前）
　　　　　翟卫华（2022年7—11月）
副书记　李　瑜　杨　勇
常　委　王　辉
　　　　　弓永玲（2022年1月前）
　　　　　王　威　郭　栋
　　　　　王光射　郭瑞成
　　　　　鲍明敏　原伟松
　　　　　常晋波
人大常委会主任　李智越
副主任　薛智敏
　　　　　史红宾　王高林
　　　　　李雁华
县　长　李　瑜
副县长　鲍明敏　原伟松
　　　　　王慧清（2022年9月前）
　　　　　赵楠楠
　　　　　王建方（2022年10月后）
　　　　　牛艺儒　宋双麒
　　　　　申建锋
　　　　　叶尔包勒·托留根
　　　　　（2022年4月前）
政协主席　侯慧萍
副主席　马　丽　孙　波
　　　　　赵　勇　王慧斌

（黄旭琴）

平顺县

【自然条件】 平顺县总面积1510平方千米。2022年辖5个镇6个乡151个行政村4个社区。

【人口】 据2022年人口抽样调查显示，年末平顺县常住人口为111605人，比上年末减少1380人。常住人口中，男性58017人，女性53588人，性别比（女=100）为108.26。居住在城镇的有38593人，占34.58%，居住在乡村的有73012人，占比65.42%。全年出生人口364人，人口出生率为3.24‰；死亡人口1362人，死亡率12.13‰；自然增长率为-8.89‰。

【经济概况】 2022年，平顺县地区生产总值320478万元，按不变价格计算，比上年增长5.4%。其中，第一产业增加值48261万元，增长6.3%，占生产总值的比重15.06%；第二产业增加值85582万元，增长9.0%，占生产总值的比重26.70%；第三产业增加值186635万元，增长3.9%，占生产总值的比重58.24%。人均地区生产总值28539元。全年全县一般公共预算收入19088万元，增长26.2%。税收收入8811万元，增长13.7%。一般公共预算支出234518万元，增长6.2%。全县金融机构本外币各项存款余额694649万元，较年初增加80454万元，增长13.1%；各项贷款余额448621万元，较年初增加68128万元，增长17.9%。

全县保险公司保费收入11975.25万元，增长31.2%。全年支付各类赔款及给付2039.59万元，增长5.5%。

【农业】 2022年，平顺县粮食种植面积147155.87亩，比上年增加345.74亩；中药材种植面积43382.6亩，比上年增加12227亩；油料种植面积876.6亩，比上年减少490.4亩；蔬菜种植面积15572.2亩，比上年增加3880.7亩。在粮食种植面积中，玉米种植面积106269.2亩，减少2545.7亩；小麦种植面积6208.1亩，增加99.1亩。

全县粮食产量48401.23吨，比上年增加431.43吨，增产0.9%。其中，夏粮2438.67吨，增产2.71%；秋粮45962.57吨，增产0.81%。

全县农业机械总动力为6.31万千瓦特，全县拥有大型及以上拖拉机13

台，比上年增加 5 台；农业化肥施用量（折纯量）3103.99 吨，比上年减少 7.34 吨；地膜使用量 175.67 吨；全年有效灌溉面积 1.79 千公顷；全县耕地保有量 23.76 万亩。

【工业　建筑业】 2022 年，平顺县规模以上工业企业 26 家。全县规模以上工业增加值增长 6.66%。规模以上工业总产值增长 8.73%，工业产品销售率下降 14.53%。规模以上工业中，战略性新兴产业（新能源产业）增加值增长 83.84%，占规上工业增加值比重 11.27%。规上工业制造业增加值增长 7.83%，占规上工业增加值比重 56.83%。规模以上工业企业实现营业收入 22.7 亿元，下降 4.2%，实现利润总额 2.7 亿元，下降 15.6%，实现利税 35193 万元，下降 6.5%。全县有三级以上资质证书建筑企业 6 家，资质以上建筑业企业完成总产值 3652 万元。

【城市建设】 2022 年，平顺县森林面积 61684 公顷，森林覆盖率达到 40.85%。全年完成造林面积 1067 公顷，其中人工造林 867 公顷，林业重点工程完成造林面积 467 公顷。全年总降水量 563.3 毫米。全年总用水量 1276.25 万立方米。其中，生活用水 628.98 万立方米，工业用水 73.62 万立方米，农业用水 493.65 万立方米，生态补水 80 万立方米。当年巩固提升农村人口 10274（维修养护）人。全县空气质量综合指数为 3.35，在全市十三个县区排名第一。全县全年环境空气质量二级以上天数达到 322 天。

【交通、邮电、旅游】 2022 年，平顺县公路线路里程 1338.2 千米，其中，高速公路 48.45 千米，省级公路 79.19 千米，二级公路 25.65 千米。全县民用汽车保有量 15192 辆，其中，大型车辆 436 辆，小型汽车 13930 辆，普通摩托车 771 辆，挂车 11 辆，低速车 24 辆，教练汽车 20 辆。全年完成邮电业务总量 7687.2 万元。其中，邮政业务总量 1456.2 万元；电信业务总量 6231 万元。年末，固定电话用户 5091 户，移动电话用户 108110 户，其中，5G 移动电话用户 34066 户。全县互联网接入用户 35805 户，其中，新增互联网用户 2503 户。全年各景区接待游客 152.67 万人次，下降 58.69%；旅游总收入达到 11.6 亿元，下降 58.85%。

【固定资产投资】 2022 年，平顺县完成固定资产投资 440316 万元，增长 9.6%。其中，国有及国有控股投资 161125 万元，下降 14%。分产业看，第一产业投资 39807 万元，增长 91.1%；第二产业投资 98504 万元，增长 3.8%。第三产业投资 302005 万元，增长 5.6%。在第二产业中，工业投资 98504 万元，增长 3.8%。全县在建固定资产投资项目 144 个（不含房地产项目）。其中 5000 万元以上项目 21 个，计划总投资 842311 万元，完成投资 253234 万元，增长 17.8%。500 万～5000 万元项目 123 个，完成投资 169862 万元，增长 20.9%。房地产项目个数为 6 个，计划总投资 145221 万元，完成投资 17220 万元，下降 62.8%。全年商品房销售面积 56558 平方米。

【国内贸易】 2022 年，平顺县社会消费品零售总额 147461.4 万元，增长 0.1%。按经营地统计，城镇消费品零售额 83565.6 万元，增长 0.6%；乡村消费品零售额 63895.8 万元，下降 0.5%。按消费形态统计，商品消费额 136669.9 万元，增长 0.1%，餐饮收入额 10791.5 万元，增长 0.4%。

【教育科技】 2022 年末，平顺县有中等职业学校 2 所；普通高中 1 所；初中 3 所；小学 33 所。全县有博物馆 1 个，公共图书馆 1 个，公共图书馆藏书量 14.5 万册，文化馆 1 个，档案馆 1 个，已开放各类档案 18963 卷。广播电视播出机构 1 个，有线数字电视用户 3500 户。

【卫生和社会服务】 2022 年末，平顺县有医疗卫生机构 292 个，其中县级医院 2 个，乡镇卫生院 12 个，村卫生室 262 个，妇幼保健院（所）1 个，疾病预防控制中心 1 个，卫生健康综合行政执法大队 1 个。卫生技术人员 706 人，其中，执业医师和执业助理医师 287 人，注册护士 263 人，药剂人员 37 人，检验人员 38 人，其他技术人员 81 人。医院卫生机构实有床位 755 张，其中，县级医院 350 张，乡镇卫生院 325 张。

【社会生活】 2022 年，平顺县城镇常住居民人均可支配收入 30468 元，比上年增长 6.8%；农村常住居民人均可支配收入 10863 元，比上年增长 9.8%。全县参加基本养老保险 113447 人，其中，参加城镇职工基本养老保险 15906 人，参加城乡居民基本养老保险 97541 人。参加基本医疗保险 133676 人，其中，参加城镇职工基本医疗保险 9708 人，参加城乡居民基本医疗保险 123968 人。参加失业保险 9073 人；参加工伤保险 11838 人，其中，农民工 3634 人；参加生育保险 9708 人。全县纳入城市最低生活保障的居民 537 人，共发放城市低保资金 331.43 万元；纳入农村最低生活保障的居民 6833 人，共发放农村低保资金 3840.16 万元。纳入农村特困供养的 1154 人。全县有社会服务机构及养老机构 3 个，床位 275 张，全年服务救助各类人员 7330 人。

【年内大事】

道路交通。2022 年，平顺县完成

投资 6.9 亿元，太行一号旅游公路全线贯通，国道 341 平顺境内 1 ~ 7 标段、通天峡旅游公路路基路面工程全部完工，太行天路、潞党参大道路面提标改造完成，王曲桥危桥改造完工。全年新（改）建“四好农村路”51.4 千米，修复水毁道路 732 千米，完成生命安全防护工程 88 千米。全县公路通车总里程达到 1383.3 千米，路网密度达到 91.6 千米 /100 平方千米。2022 年 12 月，平顺县被交通运输部评为全国“四好农村路”示范县。

水网建设。2022 年，平顺县完成投资 1.2 亿元，建成 42.32 千米的八道水提水工程、38.4 千米的北部河谷引水工程，完成 120.8 千米自来水管网改造和农村产业发展用水提质工程，惠及 8 个乡镇、66 个行政村、6.56 万人。

城市建设。2022 年，平顺县完成投资 2.1 亿元，滨河路北延、彩凤大道拓宽改造顺利完工，新建螺旋桥快速推进，拓宽县城高速路口，修复西河生态公园，推进青羊体育公园、府后公园、滨河路人行步道改造，雨污分流管网改造 11.7 千米。太行电商小镇一期建成投用、二期全面启动，成功入选山西省特色小镇清单。

农业品牌建设。2022 年，平顺县巩固发展大红袍花椒 8.44 万亩、中药材 67 万亩、马铃薯 2.2 万亩、旱地蔬菜 1.63 万亩。举办平顺县“庆丰收·迎盛会”第五届中国农民丰收节、平顺大红袍花椒区域公用品牌发布会暨百名主播助椒农活动，花椒锅巴、花椒醋等系列产品成功入驻商超。建成上党中药材专业镇创业孵化中心、潞党参原生境保护区、潞党参文化体验园、龙镇村农旅产业融合发展示范园，潞党参口服液被国家中医药管理局列入新冠病毒感染康复药品名录，年产值突破 1 亿元，潞党参实现全产业链发展。连翘叶茶取得 SC 认证，产值达到 4.5 亿元。11 个乡镇全部建立电商

2022 年，平顺县引进的中国电建200 万千瓦抽水蓄能项目正式启动

（王　超　摄）

直播平台，培育 520 余家小微电商和 500 多名电商达人，20 多个品种 100 余款农副土特产品触网热销，覆盖淘宝、京东、快手、抖音等各大网络平台，全年电商销售额达到 2.8 亿元。全省第一家服务星站——蚂蚁云客服·平顺服务星站成功落户，元宇宙 AI 虚拟主播上岗，开启直播带货新模式，太行电商小镇入选全市首批市级专业镇。成功创建“平顺县道地中药材农业科技园”，被省政府授予全省十大特色专业镇——上党中药材专业镇。

项目建设。2022 年，平顺县正来制药跻身山西民营瞪羚企业前十强，GMP 易地技改项目顺利开工；新引进中国民营企业修正药业，筹建平顺医药产业园；世界 500 强中国电建落户平顺，建设风光蓄一体化清洁能源基地，装备制造产业基地进场开工，140 万千瓦抽水蓄能电站项目预可研、勘探正式启动，全年新增风电光伏指标 200 兆瓦。

旅游。2022 年，平顺县推进通天峡 AAAAA 级景区创建，启动红旗渠源 A 级景区创建，赤壁悬流景区重建开业，神龙湾天瀑峡上榜山西 20 处最美地质遗迹。高德地图“平顺一键智慧游”开通，成功举办益起寻美到平顺“热土计划”乡村振兴公益行、第二届京津冀晋房车巡游活动。大云院、金灯寺、龙门寺、九天圣母庙等 4 个国保古建文创数字藏品成功发售。举行低空旅游试飞启动仪式。成功入选“2022 健康中国·康养旅游百强县”和“2022 美丽中国 · 深呼吸小城”。

乡村振兴。2022 年，平顺县创新出台《巩固拓展脱贫攻坚成果有效衔接乡村振兴若干措施》，在全省率先为乡镇派驻乡村振兴工作大队长。成立振兴农村集体经济平台公司，统筹帮扶资金、政策，推动实施 118 个项目。为 8 个 300 人以上的安置小区配套 12 个就业帮扶车间。持续开展农村人居环境整治，创建乡村振兴示范村 31 个。“乡村振兴百名新农人计划”遴选新农人 150 名。全县 151 个村集体经济收入全部超过 10 万元，脱贫人口人均纯收入达到 15602 元。西沟村、龙镇村典型经验入选《全省发展壮大村集体经济 100 例》，龙镇村以工代赈项目列入全省乡村振兴典型案例，《平顺县开拓“四驾马车”帮扶

2022 年7 月,《益起寻美——乡村振兴公益行》节目走进平顺　　（王　超　摄）

模式·推进乡村产业振兴》入选人民网 2022 乡村振兴创新案例。

民生福祉。2022 年，平顺三中教辅楼、阳光幼儿园、青羊小学操场、龙镇小学宿舍楼全面建成，引进高学历教师 14 名、招聘教师 53 名，办学条件不断改善，师资队伍持续优化。高考二本 B 类以上达线率 50.43%。成立家庭经济困难学生资助“手拉手工作室”、举办“励志故事会”，教育资助体系更加完善。平顺县被教育部确定为网络学习空间普及应用活动全国优秀区域；推进技能平顺建设，开展“春风行动”、网上“云招聘”，拓宽就业渠道，创造就业岗位 1500 余个，设置公益岗位 6435 个。落实分类资助参保政策，农村低保救助标准全面提标，残疾人“两项补贴”全部落实，为 2.98 万人代缴基本养老保险 298 万元。办理门诊慢特病 1.37 万人。

生态建设。2022 年，平顺县持续推进荒山、村庄绿化工程，完成营造林 1.72 万亩、四旁植树 135 万株、通道绿化修复 183 千米，森林面积达到 91.08 万亩。二级以上天数达到 322 天，优良天数比例达到 88.5%，空气质量综合指数 3.36，位列全市第一，全省前列。国控出境王家庄断面水质全年均值达到考核标准，全县无劣 V 类水体。健全地质灾害防治机制，完善群测群防体系，提升地质灾害防治水平。11 月，平顺县被生态环境部授予“绿水青山就是金山银山”实践创新基地荣誉称号，创建国家生态文明建设示范区经验在全省推广。

【领导名单】

县委书记　连树斌
副 书 记　刘林松　桑爱斌
常　　委　贾钢辉　刘沁梅
　　　　　郭力毅　段开松
　　　　　宋淑琴　房　建
　　　　　赵钦国　牛　佳
人大常委会主任　王建中
副 主 任　刘俊英　郭江明
　　　　　郭礼斌　赵彦伟
县　　长　刘林松
常务副县长　郭力毅
副 县 长　赵钦国
　　　　　刘喜乐（2022 年 9 月前）
　　　　　张文晓（2022 年 9 月后）
　　　　　王　林　段彦飞
　　　　　张宏波　牛璐敏
　　　　　童　珉
政协主席　张秀斌
副 主 席　杨红平　马　文
　　　　　张李斌　张苏平

（谷田子）

黎城县

【自然条件】 黎城县总面积1113平方千米。2022年辖8个镇，即黎侯镇、西井镇、东阳关镇、黄崖洞镇、上遥镇、洪井镇、西仵镇、程家山镇，173个行政村、12个社区（学府社区、华府社区、东关社区、北坊社区、西关社区、广邯社区、鼓楼社区、赵家山社区、北桥沟社区、南关社区、仵桥社区、七里店社区）。耕地1.95万公顷。矿藏21种，探明储量的6种。主要河流6条，其中浊漳河最大，境内全长39.60千米。旅游景点10个。年平均气温11.5摄氏度，年最高气温38.2摄氏度，最低气温-13.6摄氏度，年降水量513.2毫米，最大降水量67.5毫米。

【人口】 2022年，黎城县常住总人口128495人，比上年减少1425人。男性人口65135人，女性人口63360人，男女性别比（女=100）为102.80。出生人口1125人，人口出生率8.71‰；死亡人口1213人，死亡率9.39‰；自然增长率-0.68‰。人口密度每平方千米115人，少数民族16个，共81人。

【经济概况】 2022年，黎城县地区生产总值58.90亿元，按可比价格计算，比上年增长6.7%。其中，第一产业增加值4.35亿元，第二产业增加值29.38亿元，第三产业增加值25.17亿元。全年全县公共财政总收入7.56亿元，比上年下降11.6%；一般公共预算收入4.35亿元，比上年增长10.10%，其中税收收入3.12亿元，增长13.48%。全县一般公共预算支出18.59亿元，比上年增长31.62%。全县金融机构各项存款余额109.28亿元，比年初增长11.52%，各项贷款余额56.40亿元，比年初增长26.30%。全县保费收入7322.92万元，其中财险2037.93万元，人寿险5284.99万元。支付各类赔款及给付1136.22万元，其中人寿险业务给付500.77万元，财产险业务赔款635.45万元。

【农业】 2022年，黎城县粮食种植面积1.54万公顷，其中玉米种植面积13753.33公顷，小麦种植面积766.67公顷，油料种植面积272.18公顷，蔬菜种植面积762.83公顷。全年全县粮食总产量59583.36吨，比上年增长2.80%，其中夏粮3337.62吨，秋粮56245.74吨。全年全县生猪存栏52335头，牛出栏1028头，羊出栏16884只；家禽出栏30.16万只；禽蛋产量11558.25吨。农业机械总动力11.71万千瓦。

【工业】 2022年，黎城县规模以上工业企业20家，全年规模以上工业增加值增长19.1%。钢材产量55.46万吨，铁精矿粉产量91.69万吨，平板玻璃产量807.4万重量箱。全年全县规模以上工业企业主营业务收入97.92亿元，比上年增长11.57%，实现利税8.07亿元，下降5.71%。

【建设环保】 2022年，黎城县全社会建筑业实现总产值2.12亿元，比上年下降10.08%。其中竣工产值0.43亿元。房屋建筑竣工面积5470平方米，竣工房屋价值0.086亿元。住房居住面积254.05万平方米。全县城市建成区面积6.80平方千米，建成区绿化面积达253.62公顷，绿化覆盖率达42.28%。全县有公园2座，总面积83.78万平方米，其中黎侯公园58.41万平方米，中央公园25.37万平方米。全县2座水库蓄水含量35万立方米，全年总取用水量3950万立方米，其中生活用水358.25万立方米，工业用水351.1万立方米。全县液化气供气总量500吨，天然气供应量330万立方米。全县集中供热面积238万平方米。全县污水处理量343.1万吨，日处理水量平均为0.94万吨。全年二级以上优良天数254天，$PM_{2.5}$浓度43微克/立方米。全年完成造林面积1306公顷，森林覆盖率27.85%，自然保护区面积3.27万公顷，占全县总面积的29.36%。

【交通邮电旅游】 2022年，黎城县公路通车总里程1022.54千米。其中，县道115.96千米，乡道406.12千米，村道500.46千米。全县道路运输营业性客货运输车2895辆。其中，载客汽车183辆，4121个客位；载货汽车2712辆。城市出租车70辆。全年全县完成邮电业务总量10314万元，比上年增长9.55%。其中，邮政业务总量1672万元；电信业务总量8642万元。年末，全县移动电话用户14.95万户，新增移动电话用户2.44万户。全县互联网接入用户达9.07万户，新增互联网用户3.96万户。全年全县接待游客63.60万人次，门票收入468.30万元；旅游综合收入0.52亿元。

【投资贸易】 2022年，黎城县固定资产投资57.78亿元，比上年增长9.40%，分产业看，第一产业投资3.08亿元，增长22.40%；第二产业投资27.90亿元，增长46%；第三产业投资26.10亿元，下降14.80%。全年全县施工项目个数116个，其中新开工项目67个，建成投产项目65个。全年全县社会消费品零售总额16.55亿元，比上年增长0.30%，其中限额以上企业消费品零售额46983.40万元，增长8.10%。按经营地统计，城镇消费品零售额96356.80万元，增长0.70%；乡村消费品零售额69118.20万元，下降0.20%。

【教育科技】 2022年，黎城县普通中小学45所，其中小学31所，普通高

2022年，黎城县新建成的古城小学　（王利芳　供图）

中1所，普通初中12所（含特校一所）。职业高中1所，全年招生225人，在校学生611人。全年普通高中招生998人，在校学生3114人。全年初中招生1756人，在校学生4702人。全年小学招生1199人，在校学生8660人。全县幼儿园73所，在园幼儿3681人。全年全县申报并通过认定高新技术企业1家，申报认定长治市工程技术研究机构1个，技术合同交易额0.31万元。

【文体卫生】2022年，黎城县有县级文化馆1个，年送戏下乡85场次，文化惠民工程送文化下乡演出1200余场，文化馆分馆8个，公共图书馆1个，藏书量14万册。全县广播电台1座，电视台1座，广播电视综合人口覆盖率为100%（全县有线电视用户1.04万户，其中数字信号用户1.04万户）。全县共有医疗卫生机构208个，其中县医院1个，中医院1个、妇幼保健院1个，疾病预防控制中心（防疫站）1个，卫生健康服务中心1个，卫生监督机构1个，乡镇中心卫生院13个，个体诊所41个，村卫生室149个。实有病床位624张（其中编制床位507张），卫生人员767人，其中，卫生技术人员540人，管理和工勤人员85人，乡村医生126人。全县举办各种体育运动会25次，参加人员35000人次。

【社会生活】2022年，黎城县农村居民人均可支配收入12906元，比上年增长7.70%；城镇居民人均可支配收入25555元，比上年增长7.40%。全县机关事业单位基本养老保险参保4821人；城镇职工基本养老保险参保15407人，增加1668人；城乡居民养老保险参保83544人，增加333人；失业保险参保17977人，增加1638人；工伤保险参保14833人。全县各类收养性社会福利单位10所，各类收养性单位床位数594张，收养人数397人。享受低保救济人数5090人，其中，城镇低保救济人数为454人；农村低保救济人数为4636人。

【年内大事】1月18日，黎城县城乡公交一体化全域运营启动仪式在县汽车站举行。

5月11日，黎城县在黎瑞生态园举行农村集体经济发展有限公司揭牌仪式。该公司下设黎城县红色文化旅游资源开发分公司、黎城县特色养殖开发分公司、黎城县农产品加工开发分公司、黎城县生态碳汇开发分公司、黎城县物业服务开发分公司、黎城县特色种植开发分公司、黎城县休闲农业与乡村旅游开发分公司、黎城县电商物流开发分公司8个分公司。

7月15日，农业农村部发布2022年全国农业社会化服务典型60个，黎城县晋福村农村集体经济组织入选，是全国唯一以农村集体经济组织入选的典型案例。

8月8日，黎城县召开人口小县机构改革动员会议。

9月1日，国家林草局驻北京专员办副专员闫春丽一行及省市相关单位负责人到黎城县调研野猪危害防控工作。

9月，黎城县百万旱鸭饲料加工厂开工建设。

11月，山西省农业农村厅公布2022年省级示范家庭农场名单。黎城联香瓜果家庭农场、黎城县盛川养殖家庭农场、黎城县康盛农业家庭农场、黎城县润鑫农业家庭农场、黎城县纯源农业家庭农场被评定为“2022年省级示范家庭农场”。

12月14日，黎城经济技术开发区正式揭牌。

同日，黎城县举行项目集中“云签约”活动，共签约项目6个，总投资3.80亿，涉及数字乡村、节能环保、农旅开发、园区服务等生态领域。

【领导名单】

县委书记　牛晨霞
副书记　李颖南　常瑞琪
常委　张晓明　岳保国
申晓峰（2022年6月前）
王斌　杨秀林
郭维军　周颖
人大常委会主任　任江鸿
副主任　崔喜龙　郑锋杰
王宽明　段爱军
县长　李颖南
常务副县长　申晓峰（2022年6月前）
岳保国（2022年9月后）

副 县 长	周 颖 韩志斌
	王元生（2022 年 9 月后）
	张中伟 王瑞岗
	范 倩（2022 年 9 月前）
	武华栋
政协主席	刘永清
副 主 席	李爱民 祝志杰
	张 猛 乔利波

（王利芳）

壶关县

【概述】 壶关县总面积 1007.7 平方千米，2022 年辖 7 镇 3 乡 1 个开发区。矿藏 9 种。河流 5 条，其中淅河最大，境内全长 49 千米。旅游区有八泉峡、红豆峡、青龙峡、双龙峡、欢乐太行谷、凤凰山庄等。年平均气温 10.6 摄氏度，年降水量 661.3 毫米。

【人口】 2022 年，壶关县常住人口为 232736 人，其中男性 115767 人，占 49.74%；女性 116969 人，占 50.26%。性别比为 98.97（以女性为 100）。

【综合经济】 2022 年，壶关县地区生产总值 880410 万元，按不变价计算，比上年增长 3.7%。其中，第一产业增加值 85654 万元，增长 6.5%；第二产业增加值 468074 万元，增长 8.3%；第三产业增加值 326682 万元，增长 -0.9%。一、二、三次产业结构比重为 9.7 ：53.2 ：37.1。

【农业】 2022 年，壶关县粮食种植面积 16956.6 公顷，比上年增加 115.64 公顷。其中，玉米种植面积 15339.72 公顷，比上年减少 412.85 公顷；谷子种植面积 389.5 公顷，比上年减少 67.66 公顷。

全年粮食产量 97082.33 吨，比上年增加 1781.52 吨，增长 1.87%。其中，玉米 91950.26 吨，比上年增加 584.91 吨，增长 0.64%；谷子 1258.71 吨，比上年减少 223.43 吨，增长 -15.07%。

全年农林牧渔业总产值 140537 万元，按可比价计算，比上年增长 6.45%。其中，农业总产值 67135.9 万元，增长 8.54%；林业总产值 15439 万元，增长 2.68%；牧业总产值 49990.4 万元，增长 4.01%；渔业总产值 60 万元；农林牧渔服务业总产值 7911.7 万元，增长 4.26%。

【工业 建筑业】 2022 年末，壶关县规模以上工业企业 35 家。全年规模以上工业增加值增长 9.7%。规模以上工业企业营业收入 178.32 亿元，增长 -6.65%，实现利税 15.51 亿元，实现利润 13.08 亿元。具有资质等级的总承包和专业承包建筑业企业实现总产值 28378 万元，比上年增长 34.41%。

【固定资产投资】 2022 年，壶关县固定资产投资完成 509234 万元，比上年增长 2.7%。其中，国有控股 162735 万元，非国有控股 346499 万元；分产业看，第一产业完成投资 49206 万元，增长 12.0%；第二产业完成投资 144466 万元，增长 2.1%；第三产业完成投资 315562 万元，增长 1.7%。全年房地产开发投资累计完成 185175 万元，同比增长 4.66%；商品房销售面积 146081 平方米，同比增长 -52.85%；商品房销售额 89827 万元，同比增长 -40.09%。

【城乡贸易和对外经济】 2022 年，壶关县社会消费品零售总额 228114.7 万元，同比增长 -1.2%。其中，限额以上企业消费品零售额 33231.9 万元，增长 6.6%。分城乡看，城镇消费品零售额 99622.3 万元，增长 -0.7%；乡村消费品零售额 128492.4 万元，增长 -1.6%。按消费形态分，餐饮收入 16361.6 万元，增长 -0.7%；商品零售 211753.1 万元，增长 -1.3%。全年进出口总额 2051.95 万美元，比上年增长 44.07%，其中出口总额 2051.95 万美元。

【交通邮电旅游】 2022 年末，壶关县公路通车里程达到 1208.247 千米，其中高速公路 26.741 千米，省道 76.927 千米。年末机动车保有量 46500 辆，其中小型汽车 43557 辆，新能源汽车 977 辆。年末县城公交车线路共 38 条，公共汽车营运 236 辆，出租车 73 辆。全年邮政业务总量 1875 万元，电信业务总量 1337 万元，联通业务总量 4960 万元，移动业务总量 5 万笔。全县有 AAAAA 级景区 1 个，AAAA 级景区 2 个。全年重点景区共接待游客 200.42 万人次，实现门票收入 5762.1 万元，旅游总收入 2.55 亿元。

【财政金融】 2022 年，壶关县实现财政总收入 73833 万元，同比增长 5.89%。其中，税务部门 58465 万元，增长 2.83%；财政部门 15368 万元，增长 19.37%。一般公共预算收入 40804 万元，增长 6.98%。一般公共预算支出 287738 万元，增长 21.2%。其中，一般公共服务支出 34365 万元，同比增长 30.2%；农林水支出 41606 万元，同比下降 6.74%；教育支出 40737 万元，同比增长 5.5%；社会保障和就业支出 49006 万元，同比增长 15.59%；卫生健康支出 22251 万元，同比增长 31.42%；住房保障支出 6117 万元，同比下降 4.51%。

年末，全县金融机构各项存款余额 1581252 万元，比上年增长 12.76%；各项贷款余额 772865 万元，比上年增长 18.18%。

【教育和科学技术】 2022 年末，壶关县有高中 3 所，初中 15 所，小学 28 所，幼儿园 55 所，职业高中 2 所，特殊教育 1 所。

全年认定高新技术企业 8 家，市

级以上众创空间 2 家；全年专利授权数 260 件。产品质量检验机构 1 个，完成产品认证的企业 11 个。

【文化 卫生 体育】 2022 年末，壶关县有艺术表演团体 9 个，文化馆 1 个，文物博物馆 1 个，公共图书馆 1 个。公共图书馆图书总藏量 132 千册，放映单位 2 个，年内农村公益电影共放映 4842 场次，观众人数达到 22 万人次，文物保护 788 处。

全县融媒体中心 1 个，广播、电视通乡镇均为 10 个，广播、电视覆盖率均达到 99%，年末有线广播电视用户达到 54458 户，接收数字信号电视用户 21273 户。

年末全县共有卫生医疗机构 345 个，其中县级公立医院 3 个，民营医院 3 个，基层医疗机构 15 个，社区卫生服务站 9 个，村卫生室 279 个，诊所 35 个，门诊部 1 个。实有病床位 1437 张，卫生技术人员 1494 人，其中执业医师 434 人，执业助理医师 144 人，注册护士 590 人。

年末有体育场馆数 4 个，各级体育赛事举办 5 次，参加人员 4800 人。

【城市建设、资源、环境和安全生产】 2022 年末，壶关县县城住房居住面积 400 万平方米，人均住房面积 44.8 平方米。全年全县供水总量 1732.6 万吨，县城供水总量 370.81 万吨，其中生活供水 298.52 万吨。县城集中供热面积达到 360 万平方米，其中住宅供热面积 297 万平方米，燃气普及率 98%。年末全县森林面积 39405 公顷，森林覆盖率 39.1%，全年造林合格面积 733 公顷，其中人工造林面积 533 公顷，义务植树 140 万株。

全年 $PM_{2.5}$ 浓度均值为 38 微克 / 立方米，二氧化硫浓度均值为 14 微克 / 立方米；优良天数达到 300 天。

全年亿元 GDP 生产安全事故死亡人数为 0.011 人。全年共发生道路交通事故 1 起，造成 1 人死亡，直接财产损失 0.3 万元。道路交通万车死亡率 0.02 人。全年末发生火灾事故。

【人民生活和社会保障】 2022 年，壶关县农村常住居民人均可支配收入 10486 元，比上年增长 9.7%；城镇常住居民人均可支配收入 30536 元，比上年增长 7.0%。

年末，参加城镇基本医疗保险 254244 人，其中参加城镇职工基本医疗保险 15378 人，参加城镇居民基本医疗保险 238866 人；参加基本养老保险 31582 人，其中企业职工 19336 人，城镇居民 2505 人，机关事业单位 9741 人；参加农村社会养老保险 170757 人。参加失业保险 23666 人，城镇基本社会保障覆盖率达到 97%，城镇新增就业人数 5075 人。

年末，全县农村养老服务机构 11 个，光荣院 1 个，床位 670 张，收养 322 人。全年城镇居民最低生活保障人数 210 人，发放城市低保资金 267.3 万元；农村居民最低生活保障人数 10780 人，发放农村低保资金 5568.7 万元；农村五保供养人数 1657 人。

【年内大事】 转型发展。2022 年，壶关县聚焦产业转型，狠抓项目建设，总投资 476 亿元的 115 个县级重点项目顺利推进，金属增材、星火 · 链网骨干节点、建筑产业园、航天工业园、非晶带材产业链、电子雷管脚线及芯片、1.2 亿千米金刚石线等一批重大产业项目上马建设，规模以上工业企业达到 38 家，固定资产投资完成 50.92 亿元，规上工业增加值完成 44.4 亿元，三产比重优化为 9.7 ： 53.2 ： 37.1。加大招商引资力度，深化校企合作，金烨集团与上海大学共建特钢冶金与制备中试基地，进入 2022 山西民营企业 100 强，壶关高测入选山西省民营瞪羚企业，鑫磁科技入选山西省专精特新企业，全年签约落地项目 13 个，签约金额 92.3 亿元。

乡村振兴。2022 年，壶关县投入产业扶持资金 1227.19 万元，全县旱地西红柿种植稳定在 5 万亩以上，中药材种植达到 3.5 万亩，食用菌产量达到 3 万吨，建设高标准农田 2.66 万亩，粮食总产量达到 1.91 亿斤，创建省级乡村振兴示范村 4 个、市级乡村振兴示范村 3 个，创建国家级示范社 2 个、省级示范家庭农场 2 个，新培育农民专业合作社 29 个，打造区域公共品牌 4 个。深化农村人居环境整治，实施生活污水治理工程 6 个，改造农村户厕 5000 座，改建“四好农村路”36 千米，拆除残垣断壁 1569 户 3803 间，创建农村人居环境整治示范村 17 个、美丽宜居示范村 8 个，获评“四好农村路”全国示范县，城乡供水一体化工作被国务院通报表扬，全省水库运行管理工作现场会和全市畜禽无害化处理工作现场会在壶关县召开，乡村振兴考核继续保持在全省第一方阵，全县脱贫基础更加稳固、脱贫成效更可持续。

文旅融合。2022 年，壶关县发挥龙头景区带动作用，发展全域旅游，重点景区和乡村旅游同步提升，太行一号旅游路主线全线贯通，大河村被评为全国地质文化村，南平头坞村入选全国乡村旅游重点村，苇则水村入选山西美丽休闲乡村，新入选“太行山居”民宿 8 家，太行山大峡谷入选全省“9+13”龙头景区培育计划，八泉峡景区被多家央媒报道，引进澳涞坞文化产业园项目，建设山西首家元宇宙影视基地，填补壶关县文旅产业深度融合的空白。连续 7 届入选美丽中国深呼吸小城，成功入选山西省文化和旅游产业融合发展示范区、新华网第九届文旅融合高质量发展典型案例、全国最美生态旅游目的地，全年重点景区共接待游客 200.42 万人次，经营收入 2.55 亿元。

县城建设。2022 年，壶关县实施城市更新行动，推进总投资 29.3 亿元的 19 项城建重点项目，启动省道 225 线壶关过境段（东外环）改建、西城路南延至 G207 环线道路建设、城北客运站站前广场等项目。持续深化文明交通综合治理，安装交通隔离护栏 8 千米，施划停车位 1856 个，新建口袋公园 10 个、公共厕所 8 座，添置公园广场座椅 230 个，县城绿化覆盖率达到 51.65%。

生态文明建设。2022 年，壶关县践行“两山”理念，打好蓝天、碧水、净土保卫战，依法查处各类环境违法案件 67 起，取缔死灰复燃土小企业 8 家，整改大气污染各类问题 162 个，PM2.5 浓度同比下降 5.1%，实现空气优良天数 300 天，空气质量优良率 82.4%。全面落实河湖长制、林长制，启动实施海绵城市建设，推进石子河水系统生态综合治理，实施建制镇污水处理项目 4 个、行政村生活污水治理项目 6 个，饮用水水源地水质达标率 100%。加强生态修复治理，完成森林植被修复 1.1 万亩、防火通道 50 千米、水土流失治理 4.35 万亩。

改革创新。2022 年，壶关县聚焦打造“三无”“三可”营商环境，深化“放管服”“一枚印章管审批”“互联网 + 政务服务”等改革，办理各类行政审批和公共服务事项 122165 项，受理 12345 服务热线各类投诉工单 3459 件，响应率和办结率分别达到 100%、99.6%。深化开发区“三化三制”“承诺制 + 标准地 + 全代办”等改革，园内办理各类服务事项 296 个。实施市场主体倍增工程，新增市场主体 5000 余户。落实减税降费和留抵退税政策，全年减税降费 17174.26 万元，惠及纳税人 6273 户次，完成退税 23587.54 万元，涉及纳税人 2555 户次。持续优化创新生态，招聘各类人才 222 人，新增高新技术企业 4 家，推荐上市挂牌后备企业 49 家，注册商标 60 件。主动融入“一带一路”，太行陶瓷参加第十八届文博会，与英国客商签订合作协议。

民生事业。2022 年，壶关县民生支出达到 23.88 亿元，占一般公共预算收入比重 82.99%。重视发展教育事业，引进落地长治职业技术学院南校区，实现县域高等教育“零”突破；投资 3200 万元收购成才学校建立 14 轨初级中学；投资 1500 多万元改善县城 7 所中小学校教学环境，设置学生安全通道。多渠道促进就业创业，完成技能培训 4637 人，新增城镇就业 4784 人，转移农村劳动力就业 10451 人，实现全口径劳动力就业 64291 人，城乡常住居民人均可支配收入分别达到 30536 元、10486 元。全面落实兜底保障政策，实现基本养老保险覆盖率 97%，医疗保险参保率 98.5%，发放基本养老保险 4.68 亿元、工伤保险 523 万元、失业保险 194 万元、各类救助金 9000 万元。提升医疗服务水平，合作共建和平医院壶关分院，26 名专家常驻壶关县。加强公共文化服务供给能力，《一个孩子二十八个妈》《打酸枣・清风》等一批优秀剧目展演走红，完成惠民演出近 2000 场，送电影下乡 5000 余场，送戏下乡 370 场。加快推动交通、水利、住房等事业发展，推进八泉峡供水和辛安泉供水工程，完成花壶线道路改造，黄崖底至辉县界道路改造完工通车，社会消费品零售总额达到 22.8 亿元。

安全稳定。2022 年，壶关县推进重点行业领域安全专项整治，排查整治各类隐患 4578 条，实现安全生产零事故。强化社会治安整体防控，常态化开展扫黑除恶，查破毒品刑事案件 55 起、行政案件 88 起，打掉涉毒团伙 6 个，收缴各类毒品 4061 克，破获电信网络诈骗案件 52 起。

【领导名单】

县委书记　张宏方
副 书 记　李　杰　郭红亮
常　　委　陈晋峰　秦元忠
　　　　　郭太国　李立堂
　　　　　李建芳　翟　睿
　　　　　朱隆基　高雅亭
人大常委会主任　卫　明
副 主 任　栗建平　魏海玲
　　　　　徐云开　张红卫
县　　长　李　杰
常务副县长　秦元忠
副 县 长　高雅亭　牛东方
　　　　　王建方（2022 年 9 月前）
　　　　　苏建红　秦建霞
　　　　　冯海刚　万晓莉
政协主席　张月飞
副 主 席　秦庆祥　贾金花
　　　　　秦志平　赵红兵

（王林茂）

长子县

【自然条件】 长子县总面积 1029 平方千米。2022 年辖 2 个乡 9 个镇 2 个中心 286 个行政村。年末，全县耕地保有量 699295 亩，森林面积 18966.7 公顷，森林覆盖率 15.5%。全年度检查验收合格造林面积 867 公顷。全年植树量 130 万株，其中义务植树 70 万株。年末，全县大中型水库蓄水总量 2016.8 万立方米，全年总用水量 515.1 万立方米，其中生活用水量 469.1 万立方米。

2022 年，长子县城空气质量二级以上天数达 304 天，年平均气温为 10.7 摄氏度，与历年平均值相比偏高 0.5 摄氏度；年总降水量 562.4 毫米，与历年平均值相比偏多 15.0 毫米。年总日照时数为 2249.4 小时，与历年值相比偏少 5.9 小时。

【人口】 据 2022 年 1% 人口抽样调查显示，长子县常住人口 292335 人，比上年末减少 1846 人。性别比（女 =100）为 104.95。城镇人口比重 36.56%。全年全县出生人口 1808 人，人口出生率为 6.17‰，死亡率为 11.48‰，自然增长率为 -5.32‰。

【经济概况】 2022 年，长子县地区生产总值 299.89 亿元，同比增长 6.2%。其中，第一产业增加值 15.51 亿元，同比增长 6.3%；第二产业增加值 224.75 亿元，同比增长 7.0%；第三产业增加值 59.64 亿元，同比增长 4.2%。三次产业占地区生产总值比重由上年的 5.7 ∶ 71.1 ∶ 23.2 调整为 5.2 ∶ 74.9 ∶ 19.9。全县财政总收入 102.51 亿元，同比增长 84.21%。一般公共预算收入 29.52 亿元，同比增长 56.54%。税收收入 26.16 亿元，同比增长 81.39%。公共财政预算支出 38.69 亿元，同比增长 49.21%。年末，全县金融机构各项存款余额 215.89 亿元，比年初增加 33.73 亿元，增长 18.52%。各项贷款余额 113.43 亿元，比年初增加 16.58 亿元，增长 17.12%。

【农业】 2022 年，长子县农作物播种面积 45.59 千公顷，粮食种植面积 34.64 千公顷。其中，玉米种植面积 32.28 千公顷，小麦种植面积 0.92 千公顷。全年经济作物播种面积 10.95 千公顷，其中，蔬菜种植面积 5.76 千公顷。全年粮食产量 18.68 万吨。其中，夏粮 0.49 万吨，秋粮 18.19 万吨。全年蔬菜产量 30.52 万吨。

2022 年，长子县生猪存栏 81053 头，出栏 121650 头；牛存栏 3739 头，出栏 2128 头；羊存栏 96455 只，出栏 46298 只；家禽存栏 450.13 万只，出栏 159.23 万只。肉类总产量 12473.91 吨。其中，猪牛羊肉 1.03 万吨。全年禽蛋产量 3.23 万吨。农用化肥施用量（折纯）1.93 万吨，地膜使用量 413.12 吨，农用柴油使用量 2943.01 吨，农药使用量 220.06 吨。

2022 年，长子县农林牧渔总产值 23.35 亿元，增长 6.33%。其中，农业产值 14.31 亿元，增长 7.16%；林业产值 1.23 亿元，增长 3.66%；牧业产值 6.48 亿元，增长 3.77%；渔业产值 0.12 亿元，增长 11.91%；农林牧渔服务业产值 1.21 亿元，增长 4.12%。

2022 年末，全县农业机械总动力 18.38 万千瓦，增长 2.6%。机械耕地面积 4.30 万公顷，下降 3.3%；机械播种面积 3.48 万公顷，下降 2.2%；机械收获面积 2.26 万公顷，下降 0.3%。农机服务收入 7568 万元，增长 0.4%。

【工业建筑业】 2022 年，长子县全部工业增加值 224.02 亿元，同比增长 6.9%。规模以上工业增加值增长 7.3%。

规模以上工业中，煤炭开采和洗选业增加值增长 5%，农副食品加工业增加值增长 19.46%，非金属矿物制品业增加值下降 18.78%，化学原料及化学制品制造业增加值下降 18.19%，电力、热力生产和供应业增加值增长 63.87%，燃气生产和供应业增加值增长 19.14%，金属制品、机械和设备修理业增加值下降 35.93%，通用设备制造业增加值下降 54.48%，专用设备制造业增加值下降 47.05%，金属制品业增加值下降 89.02%，其他制造业增加值下降 100%。

规模以上工业企业利润总额 103.4 亿元，同比增长 14.8%。分经济类型看，国有控股企业利润总额 79.57 亿元，同比增长 18.3%。分门类看，采矿业利润总额 104.9 亿元，同比增长 12.3%；制造业利润总额 0.3 亿元，与上年持平；电力、热力、燃气及水生产和供应业利润总额亏损 1.8 亿元。

全县建筑业实现增加值 7312 万元，增长 43.2%。具有建筑业资质等级的总承包和专业承包建筑业企业实现利润 201.9 万元，是上年的 2.64 倍。

【城市建设】 2022 年末，长子县城市建成区面积 941 万平方米。年末，建成区绿化覆盖面积 381.6 万平方米，建成区绿化覆盖率 40.6%，人均公园绿地面积 13.39 平方米。年末，实有县城免费公交车 14 辆，出租汽车 134 辆。县区有公园 4 座，总面积 112.51 公顷。全年供水总量 450 万吨，人均日生活用水量 140 升。全年液化气供气总量 700 吨，天然气供气总量 4401 万立方米。县城集中供热面积 491 万平方米。其中，住宅供热面积 374 万平方米。县城污水处理能力 40000 吨/日，全年污水处理量 664.5 万吨。生活垃圾年处理量 3.9 万吨，无害化处理率达到 100%。

【交通邮电旅游】 2022 年末，长子县公路线路通车里程达到 940.4 千米。其中，省级公路 92.6 千米，县乡级公路 448.6 千米。全年全县完成邮电业务收入 18235 万元，增长 5.7%。其中，邮政业务收入 2135 万元，增长 0.6%；电信业务收入 16100 万元，增长 6.4%。年末全县互联网用户 98608 户，增长 8.9%。移动电话用户达到 291270 户，增长 4.1%。全县共有名胜风景区和文物保护单位 243 个。接待国内外游客 5 万人次；实现旅游收入 30 万元。

【投资贸易】 2022 年，长子县固定资产投资完成 67.90 亿元，增长 10.4%。其中，国有及国有控股投资完成 42.04 亿元，增长 87.1%。分产业看，第一产业投资完成 5.79 亿元，占计划总投资的 8.5%；第二产业投资完成 40.45 亿元，占计划总投资的 59.6%；第三产业投资完成 21.65 亿元，占计划总投资的 31.9%。

全年全县在建固定资产投资项目 186 个。其中，5 亿元以上项目 6 个。全年完成项目投资 60.35 亿元，增长 49.7%。全年房地产完成投资 7.55 亿元，下降 64.4%。

全年全县社会消费品零售总额 30.76 亿元，下降 1%。其中，城镇消费品零售额 14.35 亿元，下降 0.8%；乡村消费品零售额 16.41 亿元，下降 1.3%。全县批发业完成销售额 137.74 亿元，增长 23.1%；零售业完成销售额 20.06 亿元，增长 6.9%；住宿业完成营业额 0.37 亿元，增长 0.3%；餐饮业完成营业额3.78亿元,增长5.3%。

【教育科技】 2022 年末，长子县有各级各类学校共 71 所。其中，高级中学 3 所，初级中学 5 所，职业中学 1 所，教师进修学校 1 所，九年一贯制学校 8 所，特殊教育学校 1 所，小学 52 所。全县在校学生 39752 人，教职工 2943 人。2022 年高考二本达线人数 1107 人。

【文体卫生】 2022 年末，长子县有艺术表演团体 44 个，文化馆 1 个，公共图书馆 1 个，公共图书馆藏书量 23.2 万册，档案馆 1 个，农村书屋实现行政村全覆盖。有广播电视台 1 座，年末全县接收数字信号用户达到 20344 户，电视综合人口覆盖率 83.1%。

2022 年末，全县有医疗卫生机构 492 个。其中，医院、卫生院 22 个，采供血机构 1 个，妇幼保健机构 1 个，疾病预防控制中心（防疫站）1 个，卫生监督机构 1 个。病床位 1471 张，其中，医院、卫生院 1421 张。卫生技术人员 1777 人。其中，执业医师和执业助理医师 718 人，注册护士 779 人，药剂人员 61 人。乡镇卫生院 13 个，床位 456 张，卫生技术人员 371 人。

全县有乡镇体育工作站 12 个，各类体育协会 22 个，基层健身辅导站 314 个，各级社会体育指导员 1175 人。全年共参加市级以上活动比赛 4 次，获得各类奖项 2 个。

【社会生活】 2022 年，长子县城镇居民人均可支配收入 38855 元，同比增长 6.6%；农村居民人均可支配收入 20302 元，同比增长 8%。

年末，全县城镇职工基本保险参保人数 39135 人。其中，企业基本养老保险人数 28761 人，机关事业单位基本养老保险人数 10374 人。年末全县城镇职工基本医疗保险参保人数 31845 人，城乡居民基本医疗保险参保人数 290220 人。参加失业保险 33156 人。参加工伤保险 51206 人。

全年全县纳入城镇最低生活保障的居民 982 人，发放城镇低保资金 642.1 万元；纳入农村最低生活保障的居民 8467 人，发放农村低保资金 5741.9 万元。

【年内大事】 项目建设。2022 年，长子县滚动实施重点项目 141 个，新兴产业类项目投资占比达到 39.65%，战略性新兴产业增加值增长 43.95%。其中，格盟、漳山光伏并网发电，义乌工厂建成投用；华远陆港全市首开中欧、中亚联运货物列车，打通长治连接欧亚国际大通道；创建 4 个国家 A 级景区，实现零的突破；产教融合、冻干食品、数智小镇等一大批项目快速推进。加大招商引资力度，全年签约项目 123 个、187.4 亿元，完成率 2143.1%，增长 14.4%。

改革创新。2022 年，长子县获批省级经济技术开发区。划定“三区三线”，优化发展格局。推进煤矿智能化改造，煤炭产量完成 3395 万吨，先进产能占比提高至 90%。争取债券资金 4.32 亿元，减免退缓税费 4.21 亿元。发展平台经济，网络货运平台营业额达到 52.18 亿元。市场主体加速倍增，新增市场主体 5977 户，增长 34.5%。促进民营经济发展，净增“小升规”企业 8 户，“个转企”500 户。加快国资国企改革,完成 6 户“僵尸企业”出清。打造“三无三可”营商环境，率先开通 4 省 10 县“跨省通办”，260 项审批事项实现“一件事一次办”，全省县级层面首批实施“拿地即开工”，全市首家成立县级 7×24 小时政务服务超市。实施“一支队伍管执法”改革，全市乡镇综合行政执法改革现场会在长子县召开，入选全国行政执法协调监督工作体系建设试点县。

乡村振兴。2022 年，长子县投入乡村振兴专项资金 6014 万元，增长 38.32%。建设设施大棚 1800 余座、标准化农业园区 34 个，完成粮食播种面积 55.63 万亩、总产量达到 2.9 亿公斤。新认证绿色食品 9 个、“有机旱作·晋品”2 个、“圳品”2 个。推进“一县一业”，新发展青（尖）椒种植 3 万亩，超过前三年面积总和，带动农民增收 4.5 亿元，长子青椒入选国家现代农业全产业链标准化示范基地。推进乡村建设行动，建成“四好农村路”56.1 千米，改造农厕 5017 座，打造市级以上美丽乡村 16 个，创建市级以上农民示范合作社 3 家、家庭农场 5 家。

城市建设。2022 年，长子县加强市政基础设施建设，鹿谷大街改造建成通车，中医院住院综合大楼投入使用，庆丰、气象站片区顺利还迁，推进妇幼门诊住院综合大楼、新职校等项目建设。集中供热实现市县一体化，完成县城雨污分流改造 6 千米。新建 5G 基站 259 个，实现县城 5G 全覆盖。海绵城市建设获评全市优秀，“三无”小区全部清零，全市社区物业管理能力提升工作推进会在长子县召开。

生态建设。2022 年，长子县坚持“控煤、治污、管车、降尘”，拆除燃煤锅炉 99 台，取缔散乱污企业 29 家；全年二级以上优良天数达到 304 天，优良率 83.3%。加强水污染防治，清理整治河道 60 千米，铺设污水管网 25 千米，严格企业入河排污口监管，3 个断面水质全部达标。强化农业面源污染管控修复，实现县域垃圾转运全覆盖、零填埋。获首批省级生态文明建设示范区称号。

民生事业。2022年，长子县民生支出23.86亿元，增长15.07%。坚持就业优先，新增城镇就业4641人，转移农村劳动力5287人，公开招聘工作人员399人。入选全国义务教育优质均衡创建先行县。县医院“合作建院”、县中医院“合作建科”成效明显，医疗服务水平持续提升。启动压煤村整体搬迁，推进2个老旧小区改造，完成农村66户危房改造。开展“五个一批”文化惠民活动1500余场，免费送戏下乡200场。长子鼓书《最后一笔党费》登上央视，《长子理发》等4部作品入围全国“牡丹奖”。举办首届特色劳务品牌技能大赛，叫响长子理发、长子炒饼、长子猪头肉品牌。持续开展文明城市创建，县新时代文明实践中心网评全省第一。安全形势整体向好，社会大局和谐稳定，获省级平安县称号。

【领导名单】

县委书记　郭　强
副书记　甄秦峰　李　峰
　石凌雁
常　委　牛浩刚（2022年5月后）
　史宇荣
　贾景昌（2022年6月前）
　王宇红（2022年1月前）
　申丽光　刘爱红
　宋晓明　余伟元
　王　瑛
　李旭晔（2022年3月后）
人大常委会主任
　王宇红（2022年1月后）
副主任　薛宏刚　李峰岩
　王华庆　乔先苗
县　长　甄秦峰
常务副县长　史宇荣
副县长　李晋平　胡红星
　牛艳丽　李瑞栋
　张树军　张瑞杰
　武瑞雄
政协主席　吴　斌
副主席　高之军　范建宏
　李　伟　孙慧芳

（王俊平）

武乡县

【自然条件】 武乡县总面积1614.5平方千米，耕地65.23万亩。煤炭是主要矿产资源，井田总面积103.53平方千米。主要河流包括浊漳北源干流、涅河、蟠洪河、监漳河、大有河、昌源河、贾豁河等。共有5座水库，设计总库容达1.499亿立方米；塘坝7座。

【综合经济】 2022年，武乡县地区生产总值114.6亿元，按不变价格计算，比2021年增长8.2%。其中，第一产业增加值7.6亿元，增长6.0%，占地区生产总值的比重为6.6%；第二产业增加值70.6亿元，增长13.9%，占地区生产总值的比重为61.6%；第三产业增加值36.3亿元，增长3.0%，占地区生产总值的比重为31.7%。

全年全县一般公共预算收入18.26亿元，增长160.33%。税收收入10.14亿元，增长128.97%，其中国内增值税、企业所得税、个人所得税、资源税和城建税共计完成税收9.04亿元，增长136.3%。一般公共预算支出33.41亿元，增长59.5%。其中科学技术支出增长156.7%，社会保障和就业支出增长9.82%，卫生健康支出增长64.67%，文化旅游体育与传媒支出增长21.03%，节能环保支出增长45.09%。

【农业】 2022年，武乡县粮食种植面积28454.8公顷；油料种植面积415.7公顷。在粮食种植面积中，玉米种植面积17988.2公顷，小麦种植面积134.8公顷。全年粮食产量89818.2吨。其中，夏粮365.8吨；秋粮89452.3吨。

【工业和建筑业】 2022年末，武乡县规模以上工业企业30家。全年全县规模以上工业增加值增长17%。规模以上工业企业原煤产量1210.67万吨，增长12.3%；发电量56.51亿千瓦时，增长23.03%。规模以上工业企业实现营业收入145.98亿元，增长34.4%。其中，煤炭工业实现营业收入109.15亿元，增长37.9%；电力热力生产工业实现营业收入18.12亿元，增长55.6%；化学原料和化学制品工业实现营业收入0.21亿元，下降6.3%；农副食品加工业实现营业收入12.75亿元，增长1.1%；非金属矿物制品工业实现营业收入2.97亿元，增长4.6%；有色金属冶炼和压延加工业实现营业收入1.3亿元，下降5.3%；金属制品业实现营业收入0.47亿元，增长30.9%；燃气生产和供应业实现营业收入0.53亿元，增长30.2%。规模以上工业实现利税61.99亿元，增长63.5%；实现利润总额43.84亿元，增长84.1%。全年全县建筑业实现增加值1.8亿元，按不变价格计算，比2021年增长25.7%。

【固定资产投资】 2022年，武乡县固定资产投资39.3亿元，增长24.3%。其中，国有及国有控股投资20.7亿元，增长27.2%。分产业看，第一产业投资4亿元，增长5.8%；第二产业投资19亿元，增长143.6%；第三产业投资16.4亿元，下降18.4%。全年全县固定资产投资施工项目118个。其中，亿元以上项目18个，计划总投资67.7亿元，完成投资23.9亿元。全年房地产开发投资4亿元，下降29.8%。其中，住宅投资3.5亿元，下降39.2%。

【国内贸易】 2022年，武乡县社会消费品零售总额20.61亿元，增长1.1%。其中，城镇消费品零售额12.58亿元，增长1.8%；乡村消费品零售额8.03

亿元，与2021年同期持平。

【交通、邮电】 2022年末，武乡县公路线路里程1316千米，其中高速公路37千米。年末全县民用汽车保有量1.6万辆，其中私人汽车1.5万辆，本年新注册汽车0.1万辆。全年全县邮政行业业务收入累计完成2350万元。年末移动电话用户达到15.7万户，全县互联网接入用户5.2万户。

【金融】 2022年末，武乡县金融机构本外币各项存款余额130.53亿元，比年初增加19.41亿元，比年初增长17.46%。各项贷款余额54.87亿元，比年初增加1.90亿元，比年初增长3.58%。全年全县保费收入1.43亿元。其中，寿险业务保费收入9362.26万元，财产险业务保费收入4894.90万元。全年支付各类赔款及给付2749.64万元。其中，寿险业务保费赔付1070.93万元，财产险业务保费赔付1678.71万元。

【教育】 2022年末，武乡县中等职业学校1所；普通高中1所；初中13所；小学22所。在校生情况：中等职业教育1844人，普通高中2788人，初中4687人，小学8682人，学前教育3524人，特殊教育115人。

【文化、卫生和体育】 2022年，武乡县有广播电台1座，电视台1座，广播、电视综合人口覆盖率均达到100%，年末全县有线电视用户14900户。

年末全县有医疗卫生机构334个，其中医院、卫生院17个，妇幼保健机构1个，疾病预防控制中心1个，卫生监督机构1个。病床位475张，其中医院、卫生院475张。卫生技术人员736人，其中医生259人，注册护士303人，药剂人员42人。乡镇卫生院14个，床位125张，乡村医生和卫生技术人员269人。

【人民生活和社会保障】 2022年，武乡县城镇常住居民人均可支配收入31762元，比2021年增长7.3%；农村常住居民人均可支配收入11655元，比2021年增长12.5%。年末，参加基本医疗保险18.26万人，其中参加城镇职工基本医疗保险1.99万人，参加城乡居民基本医疗保险16.27万人。参加基本养老保险企业职工1.96万人，城乡居民11.81万人；参加失业保险1.62万人；参加工伤保险2.01万人。全年全县纳入城镇最低生活保障的居民790人，发放城镇低保资金492.31万元；纳入农村最低生活保障的居民7316人，发放农村低保资金3174.46万元。

【城市建设、资源】 2022年末，武乡县城市交通运营车辆188辆，其中县内公共汽车108辆，出租汽车80辆。

【年内大事】 产业转型升级。2022年，武乡县推动实施重点项目131个，完成投资39.34亿元，争取中央预算内投资及省级补助资金6350万元、省级专项债券资金5000万元，纵深推进传统产业改造升级，新兴产业提质增效，文旅产业深度融合。传统产业方面，王家峪、阳迦煤业掘进工作面智能化改造完成，8座洗煤企业标准化建设全部达标；搁置多年的永红煤业120万吨矿井建设项目9月正式开工建设。新兴产业方面，鼎锟高科年产250万件电动车轮毂、鑫创镁业年产1万吨金属镁、锦盛鑫再生资源年处理30万吨废钢加工项目正式投产；山水水泥粉磨生产线、太湖豆制品深加工等项目如期完工；华电、粤电2个100兆瓦光伏项目并网发电，北控、绿恒等光伏项目和华新蓝焰、昔阳丰汇等煤层气项目顺利推进；昌靖建材年产60万吨机制砂及40万吨干混砂浆项目完成主体建设。文旅产业方面，依托八路军太行纪念馆、八路军文化园，谋划实施太行全民国防教育综合基地建设项目，启动国家红色旅游AAAAA级景区创建；57处文物列入全省第二批革命文物名录；太行红色产学研基地、太行假日国际酒店主体完工。全年招商签约项目39个，落地开工38个，到位资金25.6亿元。

乡村振兴。2022年，武乡县紧盯162个重点帮扶村，强化1161户2813人“三类户”动态监测，不断提升教育、医疗、住房“三保障”及饮水安全保障水平。夯实农业产业基础。完成高标准农田建设3万亩、有机旱作谷子标准化示范基地4万亩，新增蔬菜种植2万亩、梅杏1万亩、中药材1.2万亩，全年粮食总产量达到1亿公斤。以抓党建促基层治理能力提升为契机，全面铺开“双十万”示范村建设，269个村集体经济收入全部达到10万元，收入30万元以上的村达到109个。农业生产托管服务11.2万亩，释放农村劳动力1.2万余人。加快建设宜居乡村。编制实用性村庄规划188个。推进农村户厕改造2000余座，提标改造户厕1.2万余座。打造乡村振兴示范村22个、特色产业村66个、农村人居环境整治提升示范村50个。推进森林村庄建设，栽植各类树种300余万株。

城市品质提升。2022年，武乡县推进路网畅通工程，新建和改造和平一路、城关路、泰安巷等10条道路，启动涅河太行桥、八路军太行纪念馆人行过街通道、县城新区“一横两纵”主干道路等市政建设项目。推进城市更新改造，完成国有土地上659户12万平方米、集体土地上228户6.6万平方米房屋征收拆迁，同步启动计委巷东段、东盛巷东段安置小区、城关村改造二期等住房项目建设，进一步改善县城居民居住条件。新建生态停车场5个，缓解群众停车难问题。加快完善公共服务设施，启动公共文化服务中心、便民服务中心等建设项目。

完成太行街、宝塔街立面整治，宝塔广场、前方鲁艺文化公园等8个景观绿化改造工程。县城第二污水处理厂、故城镇生活污水处理厂项目建成投用。

重点改革。2022年，武乡县推进国企国资改革,完成13户“僵尸企业”出清及4个事业单位转企改制，妥善解决800余人的社保、安置等相关问题。深化“县管校聘”改革和城乡教育布局优化调整，促进优质师资均衡配置。持续深化“三医联动”改革，集中带量采购19批次198种药品耗材，平均降幅50%以上。推进城乡水务、环境卫生、交通运输三个“一体化”建设。深化综合行政执法体制改革，组建乡镇综合行政执法队，实现“一支队伍管执法”。持续推进供销社综合改革，增强为农服务功能，获全省供销系统综合改革先进单位。

营商环境优化。2022年，武乡县深化“放管服”改革,打造“三无”“三可”营商环境，做实“一枚印章管审批”改革，创新确立“四办”模式，推广承诺制审批和“容缺受理”，全年净增各类市场主体2952户。深化“承诺制＋标准地＋全代办”改革，“全代办”36家，委托代办65件。设立全市首家基层便民服务平台，为群众提供一站式服务，实现便民事项统一管理、统一发布、统一接件、统一维护。新建3个24小时“不打烊”政务服务超市，1110件事项实现自助申报，1789件事项办事指南实现自助查询；设立2个专区，涵盖93项审批事项，开展一对一代办服务。

生态环境。2022年，武乡县打好蓝天保卫战。山水水泥如期完成超低排放改造，县域内374家餐饮单位油烟净化器安装率达到100%。开展柴油货车尾气检测工作，检查车辆3200余台次。落实建筑工地“六个百分百”要求。全年县城空气优良天数达到301天。打好碧水保卫战。完成县乡村水源地环境安全隐患排查整治工作，划定农村集中式饮用水水源保护区15个，10个农村污水治理项目全部开工建设。国控关河水库出口断面和省控西营断面地表水稳定达到Ⅲ类水质标准。打好净土保卫战。对34家危废及3家医疗废物产生单位进行规范化环境管理评估。持续推广使用全生物可降解地膜。完成国省级造林绿化工程5.1万亩，森林村庄建设实现所有行政村全覆盖。

民生保障。2022年，武乡县民生“十件实事”全面落实，实施北师大帮扶武乡一中工作；树人教育基金会累计接受捐资1871万元；深化与和平医院合作，引入专家12名，增设消化道肿瘤多学科会诊等6个专科门诊，开展30项新技术、新项目，群众不出县就能享受市级医疗服务；386套保障性住房和50套人才公寓顺利建设；太行一号旅游公路全线通车；国家交通运输一体化示范县工作推进，快递物流分拨中心、14个乡镇客运站建成投用。完成7轮消费券发放2965万元，拉动消费1亿元以上。房屋产权确权登记颁证“清零行动”基本完成，有效防范化解各类风险隐患。全年累计发生生产安全事故2起，死亡2人，事故起数、死亡人数同比实现“双下降”。

【领导名单】

县委书记　贺思宇
副书记　王书文　高　佳
常　委　李　颖
高怀碧（2022年8月前）
游晋中　李颖媛
李珍明　常斌杰
郭晓方　陈巍伟
韩　霏（2022年10月前）
张北京（2022年10月后）
人大常委会主任　李军印
副主任　成彩娥　王五堂
崔宏伟　郝宏德
县　长　王书文
常务副县长　李　颖
副县长　张北京
杨泽滨（2022年9月前）
郭　斌　石永兵
秦国峰　史小兵
王　宇（2022年9月后）
成　敏（2022年1月后）
政协主席　刘钢平
副主席　杨树宏　王卫东

（王晓东）

沁　县

【自然条件】 沁县位于山西省东南部，长治市北部，东依太行山，西靠太岳山。县境东连武乡、襄垣，西毗沁源，南接屯留，北与武乡及晋中市平遥县接壤。有上党“北大门”“冀州门户、潞泽咽喉”之称。北距太原武宿飞机场155千米，南距长治王村机场89.6千米，东距太焦高铁武乡西站12千米。境域四周环山，中部平坦。东西宽39千米，南北长60千米，总面积1320平方千米。境域属暖温带大陆性季风气候。

【综合经济】 2022年，沁县地区生产总值完成426848万元，按不变价格计算，比上年增长3.6%。其中，第一产业增加值92920万元，增长6.1%，占地区生产总值的比重为21.77%；第二产业增加值93190万元，增长3.2%，占地区生产总值的比重为21.83%；第三产业增加值240738万元，增长2.8%，占地区生产总值的比重为56.40%。人均地区生产总值31557元。

全年全县一般公共预算收入1.09亿元，下降21.78%。税收收入6408万元，下降19.45%，其中国内增值税、企业所得税、个人所得税、资源税和城建税共计完成税收3985万元，下降11.31%。一般公共预算支出20.15亿元，增长27.8%。其中科学技术支出增长11.19%，教育支出增长28.90%，农林水支出增长26.50%，城乡社区支出增长294.74%，社会保障和就业支出增长7.0%，卫生健康支出增长57.89%，文化旅游体育与传媒支出下降0.79%，节能环保支出增长98.03%。

全年全县城镇新增就业2356人；农村劳动力转移就业2256人；失业人员再就业320人；就业困难人员就业72人。

【人口】2022年末，沁县总人口为169687人。全年全县出生人口1020人，人口出生率为5.99‰；死亡人口1095人，死亡率为6.44‰；自然增长率为-0.45‰。性别比（女=100）为113.90。

【农业】2022年，沁县粮食种植面积27.1千公顷，玉米种植面积21.89千公顷；小麦种植面积0.15千公顷。全年粮食产量14.70万吨。其中，夏粮0.049万吨，秋粮14.64万吨。

【工业和建筑业】2022年末，沁县规模以上工业企业7家。全年全县规模以上工业增加值增长4.2%。规模以上工业企业实现营业收入464605万元，增长17.9%。其中，煤炭工业实现营业收入1696万元，下降65.2%；农副食品加工业实现营业收入79864万元，下降14.3%，炼焦工业实现营业收入362446万元，增长25.0%；非金属矿物制品业实现营业收入13281万元，增长118.7%，热力生产供应业实现营业收入7318万元，增长100%。规模以上工业实现利润7039万元，下降54.9%。全年全县建筑业实现增加值4328万元，按不变价格计算，比上年下降12.5%。

【固定资产投资】2022年，沁县固定资产投资26.6亿元，增长10.2%。其中，国有及国有控股投资12.1亿元，增长7.3%。分产业看，第一产业投资3.3亿元，下降27%；第二产业投资12.1亿元，增长52.3%；第三产业投资11.1亿元，下降4%。全年全县固定资产投资施工项目87个。其中，亿元以上项目14个，计划总投资50.9亿元，完成投资17.8亿元。全年房地产开发投资1.2亿元，下降56.1%。其中，住宅投资1.0067亿元，下降52.9%。

【国内贸易】2022年，沁县社会消费品零售总额158253.7万元，增长0.2%。其中，城镇消费品零售额72013.2万元，增长0.8%；乡村消费品零售额86240.5万元，下降0.2%。

【交通、邮电】2022年末，沁县国道208线养护里程44.322千米，省道南沁线养护里程36.973千米，省道沁长线养护里程13.509千米。年末全县机动车保有量17319辆，本年新注册机动车679辆。

全年全县邮政行业累计完成业务收入2416.4万元，完成全年目标101%。其中：金融板块收入实现1802.6万元，完成目标的99.3%；渠道板块收入实现326.1万元，完成目标的113.4%；文传板块收入实现165.9万元，完成目标的98%；寄递板块收入实现110.4万元，完成目标的92%。年末联通、移动、电信营业收入实现5734万元；移动电话用户达到11.6万户，其中，4G移动电话用户达到7.6万户，5G移动电话用户达到3.6万户；宽带用户5.2万户。

【金融】2022年末，沁县金融机构本外币各项存款余额929776万元，比年初增加135513万元，比年初增长17.06%。各项贷款余额524002万元，比年初增加114022万元，比年初增长27.8%。

2022全年保费收入1.44亿元，下降2.46%。其中，寿险业务保费收入1.02亿元，下降1.36%；财产险业务保费收入0.42亿元，下降5%；车险业务保费收入0.21亿元，增长2.77%。全年支付各类赔款及给付0.28亿元，下降14.18%。其中，寿险业务保费赔付0.1亿元，下降9.5%；财产险业务保费赔付0.18亿元，下降16.59%；车险业务保费赔付0.12亿元，增长26.03%。

【教育和科学技术】2022年末，沁县中等职业教育学校2所，普通高中4所；特殊教育学校1所。

年末全县共有产品质量检验机构1个，全年共检定计量器具490台/件，合格率达到99%以上；其中用于贸易结算的计量器具260台/件、用于安全防护的计量器具148台/件，用于医疗卫生的计量器具30台/件，其他52台/件。

【文化、卫生和体育】2022年，沁县有广播电台1座，电视台1座；城市广播、电视综合人口覆盖率均达到100%，年末有线电视用户8152户；农村有线电视用户1000余户。

年末全县有卫生监督机构1个；医疗卫生机构249个，其中医院、卫生院17个，妇幼保健机构1个，疾病预防控制中心1个，社区卫生服务站2个，村卫生所228个。全县公立医疗机构编制床位数508张，实有床位数565张，常住人口千人床位数4.1张。卫生技术人员方面，在编医生176人，注册护士112人，药剂师20人，医技师34人，其中，乡村卫生院医生77人，护士50人，药剂师9人，医技师8人。

全年全县运动员在各类体育比赛中获得省级荣誉2项；获得市级荣誉3项，其中获得团体冠军1次，个人第一名3次、第三名2次。

【人民生活和社会保障】 2022年，沁县城镇常住居民人均可支配收入26331元，比上年增长5.2%；农村常住居民人均可支配收入10081元，比上年增长8.1%。城镇居民家庭恩格尔系数（即居民家庭食品消费支出占家庭消费支出的比重）28.6%，农村居民家庭恩格尔系数23%。

年末，全县参加城镇职工基本养老保险18758人，其中，企业职工养老保险11212人（在职7290人、退休3922人），机关事业养老保险7546人（在职4126人、离退休3420人）。参加城乡居民养老保险80206人。参加城镇职工基本医疗保险13997人，参加城乡居民基本医疗保险133640人。参加失业保险7136人，参加工伤保险9242人（农民工43人），参加生育保险6740人（其中女性3106人）。

全年全县累计享受城市最低生活保障的居民35138人次，发放城市低保资金1691.91万元；累计享受农村最低生活保障的居民105285人次，发放农村低保资金4525.86万元；累计享受特困供养8284人次，发放供养金2197.53万元。

【城市建设、资源】 2022年末，沁县城市交通客运班线汽车19辆，县内城市公共汽车17辆，城乡客运汽车40辆，出租汽车113辆。

年末，全县大中型水库蓄水总量507万立方米，小型水库蓄水总量1148万立方米。全年总用水量149万立方米，其中，居民生活用水116万立方米，非居民用水33万立方米。

【年内大事】 项目建设。2022年，沁县实施重点工程项目111个，完成投资33.2亿元，争取各类上级资金近10亿元。基础设施类项目32个，完成投资8.03亿元；社会民生类项目18个，完成投资2.6亿元；产业类项目61个，完成投资22.57亿元。申报纳入省市重点工程项目4个，其中省重点工程项目1项，市重点工程项目3项。招商引资累计签约项目19个，签约金额64.49亿元，现代农业产业示范区签约项目投资额11.52亿元。

2022年9月23日，沁县南里镇“庆丰收　迎盛会”农民丰收节在寺家庄村启动　（姚　翔　供图）

产业发展。2022年，沁县一产增加值完成9.29亿元，增长6.1%。新发展冷凉蔬菜1万亩、芦笋1000余亩、中药材4000余亩。新增设施果园13个、休闲采摘观光果园2个、标准智慧果园7个。全年生猪出栏6.57万头、牛出栏1.85万头、羊出栏7.76万只、鸡出栏1775.77万羽。新培育1个国家级生态农场、5个省级示范农场、9个省级市级农业产业化龙头企业、2个省级农业产业联合体、1个省级农业产业链。新认证2家“圳品”企业。打造2个省级农业产业集群。二产增加值完成9.32亿元，增长3.2%。沁州黄小米（集团）公司中老年药食同源米粉深加工项目建成投产。规上工业企业新增3家。华安焦化干熄焦余热发电项目投产达效。现代农业产业示范区冷链物流、谷丰饲料加工、肉鸡屠宰等一批新项目落地实施。三产增加值完成24.1亿元，增长2.8%。举办第十四届端午民俗文化节。推出康养旅游、文化旅游、乡村旅游等旅游精品线路。累计发放政府数字消费券243万元、爱心消费券810.7万元，带动消费6322万元。

乡村振兴。2022年，沁县严格落实耕地保护和粮食安全责任，粮食总产量达到14.7万吨。高标准农田建设完成2.88万亩。实行防止返贫动态监测和帮扶机制，风险消除率达到88%。脱贫人口人均可支配收入达到12193元，增长13.5%。开展“入户大走访”“政策到户到人百日宣讲”专项行动。推动消费帮扶，全县脱贫户农产品销售额达到1063万元，受益农户1.3万余户。脱贫劳动力务工交通补贴发放40.95万元，稳岗补贴发放477.3万元，外出务工奖补发放85.89万元。完成小额信贷4874.4万元。“三保障”和饮水安全成果持续巩固，农村危房改造295户，重建修缮因灾受损农房1675户，资助在校学生6036人次，落实各类教育补助419.23万元。实现脱贫人口基本医疗保险参保率100%。改造农村供水工程159处，改善解决5.7万余人饮水安全问题。易地扶贫搬迁集中安置点后续帮扶持续跟进。完成20个乡村振兴示范项目建设。11个乡镇建成乡村生活垃圾中转站，新改造农村户厕2000座，农村人居环境持续改善。出台扶持村级集体经济20条举措，218

个行政村集体经济收入均达10万元以上。巩固拓展脱贫攻坚成果同乡村振兴有效衔接工作顺利通过省级第三方实地考核评估。

城镇建设。2022年，沁县实施39条道路23.16千米市政道路雨污分流管线建设工程、14条主次干道及43条背街小巷30.54千米市政道路提质改造工程。完成14个老旧小区改造。县城供水管网改造二期工程基本完工。第二污水处理厂建设工程全面铺开。农村电网新建改造低压线路30.17千米。开通5G基站208个。燃煤锅炉超低排放改造、8个建制镇污水处理设施建设等项目加快实施。沁州北路延伸段道路开工建设。建成“四好农村路”65千米、太行板块沁县环湖旅游公路12千米。黎霍高速沁县段主线和县城连接线、国道208线沁县段改扩建等工程取得阶段性进展。

改革创新。2022年，沁县现代农业产业示范区“承诺制+标准地+全代办”改革稳步推进，出让标准地162.07亩。对新落地项目实行全流程“三项改革”集成服务。推动融资担保一体化改革，落实资本金2000万元、金融风险化解基金400万元。健全政银企对接机制，引导金融机构对20家企业、45家个体工商户投放贷款4292.3万元。落实减税降费政策9255万元。对12家企业给予科技经费支持。沁县宇辰农业综合开发有限公司“蛋鸡科技小院”荣列全国第一批“科技小院”。升限入统一批商贸企业，申报一批“三晋老字号”“上党老字号”企业和电子商务项目。全县市场主体净增2705户，达到11969户。“四上”企业新增8家，达到34家。

民生福祉。2022年，沁县民生支出占财政总支出的比重达到80%以上。沁县第三中学和明德小学整体迁入新校区。特殊教育学校落成开学。育才小学改扩建工程竣工并投入使用。改扩建县城幼儿园4所，增加学位540个。国家“双减”政策有效落实。高考改革深入推进，沁县中学和晋城一中实现结对帮扶，高考成绩创历史新高。新招聘特岗教师76名，引进高层次人才28名。疫情防控实现平稳转段。长治医学院和平医疗集团托管沁县人民医院。县中心医院项目启动实施。体育公园项目基本完工。完成111个小区5027套房屋产权登记确权颁证。对32处英雄烈士纪念设施应修尽修。开展职业技能培训1810人，农村劳动力转移就业2421人，城镇新增就业2170人，城乡居民基本养老保险参保8万余人。城乡低保金、特困供养金、临时救助金发放8986.6万元，优抚对象抚恤金、义务兵家庭优待金、各类慰问金发放1272.33万元。文化惠民演出1800余场次，送戏下乡100场。

【领导名单】

县委书记　秦　军
副 书 记　司慧军　赵　锐
常　　委　田耀德　武虹波
　　　　　焦会丽　周铁虎
　　　　　姬伟岸　李晓东
　　　　　籍弘光　张　帅
　　　　　宋晓亮
人大常委会主任　李佩璋
副 主 任　温劲松　温建功
　　　　　杨宏斌　史小勇
县　　长　司慧军（2022年4月后）
常务副县长　姬伟岸
副 县 长　籍弘光　王丽萍
　　　　　冯　宇　闫鹏云
　　　　　王宇靖
　　　　　张文晓（2022年9月前）
　　　　　张军红（2022年9月后）
政协主席　郭建宇
副 主 席　郭庆宏　崔艳红
　　　　　冀　斌

（姚　翔）

沁源县

【自然条件】沁源县位于山西省中南部，长治市西北，地处太岳山东麓，系沁河发源之地。全县总面积2548.8平方千米，2022年下辖6个乡6个镇，6个社区1个开发区，181个行政村，全县总人口14.9044万人。耕地2.29万公顷。矿藏10种。主要河流8条，其中沁河最长，境内全长69.3千米，总长度328千米。全县旅游景点4个。年平均气温9.0摄氏度，年降水量520.8毫米。

【人口】2022年，沁源县总人口149044人，其中：男性83389人，女性65655人，男女性别比（女=100）127.01，城镇人口74681人，乡村人口74363人，城镇化率50.11%，人口自然增长率-4.24‰。

【经济概况】2022年，沁源县地区生产总值完成304.81亿元，同比增长10.3%（不变价增幅）。其中，第一产业增加值5.28亿元，增长5.1%，占生产总值的比重为1.73%；第二产业增加值247.38亿元，增长11.2%，占生产总值的比重为81.16%；第三产业增加值52.15亿元，增长8.4%，占生产总值的比重为17.11%。第三产业中，交通运输、仓储和邮政业增加值9.44亿元，增长1.8%；批发和零售业增加值13.62亿元，增长10.2%；非营利性服务业增加值10.05亿元，增长8.4%。人均地区生产总值204211.6元，增长10.6%，按2022年平均汇率计算人均为30361美元。全县财政总收入102.87亿元，增长95.56%。地方财政收入39.21亿元，增长74.65%。一般公共预算收入30.65亿元，增长69.41%。全县税收收入97.06亿元，增长105.59%。一般公共算支出35.57

亿元，其中农林水事务支出 4.71 亿元，教育支出 4.6 亿元，卫生健康支出 2.44 亿元，科技支出 0.0186 亿元。

【农业】 2022 年，沁源县粮食产量 6.35 万吨。农作物种植面积 18066 公顷。其中，粮食种植面积 14060.1 公顷；玉米种植面积 8249.2 公顷；马铃薯种植面积 2589.9 公顷；蔬菜种植面积 1142.9 公顷；中药材种植面积 2470.3 公顷。全县肉类总产量 3243 吨。其中，猪肉累计产量 1855 吨，牛肉累计产量 180 吨，羊肉累计产量 1051 吨，禽肉累计产量 157 吨；牛奶累计产量 403 吨；禽蛋产量 1823 吨。年末生猪存栏 20972 头，累计出栏 27471 头；牛存栏 8471 头，累计出栏 1744 头；羊存栏 133950 只，累计出栏 358487 只。

【工业建筑业】 2022 年，沁源县规模以上工业企业 51 家，完成工业总产值 517.1 亿元，实现增加值 285.8 亿元，增长 14.63%（可比价），其中制造业增加值占工业增加值的比重上升率为 –3.74%，战略性新兴产业增加值增长速度为 –15.47%。全社会原煤产量 2661.3 万吨，增长 16.77%；发电量 9 亿千瓦时，增长 –10.89%；规模以上工业企业焦炭产量 245.74 万吨，增长 –5.22%。规模以上工业企业实现营业收入 486.5 亿元，增长 26.2%；实现利润 149.8 亿元，同比增长 46.4%。全县建筑业总产值 10182.3 万元，增长 9.6%。

【城市建设】 2022 年，沁源县城市建成区面积 5.54 平方千米。建成区绿化面积 250.75 万平方米，建成区绿化覆盖率 44.78%。城市交通运营车辆 40 辆，出租汽车 86 辆。全县共有公园 12 个，公园绿地总面积 41.7 万平方米。

全县城市供水总量 169 万吨，集中供热面积 463.06 万平方米，其中住宅供热面积 262.72 万平方米。污水处理率 95.65%。生活垃圾无害化处理率达到 100%。

全县农田灌溉有效面积全年完成 4.08 万亩，基本农田保护面积实际完成 27.88 万亩。全县完成水土流失综合治理 10.35 万亩。

全县森林面积 201.69 万亩，森林覆盖率 52.75%；全县工业固体废弃物综合利用率 100%；全县空气质量二级以上天数达 314 天，空气质量优良天数比例是 86.5%；全县集中式饮用水水源水质达标率为 100%；地表水考核断面达标率为 100%。

【交通邮电旅游】 2022 年，沁源县公路线路里程 991.35 千米。全县完成邮政业务总量 2067.1 万元，增长 13.32%；电信业务总量 10071 万元，增长 4.05%。其中，联通公司业务总量 5051 万元，移动公司业务总量 4000 万元，电信公司业务总量 1020 万元。年末移动电话用户达到 13.43 万户，全县互联网接入用户 6.72 万户。全县旅游总收入完成 11.4 亿元，增长 –50.8%。

【投资贸易】 2022 年，沁源县固定资产投资完成 89.32 亿元，同比增长 10.8%。全县在建固定资产投资项目 185 个。其中，5000 万以上项目 73 个，计划总投资 291.7 亿元，完成投资 69.52 亿元；5000 万以下项目 112 个，计划总投资 20.34 亿元，完成投资 15.67 亿元。

分产业看，第一产业投资 5.74 亿元；第二产业投资 63.34 亿元；第三产业投资 20.24 亿元。

全县房地产项目 12 个，计划总投资 29.97 亿元，完成投资 4.13 亿元。

全县招商引资签约项目当年开工率按个数为 92%。开发区投资强度 402.87 万元 / 亩，产出强度 705.29 万元 / 亩，税收强度 25.06 万元 / 亩。

【教育科技】 2022 年，沁源县各级各类学校共 78 所。其中，普通高中 1 所；职业高中 1 所；单办初中 4 所（县城 2 所、乡镇 2 所）；教师进修校 1 所；特殊教育学校 1 所；中小学 38 所（包含完全小学 30 所，教学点 8 所）；独立幼儿园 32 所（县城 11 所、乡镇 21 所）。

全县普通小学在校学生 9008 人。中学在校学生 6601 人，其中初中 3771 人，高中 2830 人。

全县教师人数 1815 人，其中，幼儿园 147 人、小学 953 人、初中 405 人、特殊教育学校 3 人、高中教师 286 人（普通高中 217 人，职业高级中学 69 人）、教师进修学校 21 人。

【文化卫生】 2022 年，沁源县有艺术表演团（晋剧团）4 个，文化馆 1 个，公共图书馆 1 个，公共图书馆藏书量 19 万册，档案馆 1 个。全县共建成村级文化活动场所 189 个，乡镇文化站 12 个，农家书屋 189 个。全县共有医院 4 个、卫生院 13 个，妇幼保健机构 1 个，疾病预防控制中心（防疫站）1 个。卫生技术人员 938 人。全县新型农村合作医疗覆盖率 100%。

全县建有一馆五场一公园，包括体育馆（占地面积 16427 平方米）；网球场、篮球场、门球场、田径场、全民健身广场、鹏飞篮球主题公园，总面积约 156020 平方米。全年举办各类赛事活动 30 余场，累计观众达到 30 万余人次，接待 144 万人次。

【社会保障】 2022 年，沁源县城镇居民人均可支配收入 43528 元，比上年增长 5.1%；农村居民人均可支配收入 20668 元，比上年增长 6.1%。

全县城乡居民养老保险人数为 81090 人，参加城镇职工基本医疗保险人数为 29611 人，参加城乡居民基本医疗保险 121011 人，参加企业养老保险人数 24904 人，参加城镇失业保险人数为 25383 人。全县城镇居民最低生活保障人数 185 人，农村居民最低生活保障人数 2410 人。

【年内大事】 项目建设。2022 年，沁源县推进森达源、梗阳等煤矿产能核增，建成智能化采掘面 7 处。通洲 179 万吨项目竣工投产、祥源 101 万吨项目具备烘炉条件，宸晟特种炭黑、裕丰锂电池等新材料项目投产运行，华迈龙环保科技、久川光电智能终端项目顺利推进，新兴产业持续发展壮大。灵空山景区、丹雀小镇成功创建国家 AAA 级旅游景区，花坡入选国家首批“红色草原”。煤炭销售等平台经济高效运行，发放消费券 2900 余万元，拉动消费 2 亿元以上，服务业增速位居全市第一。

乡村振兴。2022 年，沁源县持续壮大种养殖产业规模，建设高标准农田 2.89 万亩，建成 2.5 万吨粮食储备仓，中药材大田种植 3.3 万亩，草莓种植 500 亩，湖羊存栏 2 万余只，林麝存栏 500 余只，新认证绿色产品 4 个，地理标志产品 2 个，农产品加工收入达 33 亿元。完成赵寨、牧花园等 15 个行政村实用性村庄规划，实施农村饮水安全工程 11 处，恢复重建水毁桥梁道路 21 处，新建“四好农村路”10 条 32.8 千米，5G 网络基站 211 座，新建改造供电线路 111.34 千米，改造户厕 2000 座。以竞标方式推动青龙沟等 6 个乡村振兴示范片区建设，推进“清化收”，集中清理不规范合同 1.4 万余份，化解村集体债权、债务 1.8 亿元，村集体收入全部达到 10 万元以上。

招商引资。2022 年，沁源县持续构建“一区三园”发展格局，开发区标准厂房、污水处理厂等建成投运。强化要素保障，落实“专班抓项目”“并联审批”等工作机制，推动总投资 320.84 亿元的 148 个重点项目顺利建设，115 个项目竣工投产。加大招商引资力度，全年入库签约项目 66 个，签约资金 166 亿元，争取各类资金近 30 亿元。谋划沁河源头生态修复综合治理等一批“十四五”期间拟实施的重大项目。

“放管服”改革。2022 年，沁源县办结审批事项 31285 件，下放乡镇服务事项 166 项，打造乡镇便民服务中心 12 家，建成 7×24 小时“不打烊”政务服务超市。深化国企国资、财税、乡镇综合行政执法、市政环卫一体化等改革。鼓励支持企业研发创新，沁新铸造焦、陶瓷砂成为国家品牌，新培育高新技术企业 3 家，科技型中小企业 6 家。精准制定倍增措施，落实助企纾困政策，企业贷款余额新增 7.74 亿元，减税降费 5.15 亿元，新增各类市场主体 2716 家、“四上”企业 17 家，21 家企业成功挂牌山西省股权交易中心。

城镇建设。2022 年，沁源县总投资 36 亿元的 24 个大县城重点项目快速推进，胜利路地下管网改造成效显著，西环路南段等 6 条市政道路建成通车，金水湾等 4 个小区主体完工，禧悦府等 3 个小区如期交房。开展交通秩序整顿、马路市场取缔、环境卫生治理等专项行动，完成建筑立面整治 4.3 万平方米，新增绿化面积 5.86 万平方米、供热面积 60 万平方米，县城承载力、宜居性不断增强。郭道镇移民搬迁安置房、集中供水管网改造，黄段桥至王陶村道路建设等项目顺利推进。统筹实施大水网、大电网、大路网等一批重点项目，补齐基础设施短板，持续提升城乡融合发展水平。

生态环境。2022 年，沁源县完成沁河（县城段）生态综合治理 41 千米、飞播造林 13.9 万亩、荒山造林 3.5 万亩，森林覆盖率提高至 52.75%。严格项目准入，坚决遏制“两高”项目盲目发展。持续推进污染防治，开展涉煤企业环境卫生集中整治，打好“散乱污”企业治理等系列组合拳，空气质量优良天数 314 天，居全市第二。加快县城污水处理厂扩容改造、曹家园人工湿地建设，完成整村污水治理 16 个，国省控断面水质持续保持Ⅱ类标准，抓好各类督查反馈问题整改。

民生福祉。2022 年，沁源县推进黎霍高速建设，平安高速、新交口至安泽地方铁路、国道 341 张店至古县界前期工作顺利推进，通用机场成功获批 40 平方千米通航空域。完成交口至有义等 27.8 千米干线公路改造任务，打通上舍至灵石峪上口子路。深化基础教育改革，高考二本 B 类以上达线 352 人，实现“双连升”。深化医药卫生体制改革，县人民医院开工建设，县二院、郭道中心卫生院融合发展，建设医联体，提升医疗服务水平。深入实施“文化惠民”工程，“中国曲艺之乡”挂牌。为困难群众发放补助 4100 万元，居民医保参保率 97.34%。“人人持证、技能社会”提质增效，全年培训 6429 人。深入开展双拥共建活动，连续五届荣膺“省级双拥模范县”。

【领导名单】

县委书记　赵永进

副 书 记　徐计连　胡亚明

常　　委　冯　华　上官瑞平

王　鸿　许树锋

梁晨玮　高　淘

柴喜杰　韩　军

人大常委会主任　王宏斌

副 主 任　孙建政　李建萍

张国柱　史青燕

县　　长　徐计连

副 县 长　上官瑞平　张中武

郭红艳　张建军

戴　锐

王元生（2022 年 9 月前）

骆兆保（2022 年 9 月后）

政协主席　马建峰

副 主 席　郑曙林　张慧斌

高雪峰

（李　娜）

人物 先进集体

2022年全国五一劳动奖章和全国工人先锋号长治获奖名单

全国五一劳动奖章（1个）

张学义，黎城四品民间文化产业有限公司雕塑技师、山西省级非遗传承人。擅长工艺美术创意设计，创作《百副上党戏曲脸谱》《十二生肖守护佛》《黎侯虎》等富有地方民俗特色的泥彩塑作品，作品多次获得省市金奖，拥有多项国家知识产权专利等。

全国工人先锋号（2个）

山西戎功通用航空股份有限公司B-10JQ机组。先后参与中华人民共和国成立70周年、中国共产党成立100周年等重大庆祝活动气象保障任务，同时在山西、山东等省降雨办组织下开展气象探测、人工增雨雪等工作。

潞州区市容环境卫生管理处清运队。主要负责长治市潞州区主城区生活垃圾收运工作，日收运生活垃圾400余吨，年清运约15万吨，采取“分区定线”，统一清运作业起始时间，初步形成“桶对点、点对车、车对站”的区域化“公交式”垃圾清运作业模式。（《长治日报》）

2022年山西省五一劳动奖表彰长治获奖名单

全省五一劳动奖状（5个）

潞安化工集团有限公司慈林山煤业有限公司李村煤矿

长治市消防救援支队

武乡县园林环卫中心

国家税务总局长治市税务局

山西立讯精密工业有限公司

全省五一劳动奖章（19个）

师　震　山西三元煤业股份有限公司机运队队长

宁晋峰　国网山西省电力公司长治供电公司变电检修中心副主任

李　月　山西康宝生物制品股份有限公司生物工程药物转化基地主任

李建军　澳瑞特体育产业股份有限公司主任技术员

鲁　蒙　晋能长治热电有限公司发电运行部副主任

史亚旗　长治市圆通汽车销售服务有限公司技术主管

王保庆　山西腾龙煤机修配有限公司工人

石小磊　潞安化工集团五阳煤矿巷修队长

王晓东　首钢长治钢铁有限公司炼铁厂八高炉炉前工

林冬虹（女）　阿里巴巴派驻平顺县人民政府乡村特派员

曹海兵　长治市人力资源和社会保障局就业促进科科长

程杨玉　长治市第二人民医院神经外科主任

郭　磊　长治医学院附属和济医院呼吸内科副主任医师

王晚萍（女）　长治市人民医院副院长、潞州区人民医院院长

石　萌（女）　长治职业技术学院教师

韩仁玲（女）　长治市康园幼儿园园长

黄　勇　潞安化工集团余吾煤业有限责任公司党委委

员、董事长、总经理兼潞安化工集团煤基合成油有限公司党委委员、董事长

原　勇　长治市市政管理中心主任

刘建刚　长治市公共交通集团有限责任公司党委副书记、工会主席

全省工人先锋号（7 个）

首钢长治钢铁有限公司炼钢厂连铸作业区

山西航天清华装备有限责任公司二车间 209 组

山西三元煤业股份有限公司综采队

山西兰伟集团孟子峪煤业有限公司运输队一班

山西省长子县轩阳物流有限公司仓管中心

长治市中医研究所附属医院脑病科五病区

长治市公安局反恐怖支队

（《长治日报》）

2022 年长治市“五一”记功表扬

长治市“五一”记功表扬先进个人名单（161 名）

一等功（26 名）

申　强　潞州区自然资源局局长

崔旭斌　潞州区卫生健康和体育局局长

牛志国　山西透云生物科技有限公司总经理

闵江宁　山西卓越水泥有限公司董事长

侯学增　屯留区农经中心主任

周宇鹏　山西瑞赛格废弃资源综合利用有限公司总经理

郭　超　山西金烨焦化有限公司副经理、工会主席

崔建强　山西阿布佳文化生态旅游有限公司董事长

刘军海　黎城县招商中心主任

冯小红　壶关县住房和城乡建设局局长

岳红宜　黎城县住房和城乡建设局局长

景　然　武乡县鸿晨万聚环保科技公司职工

石　珂（女）　长治医学院附属和平医院副护士长

阴瑞芳　沁源县住房和城乡建设局党组副书记

程　哲　长治市高新区科技创新部科技成果转化科科长

武晓斌　长治市教育局基教科科长

曹江波　长治学院附属太行中学校校长

赵晚花（女）　长治市生态环境局一级调研员

范战伟　长治市消防救援支队副支队长兼灭火救援指挥部部长

宗　亮　长治市人民医院肿瘤精转化医学中心科主任

张　斌　长治市行政审批服务管理局党组书记、局长

魏　瑛　长治市乡村振兴局党组成员、副局长

程卫东　长治市公安局食药侦支队支队长

刘学慧　长治市唯美诺双创科技园有限公司总经理

侯　敏（女）　潞州区委常委、宣传部部长

周会彦　长治市交通运输综合行政执法队队长

二等功（52 名）

牛　明　潞州区市容环境卫生管理处太行清扫队一队队长

闫俊辉　潞州区疾病预防控制中心主任

田　力　潞州区住房和城乡建设局局长

杨　明　潞州区水利局党组书记、局长

郝庆华　潞州区西街街道办事处党工委书记

梁　艳（女）　潞州区卫生健康和体育局副局长

申锋堃　潞城区委党史学习教育领导小组办公室常务副主任

牛田霞（女）　潞城区人民医院院长

郭玉峰　潞城区城市管理综合行政执法局（筹）负责人

申奇红　长治市生态环境局屯留分局党组书记、局长

宋岩皓　屯留区路村乡党委书记、一级主任科员

李红卫　屯留区融媒体中心科员

杨林波　襄垣县统计局局长

申森杰　襄垣县市政园林服务中心主任

赵艳琼（女）　襄垣县古韩镇党委委员、组织委员、宣传委员

任　霖　平顺县工业发展服务中心主任

冯喜明　平顺中学校校长

魏晓伟　黎城县交通运输局局长

鲍旭岗　长子县住房和城乡建设局局长

秦　东　山西壶化集团股份有限公司副董事长

牛清强　壶关县人民政府招商中心主任

张国军　长子县委宣传部副部长

常灵杰　长子县南漳镇人大主席

鲍培玲（女）　长子县总工会副主席

杜建波　武乡县房屋征收管理中心主任

王俊峰　黄土坡煤业集团党委书记、董事长

罗学全　乾和源牧业科技发展有限公司负责人

孙海源　沁源县市场监督管理局党组书记、局长

张　军　沁县信访局局长

刘　铭　沁县松村镇镇长

郭　苗　山西长高智汇科技发展集团有限公司总经理

田慧生　长治学院附属太行中学校教务处副主任

张一笑　长治市教育局教学研究中心主任

田俊锐　长治市第一中学校年级主任

李建红　长治市第二中学校副校长

赵卓鹏　中共长治市纪律检查委员会来访接待大厅主任

赵忠义　中共长治市直属机关工作委员会副书记

张　凯　中共长治市委政法委员会基层社会治理科科员

王姝杰（女）　中共长治市委党史研究室（长治市地方志研究室）综合科科长

胡杨泽（女）　长治市人大常委会办公室综合科四级主任科员

郭俊飞　长治市照明管理中心党支部书记、主任

高　亢　长治市乡村振兴局考核督查科科长

常来旺　长治市市场监督管理局药品流通监管科科长

王山柯　长治市体育运动学校教师

周立明　山西康宝生物制品股份有限公司副总经理

申俊霞（女）　山西省公路局长治分局安全科科长

冯　睿　山西三元煤业股份有限公司后勤服务中心主任

贾长平　长治市公共交通集团有限责任公司总经理

韩晋军　山西省长治市第一汽车运输有限公司副总经理

冯妍平　长治市应急管理局党委委员、二级调研员

赵爱忠　长治市行政审批服务管理局（市政务服务中心）主任

王惠军　长治市城市管理局城市精细化管理办公室主任

三等功（83 名）

张国平　潞城区第一中学校教师

宋志斌　长治市公安局潞州分局副局长

李　力　潞州区马厂镇镇长

张　龙　潞州区交通运输局局长

贾晓芳（女）　潞州区卫生健康和体育局副局长

王　敏　潞城区成家川街道办事处神泉村党支部书记

王延华（女）　长治市生态环境局潞城分局大气环境管理股股长

田新民　潞城区应急管理局副局长

张　升　屯留区发展改革和科学技术局局长

史晓军　山西长清生物科技有限公司董事长

马耀斌　屯留区人民医院党支部书记、院长

梁　波　屯留区住房和城乡建设局党组书记、局长

冯　波（女）　山西瑞恒化工有限公司工会主席

李向阳（女）　襄垣县应急管理局矿山救护中队中队长

魏增峯　襄垣县虒亭镇建华村党支部书记、村委主任

张华胜　长治市生态环境局平顺分局党组书记、局长

陈茂松　平顺县卫生健康和体育局局长

翟双全　平顺县水利局局长

徐二龙　平顺县公安局副局长、青羊派出所负责人

田红强　黎城县农业农村局党组书记、县畜牧兽医中心主任

马贵芳　黎城县农村合作经营中心主任

栗翠延（女）　黎城县妇女联合会主席

高联聪　黎城县快成物联科技有限公司总经理助理

王东升　壶关县龙泉镇党委副书记、镇长

靳宇婷（女）　太旅股份有限公司讲解员

郭　军　壶关县委政法委员会综治中心主任

王　伟　长子县政法委扫黑办副主任

连跃洲　长子县石哲镇刑家庄村支书、主任

胡绍琴　长子县碾张乡副乡长

张文琪　长子县水利局水旱灾害防御股副主任

刘东萍（女）　武乡县机关幼儿园园长

雷卫霞（女）　武乡县丰州镇党群服务中心科员

武国斌　武乡县大有乡枣烟村党支部书记

房维斌　长治市生态环境局武乡分局党组书记、局长

卢永青　沁源县卫生健康和体育局副局长

梁　田　沁源县发展改革和科学技术局农经股股长

秦茂红　沁源县第一中学校年级部主任、阳光班班主任

李　强　山西马军峪煤焦有限公司职工创新工作室、五小竞赛项目带头人

郜宝伟　沁县卫生健康和体育局副局长

魏　超　沁县县委宣传部办公室主任

王　杰　沁县乡村振兴局科员

杨建伟　国网沁县供电公司输电运检班职工

王幸龙　长治市高新区人才服务中心招商专员

史美玲（女）　长治市中医医院心血管科主任

申智荣（女）　长治市中医研究所附属医院康复科主任

李晓泽　长治市妇幼保健院遗传科主任

霍东亮　沁县乡村振兴局局长

赵惠明　平顺县乡村振兴局二级主任科员

董光明　武乡县乡村振兴局驻村股股长

张巳卿　中共长治市委员会办公室社情民意科科长

刘　伟　长治市人民政府办公室秘书二科科长

崔东煜　政协长治市委员会离退休管理科科长

吉　涛　中共长治市委员会宣传部文秘科负责人

陈　宏　中共长治市委员会统战部干部科科长

马慧军　长治市直属机关事务管理局综合科科长

张　贤　长治市统计局发展研究中心主任

韩佩桓　长治市人民政府招商中心一级主任科员

秦　柠　长治市公安局警务保障处国资科负责人

赵文庆　长治市第六中学校副校长

王玉梅（女）　长治市第五中学校工会主席

张　勇　长治市实验中学校办公室副主任

李晓东　长治市生态环境局生态科负责人

乔　琳　长治技师学院现代制造技术应用系教师

张　潞（女）　长治市城镇热力有限公司设计所骨干

李鹏飞　长治市城镇热力有限公司用户发展部部长

王志强　澳瑞特体育产业股份有限公司技术部室外产品开发项目负责人

成　雷　长治市园林技术服务中心应急大队副队长

牛常丽（女）　长治市建筑工程总公司高级经济师

郭　健　国网长治市潞州区供电公司副经理

王保国　首钢长钢炼铁厂高炉操作专家

孟义春　首钢长钢炼钢厂公辅工程技术员

王　凯　共青团长治市委青年发展部副部长（主持工作）

杨旭彪　山西潞安太阳能科技有限责任公司光伏智创谷分公司研发中心主任助理

李　阳　潞州区太东消防救援站站长

张朝阳　天脊集团销售公司大区经理

药彩青（女）　中国邮政集团有限公司长治分公司金融业务部经理

李　剑（女）　长治广播电视台频道总监

董万营　长治市应急管理局四级调研员

孔德强　长治市交通运输局安全科科长

赵红青　长治市交通运输综合行政执法队办公室副主任

韩卫东　长治市民政局福利院党支部书记、负责人

申红霞（女）　省农村信用社联合社长治审计中心审计三部部长

王　晋　山西银行股份有限公司长治分行授信管理部经理

长治市疫情防控先进集体记功表扬名单（10个）

长治市援助长春医疗队

长治市援助河南医疗队

长治市援助晋城医疗队

长治市援助太原医疗队

长治市新冠肺炎疫情防控流调溯源专班

潞城东高速口疫情检查站

长治东高速口疫情检查站

襄垣夏店高速口疫情检查站

上党池里高速口疫情检查站

长治高铁东站疫情检查站

长治市疫情防控先进个人记功表扬名单（65名）

一等功（9名）

肖　艳（女）　长治市第二人民医院健康体检中心主任

申会议　长治市妇幼保健院主管检验师

郭东东　长治市中医医院检验科

李建梅（女）　长治市中医研究所附院检验科主管技师

王　波　长治市公安局巡特警支队一大队大队长

申旭雅（女）　长治市交通运输综合行政执法队副队长

李　霞　武乡县人民医院感染疾病科兼发热门诊护士长

魏　娜（女）　上党区卫体局科员

贾艳波　高新区科技工业园事业服务中心综合科科员

二等功（20名）

吴　军　长治市卫生健康委员会医政科科长、援豫核酸检测医疗队队长

朱　玲（女）　长治市卫生健康综合行政执法队副科长

王　峰　长治市人民医院眼科副主任

赵鹏凯　长治市公安局指挥中心三级技术主管

康　宏　长治市公安局交警支队秩序科副科长

林郑云（女）　潞州区疾控中心传染病防控与应急处置科科长

杨俊萍（女）　潞州区人民医院院感科主任

余红娥　襄垣县卫生健康和体育局疾病预防控制股股长

李丽芬（女）　襄垣县人民医院护理部主任

刘向亚（女）　长子县人民医院儿科医生

李　杰　武乡县公安局指挥中心负责人

卫宇涛　长治市疫情防控指挥部交通转运专班成员

李开磊　长治市疫情防控指挥部交通卡口管控专班成员

李　刚　长治市疫情防控指挥部市场防控专班成员

郝健斌　长治市疫情防控指挥部督导检查专班成员

靳彬彬　长治市疫情防控指挥部督导检查专班成员

张光普　长治市疫情防控指挥部督导检查专班成员

靳　毅　长治市疫情防控指挥部隔离管控专班成员

任卫华　长治市疫情防控指挥部核酸检测专班成员

曹慧强　长治市疫情防控指挥部综合协调专班成员

三等功（36名）

苗志斌　潞州区交通局科员

赵　伟　潞州区市场监管局消保和市场股负责人

宋　杰　潞州区黄碾镇卫生院科员

刘泽亨　长治市公安局潞城分局食药侦大队科员

耿彩玲（女） 潞城区人民医院检验科主任
马少伟 潞城区微子镇卫生院副主任医师
谷 欣（女） 潞城区正能量公益协会
张 曦 屯留区医疗集团检验科工作人员
杨凛枫（女） 屯留区疾病预防控制中心传染病科科长
张 炜 屯留区麟绛派出所指导员
李 晋（女） 屯留区张店镇政府科员
聂 波 上党区交通运输局科员
王瑞嘉 长治市公安局上党分局刑侦大队民警
崔巍巍 上党区韩店街道黎都街社区网格员
魏 博 襄垣县公安局治安大队内勤
连玉民 襄垣县交通运输局办公室副主任
秦国伟 平顺县公安局警务保障室辅警
樊江波 平顺县交通运输局一线职工
周 宁 平顺县疾病预防控制中心科员
范剑锐 黎城县交通运输局疫情防控卡点查验员
赵 飞 黎城县公安局指挥中心科员
张艳霞（女） 黎城县人民医院护理部主任
闫 栋 壶关县公安局治安大队指导员
王庆兵 壶关县卫体局综合监督股股长
秦 伟（女） 壶关县交通运输发展中心副主任
耿 柳（女） 长子县人民医院儿科护士
原旭利 长子县交警队一中队交警
王瑞雪（女） 武乡县丰州镇疫情防控工作专班联络员
张 杰 沁源县公安局巡警大队辅警
孙 超 沁源县法中乡便民服务中心科员
吕学武 沁源县沁河镇卫生院医师
王红霞（女） 沁县人民医院感染疾病科护士长
李庆云 沁县定昌镇西湖社区支部书记
田少波 沁县交通运输局办公室主任
王建家 长治市物业管理行业协会秘书长
赵龙龙 长治市公安局开发区分局北中环路派出所民警

（《长治日报》）

2022年全国“五四表彰”先进集体和个人长治市获奖名单

全国五四红旗团委

沁源县沁新能源集团团委

全国优秀共青团干部

申宏峰 长治市实验中学团委书记

（《长治日报》）

2022年度全国少先队表彰长治市获奖名单

全国优秀少先队员

武乡县太行小学校少先队员贾贝妮
壶关县东方红小学校少先队员郭佳雨

全国优秀少先队辅导员

赵永威 长治市第十二中学校少先队大队辅导员

全国优秀少先队集体

潞州区建设东路小学校少先队大队
上党区城南小学六（1）中队

（《长治日报》）

山西省“五四”先进集体和个人长治市获奖名单

山西青年五四奖章

王亚妮，女，汉族，1995年1月出生，中共党员，大学本科，长治市平顺县龙溪镇南坡村党支部书记、村委会主任。

田东婷，女，汉族，1986年12月出生，中共党员，硕士研究生，任长治学院党委宣传部理论宣传科科长。

山西省五四红旗团委

团长治市襄垣县委
长治市平顺县青羊镇团委
长治市长子县丹朱镇团委
长治经坊煤业有限公司团委
长治市第二中学校团委
山西壶关农村商业银行股份有限公司团委
长治市屯留区第一中学校团委
长治职业技术学院团委
国网山西省电力公司长治供电公司团委
山西航天清华装备有限责任公司团委
潞安化工集团五阳煤矿团委
长治学院马克思主义学院团委

山西省五四红旗团支部（16个）

国家税务总局壶关县税务局团支部
长治市沁源县人民医院内科系统团支部
长治市第五中学校教工团支部
长治市客运中心团总支
长治市武乡县丰州镇太东社区团支部
长治市妇幼保健院团总支

国家税务总局长治市屯留区税务局团支部

山西平顺农村商业银行股份有限公司团支部

长治市技师学院现代制造技术应用系海宾校区高级数控加工专业 2018 级 55 班团支部

长治市上党区荫城镇西陕村团支部

长治市一运容驰汽车维修服务有限公司团支部

长治市财政局团委第一团支部

国家税务总局长子县税务局团支部

山西沁州黄小米集团有限公司团支部

淮海工业集团有限公司特车公司团支部

长治医学院临床医学专业 2018 级教改 1802 班团支部

山西省优秀共青团员（15 人）

王　旭 长治市潞城区潞华街道西华社区工作者

王宇欣（女） 长治市平顺县玉峡关镇党群服务中心科员

王佳伟　山西长治王庄煤业有限公司磅房组班组长

毕瑾丽（女） 长治市沁源县青年志愿者办会秘书长

朱泽昱　长治市潞州区西街街道参府社区网格员

李　雪（女） 长治市武乡泽都村镇银行营业部负责人

李　薇（女） 长治市潞州区西街街道瓦窑沟社区工作者

杨诗钰（女） 长治市黎城县人民法院政治部干警

邵紫娟（女） 长治市人民医院护师

武凌然　长治市第六中学校 398 班学生

郭宇歆（女） 长治市沁县定昌镇南关社区工作者

郭晨晖　长治市潞州区潞州中学教师

魏宇鑫　长治市武乡山水水泥有限公司安全主管

续　凡　淮海工业集团有限公司一分厂数控车工

韩张怡（女） 长治学院数学系数学与应用数学专业 2001 班学生

山西省优秀共青团干部（9 人）

元天福　长治市沁源县交口乡团委书记

冯　鑫　长治市第一中学团委书记

刘　洁（女） 长治市沁县税务局团支部书记

刘晓峰　长治市上党区税务局团支部书记

李思义　长治市潞州区太行东街街道办事处团工委书记

李家慧（女） 长治市第四中学团委书记

宋鹏波　长治市潞州区康园中学大队辅导员

张彦华（女） 团长治市潞城区委副书记

曹　政　长治市职业高级中学团委书记

（《山西青年报》）

全国三八红旗手（集体）长治市获奖名单

全国三八红旗手

王海娇　长治市公安局潞州分局东大街派出所女子先锋队长

全国三八红旗集体

王庄煤矿女职工创新工作室

（《长治日报》）

年度人物

【李桓英】 2022 年“三八”国际劳动妇女节来临之际，中央宣传部、全国妇联向全社会宣传发布“最美巾帼奋斗者”先进事迹名单。10 位全国三八红旗手标兵入选，其中，长治市襄垣籍麻风病防治专家李桓英入选。

李桓英，籍贯山西襄垣，世界著名麻风病防治专家，首都医科大学附属北京友谊医院医生、北京热带医学研究所研究员。她从小便遵从祖父教导，选择卫生事业，并在祖国最困难的时候，放弃世界卫生组织的高薪挽留，回国参与建设。从 59 岁开始，她扎根麻风病防治领域，一干就是 40 年，先后获得全国五一劳动奖章、北京市三八红旗手、全国优秀科技工作者、全国麻风防治先进个人、中国医学基金会首届“圣洁杯”医德医风奖、第三届全国道德模范提名奖、首届“中国麻风病防治终身成就奖”。2019 年、2021 年，她分别获“最美奋斗者”“时代楷模”称号。（《长治日报》）

【李志清】 2022 年，公安部、全国妇联对全国公安机关 200 名成绩突出女民警、297 名好警嫂、296 名爱警母亲予以通报表扬。长治市平顺县李志清被评为全国公安机关“爱警母亲”。

李志清的丈夫杨发秋生前是平顺县公安局看守所教导员，2016 年 1 月 30 日，其突发疾病，不幸因公牺牲，被公安部追授“全国公安系统二级英模”称号。丈夫牺牲后，李志清独自一人挑起家庭重担，抚育儿子，照顾丈夫的家人。儿子大学毕业后继承父亲遗志，成为一名光荣的人民警察。从警嫂到警察母亲，李志清始终默默在背后付出，诠释了自己的担当和奉献。（《长治日报》）

【李粉霞】 2022 年 9 月，第 38 个教师节即将到来之际，教育部“教育这十年”系列发布采访活动第十一场新闻发布会上公布2022年全国教书育人楷模名单，全国共12名，山西机电职业技术学院教授李粉霞教师上榜。

2004年，入校仅4年的李粉霞主动请缨备战全国首次数控技能大赛。持续5个月的训练，李粉霞所在团队夺得山西省数控技能比赛职工组第一名。在接下来的三届比赛中，李粉霞和团队教师，一鼓作气连续拿下3次第一。

“四战四冠”的战绩，在为李粉霞积累丰富实战经验的同时，也为她改进教学方式提供了强有力支撑。她摸索出的项目教学、口诀式知识总结等教学模式在山西省第13届教师教学基本功竞赛中获二等奖，教学成果获得全国职业教育教学成果二等奖，她本人成为学院的二级教授。

2017年，李粉霞被任命为学院数控工程系系主任。在她的主导下，数控工程系率先开展“理实一体化”教学模式改革，通过提炼、归纳大赛赛项、企业生产项目，开发赛训融合课程；推行“三融合”课程教学改革，建设实境化、企业化、生产化的校内实训基地。为培养创新拔尖人才，数控系先后成立4个大师工作室，聘请淮海集团副总工程师“老匠人”李勇怀、中国运载火箭研究院首席技能专家韩丽萍等11位技术精英为驻校大师，打造出“社团传、导师帮、师傅带、大赛练”的传、帮、带、练四级培优模式，团队涌现出一批中青年骨干教师。在李粉霞的带领下，团队成员获批各类项目百余项，其中国家级3项、省级50余项。

李粉霞和她的教师团队先后获得“全国高校黄大年式教师团队”“全国教育系统先进集体”“全国职业教育教学创新团队”“全国党建工作样板支部”等荣誉。团队成员中有山西省五一劳动奖获得者2人、三晋技术能手16人、省教学名师5人，省“双师型”优秀教师9人、高级技师20人、全国优秀指导教练25人（次）。

从2004年起，团队先后获得全国数控技能大赛突出贡献奖，全国“挑战杯”创新创业大赛一等奖，全国职业院校技能竞赛一等奖6项、二等奖25项，全国个人前10名20人；毕业生中获全国技术能手27人、全国冠军12人、全国五一劳动奖章8人。

李粉霞本人先后被评为国家级教学名师、中国特色高水平专业群带头人、全国机械行业先进制造领域领军人才、首批“全国高校黄大年式教师团队”带头人、全国职业教育教学创新团队带头人。

（《长治日报》）

【秦长路】 男，汉族，中共党员，长治市潞城区人，中国人民解放军某部军官，2022年荣立二等功一次。

（《长治日报》）

【周建民】 2022年3月，由中华全国总工会、中央广播电视总台联合举办的2021年“大国工匠年度人物”评选活动揭晓，中国兵器淮海工业集团有限公司十四分厂工具钳工周建民上榜，成为山西省首位、兵器行业第一批获此称号的技能工人。

1982年，19岁的周建民以技校专业课第一的成绩考入当时的淮海工业集团——惠丰机械厂。在工模具车间干活时，周建民不断学习思考、实践总结，摸索出提高零件生产的办法——周建民专用量规高效加工检测法。在随后的工作中，他又系统了解车、铣、镗、磨、刨、数控等不同设备的性能和操作方法，储备了大量有关量具方面的专业知识。在反复探索中，周建民成为技术大拿，先后总结提炼出“三要诀加工法”“冷热配合法”“基准转换法”等工作方法，并被淮海集团命名为“周建民操作法”，这在山西军工行业还是第一次。

2008年，周建民投入到“中国现代第一枪”电磁枪武器的研制中。将近一年的时间，周建民和他的团队都是在创新、失败、再创新的循环中度过，最终，他们解决了枪体超深孔加工这个世界性难题。参加工作40年来，他一共完成1.5万余项专用量规生产制造任务，工艺创新项目1100余项，累计为公司创造价值3100余万元，获得实用新型专利13项，发表论文15篇。

2011年，周建民技能大师工作室被人社部授予全国首批50个、山西省第一个国家级技能大师工作室，周建民也被誉为“为导弹制造标准的人”。

在他的带领下，淮海工业集团先后涌现出“杨兴隆国家技能大师工作室”“刘波国家技能大师工作室”等10个技能大师工作室，还成立了山西省第一家大师工作室联盟。周建民还培养出包括中央企业劳动模范、三晋技术能手、山西省级技能大师工作室带头人、山西省五一劳动奖章获得者等在内的20余名高技能人才。

（《长治日报》）

附　录

文　献

长治市国家湿地公园保护条例

（2021年12月28日长治市第十四届人民代表大会常务委员会第五十次会议通过，2022年3月30日山西省第十三届人民代表大会常务委员会第三十四次会议批准，2022年7月1日起施行）

第一条　为了加强国家湿地公园的保护，维护湿地生态功能及生物多样性，保障湿地资源可持续利用，促进生态文明建设，根据有关法律、法规，结合本市实际，制定本条例。

第二条　在本市行政区域内国家湿地公园的保护、利用、修复及管理等相关活动，适用本条例。

本条例所称国家湿地公园，是指经国务院林业草原主管部门批准设立的国家湿地公园。

第三条　国家湿地公园的保护应当遵循保护优先、严格管理、系统治理、科学修复、合理利用的原则。

第四条　市、国家湿地公园所在地县人民政府（以下简称县人民政府）应当将国家湿地公园保护纳入国民经济和社会发展规划，并将开展国家湿地公园保护工作所需经费列入本级财政预算。

第五条　市、县人民政府应当加强国家湿地公园保护工作的领导，建立国家湿地公园保护综合协调机制，协调解决国家湿地公园保护工作中的重大问题，并将国家湿地公园保护工作纳入生态文明建设考核评价内容。

市、县人民政府林业草原主管部门为国家湿地公园保护主管部门，负责组织、协调、指导和监督国家湿地公园的保护管理工作。

市、县人民政府自然资源、生态环境、住房和城乡建设、水行政、农业农村等有关部门，按照职责分工，负责国家湿地公园保护、修复、管理相关工作。

国家湿地公园管理机构具体负责国家湿地公园的保护管理工作。

乡（镇）人民政府、村（居）民委员会应当积极配合做好国家湿地公园的宣传、教育、管理等工作。

第六条　市、县人民政府应当加强国家湿地保护宣传教育和科学知识普及工作，鼓励基层群众性自治组织、社会组织、志愿者开展湿地保护法律法规和湿地保护知识宣传活动，增强全社会湿地保护意识，营造保护湿地的良好氛围。

教育主管部门、学校应当在教育教学活动中注重培养学生的湿地保护意识。

新闻媒体应当开展湿地保护法律法规和湿地保护知识的宣传，对破坏湿地的行为进行舆论监督。

第七条　任何单位和个人都有保护国家湿地公园的义务，对破坏国家湿地公园的行为有权举报或者控告。

鼓励单位和个人依法通过捐赠、资助、志愿服务等方式参与国家湿地公园的保护活动。

对在国家湿地公园保护方面成绩显著的单位和个人，按照国家和省有关规定给予表彰、奖励。

第八条　国家湿地公园管理机构具体负责国家湿地公园的保护管理工作，制定并实施国家湿地公园总体规划和管理计划，完善保护管理制度。

经批准的国家湿地公园总体规划不得擅自修改。确需修改的，应当按照法定程序报批。

第九条 国家湿地公园应当按照总体规划确定的范围进行标桩定界，任何单位和个人不得擅自改变和挪动界标。

第十条 国家湿地公园应当划定保育区。根据自然条件和管理需要，可划分恢复重建区、合理利用区，实行分区管理。

保育区除开展保护、监测、科学研究等必需的保护管理活动外，不得进行任何与湿地生态系统保护和管理无关的其他活动。恢复重建区应当开展培育和恢复湿地的相关活动。合理利用区应当开展以生态展示、科普教育为主的宣教活动，可开展不损害湿地生态系统功能的生态体验及管理服务等活动。

第十一条 禁止擅自征收、占用国家湿地公园的土地。确需征收、占用的，用地单位应当依法征求有关部门的意见后，方可办理相关手续。

第十二条 市、县人民政府及其有关部门应当严格执行生态保护红线制度，对国家湿地公园实施全面保护，增强湿地生态功能，提升湿地生态质量。

第十三条 国家湿地公园管理机构应当按照监测技术规范开展湿地公园资源动态监测，及时掌握湿地分布、面积、水量、生物多样性、受威胁状况等变化信息，根据监测情况采取相应的管理措施。

市、县人民政府有关部门应当按照职责分工，开展国家湿地公园有害生物监测工作，及时采取有效措施预防、控制、消除有害生物对湿地生态系统的危害。

第十四条 国家湿地公园管理机构应当加强对国家湿地公园内自然资源、生态环境和人文历史风貌资源的保护。

国家湿地公园管理机构应当建立健全安全管理制度，制定事故灾难和自然灾害应急预案。

第十五条 除国家另有规定外，国家湿地公园内禁止下列行为：

（一）开（围）垦、填埋或者排干湿地；

（二）截断湿地水源；

（三）挖沙、采矿；

（四）倾倒有毒有害物质、废弃物、垃圾；

（五）从事房地产、度假村、高尔夫球场、风力发电、光伏发电等任何不符合主体功能定位的建设项目和开发活动；

（六）破坏野生动物栖息地和迁徙通道、鱼类洄游通道，滥采滥捕野生动植物；

（七）引入外来物种；

（八）擅自放牧、捕捞、取土、取水、排污、放生；

（九）其他破坏湿地及其生态功能的活动。

第十六条 市、县人民政府应当坚持自然恢复为主、自然恢复和人工修复相结合的原则，加强湿地修复工作，恢复湿地面积，提高湿地生态系统质量。

市、县人民政府林业草原主管部门应当编制湿地修复方案，报有关部门批准后，按照湿地修复方案进行修复。

市、县人民政府应当按照国家湿地公园总体规划，因地制宜采取水体治理、土地整治、植被恢复、动物保护等措施，增强湿地生态功能和碳汇功能。

第十七条 市、县人民政府应当建立国家湿地公园生态补水协调机制，保障国家湿地公园基本生态用水需求，维护湿地的生态功能。

第十八条 利用湿地资源应当符合国家湿地公园总体规划，不得改变湿地生态系统的基本功能，不得超出资源的再生能力，不得给野生动植物物种造成损害，不得破坏野生动物的栖息环境。

第十九条 市、县人民政府林业草原、自然资源、水行政、住房城乡建设、生态环境、农业农村主管部门，应当按照职责分工对国家湿地公园的保护、修复、利用等活动进行监督检查，依法查处破坏国家湿地公园的违法行为。

第二十条 违反本条例规定，法律、行政法规以及本省人民代表大会及其常务委员会制定的地方性法规已有法律责任规定的，从其规定。

第二十一条 市、县人民政府有关部门发现破坏国家湿地公园的违法行为或者接到对违法行为的举报，不予查处或者不依法查处，或者有其他玩忽职守、滥用职权、徇私舞弊行为的，对直接负责的主管人员和其他直接责任人员依法给予处分。

第二十二条 本条例自2022年7月1日起施行。

长治市漳河流域生态修复与保护条例

（2022年9月1日长治市第十五届人民代表大会常务委员会第三次会议通过，2022年12月9日山西省第十三届人民代表大会常务委员会第三十八次会议批准，2023年3月1日起施行）

目　录

第一章　总　则

第一条　为了保护和改善漳河流域生态环境，规范流域治理、保护、开发、利用等活动，保障流域用水安全和生态健康，促进流域生态保护和高质量发展，根据《中华人民共和国水法》《中华人民共和国水污染防治法》等有关法律、法规，结合本市实际，制定本条例。

第二条　本市行政区域内漳河流域的流域规划、生态修复与保护以及监督管理等活动，适用本条例。

本条例所称漳河流域是指位于本市境内的浊漳河、清漳河干流及其支流汇水面积内的水域和陆域。

第三条　漳河流域生态修复与保护应当坚持统一规划、区域协同，政府主导、社会参与，生态优先、绿色发展的原则。

第四条　市、县（区）人民政府应当将流域生态修复与保护工作纳入国民经济和社会发展规划，制定并组织实施漳河流域生态修复与保护目标和年度计划。

乡（镇）人民政府、街道办事处在上级人民政府及其有关主管部门指导下，在各自职责范围内落实本辖区内流域生态修复与保护的相关工作。

第五条　市、县（区）水行政主管部门负责辖区内水资源管理和河湖生态修复与保护的统一监督管理；

市、县（区）生态环境行政主管部门负责辖区内水污染防治的统一监督管理；

市、县（区）规划和自然资源（林草）主管部门负责组织开展辖区内生态修复与保护工作。

市、县（区）人民政府发展和改革、工业和信息化、公安、住房和城乡建设、城市管理、农业农村、应急管理、交通运输、卫生健康、文化和旅游、能源、财政、行政审批等有关主管部门应当加强协同配合，在各自的职责范围内，负责本行政区域内流域生态修复与保护的相关工作。

第六条　任何单位和个人都有保护流域生态环境的义务，有权对破坏流域生态环境的行为进行举报。

对在漳河流域生态修复与保护工作中作出突出贡献的单位和个人，按照国家和省有关规定给予表彰和奖励。

第七条　漳河流域实行河（湖）长制，依法开展河（湖）修复与保护工作。

各级河（湖）长负责组织领导本行政区域内河湖的水资源保护、水域岸线管理、水污染防治、水生态修复等工作。

第八条　市、县（区）人民政府应当设立漳河流域生态修复与保护专项资金，列入本级财政预算。

市、县（区）人民政府应当建立流域生态修复与保护多元化投融资机制，引导社会资本参与流域生态修复与保护工作。

第九条　各级人民政府应当加强流域生态修复与保护的宣传教育，普及相关科学知识和法律法规。

鼓励基层群众性自治组织、社会组织、环保志愿者开展多种形式的流域生态修复与保护宣传活动，参与流域生态修复与保护的监督。

新闻媒体应当开展流域生态修复与保护的公益宣传，对违法行为进行舆论监督。

第二章　流域协同与规划

第十条　市人民政府应当在省人民政府统一领导下，与上游同级人民政府协商，建立流域生态修复与保护协同共治机制，通过建立联席会议、签订协议等方式，推动流域生态环境的系统保护和综合治理，协调解决流域生态修复与保护中的重大问题。

第十一条　市人民政府根据需要与上游同级人民政府在政府规章制定、规划编制、监督执法等方面，建立协作机制。

市人民政府应当与上游同级人民政府协商建立监测信息共享、生态环境风险报告与预警、突发生态环境事件应急联动工作机制。

第十二条　市人民政府应当协同上游同级人民政府，建立漳河流域生态修复与保护责任共担、流域环境共治、生态效益共享的生态保护补偿机制。

第十三条　市人民政府按照省人民政府及其有关部门编制的山西省漳河流域生态修复与保护相关规划，编制本市的漳河流域生态修复与保护规划，并向社会公开。

县（区）人民政府有关部门，按照本市漳河流域生态修复与保护规划，编制本行政区漳河流域生态修复与保护实施方案，报同级人民政府批准，并向社会公开。

漳河流域生态修复与保护规划、生态修复与保护实施方案应当包括水污染防治、饮用水源保护、地下水保护、生态流量保障、河湖空间管控、湿地修复与保护、生物多样性保护等内容。

第十四条　漳河流域生态修复与保护规划，应当按照国土空间规划要求，统筹考虑流域水资源和水环境承载能力，与水资源综合规划、生态环境保护规划和水土保持规划等相协调。

第十五条　市、县（区）人民政府规划和自然资源（林草）主管部门按照国土空间规划对所辖漳河流域国土空间实施分区、分类用途管制。

漳河流域国土空间开发利用活动应当符合国土空间用途管制要求，并依法取得规划许可。对不符合国土空间用途管制要求的，不得办理规划许可。

第十六条 市、县（区）人民政府应当根据水资源和水环境承载能力，按照水生态环境功能区划和重要水体保护区范围限制性规定，组织编制漳河流域产业发展规划。

第三章 生态修复与保护

第十七条 市、县（区）人民政府应当坚持保护优先、自然恢复为主的原则，推进山水林田湖草系统治理，修复生态系统结构和功能，提高流域生态环境承载能力，维护流域生态系统健康。

第十八条 长子县人民政府应当依法提出浊漳南源源头保护区划定方案，沁县人民政府应当依法提出浊漳西源源头保护区划定方案，经市人民政府审核后，报省人民政府批准。

长子县、沁县人民政府应当加强浊漳南源源头、浊漳西源源头的自然修复和保护，依法禁止妨碍生态修复保护的开发建设等行为。

第十九条 县（区）人民政府应当按照相关规定，在水源地和备用水源区域的边界设立明确的地理界标、明显的警示标志。任何单位和个人不得擅自改变、破坏饮用水水源保护区地理界标、警示标志和隔离设施。

县（区）水行政、生态环境主管部门负责本辖区内饮用水水源地保护和建设。

第二十条 市、县（区）人民政府应当全面推动节水型社会建设，实现县级行政区节水型社会建设全覆盖。

水资源利用应当优先使用地表水，合理调配外调水，鼓励开发利用矿坑水、再生水和雨洪水等非常规水资源，涵养和保护地下水。

第二十一条 市、县（区）人民政府有关主管部门应当规范入河排污口设置管理，明确入河排污口设置、检查、监测、关闭等管理要求。

市、县（区）生态环境主管部门应当按照水环境功能区划和水环境承载能力，依法划定河流禁止设置排污口的重点保护河段。

排污单位应当按照法律、行政法规和国务院生态环境、水行政主管部门的规定设置入河排污口，并安装标志牌。排污口设置后未经批准不得变动。

第二十二条 市、县（区）人民政府工业类开发区或者工业集聚区的主管部门应当规划建设开发区或者集聚区污水收集管网和集中处理设施，实现污水集中处理和达标排放。

已设立但未实现污水集中处理的开发区或者集聚区，应当制定改造规划，逐步配套建设污水集中处理设施。新建工业类开发区或者工业集聚区应当同步规划、同步设计、同步建设污水集中处理设施。

工业类开发区或者工业集聚区应当建立污水分级分类处理利用的水污染治理体系，建立企业、园区、河流三级水环境风险防控体系，建立污水排放分级监测监管和预警体系。

第二十三条 市、县（区）人民政府应当规范煤炭采选、煤层气开发、煤化工等重点行业用水、排水的管理。

鼓励煤炭采选企业将矿井水处理达标后优先回用于工业、农业和生态环境用水。

煤层气开发企业应当因地制宜建设分散或者集中式排采水处理设施，处理达标后出水优先就近回用于工业、农业、生态环境用水，不能回用的应当实现达标排放。

煤化工企业应当开展水盐平衡测试、用水分质计量，实施排水分类处理措施，提高用水效率，实现达标排放。

第二十四条 市、县（区）人民政府应当规范煤矿、铁矿等矿山的闭矿管理，对闭矿老窑水的处理及水质进行监管。

第二十五条 市、县（区）人民政府应当按照流域生态修复与保护规划和流域城镇发展实际，建设城镇污水收集和处理设施，满足城镇生活污水收集和处理需要。

第二十六条 县（区）人民政府应当按照流域生态修复与保护规划，制定漳河流域农村生活污水治理专项规划和农村生活污水处理设施建设方案，专项规划和建设方案应当与河流水环境功能要求相适应，与农灌用水、乡村生态环境用水和农村改厕相衔接，与农业面源污染控制相结合。

第二十七条 市、县（区）生态环境主管部门应当会同农业农村、水利等主管部门根据相关法律划定畜禽、鱼类等养殖禁养区，报请同级人民政府批准并向社会公布。

畜禽散养密集区所在地的乡（镇）人民政府、街道办事处应当在生态环境、农业农村等相关部门的指导下组织对畜禽粪便污水进行分户收集、集中处理和利用。

第二十八条 市、县（区）人民政府有关部门应当采取措施，加强农业面源污染治理工作，指导农产品产地环境管理和农业清洁生产，积极推广节水灌溉、测土配方施肥等技术以及低毒低残留农药，倡导使用生物农药，组织开展病虫害绿色防控，实施农药、化肥减量增效工作。

禁止不达标的污泥进入农田。

第二十九条 市人民政府应当按照省水行政主管部门核定的漳河干流生态流量制定保障方案并组织实施，保障河湖生态健康。

市、县（区）人民政府开发利用水资源，应当维持河流的合理流量和湖泊、水库、地下水的合理水位。

第三十条 市、县（区）人民政府及其生态环境、规划和自然资源（林草）、水行政等有关部门应当加强地下水水质监测，在固体废物贮存、垃圾处理、化工生产、农业面源污染严重等地下水污染突出的区域，组织开展地下水污染防治工作。

市、县（区）人民政府水行政主管部门应当会同发展和改革、规划和自然资源（林草）、能源等部门加强地下水超采区综合治理，在地表水源工程覆盖的地下水超采区采取水源置换、关井压采等措施，实现地下水采补平衡。

第三十一条　市、县（区）水行政主管部门按照管理权限负责辖区内河湖管理范围和水利工程管理与保护范围划界工作，规划和自然资源（林草）主管部门按照划界成果完成确权。

第三十二条　漳河流域河湖管理范围和水利工程管理与保护范围内的水域和土地利用，应当符合行洪、输水、滩涂开发的要求，并采取以下保护措施：

（一）建设项目、农用地等占用河湖管理范围内的河道、滩涂的，应当限期退出；

（二）在水利工程管理与保护范围内，禁止从事影响水工程运行和危害水工程安全的爆破、打井、采石、取土等活动；

（三）禁止在河湖管理范围内倾倒垃圾、渣土等固体废弃物；

（四）禁止在河湖管理范围内弃置、堆放阻碍行洪的物体和种植阻碍行洪的林木和高秆植物；

（五）在河湖管理范围内建设桥梁、码头和其他拦河、跨河、临河建筑物、构筑物，铺设跨河管道、电缆，应当符合国家规定的防洪标准和其他有关的技术要求，工程建设方案应当依照防洪法的有关规定报经有关水行政主管部门审查同意。

第三十三条　市、县（区）人民政府应当组织生态环境、规划和自然资源（林草）、水行政等主管部门，在漳河干流、主要支流及重点湖库周边划定缓冲带，在不影响行洪和防洪工程设施安全的前提下，因地制宜建设人工湿地、水源涵养林、沿河植被缓冲带和隔离带等生态环境治理与保护工程，构建沿河生态系统。

第三十四条　市、县（区）人民政府水行政主管部门负责岩溶泉域管理与保护，会同生态环境主管部门加强对存在渗漏的河段和水库入口断面的水质监测，禁止不达标的水体入河入库。

第三十五条　市、县（区）人民政府应当按照水土保持规划，采取封育保护、植树种草等措施，扩大林草覆盖面积，涵养水源，预防和减轻水土流失。

建设可能造成水土流失的项目，建设单位应当依法编制水土保持方案，并按照批准的水土保持方案，采取预防和治理水土流失的措施。

第三十六条　市、县（区）人民政府规划和自然资源（林草）主管部门应当加强流域内生态植被恢复，在造林绿化工程区和封山育林区，采取封山禁牧和护林防火措施，保护幼林繁育成长和生态植被安全。

禁止随意变更水源涵养林地和天然草甸用途。

第三十七条　市、县（区）人民政府及其有关部门应当根据流域内野生动植物资源状况，健全生物多样性保护监督管理制度，定期组织开展野生动植物资源调查与监测，建立野生动植物资源数据库，对种群濒危的野生动植物及其栖息环境，采取人工驯养繁殖（植）或者封育等措施进行恢复。

第三十八条　市、县（区）人民政府应当恢复流域自然湿地面积，在强化原有防洪体系，确保防洪安全的前提下，增加河道及两侧调蓄水功能，科学利用洪水资源。利用有条件的河道两侧低洼地带，恢复具有调蓄功能的湖泊、湿地、缓洪洼淀等蓄水水域。

第三十九条　市、县（区）人民政府应当落实生态保护红线制度，依法控制煤炭、煤层气等矿产资源开发项目布局和开发规模，在煤矿采空区、矸石山区、煤层气集中开采区等区域，划定重点生态修复治理区，实施区域性生态修复。

开采矿产资源或者建设地下工程，造成地下水水位下降、水源枯竭或者地面塌陷，采矿单位或者建设单位应当采取补救措施。

第四十条　市、县（区）人民政府应当建立生态补偿机制，财政部门应当会同有关部门制定生态补偿标准，报市人民政府批准后公布实施。

第四章　监督与管理

第四十一条　市人民政府负责统一指导、统筹协调漳河流域生态修复与保护工作，建立生态修复与保护联席会议制度，按照漳河流域生态修复与保护目标，对县（区）人民政府生态修复与保护工作进行监督检查和考核评价。

县（区）人民政府对本级人民政府各职能部门生态修复与保护工作进行监督检查和考核评价。

第四十二条　市、县（区）人民政府应当建立漳河流域生态修复与保护巡查制度。

乡（镇）人民政府、街道办事处应当组织和指导村（居）

民委员会开展流域内生态修复与保护巡查；发现违法行为的，应当及时采取措施并向有关主管部门报告。

鼓励公民、法人或者其他组织参与流域内生态修复与保护巡查工作。

第四十三条 市、县（区）人民政府应当完善流域生态环境监测体系，健全流域生态环境调查和资源环境承载能力预警机制，实行流域生态环境保护数据信息共享，保障流域生态环境监测和调查评价所需经费。

第四十四条 市、县（区）人民政府应当按照漳河流域生态修复与保护的实际，组织生态环境、水行政、农业农村、规划和自然资源（林草）、交通运输、公安、城市管理等相关部门联合执法，对影响和破坏流域生态修复与保护的违法行为，有关部门在各自职责范围内依法进行处理。

第四十五条 市、县（区）人民政府应当定期向本级人民代表大会或者其常务委员会报告流域生态修复与保护目标完成情况。

第五章　法律责任

第四十六条 违反本条例规定，法律、行政法规、省人民代表大会及其常务委员会制定的地方性法规已有法律责任规定的，从其规定。

第四十七条 违反本条例规定，有下列行为之一，构成犯罪的，依照刑法的有关规定追究刑事责任；尚不够刑事处罚，且防洪法未作规定的，由县级以上地方人民政府水行政主管部门或者流域管理机构依据职权，责令停止违法行为，采取补救措施，处一万元以上五万元以下的罚款；违反治安管理处罚法的，由公安机关依法给予治安管理处罚；给他人造成损失的，依法承担赔偿责任：

（一）侵占、毁坏水工程及堤防、护岸等有关设施，毁坏防汛、水文监测、水文地质监测设施的；

（二）在水利工程管理与保护范围内，从事影响水工程运行和危害水工程安全的爆破、打井、采石、取土等活动的。

第四十八条 违反本条例规定，擅自在河湖保护范围内建设拦河、跨河建筑物、构筑物，铺设跨河管道、电缆的，由市、县（区）人民政府水行政主管部门责令停止违法行为，限期补办有关手续；逾期不补办或者补办未被批准的，责令限期拆除违法建筑物、构筑物；逾期不拆除的，对违法建筑物、构筑物依法处理，并处一万元以上十万元以下罚款。

第四十九条 违反国家规定造成漳河流域生态环境损害的，国家规定的机关或者法律规定的组织有权请求侵权人承担修复责任、赔偿相关损失和费用。

第五十条 负有监督管理职责的工作人员在流域生态修复和保护工作中滥用职权、玩忽职守、徇私舞弊的，依法给予处分；构成犯罪的，依法追究刑事责任。

第六章　附　则

第五十一条 市人民政府应当根据本条例制定实施细则。

第五十二条 本条例自2023年3月1日起施行。

长治市促进投资奖励办法

为鼓励市内外投资者在我市投资新建新兴产业制造类项目，加快转型项目建设，促进经济高质量发展，特制定如下奖励办法。

一、中介人奖

对直接引进新建备案投资额1亿元以上项目的单位和个人，项目建成投产后按固定资产实际投资额的6‰实施奖励。每个项目最高奖励500万元。奖励资金由市财政及项目承接地财政各承担50%。

二、法定代表人奖

对新建固定资产实际投资额3亿元以上的项目，建成投产后奖励投资方法定代表人100万元。奖励资金由项目承接地财政承担。

三、项目落地奖

对备案之日起二年内固定资产实际投资额达到3亿元、5亿元、10亿元以上的新建项目，分别按固定资产实际投资额的3%、4%、5%一次性给予项目单位奖励，每个项目最高奖励分别为1200万元、3000万元、5000万元。奖励资金由市财政及项目承接地财政按财税分成比例承担。

四、促进财力增长奖

对项目单位新建固定资产实际投资额3亿元以上的项目，自纳税年度起，前三年，按其提供承接地可用财力的100%给予奖励，后三年，减按50%给予奖励。奖励资金由项目承接地财政承担。

五、总部企业特别奖

对迁入我市且在我市年度纳税5000万元以上的总部企业，市财政一次性给予500万元特别奖。

六、一事一议

对世界500强企业，国内100强、行业20强企业在我市新建固定资产实际投资额5亿元以上的项目或新设研发总投入不低于5000万元的研发机构，实行“一事一议”政策。

本办法由市招商引资工作领导小组办公室负责解释，自2023年1月5日起施行，有效期五年。《长治市招商引资奖励办法（试行）》（长政发〔2018〕21号）及其实施细则同时废止。

机构设置及负责人名录

中共长治市委

书　　记　杨勤荣
副 书 记　陈耳东　丁利军
常　　委　孙刘琳　王志东　张利锋
　　　　　张和平（2022年1月后）　张志刚
　　　　　贺　鑫（2022年8月后）　杨保春
　　　　　陈丙骞（2022年8月后）
　　　　　胡　勇（2022年8月前）
　　　　　范兆森（2022年1月前）
　　　　　徐东雷（2022年8月前）

工作机构

市委办公室
秘 书 长　胡　勇（2022年8月前）
　　　　　贺　鑫（2022年9月后）
常务副秘书长　张　剑（2022年3月前）　李俊杰
副秘书长　尚高明（2022年3月前）　段联刚　李玉忠
组织部
部　　长　杨保春
常务副部长　张　文
副 部 长　王　宇（兼，2022年2月前）
　　　　　李　媛（兼）　杜建伟　王晓宁　王慧忠
党员教育和举报核查中心主任　崔鹏琪
宣传部
部　　长　孙刘琳
常务副部长　郭思嘉
副 部 长　杨建平（2022年12月前）　申秀琴（兼）
　　　　　李卫东（兼）　霍冰（兼）
　　　　　刘文刚（2022年6月后）
统一战线工作部
部　　长　张志刚
常务副部长　王旭琴（2022年3月前）
副 部 长　安拴平　郭志刚　王建胜
市统战综合服务中心主任　赵百胜

政法委员会
书　　记　丁利军
常务副书记　路晓波
副 书 记　王忠强　王　斌　王淑英（2022年6月前）
　　　　　范　瑞（2022年9月后）
政治部主任　张　伟（2022年6月后）
政策研究室
主　　任　尚高明（2022年3月前）
　　　　　李玉忠（2022年3月后）
副 主 任　张宏伟　朱树平
网络安全和信息化委员会办公室
主　　任　李卫东
副 主 任　王士恩（2022年6月前）　周立新
机构编制委员会办公室
主　　任　段树新
副 主 任　闫建平　沈瑞庭
事业单位登记事务中心主任　李肖伟
市直属机关工作委员会
书　　记　胡　勇（2022年9月前）
　　　　　贺　鑫（2022年9月后）
常务副书记　毛晨霞
副 书 记　赵忠义（2022年5月前）　范结绪
巡察工作办公室
主　　任　秦建宇（2022年4月前）
　　　　　王　敏（2022年4月后）
副 主 任　李卫东（2022年5月后）
　　　　　史　高（2022年6月前）
正处级巡察专员　高玉飞（2022年5月前）
　　　　　胡海景（2022年9月前）　田晓赋
　　　　　史　高（2022年6月后）
副处级巡察专员　李红义（2022年6月前）
　　　　　张天云（2022年6月前）　宋红卫　田新华
　　　　　杨　斌（2022年6月后）
　　　　　田福合（2022年6月后）
　　　　　申泽颖（2022年6月后）
直属机关事务管理局
局　　长　张维斌
副 局 长　江　林　张红光
市直属机关事务服务中心主任　刘晖钢
老干部局
局　　长　李　媛
副 局 长　王汝功　鲍岩岩
精神文明建设指导委员会办公室
主　　任　申秀琴

副 主 任　茹虎林　张　磊

长治市人民代表大会

长治市人民代表大会常务委员会

主　　任　郭康锋（2022 年 2 月前）
　　　　　吴小华（2022 年 2 月后）
副 主 任　王　耀　郭海英　于　川
　　　　　卢展明（2022 年 2 月后）
　　　　　秦　军（2022 年 2 月后）
　　　　　王　宇（2022 年 2 月后）
　　　　　郭晓泓（2022 年 2 月后）
　　　　　李全心（2022 年 2 月前）
　　　　　马先明（2022 年 2 月前）
秘 书 长　牛金生
副秘书长　暴安宁　李晓冬（2022 年 4 月后）

法制委员会

主任委员　冯　清

财政经济委员会

主任委员　刘　红（2022 年 4 月后）

社会建设委员会

主任委员　田毅青（2022 年 4 月前）
　　　　　李晓林（2022 年 4 月后）

人大常委会工作机构

办公室
主　　任　牛金生
副 主 任　暴安宁　李晓冬（2022 年 4 月后）
研究室
主　　任　宋红义
副 主 任　李红亮
法制工作委员会
主　　任　冯　清
副 主 任　周建冬（2022 年 4 月后）
　　　　　王秀蓉（2022 年 4 月前）
　　　　　吴连仲（2022 年 4 月前）
财经经济工作委员会
主　　任　刘　红（2022 年 4 月后）
　　　　　白保学（2022 年 4 月前）
副 主 任　邓　辉
教科文卫工作委员会
主　　任　田毅青（2022 年 4 月后）
副 主 任　张潇月（2022 年 4 月后）
农村工作委员会
主　　任　冯绍波
副 主 任　杜陆喜
城乡建设环境保护工作委员会
主　　任　平小波
副 主 任　宋丽娟（2022 年 4 月后）
人事代表工作委员会
主　　任　任国华
副 主 任　杨　波（2022 年 4 月后）
民族宗教侨务外事工作委员会
主　　任　田毅青（2022 年 4 月前）
　　　　　李晓林（2022 年 4 月后）
副 主 任　杨　波
监察和司法工作委员会
主　　任　王秀蓉（2022 年 4 月后）
　　　　　李晓林（2022 年 4 月前）
副 主 任　段艳勇（2022 年 4 月后）
信访办公室
主　　任　路国平
副 主 任　雷丽丽（2022 年 4 月后）

长治市人民政府

市　　长　陈耳东（2022 年 2 月后）
副 市 长　张利锋　张和平　朱　静（2022 年 1 月后）
　　　　　黄国珍（2022 年 9 月后）　秦书伟
　　　　　秦苏良（2022 年 2 月后）
　　　　　邢张朋（2022 年 2 月后）
　　　　　范兆森（2022 年 1 月前）
　　　　　景普秋（2022 年 1 月前）
　　　　　郜双庆（2022 年 2 月前）
　　　　　贺　鑫（2022 年 9 月前）

工作部门

市政府办公室
秘 书 长　桑利刚

副秘书长　　范连星　秦玉琪　李保明
　　王灵恩（2022 年 4 月前）　郭进卫　宋海浪

发展和改革委员会

主　　任　　许保中（2022 年 4 月前）
　　王灵恩（2022 年 4 月后）

副 主 任　　刘　晓（2022 年 5 月前）
　　刘利斌（2022 年 2 月前）
　　申建国（2022 年 8 月前）

教育局

局　　长　　牛玉书（2022 年 3 月前）
　　尚高明（2022 年 3 月后）

副 局 长　　王文斌（2022 年 7 月前）　李亚东

科学技术局

局　　长　　方晋斌（2022 年 3 月前）
　　王海宏（2022 年 3 月后）

副 局 长　　文代云
　　赵斌录（2022 年 10 月结束长治高新区挂职）
　　石军太（2022 年 12 月前，挂职）

工业和信息化局

局　　长　　杨鸿斌（2022 年 3 月前）
　　方晋斌（2022 年 3 月后）

副 局 长　　姚志宏　马国永　郭晋潞

民政局

局　　长　　宋书林（2022 年 4 月前）
　　段志岗（2022 年 4 月后）

副 局 长　　张延节　赵路明

长治市社会福利和捐助救助中心主任　　史宇峰

财政局

局　　长　　贾软贤（2022 年 4 月前）
　　张　剑（2022 年 4 月后）

副 局 长　　吴　兴　韩　兵　牛利军

人力资源和社会保障局

局　　长　　王　宇（2022 年 3 月前）
　　徐晨星（2022 年 3 月后）

副 局 长　　孙　琪

规划和自然资源局

局　　长　　张俊杰

副 局 长　　段章太　陈铁群　史元胜
　　王建斌（2022 年 2 月前）

生态环境局

局　　长　　赵晚花（2022 年 4 月前）
　　史跃宏（2022 年 4 月后）

副 局 长　　王　林　史跃宏（2022 年 4 月前）　安木贤
　　郭响平（2022 年 9 月后）

市生态环境保护综合行政执法队队长
　　李秀文（2022 年 7 月前）
　　郭联宏（2022 年 7 月后）

住房和城乡建设局

局　　长　　邢张朋（2022 年 3 月前）
　　张庆宏（2022 年 4 月后）

副 局 长　　李晓路　刘　龙　向国亮

长治市城市改造和房产综合事务中心主任　　李　斌

城市管理局

局　　长　　王晓安（2022 年 4 月前）
　　元海波（2022 年 4 月后）

副 局 长　　贺少伟　张志明

城市管理综合执法队队长　　郭响平（2022 年 9 月前）
　　隋俊文（2022 年 9 月后）

交通运输局

局　　长　　王　克

副 局 长　　任　辉（2022 年 8 月前）　吴志刚　王维斌
　　文小强（2022 年 8 月后）

市交通运输综合行政执法队队长　　周会彦

交通战备办专职副主任　　任贵平

水利局

局　　长　　张满荣（2022 年 4 月前）
　　郭爱斌（2022 年 4 月后）

副 局 长　　和福东

总工程师　　张劭珺

农业农村局

局　　长　　秦志云

副 局 长　　刘　红（2022 年 2 月前）　李晓宇　郭剑青

现代农业发展中心主任　文姜全（2022 年 5 月前）

市农业综合行政执法队队长　　范　磊

市中药材产业发展中心主任　　郭岢峰

商务局

局　　长　　徐晨星（2022 年 4 月前）
　　王建强（2022 年 4 月后）

副局长　　何庆红　　张凤翔　　高敏智

文化和旅游局

局　　长　　张　琼

副 局 长　　王红霞（2022 年 5 月前）　吴鸿宾　郜治平

卫生健康委员会

主　　任　　郭晓泓（2022 年 2 月前）
　　王旭琴（2022 年 4 月后）

副 主 任　　魏　魏　申宛成（2022 年 4 月前）　吴朝荣
　　崔旭斌

计生协专职副会长　　李晓芳

退役军人事务局

局　　长　　孙　伟

副 局 长　　赵小平　崔建勇

应急管理局

局　　长　　王建良（2022 年 4 月前）

　　　　　　张文波（2022 年 4 月后）

副 局 长　　马俊岗（2022 年 7 月前）　蔡茂兴

　　　　　　陈瑞军（2022 年 9 月后）　杨志强

政治部主任　赵　骏

审计局

局　　长　　贾文革

副 局 长　　张国庆

总审计师　　李秋生

副 局 长　　李卫东（2022 年 5 月前）

　　　　　　艾合力木江（2022 年 2 月后）　张硼乾

市政府外事办公室

主　　任　　张登科

副 主 任　　何诗涛　吴　瑛

市场监督管理局

局　　长　　李水平（2022 年 4 月前）

　　　　　　宋书林（2022 年 4 月后）

副 局 长　　简　毅　陈　欣　李杜平　付云波　马和英

长治市市场监管综合行政执法队队长　　骞剑波

长治市 12315 中心主任　　陈耀庭

长治市消费者协会秘书长　　张　云

长治市个体劳动者协会秘书长　　鲍红仲

长治市私营企业协会秘书长　　赵申岗

体育局

局　　长　　张庆宏（2022 年 3 月前）

副 局 长　　谢惠兰　赖文秋　魏　斌

体校校长　　程红斌

统计局

局　　长　　和建宏

副 局 长　　孟　明　李瑜晓

长治市农村社会经济调查队队长　　孙　东

医疗保障局

局　　长　　郭军只

副 局 长　　郜　峰　侯玉红

行政审批服务管理局

局　　长　　张　斌

副 局 长　　郭　敏　王　鹏

信访局

局　　长　　段联刚

副 局 长　　柴建勋　魏理伟

市政府金融工作办公室

主　　任　　孙红斌

副 主 任　　庞　战　成　钰

能源局

局　　长　　原文祥

副 局 长　　陈红斌　王世红

人民防空办公室

主　　任　　卢展中（2022 年 6 月后）

副 主 任　　肖学斌　贾旭东

乡村振兴局

局　　长　　段志岗（2022 年 3 月前）

　　　　　　罗　列（2022 年 4 月后）

副 局 长　　魏　瑛（2022 年 7 月前）　魏　巍

政协长治市委员会

主　　席　　许　霞（2022 年 2 月前）

　　　　　　李　敏（2022 年 2 月后）

副 主 席　　杨江波（2022 年 2 月前）

　　　　　　刘鹏飞（2022 年 2 月前）

　　　　　　闫路平（2022 年 2 月前）

　　　　　　焦吉林（2022 年 2 月前）

　　　　　　王卫军　赵文栋　卢展明（2022 年 2 月前）

　　　　　　阎新平（2022 年 2 月后）

　　　　　　崔江华（2022 年 2 月后）

　　　　　　张宏伟（2022 年 2 月后）

　　　　　　张丽芳（2022 年 2 月后）

　　　　　　邱建英（2022 年 2 月后）

秘 书 长　　李义广（2022 年 2 月前）

　　　　　　段林刚（2022 年 2 月后）

副秘书长　　段林刚（2022 年 2 月前）

　　　　　　焦彦平（2022 年 2 月后）　秦　卫　刘　鸣

提案委员会

主　　任　　杨毓华（2022 年 2 月前）

　　　　　　焦彦平（2022 年 2 月后）

副 主 任　　王玉兵

经济委员会

主　　任　　刘　旭

副 主 任　　王亚鹏

农业和农村委员会

主　　任　　申林科（2022 年 2 月前）

　　　　　　张云娥（2022 年 2 月后）

副 主 任　　张云娥（2022 年 2 月前）

人口资源环境委员会

主　　任　段林刚（2022年2月前）

　　　　　李　铁（2022年2月后）

副 主 任　郭严君

科教卫体和民族宗教委员会

主　　任　杨红梅

社会法制委员联络和港澳台侨外事委员会

主　　任　申群香（2022年2月前）

　　　　　秦长军（2022年2月后）

副 主 任　秦长军（2022年2月前）

文化文史和学习委员会

主　　任　邢宏亮

副 主 任　杨　彦

研究中心

主　　任　李　铁（2022年2月前）

副 主 任　崔　琳　桑　林

中共长治市纪律检查委员会
长治市监察委员会

中共长治市纪律检查委员会

书　　记　王志东

常务副书记　陈晓龙

副 书 记　秦建宇　张宏伟

常　　委　张文波（2022年4月前）　王　敏　王振力

　　　　　李　玮（2021年1月后）　王建军

　　　　　郭红胜（2022年5月后）

长治市监察委员会

主　　任　王志东

副 主 任　陈晓龙　秦建宇　张宏伟

委　　员　张文波（2022年4月前）　李　玮　王建军

　　　　　郭红胜（2022年6月后）

　　　　　李建伟（2022年6月后）

　　　　　王彦峰（2022年6月后）

民主党派　工商联

中国国民党革命委员会长治市委员会

主　　委　焦吉林（2022年1月前）

　　　　　邢张朋（2022年1月后）

副 主 委　吴锦秀　秦晋陵（2022年1月前）

　　　　　靳俊龙（2022年1月前）　宋　强

　　　　　韩新莉（2022年1月后）

　　　　　慎志东（2022年1月后）

中国民主同盟长治市委员会

主　　委　王卫军

副 主 委　范连星　王　俊　于美芳（2022年1月后）

　　　　　马　丽（2022年1月后）

　　　　　张　猛（2022年1月后）

　　　　　侯安善（2022年1月前）

　　　　　刘建红（2022年1月前）

　　　　　刁文才（2022年1月前）

中国民主建国会长治市委员会

主　　委　郭海英

副 主 委　黄俊霞　于　广　杨书旗

中国民主促进会长治市委员会

主　　委　史淑枝

副 主 委　焦茂星（2022年1月前）

　　　　　江景芝（2022年1月前）

　　　　　张高明（2022年1月前）　郭　斌

　　　　　秦艳（2022年1月后）

　　　　　高　雅（2022年1月后）

　　　　　段爱军（2022年1月后）

中国农工民主党长治市委员会

主　　委　刘鹏飞（2022年1月前）

　　　　　张丽芳（2022年1月后）

副 主 委　赵云斌　李红岩　郝晓英（2022年1月后）

　　　　　舒玉芬（2022年1月后）

九三学社长治市委员会

主　　委　邱建英

副 主 委　陈骁忠（2022年1月前）

　　　　　牛志敏（2022年1月前）　李艳岩

　　　　　徐云峰（2022年1月后）

　　　　　王　禹（2022年1月前）

　　　　　宋丽华（2022年1月后）

　　　　　牛晓红（2022年1月后）

工商业联合会

主　　席　赵文栋

常务副主席　安栓平

副 主 席　张立强　何高智　王现军

群众团体

长治市总工会

主　　席　于　川

常务副主席　光宇航

副 主 席　闫培俊　宋春燕　陈　杰（2022年2月后）

进云明（挂职，2022 年 2 月后）
李晓东（兼职）
李　彬（兼职，2022 年 2 月后）
李立浩（兼职，2022 年 2 月后）

共青团长治市委

书　　记　张兆祥
副 书 记　王　浩　张钰楠
市少工委主任　郭兰芳

长治市妇女联合会

主　　席　王　霖
副 主 席　张晓芸　刘艳丽　史　沁
妇女儿童工作委员会办公室主任　王陈春

长治市归国华侨联合会

主　　席　刘　莉
副 主 席　陈白炜

长治市科学技术协会

主　　席　王海宏（2022 年 4 月前）
张阳平（2022 年 6 月后）
副 主 席　李俊锐　王力敏　史黎武

长治市文学艺术界联合会

主　　席　温学军（2022 年 5 月前）
李　炜（2022 年 5 月后）
副 主 席　张　英　郑朝日

长治市残疾人联合会

理 事 长　牛恩毅（2022 年 7 月前）
副理事长　郭红平　王树立　刘文茂

长治市红十字会

专职副会长　丁向东
副 会 长　高彦民
秘 书 长　张峥嵘

政法机构

长治市中级人民法院

院　　长　原占斌（2022 年 1 月前）
杨泽民（2022 年 2 月后）
常务副院长　刘博文
副 院 长　张沁虎　王家胜　张有权　郭晓宇
政治部主任　牛川秀
审判委员会专职委员　李建平　张高明

长治市人民检察院

检 察 长　李　峰（2022 年 2 月后）
副检察长　白建云（2022 年 6 月前）　牛红宇　陈　冰
牛曙光　王宇鹏
政治部主任　丁　沫
检委会专职委员　贾潞斌
陈优锋（2022 年 11 月前）

公安局

局　　长　秦书伟
常务副局长　徐　浩
副 局 长　王　兵　杨　波　王宏斌　李朝阳

司法局

局　　长　苏先忠
副 局 长　宋玉清（2022 年 7 月后）
原银启（2022 年 7 月前）　袁素军
政治部主任　王振华（2022 年 5 月前）
李　岗（2022 年 5 月后）

公安交警支队

支 队 长　暴红卫
政　　委　郭益民（2022 年 9 月前）
副支队长　岳　峰　来书明　史晓钟
副 政 委　冯永强

直属垂直部门

国家税务总局长治市税务局

局　　长　刘　强（2022 年 4 月前）
曾随正（2022 年 4 月后）
副 局 长　胡国胜　张　钧（2022 年 2 月前）　任建勋
宋满堂

水文水资源勘测站

站　　长　梁存峰
副 站 长　药世文　王江奕　牛二伟　杨建伟

气象局

局　　长　杨泽荣
副 局 长　魏建军　王志锋

长治海关

关　　长　孙英泽
副 关 长　常海燕　李文海

邮政管理局

局　　长　任　辉（2022 年 8 月前）
文小强（2022 年 8 月后）
副 局 长　李玉红（2022 年 3 月前）
李　林（2022 年 3 月后）

公路分局

局　　长　韩洪泽
副 局 长　崔建忠　姚建波　杜立新

烟草局（公司）

局　　长　张春荣

副 局 长　牛治平（2022 年 5 月前）
总会计师　龚　瑛
副 局 长　暴　雷（2022 年 12 月后）

无线电管理局

局　　长　王晋斌

中国人民银行长治市中心支行

行　　长　郭光灵
副 行 长　李建兵　曹　斌（2022 年 11 月前）
　　　　　赵江毅（2022 年 7 月后）

银保监分局

局　　长　席宏为（2022 年 8 月前）
　　　　　范文书（2022 年 8 月后）
副 局 长　魏国忠　李　峰　张晓斌（2022 年 5 月后）

国家统计局长治调查队

队　　长　李　波（2022 年 9 月前）
　　　　　原　广（2022 年 9 月后）
副 队 长　赵艳林　康清云

其他机构

市委讲师团（长治市新型智库中心）

团长、主任　逯　江（2022 年 1 月后）
副团长、副主任　安占伟　冯志波

市委党校、行政学院

常务副校长、副院长　孙敬明
副校长、副院长　白波瑞（2022 年 5 月前）胡晓光
　　　　　　　　郜德胜（2022 年 5 月前）王治平
市社会主义学院副院长　赵海斌

市委党史研究室（市地方志研究室）

主　　任　刘海峰
副 主 任　党文滨　张爱厚

新闻中心

主　　任　刘文刚（2022 年 6 月前）
　　　　　王士恩（2022 年 6 月后）
副 主 任　武　鹏　武朝晖

长治日报社

社　　长　刘建林（2022 年 7 月前）
总 编 辑　逯　江（2022 年 1 月前）
　　　　　弓永玲（2022 年 1 月后）
副总编辑　木　兵（2022 年 9 月前）
　　　　　朱　健　赵双胜

档案馆

馆　　长　申旭峰（2022 年 7 月前）
副 馆 长　任旭仲　胡国军　闫小龙

贸促会

会　　长　牛旭斌
副 会 长　和江峰　吕日宏

中小企业服务中心

主　　任　郭卫斌
副 主 任　宋小东　常建斌　温　波

市政府招商中心

主　　任　王建强（2022 年 3 月前）
　　　　　申晓峰（2022 年 6 月后）
副 主 任　李旭红　牛志勇

防震减灾中心（安全风险防控中心）

主　　任　张阳平（2022 年 7 月前）
　　　　　马俊岗（2022 年 7 月后）
副 主 任　王子吉　王跃忠

消防救援支队

支 队 长　王　强（2022 年 8 月前）
　　　　　眘宏波（2022 年 8 月后）
政　　委　蔡武军
副支队长　范战伟（兼灭火救援指挥部部长）
　　　　　陈攀峰　刘孟青　裴力东（2022 年 7 月后）
副政治委员　郭奎燕
政治部主任　闫鹏飞

供销社

理事会主任　王旭平（2022 年 7 月前）
　　　　　　魏　瑛（2022 年 7 月后）
监事会主任　赵　强（2022 年 6 月前）
　　　　　　贾景昌（2022 年 6 月后）
总会计师　王　平
理事会副主任　何小兵　张利民

城镇集体工业联合社

主　　任　崔松涛（2022 年 7 月前）
副 主 任　张宇宏　平小强

长治市现代农业发展中心

主　　任　文姜全（2022 年 5 月前）
负 责 人　郜起珍（2022 年 6 月后）
副 主 任　吴天增　刘雁军　巩素萍

园林绿化中心

主　　任　李保增（2022 年 5 月前）
副 主 任　李海明　刘小锐　张海江

和平医院

院　　长　李红倬
副 院 长　唐建亭　张文平　王　龙

市人民医院

院　　长　　胡文庆

副 院 长　　陈贵月　陈锦华　周潞荣　王晚萍

市第二人民医院

院　　长　　李晓东

副 院 长　　耿泰山　何跃文　段云飞　秦凌花

中医研究所附属医院

院　　长　　郭晋斌

副 院 长　　连玉伍　郝玉廷

中医院

院　　长　　刘忠理

副 院 长　　高洪平　柴益鹏　宗倩倩

妇幼保健院

院　　长　　宋雯霞

副 院 长　　刘桂芝　王丽红　任应斌

市疾控中心

主　　任　　原超普

副 主 任　　赵水军　张维民　李永刚

广播电视台

台　　长　　赵雪冰（2022 年 7 月前）

王文斌（2022 年 7 月后）

总 编 辑　　曹红义

副 台 长　　梁正国（2022 年 10 月前）

武学军　张旭东　申　新

驻外联络处

长治市人民政府驻北京联络中心（长治市人民政府驻外联络中心）

主　　任　　贾振芳

副 主 任　　赵晓明　王晓茜　于美芳

大专院校　重点中学

长治医学院

院　　长　　王金胜

副 院 长　　宋晓亮（2022 年 9 月前）　李长江

来丽娜（2022 年 9 月后）

尚进平（2022 年 9 月后）

胡春香（2022 年 9 月前）

郑金平（2022 年 9 月前）

长治学院

院　　长　　曹景川

副 院 长　　卫崇文　李　强　铁　军　王志军

长治开放大学

校　　长　　赵忠义

副 校 长　　李晓光　张宏斌

长治幼儿师范高等专科学校

校　　长　　岳新风

副 校 长　　李凤舞　乔艺玲　申伟平　李潞刚

长治市职业高级中学

校　　长　　郭清燕

副 校 长　　李　刚　李跃峰　陈　洋　杨晓飞　王宏平

长治职业技术学院

院　　长　　赵巨涛

副 院 长　　杜高峰

长治一中

校　　长　　马方则

副 校 长　　杨喜红　牛建青　王长生　牛宏霞

长治二中

校　　长　　延庆余（2022 年 9 月前）

王月书（2022 年 9 月后）

副 校 长　　崔建波　郭金安　李建红　崔　翔

统计资料

表 9　2022 年长治市农林牧渔业总产值

单位：万元

	2021 年	2022 年	比 2021 年增长 %
按现行价格计算	1481942	1521404	5.6
农业	771743	805989	5.9
林业	160265	165064	0.6
牧业	466794	463713	7.0
渔业	9004.2	9156.4	3.6

表 10　2022 年长治市邮电事业统计表

	单位	合计	邮政	快递	电信	移动	联通
邮电业务总量	万元	339272.95	34004.58		37124.12	148864	119280.25
邮电业务收入	万元	166266.92	3696.27	47915.45	25354		89301.20
订销报纸总计	万份	4369.89	4369.89		0.0018		
订销杂志总计	万份	155.79	155.79		0.002		
函件	万件	105.93	105.93				
快递包裹	万件	3725.27	1.06	3724.21			
固定电话用户数	万部	10.85			0.4		10.45
移动电话用户	户	3752284			415379	2165704	1171201
互联网用户	户	1141229			207830	512896	420503
基站数	个	17496			1993	11416	4087

表 11　2022 年长治市财政收支统计表

单位：万元

	2021 年	2022 年	比上年增长 %
总收入	4711956	6926190	46.99
一般公共预算收入	2240563	3104887	38.58
增值税	704498	1009570	43.30
资源税	317502	462789	45.76
企业所得税	219291	531943	142.57
城市维护建设税	108503	149284	37.59
一般公共预算支出	3881466	4918085	26.71
教育	560432	634136	13.15
社会保障和就业	536949	648904	20.85
农林水事务	366780	441445	20.36
城乡社区事务	363144	610153	68.02
公共安全	129919	151672	16.74
节能环保	224357	257560	14.80
卫生健康	358846	464731	29.51
文化体育与传媒	79137	91126	15.15

表 12　2022 年长治市各级各类学校情况统计表

	单位	总体	其中				
			高等学校	中等专业学校	普通中学	小学	特殊教育
学校数	所	1544	6	35	188	455	11
在校学生数	人	557287	53732	38539	161476	205244	1351
平均每万人拥有在校生	人	1774	171	122	514	653	–
招生数	人	150795	19216	14122	57198	31608	239
毕业生数	人	152805	14622	11352	57569	36380	184
教职工数	人	54617	3440	3669	19273	15910	301
专任教师	人	44396	2469	3012	14779	15989	252
每个教师负担学生数	人	12	21	12	11	12	–

表 13　2022 年长治市固定资产投资统计表

单位：万元

	完成额	比上年增长 %
一、固定资产投资完成额	9483892	6.4
5000 万元以上项目投资	7915950	3.1
1. 按控股情况分：国有	3927782	16.3
非国有	5556110	0.3
2. 按构成分：建筑安装工程	7438003	0
设备工器具购置	1003356	19.2
其他费用	1042533	63.5
3. 按产业分：第一产业	543849	10.1
第二产业	4655199	21.2
第三产业	4284844	–6.5
二、施工项目（个）		
新开工项目	1292	47.2
竣工项目	1046	27.4

表 14　2022 年长治市居民消费价格指数统计表

上年 =100

	指数		指数
居民消费价格总指数	102.3	二、衣着	102.4
一、食品烟酒	104.3	三、居住	98.9
粮食	103.7	四、生活用品及服务	101.4
鲜菜	99.3	五、交通和通信	104.6
畜肉	99.2	六、教育文化和娱乐	102.4
水产品	98.8	七、医疗保健	101.1
蛋	106.6	八、其他用品和服务	102.5
鲜果	121.1		

表 15　2022 年长治市常住居民收入情况统计表

单位：元

	城镇常住居民收入情况		农村常住居民收入情况	
	2022 年	比上年增长（%）	2022 年	比上年增长（%）
居民人均可支配收入	41113	6.0	19437	7.5
工资性收入	23069	4.7	8044	6.6
经营净收入	4075	16.1	6994	6.1
财产净收入	3083	8.7	285	5.2
转移净收入	10346	4.6	4114	12.0

表 16　2022 年山西省各市主要指标完成情况对比统计表（一）

市名	常住人口（万人）			地区生产总值（亿元）	地区生产总值同比增长 %	第一产业增加值（亿元）	第二产业增加值（亿元）	第三产业增加值（亿元）
	合计	城镇	乡村					
全　省	3481.35	2226.50	1254.85	25642.6	4.4	1340.4	13840.8	10461.3
太原市	543.5	485.54	57.96	5571.2	3.3	48.1	2466.1	3057.0
大同市	310.02	228.53	81.49	1842.5	3.5	107.3	827.5	907.7
阳泉市	131.11	94.77	36.34	1012.9	3.5	16.0	562.9	434.0
长治市	314.17	182.10	132.07	2804.8	7.2	97.1	1846.7	861.0
晋城市	218.93	140.17	78.76	2305.4	7.3	78.1	1522.2	705.1
朔州市	159.07	100.58	57.48	1536.2	1.0	98.0	758.5	679.6
晋中市	339.45	208.54	130.91	2112.3	5.2	155.7	1176.1	780.4
运城市	471.85	240.29	231.56	2301.1	5.6	351.3	970.0	979.9
忻州市	265.56	146.96	118.60	1500.6	3.8	122.8	794.5	583.3
临汾市	390.66	213.98	176.68	2227.9	5.2	158.0	1243.0	826.8
吕梁市	337.05	185.04	152.02	2418.9	3.9	107.8	1684.3	626.8

表 17　2022 年山西省各市主要指标完成情况对比统计表（二）

市名	固定资产投资增速（%）		居民消费价格指数（上年 =100）	商品零售价格指数（上年 =100）	人均可支配收入（元）		社会消费品零售总额（万元）	进出口总额（万元）
	合计	其中：房地产开发投资			城镇居民	农村居民		
全　省	5.9	−9.3	102.1	103.7	39532	16323	75627306	18455958
太原市	0.2	−18.6	102.1	103.8	43694	22822	17613967	14670712
大同市	5.9	8.8	101.9	103.5	38996	13864	7576735	517602
阳泉市	4.5	−10.2	101.8	103.6	39300	19057	3245208	105585
长治市	6.4	−14.2	102.3	104.0	41113	19437	6637353	148385
晋城市	9	0.7	102.3	103.8	41669	19004	5330833	420086
朔州市	9.2	−29.7	101.7	103.0	41009	18449	3396214	71821
晋中市	6.8	−9.7	101.5	102.6	41188	18308	6550177	408105
运城市	8	−11.2	101.6	103.3	37479	15267	8096332	1124815
忻州市	7	21.1	101.6	103.2	36467	11810	4385498	235577
临汾市	9.1	−7	101.9	104.1	39075	16334	7541010	308068
吕梁市	6.8	−1.2	102.1	106.0	34243	12518	5253979	445201

表 18　2022 年山西省各市主要指标完成情况对比统计表（三）

市名	农林牧渔业增加值（亿元）	农林牧渔业加值增速(%)	粮食播种面积（千公顷）	粮食产量（万吨）	工业增加值增速(%)	工业企业利润总额增速（%）
全　省	2211.6	5.0	3150.3	1464.3	8.0	22.8
太原市	80.6	4.0	64.0	25.8	8.5	–24.5
大同市	173.2	3.9	281.1	127.4	5.5	90.0
阳泉市	27.5	4.1	55.1	23.7	8.7	208.2
长治市	152.1	5.6	255.8	124.2	12.4	54.3
晋城市	120.5	4.1	161.4	68.3	11.9	50.6
朔州市	164.2	4.4	275.5	126.8	0.1	40.6
晋中市	245.4	5.2	252.6	153.8	9.7	–7.3
运城市	598.3	5.2	539.0	288.1	10.7	–21.0
忻州市	195.8	5.0	429.9	201.7	5.9	2.9
临汾市	261.8	5.4	504.5	218.8	10.3	8.4
吕梁市	181.6	5.9	331.4	105.7	5.1	18.9

表 19　2022 年山西省各市主要指标完成情况对比统计表（四）

市名	发电量（亿千瓦小时）	原煤产量(万吨)	焦炭产量(万吨)	氧化铝（万吨）	粗钢产量（万吨）	水泥产量（万吨）
全　省	4153.3	130714.6	9799.7	2045.3	6423.2	4798.8
太原市	329.2	5141.5	1426.6		1383.7	579.7
大同市	531.4	16072.8			147.1	334.6
阳泉市	257.3	6887.0	13.2			311.1
长治市	439.9	16989.9	1653.0		591.2	557.7
晋城市	239.8	13907.2	79.7		488.3	291.4
朔州市	627.7	21699.4				349.8
晋中市	277.2	11663.3	719.9	155.1	264.9	272.6
运城市	290.2	1510.0	1502.3	253.9	1759.1	516.3
忻州市	502.3	13078.1	336.0	284.4	63.4	319.7
临汾市	258.0	8138.5	1490.6		1237.2	557.2
吕梁市	400.3	15627.0	2578.4	1351.9	488.4	708.7

表 20　2022 年山西省各市主要指标完成情况对比统计表（五）

市名	一般公共预算收入（万元）	一般公共预算支出（万元）	金融机构人民币各项存款余额（亿元）	卫生机构数（个）	执业（助理）医师（人）	床位数（张）
全　省	34539927	58764956	53279.6	14605	105146	228439
太原市	4374837	7158959	17982.1	3227	25537	46102
大同市	1867358	4008564	4345.0	1332	9335	19600
阳泉市	819698	1584747	2106.7	678	4279	8204
长治市	3104887	4918085	4342.0	966	8985	19709
晋城市	2829907	3867364	3274.9	918	6712	14691
朔州市	1582232	2483037	2443..6	633	3420	11293
晋中市	1870526	4140721	4112.7	1015	7929	18498

续表20

市名	一般公共预算收入（万元）	一般公共预算支出（万元）	金融机构人民币各项存款余额（亿元）	卫生机构数（个）	执业（助理）医师（人）	床位数（张）
运城市	1132958	4862812	3666.9	2168	13231	32851
忻州市	1512797	4335608	3339.2	1130	6721	15164
临汾市	2005978	5024612	3862.0	1362	11441	24379
吕梁市	3421819	5520220	3804.4	1176	7556	17948

注：1．固定资产投资不含跨省项目投资；2. 工业指标为规模以上口径。

（以上统计数据来源于《2023 长治统计提要》）

常用缩略语解释

（按汉语拼音首字母排序）

1+X 证书：2019 年，教育部发改委等部门联合印发《关于在院校实施学历证书 + 若干职业技能等级证书制度试点方案》，部署启动学历证书 + 若干职业技能等级证书（简称 1+X 证书）制度试点工作。

1331 工程：是山西省高等教育振兴计划工程，即坚持立德树人一个根本任务；重点学科、重点实验室、重点创新团队三项建设；高校协同创新中心、工程（技术）研究中心、产业技术创新战略联盟三项建设；产出一批标志性成果。2021 年 2 月 4 日，山西省人民政府发布《山西省人民政府关于推动高等教育 1331 工程提质增效的实施意见》。

5+2+1 模式：即 5 天工作日均开展课后服务，原则上每天不少于 2 小时，双休日中的 1 天用于开展课后服务。

7+2 工程：近年来，京津冀电网一直呈现较大规模的电力缺口，迎峰度夏期间，需要积极组织山西、蒙西电网向京津冀电网送电，统筹安排京津冀鲁地区电力互济，才能满足基本的电力供应。为此，山西从提高整体外送能力、优化简化山西电网与华北主网的联络结构、整体平衡网内富裕电源的利用上，提出山西西电东送通道调整系列工程，包括 7 条 500 千伏线路工程和两个特高压主变扩建工程。

EPC+O 总承包模式：EPC 是设计、采购、施工的三个英文单词第一个英文字母的缩写（Engineering、Procurement、Construction），在此基础上，向后端运营环节的延伸，同时负责设备的运营与维护。

菜单式双选：列出服务菜单，由学生自主选教师、选内容。

承诺制 + 标准地 + 全代办：承诺制，按照政府统一服务、企业承诺的方式精简企业投资项目报建审批事项；标准地，在城镇开发边界内具备供地条件的区域，对新建工业项目先行完成区域评价、先行设定控制指标，并实现项目动工开发所必须的通水、通电、通路、土地平整等基本条件的可出让的国有建设用地；全代办，由政府指定专人指导企业编制审核材料，跟踪解决疑难问题，提供全过程、个性化的无偿代办服务。

城市家具：指城市中各种户外环境设施。具体来说，就是信息设施（指路标志、电话亭、邮箱），卫生设施（公共卫生间、垃圾箱、饮水器），道路照明，安全设施，娱乐服务设施（坐具、桌子、游乐器械、售货亭），交通设施（巴士站点、车棚）以及艺术景观设施（雕塑、艺术小品）等等。

多测合一：2022 年 11 月，山西省自然资源厅与住建、行政审批、人防等部门联合印发《关于推进工程建设项目多测合一改革指导意见》明确，将工程建设项目全流程审批涉及的测绘事项分为立项用地、工程规划与施工、竣工验收及不动产登记 3 个阶段进行整合优化。工程建设项目建设单位按照有关规定，分阶段一次性确定符合条件的测绘服务机构开展测绘工作，并统一出具测绘成果。

房证同交地证同交改革：房证同交改革是指通过部门协调联动，加强过程管控，进一步压缩办理时限，优化业务流程，使得新建商品房项目交付前完成规划验收、房屋竣工验收备案、缴纳税费等工作，具备不动产登记条件，购房人在领取房屋钥匙时同步领取不动产权证书，实现住权与产权同步。地证同交改革是指通过主动靠前服务、提前介入、并行办理等举措，优化业务办理流程，使得土地交付时完成权籍调查、缴纳税费等工作，具备不动产登记条件，用地单位取得土地时同步领取不动产权证书，实现用权与产权同步。

非法违法小化工：非法违法生产、经营、储存及使用化工产品（危险化学品），或是在小化工厂、小作坊、黑窝点非法违法从事化工生产经营活动。

服务业提质增效十大行动：消费提质扩容行动、乡村 e 镇培育行动、大力支持网络货运发展行动、金融提振赶超行动、房地产优服务促稳定行动、数字化场景拓展行动、文旅体高质量发展行动、提升科技成果转移转化服务行动、养老惠民提升行动、人力资源服务业高质量发展行动。

岗课赛证：指结合专业对应岗位设置课程，岗是工作岗位、课是课程体系、赛是职业技能大赛、证是职业技能等级证书，其中，课程体系是融通的核心与载体，是专业核心课程的设置。同时将职业资格证书考试课程与专业课程教学相衔接，做到课程与考证相结合，课程与职业资格证书融合，同时以赛促教，以赛促学，提升学生的动手能力与以后到工作岗位的实战能力。

国企改革三年行动：2020 年 5 月 22 日，第十三届全国人大三次会议在人民大会堂开幕，时任国务院总理李克强在 2020 年国务院政府工作报告中提出，提升国资国企改革成效，实施国企改革三年行动。

揭榜挂帅制：对经济社会和产业发展需求的关键共性技术难题，由企业提出攻关技术需求，经政府张榜面向社会征集研发团队或解决方案，把项目交给真正想干事、能干事、干成事的人，让有能力的领军人才揭榜，出征挂帅。

链主企业：指处于产业链关键环节，具有较强的核心竞争力、较高的行业市场占有率、较好可持续发展力，能主导行业生态和资源整合的龙头企业。

两个允许：2017 年人社部发布了《关于开展公立医院薪酬制度改革试点工作的指导意见》，为合理确定公立医院薪酬水平，提出了两个允许的概念：允许医疗卫生机构突破现行事业单位工资调控水平，允许医疗服务收入扣除成本并按规定提取各项基金后主要用于人员奖励。对高层次人才聚集、公益目标任务繁重，承担科研、教学任务以及需要重点发展的公立医院或绩效考核评价结果优秀的公立医院，适当提高薪酬水平。建立动态调整机制，稳步提高医务人员薪酬水平，调动医务人员积极性。

六定改革：六定改革是山西首创，指在国有企业中定职数、定员额、定机构、定机制、定薪酬、定任期，是山西省促进国有企业治理现代化的重大举措。

龙头景区 9+13 梯次打造培育计划：2022 年，山西省人民政府办公厅印发《山西省推进服务业提质增效 2022 年行动计划的通知》，通知提出，实施 9+13 龙头景区、重点景区梯次打造培育计划。即首批打造云冈石窟、五台山、平遥古城、洪洞大槐树、皇城相府、解州关帝庙—常平关帝家庙、太行山大峡谷、壶口瀑布、晋祠天龙山 9 家龙头景区；重点培育云丘山、王莽岭、雁门关—广武、芦芽山、碛口古镇、恒山—悬空寺、娘子关—固关、八路军太行纪念馆—黄崖洞、乔家大院、王家大院、鹳雀楼—普救寺、陶寺遗址—丁村、偏关老牛湾 13 家重点景区。

三不腐：即不敢腐、不能腐、不想腐，是中国共产党反腐败斗争要求的概括用语。

三个规定：指《领导干部干预司法活动、插手具体案件处理的记录、通报和责任追究规定》《司法机关内部人员过问案件的记录和责任追究规定》《关于进一步规范司法人员与当事人、律师、特殊关系人、中介组织接触交往行为的若干规定》。

三公经费：政府部门人员因公出国（境）费用、公务接待费、公务用车购置和运行维护费。

三管三必须：是指管行业必须管安全，管业务必须管安全，管生产经营必须管安全。

三会一层：指在公司治理中的股东会、董事会、监事会和管理层。

三化三制改革：是指为深化开发区人事和薪酬制度改革，实行开发区领导班子任期制、全员岗位聘任制和绩效工资制；加快建设专业化、市场化、国际化的管理团队。

三级预警、七策同享防返贫监测和帮扶机制：《长治市建立防止返贫监测和帮扶机制的实施方案》明确，要坚持未贫先防、防扶结合、分级管控、精准施策原则，设立三级预警，分级设定预警对象，筑牢防止返贫保障机制。其中一级预警监测对象，主要采取帮的方式。包括因病、因残、因灾等引发的刚性支出明显超过上年度收入的户。因三保障方面原因导致家庭出现致贫返贫风险的户，通过落实健康扶贫、教育扶贫、助残扶贫等方面政策精准帮扶。二级预警监测对象，主要采取扶的方式。包括脱贫户收入未增且逐年下降的户，因产业失败、就业不稳导致收入来源不稳定的户等，通过产业带动、转移就业、技能培训、设置公益岗位、金融贷款、引导教育、志智相扶等政策精准帮扶。三级预警监测对象，主要采取兜的方式。包括老年户、残疾人户、低保户等，通过低保、养老保险、残疾人帮扶、特困供养、临时救助等兜底保障措施精准帮扶。一、二、三级预警监测对象，产业项目同享扶持、技能培训同享免费、就业安置同享补贴、小额信贷同享政策、防贫保险同享理赔、中医中药同享补助、低收入认定同享救助。

三降两清一扭专项行动：根据中华全国供销合作总社办公厅印发的《中华全国供销合作总社关于开展社有企业三降两清一扭专项行动的指导意见》，指降两金（两金包括应收票据、应收账款、预付款项、其他应收款和存货。）占比、降三项费用率、降资产负债率、清理僵尸企业、清理处置经营风险、扭亏增盈。

三区三线划定：三区是指城镇空间、农业空间、生态空间三种类型的国土空间。三线分别对应在城镇空间、农业空间、生态空间划定的城镇开发边界、永久基本农田、生态保护红线三条控制线。

三无三可营商环境：打造无差别、无障碍、无后顾之忧，可预期、可信赖、可发展的营商环境。

三项强制措施：山西省颁布的《城镇燃气居民及商业用户室内工程设计标准》中，明确要求实行的三条强制性标准，即对燃气新用户，必须设计安装灶具连接用不锈钢波纹软管、灶前燃气自闭阀门和带有熄火保护装置的燃气灶具。对燃气老用户完成三条强制性标准改造，即必须安装使用灶具连接不锈钢波纹软管、灶前燃气自闭阀门和带有自动熄火保护装置的燃气灶具。

三医联动：医疗、医保、医药改革联动。

山西省中试基地：2022 年 5 月 23 日，山西省人民政府办公厅发布《山西省中试基地建设与运行管理办法（试行）》。该办法所称中试基地指为实现行业科研成果转化，向规模生产提供成熟、工程化成套技术，依托企业、高等院校和科研机构建立的开展工程化应用研究开发的科研平台。

省校合作 12 大基地：为深化省校合作，山西省将与高校共建 12 大基地，这 12 大基地主要有：大学生实习实训基地，各级党政机关、企事业单位、开发区提供岗位，接收高校大学生在我省开展实习实训；大学生就业创业基地，通过多种渠道，加大高校应届毕业生引进力度，加大对大学生创业资金、公共服务和平台等方面的扶持力度；高校科研平台延伸基地，鼓励高校及其人才团队积极参与山西省科技重大项目揭榜招标；高校科技成果转化基地，吸纳高校科技成果在山西省开展转移转化；智库合作基地，聘请高校人才帮助开展决策咨询、规划设计等活动；高校优质生源基地，配合高校在山西省选择一批优质高中作为高校优质生源基地；红色教育和国情教育基地，依托山西省太行精神、吕梁精神等红色资源和黄河、长城、太行等地方特色资源，吸纳高校师生在山西省开展红色教育和国情教育；大学生联合培养基地，与高校联合遴选有意愿到山西省工作的学生进行联合培养，让学生把论文写在山西大地上；高校干部人才培养基地，为高校干部人才提供挂职锻炼岗位；校友招商引才基地，充分发挥合作高校校友资源，组织开展招商引资、招才引智活动；高校农产品供应基地，遴选一批山西特优农产品，为高校师生提供订单式、承包式、体验式、定制式服务，邀请高校帮助我省乡村研究制定农产品质量标准；技能服务人才培养基地，依托山西特色劳务品牌，为高校提供高质量服务。

十必查：是多发易发事故的领域和单位必查、长期安全运行无事故的企业必查、复工复产的企业必查、处于检修作业期间的企业必查、长期停产停建的企业必查、短期密集调整主要负责人或安全管理人员的企业必查、季节变换或气候急剧变化时导致隐患大的企业必查、省市县重点项目施工作业现场必查、人员密集场所必查、安全生产大检查大整治大提升行动中上报无隐患或少隐患的部门或企业必查。

十查十到位：是查思想认识，责任意识要到位；查组织机构，安全管理要到位；查制度建设，贯彻执行要到位；查检查台账，隐患点位要到位；查设备装备，完好运行要到位；查现场一线，隐患排查要到位；查措施办法，跟进处罚要到位；查安检闭环，问题根治要到位；查监测预判，综合防控要到位；查警示培训，安全素质要到位。

十有两禁：是有规划体系、有管理机构及人员和管理制度、有四至范围（指东西南北四个方面的边界）、有周边土地规划安全控制线、有公用工程和配套功能设施、有封闭化管理、有危险化学品车辆专用停车场、有信息化平台、有化工安全技能实训基地、有消防设施，禁限控目录和项目安全准入条件、禁止有居民居住和劳动密集型企业。

市场主体倍增 1+N 支持政策：1 是山西省委、省政府制定出台的《关于实施市场主体倍增工程的意见》。N 是若干个配套政策，其中包含 1 个专项配套政策，即《关于强化市场主体倍增要素保障服务支撑的若干措施》；围绕支持新型农业市场主体发展、制造业市场主体倍增、支持个体工商户倍增、保持城市烟火气、发展乡村 e 镇、支持双创等方面，制定实施 8 个分行业专项政策。

双减：有效减轻义务教育阶段学生过重作业负担和校外培训负担。

双师型教师：根据教育部于 2022 年 10 月印发的《关于做好职业教育双师型教师认定工作的通知》，职业教育双师型教师认定主要适用于职业学校的专业课教师（含实习指导教师）。公共课教师、校内其他具有教师资格并实际承担教学任务的人员，正式聘任的校外兼职教师，以及其他依法开展职业学校教育的机构中具有教师资格的人员，在符合一定条件的前提下可参照实施。

双随机、一公开：在监管过程中随机抽取检查对象，随机选派执法检查人员，抽查情况及查处结果及时向社会公开。

四风：形式主义、官僚主义、享乐主义和奢靡之风。

四敢导向：干部敢为、地方敢闯、企业敢干、群众敢首创。

四好农村路：把农村公路建好、管好、护好、运营好，逐步消除制约农村发展的交通瓶颈。

四上企业：规模以上工业企业、资质等级建筑业企业、限额以上批零住餐企业、国家重点服务业企业等这四类规模以上企业的统称。

四水四定：以水定城、以水定地、以水定人、以水定产。

五个一批群众文化惠民工程：塑造一批群众文化惠民服务品牌，培育一批乡村群众文艺队伍，挖掘一批乡土文化能人艺人，培养一批乡村文化带头人，送一批专业文艺演出。

五水综改：水源、水权、水利、水工、水务改革。

新时代“枫桥经验”：发源于浙江省诸暨县枫桥镇，其基本内涵是发动和依靠群众，坚持矛盾不上交，就地解决。新时代“枫桥经验”主要内容是在开展社会治理中实行五个坚持，即坚持党建引领，坚持人民主体，坚持自治、法治、德治三治融合，坚持人防、物防、技防、心防四防并举，坚持共建共享。

一枚印章管审批：通过推进相对集中行政许可权改革，实现一个机构管审批、一枚印章发证照、一个大厅办成事，有利于提升政府部门办事效率，为企业和群众办事提供快捷服务。

一网通办：依托一体化在线政务服务平台，通过规范网上办事标准、优化网上办事流程、搭建统一的互联网政务服务总门户、整合政府服务数据资源、完善配套制度等措施，推行政务服务事项网上办理，推动企业群众办事线上只登录一次即可全网通办。

一业一证改革：优化行业准入业务流程，将一个行业准入涉及的多张许可证整合为一张行业综合许可证，大幅压减审批环节和时限，简化审批手续，有效提升行政效能和办事效率，更大激发市场主体活力。

营商环境五有套餐：为创优营商环境，山西省创新提出营商环境五有套餐，即办事情有靠制度不靠关系的社会氛围，搞项目有承诺制＋标准地＋全代办的优质服务，做前期有一枚印章管审批的便捷便利，跑手续有 7×24 小时不打烊的政务服务超市，对未来有新官理旧账的稳定预期。

裕农通普惠金融业务：是指在不具备传统物理网点建设条件的县域乡镇、农村、郊区等地区，以与第三方合作为主，利用其在上述地区的自有渠道，为周边农村客户提供助农取款、现金汇款、转账汇款、代理缴费、查询、消费结算等金融服务及合作方非金融服务的综合性普惠服务。

长治气象 App 云化改造：将长治气象 App 部署在天翼云平台，实现内外网物理隔离，保证数据安全。

重大灾害性天气叫应服务工作机制：重大灾害性天气叫应服务是指气象部门针对重大灾害性天气已经开始发生或将要发生，并极可能造成重大灾情的情况下，通过电话、微信等手段，快速向市政府领导及相关部门负责人报告或通报灾害性天气情况的行为。该工作机制适用于长治市区域内暴雨、暴雪和雷暴大风造成人员伤亡或重大经济损失、重大社会影响的气象灾害预警服务工作。

索　引

说　明

一、本索引采用分析索引方法，按汉语拼音字母（同音字按声调，拼音相同的按笔画）顺序排列，第一字相同，按第二字音序排列，依次类推。

二、索引后的阿拉伯数字表示内容所在页码，数字后的字母（a，b，c）表示栏别（即版面的一、二、三栏）。

三、内容有交叉的款目，为便于索引，在本索引中重复出现。

四、大事记不作索引。

五、首字为数字的目排在索引最后，为方便表格检索，设置有表格索引。

A

B

C

D

E

F

R

S

表格索引

发展史

工会委员会

七月